Making im Schulalltag
Konzeptionelle Grundlagen
und Entwicklungsschritte

Making im Schulalltag
Konzeptionelle Grundlagen und Entwicklungsschritte

Björn Maurer / Selina Ingold

kopaed

Impressum

BIBLIOGRAFISCHE INFORMATION DER DEUTSCHEN NATIONALBIBLIOTHEK
Die Deutsche Nationalbibliothek verzeichnet diese Publikation in der Deutschen Nationalbibliografie; detaillierte bibliografische Daten sind im Internet über http://dnb.ddb.de abrufbar

Gestaltung: studio vierkant, Stuttgart; Irene Szankowsky
Fotografien: Nicolas Anderes und Raphael Wild
Druck: ADverts, Riga (Lettland)

kopaed 2021
Arnulfstraße 205, 80634 München
Fon: 089. 688 900 98
Fax: 089. 689 19 12
E-Mail: info@kopaed.de
www.kopaed.de

ISBN 978-3-96848-042-8

Inhalt

1 Einführung

1 Einführung

Im Design-Based Research-Projekt «MakerSpace: Raum für Kreativität» (2017–2020) wird der Making-Ansatz erstmals auf den Schulalltag einer Schweizer Primarschule übertragen und begleitend erforscht. Dabei wird von einem Verständnis von Making ausgegangen, das a) die Förderung der Kreativität durch die Umsetzung eigener Ideen in den Mittelpunkt stellt, b) analoge mit digitalen Technologien und Verfahren verbindet und diese altersgerecht einsetzt und c) Making als einen integrativen und für alle Schüler*innen obligatorischen Bestandteil des Schulalltags betrachtet.

1.1 Ausgangslage

Der gesellschaftliche Wandel vollzieht sich rasant. Digitalisierung, Vernetzung und Automatisierung lösen Entwicklungen aus, die im Alltag der Menschen zunehmend spürbar werden. Disruptionen prägen das Arbeitsleben, bewährte Geschäftsmodelle brechen weg, Berufsprofile verschwinden und neue kommen hinzu (vgl. Merz 2019, S. 36). Tätigkeiten, die kostengünstig automatisiert werden können, bleiben zukünftig voraussichtlich Maschinen vorbehalten (vgl. Döbeli 2017, S. 47; vgl. Schmid 2019). Die digitale Transformation bedeutet nicht nur für niedrig qualifizierte Berufstätige, dass die mühsam aufgebaute professionelle Expertise unzulänglich ist beziehungsweise laufend erweitert werden muss, um den Verlust des Arbeitsplatzes zu vermeiden (vgl. Genner 2017, S. 5). Auch hoch qualifizierte Berufstätige sind gefordert, ihre Kompetenzen vor dem Hintergrund der digitalen Transformation stetig zu erweitern, sich je nach Berufsfeld auf umfassende Veränderungen ihrer Tätigkeit einzustellen und sich darauf vorzubereiten (vgl. Servoz 2019, S. 11–13).

«Today, education should provide all children with the opportunity to not only use digital technologies, programs and codes, but to also design and develop them.»

(Eriksson, Heath, Ljungstrand, & Parnes, 2016, S. 2)

Die Prognosen, wie viele Arbeitsplätze und welche Berufsfelder durch Digitalisierung verschwinden und welche Berufsprofile neu dazu kommen werden, gehen weit auseinander (vgl. Genner 2017, S. 5; vgl. Servoz 2019, S. 8ff). Es besteht jedoch kein Zweifel, dass die Digitalisierung die Gesellschaft und das gesellschaftliche Miteinander tiefgreifend und unumkehrbar verändert. Vormals als utopisch geltende Ideen wie beispielsweise das bedingungslose Grundeinkommen rücken vor dem Hintergrund dieser Veränderungen in greifbare Nähe (vgl. Hohenleitner/Straubhaar 2008).

Non-lineare Erwerbsbiografien, Druck und Unsicherheit sowie die unbestimmte Angst mit der vorhandenen Expertise irgendwann nicht mehr arbeitsfähig zu sein, haben Einfluss auf die eigene Identitätsbildung. Gleichzeitig verlieren traditionelle identitätsstiftende «Sinnagenturen» wie Familie, Kirche und Religion oder Massenmedien (vgl. Aufenanger 1994, S. 17) an Bedeutung, was für viele Menschen die Lebensbewältigung erschwert. Hinzu kommen die immer noch anstehenden gesamtgesellschaftlichen «epochaltypischen Schlüsselprobleme», wie sie Klafki (1996) bereits vor einem Vierteljahrhundert benannt hat: Frieden auf der Welt, Schutz der Umwelt, Demokratisierung, eine gerechte Verteilung von Ressourcen, Gleichberechtigung und Technikfolgenbewältigung. Die Vereinten Nationen haben im Jahr 2016 siebzehn Ziele für eine nachhaltige Entwicklung formuliert (vgl. UN, o.J.). Die «Agenda 2030 für nachhaltige Entwicklung» erweitert die Liste von Klafki (1996) unter anderem um die Aspekte der Ernährungssicherheit, der Bildung(sgerechtigkeit), der Gesundheit und der nachhaltigen Beschäftigungssicherung (vgl. UN, o.J.).

Die Zukunft im Jahr 2030 kann aus heutiger Sicht nur erahnt werden. Die Bezeichnung «VUCA-Welt» steht für Volatilität (volatility), Unsicherheit (uncertainty), Komplexität (complexity), Mehrdeutigkeit (ambiguity) (vgl. Schmid 2019, S. 21f.). Sie ist der Versuch der United States Army, ausgehend von den gesellschaftlichen Veränderungen der Vergangenheit auf die Entwicklungen in der Zukunft zu schliessen (vgl. Berg 2017 in Schmid 2019, S. 22). Voraussichtlich werden Technologien wie Künstliche Intelligenz und Machine Learning in allen Lebensbereichen weitere technische, soziale und ökonomische Herausforderungen mit sich bringen. Solche Technologien bieten aber auch grosse Chancen, nachhaltige und ethisch verantwortungsvolle Lösungen für die Gestaltung der Zukunft zu entwickeln. Das setzt jedoch voraus, dass Menschen in der Lage sind, Gesellschaft aktiv und eben verantwortungsvoll mitzugestalten.

Es ist heute absehbar, dass Zukunftsbewältigung in der «VUCA-Welt» nicht mit einfachen Handlungsroutinen und Faktenwissen zu leisten ist. Es wird auf die kreative Verbindung erworbener Kenntnisse und Fähigkeiten zusammen mit der Erarbeitung von neuem Wissen ankommen (vgl. Reusser 2005, S. 161). Ebenso bedeutsam werden analytische Fertigkeiten und die Fähigkeit, erworbenes Wissen auf andere Kontexte zu übertragen (vgl. Merz 2019, S. 36/37). Und schliesslich muss Bildung noch stärker auf Werte- und Persönlichkeitsbildung abzielen (vgl. Merz 2019). Haltung, Mut und Selbstbewusstsein sind wichtige Voraussetzungen, dass Probleme tatsächlich verantwortungsvoll angepackt werden können.

Das Framework «P21» ist der Versuch eines Konsortiums aus Bildungsexpert*innen, Führungskräften aus Industrie und Wirtschaft und Politiker*innen in den USA, zentrale Zukunftskompetenzen in dem Modell der 21st Century Skills (Kai Wah Chu et al. 2017) zu bündeln. Zu den «21st Century Skills» zählen die drei Kompetenzebenen «Life & Career Skills», «Learning & Innovation Skills – 4C Model» und «Information, Media & Technology Skills», die wechselseitig aufeinander bezogen sind. Seit dem Plenumgsvortag des Bildungsforschers Schleicher auf der re:publica 2013 hat insbesondere das 4C-Modell der Learning and Innovation Skills im deutschsprachigen Raum an Bedeutung gewonnen. Creativity, Collaboration, Communication und Critical Thinking haben inzwischen den Status von Kulturtechniken erreicht (vgl. Kerres 2017). Das bestätigt auch die Analyse von Genner (2019, S. 12), die in 26 Zukunftskompetenzmodellen die Dimensionen Problemlösen, kritisches Denken und Kommunikation als besonders konsensfähig identifiziert hat. Diese «Kompetenzen» zählen zu den nicht-automatisierbaren Fähigkeiten, zu deren Erwerb nur der Mensch und (noch) nicht die Maschine in der Lage ist (vgl. Doebeli 2016; vgl. auch Ma 2017).

Seither sind vielerorts Überlegungen im Gange, wie man 21st Century Skills, respektive die 4Cs, in der Schule gezielt fördern kann und welche Bedeutung dabei innovative und offene Lernumgebungen sowie eigenaktive und ko-konstruktive Lernformen haben können. In diesem Zusammenhang erscheint immer wieder auch der Begriff «MakerSpace» auf dem Radar von Bildungsverantwortlichen. Es wird vermutet, dass der Einsatz von Maker-Technologien im Klassenzimmer die Fähigkeiten und Kenntnisse der Schüler*innen in den MINT-Fächern Naturwissenschaften, Technik, Ingenieurwesen und Mathematik stärken kann (vgl. Godhe 2019, S. 318).

MakerSpaces gelten aber auch als Lernumgebungen für eigenverantwortliches, kreatives und kollaboratives Arbeiten mit analogen und digitalen Technologien. Mit dem «Maker-Ansatz» hat sich ein Lernszenario etabliert, das neigungsorientiertes und kreatives Tüfteln mit digitalen und analogen Verfahren mit dem Ziel der Selbstermächtigung und der Selbstwirksamkeit verknüpft. Triebfeder von Making-Prozessen sind eigene Fragestellungen und Ideen, die meist in interdisziplinär zusammengesetzten Teams zu eigenen Produkten oder Prototypen umgesetzt werden. Die Verfügbarkeit von traditionellen Materialien und Werkzeugen einerseits und digitalen Fabrikationsgeräten wie 3D-Druckern und -Scannern, CNC-Maschinen oder Lasercuttern sowie digitalen Werkstoffen (z.B. Kleinstcomputer und Sensorentechnologie) andererseits erlaubt die Herstellung innovativer Prototypen und Kleinserien innerhalb eines geschützten Rahmens. In Wirtschaft und Gesellschaft wird das Potenzial von MakerSpaces schon länger für Innovationsförderung, designorientierte sowie interdisziplinäre Produktentwicklung und für Initiativen zur Social Entrepreneurship eingesetzt (vgl. Schmid 2019; vgl. Hollauf/Schön 2019). Schön et al. (2015, S. 20) sehen im zunehmenden Interesse am Making mit Kindern und Jugendlichen einen seltenen Konsens von Pädagogik, Wirtschaft und Bildungspolitik.

Inwieweit 21st Century Skills wie die 4Cs und digitale Kompetenzen im Rahmen von schulischen MakerSpaces tatsächlich gefördert werden können, wurde bislang nicht systematisch untersucht. Erfahrungen aus Industrie, Hochschulen und ausserschulischer Bildung deuten aber darauf hin, dass Lernende in MakerSpaces produktiv zusammenarbeiten, sich gegenseitig inspirieren und kreativen Selbstausdruck und Reflexionsfähigkeit zeigen. Was einen MakerSpace als schulische Lernumgebung zur Förderung von Zukunftskompetenzen darüber hinaus prädestiniert, ist die Chance dies mit dem Erwerb von digitalen Kompetenzen zu verbinden. Die Einführung des Lehrplans 21 in Schweizer Primarschulen im Allgemeinen und des Moduls Medien und Informatik im Besonderen führt derzeit an Schulen und Pädagogischen Hochschulen zum Ausbau der Angebote insbesondere im Bereich Informatik. Dabei zeichnet sich ein Trend ab, informatische Inhalte und Kompetenzen «on top» und isoliert von anderen Fachkompetenzen zu vermitteln (z.B. durch einfache Experimente mit Robotern oder durch punktuelle Programmieraktivitäten). Eine stärker anwendungsbezogene und vor allem interdisziplinäre Aneignung digitaler Kompetenzen in einer innovations- und kreativitätsfördernden Lernumgebung erscheint auf den ersten Blick attraktiv. Medientechnische und informatische Inhalte können auf sinnstiftende und lustvolle Weise bearbeitet werden, so dass die Schüler*innen schon früh an die kreative und verantwortungsvolle Arbeit mit innovativen Technologien und Verfahren herangeführt werden.

1.2 Gegenstand und Ziel des Projekts

Im Forschungsprojekt «MakerSpace – Raum für Kreativität» wird der Versuch unternommen, die Maker-Idee auf die schulische Bildungspraxis zu übertragen (vgl. Ingold/Maurer/Trüby 2019). Entwicklungsziel ist die Konzeption, Implementierung, Überprüfung und schrittweise Weiterentwicklung eines MakerSpace an der Primarschule Silberberg in Thayngen (Schweiz, Kanton Schaffhausen). In Zusammenarbeit mit Schüler*innen, Lehrpersonen und der Schulleitung entsteht eine innovative Lernumgebung, in welcher die Lernenden an eigenen Projekten tüfteln, digitale und analoge Technologien verbinden, Probleme auf kreative Weise lösen und einen aktiven, verantwortungsvollen und kritischen Umgang mit Technologie erlernen können.

Massgebend für die Design-Entwicklung sind einerseits die Prämissen der Maker Education (vgl. z.B. Hatch 2013; vgl. Dougherty 2013; vgl. 2), Überlegungen zur Förderung von Autonomie und verantwortungsvollem Handeln bei der Produktentwicklung (Digitale Mündigkeit, vgl. 3) und Erkenntnisse aus der Kreativitätsforschung (vgl. 4). Andererseits gilt es, die administrativen und bildungspolitischen Rahmenbedingungen der Schule (vgl. 6ff.) sowie die persönlichen Haltungen und Dispositionen der Lehrpersonen und Schüler*innen (vgl. 8ff.) zu berücksichtigen. Abbildung 1.1 veranschaulicht die an der Design-Entwicklung beteiligten Perspektiven. Das wissenschaftliche Erkenntnisinteresse des Entwicklungs- und Forschungsprojekts richtet sich auf die Art und Weise, wie Ideen, Anliegen und Methoden der Maker Education (vgl. 2ff.) vom Schulfeld angeeignet

ABB. 1.1: PERSPEKTIVEN DES ENTWICKLUNGSPROJEKTS

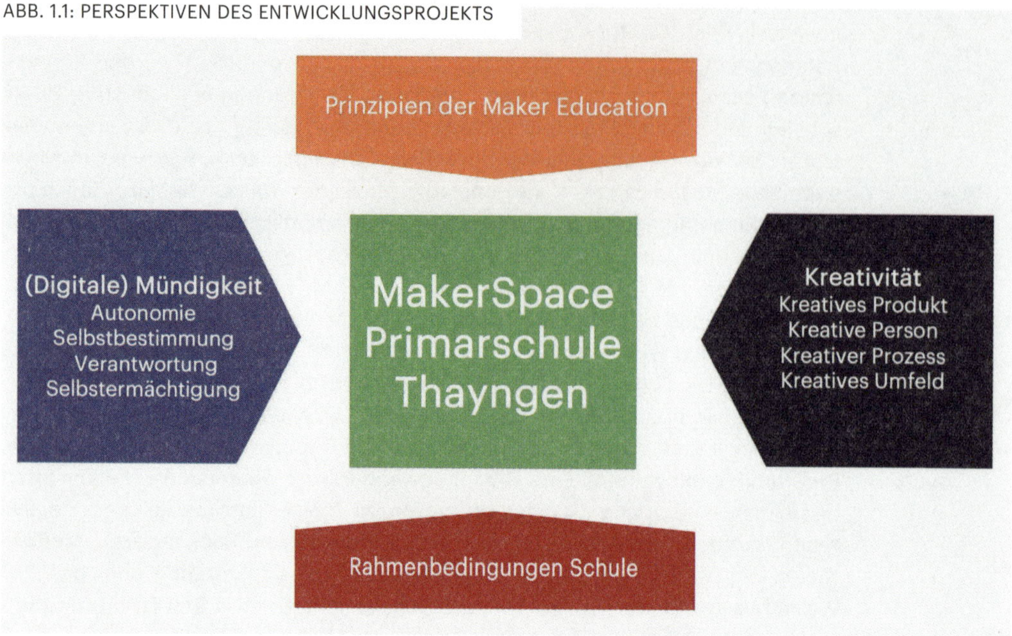

und adaptiert werden, welche strukturellen Rahmenbedingungen die Adaption beeinflussen und welche konkreten Massnahmen die Einbindung eines MakerSpace in den Schulalltag erleichtern. Nebst der Konzeption, Inbetriebnahme und Optimierung des MakerSpace an der Primarschule Thayngen werden auf der empirischen Ebene relevante Faktoren und Rahmenbedingungen für das Empowerment zur (digitalen) Mündigkeit und zu kreativem Selbstausdruck beim Making beobachtet, identifiziert, in ihren Wirkungszusammenhängen beschrieben und interpretiert. Diesbezügliche Befunde fliessen in die Entwicklung konkreter Massnahmen zur Optimierung des MakerSpace-Designs ein (Re-Design).

«There (are) a variety of ways in which making can be implemented in school.»

(Wardrip / Brahms 2016)

ABB. 1.2: DER ITERATIVE DESIGN-BASED RESEARCH-PROZESS DES PROJEKTS

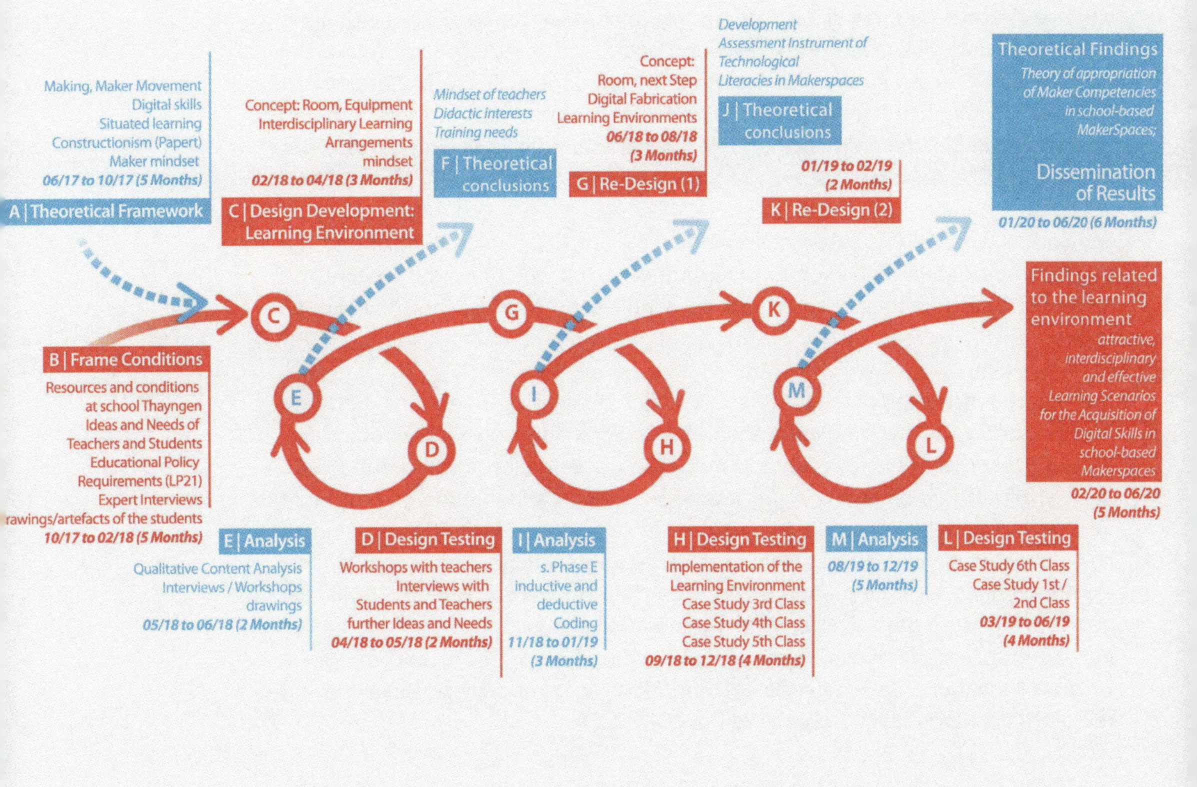

1.3 Der DBR-Forschungsansatz

Schulische MakerSpaces sind bislang relativ unerforscht und zur Gestaltung von MakerSpaces an Schulen liegen nur wenige konzeptionelle Überlegungen aus dem englischsprachigen Raum vor (vgl. z.B. Brejcha 2018; vgl. Libow Martinez/Stager 2019). Für die Annäherung an ein neu zu explorierendes Feld, dessen Kern ein schrittweise zu optimierendes didaktisches Design darstellt, ist der Forschungsansatz «Design-Based Research» (DBR) prädestiniert (vgl. Reinmann 2005). DBR bietet einen offenen Rahmen, in dem nicht nur die empirische Evaluation einer Lernumgebung Teil des Forschungsvorhabens ist, sondern auch die theoriebasierte Entwicklung der Lernumgebung (Design), die evaluiert werden soll, sowie deren konkrete praxisbezogene Ausgestaltung (vgl. Tulodziecky 2017, S. 160). Ein derartiger iterativ arrangierter Prozess ist geeignet, sowohl Erkenntnisse für die Praxis zu generieren, als auch die Theoriebildung im Bereich Making und Schule weiterzuentwickeln.

Gemäss DBR wird das MakerSpace-Design innerhalb mehrerer iterativer Schleifen von theoriebasierter Entwicklung, daraus resultierenden Design-Entscheidungen, Testphasen und Re-Design entwickelt und schrittweise an die Bedürfnisse der Akteure sowie an die strukturellen Rahmenbedingungen der Schule angepasst. Befunde der Begleitforschung werden demnach fortlaufend interpretiert und unmittelbar in die Weiterentwicklung des MakerSpace Designs einbezogen, was Abbildung 1.2 veranschaulicht.

Bestandteil des DBR-Prozesses ist ausserdem die Entwicklung und Erprobung von gegenstandsadäquaten Forschungsinstrumenten, mit welchen sich Aspekte von Kreativität und (digitaler) Mündigkeit im schulischen Making-Kontext erfassen lassen.

Das Forschungsdesign beinhaltet hauptsächlich qualitative Erhebungs- und Analysemethoden. Ein hypothesenüberprüfendes Forschungsdesign mit standardisierten Wirkungsmessungen etwa durch Prä-Post-Vergleich zweier Mittelwerte nach erfolgter Implementation der jeweiligen Design-Massnahme kommt nicht infrage. Individuelle Konstruktionsprozesse in schulischen MakerSpaces sind so komplex, dass sie kaum prospektiv durch taugliche Variablen-Sets repräsentiert werden können (vgl. Reinmann 2005). Stattdessen werden auf der Basis der qualitativen Daten der Fallstudie Thayngen Wirkungsannahmen gebildet, indem Lehr-Lernprozesse in ihrem Kontext analysiert (vgl. Petko 2011) und mögliche Zusammenhänge situativ offengelegt und kreative Lernprozesse beim Making rekonstruiert werden (vgl. Dube/Prediger 2017, S. 2).

Das MakerSpace-Design wird in enger Abstimmung von Forschenden, Praxispartnern, Lehrpersonen und Schüler*innen partizipativ entwickelt. Somit können die verschiedenen Sichtweisen der Anspruchsgruppen als am Innovationsprozess beteiligte Akteure (vgl. Howaldt/Schwarz 2010) berücksichtigt werden. Für die nachhaltige Implementierung eines schulischen MakerSpace über den Projektzeitraum hinaus ist es entscheidend, dass die Akteur*innen vor Ort voll hinter dem Projekt stehen und sich mit den Massnahmen und Design-Entscheidungen identifizieren. Eine Top-Down Vorgehensweise im Sinne eines fertigen Konzepts kommt daher nicht infrage. Die Mitglieder des interdisziplinär zusammengesetzten Projektteams (vgl. 7.3.3) verfügen über Experise im Bereich neuartige Bildungs- und Kreativräume (Ostschweizer Fachhochschule), Medien und Informatik(-didaktik) und für Bildung in der Volksschule (Pädagogische Hochschule Thurgau).

Im medienpädagogischen Umfeld sind in der jüngeren Vergangenheit eine Reihe didaktischer Ideen zu kreativen Maker-Aktivitäten generiert worden (vgl. z.B. Schön/Ebner/Narr 2015). Gleichzeitig wurde der Ansatz «medienpädagogisches Making» grundgelegt (vgl. Boy/Sieben 2017; vgl. Boy/Narr 2019). Im englischsprachigen Raum, wo die Maker Education auf eine längere Tradition zurückblicken kann, findet man inzwischen eine Reihe von Studien, die ihr Erkenntnisinteresse auf unterschiedliche Aspekte des Makings in der Schule richten. Hauptsächlich handelt es sich dabei um Praxisforschung und um die Auswertung von Good Practice Erfahrungen (vgl. Godhe et al. 2019, S. 318).

1.4 Neun Handlungsfelder der Design-Entwicklung

Als konzeptionelle Grundlage für die Design-Entwicklung des MakerSpace dienen neun Handlungsfelder, die sich während des Projektverlaufs in mehreren Iterationen immer weiter geschärft haben. Jedes Handlungsfeld beinhaltet übergeordnete Fragestellungen nach adäquaten Design-Massnahmen für autonomie- und kreativitätsförderndes Making unter den Bedingungen von Schule. Abbildung 1.3 zeigt die Handlungsfelder im Überblick. Nachfolgend sind die übergeordneten Fragestellungen in einer ersten Fassung formuliert.

ABB. 1.3: HANDLUNGSFELDER DER DESIGN-ENTWICKLUNG

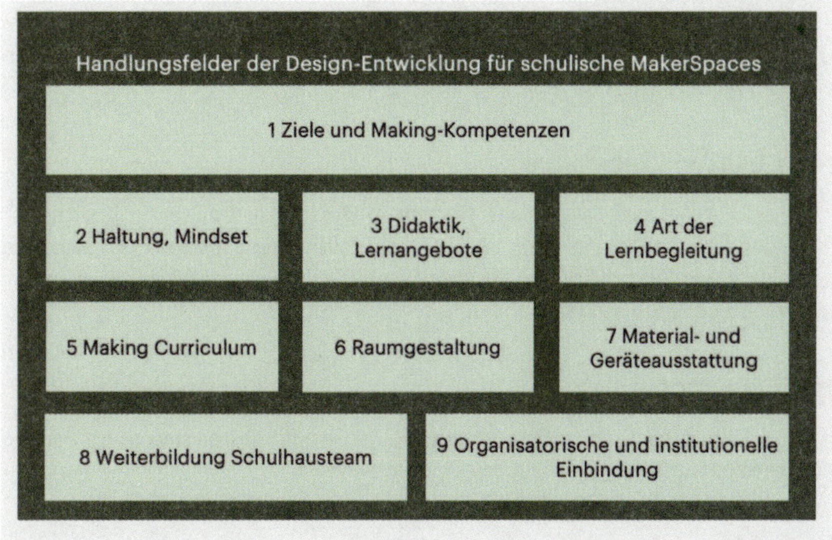

HF 1: Ziele und Making-Kompetenzen

Im Unterschied zu den anderen acht Handlungsfeldern zielt Handlungsfeld 1 nicht auf die Entwicklung von Design-Massnahmen ab. Stattdessen wird hier der didaktische Zielhorizont des schulischen Makings grundgelegt. Welche fachlichen und überfachlichen Kompetenzen sollen aus der Perspektive der Maker Education beim Making erworben werden? Welche Kompetenzen sind erforderlich, um selbstbestimmt und kreativ mit den verfügbaren Materialien und Technologien im MakerSpace eigene Ideen umzusetzen und kritisch zu reflektieren? Inwieweit sind die Making-Kompetenzen anschlussfähig an die bildungspolitischen Vorgaben des Lehrplans 21 der Schweizer Volksschule?

HF 2: Haltung/Mindset

Welche Haltung und Einstellung müssen Lehrpersonen und Schüler*innen beim Making einnehmen, um kreativen Selbstausdruck und (digitale) Mündigkeit der Schüler*innen zu stärken?

HF 3: Didaktik

Wie kann Lernen im MakerSpace arrangiert werden? Welche Lernanlässe, Aufträge, Challenges, Reflexionsformen lassen selbstbestimmte und kreative Aneignungsweisen zu? Wie können Making-Aktivitäten und -Themen zielstufengerecht und aufeinander aufbauend gestaltet werden? Wie ist das Verhältnis von Instruktion und Konstruktion zu gewichten? Wie können Lernprozesse und Lernergebnisse festgehalten/dokumentiert werden?

HF 4: Lernbegleitung

Wie soll die Lernbegleitung beim Making arrangiert werden? Welche Rollen haben dabei Pädagog*innen und Schüler*innen?

HF 5: Maker-Curriculum

Welche Themen und Fachinhalte werden in der Maker Education bearbeitet? Inwieweit können Making-Aktivitäten mit den bildungspolitischen Vorgaben im Lehrplan in Einklang gebracht werden? Welche fachspezifischen und fächerübergreifenden Bezüge ergeben sich?

HF 6: Raumgestaltung

Wie kann eine Maker-Umgebung (kreativitäts-)anregend gestaltet werden? Welche Art der Raumaufteilung ist diesbezüglich sinnvoll?

HF 7: Material- und Geräteausstattung

Welche Maschinen-, Werkzeug- und Materialausstattung ist für schulisches Making erforderlich?

HF 8: Qualifikation/Weiterbildung

Welches Fachwissen, welche Qualifikationen benötigen Making-Lehrpersonen für den Unterricht im MakerSpace? Welche Weiterbildungsformate eignen sich, um den Wissenstransfer im Schulhaus niederschwellig sicherzustellen?

HF 9: Organisatorische und institutionelle Einbindung in den Schulalltag

Wie kann ein MakerSpace strukturell so in den Schulalltag eingebunden werden, dass möglichst viele Schüler*innen und Lehrpersonen die Lernumgebung nutzen können? Welche Zeitgefässe, betreute und offene Angebote, Lerngruppenzusammensetzungen ermöglichen selbstbestimmtes und kreatives Arbeiten? Wie hoch ist der Personal- und Betreuungsbedarf?

Potenzielle Design-Massnahmen werden jeweils auf der Grundlage einer Literaturauswertung ermittelt, den jeweiligen Handlungsfeldern zugeordnet und vor deren Umsetzung mit der Perspektive der Nutzergruppen vor Ort (Schüler*innen, Lehrpersonen, Schulleitung) partizipativ abgeglichen und bei Bedarf präzisiert. Die Perspektive der Nutzergruppen hat im Rahmen des Praxisforschungsprojekts vor allem hinsichtlich der Frage der Übertragbarkeit und Akzeptanz der Maker-Idee im Schulkontext eine zentrale Bedeutung. Im weiteren Verlauf des Projekts wird immer wieder auf die neun Handlungsfelder der Design-Entwicklung Bezug genommen.

1.5 Methoden und Instrumente

Im Design-Based Research-Prozess des Projekts «MakerSpace – Raum für Kreativität» kommen ausschliesslich qualitative, nicht standardisierte Forschungsmethoden zum Einsatz. Pädagogische Prozesse im MakerSpace werden teilnehmend beobachtet und partiell videographiert; die Analyse von Schüler-Lernprodukten und Dokumentationen gibt Aufschluss über Ideen, Gedanken und Problemlösungen während des Making-Prozesses. Teilweise werden auch Prozessvideos der Schüler*innen und digitale Lernportfolios ausgewertet. Erfahrungen und Einschätzungen der Lehrpersonen werden in leitfadengestützten themenzentrierten Interviews erhoben. Um allfällige Veränderungen in der Haltung oder Sichtweise nachzuvollziehen, werden die einzelnen Lehrpersonen im Rahmen des Projekts mehrfach befragt. Auch die Sichtweise der Schüler*innen wird erhoben. Anonyme Rückmeldungen können sie in einer Online-Befragung mit geschlossenen und offenen Items geben. Auf der Grundlage des Antwortverhaltens werden mit ausgewählten Schüler*innen leitfadengestützten 2er-Gruppendiskussionen durchgeführt. Auf diese Weise können bei überraschenden Ergebnissen der Online-Befragung mögliche Gründe und Zusammenhänge rekonstruiert werden. Die Forschungsinstrumente werden theoriegeleitet entwickelt, der Design-Based Research-Prozess bedingt jedoch auch eine kontinuierliche Anpassung der Instrumente an den Forschungs- und Projektverlauf. Alle Methoden und Forschungsinstrumente sind in Tabelle 1 überblicksartig dargestellt.

1.6 Die Phasen im DBR-Forschungsprozess

An dieser Stelle werden die Phasen des Design-Based Research-Prozesses grob abgebildet (vgl. Tabelle 1.4). Eine detaillierte Ausführung, differenziert nach Entwicklungsphase und Begleitforschungsphase, findet sich in den Kapiteln 7.2.1 und 7.2.2.

JUNI BIS OKTOBER 2017	1	Vorbereitungsarbeiten Literaturarbeit, Zielsetzung, Fragestellungen, Finanzierung, Exkursionen zu schulische MakerSpaces
OKTOBER BIS DEZEMBER 2017	2	Rekrutierung Rekrutierung und Auswahl der Pilotschule Rekrutierung Personal, Arbeitsgruppe
DEZEMBER BIS JANUAR 2018	3	Bedarfsanalyse IST-Analyse, Rahmenbedingungen Erfassung und Analyse der Ideen von Schüler*innen
APRIL BIS MAI 2018	4	Design MakerSpace Design-Entwicklung, Umbauphase 1
MAI BIS JULI 2018		Entwicklung Maker-Curriculum, Themen, Planung Schuljahr 2018/19; Umbauphase 2
JUNI 2018		Weiterbildungskonzept, Planung Weiterbildungen
JULI BIS AUGUST 2018	5	Forschungsdesign Begleitforschung Methoden und Instrumente
AUGUST 2018	6	Fallstudie 1, Klasse 3 im MakerSpace
SEPTEMBER BIS NOVEMBER 2018	7	Fallstudie 2, Klasse 5 im MakerSpace Analyse, Re-Design
NOVEMBER 2018 BIS FEBRUAR 2019	8	Fallstudie 3, Klasse 4 im MakerSpace Analyse, Re-Design
FEBRUAR BIS MAI 2019	9	Fallstudie 4, Klasse 6 im MakerSpace
JUNI 2019	10	Fallstudie 5, Klasse 1 und 2 im MakerSpace
JULI BIS SEPTEMBER 2019	11	Abschlussbefragungen und Interviews
SEPTEMBER 2019 BIS JANUAR 2020	12	Zweites Betriebsjahr Klasse 6 und Klasse 5
JANUAR BIS OKTOBER 2020	13	Gesamtauswertung

TAB. 1.4: DIE PROJEKTSCHRITTE DES DESIGN-BASED RESEARCH-PROJEKTS

1.7 Gliederung des Forschungsberichts

1.7.1 Maker Education

Zunächst werden in der Fachliteratur im Bereich Making wesentliche Anliegen, Merkmale und Prinzipien der Maker Education identifiziert und in den neun Handlungsfeldern der Design-Entwicklung verortet (vgl. Abbildung 1.5).

ABB. 1.5: PRINZIPIEN DER MAKER EDUCATION IN DEN NEUN HANDLUNGSFELDERN

1.7.2 Digitale Mündigkeit und Making

Nach einer Begriffsklärung und der Analyse verschiedener Operationalisierungsversuche des Konstrukts «Digitale Mündigkeit» auf der Grundlage vorhandener Fachliteratur wird ein spezifisches Modell für Digitale Mündigkeit im Kontext schulischen Makings entwickelt. Dabei wird prospektiv ausgelotet, welche Kompetenzen und Fertigkeiten Schüler*innen benötigen, um mit den (technologischen) Ressourcen in einem MakerSpace mündig und eigenverantwortlich ihre Ideen umsetzen können (vgl. Abbildung 1.6).

ABB. 1.6: DIGITALE MÜNDIGKEIT IN DEN NEUN HANDLUNGSFELDERN

1.7.3 Kreativität und Making

Nach einer kurzen sondierenden Betrachtung der zahlreichen Bedeutungsfacetten des Begriffs Kreativität wird der Frage nachgegangen, was Kreativität im Kontext schulischen Makings konkret bedeuten kann, wie sie sich manifestiert und welche Rahmenbedingungen für kreativen Selbstausdruck und kreatives Problemlösen günstig und/oder erforderlich sind. Anhand der vier Perspektiven der Kreativitätsforschung (Produkt, Person, Prozess und Umfeld) wird schliesslich ein making-spezifisches Kreativitätsmodell entwickelt, auf dessen Grundlage einerseits Design-Entscheidungen bei der Konzeption schulischer MakerSpaces getroffen werden können. Andererseits dient das Modell dazu, nach Inbetriebnahme eines schulischen MakerSpace Formen von Kreativität sichtbar zu machen, zu würdigen und zu differenzieren (vgl. Abbildung 1.7).

ABB. 1.7: KREATIVITÄT IN DEN NEUN HANDLUNGSFELDERN

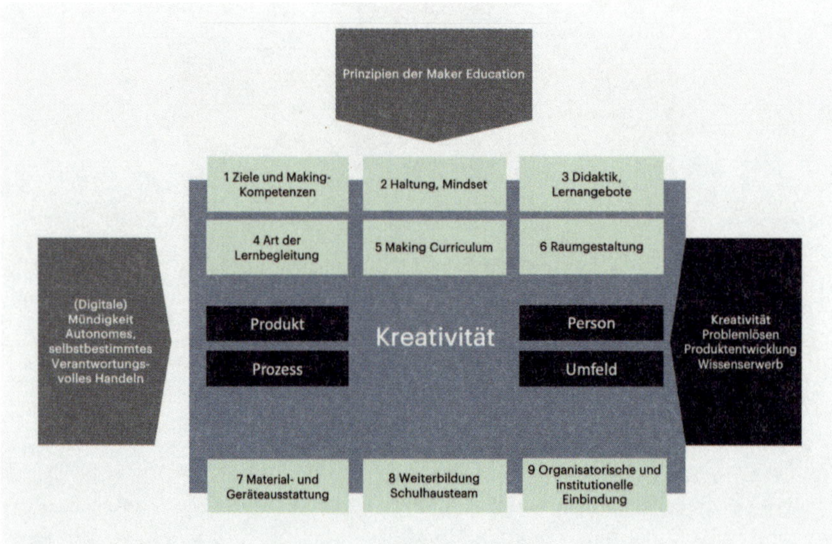

1.7.4 Zwischenfazit – Leitlinien für kreatives und mündiges Making

Als Zwischenfazit werden nun die Erkenntnisse aus den Kapiteln 2 «Maker Education», 3 «Digitale Mündigkeit und Making» und 4 «Kreativität und Making» zusammenfassend den neun Handlungsfeldern der Design-Entwicklung (vgl. 1.4) zugeordnet. Auf dieser Basis werden – gewissermassen idealtypische – Leitlinien für die Entwicklung von MakerSpaces formuliert, die selbstbestimmte und kreative (Lern-)Aktivitäten begünstigen.

1.7.5 Making und Schule – Synergien, Reibungspunkte und Handlungsbedarfe

Nun werden die idealtypischen Leitlinien für die Design-Entwicklung schulischer MakerSpaces den Gegebenheiten und Rahmenbedingungen der Institution Schule gegenübergestellt. Hierfür wird zunächst der Stand der Forschung zu Making in der Schule aufgearbeitet. Anschliessend wird das Spektrum möglicher Einbindungsformen in den Schulalltag ausgelotet und bestehende Initiativen und Projekte schulischen Makings im deutschsprachigen Raum porträtiert.
Unter Einbeziehung von Fachliteratur werden abschliessend mögliche Synergien, Reibungspunkte und Handlungsbedarfe zwischen Maker Education und Schule antizipiert und Konsequenzen für die partizipative Design-Entwicklung an der Primarschule Thayngen gezogen (vgl. Abbildung 1.8).

ABB. 1.8: MAKING IN DER SCHULE – FORSCHUNG, PRAXIS, SYNERGIEN, HANDLUNGSBEDARF

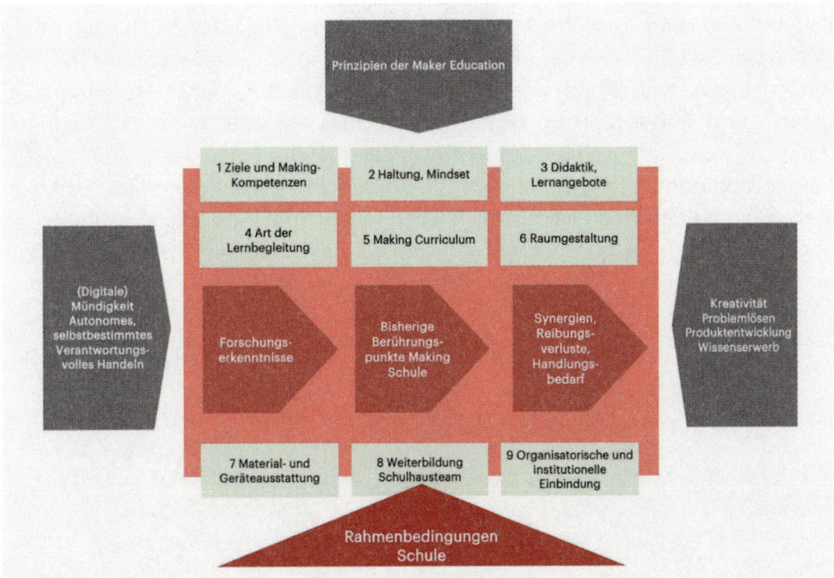

1.7.6 Forschungsdesign

In Kapitel 7 wird das Forschungsdesign des Design-Based Research-Projekts entwickelt und begründet. Nach der Präzisierung des Erkenntnisinteresses durch Ausdifferenzierung der übergeordneten Fragestellungen in den neun Handlungsfeldern der Design-Entwicklung sowie zu den Forschungsschwerpunkten Digitale Mündigkeit und Kreativität werden die einzelnen Schritte, Phasen und Methoden des Design-Based Research-Projekts theoretisch hergeleitet und begründet. Der Übersicht wegen werden die zwei Phasen a) Design-Entwicklung (Konzeption und Einrichtung) und b) Begleitforschung (Betriebsphase des MakerSpace) unterschieden.

1.7.7 Design-Entwicklung – MakerSpace an der Primarschule Thayngen

In Kapitel 8 wird der partizipative Design-Entwicklungsprozess des MakerSpace an der Primarschule in Thayngen rekonstruiert. Dabei fliessen verschiedene qualitative Daten (z.B. Interviews mit Lehrpersonen, Schüler*innenzeichnungen, Gruppendiskussionen, Workshopergebnisse des Schulhausteams etc.) ein. Im Sinne des DBR-Ansatzes wird das MakerSpace-Design iterativ an die Bedingungen und Strukturen der Primarschule in Thayngen angepasst.

1.7.8 Ausblick auf den zweiten Band

Im zweiten Band werden die klassenstufenbezogenen Fallstudien im chronologischen Verlauf vorgestellt. Die Rekonstruktion des Prozesses erfolgt auf der Basis von Feldnotizen, von videografischen Daten, von Interviews mit Lehrpersonen und Schüler*innen und von Fotos bzw. Videos der Making-Produkte. Nach einer ethnografischen Beschreibung der Making-Aktivitäten folgen fallstufenspezifische Auswertungen hinsichtlich der beiden Forschungsschwerpunkte «Digitale Mündigkeit» und «Kreativität» im Kontext schulischen Makings. Befunde, Theoriebildung und Konsequenzen für das Re-Design werden im Sinne des DBR-Prozesses jeweils am Ende der Fallstudien ausgewiesen. Abschliessend werden die Fragestellungen zu den neun Handlungsfeldern fallstudienübergreifend beantwortet und Perspektiven für die Weiterentwicklung von schulischen MakerSpace Designs aufgezeigt.

2 Maker Education

2 Maker Education

In diesem Kapitel werden auf der Grundlage einer Literaturanalyse wesentliche Anliegen, lerntheoretische Bezüge und didaktisch-konzeptionelle Eckpfeiler der Maker Education herausgearbeitet. Um konkrete Anhaltspunkte für den Transfer der Maker-Idee auf die Schule zu erhalten, werden auch methodische Prinzipien und Lernformen sowie Aspekte der räumlichen Gestaltung eines MakerSpace fokussiert. Zur Vorbereitung von Design-Massnahmen für die Konzeption eines schulischen MakerSpace werden die Erkenntnisse den neun Handlungsfeldern der Design-Entwicklung zugeordnet.

ABB. 2.1: PRINZIPIEN DER MAKER EDUCATION IM KONTEXT DER HANDLUNGSFELDER

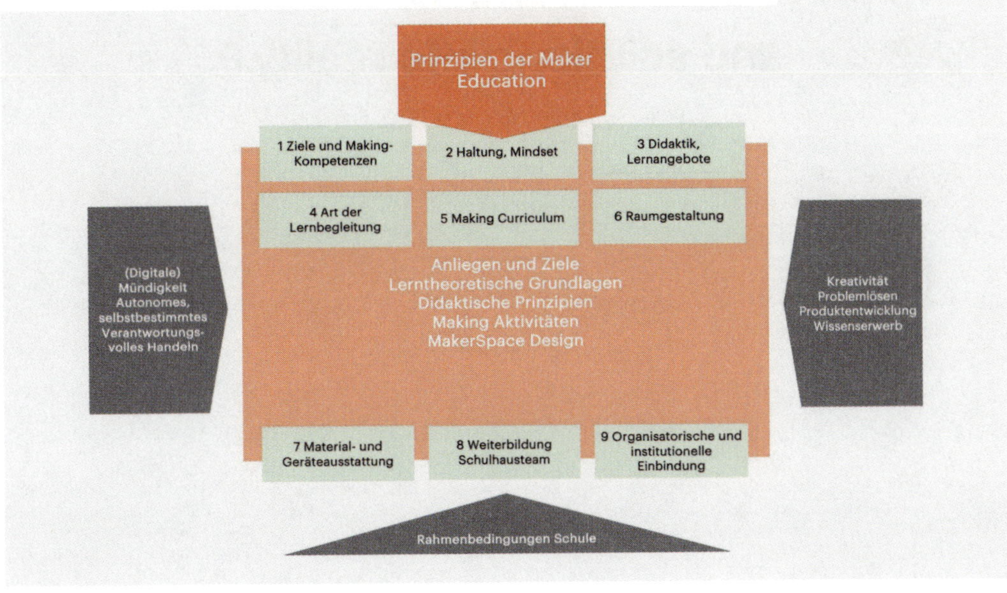

2.1 Maker-Movement

Das Maker-Movement gilt als Graswurzelbewegung (vgl. Eriksson et al. 2016, S. 2) kreativer Tüftler*innen, die analoge und digitale Techniken und Werkstoffe nutzen, um gemeinsam Probleme zu lösen, eigene Produkte zu entwickeln oder die Haltbarkeit von Produkten zu verlängern (vgl. Boy/Sieben 2017, S. 25). Als Community of Practice organisiert, arbeiten Maker*innen miteinander, lernen selbstbestimmt und voneinander. Sie teilen ihr Knowhow, ihre Ideen und Lösungsansätze. Sie nehmen Dinge auseinander, ergründen deren Funktionsweise, machen Code bzw. Algorithmen transparent und schaffen gemeinsam Neues. Viele Maker*innen verbindet eine kritische Haltung gegenüber der Konsumgesellschaft, den massenindustriell gefertigten Produkten und Geschäftsmodellen von Technologieunternehmen (vgl. Maurer/Narr 2019). Sie sehen sich nicht als passive Konsument*innen, sondern als aktive und selbstbestimmte Gestalter*innen (vgl. Dougherty o.J. S. 1; vgl. Sheridan et al. 2014, S. 506). Statt um Profit und Wachstum geht es ihnen um soziale Innovationen, um Nachhaltigkeit und lokale Produktion, um Verantwortung und Transparenz. Making bedeutet oftmals, Funktions- und Gestaltungsprinzipien technischer Produkte kritisch zu ergründen, Strukturen hinter der Oberfläche des Digitalen zu verstehen und unter Berücksichtigung ethischer Prinzipien aktiv anzuwenden bzw. selbst zu verändern.

«The Maker-Movement is meant to empower people of all ages to create, innovate, tinker, and make their ideas and solutions into reality.»

(Bean, M. Farmer, & A. Kerr, 2015, S. 62)

Ihre Wurzeln hat die Maker-Bewegung in der Do-it-Yourself-Bewegung der 60er- und 70er Jahre, deren Anhängerschaft den passiven und fremdbestimmten Konsum ablehnte und im gemeinsamen Selbermachen, im Tüfteln und Basteln eine Möglichkeit der Selbstermächtigung fand. Damals wie heute sind Autonomie, Selbstbestimmung und das Gestalten von Welt (vgl. Oxman Rayn et al. 2016) wichtige Triebfedern der Bewegung. Jede*r kann Maker*in sein, auch ohne professionelles Spezialwissen. Autodidaktische Zugänge in Verbindung mit dem Wunsch, sich Wissen und Fähigkeiten selbst anzueignen, sind vor diesem Hintergrund stark verbreitet (Assaf 2019, S. 264). Obwohl die Maker-Bewegung ursprünglich keine pädagogische Bewegung war, kann autodidaktisch motiviertes Making als erfahrungs- und produktorientierte Form der Selbstbildung verstanden werden. Das selbstbestimmte Tüfteln und Herausfinden von Lösungsstrategien bietet die Chance, Selbstwirksamkeit zu erleben und eigene Stärken zu entdecken und weiterzuentwickeln.

Die zahlreichen Bauanleitungen, Dokumentationen und Videotutorials im Netz haben dazu beigetragen, dass Laien schnell und selbstständig die nötige Expertise erwerben können, die es für die Umsetzung eigener Ideen braucht. In der Maker-Bewegung gehört es zum guten Ton, dass man seinerseits sein Wissen an andere weitergibt. Die digitale Transformation brachte Anfang der 2000er Jahre weitere entscheidende Impulse, die es der Maker-Bewegung ermöglichte, das traditionelle Handwerk mit moderner Technologie zu verbinden. Digitale Fabrikationsgeräte wie 3D-Drucker, Lasercutter, Plotter, CNC-Fräsen sowie digitale Werkstoffe (z.B. Microcontroller, Sensoren, Aktoren) führen zur «Demokratisierung der Produktion» (vgl. Schön/Ebner 2019; vgl. Wunderlich 2019). Sie erlauben jedermann und jederfrau die Herstellung von hochwertigen und präzise gefertigten High- und Low-Techprodukten (vgl. Assaf 2019, S. 263/264) und erleichtern die Produktion von Ersatzteilen, um die «geplante Obsoleszenz» zu umgehen (vgl. Boy/Sieben 2017, S. 25), die in zahlreichen Industrieprodukten durch Sollbruchstellen die Lebensdauer künstlich verkürzt.

Die Maker-Bewegung stellt eine nahtlose und interdisziplinäre Verbindung verschiedener Fachrichtungen und Gewerke dar (vgl. Cross 2017, S. 28; vgl. Gierdowski/Reis, 2015, S. 480). Die Bandbreite reicht von Informatik, Mathematik, Ingenieurwesen über Kunst und Gestaltung, Holz-, Metall- und Kunststoffverarbeitung, textiles Handwerk, Musik, Film und Theater (vgl. Regalla 2016 S. 276). High-Tech und Low-Tech Traditionen gehen eine Symbiose ein (vgl. Peppler et al. 2016).

Viele Maker*innen verfolgen gesamtgesellschaftlich relevante Fragestellungen und Herausforderungen, zu welchen sie Lösungen entwickeln. Dabei liegen Berührungspunkte mit Fragestellungen einer nachhaltigen Entwicklung nahe (wie Up- und Downcycling, Repair-Cafés, Klimaschutz und Energie-Effizienz) (vgl. Maurer/Narr 2019). «Das Selbermachen wird dabei nicht als Trend oder Freizeitbeschäftigung betrachtet, sondern als essentieller Schritt zur Selbstermächtigung und zum Rollenwandel von Konsumierenden hin zu Selbstversorgern und Selbstversorgerinnen...» (Schön et al. 2015, S. 20).

Maker*innen sind häufig genossenschaftlich oder in Vereinen organisiert (vgl. Assaf 2014, S. 145). Sie nutzen offene Werkstätten, die sie selbst verwalten und die neben einschlägigen technischen Anlagen der digitalen Fabrikation auch Materialien sowie Arbeits- und Werkplätze zur Verfügung stellen. Je nach Ausrichtung werden solche Werkstätten als FabLab (Schwerpunkt digitale Fabrikation und Orientierung an Fab Carta), MakerSpace (Werkstatt mit digitalen und analogen Produktionseinrichtungen) oder HackerSpace (Schwerpunkt auf Softwareentwicklungen Open Scource, ...) bezeichnet. Viele dieser experimentellen Werkstätten werden von kompetenten Expert*innen betreut, die bei Bedarf unterstützen. Auch Kurse und Workshops zu bestimmten Themen oder Technologien werden dort angeboten (vgl. Regalla 2016, S. 276) – meist von Mitgliedern der lokalen Maker-Community (vgl. Assaf 2014, S. 145). Ansonsten trifft sich die Maker-Bewegung regelmässig auf sogenannten Maker-Faires, einer Art intergenerative Messe für digitales Handwerk, die in Anlehnung an das US-amerikanische Vorbild seit 2013 (Hannover) in verschiedenen Städten im deutschsprachigen Raum ausgetragen wird. Maker-Faires (von englisch «Fayre» = Jahrmarkt) sind Plattformen, um Produktideen zu zeigen und zu diskutieren, an Workshops und Vorträgen teilzunehmen und sich auszutauschen. Die Zeitschrift Make, die seit 2012 auch in deutscher Sprache erscheint, gilt als zentrales Presseorgan der Maker-Bewegung. Schön/Ebner zeichnen die noch relativ junge Entwicklung der Maker-Bewegung im deutschsprachigen Raum genauer nach (vgl. Schön/Ebner 2019, S. 11).

2.2 Maker Education/ Pädagogisches Making

Maker Education wird im deutschsprachigen Raum als «Pädagogisches Making» bezeichnet (vgl. Boy/Sieben 2017). Sie gilt als Didaktik und Methodik des Lernens in Maker-Umgebungen. Als Zielgruppe kommen prinzipiell alle Altersgruppen in Frage, ein Schwerpunkt liegt aber auf der Arbeit mit Kindern und Jugendlichen und auf deren «...Ausbildung zu (zukünftigen) Selbermachenden» (Schön/Ebner 2019, S. 12).

2.2.1 Anliegen der Maker Education

Der Schritt vom Nutzer zum aktiven Gestalter und Produzenten von Dingen (vgl. Cross 2017, S. 28) steht stellvertretend für den Anspruch der Maker Education, sozial verantwortungsvolle und mündige Bürgeri*innen zu bilden, die in der zukünftigen Gesellschaft handlungs- und innovationsfähig sind. Dieses Anliegen verbindet die Maker Education mit der Entrepreneurship Education (vgl. Hollauf/Schön 2019) insofern, als Kinder und Jugendliche erleben, dass sie die Welt positiv beeinflussen können, wenn sie kreativ und problemlösend tätig sind (vgl. Schön/Jagrikova/Voigt 2018).

Mit Entrepreneurship Education ist an dieser Stelle nicht die ökonomische Verzweckung und Monetarisierung menschlicher Kreativität gemeint, sondern – im Sinne einer «Sustainable Development Entrepreneurship» – die Lösung von gesellschaftlichen Herausforderungen wie die demografische Entwicklung oder den Klimawandel (vgl. Hermann 2019, S. 40).

Die Maker Education zielt darauf ab, Lernende für diese gegenwärtigen und zukünftigen Herausforderungen zu sensibilisieren und im Rahmen ihrer Möglichkeiten, Problemlösungen zu entwickeln. Schön (2015, S. 20) weist auf Parallelen zwischen Maker Education und politischer Bildung hin. «Politische Bildung, die die Aufgabe hat, Menschen dazu zu motivieren, sich für die Gesellschaft zu engagieren und Verantwortung für das Zusammenleben von Menschen zu übernehmen, sollte auch die Möglichkeiten eröffnen, sich im praktischen Tun auszuprobieren. Ebenso wie das Making geht es der politischen Bildung darum, verantwortungsbewusstes Handeln auszuprobieren, ebenso, wie die Konsequenzen des eigenen Handelns zu reflektieren» (Schön 2015, S. 20).

Aber auch das Selbstbewusstsein von Kindern und Jugendlichen soll gefördert und Selbstwirksamkeitserfahrungen im gestalterischen Umgang mit Materialien und Technologien ermöglicht werden (vgl. Schön et al. 2015, S. 18; vgl. Kleeberger/Schmid 2019, S. 107; vgl. Ingold/Maurer/Trüby 2019, S. 11). Die Angebote der Maker Education orientieren sich tendenziell an den Interessen und Bedürfnissen der Lernenden (vgl. Regalla 2016, S. 276). Als Einstieg in das Making werden häufig Themen angeboten, die einen hohen Bezug zur Lebenswelt der Lernenden aufweisen. «Dies kann zum Beispiel die Frage sein, wie sie ihr Lebensumfeld gestalten wollen hinsichtlich des Zusammenlebens mit anderen Menschen, Tieren und Pflanzen, welche Lösungen sie für den Umgang mit Müll und den Ressourcen des Planeten sehen oder auch die Frage nach Mobilität und in was für einer Welt sie gern leben wollen» (Kleeberger/Schmid 2019, S. 108). Die 17 UN Ziele für eine nachhaltige Entwicklung (vgl. z.B. Kleeberger/Schmid 2019; vgl. Hollauf/Schön 2019; vgl. Hampson/Marx 2019) bieten hierfür einen thematischen Rahmen, um auch ethische und philosophische Fragen in den Lernprozess zu integrieren, «... indem beim Produktionsprozess immer wieder die Frage nach sinnvoller Nutzung digitaler Möglichkeiten gestellt bzw. nach deren Konsequenzen bei Einsatz und Produktion gefragt wird» (Merz 2019, S. 42). Die Herausforderung besteht darin, globale Ziele und Problemstellungen auf das eigene Umfeld so herunterzubrechen, dass Kinder und Jugendliche angeregt werden, diesbezüglich innovative Ideen zu entwickeln und über die Konsequenzen technischer Entwicklungen nachzudenken (vgl. Hampson/Marx 2019, S. 143).

2.2.2 Maker-Mindset

Ausgangspunkt jeder Maker-Aktivität ist die intrinsische Motivation einer Einzelperson oder einer Gruppe, eine Idee umzusetzen, ein Produkt herzustellen oder zu verändern. Dafür braucht es Mut und Selbstvertrauen, das jeweilige Projekt tatsächlich anzugehen und sich auf einen Prozess mit offenem Ausgang einzulassen (vgl. Clapp et al. 2016 in Assaf 2019, S. 264). Die Maker-Bewegung hat diesbezüglich ein Selbstverständnis entwickelt, das den Zugang zum Making möglichst niederschwellig und zwanglos hält. Es ist im Maker-Movement Manifesto von Hatch (2013) in den neun Leitprinzipien des Making: Make, share, give, learn, tool up, play, participate, support, change festgehalten. Die Leitprinzipien beschreiben die Grundhaltung der Maker*innen, die Dougherty (2013) als «Maker-Mindset» bezeichnet. Betont wird die spielerische, leichte, experimentelle Herangehensweise an das Making und der positive Umgang mit Fehlern (vgl. Cross 2017, S. 113).

«Yet the origin of the Maker-Movement is found in something quite personal: what I might call "experimental play."»

(Dougherty o.J., S. 1)

«You cannot make and not share.»

(Hatch 2013, S. 1)

Das freie Tüfteln, Experimentieren und Konstruieren provoziert das Scheitern (vgl. Schön et al. 2019, S. 50). Dies trägt dazu bei, Routinen und Denkmuster aufzubrechen (vgl. Kapur 2008) und neue Dinge zu entdecken. Strukturen und Herausforderungen eines Problems werden dabei greif- und verstehbar (vgl. Martin 2015, S. 37). Das Scheitern als Chance zu sehen, bedeutet, bei Schwierigkeiten nicht aufzugeben, sondern die dabei gewonnenen Erkenntnisse beim Weitermachen gezielt anzuwenden und somit beim Making ständig dazuzulernen (=learn).

Das Prinzip Teilhabe (=participate) meint im übergreifenden Sinne das Mitgestalten an der Gesellschaft durch (soziale) Innovationen (=change). Aber auch die unmittelbare Teilhabe an der Maker-Community, d.h. die gegenseitige Inspiration und Unterstützung, der informelle Austausch von Ideen ohne Konkurrenzdruck zählen dazu (vgl. Assaf 2019, S. 264). Eine verbreitete Art des Wissenstransfers unter Maker*innen vollzieht sich nach dem Modell des «cognitive apprenticeship»: eine erfahrene Person zeigt bestimmte Tätigkeiten oder Arbeitstechniken vor (=scaffolding), der Lernende übernimmt dann schrittweise die Verantwortung über die Tätigkeit (=fading), bis er die Hilfe des erfahrenen Makers nicht mehr benötigt und selbstständig arbeiten kann. Dank der Verfügbarkeit digitaler Plattformen wie DIY.org können «Projekte, Designs, Tutorials, Programm- Codes (...) online publiziert und über Creative Commons Lizenzen zur Verfügung gestellt (werden)» (Assaf 2019, S. 264; vgl. auch Boy / Sieben 2017, S. 18). Der Wissens- und Erfahrungserwerb beim Making orientiert sich nicht an Effizienzkriterien. Entscheidender ist das Erleben von Autonomie, das eigenständige Entdecken und der autodidaktische Erwerb von Wissen. «Hinter dem Selbermachen steht die positive Haltung, selbst mitzugestalten und hierbei vor allem junge Menschen zu unterstützen, aktive Gestalterinnen und Gestalter zu sein, die mit Erfinder- und Entdeckergeist ihre eigenen Ideen umsetzen und durch die Begleitung Erwachsener zum eigenstän-digen Denken und Handeln animiert werden» (Jammer / Narr 2018, S. 13).

«A teacher who allows a child time and support to rethink and revise gives a child autonomy and the ability to trust themselves to be problem solvers, even if their part to success is different than everyone else.»

(Libow Martinez / Stager 2019, S. 73)

Mit ihren Bezügen zur Maker-Bewegung steht die Maker Education in der Tradition der non-formalen und informellen Bildung. In ausserschulischen MakerSpaces sind vor allem intrinsisch motivierte Personen freiwillig aktiv. Es gibt keine verbindlichen Vorgaben im Sinne eines festen, fachlichen Curriculums (vgl. Boy / Sieben 2017, S. 30). Die Maker Education möchte stattdessen Bildungsprozesse anstossen, die vom Subjekt ausgehen. Die Lernenden eignen sich – im Idealfall intrinsisch motiviert – jene Arbeitstechniken und Fertigungstechnologien an, die sie für die Umsetzung ihrer Idee benötigen. Hermann (2019) betont das Potenzial der Maker Education für überfachliche Kompetenzen, wie Problemlösen und den Erwerb von 21st Century Skills. Ähnlich äussern sich auch Schön / Hollauf (2019, S. 124) in Bezug auf das Projekt «Make Your School», dessen Ziel unter anderem die Förderung von Teamarbeit, Problemlösefähigkeit und der Fähigkeit zum selbstständigen Arbeiten ist. Assaf (2019, S. 264) sieht ausserdem eine starke Anbindung der Maker Education an den MINT-Bereich, d.h. an die Fächer Mathematik, Informatik, Naturwissenschaften und Technik.

2.2.3 Konstruktivismus, Konstruktionismus und historische Vorläufer*innen

«It is important to note that the role of the learner changes in a Makerspace from a more passive learner to an active, creative problem solver.»

(Brejcha 2018, Pos 1360–1361)

Im deutschsprachigen Raum haben Boy/Sieben (2017, S. 37f.) eine erste mehrdimensionale lerntheoretische Verortung der Maker Education vorgenommen. Sie stützt sich demnach auf die Lerntheorien Behaviorismus (Lernen durch Versuch und Irrtum, nach Thorndike), Konstruktivismus (nach Piaget) und Konstruktionismus (nach Papert) (vgl. Papert 1980; vgl. Papert 1993; vgl. Litts 2015, S. 15f.; vgl. Cross 2017, S. 20f.). Dabei liegt ein Verständnis von Lernen als aktiven und (sozial-)konstruktiven, selbstgesteuerten, kontextbezogenen Prozess zugrunde (vgl. Gräsel 1997, S. 207; vgl. Libow Martinez/Stager 2019, S. 73).

Der Konstruktionismus baut auf der Lerntheorie des Konstruktivismus nach Piaget auf. Aus konstruktivistischer Perspektive gilt Lernen als Prozess der Selbstorganisation des Wissens, der sich auf der individuellen Wirklichkeits- und Sinnkonstruktion des Lernenden vollzieht. Durch aktive Auseinandersetzung mit der Lernumgebung konstruiert und revidiert das Subjekt mentale Repräsentationen der Wirklichkeit (vgl. Sheridan et al. 2014, S. 507). Der Konstruktionismus nach Papert (1993 S. 142) sieht vor diesem Hintergrund im Herstellen und Konstruieren von Objekten/Artefakten didaktisches Potenzial. Besonders effektiv sei Lernen, wenn das Subjekt aus eigenem Antrieb Artefakte konstruiert, die ihm etwas bedeuten (vgl. ebd.).

«Alles entscheidend für das Gelingen von Lernprozessen ist das Gefühl der Selbstwirksamkeit der oder des Lernenden, das sich durch konstruktive Lernerfahrungen im Subjekt stärkt und als der eigentliche Motor der Lernfähigkeit und Lernbereitschaft angesehen werden kann.»

(Arnold 2017, S. 60)

Gestaltete Artefakte seien eine Demonstration dessen, was gelernt wurde (vgl. Dougherty o.J., S. 12/13). Es handelt sich um eine Art Vergegenständlichung der kognitiven Konzepte und Ideen der Lernenden, die gezeigt, bestaunt, untersucht und mit anderen diskutiert werden können (vgl. Papert 1993 S. 142). Sheridan (2010) schreibt Making-Artefakten das Potenzial zu, Anschlusskommunikation und Reflexion anzuregen. Das beim Konstruieren manifestierte implizite Wissen wird im sozialen Kontext ausgehandelt, verändert und vertieft (vgl. Kafai 2006).
Die Maker Education koppelt Lernprozesse damit an die eigenständige Entwicklung, Gestaltung und Diskussion von Produkten (vgl. Papert 1980). «Paperts Einsicht, dass die konkrete Arbeit mit Werkzeugen und Materialien und das Lösen von Problemen Grundlage für erfolgreiches Lernen ist («Learning by Making»), ist dabei nicht neu» (Schön et al. 2019, S. 50). Das Prinzip «Learning by Doing» (Dewey 1986) stützt die Making-Idee, beim Konstruieren selbst zu lernen und am Gegenstand oder Vorhaben direkt belehrt zu werden. Johann Heinrich Pestalozzi sprach sich bereits im 18./19. Jahrhundert für ein ganzheitliches Lernen mit Kopf, Herz und Hand aus (vgl. Schön/Ebner 2019, S. 12). Er teilte die Auffassung mit Maria Montessori, dass Heranwachsende zur Selbsthilfe («Hilf mir es selbst zu tun», «Hilfe für die menschliche Person, ihre Unabhängigkeit zu erobern» (Montessori 1966, S. 16)) erzogen werden müssen. Montessori wiederum stellte den Eigenwert des Kindes in den Vordergrund und befürwortete die freie Wahl des Lernmaterials. Die Vorstellung der Rolle der Lehrperson als Coach, die unterstützend beobachtet, ist bei Montessori ebenfalls bereits mitgedacht. In seiner Schrift «Die Schule der Zukunft eine Arbeitsschule» (Kerschensteiner 1908) spricht sich Georg Kerschensteiner für wirklichkeitsbezogenes Lernen mit den Aktivitäten des Probierens, Schaffens, Erfahrens und Erlebens aus. Er stellt die Untrennbarkeit von manueller Arbeit und kognitivem Denken fest. Erfahrung ist auch für John Dewey zentral (vgl. Dewey 1986). Mit der Offenheit und dem schüleraktivierenden Anspruch weist Making Schnittmengen mit schulpädagogischen Konzepten wie z.B. Projektunterricht (Frey 2010), praktischem (Schlömerkemper 2003) und handlungsorientiertem

Lernen (Gudjons 2014) auf. Zentral ist aber die selbstgesteuerte und sozial konstruktivistische Entwicklung (peer-to-peer-learning) und diskursive Reflexion von Produkten, die auf der Grundlage eigener Ideen entstanden sind.

2.2.4 Tinkering als Zugang zum Making

Vertreter*innen der Maker Education betonen die Bedeutung des zweckfreien Tüftelns (vgl. Kleeberger/Schmid 2019. S. 105) sowie des spielerischen Experimentierens mit Materialien und Techniken für die Ideenentwicklung. Diese Aktivitäten werden im angelsächsischen Raum unter dem Begriff «Tinkering» zusammengefasst. Tinkering ist eine iterative Art, Materialien oder Techniken zu erforschen. Neben dem unverbindlichen Ausprobieren kommen dabei auch bewusst oder unbewusst Feedback-Verfahren (Testen) zum Einsatz, die zu konkreten Erkenntnissen führen, die im Lernprozess unmittelbar angewendet werden können (vgl. Berland et al. 2013, S. 568). «Beim Tinkern [Tinkering] wird die Software oder Hardware spielerisch an ihre Grenzen gebracht, wodurch Reflexionsprozesse angestoßen werden, die die kritische Auseinandersetzung mit Funktionsweisen, Prozessen und Grenzen von Medien und Technik anregen können» (Knaus et al. 2020, S. 19). Damit die Lernenden tatsächlich «tinkern» können, sollten sie nicht zu stark durch Vorgaben eingeschränkt werden (vgl. Peppler et al. 2016). Vorgegebene Bauprojekte oder Schritt-für-Schritt-Anleitungen spielen in der Maker Education daher eine untergeordnete Rolle. «Wenn 30 Kinder nach einer Unterrichtsstunde relativ gleiche Produkte erstellt, z. B. einen Roboter programmiert haben, ist dies eben keine typische Aktivität im Sinne der Maker Education» (Schön et al. 2019, S. 48).

> **«Making or creating, much like writing, is process-oriented – it involves the drafting and composing of an artifact, trial, error, revision, and reflection.»**
>
> (Gierdowski/Reis, 2015, S. 483)

Eine zu starre Didaktisierung schränkt das eigenständige Erkunden, Selbstdenken und Selbermachen ein und damit auch den Zugang zu making-bezogenen Erfahrungspotenzialen wie z. B. der selbstständigen Gestaltung der Lernwege, dem Scheitern oder den Zufallsentdeckungen im Prozess (vgl. Boy/Sieben 2017, S. 36; vgl. Reusser 2005, S. 166).

Beim Tinkering, so die Annahme, entstehen konkrete Lernbedürfnisse oder Projektideen. Erforderliches Wissen und Handwerkszeug werden intrinsisch motiviert während des Making-Prozesses erworben, sofern es sich um Ideen handelt, deren Umsetzung die Möglichkeiten der Lernenden übersteigt (vgl. Regalla 2016, S. 276). Making ist damit eine interessengesteuerte Verbindung von Kompetenzerwerb und Kompetenzanwendung. Die für die Umsetzung von Ideen erforderlichen Fähigkeiten und Fertigkeiten erwerben die Lernenden durch Recherche, Versuch und Irrtum oder durch die Unterstützung Dritter im Modus des «situierten Lernens» (Mandl et al. 2002).

Hierfür braucht es «...genügend qualifizierte Lernbegleiter*innen, die eine moderierende Rolle übernehmen, bei Bedarf Lösungsstrategien aufzeigen oder die Kinder und Jugendlichen motivieren können» (vgl. Kleeberger/Schmid 2019, S. 106). Ausserdem müssen Materialien bereitgestellt werden, die für Kinder und Jugendliche interessant sind, die sie reizen und zum Tinkering auffordern (vgl. Hampson/Marx 2019, S. 149). Diese Vorstellung eines selbstgesteuerten, auf individuellen Interessen basierenden Lernprozesses geht vom Subjekt als produktiv realitätsverarbeitendem Subjekt (vgl. Hurrelmann 1983) aus und setzt Motivation, Neugier und Bereitschaft der Lernenden voraus, sich aktiv auf Making-Prozesse einzulassen. Für Personen, die sich freiwillig für Making-Aktivitäten anmelden oder MakerSpaces gezielt für ein bestimmtes Projekt aufsuchen, trifft dies sicherlich zu. Dabei handelt es sich allerdings um eine Positivauswahl.

«A design challenge positions making within a particular context, inviting students to collaboratively engage in design thinking as a process to define the problem (problem finding) and to prototype solutions (tinkering).»

(Skills Canada Albera o.J., S. 22)

2.2.5 Making-Aktivitäten und Design-Challenges

Das völlig eigenständige und selbstgesteuerte Entwickeln von Ideen und deren praktische Umsetzung gilt als Königsdisziplin der Maker Education (vgl. Assaf 2019, S. 271). Kinder ohne Making-Vorerfahrung sind mit einer völligen Offenheit und Wahlfreiheit jedoch schnell überfordert. «‚Hier, kommt mal alle rein, ihr könnt machen, was ihr wollt', geht ja nicht» (Boy/Sieben 2017, S. 22). «Völlig offene und freie Situationen und Angebote überfordern viele TeilnehmerInnen» (Boy/Sieben 2017, S. 53). Zum einen fehlt zu Beginn ein Überblick, was im MakerSpace überhaupt möglich ist, zum anderen sind die für freies Making erforderlichen Selbstregulationsfähigkeiten nicht bei allen Lernenden gleichermassen vorhanden. Daher ist es unter Anbieter*innen von Making-Aktivitäten durchaus Konsens, dass die Lernenden nicht nur Zugang zu Materialien benötigen, sondern auch an konkrete Techniken (z. B. Stromkreis, ...) und Grundlagen herangeführt werden müssen, um selbstbestimmt und kreativ in einer Maker-Umgebung agieren zu können (vgl. Hampson/Marx 2019; vgl. Salisbury/Nichols 2020, S. 53).

Phasen zweckfreien Tinkerings werden daher mit strukturierenden und instruktionalen Sequenzen flankiert, um das nötige Material-, Werkzeug- und Technologiewissen zu vermitteln. Gershenfeld (2005), der Mitbegründer der FabLab-Bewegung, setzt in diesem Zusammenhang auf einen Top-Down-Ansatz, der mit einer Reihe von spezifischen Werkzeugen und Praktiken konstruktionistisches Lernen beim Making ermöglichen soll (vgl. Martinez/Stager 2013 in Peppler 2016). Schön/Ebner nennen als Beispiel die gemeinsame Herstellung einer einfachen LED Taschenlampe, um die Prinzipien des Schaltkreises kennenzulernen, weil sie für die weitere (Frei-)Arbeit hilfreich sein könnten (vgl. Schön/Ebner 2019, S. 13).

Im Idealfall sind aber auch diese stärker didaktisierten Lernphasen in der Maker Education eher offen gestaltet, Arnold (2017, S. 127) würde wohl an dieser Stelle von «didaktischer Bescheidenheit» sprechen. Crichton/Carter (2015, S. 146) beschreiben entsprechende Lernszenarien im Spannungsfeld von Instruktion und Konstruktion. «To initiate the Design process, we create Design Challenges appropriate to the context of the professional learning participants. The design challenges are written in an open-end, scenario-based format that supports multiple solutions to real concerns».

Nach Salisbury und Nichols (2020, S. 51) beinhalten Design-Challenges im Idealfall die 4 Ps im Sinne Resnicks: Projects, Passion, Peers and Play. Das heisst, die Maker*innen arbeiten an einem kleinen Projekt und können dabei ihre Neugier befriedigen und ihre Leidenschaften einbringen. Probleme lösen sie in einem spielerischen Setting ohne Angst vor dem Scheitern gemeinsam mit ihren Peers.

Bei open-ended Challenges ist mindestens eine der drei Komponenten Zielstellung, Material oder Lösungsweg vorgegeben, während die anderen offen bleiben und von den Lernenden selbstständig erschlossen werden müssen (vgl. Assaf 2019, S. 266; vgl. Crichton/Carter 2015, S. 146; vgl. Ingold/Maurer 2019b). Ein prominentes Beispiel sind «Reverse Engineering Challenges», bei welchen ein fertiges Produkt (z.B. ein Modell eines Fahrzeugs) mit dem Auftrag präsentiert wird, es möglichst so nachzubauen, dass es seine Funktion optimal erfüllt. Statt einer Anleitung zu folgen, sind die Lernenden herausgefordert, die Konstruktionsprinzipien des Modells zu analysieren, geeignete Materialien zu organisieren und technische Umsetzungsmöglichkeiten auszuloten. Bei «Material-Challenges» ist das Material vorgegeben, während das Ziel offener gelassen wird. Eine Variante wäre z. B. Sensoren, Microcontroller, Lampen, Motoren und Kabel mit einem offenen Auftrag vorzugeben wie «Baut ein Objekt, das in irgendeiner Form auf Menschen reagiert». Funktions-Challenges zielen auf die Aneignung einer spezifischen Technik ab und fokussieren ein konkretes Ziel: «Bringt eine Glühbirne zum Leuchten. Holt euch alle Materialien, die ihr dazu braucht.»

Schön et al. (2020) haben einen weiteren Versuch unternommen, verschiedene Arten von Making-Aktivitäten bzw. Challenges zu kategorisieren. Beim «Freien Explorieren» (ebd.) haben die Lernenden keinerlei Einschränkungen bei der Nutzung eines MakerSpace. Sie können tun und lassen, was sie wollen und dabei ihren Interessen nachgehen, Materialien erkunden, neue Technologien ausprobieren. Eine «problembasierte Aufgabe» (ebd.) – entspricht den bereits genannten Challenges, also offenen Aufgabenstellungen, die unterschiedliche Lösungen ermöglichen. Eine «auftragsorientierte Umsetzung» (ebd.) beinhaltet eine konkrete Aufgabe, die nicht weiter zu hinterfragen ist. «Z. B. ist aus den vorhandenen Materialien einen wasserfesten Schutz für ein Smartphone zu bauen, einen Keksausstecher für die Kekse beim Schulbasar als 3D-Modell zu gestalten oder einen Mülleimer, der sich bedankt, wenn etwas hineingeworfen wird.» «Wettbewerbsorientierte Aufgaben» (ebd.) verlangen von den Maker*innen, innerhalb einer vorgegebenen Zeit für ein Problem die beste, schnellste oder kreativste Lösung zu entwickeln. «Beispiele dafür sind zum Beispiel die «Papierflieger-Challenges» oder «Fahrzeug-Challenges». «Gerade aus Gender-Perspektive sind solche wettbewerbsorientierten Aufgaben bedenklich und sollten vermieden werden bzw. nur sehr sorgfältig geplant und umgesetzt werden, da sie weitaus häufiger Jungen ansprechen und motivieren, als Mädchen» (ebd.).

Geschlossene «anleitungsorientierte Aufgaben» kommen zum Einsatz, wenn bestimmte Technologien systematisch eingeführt werden müssen oder «um Schüler/innen mit der Handhabung von Anleitungen vertraut zu machen, damit dies in eigenen Projekten gelingt» (ebd.). Die Maker Education greift auf Prinzipien zurück, wie sie in der konstruktivistisch ausgerichteten Didaktik des problemorientierten Lernens entwickelt wurden (vgl. Gräsel 1997). Problemorientiertes Lernen dient explizit nicht der Vertiefung, Überprüfung und Anwendung von bereits erworbenem Wissen. Umgekehrt soll das Wissen bei der Problembearbeitung in einer bedeutsamen und authentischen Situation erst generiert werden (vgl. Klauser 1998 in Reusser 2005, S. 160). Bei der Situationsbewältigung wird der Prozess des Wissenserwerbs als generativ und selbst-entdeckend erlebt. Anders als bei der rein instruktionalen Vermittlung wird das Wissen beim problemorientierten Lernen nicht vom zugehörigen Erkenntnisprozess getrennt (vgl. ebd. S. 165). Die Vernetzung des Wissens zum Kontext, in dem es entstanden ist, bleibt erhalten, was den Transfer des erworbenen Wissens für den Lernenden erleichtert.

2.2.6 Rolle von Pädagog*innen in der Maker Education

Für den Wissenserwerb im Rahmen von Design-Challenges ist daher die Lernumgebung entscheidend, wozu neben authentischen Problemstellungen, Materialien, Werkzeugen und Maschinen auch der Austausch mit den Peers und eine adaptiv-unterstützende Lernbegleitung zählen (vgl. Kleeberger/Schmid 2019). Pädagog*innen verstehen sich als «Floating Facilitator» (Pauli/Reusser 2000), sie erfassen die Wünsche und Konstruktionsabsichten der Maker*innen und stellen die für die Umsetzung wichtigen Ressourcen zur Verfügung, geben situativ Feedback und lernen selbst bei jedem Projekt Neues hinzu.

Libow Martinez/Stager (2019, S. 77) sehen Pädagog*innen als Ethnograf*innen, die in Maker-Umgebungen herausfinden, was Schüler*innen bereits können, um ihre Unterstützungsangebote adaptieren zu zu können.

> **«The role of the teacher is to create and facilitate these powerful, productive contexts for learning.»**
>
> (Libow Martinez/Stager 2019, S. 72)

Bei jüngerem Klientel operieren Maker-Pädagog*innen als Projektmanager, die bei Zeit- und Ressourcenplanung, Materialbeschaffung und Qualitätssicherung unterstützen (vgl. Hlubinka et al. 2013, S. 17). Das Coaching beschränkt sich in der Regel nicht auf die reine Beratung. Viele Maker-Pädagog*innen agieren im Sinne der didaktischen Methode des «Cognitive Apprenticeship» (Collins/Kapur 2014). Die Lernbegleitung oder ein*e erfahrene*r Peer übernimmt dabei die Rolle der Expertin/des Experten und führt den Lernenden schrittweise in die zu erlernende Praxis ein. Sie zeigt Tätigkeiten wie zum Beispiel das Löten vor (1. Modelling) und richtet die Aufmerksamkeit der Lernenden auf relevante Aspekte (Temperatureinstellung, Verwendung des geeigneten Lötzinns, 2. Coaching). Sie gibt in heiklen Situationen gezielt Hilfestellungen (Hitzeschäden an Platinen vermeiden, 3. Scaffolding) und fährt bei zunehmender Sicherheit des/der Lernenden schrittweise die Unterstützung zurück (stichprobenhafte Überprüfung der Lötverbindungen und geeignetes Feedback, 4. Fading). Ziel dieser Art des situierten Lernens ist der Transfer des Gelernten auf andere, verwandte Anwendungskontexte durch 5. Reflexion und 6. Exploration der gewonnenen Erfahrung (vgl. Bendorf 2016). Die Rückschau auf das Gelernte und Produzierte sowie die Selbstreflexion und Fehleranalyse wird in der Maker Education durch die kontinuierliche Dokumentation der Arbeitsschritte, durch Ideen-Präsentationen, Vorstellungen und Diskussionen von Prototypen in der Gemeinschaft und durch das Veröffentlichen der Ergebnisse auf Making-Plattformen sichergestellt (vgl. z.B. diy.org).

2.2.7 Design-orientierte Produktentwicklung als methodischer Zugang

Die Maker Education hat sich design-getriebene Prozessmodelle angeeignet, die vor allem in Unternehmen, insbesondere in Start Ups, verbreitet sind. In Anlehnung an die Denk- und Arbeitsweise von Gestalter*innen sollen bei der Produktentwicklung festgefahrene Denkstrukturen aufgebrochen und innovative Lösungswege gefunden werden. Die Vorgehensweise lässt sich als experimentell und iterativ bezeichnen (vgl. Schmid 2019, S. 28). Besondere Beachtung hat der «Design Thinking» Ansatz gefunden (vgl. Hampson/Marx 2019; vgl. Kleeberger/Schmid 2019; vgl. Crichton/Carter 2015, S. 147).

Design Thinking ist ein Problemlöse- und Produktentwicklungsverfahren, das den Anwender/die Anwenderin des zu entwickelnden Produkts in den Mittelpunkt stellt. Ausgehend von konkreten Anwenderbedürfnissen entwickelt ein interdisziplinär zusammengesetztes Team in einem mehrphasigen und iterativen Prozess Ideen, konstruiert Prototypen (prototyping) und testet diese (testing), bevor weitere Design-Entscheidungen getroffen werden (Sheridan et al. 2014, S. 507/508). Typisch an dieser agilen und iterativen Produktentwicklung ist der enge Zyklus von Prototyping und Testing, wodurch lange Fehlentwicklungszeiten vermieden werden. In der Maker Education werden Design Thinking Ansätze als didaktische Struktur für die kreative Ideen- und Produktentwicklung von Kindern und Jugendlichen verwendet. «The Design Thinking process is an essential element of this disruption as it requires full attention and participation. It fosters empathetic conversation and holds the space for individuals to think, create and innovate» (Crichton/Carter, 2015, S. 147).

In der Erfinderwerkstatt WILMA «Wir lernen durch Machen» (vgl. Hampson/Marx 2019) durchlaufen die Teilnehmenden drei aufeinanderfolgende Design Thinking Phasen. In der Erforschungsphase wird aus den 17 UN Nachhaltigkeitszielen eine Herausforderung ausgewählt und genauer analysiert. Nach der Problemfeststellung werden mit verschiedenen Kreativitäts- bzw. Recherchetechniken (Brainstorming, Mindmapping, Interviews mit Betroffenen, Visualisierungsmethoden...) Ideen gesammelt und strukturiert. In der Entwicklungsphase zeichnen die Teilnehmenden in Teams konkrete Skizzen zu ihren Ideen und bauen gemeinsam erste Prototypen. In der Ergebnisphase präsentieren die Produktentwickler*innen ihre Prototypen, holen sich weiteres Feedback ein und erstellen Medienbeiträge (insb. Texte, Foto- und Videodokumentationen) zu ihren Produkten. Ähnlich wird auch im Projekt «Baut eure Zukunft» (vgl. Hollauf/Schön 2019, S. 127f.) verfahren.

Teamarbeit hat beim Design Thinking einen besonderen Stellenwert (vgl. Kleeberger/Schmid 2019, S. 106). Es sollte keinen Konkurrenzdruck geben, stattdessen dürfen die Ideen und Lösungsmöglichkeiten der anderen explizit verwendet und weiterentwickelt werden (vgl. Assaf 2019, S. 264).

Die Maker Education zielt darauf ab, Lernende dazu zu befähigen, möglichst selbstständig eigene Ideen mithilfe von analogen und digitalen Produktionsmitteln und Materialien umzusetzen. Der (potenzielle) Einbezug digitaler Möglichkeiten stellt eine Erweiterung des klassischen DIY-Ansatzes dar. Zur Heranführung an das Problemlösen beim Making greift sie hauptsächlich auf subjektorientierte und lernerzentrierte Methoden bzw. auf open-ended Challenges-Formate zurück. Maker Education darf keinesfalls als Laissez-faire oder Anything-goes Pädagogik missverstanden werden. Intrinsisch motiviertes, situiertes Lernen wird intensiv begleitet («Cognitive Apprenticeship» und «Floating Facilitators»). Maker Education ist produktorientiert (Herstellung von Artefakten), legt den Schwerpunkt aber auf den Lernprozess, der Umwege, Scheitern, Schleifen, Iterationen enthalten soll. Selbstwirksamkeit, Lernerfahrung und Auseinandersetzung mit anderen Maker*innen stehen im Vordergrund.

2.3 MakerSpace als Lernumgebung

Der Begriff «MakerSpace» war der Name der ersten kommerziell betriebenen Werkstatt, in welcher 3D-Drucker gemietet und genutzt werden konnten (Hatch in Schön/Ebner 2019, S. 10). Ansonsten ist MakerSpace die Bezeichnung für offene experimentelle Denk-, Werkstatt- und Produktionsräume, die Nutzer*innen Ressourcen für die Umsetzung eigener Ideen und Projekte anbieten. Peppler et al. (2016) möchten die Bedeutung des Wortes «Space» im erweiterten Sinne verstanden haben. Das Spektrum reicht aus ihrer Sicht von herkömmlichen, fest installierten MakerSpaces über Online-MakerSpaces bis hin zu MakerSpaces, die für eine bestimmte Zeit in einer Bildungseinrichtung installiert werden, oder mobile MakerSpaces, die ihren Service an verschiedenen Orten im Einzugsbereich anbieten.

Die meisten MakerSpaces sind klassische offene Werkstätten, die einerseits über Holz- und Metallbearbeitungsmöglichkeiten, Equipment für Keramikproduktion und/oder für textiles Werken verfügen, andererseits aber auch Zugang zu digitalen Werkstoffen und zur digitalen Fabrikation wie zum Beispiel Lasercutter, CNC-Fräsen, 3D-Druck, Textilplotting etc. bieten. Libow Martinez/Stager (2019, S. 94) formulieren den Unterschied zwischen einer klassischen offenen Werkstatt und einem MakerSpace vor diesem Hintergrund wie folgt. «If students of yesteryear could make a dinosaur out of cereal boxes, now the technology exists to allow them to make that cardboard dinosaur sing, dance, or send a text message to their grandmother» (Libow Martinez/Stager 2019, S. 94). Es gibt aber auch MakerSpaces, die ihren Schwerpunkt im digitalen Bereich und keine Anbindung an analoge Werkmöglichkeiten haben (Filmschnitt, Bild, Robotik, 3D-Druck etc.).

Die MakerSpace-Kultur ist vor dem Hintergrund der Anliegen der Maker-Bewegung von flexibler Offenheit geprägt. Neue Besucher*innen aller sozio-kultureller Milieus sollten daher in MakerSpaces schnell Anschluss finden und die Chance haben, durch Eigeninitiative und Unterstützung der anderen, sich vom Laien zum Experten zu entwickeln (vgl. Gierdowski/Reis, 2015, S. 482). MakerSpaces sind Orte, an welchen Jungen und Mädchen für den gestaltenden Umgang mit Technik begeistert werden sollen, was sich auch in einem «gender-neutralen Design» (Libow Martinez/Stager 2019, S. 196) ausdrücken muss.

Die Signaletik im MakerSpace sollte selbsterklärend sein, so dass sich die Besucher*innen schnell und gut zurechtfinden. Für das bereits erwähnte Tinkering ist es beispielsweise wichtig, dass die Lernenden Zugriff auf alle Materialien und Werkzeuge haben und diese auch auffindbar sind. «From a wide survey of makerspaces (Chang, Keune, Peppler, Regalla, 2015), we've found that many makerspaces aspire to offer greater visibility into the learning environment» (Peppler et al. 2016). Verbrauchs- und Konstruktionsmaterialien werden häufig in transparenten Containern aufbewahrt. Dadurch können Maker*innen «...scan visually when they're looking for something specific or letting their imagination wander as they have Maker's Block» (Hlubinka et al. 2013, S. 7).

Für die Aufteilung und Gestaltung von MakerSpaces gibt es keine bestimmten Vorgaben. Etabliert hat sich eine räumliche Trennung von Maschinen oder Arbeitsbereichen, die Staub, Schmutz oder Lärm erzeugen, vom übrigen Bereich. Gerade 3D-Drucker oder Computer sind staubempfindlich und werden daher meist in einem separaten Raum (Digitallabor) aufbewahrt. Zur Grundausstattung eines MakerSpace gehören ein frei zugänglicher Lagerraum mit Materialien aller Art, ein Werkraum mit Werkbänken und Werkzeugen, in dem an den Prototypen gearbeitet werden kann, und ein Digitallabor für 3D-Druck, Arbeiten am Computer oder Elektroniktätigkeiten.

Der Arbeitsraum ist meist in Funktionszonen unterteilt, und das Mobiliar ermöglicht verschiedene Sozial- und Kollaborationsformen. Einerseits soll soziale Interaktion ermöglicht und gefördert werden. Andererseits muss es bei Bedarf auch Rückzugsorte (Privacy) für Experimente und Arbeiten ohne Publikum geben. Hublinka et al. (2013, S. 7) empfehlen eine möglichst flexible Möblierung, die sich schnell den momentanen Bedürfnissen der Lernenden anpassen lässt.

Da Produktentwicklung im Vordergrund steht, ist das Inventar eines MakerSpace auf Design-Prozesse ausgerichtet. So findet man in der Regel Visualisierungsflächen für Ideen und Skizzen oder sogenannte «Wonder Walls» (Brejcha 2018), wo Maker*innen Fragen hinterlassen können, die sie bewegen. Zonen für die Präsentation von Ideen vor Publikum (häufig in Verbindung mit Greenscreen-Aufnahmetechnik), Aufbewahrungsboxen für laufende Projekte, digitale Endgeräte für Recherchen sowie (Fach-)Bücher und Zeitschriften für die Inspiration (vgl. Ingold/Maurer 2019a). Verbreitet sind ausserdem informelle «Hang Out Areas», wo sich Maker*innen ungezwungen aufhalten und sich austauschen können. Hlubinka et al. (2013, S. 7) empfehlen, Produkte und Prozesse direkt im MakerSpace zur Inspiration anderer sichtbar zu machen, zum Beispiel in Form von Showcases mit bereits realisierten Projekten oder Fotos von interessanten Making-Prozessen.

Für die Entwicklung von Prototypen stellen MakerSpaces eine Vielfalt von analogen und digitalen (Verbrauchs-)Materialien und Werkstoffen bereit (vgl. Assaf 2014, S. 146; vgl. Oxman Rayn et al. 2016). Auf Empfehlungslisten, wie man sie zahlreich im Internet findet, sind meist elektronische Bauteile und Werkzeuge (LEDs, Schalter, Kabel, Widerstände, Batterien, Motoren, Lötkolben...), Computer, Software und digitale Werkstoffe (Tablets, Laptops, Microcontroller, Sensoren,...), Bastelmaterialien (Pfeifenputzer, Korken, Knete, Magnete,...), Baumaterialien (Karton, Holz, Schaumstoff, Schrauben, Nägel, Winkel, ...), Recyclingmaterialien (Elelektroschrott, defekte Spielzeuge, PET-Flaschen, ...) verzeichnet (vgl. z.B. Libow Martinez/Stager 2019, S. 183ff.; vgl. Brejcha 2018; vgl. Hlubinka et al. 2013).

2.4 Zusammenfassung

Im Forschungs- und Entwicklungsprojekt «MakerSpace – Raum für Kreativität» soll die Maker-Idee auf eine Primarschule im Kanton Schaffhausen übertragen und eine geeignete Lernumgebung (MakerSpace) entwickelt, eingerichtet und vom Schulhausteam in Betrieb genommen werden. In diesem Kapitel wurden der Hintergrund der Maker-Bewegung umrissen und wesentliche Anliegen und Charakteristika der Maker Education herausgearbeitet. Abschliessend wird der Versuch unternommen, zentrale Erkenntnisse den neun Handlungsfeldern zuzuordnen.

2.4.1 Handlungsfeld 1: Ziele und Making-Kompetenzen

Ausgangsfrage: Welche Anliegen verfolgt die Maker Education und welche Kompetenzen können sich Maker*innen beim Making aneignen? In der Maker Education werden in erster Linie übergreifende Bildungsziele verfolgt. Auf curricular gestaffelte Kompetenzkonstrukte, wie es in schulischen Lehr- und Bildungsplänen üblich ist, wird grösstenteils verzichtet.

HF NR.	ZENTRALE ASPEKTE
1.1	Zukunftskompetenzen Die Lernenden eignen sich wichtige Kompetenzen für die Zukunft an. Hierzu zählen Kreativitäts- und Innovationsfähigkeit, Problemlösefertigkeiten, Kollaborations- und Kommunikationsfähigkeit.
1.2	Verantwortung und Mündigkeit Gesellschaftliche Handlungsfähigkeit, Mündigkeit und (soziale) Verantwortung sind übergreifende Ziele der Maker Education. Insbesondere gilt es die Lernenden für einen verantwortungsvollen Umgang mit Ressourcen und Technologie zu sensibilisieren.
1.3	Selbermachen Menschen sollen zum Selbermachen angeregt werden. Selbermachen gilt als essenzielle Form der Selbstermächtigung (vgl. Schön et al. 2015, S. 20) und stellt einen Wert an sich dar (vgl. Oxman Ryan et al. 2016).
1.4	Selbstwirksamkeit Die Lernenden nehmen sich als kompetent war und erleben, dass sie die Welt positiv beeinflussen können. Dadurch können das Selbstbewusstsein und das Selbstkonzept der Lernenden gestärkt werden.
1.5	Problemlösen mit digitaler Technologie Die Lernenden sollen digitale Technologie auf vielfältige und kreative Weise zur Lösung von Problemen nutzen – unter kritischer Abwägung möglicher Folgen (verantwortungsvoller Technologieeinsatz).

2.4.2 Handlungsfeld 2: Haltung/Mindset

Ausgangsfrage: Welche pädagogische Grundhaltung ist für die Maker Education charakteristisch? Das Mindset der Maker Education ist von einer grossen Offenheit gegenüber den Interessen und Neigungen der Lernenden geprägt. Es verbindet eine konsequente Hiercharchiearmut mit einem starken Zutrauen in die Motivation und Lernbereitschaft der Lernenden. Das führt zu einem zugewandten und unterstützenden pädagogischen Selbstverständnis, das sich an folgenden Prämissen orientiert:

HF NR.	ZENTRALE ASPEKTE
2.1	Jeder kann Making Making bietet niederschwellige Zugänge für alle. Jeder Mensch kann kreativ sein und eigene Ideen entwickeln. Alltagskreativität und neue Denkweisen zählen auch zur Kreativität.
2.2	Making geht vom Menschen aus Alle Menschen sind neugierig und haben eigene Interessen. Making bietet die Chance, persönliche Stärken und Talente zu entdecken und weiterzuentwickeln.
2.3	Aus Fehlern lernen Wer Neues ausprobiert, muss auch scheitern und Fehler machen können. Dabei entstehen nachhaltige Erfahrungen und wertvolle Erkenntnisse.
2.4	Making bedeutet Lernen, nicht Lehren Pädagog*innen sind im MakerSpace auch Lernende. Statt zu belehren, ziehen sie selbst ihre Lehren aus den Maker-Erfahrungen und agierenden mit Schüler*innen auf Augenhöhe.
2.5	Making ist kein Wettbewerb Making lebt von Zusammenarbeit, vom Austausch und von gegenseitiger Inspiration.
2.6	Leistung ist subjektiv Eine klassische Leistungsorientierung oder Leistungsbeurteilung ist in der Maker Education nicht vorgesehen. Stattdessen ist ausschlaggebend, inwieweit das Individuum mit dem eigenen Produkt zufrieden ist bzw. ob es den Prozess als sinnstiftend erlebt hat.
2.7	Maker Education orientiert sich nicht an Effizienzkriterien.

2.4.3 Handlungsfeld 3: Didaktik

Ausgangsfrage: Von welchen lerntheoretischen Grundlagen geht die Maker Education aus und in welchen didaktischen Prinzipien und methodischen Ansätzen schlägt sich dies nieder? Die Didaktik der Maker Education beruft sich auf ein konstruktivistisches und konstruktionistischen Lernverständnis. Lernen ist demnach als aktiver, reflexiver, konstruktiver und kontextsensibler Prozess zu verstehen, in dem Lernende aus eigenem Antrieb Artefakte beziehungsweise Objekte hervorbringen, die ihnen etwas bedeuten.

HF NR.	ZENTRALE ASPEKTE
3.1	Subjektorientierung und Konstruktionismus Maker*innen stellen etwas selbst her, das ihnen wichtig ist. Es entstehen Objekte (skizzenartige Prototypen, Artefakte oder funktionsfähige Produkte). Die Objekte müssen keinesfalls «fertig», «wertig» oder präzise gefertigt sein. Wichtiger als das Objekt selbst sind die darin enthaltenen Umsetzungsideen. Objekte können gezeigt, vorgeführt und diskutiert werden.
3.2	Problembasiertes Lernen Problembasierte Making-Aktivitäten dienen der Heranführung an das freie Making. Je nach Vermittlungsabsicht werden offene, problembasierte Aufgaben (Challenges), wettbewerbsorientierte Aufgaben, eher geleitete auftragsorientierte Umsetzungen beziehungsweise anleitungsbezogene Aufgaben verwendet.
3.3	Iterative Entwicklungsprozesse und agile Methoden Im Idealfall konstruieren die Lernenden eigene Produkte und gehen dabei schrittweise vor, indem sie mehrere Prototypen entwickeln, die getestet, in der Lerngemeinschaft diskutiert, reflektiert und zum Endprodukt ausgebaut werden. Produktentwicklungsprozesse beim Making werden durch den Einsatz geeigneter agiler Methoden (z.B. Design Thinking) unterstützt.
3.4	Situiertes Lernen Lernende sind bereit und willens, sich fehlendes Wissen und Fertigkeiten anzueignen, wenn es für die Umsetzung ihrer Ideen erforderlich ist.
3.5	Prozessreflexion Die Dokumentation von Prozessen und Produkten mithilfe von Medien (z.B. Videos, Fotos) ist eine wichtige Reflexionsmethode und eine Gelegenheit, Gelerntes anderen weiterzugeben.

2.4.4 Handlungsfeld 4: Lernbegleitung

Ausgangsfrage: Welche Rolle haben Pädagog*innen und Maker*innen im Making-Prozess? Wie sieht eine unterstützende Lernbegleitung im Sinne des Maker-Mindsets aus? Die Art der Lernbegleitung leitet sich aus dem Maker-Mindset und aus der Maker-Didaktik ab. In der Konsequenz hält die Maker Education eine ermutigende und wertschätzende Form der Lernbegleitung vor, die auch die Meinungen und die Erfahrungen der Lernenden mit einbezieht.

HF NR.	ZENTRALE ASPEKTE
4.1	Situative Begleitung Die pädagogische Begleitung übernimmt die Funktion eines «Floating Facilitators», der die Ausdrucksabsichten und Projekte der Lernenden erkennt und bei Bedarf situativ unterstützt.
4.2	Dezentral statt frontal Frontale Vermittlungsphasen vor der gesamten Lerngruppe sind selten. Die Betreuung erfolgt in erster Linie in Einzel- oder Kleingruppensituationen. Häufig kommen Cognitive Apprenticeship Methoden (vgl. 2.2.6) zum Einsatz.
4.3	Pädagog*innen als Projektmanager*innen Maker-Pädagog*innen operieren als Projektmanager*innen. Sie unterstützen bei Zeit- und Ressourcenplanung, Beschaffung und Problemlösung.
4.4	Peer Education Die Lernbegleitung ist nicht auf die Pädagog*innen beschränkt. Es werden bewusst Formen des Peer-Tutorings eingesetzt. Lernende werden dabei zu Lehrenden und geben ihr erworbenes Wissen an andere weiter. Das wiederum setzt voraus, dass die Pädago*innen Kontrolle abgeben und auf die Lernenden Verantwortung übertragen können.

2.4.5 Handlungsfeld 5: Maker-Curriculum

Ausgangsfrage: Welche Rahmenthemen und Fachinhalte werden in Lernangeboten der Maker Education bearbeitet, um die Ziele (vgl. 2.2.1) zu erreichen? Die meisten Vertreter*innen der Maker Education grenzen sich zugunsten einer radikalen Subjektorientierung von einem fachbezogenen Themencurriculum ab. Erst in jüngerer Zeit werden vereinzelt Bezüge zu klassischen Schulfächern und Themen hergestellt.

HF NR.	ZENTRALE ASPEKTE
5.1	Neigungs- und interessenorientierte Themenwahl Die Interessen und Neigungen der Lernenden sind in der Regel Ausgangspunkt und Kern aller Lernprozesse beim Making. Das bedeutet, dass die Lernenden sich jene Lerninhalte und Kompetenzen aneignen, die mit der Realisierung ihres Projekts verbunden sind. Die Lernenden lernen also Unterschiedliches.
5.2	Vom Material zum Thema Da sich häufig aus dem Spielen und Tüfteln mit Materialien Ideen und Lernprojekte ergeben, geben die verfügbaren Materialien, Technologien, Maschinen und Werkzeuge einen gewissen Rahmen vor, innerhalb dessen sich die Lernenden bewegen können. Textil-, Holz- und Metallverarbeitungsmöglichkeiten sind traditionell im Fach Textiles und Technisches Gestalten anzusiedeln. Digitale Fabrikation (z.B. 3D-Druck) hat Bezüge zum Fach Medien und Informatik.
5.3	Phänomenorientierung und radikale Interdisziplinarität Making ist in seiner Reinform eher phänomen- und weniger fachbezogen. Individuelle Projekte der Lernenden lassen sich selten einem bestimmten Fach zuordnen. Zur Lösung der Probleme ist häufig Handlungswissen aus unterschiedlichen Fachdisziplinen notwendig. Making verbindet Informatik, Mathematik, Ingenieurwesen, Kunst und Gestaltung, Holz-, Metall- und Kunststoffverarbeitung, textiles Handwerk, Musik, Film und Theater (vgl. Regalla 2016 S. 276). High-Tech und Low-Tech Traditionen gehen eine Symbiose ein (vgl. Peppler 2016).
5.4	Nachhaltigkeit als Thema Making-Aktivitäten werden häufig an Themen aus dem Bereich «Bildung für nachhaltige Entwicklung», respektive an die 17 UN-Ziele für Sustainable Development, gekoppelt mit dem Auftrag, entsprechende Prototypen / Lösungen zu entwickeln.

2.4.6 Handlungsfeld 6: Raumgestaltung

Ausgangsfrage: Wie sind Making-Umgebungen gestaltet, um eigenständige und kreative Lernaktivitäten zu ermöglichen? Es gibt keine standardisierten Empfehlungen, wie ein MakerSpace konkret eingerichtet werden soll. Dennoch gelten einige Prinzipien wie beispielsweise Offenheit und Transparenz. Es werden Zugänge zu Materialien und Produktionsmitteln eröffnet und vorhandene Barrieren abgebaut.

HF NR.	ZENTRALE ASPEKTE
6.1	Sichtbarkeit / Visibility Ein MakerSpace bietet niederschwelligen und freien Zugang zu verschiedenen digitalen und analogen Verarbeitungsverfahren sowie Materialien und Werkstoffen. Diese sind deutlich sichtbar, so dass Besucher*innen sehen, was möglich ist.
6.2	Vielfalt / Variety Ein wichtiger Bestandteil ist ein Materiallager mit verschiedenen Werkstoffen, das (gegebenenfalls unter Aufsicht) frei zugänglich ist.
6.3	Schutz vor Emissionen Üblich ist eine räumliche Trennung von Werkbereich (Staub- und Lärmemissionen) und Elektronik- / Digitalbereich.
6.4	Signaletik Eine klare Signaletik hilft den Nutzer*innen, sich zurechtzufinden und Ordnung aufrechtzuerhalten.
6.5	Funktionalität / Functionality Verbreitet ist die Aufteilung in Funktionsbereiche wie z.B. eine Recherche- oder Arbeitszone.

2.4.7 Handlungsfeld 7: Material- und Geräteausstattung

Ausgangsfrage: Welche Maschinen-, Werkzeug- und Materialausstattung hat sich in der Maker Education etabliert? Im Unterschied zu klassischen offenen Werkstätten bieten MakerSpaces zusätzlich digitale Fabrikationsmöglichkeiten an. Ausserdem wird die Entwicklungsarbeit mit digitalen Werkstoffen und Bauteilen unterstützt.

HF NR.	ZENTRALE ASPEKTE
7.1	Technologiemix Zur Ausstattung eines MakerSpace gehören nebst analogen Werkzeugen und Maschinen (z.B. für Holzbearbeitung) auch Möglichkeiten der digitalen Fabrikation (z.B. 3D-Druck, CNC-Fräse, Lasercutter, Schneideplotter, Computer-Nähmaschine, ...).
7.2	Digitale und elektronische Werkstoffe In vielen MakerSpaces gehören digitale und elektronische Bau- und Werkstoffe zum Standardinventar. Hierzu zählen Microcontroller, verschiedene Sensoren, Elektromotoren, Servomotoren, LEDs, Displays, Widerstände, Taster und Schalter, Kabel, Stromquellen u.v.m. Hinzu kommen vorkonfektionierte informatische und / oder elektronische didaktische Materialien wie LittleBits oder Robotik-Kits wie Lego-Mindstorms, mBot, Elegoo u.v.m.
7.3	Konstruktions- und Verbrauchsmaterialien Für das Entwickeln von Produkten sind meist verschiedene Baumaterialien verfügbar wie z.B. Pappe, Holz (verschiedene Arten und Stärken), Schaumstoffe, textile Stoffe, Metallteile, Kork- und Kunststoffstücke, mechanische Komponenten (wie z.B. Wellen, Zahnräder), Verbindungsmaterialien (wie z.B. Schrauben, Nägel, Nieten, Nägel, ...), Recycling-Materialien aller Art.
7.4	Computer Für Internetrecherchen werden mobile Endgeräte zur Verfügung gestellt. Zum Konstruieren von 3D-Objekten oder CNC-Projekten sind häufig Laptops und / oder Desktop Computer vorhanden.
7.5	Inspirationsquellen Zur weiteren Inspiration werden Projektbeispiele und bereits realisierte Produkte ausgestellt, zusätzlich liegen Bücher mit Projektideen aus.
7.6	Aufnahmebereich für Medienproduktionen In einigen MakerSpaces ist eine Präsentationsecke mit Greenscreenwand für Medienproduktionen installiert.

2.4.8 Handlungsfeld 8: Qualifikation von Maker-Pädagog*innen

Ausgangsfrage: Welche Qualifikationen benötigen Making-Pädagog*innen, um Making-Aktivitäten kompetent begleiten zu können?

Der Qualifikations- und Weiterbildungsbedarf von pädagogischen Making-Fachpersonen lässt sich aus den anderen Handlungsfeldern ableiten. Eine wesentliche Voraussetzung dürfte wohl die Grundhaltung, das Maker-Mindset, sein. Es ist davon auszugehen, dass sich das Maker-Mindset nicht im Rahmen von einzelnen Weiterbildungsveranstaltungen «vermitteln» lässt, sondern eine gewisse Offenheit und ein entsprechendes Menschenbild erfordert. Es ist kaum möglich, dass Making-Fachpersonen mit allen denkbaren Technologien vertraut sind.

2.4.9 Handlungsfeld 9: Organisatorische und institutionelle Einbindung

Ausgangsfrage: Wie sind Angebote der Maker Education organisatorisch gestaltet? Welche Zielgruppen werden angesprochen? Welche Formate haben sich bewährt? Wie ist das Betreuungsverhältnis Maker*in zu Pädagog*in?

Konkrete Hinweise zur Integration des ausserschulischen Making-Ansatzes in den Schulkontext waren nicht Gegenstand von Kapitel 2. Mit Blick auf die anderen Handlungsfelder zeichnen sich allerdings Synergien und auch Reibungspunkte ab, die in Kapitel 6.3 unter Beizug weiterer Literatur im Schnittfeld von Making und Schule ausgeführt werden.

3 Making, Schule und (digitale) Mündigkeit

3 Making, Schule und (digitale) Mündigkeit

Inwieweit bietet ein schulischer MakerSpace Raum für einen selbstbestimmten und verantwortungsvollen gestaltenden Umgang mit Technologien? Welche Rahmenbedingungen benötigen Schüler*innen, um beim Making als (digital) mündige Subjekte eigene Ideen verwirklichen zu können?

Ziel dieses Kapitels ist es, das Potenzial schulischen Makings für den Ausdruck und den Erwerb von (digitaler) Mündigkeit auszuloten. Vor diesem Hintergrund sollen mögliche Design-Massnahmen für die Entwicklung des MakerSpace an der Primarschule abgeleitet werden. Für die Begleitforschung sind ferner geeignete Methoden zur Erfassung von Indikatoren für digitale Mündigkeit in bestehenden Forschungsarbeiten zu identifizieren, an den Making-Kontext anzupassen oder neu zu entwickeln.

ABB. 3.1: DIGITALE MÜNDIGKEIT IM KONTEXT DER HANDLUNGSFELDER

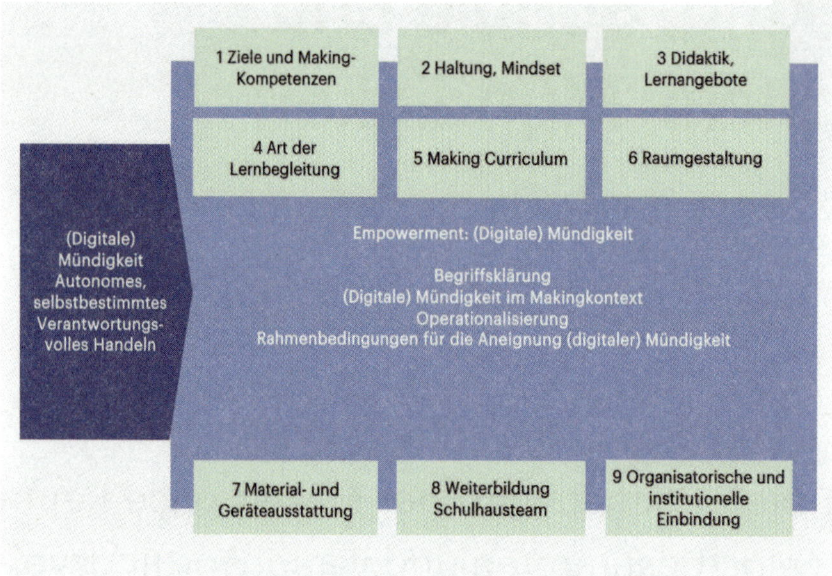

Wie in Kapitel 2ff. bereits gezeigt werden konnte, zählt die Förderung von Selbsbestimmung, Eigenverantwortung und kritischem Denken zu den zentralen Anliegen der Maker Education. Der Schritt vom Nutzer zum aktiven Gestalter von Dingen (vgl. Cross 2017, S. 28), der verstehende Blick hinter die Oberfläche der digitalen Welt (vgl. Ingold/Maurer 2018) und die Fähigkeit zum sozial verantwortungsvollem Handeln (vgl. Hollauf/Schön 2019) sind prominente Beispiele für Mündigkeit und Selbstermächtigung beim Making.

«The Maker-Movement is meant to empower people of all ages to create, innovate, tinker, and make their ideas and solutions into reality.»

(Bean, M. Farmer/Kerr, A. 2015, S. 62)

Für die theoriegeleitete Entwicklung geeigneter Design-Massnahmen und für die Begleitforschung ist eine weitere Ausdifferenzierung und begriffliche Schärfung des Konstrukts digitale Mündigkeit erforderlich. Das Verhältnis von allgemeiner Mündigkeit und digitaler Mündigkeit ist in diesem Zusammenhang ebenso zu klären wie die Frage, welche Schnittmengen digitale Mündigkeit mit den Kompetenzen des Moduls Medien und Informatik im Schweizer Volksschullehrplan – Lehrplan 21 – hat. Für die Begleitforschung ist zu eruieren, ob und in welcher Form das Konstrukt digitale Mündigkeit bereits operationalisiert wurde und ob gegebenenfalls an vorhandenen Arbeiten angeknüpft oder gar existierende Forschungsinstrumente verwendet werden können.

3.1 Vorgehensweise

Nach einer Begriffsklärung (vgl. 3.2) wird anhand von Beispielen aufgezeigt, wie gesellschaftliche Entwicklungen im Bereich der Digitalisierung Mündigkeit einschränken bzw. unmündiges Verhalten befördern können (vgl. 3.3). Daraus leitet sich die gesellschaftliche Relevanz der Förderung von digitaler Mündigkeit ab. Der bildungspolitische Stellenwert von digitaler Mündigkeit wird im Rahmen einer Analyse des Lehrplans der Schweizer Volksschule ermittelt (vgl. 3.4). Die Analyse zeigt auf, inwieweit die Förderung von digitaler Mündigkeit aus bildungspolitischer Sicht begründet werden kann. Nach Abgleich und Systematisierung weiterer Berührungspunkte zwischen Making und digitaler Mündigkeit (vgl. 3.6) werden vorangegangene Forschungsarbeiten zu digitaler Mündigkeit (beziehungsweise digitaler Selbstbestimmung) konsultiert und kritisch gewürdigt (vgl. 3.5f.). Dabei werden Operationalisierungsansätze des Konstrukts diskutiert und hinsichtlich ihrer Eignung für den Maker-Kontext eingeschätzt (vgl. 3.5.4). Auf dieser Grundlage wird ein maker-spezifisches Empowerment-Modell für digitale Mündigkeit entwickelt (vgl. 3.7). Dieses Modell bildet die Grundlage, um mögliche Design-Massnahmen für die neun Handlungsfelder schulischen Makings (vgl. 1.4) zu entwickeln.

3.2 Begriffsklärung

Die meisten Definitionsversuche des Begriffs digitale Mündigkeit stützen sich auf den Mündigkeitsbegriff der Aufklärung. «Habe Mut, dich deines eigenen Verstandes zu bedienen» (Kant 1784). Mit diesem Motto bringt Kant das Bild des Menschen als vernunftbegabtes Individuum zum Ausdruck, das durch den bewussten Einsatz des eigenen Verstandes Selbstständigkeit, Verantwortung und Unabhängigkeit erreichen kann und muss. Im Umkehrschluss sei das Individuum unmündig, wenn es nicht in der Lage ist, sich seines Verstandes ohne Leitung eines anderen zu bedienen (vgl. ebd.).

Roth (1971, S. 205) versteht Mündigkeit als Ausdruck von kritisch-verantwortungsvoller und kritisch-kreativer Handlungsfähigkeit und entwickelt aus dieser Sichtweise ein dreidimensionales Kompetenzmodell von Mündigkeit «a) als Selbstkompetenz (self competence), d.h. als Fähigkeit für sich selbst verantwortlich handeln zu können, b) als Sachkompetenz, d.h. als Fähigkeit, für Sachbereiche urteils- und handlungsfähig und damit zuständig sein zu können, und c) als Sozialkompetenz, d.h. als Fähigkeit, für sozial, gesellschaftlich und politisch relevante Sach- oder Sozialbereiche urteils- und handlungsfähig und also ebenfalls zuständig sein zu können» (Roth 1971, S. 180). Die drei Kompetenzdimensionen beziehen sich aufeinander und bedingen sich gegenseitig. Um richtig urteilen und verantwortungsbewusst entscheiden zu können, ist Sachkenntnis, ein Verstehen der Sachzusammenhänge erforderlich. Da persönliches Handeln stets in einem gesellschaftlichen Kontext stattfindet, stehen Unabhängigkeit, Urteilsfähigkeit und Verantwortung in

Relation zu sozialen Erwartungen und gesellschaftlichen Werten (vgl. Frey/Jäger 2009, S. 348). Die hierfür nötige universell gültige Wertebasis wird dem Humanismus entlehnt (Menschenrechte, europäische Menschenrechtskonvention; vgl. Faschingeder 2005, S. 217).

Verantwortung als Teil von Mündigkeit bedeutet daher auch, sich möglicher (gesellschaftlicher) Folgen des eigenen Handelns bewusst zu sein; und Kraft der eigenen Vernunft bzw. der eigenen Urteilsfähigkeit Entscheidungen zu treffen, die für sich selbst und für das Umfeld positive Konsequenzen haben (vgl. Faschingeder 2005, S. 206). In diesem Sinne beinhaltet Mündigkeit neben der persönlichen Verantwortung die Übernahme von Verantwortung für die Weiterentwicklung der Gesellschaft (vgl. Beck et al. 2018, S. 5; vgl. Simon 2011; vgl. Breyer-Mayländer 2018a, S. 18; vgl. Meueler 2009, S. 150).

Selbstbestimmtes Handeln erfordert Reflexion. «Ohne Reflexion werden die eigenen Handlungstheorien und deren -erfolg nicht überprüft, das Handlungsresultat mit dem angestrebten Ziel nicht verglichen» (Kluge 1999, S. 236 in Lederer 2015, S. 33). Reflexivität wiederum setzt eine Grundhaltung voraus, die sich teilweise mit dem Maker-Mindset (vgl. 2.2.2; vgl. 2.4.2) deckt. Nach Lederer (2015, S. 36) zählen hierzu u.a. Offenheit, eine experimentelle Grundhaltung mit dem Mut, Fehler zu machen sowie die Bereitschaft, die eigene Sichtweise in Frage zu stellen.

Die beiden Begriffe Mündigkeit und Emanzipation bilden eine dialektische Synthese (vgl. Lederer 2015, S. 21). Während Mündigkeit eher mit Verantwortung, Unabhängigkeit und Urteilsfähigkeit in Verbindung gebracht wird, beinhaltet Emanzipation stärker den Aspekt der Selbstermächtigung gegenüber Machtdynamiken und Fremdbestimmung sowie die Indienstnahme von verfügbaren Ressourcen in eigenem Sinne (vgl. Bünger 2013, S. 12).

Abbildung 3.2 ist der Versuch, die in wechselseitiger Abhängigkeit zueinander stehenden Teilkomponenten von Mündigkeit im Zusammenhang abzubilden, ohne auf die spezifischen Diskurse, die mit jedem der Begriffe verbunden sind, näher eingehen zu können. Entscheidungs- und Handlungskompetenz sind als übergreifendes Moment ausgewiesen, da ihnen die anderen Teildimensionen als Voraussetzung zugrunde liegen. Aus der Abbildung leitet sich folgende Arbeitsdefinition für Mündigkeit ab:

Mündigkeit ist die Fähigkeit und die Bereitschaft, bewusst, selbstbestimmt und unabhängig zu handeln, Entscheidungen und Urteile auf der Grundlage von (kritisch geprüften) Fakten und Sachkenntnis zu treffen und die möglichen Folgen des eigenen Handelns gegenüber dem eigenen Gewissen zu verantworten. Um begriffliche Klarheit zu schaffen, wird die Bedeutung der Teildimensionen in Tabelle 3.3 kurz erklärt.

ABB. 3.2: FÜNF DIMENSIONEN VON MÜNDIGKEIT

TAB. 3.3: BEGRIFFSBEDEUTUNG DER TEILDIMENSIONEN VON MÜNDIGKEIT

TEILDIMENSION	BEDEUTUNG
Selbstermächtigung / Selbstbestimmung	Machtstrukturen durchschauen und Fremdbestimmung reduzieren Eigeninitiativ sein und aktiv an Gesellschaft partizipieren
Unabhängigkeit / Selbstständigkeit	Eigenständige Meinungsbildung unabhängig vom Urteil anderer Resilienz gegenüber Manipulation und Desinformation Selbstständiges Handeln
Verantwortung / Selbstreflexion	Prospektiv über Folgen von Handlungen nachdenken Dem eigenen Gewissen Rechenschaft ablegen Entscheidungen auf einer universellen Wertebasis treffen Fehlentscheidungen reflektieren und gegebenenfalls revidieren
Urteilsfähigkeit / Sachkenntnis	Sachverhalte, Situationen, Gegenstände durch entsprechende Sachkenntnis und durch die Fähigkeit des kritischen Denkens realistisch einschätzen
Entscheidungs- und Handlungsfähigkeit	Fähigkeit und Bereitschaft, Entscheidungen auf der Basis von Selbstermächtigung, Unabhängigkeit, Verantwortung und Urteilsfähigkeit zu treffen; Fähigkeit und Bereitschaft mündige Entscheidungen umzusetzen

«Digitale Mündigkeit bedeutet, dass ich Verantwortung für mein Handeln auch im digitalen Raum übernehme.»

(Simon 2018, S. 51)

Mit dem Attribut «digital» versehen werden die Begriffe «Digitale Mündigkeit» (vgl. zum Beispiel Simon 2011, Beck et al. 2018), «Digitale Selbstbestimmung» (Mertz et al. 2016), «Digitale Autonomie» (Drecksler 2018; Westhoff 2018) und «Digitale Souveränität» (Wittpfahl 2017; vgl. Stubbe 2017; vgl. Jetzke et al. 2017) im Wesentlichen synonym verwendet. In Anlehnung an die Arbeitsdefinition von Mündigkeit beschreibt digitale Mündigkeit die Fähigkeit und die Bereitschaft, in einer von Digitalisierung geprägten Gesellschaft bewusst, selbstbestimmt und unabhängig zu handeln, Entscheidungen und Urteile auf der Grundlage von (kritisch geprüften) Fakten und Sachkenntnis im Bereich digitaler Technologie zu treffen und die möglichen Folgen des eigenen Handelns in digitalen sowie anlogen Welten gegenüber dem eigenen Gewissen zu verantworten. Dazu zählt insbesondere der selbstbestimmte und verantwortungsvolle Umgang mit Produkten, Geräten und Technologien (vgl. Drecksler 2018) und ein Bewusstsein für die beabsichtigten wie unbeabsichtigten Folgen technikbezogenen Handelns (vgl. Ullrich 2017, S. 189).

3.3 Digitale Mündigkeit im Alltag

Welche Bedeutung haben Unabhängigkeit, Urteilsfähigkeit, Handlungsfreiheit, Selbstreflexion, Verantwortung und Selbstermächtigung in einer von Digitalität geprägten Gesellschaft? Im Folgenden werden einige Beispiele aus dem Bereich der alltäglichen Mediennutzung aufgeführt.

3.3.1 Digitale Assistenz und Entmündigung

Die Nutzung digitaler Medien erfolgt im Alltag zunehmend selbstverständlich, situativ und (mehr oder weniger) effizient. Sie dient der Orientierung, der Information und Unterhaltung sowie der Alltagsorganisation. Sie ermöglicht Online-Kooperation und Kommunikation, kompensiert Handicaps und nimmt Menschen unangenehme oder repetitive Arbeiten ab (vgl. Ingold/Maurer 2018, S. 193). Digitale Medientechnologie ist häufig nützlich, bequem und heute weder im Freizeitbereich noch im Berufsfeld wirklich wegzudenken. Eigenständiges Denken ist dabei jedoch immer weniger nötig. Unzählige Alltagsbeispiele zeigen, dass smarte, vernetzte Technologie gewissermassen selbst «denken» kann. «Technik kann „wahrnehmen" – mit Sensoren, „interpretieren" – mittels semantischer Analysen und – auf der Basis von Algorithmen – sogar „entscheiden"» (Knaus 2017, S. 55).

Insgesamt nimmt uns die zunehmend vernetzte Umgebung durch sensorengestützte digitale Endgeräte wie Smartphones, Tablets, Datenbrillen, intelligente Lautsprecher, smartes Spielzeug, Smart Home Anwendungen und deren Einbindung in das Internet der Dinge (Westhoff 2018, S. 70) Entscheidungen ab.
Wenn dies in vermeintlich guter Absicht und im Sinne des Wohles des Nutzenden geschieht, spricht Simon von «Technikpaternalismus» (Simon 2011) und meint damit, Spiekermann und Pallas (2008) folgend, Situationen, in welchen «...eine Maschine eine eigene Entscheidung trifft, die vom Menschen nicht überbrückt werden kann. Die Menschen werden durch ihre eigene Technik entmündigt» (Simon 2011, S. 49). Sämtliche, nicht vom Subjekt selbst instruierten und programmierten autonom agierenden, Systeme haben das Potenzial, die für Mündigkeit zentrale Selbstbestimmung einzuschränken (vgl. Breyer-Mayländer 2018a). Es besteht die Gefahr, dass sich Herrschaftsverhältnisse umkehren und Menschen nicht mehr souveräne, handlungsfähige Akteure sind, sondern sich von technischen Assistenzsystemen abhängig machen.

Technikpaternalismus führt zur Reduktion der Verantwortung sich selbst und anderen gegenüber. Verantwortung zu übernehmen, ist ohne Urteilsfähigkeit nicht möglich. Diese wiederum erfordert die Einsicht in technische Zusammenhänge beziehungsweise eine entsprechende Sachkompetenz (vgl. Lederer 2015, S. 21). Dieses Spezialwissen fehlt vielen Mediennutz*innen. Softwarestrukturen verschwinden zunehmend hinter intuitiven Oberflächen, deren Funktionsweise sich nur Expert*innen erschliesst. Daten auf dem eigenen Gerät werden ohne Zutun des Nutzers nach nicht nachvollziehbaren Kriterien gespeichert, archiviert und vernetzt und die algorithmisch abgerichtete «Filterblase» (Pariser 2012) sorgt dafür, dass man nicht mit Informationen jenseits des Tellerrands belästigt wird.
Der digitalen Selbstbestimmung entgegen wirkt auch das Sammeln, das aufeinander bezogene Auswerten und Verwerten von personenbezogenen Daten (vgl. Mertz et al. 2016, S. 3). Im Unterschied zur Idee von «Open Data», deren Daten gemeinfrei sind, keiner Geheimhaltung unterliegen, für alle User*innen zugänglich sind und die Demokratisierung, Transparenz und Partizipation fördern sollen (vgl. Dander 2018, S. 29), ist «Big Data Analytics» vor allem infrastrukturell privilegierten Stellen wie Staaten, Geheimdiensten und (Tech-)Unternehmen vorbehalten. Diese verarbeiten und nutzen Daten auf intransparente und exklusive Weise (vgl. Dander 2018, S. 28). Für die Nutzer*innen ist dann unklar, welche persönlichen Daten wie gesammelt und für wen mit welcher Absicht wann zugänglich gemacht werden. Der Verlust der Privatsphäre und damit eine Einschränkung der informationellen Selbstbestimmung ist die Folge (vgl. Schaar 2017, S. 120). Mertz et al. haben im Rahmen einer repräsentativen Studie festgestellt, dass viele Nutzer*innen eine Machtasymmetrie zwischen sich und den Unternehmen empfinden, die über ihre Daten verfügen und nicht transparent machen, was mit den Daten geschieht (2016 S. 48). Eine Selbstermächtigung im Sinne von Emanzipation ist vor diesem Hintergrund nur schwer zu leisten.

3.3.2 Meinungsbildung in der Echokammer?

Zwar sind Informationen heute dank Digitalisierung und Vernetzung allerorts und jederzeit zugänglich, «...jedoch (sind) sowohl Urheber als auch Belastbarkeit dieser Quellen nur sehr schwer bzw. gar nicht verifizierbar» (Westhoff 2018, S. 71). Die unabhängige und politische Meinungsbildung wird zur Herausforderung, wenn zudem Algorithmen in Form von Social Bots im öffentlichen Diskurs verdeckt zur Meinungsmache und Propaganda eingesetzt werden und die digitale Souveränität der Menschen eingeschränkt wird (vgl. Demmler/Maurer 2018; vgl. Jetzke et al. 2017, S. 21).

Die Tatsache, dass manche Menschen die Einschätzung vertreten, wirklich wichtige Nachrichten und Informationen erreichten sie ohnehin über einschlägige Social Media Kanäle (vgl. Breyer-Mayländer 2018b, S. 280), spricht für die Notwendigkeit der Förderung digitaler Mündigkeit, so dass das unbegrenzte Vertrauen in die Algorithmen der eigenen «Filterblase» relativiert werden kann. Digitale Mündigkeit manifestiert sich an dieser Stelle in der Kenntnis des Preises, den die Nutzer*innen für digitale Annehmlichkeiten und personalisierte und maschinell passgenau kuratierte Informations-, Produkt- und Dienstleistungsangebote bezahlen.

3.3.3 Technikfolgenabschätzung

Entwicklungen im Bereich Künstliche Intelligenz haben neben vielen Vorteilen das Potenzial, die Autonomie und die Entscheidungs- und Handlungsfähigkeit des Menschen einzuschränken. Im Gegensatz zu fest eingeschriebenen Programmabläufen ist die Komplexität lernender Systeme – worauf Knaus hinweist – schwer zu überblicken, da «die neu ‚erlernten' Abläufe (wie auch die Ergebnisse) der ‚selbstlernenden' Maschine nicht mehr nach(zu)vollziehen (sind)» (Knaus 2018a). Die oft fehlende Transparenz der Algorithmen und deren unvorhersehbare Dynamik, sich weiterzuentwickeln und autonom Entscheidungen zu treffen, kann die Urteilsfähigkeit der Subjekte erschweren, insbesondere wenn mit den digitalen Systemen Bequemlichkeiten und Annehmlichkeiten im Alltag verbunden sind. Selbstbestimmung wird vor diesem Hintergrund nicht nur immer schwieriger, sondern auch immer wichtiger, weil die technologische Entwicklung nicht schicksalsgegeben, sondern menschengemacht ist (vgl. Westhoff 2018, S. 77) und Menschen für die Entwicklung und Gestaltung der digitalen Transformation Verantwortung tragen. Deshalb braucht die Gesellschaft digital selbstbestimmte Bürger*innen, die eigenverantwortlich mit Produkten, Geräten und Technologien umgehen (vgl. Beck et al. 2018, S. 6), die sich der beabsichtigten wie unbeabsichtigten Folgen ihres technikbezogenen Handelns bewusst sind (vgl. Ullrich 2017, S. 189). Die Förderung von digitaler Mündigkeit gilt daher als wichtiges Ziel politischer Bildung in demokratischen Gesellschaftsmodellen, deren Existenz auf Handlungs- und Kritikfähigkeit sowie auf Urteilsfähigkeit basieren.

«Dass die Digitalisierung unsere Gesellschaft verändern wird, steht fest. Wie sie es tut, nicht.»

(Precht 2018)

Jetzke et al. (2017, S. 15) gehen davon aus, dass souveränes selbstbestimmtes Handeln «...im Zuge der Digitalisierung neu ausgehandelt und verteidigt werden (muss)». Digitale Mündigkeit dürfe allerdings nicht mit einem destruktiven Alarmismus verwechselt werden, der digitale Technik verteufelt oder hauptsächlich die Nachteile und Risiken beleuchtet (vgl. Stubbe 2017, S. 56). Es geht darum, eine bewusste Haltung gegenüber digitalen Technologien zu entwickeln; dies auch mit dem Ziel, hegemoniale Machtstrukturen aufzudecken, zu relativieren und im Sinne der «Digital Citizenship» (Moser 2018) sich aktiv mit Medien auszudrücken und die digitale Gesellschaft verantwortungsvoll mitzugestalten.

3.4 Stellenwert von digitaler Mündigkeit in der schulischen Bildung

Bos et al. (2014) haben in einer international vergleichenden Studie zu computer- und informationsbezogenen Kompetenzen von Achtklässler*innen herausgearbeitet, dass das blosse Aufwachsen in einer digitalen Gesellschaft nicht notwendigerweise zur kompetenten Mediennutzung respektive zur digitalen Mündigkeit führt. Die Förderung von digitaler Mündigkeit ist vor diesem Hintergrund eine wichtige Aufgabe der digitalen Gesellschaft. «Soweit der Konsens von Politik, Politischer Bildung, Medienpädagogik, Informatik und Informatikdidaktik» (Beck et al. 2018). Jantschek (2015) fordert die Vermittlung von Wissen über die Hintergründe und Nutzungsmöglichkeiten von Big Data und informationelle Selbstbestimmung im Rahmen politischer Jugendbildung mit dem Ziel, Diskurse über «die politische, rechtliche und kulturelle Gestaltung der Digitalisierung zu befördern». Auch Mainzer (2017, S. 69) sieht an dieser Stelle den Schulterschluss zwischen politischer und technisch-wissenschaftlicher Bildung. Sänger (2018, S. 180) betont die Bedeutung von Schule und Weiterbildung für Diskurse über Techniknutzung und Technikfolgenabschätzung mit dem Ziel der Indienstnahme der Technik für die Gesellschaft und nicht umgekehrt.

In Deutschland gibt es flächendeckend noch kein Schulfach, das sich dezidiert Phänomenen der Digitalisierung aus verschiedenen Perspektiven widmet, wenngleich vielerorts die Forderung danach vernehmbar sind (vgl. Gesellschaft für Informatik 2015). Anders ist die Lage aktuell in der Deutschschweiz, in der vielerorts zum Schuljahr 2018/19 das Modul Medien und Informatik verbindlich eingeführt wurde (vgl. Merz 2018; vgl. Lehrplan 21 o.J.). Zum ersten Mal in der Geschichte des Schweizer Volksschulwesens gibt es ein offizielles Gefäss für medienbezogene und informatische Bildungsgegenstände im Umfang von zirka einer Wochenstunde in den Klassen 5, 6, 7 und 9.

Der Begriff Mündigkeit tritt im Lehrplan 21 lediglich an zwei Stellen explizit in Erscheinung. In den didaktischen Hinweisen zum Modul Medien und Informatik wird der Schule die Aufgabe zugeschrieben, die Schüler*innen bei einer mündigen Mediennutzung zu unterstützen. Im Abschnitt «Bedeutung und Zielsetzungen» des

Fachs Musik heisst es, dass sich die Schüler*innen in einer von Musik geprägten Lebenswelt mündig bewegen sollen.

Der Lehrplan 21 orientiert sich aber grundsätzlich an humanistischen und demokratischen Wertvorstellungen. Der Bildungsauftrag der Schule beinhaltet vor diesem Hintergrund auch die Bildung der Subjekte zu eigenständigen Persönlichkeiten, die gegenüber Mitmenschen und Umwelt verantwortungsvoll handeln und sich in der Schule mit ihren Anliegen und Interessen einbringen und aktiv mitwirken. Diesen und ähnlichen Textpassagen im Lehrplan 21 ist zu entnehmen, dass Mündigkeit im Sinne von Selbstbestimmung und Eigenverantwortung zumindest implizit ein zentrales Anliegen der Volksschulbildung in der Schweiz ist.

Im Sinne einer digitalen Mündigkeit werden im Lehrplan 21 konkrete Bezüge zum souveränen und verantwortungsvollen Umgang mit Digitalisierung und Digitaltechnik hergestellt. Im Modul Medien und Informatik sollen die Schüler*innen hinter die Oberfläche der digitalen Technik schauen und verborgene Strukturen, Muster und Zusammenhänge entdecken. Im Fokus stehen das Programmieren und die Funktionsweise von Algorithmen (MI.2.2e). Explizit fordert der Lehrplan die konstruktive und analytische Arbeit mit Programmelementen wie Schleifen, bedingten Anweisungen, Parametern, Variablen und Unterprogrammen (MI.2.2f, MI.2.2g, MI2.2h). Im Hardware-Bereich zählen die Leistungseinheiten informationsverarbeitender Systeme ebenso zum Curriculum (MI.2.3k) wie das Verständnis der Sensoren-, Prozessor-, Aktoren- und Speichertechnologie (MI.2.3l). Technisch-operative Kenntnisse im Bereich der Informatik werden allerdings nicht notwendigerweise in einen grösseren gesellschaftlichen Wirkungshorizont oder gar in einen ethischen Bezugsrahmen eingebettet. Im Bereich Medien gilt es zwar auch die ökonomischen, sozialen und politischen Folgen technologischer Entwicklung im Alltag (Automatisierung, veränderte Berufswelt) insgesamt zu reflektieren (MI.1.1f), der direkte Zusammenhang zwischen konkreten Programmiertätigkeiten und ethischen Diskursen wird explizit aber nicht verlangt. Im Fach Technisches und Textiles Gestalten (TTG) gibt es einzelne Kompetenzen, die auf Technikfolgenabschätzung abzielen. Schüler*innen sollen Erfindungen verstehen und deren Folgen bewerten können (TTG.3.A2). Auch ein zentraler Aspekt der Digitalisierung, die Vernetzung, ist im TTG Lehrplan berücksichtigt. «Die Schülerinnen und Schüler können Entwicklungen und Innovationen aus Design und Technik in ihrer Vernetzung analysieren und deren Folgen für den Alltag einschätzen (z.B. Stickcomputer, CNC-Maschine, 3D-Drucker)» (ebd.).

Zusammenfassend lässt sich konstatieren, dass der Lehrplan 21 der Schweizer Volksschule nicht nur im Modul Medien und Informatik, sondern auch in weiteren Fachbereichen und in den überfachlichen Kompetenzen Anknüpfungspunkte für den Erwerb von digitaler Mündigkeit im oben definierten Sinne bietet. Es verwundert etwas, dass in den drei Kompetenzbereichen der Informatik (2.1, 2.2, 2.3) zwar informatisch-technische Grundlagen erworben werden, diese jedoch auf die operativ-problemlösende Ebene beschränkt bleiben. Die Einbettung zum Beispiel von Programmiertätigkeiten in einen reflexiven Rahmen (z.B. Technikfolgenabschätzung) liegt zwar implizit nahe, muss aber bei der Auslegung des Lehrplans interdisziplinär hergeleitet werden.

3.5 Digitale Mündigkeit in der Forschung

Welchen Stellenwert haben die Dimensionen von (digitaler) Mündigkeit (Selbstermächtigung, Unabhängigkeit, Verantwortung, Urteilsfähigkeit, Entscheidungs- und Handlungsfreiheit) in der Forschung? Digitale Mündigkeit (vgl. Simon 2011; vgl. Beck et al. 2018) wurde im Kontext von Making bislang nicht explizit untersucht. Nachdem der Begriff vor allem als Reaktion auf technologische Entwicklungen und Phänomene geprägt wurde, gibt es in jüngerer Zeit erste Versuche, digitale Mündigkeit als Konstrukt zu operationalisieren, und somit der empirisch-quantitativen Forschung zugänglich zu machen. Mertz et al. (2016, S. 11) stellen fest, dass der Begriff digitale Selbstbestimmung ein ethisches Ideal beschreibt, dass nur schwer direkt in ein theoretisches Konstrukt im Sinne der empirischen Sozialwissenschaften übersetzbar ist. «Die Begriffskomponenten können daher nicht unproblematisch unmittelbar als messbare Dimensionen aufgefasst werden» (ebd.).

3.5.1 Theorien und Modelle

Mit Mertz et al. (2016) und Beck et al. (2018) liegen zwei Operationalisierungsansätze des Konstrukts digitale Mündigkeit beziehungsweise digitale Selbstbestimmung vor. Beck et al. (2018, S. 21 ff.) differenzieren digitale Mündigkeit in die Dimensionen ‚Privacy Literacy' (reflektierter Umgang mit personenbezogenen Daten), ‚Technical Literacy' (Fähigkeiten zur Bedienung von Hard- und Software) und ‚Information Literacy' (kritische Beurteilung von Informationen im Netz). Mertz et al. (2016, S. 18) spitzen ihr Konstrukt der digitalen Selbstbestimmung auf eine autonome Willensbildung bei der Verwendung digitaler Medien zu, die auf wertebasierten Reflexionen und Freiwilligkeit aufbaut. Beide Operationalisierungsansätze kamen in quantitativen Studien zum Einsatz, deren Teilnehmende vorwiegend im Erwachsenenalter waren.

ABB. 3.4: DIGITALE MÜNDIGKEIT UND DIGITALE SELBSTBESTIMMUNG: MODELLE VON BECK ET AL. (2018), LINKS UND MERTZ ET AL. (2016), RECHTS

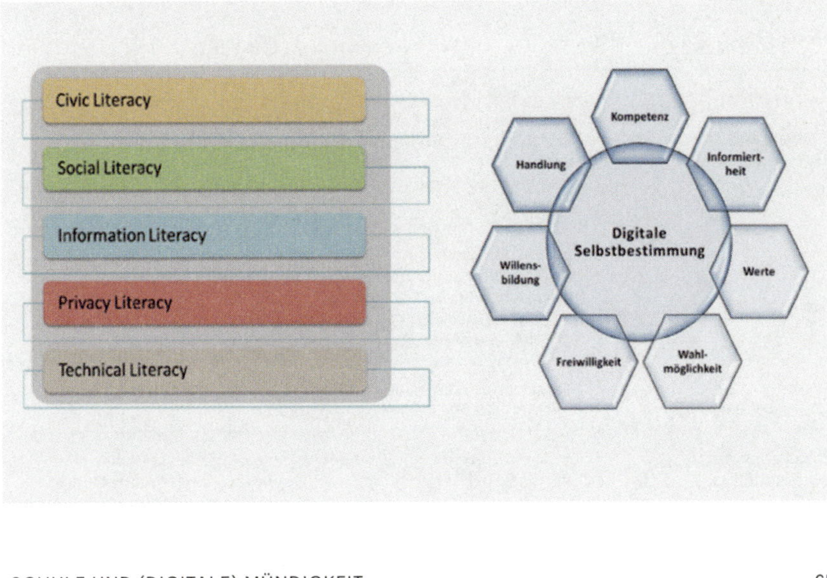

Die jüngsten Proband*innen der Untersuchungen sind im Jugendalter, 15 Jahre bei Mertz et al. (2016) und 16 Jahre bei Beck et al. (2018). Beide Modelle werden im Folgenden vorgestellt und diskutiert.

3.5.2 Digitale Mündigkeit (Beck et al. 2018)

Die Studie von Beck et al. (2018) widmet sich den Fähigkeiten der Bürger*innen in Deutschland zum konstruktiven und souveränen Umgang mit digitalen Räumen. Eine explorative und interdisziplinäre Literaturanalyse stellt die Grundlage der Entwicklung des Konstrukts der zu untersuchenden digitalen Mündigkeit dar. Einbezogen wurden unter anderem Perspektiven der Politologie, der Wirtschaftsinformatik sowie der Kommunikations- und Medienforschung (vgl. Beck et al. 2018, S. 15). Operationalisiert wird digitale Mündigkeit dem Literacy-Diskurs im angelsächsischen Raum folgend in die fünf Dimensionen Civic Literacy, Social Literacy, Information Literacy, Privacy Literacy und Technical Literacy (vgl. ebd. S. 22ff.). «Technical Literacy» gilt dabei als Grundvoraussetzung für den Zugang zu digitalen Räumen. Gemeint sind in erster Linie Fähigkeiten zur Bedienung von Hard- und Software (vgl. Beck et al. 2018 S. 22/23), im Fragebogen werden als Beispiele unter anderem das Anschauen von Videos, das Installieren von Software und das Uploaden von Dateien auf Online-Plattformen genannt (vgl. ebd. S. 27). «Privacy Literacy» umschreibt Fähigkeiten zum Schutz der eigenen Privatsphäre, im Fragebogen unter anderem abgebildet durch die Variablen regelmässiges Löschen des Browsers, Aktualisierung des Antivirenschutzes, Löschen / Blockieren von Cookies, Einschränkung des Standortdatenzugriffs (vgl. ebd. S. 28).

Unter «Information Literacy» werden Fähigkeiten zum Finden und kritischen Beurteilen von Informationen im Internet verstanden. Diese Dimension wird als besonders zentral im Konstrukt der digitalen Mündigkeit betrachtet. Im Fragebogen wird unter anderem nach der Anzahl der Suchbegriffe pro Suche, nach der Rezeptionstiefe der Trefferseiten und nach einer möglichen Quellenverifikation gefragt (vgl. ebd. S. 29). «Social Literacy» wird nach Auffassung der Autoren der Studie relevant, da digitale Plattformen eine kollaborative Nutzung nahelegen (vgl. ebd. S. 23).

TEILDIMENSION	OPERATIONALISIERUNG
Selbstermächtigung / Selbstbestimmung	Privacy Literacy: selbst bestimmen, wer welche Daten erhält und nutzt; Privatsphäre-Einstellungen auf Social Media; Cookies, ... Privacy Literacy: Reduktion des Filterbubble-Effekts durch Löschung des Browser-Caches. Civic Literacy: Medien für politische Zwecke und Positionen in Dienst nehmen.
Unabhängigkeit / Selbstständigkeit	Technical Literacy: mit digitaler Technik umgehen können Privacy Literacy: Schutz vor Virenangriff durch Installation entsprechender Software-Anwendungen Information Literacy: kompetenter Umgang mit Suchmaschinen, Verifikation von Quellen
Verantwortung / Selbstreflexion	Social Literacy: Wirkung von Postings einschätzen, Netiquette einhalten, Kommunikation reflektieren
Urteilsfähigkeit / Sachkenntnis	Technical Literacy: mit digitaler Technik umgehen können Information Literacy: Wissen, wie Suchmaschinen funktionieren
Entscheidungs- und Handlungsfähigkeit	Sich sicher und kompetent in digitalen Räumen, respektive im Internet bewegen

TAB. 3.5: TEILDIMENSIONEN VON MÜNDIGKEIT IN DER OPERATIONALISIERUNG VON BECK ET AL. (2018)

Es geht hierbei um Sozialkompetenzen, konkret unter anderem um sensible Formulierungen, um die Ausdrucksweise bei Kritik und um die Reflexion der langfristigen Wirkung von Postings (vgl. ebd. S. 30). «Civic Literacy» wird als Fähigkeit verstanden, digitale Medien für kollektive Zwecke einzusetzen. Darunter fallen beispielsweise das Sammeln relevanter Daten für den Ausdruck politischer Ansichten, das Mitteilen politischer Vorstellungen und die Nutzung des Internets zur Verfolgung politischer Ziele (vgl. ebd. S. 31).

3.5.3 Digitale Selbstbestimmung (Mertz et al. 2016)

Die Untersuchung von Mertz et al. (2016) entwickelt auf der Grundlage einer explorativen Literaturrecherche und einer philosophischen Begriffsanalyse ein 7-dimensionales Konzept der digitalen Selbstbestimmung und erforscht die Einstellungen deutscher Internetnutzer*innen zu den zentralen Aspekten dieses Konzepts. Die Komponente «Kompetenz» bezeichnet die Fähigkeit, handlungs- und entscheidungsrelevante Informationen zu finden, zu verstehen und zu bewerten. Eingeschlossen ist hierbei Meta-Wissen zur Unterscheidung von Information und Wissen bezogen auf Suchmaschinen-Ergebnisse und zur Funktionsweise des genutzten Informationssystems «was es im Hintergrund tut» (Mertz et al. 2016, S. 22). «Informiertheit» meint das Wissen über Chancen, Risiken und Folgen einer Handlung. Hier geht es unter anderem um technisches Wissen über Möglichkeiten, den eigenen digitalen Fussabdruck zu beschränken, über die Funktionsweise von Verschlüsselungssoftware oder der profilsensiblen Trefferreihung bei der Nutzung einer Suchmaschine. Zur Informiertheit zählen auch die Kenntnis der relevanten Datenschutzbestimmungen sowie Einblicke in die Möglichkeiten der sensorgestützten Datensammlung und -verwertung mit dem digitalen Endgerät (vgl. ebd. S. 23).

«Werte» sind Vorstellungen, Ideale und Überzeugungen der Nutzer*innen, was richtig und erstrebenswert ist (vgl. ebd.); hierzu gehört eine klare Position zu den eigenen Ansprüchen an digitale Angebote und Dienste, die auch artikuliert werden kann, ebenso wie der Erwartungen an das Verhalten anderer Nutzer*innen (vgl. ebd.). «Freiwilligkeit» (freier Wille) steht für die Unabhängigkeit des eigenen Handelns von sozialen oder politischen Einflüssen, wie zum Beispiel sozialem Druck, Bewertungen beim Online-Shopping, Werbung, politischer Propaganda etc. Freiwilligkeit bezieht sich auch auf die Freiheit von inneren Zwängen wie Abhängigkeiten und auf die Fähigkeit, zu entscheiden, ob und welche Medien genutzt werden (vgl. ebd. S. 24). «Wahlmöglichkeit» bezeichnet die Nutzung technisch gegebener Möglichkeiten im Hard- und Softwarebereich (z. B. Wahl des Betriebssystems, proprietärer oder non-proprietärer Software, der Suchmaschine und des Webbrowsers; Wahl zu entscheiden, wer die eigenen Fitness-Daten sehen darf) (vgl. ebd. S. 25). «Willensbildung» kennzeichnet Fälle, in denen Wünsche priorisiert, Vor- und Nachteile abgewogen und Entscheidungen getroffen werden müssen (z. B. mit Kreditkarte online einkaufen, bestimmte Daten veröffentlichen oder nicht, bestimmte attraktive Software bewusst nicht nutzen, weil sie die Freigabe des Adressbuches verlangt). «Handlung» ist das Ausführen oder Unterlassen einer Tätigkeit auf der Basis der Willensbildung (vgl. ebd. S. 26).

TEILDIMENSION	OPERATIONALISIERUNG
Selbstermächtigung / Selbstbestimmung	Wahlmöglichkeit: selbst auswählen, wer welche Daten erhält (z.B. Fitness-Tracker)
Unabhängigkeit / Selbstständigkeit	Freiwiligkeit: freier Wille, unabhängig von anderen zu entscheiden, welche Tools man nutzt (z.B. Threema oder Whatsapp) Freiwilligkeit: Unabhängigkeit von Werbung, Propaganda, gegenüber Online-Bewertungen, Wahlmöglichkeit: selbst zwischen Alternativen auswählen (z.B. proprietäre oder non proprietäre Software)
Verantwortung / Selbstreflexion	Werte: eigene Position gegenüber digitalen Medienangeboten Informiertheit: Kenntnis medienrechtlicher Regelungen Willensbildung: Möglichkeiten priorisieren, Nutzungsentscheidungen auf der Grundlage möglicher Konsequenzen treffen (z.B. Adressbuchfreigabe bei Whatsapp).
Urteilsfähigkeit (Sachkenntnis)	Kompetenz: handlungs- und entscheidungsrelevante Informationen im Netz finden und bewerten; Funktionsweise von Suchmaschinen kennen Informiertheit: Kenntnis der Möglichkeiten des digitalen Endgeräts Informiertheit: Risiken und Folgen von Handlungen im digitalen Raum abschätzen können
Entscheidungs- und Handlungsfähigkeit	Wahlmöglichkeit: sich zwischen Alternativen entscheiden können Handlung: Ausführen oder Unterlassen einer Tätigkeit

TAB. 3.6: TEILDIMENSIONEN VON DIGITALER SELBSTBESTIMMUNG IN DER OPERATIONALISIERUNG VON MERTZ ET AL. (2016)

3.5.4 Diskussion der Modelle

In der Gegenüberstellung (vgl. Tabelle 3.7) lassen sich zwischen den Konzepten von Beck et al. und Mertz et al. Gemeinsamkeiten feststellen. Beide Konzepte zielen stark auf das Nutzerverhalten in digitalen Räumen bzw. mit digitalen Medien ab.

Beck et al. fokussieren das mündige Handeln im Internet, während es Mertz et al. um das bewusste Verwenden digitaler Medien oder um Situationen geht, die «... von der Existenz oder Funktionsweise digitaler Medien (mit-)abhängig...» (Mertz et al. 2016, S. 18) sind. Letzteres schliesst zwar alltagsbezogene Berührungspunkte mit Daten, Algorithmen und Vernetzung an der Schnittstelle von digitaler und analoger Welt mit ein. Es sieht aber das aktive Gestalten mit digitalen Werkstoffen und Technologien nicht explizit vor. Der Selbstermächtigungsschritt vom Konsument zum Produzent ist somit nicht Bestandteil beider Konzepte, wenn man von der Indienstnahme digitaler Medien für die Verbreitung politischer Positionen (Beck et al. 2018: Civic Literacy) absieht. Selbstbestimmung manifestiert sich in beiden Ansätzen in erster Linie als digitale Selbstbestimmung, also einer Kontrolle darüber, welche Daten man von sich Preis gibt. Nahezu deckungsgleich erweisen sich beide Operationalisierungsansätze im Bereich der Informationskompetenz. Demnach schliesst eine unabhängige Nutzung die Fähigkeit ein, Informationen gezielt zu recherchieren, zu selektieren und deren Qualität kritisch zu beurteilen. Bei Mertz et al. umfasst dieser Teilaspekt explizit das Wissen um die technische Funktionsweise von Suchmaschinen.

Die Bedeutung eines eigenen Standpunkts für den verantwortungsvollen Umgang mit digitaler Technologie betonen vor allem Mertz et al., indem sie unter der Bezeichnung Werte die Notwendigkeit formulieren, gegenüber digitalen Anbietern bzw. gegenüber dem Verhalten von Personen in digitalen Umgebungen eine eigene Haltung zu entwickeln und Position zu beziehen, dabei sind auch medienrechtliche Fragen (und entsprechende Kenntnisse) zu berücksichtigen.

TAB. 3.7: TEILDIMENSIONEN VON DIGITALER MÜNDIGKEIT IN DEN KONZEPTEN VON BECK ET AL. (2018) UND MERTZ ET AL. (2016) IN DER GEGENÜBERSTELLUNG

TEILDIMENSION	OPERATIONALISIERUNG (BECK ET AL.)	OPERATIONALISIERUNG (MERTZ ET AL.)
Selbstermächtigung / Selbstbestimmung	Privacy Literacy: selbst bestimmen, wer welche Daten erhält und nutzt; Privacy Literacy: Reduktion des Filterbubble-Effekts durch Löschung des Browser-Caches. Civic Literacy: Medien für politische Zwecke und Positionen in Dienst nehmen.	Wahlmöglichkeit: selbst auswählen, wer welche Daten erhält (z.B. Fitness-Tracker)
Unabhängigkeit / Selbstständigkeit	Technical Literacy: mit digitaler Technik umgehen können Privacy Literacy: Schutz vor Virenangriff durch Installation entsprechender Software-Anwendungen Information Literacy: kompetenter Umgang mit Suchmaschinen, Verifikation von Quellen	Freiwiligkeit: freier Wille, unabhängig von anderen zu entscheiden, welche Tools man nutzt (z.B. Threema oder Whatsapp) Freiwilligkeit: Unabhängigkeit von Werbung, Propaganda, gegenüber Online-Bewertungen, Wahlmöglichkeit: selbst zwischen Alternativen auswählen (z.B. proprietäre oder non proprietäre Software)
Verantwortung / Selbstreflexion	Social Literacy: Wirkung von Postings einschätzen, Netiquette einhalten, Kommunikation reflektieren	Werte: eigene Position gegenüber digitalen Medienangeboten Informiertheit: Kenntnis medienrechtlicher Regelungen Willensbildung: Möglichkeiten priorisieren, Nutzungsentscheidungen auf der Grundlage möglicher Konsequenzen treffen (z.B. Adressbuchfreigabe bei Whatsapp).
Urteilsfähigkeit (Sachkenntnis)	Technical Literacy: mit dig. Technik umgehen können Information Literacy: Wissen, wie Suchmaschinen funktionieren	Kompetenz: handlungs- und entscheidungsrelevante Informationen im Netz finden und bewerten; Funktionsweise von Suchmaschinen kennen Informiertheit: Kenntnis der Möglichkeiten des digitalen Endgeräts Informiertheit: Risiken und Folgen von Handlungen im digitalen Raum abschätzen können
Entscheidungs- und Handlungsfähigkeit	Keine explizite Nennung; Sich sicher und kompetent in digitalen Räumen, respektive im Internet zu bewegen	Wahlmöglichkeit: sich zwischen Alternativen entscheiden können Handlung: Ausführen oder Unterlassen einer Tätigkeit

Bei Beck et al. bezieht sich der Aspekt der Verantwortung einerseits auf die Kommunikation in Sozialen Medien und bei der Nutzung online-kollaborativer Plattformen (Social Literacy). Andererseits ist die Notwendigkeit, eigene Standpunkte auch in der Öffentlichkeit zu vertreten und dabei digitale Medien zu nutzen, in der Dimension Civil Literacy enthalten (Selbstermächtigung).

Eine unabhängige Internetnutzung ohne Filterbubble-Effekt und Virenattacken setzt nach beiden Ansätzen gewisse technische Grundkenntnisse voraus (Urteilsfähigkeit). Diese Einschätzung deckt sich mit Roths Position (1971, S. 180), dass Sachkompetenz eine wesentliche Voraussetzung für Mündigkeit, respektive

Urteilsfähigkeit ist (vgl. 3.2), (z.B. Massnahmen zum Schutz der Privatsphäre; zur Verschlüsselung von Daten, zur Minimierung des digitalen Fussabdrucks). Im Unterschied zum literacy-basierten Ansatz von Beck et al. geht die Operationalisierung von Mertz et al. mehr vom Subjekt aus und konzeptualisiert digitale Selbstbestimmung stärker als Persönlichkeitsbildung, die auf die Realisierung von eigenen Handlungsentwürfen bzw. bewussten Handlungsentscheidungen abzielt (vgl. Mertz et al. 2016, S. 18). Neben Wissen und Fertigkeiten rücken dadurch die Haltung und die Bereitschaft des Subjekts in den Vordergrund (insbesondere Willensbildung). Inwieweit sich die vorgestellten Operationalisierungskonzepte von digitaler Mündigkeit als heuristische Modelle für die Entwicklung von Design-Massnahmen in den neun Handlungsfeldern der Design-Entwicklung (vgl. 1.4) oder gar als methodologische Inspiration für die Begleitforschung des vorliegenden DBR-Projekts eignen, wird im nächsten Teilkapitel ausgelotet.

3.6 Digitale Mündigkeit in der Maker Education

Wenngleich digitale Assistenzsysteme, Big Data, oder Privacy beim Making thematisch nicht an vorderster Stelle stehen, gibt es dennoch Anknüpfungspunkte für digitale Mündigkeit. Maker Education zielt auf die Herstellung persönlicher Autonomie in einer technologisierten Welt ab (vgl. Boy/Sieben 2017, S. 9). Eine Form der digitalen Selbstermächtigung kann die Indienstnahme von Computersystemen, Software und digitalen Produktionsformen für die Umsetzung eigener Vorhaben und die Gestaltung der Umwelt sein (vgl. Schön et al. 2015, S. 16). Gerade die verfügbaren Möglichkeiten der digitalen Fabrikation erleichtern den Individuen den Schritt vom Konsumenten zum Produzenten. Professionell gestaltete Produkte können nun in Kleinserien selbstständig hergestellt werden.

Die Blackboxes digitaler Technologie, deren Aufbau und Funktion sich bislang nur einer technisch versierten «Elite» erschlossen haben, können beim Making geöffnet und somit ein Zugang zu Funktionsweisen von Programmen, zu digitalen Produktionsmitteln und Werkstoffen geschaffen werden (vgl. Boy/Sieben 2017, S. 18). Stubbe (2017) sieht vor diesem Hintergrund einen Weg zur digitalen Mündigkeit in der erfahrungsbasierten Auseinandersetzung mit digitaler Technik. Die dabei erworbene Sachkenntnis kann einen Beitrag zur Urteilsfähigkeit der Individuen leisten.

Das Öffnen der Blackboxes führt ausserdem dazu, dass Kinder und Jugendliche sich frei von gesellschaftlich eingeschriebenen Kategorien (autonom bzw. selbstbestimmt) einen experimentellen Zugang zur Technik entwickeln und ihre Erfahrungen dabei in ihrer Lebenswelt verorten (vgl. Stubbe 2017, S. 56). Schelhowe (2018) spricht sich dafür aus, das digitale Medium mit seinen Prozessen durch handlungsorientierte Programmier-Projekte erfahrbar zu machen. Ein gestalterisch-veränderndes Eingreifen in digitale Strukturen – z. B. in niederschwelligen Programmier- und Maker-Projekten – ermöglicht eine reflexive Distanz und sensibilisiert für den Umstand, dass Algorithmen von Menschen gemacht und gestaltbar sind (vgl. Schelhowe 2018). Die Erfahrung der Gestaltbarkeit von Technik wird auch von Boy/Sieben (2017, S. 26) als wichtige Komponente im pädagogischen Making benannt. In der Rolle von Akteur*innen und Produzent*innen erleben Subjekte Handlungsfähigkeit und Selbstwirksamkeit (vgl. z.B. Schön et al. 2015, S. 20). Sie lösen sich vom reinen Konsumieren (vgl. Kohn 2016, S. 232) und widmen sich dem Erfinden und Herstellen der Dinge. Die intendierte Bildung von selbstbestimmten und kritischen Konsument*innen bzw. ProSumern ist auch anschlussfähig an Konzepte der aktiven Medienarbeit, wie sie Schell (2003) konzeptionalisiert hat. Medien werden in diesem Sinne auch zur mitgestaltenden Auseinandersetzung mit der Lebenswelt (vgl. Schorb 2009) genutzt.

Maker Education weist Schnittmengen mit der Bildung für nachhaltige Entwicklung auf. Die 17 UN-Ziele für «sustainable Development» werden in pädagogischen Maker-Projekten häufig als Kristallisationspunkte für Lernende genutzt, um eine mündige und verantwortungsvolle Haltung gegenüber der Umwelt zu entwickeln. Diese 17 UN-Ziele eignen sich als universelle Wertebasis für Entscheidungen, Urteilsbildung und verantwortliches Handeln beim Making. Wer Produkte und Prototypen konstruiert, muss sich mit der Frage des Materialeinsatzes und -aufwands auseinandersetzen und abwägen, welche Konsequenzen die eigene Entscheidung für einen bestimmten Werkstoff haben könnte. Gegebenenfalls kann eine rein mechanische Problemlösung im Produkt zielführender sein als eine digitale Lösung, die vergleichsweise ein höheres Mass an Ressourcen verbraucht. Die Verzahnung von digitaler Technik, Handwerk und Gestaltung eröffnet zudem Denk- und Reflexionsprozesse, die sich auch auf die Sinnhaftigkeit, Reichweite und Wirkung digitaler Technologien erstrecken (vgl. Ingold/Maurer 2018, S. 198).

Ein Fallbeispiel soll dies verdeutlichen. Ein Kind möchte eine automatische Meerschweinchenfütterungsanlage bauen. Es überlegt sich, wie man das Hungerbedürfnis der Meerschweinchen ermitteln und mit der Futterausschüttung verbinden könnte. Es greift auf ein Mikrofon (Sensor) zurück, das mit einer Steuereinheit (z. B. Arduino) verbunden ist. Wenn das Meerschweinchen piept, wird dies vom Sensor erfasst, der einen Steuerimpuls an einen Servo (Elektromotor als Aktor) weitergibt, der kurzzeitig das Silo öffnet und eine bestimmte Menge an Futter ausschütten lässt. Zur Optimierung des Systems wird zusätzlich ein Bewegungssensor im Futternapf montiert. Es kommt nur dann zur Ausschüttung, wenn das Meerschweinchen piept und sich dem Futternapf nähert. Um rechtzeitig zu erfahren, wenn das Futtermittel im Silo zur Neige geht, wird kurzerhand ein Lichtsensor im Silo installiert. Dieser stellt fest, wenn das Silo leer ist, und löst einen Impuls aus, so dass das Kind durch den an das Internet angeschlossenen Minicomputer die Nachricht «Futter ist leer!» auf dem Smartphone erhält. Nachdem das Kind das System funktionsbereit und mehrmals optimiert sowie mögliche Fehlerquellen und Schwächen identifiziert hat, bietet sich nun Gelegenheit, darüber nachzudenken, welche Folgen und Wirkungen eine Automatisierung dieser Art haben könnte. Was bedeutet das für die Beziehung zwischen Mensch und Haustier? Wo werden solche Systeme mit welcher Absicht und mit welchen Folgen sonst eingesetzt (z. B. in der Massentierhaltung)? Macht das Produkt, dessen Entwicklung technisch kein Problem darstellt, wirklich Sinn? Die reflexive Auseinandersetzung mit dem Produkt (oder mit der Idee vor der Realisierung) bildet die Chance, langfristig Bewusstsein für die Bedeutung der Technikfolgenabschätzung und der ethisch abgestützten Nutzung digitaler Technologien zu entwickeln.

Wie lassen sich nun auf der Basis der Literatursichtung mögliche Massnahmen für das MakerSpace-Design entwickeln? Zunächst soll eine tabellarische Übersicht die relevanten Dimensionen von digitaler Mündigkeit beim Making zusammenfassen. Bislang konnten folgende Begriffskomponenten identifiziert werden, die mit digitaler Mündigkeit in Verbindung stehen.

Unabhängigkeit/ Selbstständigkeit	Maker*innen machen ihre eigenen Erfahrungen, können scheitern, werden am Gegenstand «belehrt», sammeln Erkenntnisse (vgl. 2.4.2, 1.2). Maker*innen verfolgen ihre eigenen Interessen und gehen ihren Neigungen nach (vgl. 2.4.2, 1.2). Maker*innen können eigene Schlüsse aus ihren Erfahrungen ziehen, können Probleme selbstständig lösen. Maker*innen können sich situativ Fertigkeiten erwerben, wenn sie sie benötigen (vgl. 2.4.3, 2.3). Benötigte Informationen beziehen sie aus verfügbaren digitalen und analogen Quellen. Maker*innen können (digitale) Ressourcen eigenständig als Inspirationen nutzen (Informationen beschaffen und kritisch bewerten).
Verantwortung/ Selbstreflexion	Maker*innen arbeiten an gesellschaftlich relevanten Fragestellungen und Problemen. Maker*innen denken über die Wirkung von selbst entwickelten Produkten nach. Maker*innen orientieren sich bei der Produktentwicklung an universellen Werten (UN-Ziele) (vgl. 2.4.3, 2.6) Maker*innen übernehmen die Verantwortung für ihren eigenen Lern- und Entwicklungsprozess. Maker*innen unterstützen andere Maker*innen mit ihrem Wissen und Fertigkeiten und übernehmen Verantwortung für andere.
Urteilsfähigkeit (Sachkenntnis)	Maker*innen verstehen, wie digitale Systeme (Microcontroller, Sensoren, Aktoren) und Programme (Algorithmen) funktionieren. Maker*innen können das Potenzial digitaler Technologie einschätzen und in die Entwicklung ihrer Produkte einbeziehen. Maker*innen können Materialien, Werkzeuge, technische Verfahren passend auswählen.
Entscheidungs- und Handlungsfähigkeit	Maker*innen entscheiden selbst, welches Projekt sie umsetzen. Maker*innen gestalten ihr Arbeitsumfeld und entscheiden, ob und mit wem sie zusammenarbeiten wollen. Maker*innen entscheiden, welche Materialien, Technologien, Werkstoffe sie verwenden.

TAB. 3.8: DIGITALE MÜNDIGKEIT FORSCHUNG – MAKER EDUCATION

Tabelle 3.8 zeigt, dass die Maker Education Berührungspunkte mit den fünf Teildimensionen von (digitaler) Mündigkeit aufweist. Es sind aber auch Unterschiede zu den Operationalisierungsmodellen von Beck et al. (2018) und Mertz et al. (2016) auszumachen, was darauf hindeutet, dass eine Übertragung der Modelle auf den Maker-Kontext nur eingeschränkt möglich ist.

Beck et al. (2018) und Mertz et al. (2016) beziehen sich in erster Linie auf die Nutzung des Internets bzw. die Nutzung digitaler Medien, was wiederum bedingt, dass Massnahmen der digitalen Selbstbestimmung (Datenschutz, Reduktion des digitalen Fussabdrucks, Reduktion des Filterbubble-Effekts) und der kritischen Informationsbeschaffung (Quellenverifikation und Erkennen von Desinformation) im Vordergrund stehen. Diese enge Ausrichtung kann dazu führen, dass digitale Mündigkeit auf digitale Selbstverteidigung verkürzt wird, deren Ziel es ist, lediglich den Risiken digitaler Medien entgegenzuwirken. Mögliche Potenziale und Chancen von digitaler Technologie zur Lösung von gesellschaftlichen Problemen geraten auf diese Weise möglichweise aus dem Blick.

Das Literacy-Konzept von Beck et al. (2018) ist stark auf Wissen und Fertigkeiten ausgelegt. Volitionale und ethische Aspekte kommen darin zu kurz. Bei Mertz et al. (2016) wiederum sind beide Aspekte mitgedacht (vgl. Willensbildung, Werte), allerdings sind die Dimensionen in ihrer Trennschärfe nicht immer nachvollziehbar (z.B. Kompetenz und Informiertheit, Willensbildung und Freiwilligkeit). Ein weiterer Kritikpunkt ist die Konzentration beider Modelle auf die blosse Anwendung digitaler Medien. In der Maker Education gilt das Subjekt als aktiv-gestaltend. Es nutzt digitale Medien nicht nur, sondern entwickelt sie selbst, beziehungsweise stellt mit digitalen und analogen Werkstoffen eigene Produkte her. Damit hat der Selbstermächtigungsaspekt von Mündigkeit ein grosses Gewicht.

Ferner ist Making nicht auf den digitalen Raum oder auf das Internet begrenzt. Es bezieht das Internet als Inspirations- und Lernressource mit ein. Insofern ist Informationskompetenz im Sinne des Suchens, Findens und kritischen Prüfens von Information ein relevanter Bestandteil von Unabhängigkeit und Selbstständigkeit. Ebenso relevant können aber auch andere Informationsquellen wie z.B. Expert*innen, Lehrpersonen oder Klassenkameraden sein. Da Making gewissermassen eine Mixtur aus digitalen und anlogen Räumen, Materialien und Verfahren darstellt, haben die prototypischen Aspekte der digitalen Mündigkeit (Datenschutz, Datensicherheit, informationelle Selbstbestimmung) voraussichtlich eine vergleichsweise geringe Relevanz. Wichtiger dagegen ist die Chance, eine kritisch-reflexive Distanz zur (digitalen) Technik und deren Wirkung einzunehmen. Ferner ist der eigenständige gestaltende Umgang mit analogen Materialien, Algorithmen und «digitalen Werkstoffen» (Knaus 2018, S. 35) im Rahmen der Produktentwicklung zentral (vgl. Schelhowe 2018).

3.7 Empowerment-Modell für Digitale Mündigkeit im Making-Kontext

Ziel des Kapitels war die Entwicklung eines heuristischen Modells für digitale Mündigkeit, aus welchem einerseits konkrete Design-Massnahmen für den geplanten MakerSpace abgeleitet werden können und das andererseits bei der Entwicklung geeigneter Forschungsinstrumente eine Orientierung gibt. Nach kritischer Auseinandersetzung mit den vorhandenen Operationalisierungsmodellen von Beck et al. (2018) und Mertz et al. (2016) muss konstatiert werden, dass keines der Modelle 1:1 auf den Maker-Kontext übertragbar ist (vgl. 3.6). Die bereits erwähnte Differenzierung von Mündigkeit nach Roth (1971) in die drei Dimensionen «Selbstkompetenz», «Sachkompetenz» und «Soziale Kompetenz» ist zu allgemein und die Begriffe werden im Diskurs um Kompetenzorientierung bereits in anderer Bedeutung verwendet. Die Idee, Mündigkeit an Kompetenzen zu koppeln, wird aber im Folgenden aufgegriffen und weiterentwickelt.

Für das vorliegende DBR-Projekt wird ein making-spezifisches Modell digitaler Mündigkeit entwickelt, das über Mündigkeit in digitalen Räumen hinausreicht und stärker den Aspekt der Produktentwicklung unter Einbezug digitaler Medien (und Technologien) fokussiert.

Aus pragmatischen und sachlogischen Gründen dient der aufklärungsbezogene Mündigkeitsbegriff mit den in Abbildung 3.2 identifizierten Teildimensionen als Struktur. Das Modell wird dadurch anschlussfähig an die Arbeitsdefinition von digitaler Mündigkeit (vgl. 3.2).

Auf der Grundlage dieser Arbeitsdefinition wird im Folgenden ein Empowerment-Modell für digitale Mündigkeit im Making-Kontext entwickelt. Der Begriff «Empowerment» stammt aus dem sozialpädagogischen Diskurs und beschreibt einerseits den Prozess der Selbstbemächtigung, in dem Individuen lernen, ihre Interessen eigenmächtig, selbstverantwortlich und selbstbestimmt zu vertreten. Andererseits bezeichnet er ressourcenbezogene Unterstützungsmassnahmen durch das Umfeld (vgl. Herriger 2020, S. 13ff.). Der Empowerment-Begriff passt daher zum Erlangen von Mündigkeit aber auch zum MakerSpace als Umgebung zur Förderung von Mündigkeit.

Im Folgenden werden die bisher erarbeiteten Elemente und Indikatoren für digitale Mündigkeit im Making-Kontext dem Fünf-Dimensionen-Modell von Mündigkeit (vgl. Abbildung 3.2) zugeordnet. Mögliche Design-Massnahmen für den MakerSpace werden abgeleitet und den jeweiligen Handlungsfeldern zugeordnet. Das Mündigkeitsmodell beinhaltet nicht nur digitale Aspekte, bezieht sie aber mit ein.

«When the student is given agency over the task, they can decide for themselves if something is a mistake, a detour, or maybe a new path.»

(Libow Martinez 2019, S. 73)

3.7.1 Empowerment zur Selbstermächtigung und Selbstbestimmung (ES 1)

Selbstermächtigung im Making-Kontext bedeutet, die Perspektive vom Konsumenten zum Produzenten zu wechseln und Dinge selbst herzustellen, sich hierfür analoge und digitale Produktionsmittel und Produktionsverfahren anzueignen, die ansonsten Profis und Wirtschaftsunternehmen vorbehalten sind. Selbstermächtigung im digitalen Zeitalter heisst ausserdem, die Potenziale der digitalen Technologie kreativ-gestalterisch für die Problemlösung und/oder für die Entwicklung von Produkten zu nutzen. Selbstbestimmung manifestiert sich im Bestreben, selbst Vorhaben und Projekte zu definieren, eigene Ideen und Vorstellungen umzusetzen sowie die Rahmenbedingungen der Maker-Umgebung bewusst und aktiv mitzugestalten.

TAB. 3.9: EMPOWERMENT ZUR SELBSTERMÄCHTIGUNG UND SELBSTBESTIMMUNG

CODE	INDIKATOREN DIGITALE MÜNDIGKEIT	POTENZIELLE DESIGN-MASSNAHMEN	HF
ES1.1	Maker*innen werden von Konsument*innen zu Produzent*innen; sie sind aktiv und stellen selbst Gegenstände/Produkte her.	Die Schüler*innen haben Gelegenheit, Produkte zu erstellen; es geht nicht nur darum, anhand von Experimenten, bestimmte Fachkompetenzen zu erwerben.	1/2/3
ES1.2	Maker*innen entwickeln eigene Ideen und und setzen sie um (vgl. 2.4.3, 2.2).	Die Schüler*innen bekommen im schulischen MakerSpace den Freiraum, eigene Ideen umzusetzen.	2/3
ES1.3	Maker*innen können mit digitalen Fabrikationstechnologien ihre Ausdrucksmöglichkeiten erweitern und professionell anmutende Produkte herstellen (vgl. 2.4.6, 6.1; 2.4.7, 7.1).	Im MakerSpace sind Möglichkeiten der digitalen Fabrikation vorhanden und für die Schüler*innen zugänglich.	3/6/7
ES1.4	Maker*innen lernen digitale Technik als gestaltbar kennen und können sie als Ressource für den Selbstausdruck nutzen (z.B. Programmieren). Maker*innen nehmen Computersysteme, Software und digitale Technik für die Umsetzung eigener Vorhaben in Dienst.	Die Schüler*innen kommen in Berührung mit digitalen Werkstoffen und altersadäquaten Programmierumgebungen. Für das Gestalten mit digitaler Technik werden kindgerechte Microcontroller-Boards und blockbasierte Programmiersprachen verwendet.	1/6/7
ES1.5	Maker*innen bekommen Anerkennung vom Umfeld, sie erleben Selbstwirksamkeit (vgl. 2.4.1, 3.2).	Die Schüler*innen bekommen die Gelegenheit, ihre Ideen und Produkte zu präsentieren.	2
ES1.6	Maker*innen sind nicht nur Nutzer*innen, sie bringen Ideen ein und gestalten die Maker-Umgebung aktiv mit.	Die Schüler*innen werden am Aufbau der Lernumgebung beteiligt, sie können eigene Ideen und Wünsche einbringen.	5/6/7

FRAGESTELLUNGEN FÜR DIE PRAXISFORSCHUNG

Inwieweit sind die Schüler*innen Produzent*innen von Produkten? (ES1.1)

Inwieweit setzen die Schüler*innen tatsächlich eigene Ideen um? (ES1.2)

Wie nutzen die Schüler*innen digitale Fabrikationsmittel? Inwieweit eröffnen digitale Fabrikationsmittel den Schüler*innen erweiterte Handlungs- und Gestaltungsmöglichkeiten? (ES1.3)

Inwieweit können die Schüler*innen ihre Programmierkenntnisse und ihr Wissen über digitale Steuertechnologie für die Produktentwicklung nutzen? Welche Kenntnisse sind erforderlich, um das Potenzial digitaler Technologie für die Problemlösung zu nutzen? (ES1.4)

In welchen Momenten erleben die Schüler*innen Selbstwirksamkeit? (ES1.5)

Inwieweit können die Schüler*innen ihre Arbeitsumgebung selbst gestalten? (ES1.6)

3.7.2 Empowerment zur Unabhängigkeit und zum Selbstständigen Arbeiten (EU 2)

Unabhängigkeit im Maker-Kontext kann bedeuten, eigene Projekte ohne Einflussnahme Dritter zu realisieren und dabei selbstbewusst eigenen Interessen zu folgen und Dinge auszuprobieren, ohne Furcht vor negativen Konsequenzen im Falle eines Scheiterns. Selbstständigkeit ist die Fähigkeit, Entwicklungsprozesse im Maker-Kontext eigenständig zu planen und zu gestalten. Benötigt werden Selbstregulationsfertigkeiten (Ziele definieren und verfolgen, Arbeitsschritte planen, die Zeit einteilen, Zielerreichung überprüfen, vgl. 4.5.4) sowie die Fähigkeit, Probleme selbst zu lösen und sich bei Bedarf Informationen und Anregungen im digitalen (z.B. Internet) und analogen Umfeld zu beschaffen. Selbstständigkeit bedeutet ausserdem, fehlendes Wissen (z.B. im Bereich digitaler Technologie) und benötigte Fertigkeiten eigeninitiativ zu erwerben beziehungsweise Expert*innen einzubeziehen.

TAB. 3.10: EMPOWERMENT ZUR UNABHÄNGIGKEIT UND ZUM SELBSTSTÄNDIGEN ARBEITEN

CODE	INDIKATOREN DIGITALE MÜNDIGKEIT	POTENZIELLE DESIGN-MASSNAHMEN	HF
EU2.1	Maker*innen finden sich im MakerSpace gut zurecht, kennen die verfügbaren Möglichkeiten und Ressourcen und können selbstständig darauf zugreifen.	Alle Materialien und Werkzeuge im MakerSpace sind für die Schüler*innen zugänglich. Materialien und Werkzeuge werden nicht versteckt, sondern offen präsentiert (Visibility). Ein Leitsystem zeigt den Schüler*innen auf, welche Materialien, Maschinen und Werkzeuge es im MakerSpace gibt und wo man sie findet.	6/7
EU2.2	Maker*innen verfolgen ihre eigenen Interessen und gehen ihren Neigungen nach (vgl. 2.4.2, 1.2).	Die Schüler*innen bekommen die Möglichkeit, eigene Themen einzubringen und zu vertiefen.	2/3/5
EU2.3	Maker*innen machen ihre eigenen Erfahrungen, können scheitern, werden am Gegenstand «belehrt», gewinnen Erkenntnisse (vgl. 2.4.2, 1.2).	Die Schüler*innen haben den Raum und die Möglichkeit, eigene Erfahrungen zu sammeln. Sie folgen nicht in erster Linie Schritt für Schritt Anleitungen, sondern bekommen Herausforderungen, die zum Tüfteln und Experimentieren einladen.	3/6/7 2
EU2.4	Maker*innen können sich situativ Fertigkeiten erwerben, die hierfür benötigten Informationen beziehen sie aus verfügbaren digitalen und analogen Quellen.	Die Schüler*innen erhalten beim situierten Lernen bei Bedarf Unterstützung von der Lehrperson, die in ihrer Rolle als Facilitator agiert und gegebenenfalls Hinweise auf geeignete Online-Ressourcen gibt.	2/4/6 7
EU2.5	Maker*innen können (digitale) Ressourcen eigenständig als Inspirationen nutzen (Informationen beschaffen und kritisch bewerten).	Die Lernumgebung wird so gestaltet, dass ausreichend mobile Geräte mit WLAN-Zugang zur Verfügung stehen. Zudem ist eine Auswahl von Making-Büchern und Magazinen verfügbar.	1/6/7
EU2.6	Maker*innen können ihre Produktentwicklungsprozesse selbst planen, die Zielerreichung kontrollieren und die Arbeit koordinieren.	Die Schüler*innen werden in den Design Thinking Prozess eingeführt, mit den Phasen Research – Ideation – Prototyping – Testing und je nach Aufgabenstellung wird eine Zeitschiene dazu vorgegeben.	3
EU2.7	Maker*innen können ihre Ideen und Lösungsansätze vertreten, begründen und an ihnen festhalten, auch wenn Dritte eine andere Lösung vorschlagen.	Die Schüler*innen werden ermutigt, eigene Lösungsansätze zu entwickeln, auch wenn sie noch so kurios und ungewöhnlich erscheinen.	3/2

FRAGESTELLUNGEN FÜR DIE PRAXISFORSCHUNG

Wie finden sich die Schüler*innen im MakerSpace zurecht? Welche Faktoren erleichtern/erschweren die Orientierung? (EU2.1)

Inwieweit haben die Schüler*innen eigene Interessen, die sie im MakerSpace vertiefen wollen? Inwieweit ist Raum für die Interessen und Bedürfnisse der Schüler*innen? (EU2.2)

Auf welche Probleme stossen die Schüler*innen im Making-Prozess? Inwieweit können sie die Probleme selbstständig lösen? Welche Strategien wenden sie dabei an? (EU2.3)

Inwieweit sind die Schüler*innen in der Lage, bei Bedarf Unterstützung hinzuzuziehen? Welche Art Unterstützung wird benötigt? (EU2.4)

Inwieweit sind die Schüler*innen in der Lage, sich selbstständig relevante Informationen zu beschaffen und auszuwerten? Welche (digitalen) Informationsquellen nutzen sie? (EU2.5)

Inwieweit sind die Schüler*innen in der Lage, ihre Design-Entwicklungsprozesse selbstständig zu gestalten? (EU2.6)

Inwieweit können Schüler*innen ihre Ideen und Lösungsansätze vertreten, begründen und an ihnen festhalten, auch wenn Dritte eine andere Lösung vorschlagen? (EU2.7)

3.7.3 Empowerment zur Verantwortung und Selbstreflexion (EV 3)

Beim Making Verantwortung zu übernehmen, bedeutet, prospektiv über mögliche Folgen des eigenen Handelns nachzudenken. Unmittelbar betrifft dies den eigenen Produktentwicklungsprozess und die Frage, wie zielführend oder sinnvoll der Einsatz bestimmter Materialien oder Technologien sein kann. Dabei spielt der verantwortungsvolle Umgang mit Materialien und Ressourcen (Sparsamkeit, Nachhaltigkeit, ...) im Sinne einer Bildung für nachhaltige Entwicklung (vgl. Schön et al. 2016) eine zentrale Rolle, insbesondere auch das Abwägen, wann digitale Technologie beispielsweise zur Einsparung von Ressourcen beiträgt. Digitale Mündigkeit in dieser Dimension des Empowerments setzt eine wertebezogene und begründete Haltung gegenüber Technologie und deren Verwendung voraus (Technikfolgenabschätzung). Die Freiräume beim Making ermöglichen Verantwortung, erfordern sie aber auch insofern, als Maker*innen Verantwortung für ihren Lernprozess übernehmen müssen. Dazu gehört auch die Fähigkeit, die Gründe für mögliches Scheitern zu ermitteln und entsprechende Konsequenzen zu ziehen. Hierfür wiederum ist Selbstreflexion eine wichtige Voraussetzung.

TAB. 3.11: EMPOWERMENT ZUR VERANTWORTUNG UND SELBSTREFLEXION

CODE	INDIKATOREN DIGITALE MÜNDIGKEIT	POTENZIELLE DESIGN-MASSNAHMEN	HF
EV3.1	Maker*innen arbeiten an gesellschaftlich relevanten Fragestellungen und Problemen.	UN-Nachhaltigkeitsziele werden als Ausgangspunkt für Problemstellungen herangezogen.	1/5
EV3.2	Maker*innen orientieren sich bei der Produktentwicklung an universellen Werten (vgl. 2.4.3, 2.6).	Auf die Bedeutung von Nachhaltigkeit bzw. auf die ressourcenschonende Verwendung von Materialien wird explizit Wert gelegt.	1/5
EV3.3	Maker*innen können eigene Schlüsse aus ihren Erfahrungen ziehen und aus Fehlern lernen.	Schüler*innen bekommen Gelegenheit zum Tüfteln und Experimentieren, damit sie überhaupt Fehler machen können. Die Fehler der Schüler*innen werden von Lehrpersonen als wichtige Quelle der Erkenntnis gewürdigt. Die Schüler*innen werden dazu angeregt, die Gründe für ihr Scheitern zu analysieren. Die neu gewonnenen Erkenntnisse sollen sie unmittelbar anwenden.	3/1
EV3.4	Maker*innen übernehmen die Verantwortung für ihren eigenen Lern- und Entwicklungsprozess.	Die Schüler*innen brauchen Entscheidungsspielräume, um die Verantwortung für ihr Lernen übernehmen zu können. Aus didaktischen Gründen führen die Schüler*innen ein Portfolio, in welchem sie ihre Erfahrungen festhalten. Das Portfolio beinhaltet Text-, Foto-, Audio und Videodokumentationen.	3

FRAGESTELLUNGEN FÜR DIE PRAXISFORSCHUNG

Welche gesamtgesellschaftlich relevanten Fragestellungen und Probleme werden beim Making aufgeworfen? Welche dieser Fragestellungen haben einen Bezug zur Lebenswelt der Schüler*innen? (EV3.1)

Inwieweit spielen universelle Werte bei der Produktentwicklung eine Rolle? Welche Rolle spielen Aspekte von ökologischer Nachhaltigkeit (Energieeinsparung, Recycling, nachhaltige Materialien, Lösung von Nachhaltigkeitsproblemen) bei der Produktentwicklung? (EV3.2)

Welches Feedback geben sich Schüler*innen gegenseitig zu ihren Produkten? Nach welchen Kriterien begutachten die Schüler*innen ihre eigenen Produkte und die ihrer Mitschüler*innen? (EV3.3)

Welche Schlüsse ziehen die Schüler*innen aus ihren Fehlern? Sind sie in der Lage, ihre Erkenntnisse unmittelbar anzuwenden? (EV3.4)

Inwieweit übernehmen die Schüler*innen Verantwortung für ihren Lernprozess beim Making? Nutzen sie die verfügbare Zeit produktiv und sinnvoll? (EV3.5)

3.7.4 Empowerment zur Urteilsfähigkeit durch Sachkenntnis (UT 4)

Maker*innen sind urteilsfähig, wenn sie Sachverhalte und Situationen beim Making durch entsprechende Sachkenntnis (vgl. Sachkompetenz nach Roth 1971) und durch die Fähigkeit des kritischen Denkens realistisch einschätzen können. Sie verfügen über Spezialwissen über informatisch-technische Zusammenhänge, über verdeckte digitale Strukturen («digitale Subtexte», Ingold / Maurer 2018) und deren Funktionsweise - auch in der Anwendung (z. B. Programmieren, Sensorik, Steuertechnik). Maker*innen können beispielsweise beuteilen, ob eine bestimmte Idee mit den vorhandenen Ressourcen umsetzbar ist. Sie sind in der Lage, Fehler (z.B. in selbstgeschriebenen Programmen) zu erkennen und sie zu korrigieren. Urteilsfähigkeit wird benötigt, um einschätzen zu können, wann digitale Technologie einen Mehrwert zur Problemlösung bietet, oder wann eine rein elektronische oder mechanische Lösung sinnvoller ist.

CODE	INDIKATOREN DIGITALE MÜNDIGKEIT	POTENZIELLE DESIGN-MASSNAHMEN	HF
UT4.1	Maker*innen verstehen, wie digitale Systeme (Microcontroller, Sensoren, Aktoren) und Programme (Algorithmen) funktionieren. Maker*innen können Programme für digitale Systeme schreiben und beherrschen relevante Programmierbefehle.	Es werden Challenges angeboten, in die das Ansteuern von Sensoren und Aktoren eines Microcontrollers einbezogen sind. Mit dem Microcontroller-Board Calliope wird ein zielstufengemässes Informatiksystem eingeführt, zu dem bereits eine Fülle an didaktischen Materialien verfügbar ist. Als Programmierumgebung wird openroberta, eine einfache browserbasierte blockbasierte Plattform, ausgewählt. Die Schüler*innen können mit dieser Plattform zuhause weiterprogrammieren.	1/5
UT4.2	Maker*innen können das Potenzial digitaler Technologie einschätzen und in die Entwicklung ihrer Produkte einbeziehen.	Beispiele für die Nutzung digitaler Technologie im Vergleich zu analogen Lösungen. Die Schüler*innen müssen erkennen, wo der Mehrwert liegt und dadurch Erweiterungen sehen. Unterstützung bei der Implementation digitaler Elemente in die Problemlösung.	1
UT4.3	Maker*innen können Materialien, Werkzeuge, technische Verfahren dem Gegenstand / Projekt entsprechend passend auswählen.		1/5
UT4.4	Maker*innen können Fehler in nicht funktionierenden Produkten finden und beseitigen.		1

TAB. 3.12: EMPOWERMENT ZUR URTEILSFÄHIGKEIT DURCH SACHKENNTNIS

FRAGESTELLUNGEN FÜR DIE PRAXISFORSCHUNG

Welches informatisches und / oder technisches und / oder gestalterisches Vorwissen bringen die Schüler*innen mit? (UT4.1)

Welches informatisches und / oder technisches und / oder gestalterisches Wissen ist erforderlich, um die Projektideen der Schüler*innen zu realisieren? (UT4.2)

Inwieweit können die Schüler*innen erkennen, wann eine digitale Lösung sinnvoller ist als eine analoge (und umgekehrt)? (UT4.3)

Welche Art (technische) Fehler treten im Rahmen der Produktentwicklung auf? Welches Wissen ist erforderlich, um Fehler / Probleme zu erkennen und zu beseitigen? (UT4.4)

3.7.5 Empowerment zur Entscheidungs- und Handlungsfähigkeit (EH5)

Entscheidungs- und Handlungsfähigkeit beim Making beinhaltet die anderen Teildimensionen von Mündigkeit. Entscheidungs- und Handlungsfähigkeit setzt einen gewissen Willen, eine Bereitschaft voraus, selbst aktiv zu werden, Entscheidungen zu treffen und konstruktiv zu handeln.

TAB. 3.13: EMPOWERMENT ZUR ENTSCHEIDUNGS-UND HANDLUNGSFÄHIGKEIT

CODE	INDIKATOREN DIGITALE MÜNDIGKEIT	POTENZIELLE DESIGN-MASSNAHMEN	HF
EH5.1	Maker*innen zeigen die Bereitschaft, zu tüfteln und eigene Lösungen zu entwickeln. Sie erleben Making als sinnstiftend.		2/3/4 5/6/7
EH5.2	Maker*innen werden tatsächlich aktiv und treffen Entscheidungen auf der Grundlage ihrer Urteilsfähigkeit, Verantwortung, Selbstbestimmung und Selbstständigkeit.		1/2

3.8 Zusammenfassung

In diesem Kapitel wurde der Forschungs- und Entwicklungsschwerpunkt «Digitale Mündigkeit» theoretisch erarbeitet und als Grundlage für die Entwicklung des MakerSpace-Designs konzeptualisiert. In Auseinandersetzung mit bereits existierenden Operationalisierungen des Konstrukts «Digitale Mündigkeit» von Mertz et al. (2016) und Beck et al. (2018) sowie unter Beizug weiterer Fachliteratur konnte ein spezifisches Modell für digitale Mündigkeit im Making-Kontext dimensioniert werden (vgl. Abbildung 3.14).

ABB. 3.14: MODELL: DIGITALE MÜNDIGKEIT IM MAKING-KONTEXT

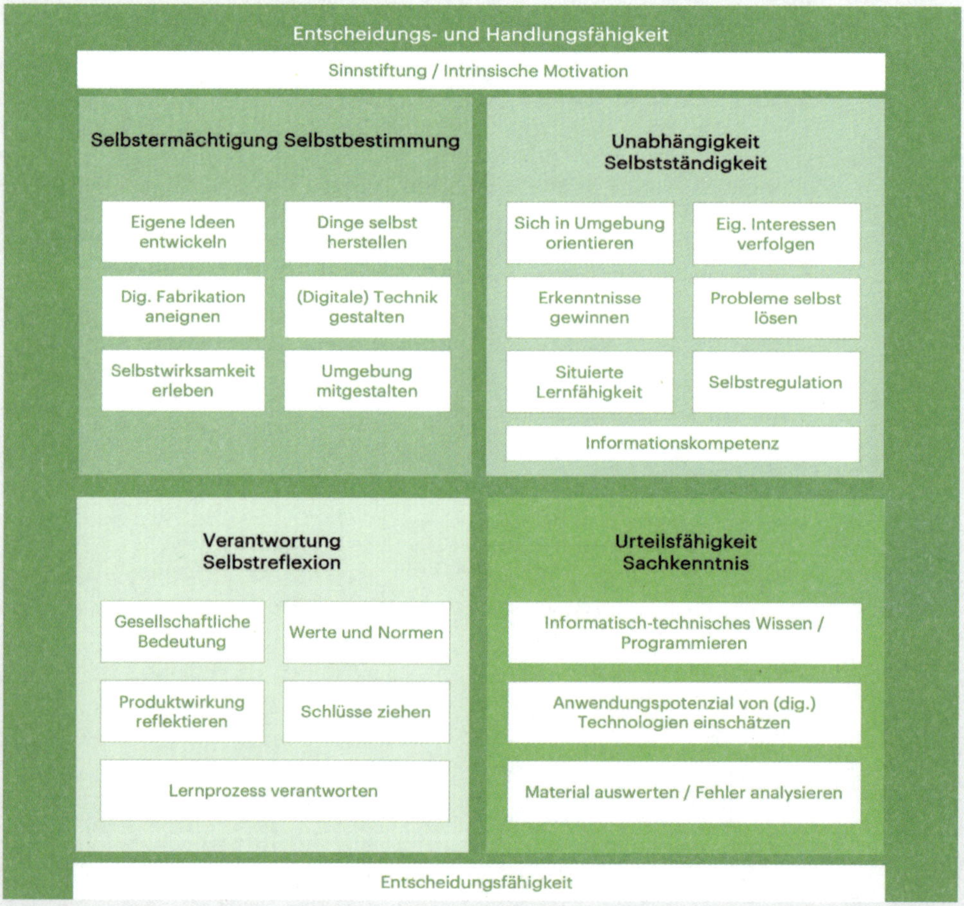

Digitale Mündigkeit im Making-Kontext beschreibt demnach die Fähigkeit und Bereitschaft, im MakerSpace aktiv zu werden und Projekte zu realisieren (Handlungsfähigkeit). Dabei gilt es, eigene Ideen zu entwickeln und diese unter Einbezug digitaler und analoger Ressourcen eigenständig in Artefakte/Produkte umzusetzen, aus Fehlern zu lernen und Probleme selbstständig zu lösen (Unabhängigkeit). Die Aneignung digitaler Technik und digitaler Fabrikationstechnologien erweitert dabei die Möglichkeiten des Selbstausdrucks (Selbstermächtigung). Urteilsfähigkeit wird durch (digitale) Sachkenntnis möglich, die eigenständig und selbstbestimmt unter Einbezug digitaler (und analoger) Ressourcen wie zum Beispiel Tutorials im Netz angeeignet wird (Urteilsfähigkeit). Mittelfristig befähigen sich Maker*innen dazu, Produkte verantwortungsvoll zu entwickeln, (digitale) Technologie zielführend zu verwenden und über Chancen und Risiken des Technologieeinsatzes kritisch nachzudenken (Verantwortung, Selbstständigkeit).

Konsequenzen für die Begleitforschung:

Die fünf Dimensionen digitaler Mündigkeit im Making-Kontext sind nicht vollumfassend trennscharf und stehen in wechselseitiger Abhängigkeit zueinander. Im Framework der Handlungs- und Entscheidungskompetenz sind die vier Dimensionen gleichgewichtet und stehen nicht notwendigerweise hierarchisch übereinander. Wie sich die Dimensionen in ihren Wirkungen zueinander verhalten, müsste eine empirische Untersuchung im Feld erweisen. Gegebenenfalls kann eine Klärung erfolgen, sofern sich das Modell tatsächlich eignet, um im Rahmen der Begleitforschung digitale Mündigkeit erfassen und beschreiben zu können. Vorab dient es aber dazu, Entscheidungen für das MakerSpace Design festzulegen.

4 Making, Schule und Kreativität

4 Making, Schule und Kreativität

Making und Kreativität werden häufig in einem Atemzug genannt. Aber was bedeutet Kreativität im Zusammenhang mit Making? Fördert Making Kreativität oder ist Kreativität gar eine Voraussetzung für Making-Aktivitäten? Wie zeigt sich Kreativität beim Making? Welche Facetten von Kreativität können grundsätzlich beim schulischen Making beobachtet und differenziert werden? Wie können kreative Ausdrucksformen, Prozesse, Ideen und Produkte erkannt und gewürdigt werden? Wie wirkt sich der spezifische Kontext Schule auf Kreativitätsförderung und -ausdruck aus?

Nachdem das Konstrukt «Digitale Mündigkeit» in Kapitel 3 konkretisiert, erste mögliche Design-Massnahmen für den schulischen MakerSpace an der Primarschule Thayngen abgeleitet und Fragestellungen für die Begleitforschung aufgeworfen wurden, wird in diesem Kapitel das Konstrukt «Kreativität» auf vergleichbare Weise aufgearbeitet.

ABB. 4.1: FORSCHUNGSFOKUS «KREATIVITÄT» IN RELATION ZU DEN HANDLUNGSFELDERN

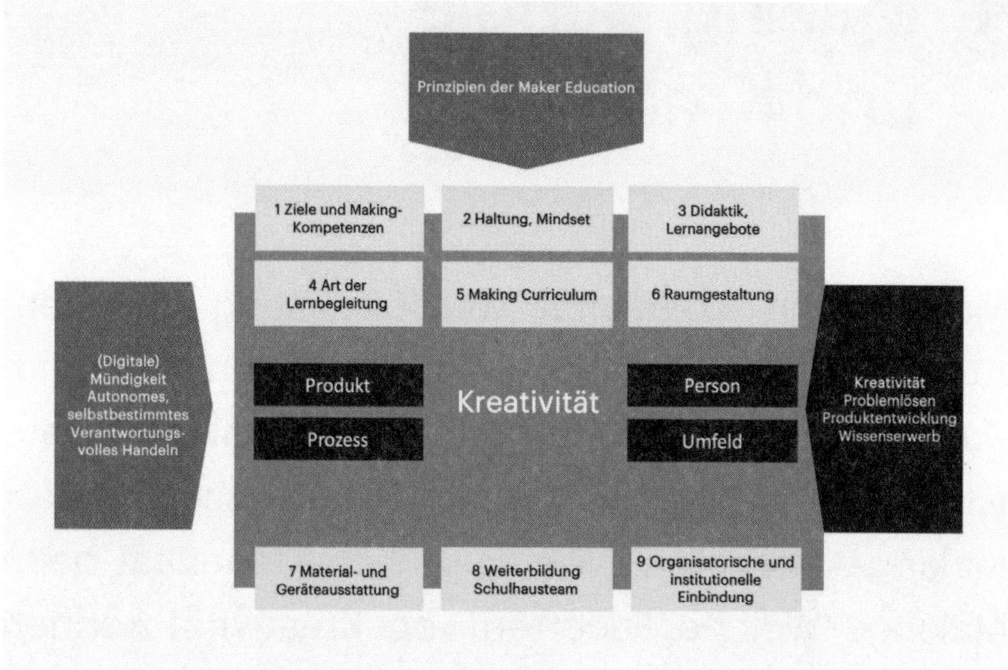

Im Bewusstsein, dass Kreativität ein komplexes Konstrukt vielfältiger Kompetenzen, Persönlichkeitseigenschaften, sozialer Zuschreibungen und Prozesse ist, das sich mit normativen Standards und objektiven Massstäben nicht vollumfassend «messen» lässt (vgl. Urban 2011, S. 24 in Schubert/Loderer 2019, S. 42), soll die Kreativität der Schüler*innen in ihren unterschiedlichen Handlungs- und Ausdrucksformen beim schulischen Making beobachtet und beschrieben werden. In Auseinandersetzung mit Perspektiven, Methoden und Befunden der Kreativitätsforschung werden Überlegungen dahingehend angestellt, welche Formen von Kreativität in schulischen Maker-Kontexten auf welche Weise beobachtet bzw. sichtbar gemacht werden können. Die Erkenntnisse fliessen später einerseits in das Re-Design der Lernumgebung ein und dienen gleichzeitig der Entwicklung von gegenstandsadäquaten Instrumenten zur Erfassung von Kreativität in schulischen MakerSpaces.

Nach einer ersten Begriffsklärung (vgl. 4.1) wird mithilfe des 4P-Modells von Rohdes (1961) aufgezeigt, dass auf das Konstrukt Kreativität vier Perspektiven eingenommen werden können: Produkt, Person, Prozess und Umfeld (in engem und weitem Sinne). Zunächst wird das kreative Umfeld im weiteren Sinne beleuchtet (vgl. 4.3). Hierzu zählen neben der gesellschaftlichen Relevanz des Themas Kreativität und der bildungspolitischen Positionierung auch die kreativitätsbezogenen Anliegen der Maker Education sowie die strukturellen Wirkfaktoren der Schule als Institution. Anschliessend wird ermittelt, was in der Kreativitätsforschung gemeinhin unter einer kreativen Leistung verstanden wird und inwieweit diese sich in kreativen Produkten oder an anderer Stelle niederschlägt (vgl. 4.4).

Aus der Perspektive der kreativen Person wird dann der Frage nachgegangen, wie die persönliche Fähigkeit des kreativen Denkens und Handelns konzeptualisiert wird und mit welchen sonstigen Persönlichkeitseigenschaften diese Fähigkeit korreliert (vgl. 4.5). Mit einem Blick auf den kreativen Prozess wird ausgelotet, welche Phasen oder Abschnitte sich gegebenenfalls im Rahmen von Produktentwicklungsprozessen beim Making zeigen (vgl. 4.6) könnten. Zum Abschluss wird nochmals die Perspektive des kreativen Umfelds, jedoch im engeren Sinne (vgl. 4.7), eingenommen.

Für jede Perspektive werden making-relevante Aspekte ermittelt, Design-Massnahmen für eine kreativitätsermöglichende Maker-Lernumgebung formuliert und den Handlungsfeldern der Design-Entwicklung (vgl. 1.4) zugeordnet. In Vorbereitung der Entwicklung gegenstandsadäquater qualitativer Forschungsinstrumente werden analog zu den Design-Massnahmen Unterfragestellungen abgeleitet.

4.1 Begriffsklärung

ABB. 4.2: 4P-MODELL IN ANLEHNUNG AN ROHDES (1961)

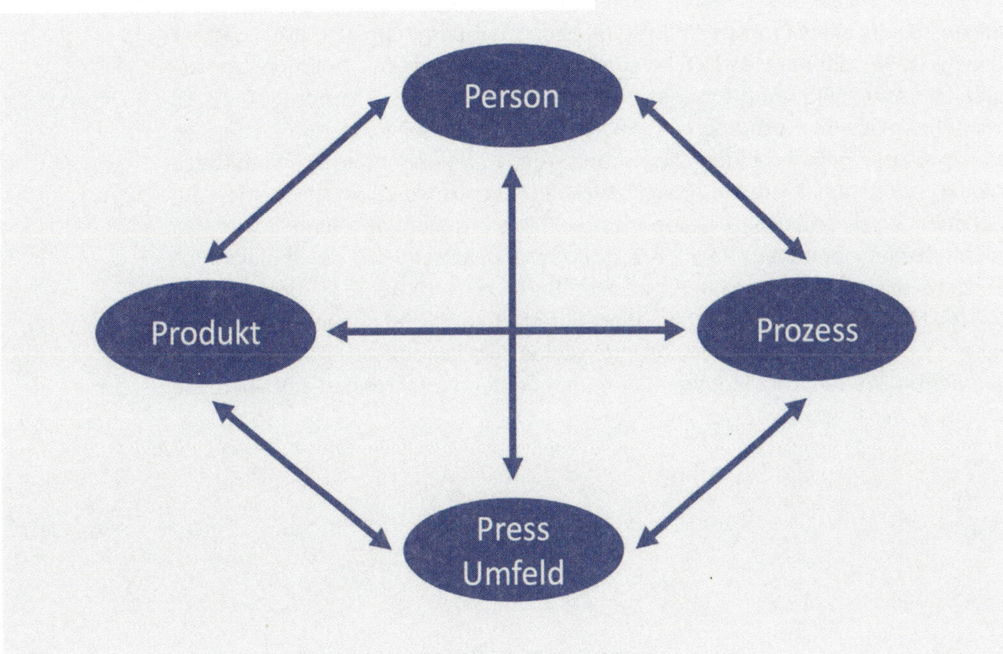

Im Alltagsverständnis bedeutet «kreativ sein», Ideen zu haben, Sachen auszuprobieren und Neues zu erschaffen. Der etymologische Ursprung des Begriffs liegt im lateinischen Verb «creare», d.h. «schaffen» oder «erschaffen». Eine einheitliche Begriffsdefinition liegt bis heute nicht vor.

Kreativität ist gleichermassen Gegenstand der wirtschafts-, sozial- und naturwissenschaftlichen Forschung. Einigkeit besteht in der Annahme, dass Kreativität ein multifaktorielles Konstrukt ist, dessen Dimensionen in Wechselwirkung zueinanderstehen. Rohdes (1961) legt mit seinen «4P`s of Creativity» (vgl. Abbildung 4.2) ein vierdimensionales Modell für Kreativität vor, welches neben Person und Produkt auch den Prozess und die Rahmenbedingungen bzw. das soziale Umfeld (engl. Press) miteinschliesst. «Demnach kann Kreativität die Fähigkeiten einer Person, den Verlauf eines Prozesses, ein Produkt als Ergebnis und den Einfluss der Umwelt auf die Person, den Prozess oder das Produkt umfassen» (Haager 2019, S. 223). Das 4P-Modell von Rohdes (1961) hat die Kreativitätsforschung bis heute inspiriert, was die Definition von Preiser (2011, S. 28) zeigt: «Kreativität vollzieht sich in einem geistigen Prozess, in dem ein spannungsgeladener Ausgangszustand in ein problemlösendes Ergebnis transformiert wird und bei dem eine denkende, handelnde oder gestaltende Person einerseits und eine fördernde oder hemmende Umwelt andererseits zusammenwirken. Erst am Ergebnis zeigt sich, ob ein Denk- oder Gestaltungsprozess als kreativ angesehen werden kann».

Aufgrund der Komplexität des Gegenstands steht in der Kreativitätsforschung meist eine der vier Dimensionen im Vordergrund, wenngleich die anderen Dimensionen konzeptionell mitgedacht werden. Runco (1994) betont in seiner Begriffsdefinition den Prozesscharakter und das Produkt. Er bezeichnet Kreativität als kognitiven Prozess, der zu einer neuen, ungewöhnlichen und gleichzeitig nützlichen Lösung eines Problems führt (vgl. auch Sternberg/Lubart 1999). Csikzentmihalyi (1999), der mit kreativen Persönlichkeiten geforscht hat, betont neben der kreativen Persönlichkeit die grosse Bedeutung des Umfelds. Theurer (2014, S. 11) versteht Kreativität als Kompetenz, d.h. als Fähigkeit einer Person, durch intensive Denkprozesse neuartige Ideen zu produzieren, «...zielgerichtet mit ihnen umzugehen, um daraus Produkte oder (Gedanken-)Konstrukte zu schaffen, die dem Schaffenden selbst zuvor unbekannt waren». Das Kriterium der Neuheit wird hier nicht absolut, sondern in Relation zum Erfahrungshintergrund des Individuums konzeptualisiert (subjektive Bezugsnorm). Braun et al. (2019, S. 15) grenzen den Kreativitätsbegriff von mythischen oder esoterischen Vorstellungen ab, indem sie darauf hinweisen, dass kreative Lösungen keine Zufallsprodukte sind, sondern auf fundiertem Wissen, Überlegungen, Bemühungen und Erfahrungen aufbauen, die auf neue Weise verknüpft werden.

4.2 Kreativität aus der Perspektive der Maker Education

Der Begriff Kreativität ist mit der Maker-Idee eng verwoben. Das zeigt sich u.a. daran, dass Kreativität häufig als Attribut verwendet wird, um die Merkmale der Maker-Bewegung zu umreissen (vgl. z.B. Martin 2015; vgl. Schön et al. 2015; Sheridan et al. 2014, S. 505; Cross 2017, S. 2). Boy/Sieben schreiben dem Making eine kreative Vision zu, nach der es dabei um fantasievolle Ideenentwicklung, um die Verbindung von Altem und Neuem und um die Nutzung von traditionellen Werkzeugen und innovativen Technologien geht (vgl. Boy/Sieben 2017, S. 15).

«Making ist produkt- und ergebnisorientiert und setzt Ideen mit Witz, Kreativität und Erfindergeist um.»

(Boy/Sieben 2017, S. 25)

4.2.1 Making ist kreativ

Kreativität wird in der Maker-Szene mit dem freien, zweckfreien Making bzw. Tinkering ohne Bauanleitung (vgl. Kleeberger/Schmid 2019, S. 105) oder ohne Musterlösung (vgl. Assaf 2019) assoziiert. Je nach Betrachtungsweise wird dabei Kreativität zugelassen oder gefördert (Peißl 2016, S. 9; DeCillis/Mace 2017). «We believe making supports exploration and meaningful play while helping students to foster creativity and a capacity for risk-taking» (Skills Canada Alberta o.J., S. 16). Kreativität entsteht beim Prozess des Selbermachens. Unerwartete Probleme fordern dazu auf, «sich etwas einfallen (zu) lassen, dazu (zu) lernen und kreativ (zu) werden» (vgl. Boy/Sieben 2017, S. 17). Maker*innen stossen beim Making an Grenzen und müssen in der Auseinandersetzung mit Naturgesetzen kreative Lösungen entwickeln. Eine günstige Voraussetzung dafür sehen Barron und Martin (2016) in der Haltung eines unerschrockenen Entdeckenden («intrepid explorer»), der/die gerne Risiken eingeht und tüftelt, ohne Angst davor zu haben, etwas kaputt zu machen.

4.2.2 Making setzt Kreativität frei

Boy/Sieben (2017, S. 36) nehmen an, dass Kinder und Jugendliche kreatives Potenzial mitbringen, das durch Freiräume, Materialien und Anstösse beim Making freigesetzt werden kann. Dies schaffe die Voraussetzung dafür, blosse Kausalitäten zu durchbrechen und Dinge neu zu denken oder zu entdecken. Moser (2018, S. 87) argumentiert ähnlich: «Mit kreativen Hands-On-Projekten können Kinder nicht nur zeigen, was sie wissen, sondern auch, was sie können. Sie sind eine wichtige Form des Selbstausdrucks, durch die sich Schüler mit anderen in der Gemeinschaft verbinden können. Durch maker-zentriertes Lernen können die Schüler Kreativität in sich selbst entdecken und die Fähigkeit entwickeln, Probleme mit Hilfe von Wissenschaft und Technologie zu lösen».

Kreativitätsförderung ist ein zentrales Ziel der Maker Education (vgl. Boy/Sieben 2017, S. 26). Inwieweit und unter welchen Umständen Making-Aktivitäten tatsächlich Kreativität ermöglichen, anregen oder fördern, wurde bislang jedoch nicht systematisch erhoben. Cross (2017, S. 14) weist diesbezüglich auf ein Forschungsdesiderat hin. Einzelne Autor*innen gehen davon aus, dass nur eine längerfristige Betätigung in einer Maker-Umgebung dazu beiträgt, unabhängige Arbeitsstile, kreatives Selbstbewusstsein und kreativen Selbstausdruck zu entwickeln (vgl. Barron/Martin 2016, vgl. Skills Canada Alberta o.J., S. 16). Aussagen wie «Making fördert Kreativität» (vgl. Preißl 2016; Schön et al. 2015; vgl. Kleeberger/Schmid 2019, S. 105) sind als Hypothesen zu verstehen, die sich auf eigene Erfahrungen in der Making-Praxis stützen. Dass die Aussicht, ein eigenes Produkt entwickeln und selbstbestimmt umsetzen zu können, bei Individuen kreatives Verhalten befördern kann, haben allerdings Jesus et al. (2013) jenseits des Making-Kontextes in einer Metanalyse von 26 Studien nachgewiesen.

4.2.3 «Kreativität ist kreativ»

Nur wenige Autor*innen versuchen sich an einer Konkretisierung von Kreativität im Making-Kontext. Boy/Sieben definieren Kreativität in Anlehnung an Holm-Hadulla (2011, S. 7) als Neukombination von Informationen und meinen damit making-spezifische Operationen wie das Umdenken, Verformen, Verwerfen von Vorhandenem (vgl. Boy/Sieben 2017, S. 36). Häufig wird auf die 4Ks, die Learning and Innovationskills «Kritisches Denken», «Kollaboration», «Kommunikation» und «Kreativität», verwiesen. Ansonsten ist eine eher alltagssprachliche Begriffsverwendung von Kreativität zu beobachten, die die Tätigkeit des Selbermachens quasi mit Kreativität gleichsetzt.

Vor diesem Hintergrund überrascht es nicht, dass neben allgemeinen Hinweisen zur Gestaltung offener Prozesse und zu exemplarischen kreativen DIY-Projekten eher selten Massnahmen zur Kreativitätsförderung beim Making publiziert werden. Methodisch wird zwar auf Konzepte der agilen Produktentwicklung (z.B. Design Thinking; vgl. Kleeberger/Schmid 2019; vgl. Marx/Thompson 2019) bzw. auf die bereits erwähnten problembasierten Challenges (vgl. 2.2.5) verwiesen; Empfehlungen zur Nutzung von weiteren Kreativitätstechniken (Brainstorming und Mindmapping ausgenommen) werden aber eher nicht gegeben. Eine Operationalisierung des Konstrukts Kreativität für den (schulischen) Making-Kontext sowie eine begriffliche Auseinandersetzung und Einordnung der Maker-Vision in Kreativitätstheorien stehen noch aus.

Das 4P-Modell von Rohdes (1961) kann hierfür eine heuristische Vorlage sein. Beim Making entstehen in der Regel PRODUKTE, d.h. Artefakte oder Prototypen, die kreative Eigenschaften haben können. Im MakerSpace agieren PERSONEN, die kreativ denken und handeln, bestimmte Eigenschaften und Voraussetzungen mitbringen und sich gegenseitig inspirieren. Ideen entstehen im Laufe eines PROZESSES. Sie entwickeln sich und werden umgesetzt, wobei die Personen Erfahrungen sammeln, scheitern, sich umorientieren und am Ende zu einem Ergebnis kommen. Die Lernumgebung MakerSpace ist das UMFELD, das Kreativität ermöglichen, (er-) fordern oder einschränken kann.

4.3 Das erweiterte kreative Umfeld

Als Framework für Kreativität im Kontext schulischen Makings wird zunächst das erweiterte Umfeld ausgeleuchtet. Nach einer Einschätzung des Stellenwerts von Kreativität in Gesellschaft und (schulischer) Bildung werden ausgewählte Forschungsbefunde zu Kreativität in der Schule diskutiert. Ziel ist die Identifikation von strukturellen Kreativitätsfaktoren, die bei der Design-Entwicklung des schulischen MakerSpace berücksichtigt werden müssen.

4.3.1 Gesellschaftliche Relevanz von Kreativität

Kreativität gilt als wichtige Voraussetzung für Innovationen, für technische Neu- und Weiterentwicklungen aller Art. Croft (2005 in Krampen 2019, S. 420) spricht von der Ideologie der Kreativität als Element des Zeitgeists des frühen 21. Jahrhunderts; sie gilt als Grundlage für Bildung und Lernen in einer sich verändernden Welt (vgl. Funke 2000). Schäfers (2007 in Bornemann 2012, S. 88) sieht die Gesellschaft gar am Übergang von der Wissens- zur Kreativgesellschaft.

Nebst Kollaboration, Kommunikation und kritischem Denken zählt Kreativität zu den 4Ks, (engl. 4Cs), die u.a. im Framework der 21st Century Skills der Partnership for 21st Century Skills unter der Bezeichnung «Learning and Innovationskills» zusammengefasst werden (vgl. Kay 2010). Das 21st Century Skills Framework wurde mit dem Ziel entwickelt, das öffentliche Bildungssystem in den USA zu reformieren und somit langfristig die Wettbewerbsfähigkeit der US-amerikanischen Wirtschaft auf dem Weltmarkt und damit auch das wirtschaftliche Wohlergehen der Gesellschaft sicherzustellen (vgl. ebd.). Kreativität gilt als Nichtroutinefähigkeit (vgl. Petko et al. 2018, S. 162), d.h. sie ist nur bedingt automatisierbar. Menschen sind in diesem Punkt Maschinen überlegen (vgl. Arntz et al. 2017, S. 8), weswegen die verbleibenden Arbeitsplätze der Zukunft, so die Prognose von Döbeli (2017, S. 47), überwiegend mit Personen besetzt werden, die kreativ Probleme lösen, zusammenarbeiten und vorausschauend denken können. Kreativität wird in dieser

Argumentation zu einer distinktiven Fähigkeit (vgl. Krampen 2019, S. 37), die dazu beiträgt, die radikale gesellschaftliche Transformation des Arbeitsmarkts erfolgreich zu bewältigen (vgl. Corazza 2017, S. 599 in Krampen 2019, S. 37). Auf die der technischen Entwicklung geschuldeten Notwendigkeit, die genuin menschlichen Fähigkeiten im Bildungswesen zu stärken, hat der Informatiker Haefner bereits im Jahr 1987 mit seinem Buch «Denkzeuge: Was leistet der Computer? Was muss der Mensch selbst tun?» hingewiesen (Haefner 1987). Zuvor hat Mertens im Jahr 1974 das Konstrukt der Schlüsselqualifikationen geprägt und Kreativität jeweils in den Methodenkompetenzen und den personalen Kompetenzen verortet.

Osborne (2003 in Von Wissel 2012, S. 55) hält eine ausschliesslich an der Ideologie des Kapitalismus orientierte Kreativitätsauffassung für verkürzt. Der Kult des Neuen führe dazu, dass Nachdenklichkeit, verbunden mit dem Wunsch, Dingen auf den Grund zu gehen, als Kreativitätsbremse diskriminiert werde. Mit seinem Alternativbegriff «Inventiveness» möchte er stärker die individuelle Offenheit betonen und weniger eine auf Monetarisierung abzielende Produktorientierung. Auch Krampen (2019, S. 30) fordert, dass Kreativität nicht ausschliesslich der ökonomischen Verzweckung dienen solle, sondern einen Beitrag zur humanen und sozialen Bewältigung der Zukunftsherausforderungen insgesamt leisten muss. «So erfordern etwa auch Umweltschutz und umweltschonende technologische Entwicklungen, Friedenspolitik, (Weiter-)Entwicklung und Erhalt demokratischer Strukturen etc. Kreativität» (ebd.). Gerade im Zusammenhang mit einer nachhaltigen Entwicklung gilt es, kreative, ökologisch und sozial verträgliche Lösungen zu entwickeln (vgl. de Haan 2002, S. 15). Diese humanethische Komponente von Kreativität deckt sich mit den Anliegen der Maker-Bewegung und lässt sich in Richtung einer verantwortungsvollen Produktentwicklung und Technikfolgenabschätzung weiterdenken. An dieser Stelle bilden die beiden Entwicklungs- und Forschungsschwerpunkte Kreativität und Digitale Mündigkeit eine Schnittmenge (vgl. 3.2).

«Kreative Leistungen sollen nicht nur neu und problemadäquat, sondern auch weise sein.»

(Steiner 2010, S. 20)

Neben der technischen Kreativität sind auch die künstlerische und die soziale Kreativität in ihrer Bedeutung für die kulturelle, politische und soziale Weiterentwicklung der Gesellschaft nicht zu unterschätzen (vgl. Krampen 2019, S. 30). Der kreative Selbstausdruck des Individuums trägt über die gesamte Lebensspanne zur Menschwerdung und zur Persönlichkeitsbildung bei (vgl. Urban 2004; vgl. Brandtstädter 2007 in Schubert/Loderer 2019, S. 41). Eine kreative Persönlichkeit, so Braun et al. (2019, S. 19/20), kann in komplexen Situationen autonom und verantwortungsvoll denken und handeln und angemessene Problemlösungen in individuellen und sozialen Kontexten für sich und andere entwickeln. Die OECD definiert im Jahr 2000 Kreativität als Kernelement der Wissensgesellschaft (vgl.

Haager 2019, S. 197). Burow (2011, S. 37) zufolge kann sich Bildung in einer Wissensgesellschaft nicht länger am Konzept der Massenproduktion orientieren mit der Konsequenz, dass alle zur gleichen Zeit das Gleiche lernen müssen. Stattdessen gelte es, individuelle kreative Potenziale zu erschliessen und zu nutzen.

4.3.2 Stellenwert von Kreativität in der schulischen Bildung

Seit Ende der 1960er Jahre gilt Kreativität im deutschsprachigen Raum als ernstzunehmendes Erziehungsziel. Seither wird Kreativität für prinzipiell förderbar gehalten (vgl. Schubert/Loderer 2019, S. 40).

«Kreativität und Experimentierfreudigkeit stärker zu fördern wird (...) komplementär zur Vermittlung eines Pragmatismus zunehmend eine wesentliche Aufgabe der Akteure im Bildungssektor sein.»

(Veit 2017, S. 13)

In der Kreativitätsforschung wird zudem die begründete Annahme vertreten, dass gezielte Kreativitätsförderung in der Kindheit die Bereitschaft erhöht, sich späteren Lernanforderungen zu stellen (vgl. z.B. Krampen/Eberwein 2017). Das Jahr 2009 wird von der Europäischen Kommission zum «Europäischen Jahr der Kreativität und Innovation» erklärt und die Agenda EU2020 sieht vor, dass kreative und unternehmerische Kompetenzen (Entrepreneurship Education) in die schulischen Curricula aufgenommen werden (vgl. Cachia/Ferrari 2010, S. 15). Auch in der PISA-Studie wird seit 2012 kreatives Problemlösen erhoben. Hierfür wurden die Aufgaben zum statischen Problemlösen (sämtliche für die Lösung erforderlichen Informationen liegen vor) um interaktive Problemlöseaufgaben ergänzt, bei welchen die nötigen Informationen erst in Interaktion mit dem Problemgegenstand erschlossen werden müssen (vgl. Funke/Baudson 2019, S. 98).

Gajda et al. (2017) zeigen mit ihrer Metaanalyse, dass Kreativität und Lernen in einem positiven Interdependenzverhältnis zueinanderstehen. Kreativität fördert demnach schulische Leistungen auf verschiedenen Ebenen. Um Heranwachsenden angemessene Chancen auf Persönlichkeitsentwicklung zu gewähren, gehört es daher zum Auftrag von Bildungseinrichtungen, geeignete Fördermassnahmen zu ergreifen (vgl. Schubert/Loderer 2019, S. 40; vgl. Veit 2017, S. 13). Dieser Auftrag wird von Akteur*innen aus Bildungspolitik und Schulpraxis durchaus als sinnvoll und wichtig wahrgenommen. Vor diesem Hintergrund hat sich die Förderung von Kreativität in den aktuellen Lehr- und Bildungsplänen zumindest punktuell niedergeschlagen.

«Classrooms generally do not appear to be creativity-fostering places, primarily due to the biases of teachers and traditional classroom organization (...), lack of meaningful curriculum differentiation (...), and lack of originality in classroom-based enhancement efforts (...)» (Plucker et al. 2004).

Krampen (2019, S. 431) bemängelt an der Schule die einseitige Orientierung an konvergenten Kulturtechniken wie Lesen, Rechtschreibung und Rechnen. Dies befördere mittelfristig ein Richtig-versus-Falsch-Denken, das divergente Denkprozesse erschwere. Tatsächlich deuten mehrere Studien darauf hin, dass sich Schule mit der Förderung von Kreativität insgesamt eher schwertut (vgl. Schubert/Loderer 2019, S. 40; vgl. Plucker et al. 2004, S. 84).

Als wesentlicher Reibungspunkt gilt die fehlende Qualifikation der Lehrpersonen im Bereich Kreativitätsförderung. In einer europaweiten Studie kommen Cachia/Ferrari (2009) zum Ergebnis, dass 20% der Lehrpersonen Kreativität als angeborenes Persönlichkeitsmerkmal sehen. 30% der untersuchten Lehrpersonen sind zudem davon überzeugt, dass man Kreativität nicht unterrichten könne (vgl. Haager 2019, S. 200). Obwohl fast die Hälfte der von Cachia/Ferrari befragten Lehrpersonen der Ansicht ist, Kreativität sei ein wichtiges Thema, dominieren klassische Unterrichtsformen, die wenig Spielraum für die Förderung von Kreativität lassen (vgl. Haager 2019, S. 200; vgl. Schubert/Loderer 2019, S. 40).

Olbertz weist darauf hin, dass die überfachliche Kreativitätsförderung im fächerbezogenen Curriculum der Schule an Grenzen stösst (vgl. Olbertz 1998, S. 7). Weitere Gründe für die Marginalisierung der Kreativitätsförderung sind neben dem strengen Fokus auf Fachinhalte «...ein Mangel an Wissen über Möglichkeiten der Förderung» (Haager 2019, S. 200). Hinzu kommt der Umstand, dass kreative Schüler*innen von Lehrpersonen mitunter als Störfaktoren wahrgenommen werden, die Selbstverständlichkeiten in Frage stellen und dadurch Kontrollverlust verursachen (vgl. Baudson/Haager 2019, S. VI). Hattie (2014) hebt in seiner Metastudie die Bedeutung des Faktors Lehrperson für den Lernerfolg der Schüler*innen hervor. Dieser Befund lässt sich auch auf die Kreativität im Besonderen übertragen. Da Kreativität immer auch ein Phänomen sozialer Zuschreibung ist, sind die Erwartungen der Lehrpersonen an die Kreativität ihrer Schüler*innen entscheidend (vgl. den TED Talk von Robinson 2013 in Haager 2019, S. 223).

Land und Jarman (1992) stellen in einer Studie mit 1600 Kindern fest, dass die Kreativität von fünf- bis zehnjährigen Kindern nach Schuleintritt deutlich zurückgeht. Robinson (2011, S. 49) erzielt mit seiner Langzeitstudie zum divergenten Denken mit 1500 Probanden, die er jeweils im Kindergartenalter, im Alter von 8-10 Jahren und später mit 13-15 Jahren befragt hat, ähnliche Befunde. Er schliesst daraus, dass die individuelle Kreativität durch das System Schule schrittweise reduziert wird. Ursächlich für derartige «creativity slumps» (vgl. Krampen 2019, S. 389) seien insbesondere schulische Normen und Standardisierungstendenzen sowie die in der Schule gelebte Richtig-Falsch-Welt, die ein offenes Weiterdenken erschwere (vgl. auch Krampen 2019, S. 388). Theurer et al. (2012, S. 186/187) haben im Primarschulkontext Faktoren wie Anpassungs- und Leistungsdruck sowie autoritäre Hierarchien und fehlendes Vertrauen als kreativitätshemmend identifiziert. Damit weisen sie nach, dass sich äussere Faktoren der Klassen- und Unterrichtsebene auf die Kreativitätsentwicklung auswirken und schreiben u.a. dem Verhalten der Lehrperson eine grosse Relevanz zu (vgl. ebd. S. 186).

Schulartenvergleichende Studien kommen zum Ergebnis, dass Schüler*innen in alternativen Lehrgängen wie zum Beispiel an Montessorischulen gegenüber Regelschulkindern ein positiveres Selbstkonzept kreativer Tätigkeiten entwickeln, d.h. dass sie sich eher zutrauen kreativ zu sein (vgl. Berner et al. 2013). Besancon/Lubart (2008, S. 381) stellen bei Schüler*innen an alternativen Schulen positive Wirkungen auf selbstentdeckendes und selbstreguliertes Denken fest.

Ein weiterer interessanter Befund zeigt sich im Schulfeld zum Zusammenhang von Kreativität, Intelligenz und Schulleistung. Während in der Schule ein signifikant positiver Zusammenhang zwischen Schulnote und Intelligenz festgestellt werden kann, trifft dies für Kreativität eher nicht zu. Perleth/Sierwald (2001, S. 192) stellen fest, dass Kreativitätsindikatoren keine Bedeutung für die Schulleistungsprognose haben (vgl. Krampen 2019, S. 415). Teilweise ist sogar eine leicht negative Korrelation zwischen Kreativität und Schulleistung zu verzeichnen. Krampen (2019, S. 414) führt diese Befunde auf die Betonung des konvergenten Denkens in der Schule zurück, während divergente Denkoperationen weniger gefragt bzw. zugelassen werden. Das komplexe Konstrukt Kreativität gilt psychometrisch als nur bedingt mess- und quantifizierbar, was der Grund dafür sein dürfte, dass die Forschungsaktivitäten zur Kreativität im Kontext schulischer Sozialisation insgesamt eher überschaubar sind (vgl. Hennessey/Amabile 2010, S. 587). Untersuchungen zur Wirksamkeit bestimmter didaktischer Massnahmen oder konkreter Unterrichtsprogramme stehen noch aus (vgl. Krampen 2019, S. 564).

4.3.3 Zusammenfassende Einordnung

Gesamtgesellschaftlich betrachtet hat Kreativität einen hohen Stellenwert. Im Zusammenhang mit der digitalen Transformation und der damit einhergehenden Veränderung der beruflichen Anforderungsprofile gilt Kreativität als Schlüsselkompetenz und als Voraussetzung für Innovation und volkswirtschaftlichen Erfolg. Neben der dominierenden ökonomischen Perspektive steht aber auch die Bedeutung von Kreativität für die Persönlichkeitsbildung einerseits und für die verantwortungsvolle und nachhaltige Weiterentwicklung der Gesellschaft andererseits ausser Frage.

«Für den Einzelnen werden persönliche Eigenschaften, die ihn in einer ‹kreativen Macher-Kultur› bestehen lassen, zukünftig wichtiger sein, als reine vertikale fachliche Qualifikationen.»

(Veit 2017, S. 13)

Gestützt auf die Erkenntnis, dass Kreativität nicht Genies vorbehalten, sondern prinzipiell von allen Individuen erlernbar ist, hat es in der Geschichte des Bildungswesens immer wieder Vorstösse in Richtung Kreativitätsförderung gegeben. Im Moment erlebt Kreativität im Kontext der Zukunftskompetenzen (21st Century Skills) eine Renaissance. Demgegenüber verwundert es etwas, dass der Begriff Kreativität im Lehrplan der Schweizer Volksschule zwar als überfachliches Ziel erwähnt wird, mit Ausnahme der musischen Fächer sich in den einzelnen fachdidaktischen Kompetenzen allerdings kaum explizite Hinweise finden.

Forschungsbefunde deuten ausserdem auf eine Diskrepanz zwischen dem gesellschaftlichen Stellenwert und den Ausdrucksmöglichkeiten für Kreativität in der Schule hin. Die Schule ist als formaler Kontext einem curricular organisierten Wissens- und Kompetenzerwerb verpflichtet. Sie vermittelt Wissen und Fertigkeiten in erster Linie fachbezogen, auch wenn überfachliche Kompetenzen, zu welchen auch Kreativität zählt, bildungspolitisch auf der Agenda stehen. Strukturelle Eigenschaften von Schule wie Hierarchisierung, Sozialisations- und Normierungstendenzen und Leistungsbewertung schwächen Entdeckergeist und kindliche Neugier. Sie hemmen tendenziell divergentes Denken und Handeln. Um gute Leistungen zu erzielen, werden die Schüler*innen sich in erster Linie an den vorgegebenen Kriterien orientieren und auf bewährte Verfahren setzen, anstatt sich auf neue Technologien und Experimente mit unklarem Ausgang einzulassen. Ein grosser Einfluss auf divergentes Denken und Handeln wird dem Verhalten der Lehrpersonen zugeschrieben. Viele Lehrpersonen sind jedoch nicht für Kreativitätsförderung ausgebildet worden, was in Verbindung mit der Sorge vor Kontrollverlust und dem Druck, «Stoff» effizient behandeln zu müssen, Spielräume für Kreativität einschränkt.

Aus der Sicht der Maker Education ist Kreativität ein fundamentaler Bestandteil des Making-Prozesses und ein Hauptziel der Maker-Didaktik. Maker*innen sollen sich als kreativ selbstwirksam erleben. Making-Aktivitäten bieten in dieser Sichtweise Gelegenheit für Improvisation, für Hacking (zweckentfremdende Nutzung von Objekten), für das Kombinieren von verschiedenen Materialien und Technologien, für das eigenständige Tüfteln und Entwickeln ohne Anleitung. Beim Making auftretende Schwierigkeiten lassen sich nicht mit Routinehandlungen bewältigen, was die Akteur*innen dazu anregt, zu tüfteln und kreative Lösungen zu finden. Die in der Maker-Fachliteratur getroffenen Annahmen zur kreativitätsfördernden Wirkung können bislang als mehr oder weniger erfahrungsbasierte Hypothesen gewertet werden. Diese Hypothesen widersetzen sich allerdings einer systematischen Überprüfung, da der Kreativitätsbegriff in der Maker Education entweder – mit ganzheitlichem Duktus – normativ aufgeladen ist oder ein alltagsbezogenes Verständnis des Begriffs Kreativität zugrundliegt. In der Fachliteratur wird zur Prozessunterstützung zwar häufig empfohlen, agile Methoden der Produktentwicklung (z.B. Design Thinking) anzuwenden. Konkrete Hinweise, wie Kreativität beim Making gezielt gefördert werden kann, sind jedoch selten. Es wird wohl davon ausgegangen, dass offene Maker-Lernumgebungen als kreative Selbstläufer fungieren.

4.3.4 Erkenntnisse, Massnahmen und Fragestellungen

Die Erkenntnisse aus der Literatursichtung zum erweiterten kreativen Umfeld aus Kapitel 4.3.3 werden im Folgenden tabellarisch aufgeführt und kategorisiert (Erweitertes Umfeld: EUM), so dass im weiteren Verlauf dieses Forschungsberichts nachvollzogen werden kann, wovon Design-Massnahmen und Forschungsfragestellungen abgeleitet wurden.

TAB. 4.3: DAS ERWEITERTE KREATIVE UMFELD: ERKENNTNISSE, MASSNAHMEN, FRAGESTELLUNGEN

CODE	KREATIVITÄT IM ERWEITERTEN UMFELD (KEUM)	POTENZIELLE DESIGN-MASSNAHMEN	HF
KEUM1	Kreativität gilt als Schlüssel- bzw. Zukunftskompetenz.	Die Bedeutung von Kreativität für die Lösung von Zukunftsherausforderungen wird gegenüber den Schüler*innen im MakerSpace betont.	1/2
KEUM2	Konsens: Kreativität ist von allen Menschen erlern- und trainierbar.		2
KEUM3	Strukturelle Eigenschaften der Institution Schule wirken sich kreativitätshemmend aus.	Kreativitätshemmende strukturelle Eigenschaften der Institution Schule werden identifiziert und, falls möglich, reduziert.	9/8/5 2
KEUM4	Lehrpersonen werden im Bereich Kreativitätsförderung selten aus- und weitergebildet.	Die Lehrpersonen erhalten ein Weiterbildungsangebot, in dem auch Impulse zur Kreativitätsförderung enthalten sind. (z.B. Design Thinking, Kreativitätstechniken)	8/5
KEUM5	In der Maker Education ist Kreativität ein zentrales Lernziel. Making bietet Potenziale für Kreativitätsförderung und -entwicklung.	Kreativität wird u.a. durch Ausprobieren und Konstruieren ohne Anleitung, der Kombination von Technologien und Werkstoffen, der zweckentfremdenden Nutzung von Gegenständen (Hacking) ermöglicht.	2/3

4.4 Das kreative Produkt

In der Kreativitätsforschung werden kreative Leistungen häufig am Produkt beurteilt (vgl. Forthmann 2019, S. 80). Die Analyse kreativer Produkte gilt gar als Fundament aller Studien über Kreativität bzw. als Goldstandard der Kreativitätsmessung (vgl. Schubert/Loderer, S. 54). Im Folgenden werden wesentliche konzeptionelle Überlegungen und Erkenntnisse der Kreativitätsforschung aus der Produkt-Perspektive vorgestellt. Im Anschluss werden Methoden diskutiert, wie Kreativität in Making-Produkten ermittelt und sowohl quantitativ wie qualitativ klassifiziert werden kann.

4.4.1 4C-Level of creativity (Kaufman/Beghetto 2009)

Das 4C-Level-Modell von Kaufman/Beghetto (2009) differenziert Produktkreativität in vier Stufen. Mini-C-Creativity (Level 1) beschreibt neue und subjektiv bedeutsame Interpretationen von Erfahrungen, Aktivitäten und Ereignissen im Alltag, die mit der Aneignung von Wissen und Verstehen verbunden sind (vgl. Kaufman/Beghetto 2009, S. 98). Mini-C-Creativity muss nicht unbedingt in ein wahrnehmbares Produkt münden. Es kann im Sinne Vygotskys (2004, S. 7) auch ein rein mentales oder emotionales Konstrukt sein, das für das Individuum etwas Neues hervorbringt.

Little-C-Creativity (Level 2) bezeichnet Kreativität im Alltag. Damit sind originelle Problemlösungen gemeint, die auch von Nicht-Expert*innen entwickelt werden können (vgl. Kaufman/Beghetto 2009, S. 95). Anders als die Mini-C-Creativity drückt sich Little-C-Creativity tatsächlich in wahrnehmbaren Produkten aus. Ein Making-Produkt, das einen bestimmten Zweck für den Urheber erfüllt, liesse sich somit in den Bereich der Little-C-Creativity einordnen. Das Präfix «Pro» in der Bezeichnung Pro-C-Creativity (Level 3) steht für Professional und bringt die professionsbezogene Expertise zum Ausdruck, die für kreative Leistungen auf diesem Kreativitäts-Level erforderlich ist (vgl. Kaufman/Beghetto 2009, S. 101). Hayes (1989) geht davon aus, dass kreative Leistungen auf Pro-C-Level erst nach mindestens zehn Jahren intensiver Tätigkeit und Erfahrung in der entsprechenden Domäne möglich sind. Big-C-Creativity (Level 4) Produkte werden ausschliesslich Künstler*innen, Unternehmer*innen und Wissenschaftler*innen zugeschrieben, deren Erfindungen oder Entdeckungen nobelpreisverdächtig sind und die Welt massgebend beeinflusst haben (vgl. Kaufman/Beghetto 2009, S. 95). Schüler*innen werden daher in der Regel Kreativität auf dem Mini-C-Level und dem Little-C-Level erreichen.

4.4.2 Neu, angemessen, stimulierend und verdichtet (Jackson / Messick 1965)

Wie für die meisten Kreativitätsforscher ist «Neuheit» beziehungsweise «Originalität» (1) auch für Jackson und Messick (1965) ein zentrales Kriterium kreativer Produkte (vgl. auch z.B. Mednick et al. 1964). «Angemessenheit» (2) (Jackson / Messick 1965), d.h. die Eignung und der Nutzen im spezifischen Anwendungsbereich gilt als weiteres wichtiges Kriterium. Ansonsten wäre es beispielsweise nicht möglich, exzentrisches bzw. schizophrenes von kreativem Verhalten abzugrenzen (vgl. Haager 2019, S. 120). Ein weiteres Kriterium von Jackson / Messick ist «Transformationspotenz» (3) (ebd. S. 98), d.h. die Eigenschaft des kreativen Produkts, die Grenzen der Wahrnehmung des Betrachtenden zu sprengen, ihn zu überraschen, zu stimulieren und / oder eine radikale Veränderung althergebrachter Handlungsmuster zu bewirken. Das Kriterium «Verdichtung» (4) zeigt den vielseitigen Gehalt eines kreativen Produkts an. Verdichtung bewirkt, dass das Interesse am Produkt erhalten bleibt und bei genauer Betrachtung / Nutzung immer wieder neue Aspekte zu entdecken und zu interpretieren sind.

4.4.3 Formale und inhaltliche Kreativität (Nilsson 2011)

Nilsson (2011, S. 58f.) bietet ein Modell zur Klassifizierung kreativer Produkte, die im Bildungskontext entstanden sind. Den Rahmen des Modells bildet ein Koordinatensystem aus formbezogener Neuheit (Novelty) auf der y-Achse und inhaltsbezogener Neuheit auf der x-Achse. Kreative Produkte können nach diesem Verständnis sowohl formal kreativ als auch inhaltlich kreativ sein. Ebenso denkbar sind Mischformen. Dazwischen können Produkte auf fünf Kreativitätsebenen verortet werden. Eine (1) perfekte Nachahmung (Imitation) bildet ein Produkt 1:1 nach. Beim «reverse Engineering» (vgl. 6.3.3.3.2) wäre dies der Fall, wenn ein vorgegebenes Produkt analysiert und möglichst so nachgebaut wird, dass es seine Funktion erfüllt.

ABB. 4.4: TAXONOMY OF CREATIVE DESIGN (NILSSON 2011)

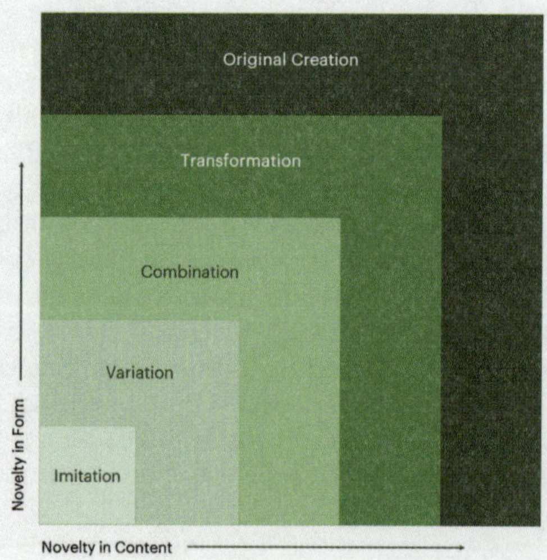

Eine (2) Variation ist die Veränderung eines oder mehrerer Aspekte eines Werks, während die übrigen Komponenten vom Original übernommen bzw. nachgeahmt werden. Eine (3) Kombination verbindet zwei oder mehrere Werke, so dass daraus ein neues Werk entsteht (mashup). Als (4) Transformation bezeichnet Nilsson (2011) die Übertragung eines bestehenden Werks in ein anderes Medium oder in eine andere Darstellungsform. In der Logik des Making gedacht, würden in diese Kategorie auch Hacks fallen, also die Verwendung von Gegenständen auf eine ungewöhnliche Weise (vgl. 4.2). Ein (5) Original ist ein neu erschaffenes Werk, das wenn überhaupt, nur geringe Ähnlichkeit mit vorherigen Werken hat. Nilsson weist selbst darauf hin, dass die fünf Ebenen nicht trennscharf sind und demzufolge nur eine grobe Orientierung bei der Wahrnehmung von Kreativität geben.

4.4.4 Kreativitätsgehalt von Ideen (Forthmann 2019)

Nach Plucker et al. (2004, S. 90) müssen kreative Produkte wahrnehmbar sein, d.h. nach diesem Verständnis gelten nicht nur gegenständliche Objekte, sondern auch verbal artikulierte, geäusserte Ideen als Produkte (vgl. Forthmann 2019, S. 80). Eine Methode zur Beschreibung des Kreativitätsgehalts von Ideen stellt Forthmann (2019, S. 81f) in Anlehnung an die Arbeit von Reiter-Palmon et al. (2019) vor. Diese Methode bezieht sich vor allem auf verbal geäusserte oder verschriftlichte Ideen und weniger auf fertige Produkte. Da das Modell neben einer «objektiven» Betrachtungsweise der Produkte von aussen auch die Sichtweise des Subjekts berücksichtigt, wird es an dieser Stelle kurz vorgestellt und anschliessend diskutiert. Ausgehend von den bereits bekannten Hauptkriterien für kreative Produkte Neuheit, Originalität und Nützlichkeit (vgl. 4.4.2) enthält das Messinstrument sechs Dimensionen.

Die (1) Adäquatheit von Ideen beschreibt den Grad der Angemessenheit im Rahmen der Aufgabenstellung. Falls ein selbst gesetztes oder vorgegebenes Problem gelöst werden sollte, ist die Lösung adäquat, wenn sie tatsächlich jenes Problem löst. Unvollständige, völlig zufällige, absurde oder unpassend wirkende Lösungen sind demnach nicht adäquat (vgl. Forthmann 2019, S. 82). Eine Antwort auf die Frage «Menschen brauchen keinen Schlaf mehr – was wären die Folgen?» in die Richtung: «Kartoffeln würden dann über der Erde wachsen» ist keine logische Folge des utopischen Ohne-Schlaf-Szenarios und damit auch nicht adäquat. Das Kriterium (2) statistische Seltenheit misst die Häufigkeit einer bestimmten Idee in der untersuchten Stichprobe. Eine Idee, die nur von einer einzigen Person geäussert wird, hat also den höchsten Seltenheitswert. Die Messgenauigkeit dieser Kategorie hängt allerdings von der Grösse der Stichprobe ab. Kritisiert wird auch, dass Ideen mit hohem Seltenheitswert häufig negativ mit dem Kriterium Adäquatheit korrelieren (vgl. ebd. S. 83). (3) Entferntheit ist ein Kriterium, das beschreibt, wie weit eine Idee gedacht ist. Die Idee, Menschen ohne Schlafbedürfnis könnten die neugewonnene Zeit zum Lernen, Reisen etc. nutzen, ist eine unmittelbare Konsequenz aus dem Szenario. Die Idee, dass Schlafforscher ihren Job verlieren würden, ist weniger unmittelbar, sondern weitergedacht, und damit auch entfernter. Das Kriterium (4) Cleverness ist nicht objektiv operationalisierbar (vgl. Forthmann 2019, S. 85) und wird dennoch als Originalitätsindikator herangezogen.

Clevere Ideen sind einfallsreich, erfinderisch, witzig und erstaunlich gut passend. (5) Überraschtheit ist ein Kriterium der Personen-Kreativität, d.h. die Bezugsnorm zur Beurteilung kreativer Produkte ist in diesem Fall nicht sozial (wie bei der statistischen Seltenheit), sondern individuell – also vergleichbar mit dem Mini-C-Level nach Kaufman/Beghetto (2009). Wenn die jeweilige Idee für das Individuum selbst neu ist, dann kommt sie überraschend. Wenn das Individuum die Idee dagegen schon länger mit sich herumträgt, ist der Überraschtheitswert niedrig – unabhängig davon, wie das Umfeld auf die Idee reagiert (vgl. ebd. S. 86). Das letzte Kriterium (6) Nützlichkeit überschneidet sich teilweise mit Adäquatheit (1), zielt stärker auf den konkreten Nutzen für Anwender*innen (vgl. ebd. S. 86). Die sechs Dimensionen von Forthmann werden in der Regel mit einer fünfstufigen Likertskala eingeschätzt.

4.4.5 Quantitative und Qualitative Produktkreativität (Cropley/Cropley 2007)

Cropley/Cropley (2007) haben ein Kriteriensystem zur quantitativen und qualitativen Bewertung von Kreativität in Produkten entwickelt. Die CSDS (Creative Solutions Diagnosis Scale) wurde für den schulischen Kontext entwickelt und fokussiert vier Basismerkmale kreativer Produkte, die in Subdimensionen differenziert werden. Das Kriterium (1) Relevanz und Wirksamkeit misst, inwieweit die Anforderung der Problemstellung erfüllt wurde. Hier spielen insbesondere die Korrektheit (fachkundige Anwendung konventioneller Kenntnisse und etablierter Techniken), die Wirksamkeit (die Lösung tut das, was sie soll) und die Angemessenheit (die Lösung entspricht den Vorgaben der Aufgabenstellung) eine Rolle. Das Kriterium (2) Neuheit umfasst weitere drei Subkriterien. Problematisierung, Erweiterung vorhandenen Wissens und Entwicklung neuen Wissens. Problematisierung umfasst Diagnose (die Lösung macht auf Mängel/Missstände aufmerksam), Prescription (die Lösung enthält Hinweise darüber, wie bereits Bestehendes verbessert werden könnte) und Prognose (die Lösung zeigt wahrscheinliche Auswirkungen von Veränderungen an). Zur Erweiterung vorhandenen Wissens zählen Replikation (das Bekannte wird in ein neues Setting übertragen), Neudefinition (das Bekannte wird neu betrachtet/auf neue Weise verwendet), Kombination (aus bestehenden Elementen werden neue Kombinationen erzeugt), Inkrementierung (das Bekannte wird in eine bestehende Richtung erweitert) und Rekonstruktion (ein zuvor aufgegebener Ansatz erweist sich doch noch als nützlich). Die Entwicklung neuen Wissens bilden Cropley/Cropley (2007) mit den drei Parametern Redirection (das Bekannte wird in eine neue Richtung erweitert), Reinitiation (die Lösung zeigt radikale neue Ansätze auf) und Generation (Konstruktion grundlegend neuer – zumindest potenziell wirksamer Lösungen) ab. Mit dem Basismerkmal (3) Eleganz differenzieren Cropley/Cropley (2007) eine externale und eine internale Ebene. Die externale Eleganz bemisst sich aus der Perspektive von dritten Personen, die die Wirkung des Produkts wahrnehmen. Hierzu zählen Recognition (dritte Personen erkennen sofort, dass die Lösung besonders ist), Überzeugung (dritte Personen sind von der Lösung überzeugt) und Gefallen (dritte Personen fühlen sich von der Ästhetik des Produkts angesprochen). Die internale Eleganz bezieht sich auf die binnenstrukturelle Stimmigkeit der Idee. Darunter fallen Vollständigkeit (die Ideen sind gut ausgearbeitet und hängen zusammen) und Harmonie (die Elemente der Lösung passen konsistent zusammen).

Das vierte Basismerkmal (4) Generalisierbarkeit beschreibt den Umstand, dass eine Idee über den konkreten Problemzusammenhang hinausreicht. Subkriterien sind die Übertragbarkeit (die Idee bietet auch Lösungsansätze für Probleme, die über das eigentliche Problem hinausgehen), Germinality (neue Sichtweisen auf bestehende Probleme werden eröffnet) und Seminality (die Lösung macht auf bisher unbemerkte Probleme aufmerksam).

4.4.6 Produktkreativität im Making-Kontext

Das 4C-Modell von Kaufman/Beghetto (2009) rückt ins Bewusstsein, dass kreative Leistungen auf dem Mini-C und dem Little-C-Level ernstzunehmende Formen von Kreativität darstellen. Damit wird Kreativität für alle Schüler*innen erreichbar und eine vorschnelle Abwertung «...für all das, was nicht kulturellen und wissenschaftlichen kreativen Hochleistungen entspricht» (Krampen 2019, S. 25) kann vermieden werden. Für eine Detailanalyse kreativer Produkte, die im Kontext des schulischen Makings entstehen, ist das 4C-Level-Modell jedoch zu grob.

Die ausdifferenzierten Instrumente von Cropley/Cropley (2007) und von Forthmann (2019) orientieren sich im Kern an den klassischen Kriterien für Kreativität, wie sie seit Ende der 1960er Jahre für Produkte gelten wie Adäquatheit, Wirksamkeit, Neuheit und statistische Seltenheit (Originalität), ergänzen diese allerdings um weitere qualitative Merkmale. Das Kriterium «Entferntheit» (Forthmann 2019, S. 84) kann nur «gemessen» werden, wenn man einen fixen Ausgangspunkt/eine Problemstellung hat, von dem/der aus eine Idee als weitergedacht bzw. – umgangssprachlich ausgedrückt – um die Ecke gedacht rekonstruiert werden kann. Das Kriterium «Überraschtheit» (ebd., S. 85) geht vom Produkt aus, lässt sich aber nur in Relation zum Erfahrungshintergrund des Urhebers bestimmen. Damit gerät ähnlich wie bei Kaufman/Beghetto (2009) die subjektive Kreativität (Personenkreativität) des Einzelnen in den Fokus, was sich mit der Philosophie der Maker Education deckt, allen Individuen Kreativität zuzugestehen und zu ermöglichen.

Bei Cropley/Cropley (2007) beinhaltet das Kriterium «Eleganz» (ebd.) auch subjektive Einschätzungen von dritten Personen, was die funktionale und/oder die ästhetische Stimmigkeit eines Produkts angeht. Eine weitere, für den Making-Kontext interessante qualitative Erweiterung findet sich bei Cropley/Cropley im Kriterium «Generalisierbarkeit». Die Frage, welche Tragweite eine Lösung hat, d.h. auf welche weiteren Probleme sie angewendet werden kann, ist – in modifizierter Form – ebenfalls anschlussfähig an die Prämisse der Maker Education, sich gegenseitig zu inspirieren und erfolgsversprechende Problemlösungen zu teilen. Statt einer Generalisierbarkeit auf möglichst viele andere bekannte oder neue Probleme, wie von Cropley/Cropley vorgesehen, könnte beim Making der Inspirationsgrad einer Idee oder eines Produkts auf andere Produkte als Kreativitätsindikator erfasst werden. So verstanden beschreibt dieses Kriterium die domänenbezogene Wirksamkeit einer Idee auf der Mikroebene.

In der direkten Gegenüberstellung beider Instrumente wird anhand der Auswahl der spezifischen Kriterien deutlich, dass es im Fall von Forthmann (2019) um die Beurteilung von kreativen Ideen geht, während Cropley/Cropley (2007) sich auf die Einschätzung des Kreativitätsgehalts von Produkten konzentrieren.

Im Making-Kontext ist es aus inhaltlichen und didaktischen Gründen angemessen, nicht nur fertige Produkte, sondern auch Prototypen und Ideen auf Kreativität zu untersuchen. Zum einen wird nicht jede Idee umgesetzt, zum anderen führen manche Ideen zwar nicht zum Erfolg, sind aber wichtiger Bestandteil des produktiven Scheiterns und haben dadurch Einfluss auf weitere Gestaltungsentscheidungen und Umsetzungsideen. Die unterschiedliche Akzentuierung der Instrumente von Cropley/Cropley (2007) und Forthmann (2019) deutet darauf hin, dass für die Analyse von Produkten und Ideen verschiedene Instrumente eingesetzt werden müssen. Das Kriterium internale Eleganz beispielsweise macht bei der Einschätzung einer Idee (ohne Umsetzung) wenig Sinn, weil weder Vollständigkeit noch Stimmigkeit analysiert werden können. Dasselbe gilt für das Kriterium Funktionsfähigkeit. Um die Gemeinsamkeiten und Unterschiede der Modelle von Jackson/Messick (1965), Forthmann (2019) und Cropley/Cropley (2007) deutlicher herauszuarbeiten und zu diskutieren, werden die Kernkriterien tabellarisch gegenübergestellt (vgl. Tabelle 4.5).

Bei genauer Betrachtung der Instrumente von Forthmann und Cropley/Cropley wird deutlich: Vor allem die qualitativen Kriterien für den Kreativitätsgehalt von Produkten lassen sich nicht absolut, sondern nur in Relation zu individuellen, so-

TAB. 4.5: GEGENÜBERSTELLUNG DER PRODUKTKRITERIEN VERSCHIEDENER AUTOR*INNEN

JACKSON / MESSICK (1965)	FORTHMANN (2019)	CROPLEY / CROPLEY (2007)
Angemessenheit	Adäquatheit - Angemessenheit im Rahmen der Aufgabenstellung - Wirksamkeit bezogen auf das vorgegebene Problem Nützlichkeit	Relevanz/Wirksamkeit - Korrektheit - Wirksamkeit/Funktionsfähigkeit - Angemessenheit im Rahmen der Aufgabenstellung
Ungewöhnlichkeit	Statistische Seltenheit - Originalität gemessen an der Häufigkeit des Vorkommens im sozialen Umfeld	Neuheit - Problematisierung (Missstände werden aufgedeckt) - Erweiterung vorhandenen Wissens (Übertragung in anderen Kontext, Kombination, ...) - Entwicklung neuen Wissens (Erweiterung in eine Richtung, radikale neue Ansätze, völlige Neukonstruktion)
Transformation Verdichtung	Entferntheit - wie weit ist die Idee gedacht/um die Ecke gedacht/von naheliegenden Ideen entfernt? Cleverness - einfallsreich, witzig, erstaunlich gut passend - mit einfachen Mitteln/Ressourcen umsetzbar (Nachhaltigkeit)	Eleganz - External: Dritte Personen erkennen die Besonderheit; sind überzeugt von der Lösung; fühlen sich angesprochen - Internal: Vollständigkeit, Passung/Stimmigkeit,
		Generalisierbarkeit - Übertragbarkeit auf andere Probleme - neue Sichtweisen auf bestehende Probleme - bisher unbekannte Probleme werden erkannt

zialen, prozeduralen oder intratextuellen (Beziehungen zwischen Produkten) Kontextdaten ermitteln. Die Kontextsensibilität produktbezogener Daten muss daher bei der Auswertung stets mitgedacht werden. Für interessengesteuertes Making in der Schule ist ein subjektorientiertes Kreativitätsverständnis erforderlich, das den schöpferischen Grad eines Produkts nicht an der gesellschaftlichen Relevanz bemisst, sondern am Selbstausdruck und an persönlich bedeutungsvollen Interpretationen und Erfahrungen des Lernenden (vgl. Kaufman/Beghetto 2009).

Die Typologie von Nilsson (2011) beinhaltet eine für Making-Produkte interessante Differenzierung in formale und inhaltliche Kreativität. Schülerprodukte als Ergebnisse von Maker-Prozessen könnten damit als inhaltlich kreativ (z.B. Storytelling, Funktion, Nutzung) und/oder als formal kreativ (z.B. Materialverwendung, Ästhetik) beschrieben werden. Voraussetzung hierfür ist allerdings eine bislang in der Typologie noch nicht enthaltene klare Operationalisierung der Konstrukte «formal» und «inhaltlich». Bemerkenswert ist die Tatsache, dass Nilsson (2011), anders als die beiden anderen vorgestellten Modelle, die klassischen Kreativitätskriterien Nützlichkeit und Adäquatheit ausser Acht lässt und sein Instrument auf den Grad der Veränderung bezogen auf ein angenommenes Referenzobjekt/Produkt bis hin zu einem neuen Original ausrichtet. Da in der Maker Education bei der Entwicklung von Produkten die Kombination von Materialien, digitalen und analogen Technologien und Funktionsprinzipien einen hohen Stellenwert hat, eignet sich diese Auslegungsweise gegebenenfalls, um making-spezifische Kreativität in Produkten zu rekonstruieren. Allerdings müssten die Abstufungen bezogen auf den Making-Kontext noch klarer expliziert werden. In der Typologie von Nilsson (2011) ist die Trennschärfe zwischen Variation, Kombination und Transformation nur bedingt gegeben. Auch wenn Nilsson seine Typologie explizit nicht als Stufenmodell konzipiert hat, besteht die Gefahr einer Hierarchisierung von Produktkreativität, indem beispielsweise eine Imitation als weniger kreativ beurteilt wird als eine Variation oder eine Transformation. In der Maker Education wird Inspiration durch Dritte explizit als positiv und erwünscht konnotiert (vgl. Assaf 2019, S. 264). Eine Imitation im Sinne eines Reverse Engineering Prozesses beim Making mag formal oder inhaltlich wenig Originalität aufweisen; mit der Problemanalyse, der passenden Materialauswahl und dem rekonstruktiven Nachbau eines funktionierenden Objekts kann der Kreativitätsgehalt dennoch hoch sein.

Auf die klassischen Kriterien Adäquatheit und Nützlichkeit sollte unserer Ansicht nach beim Making nicht verzichtet werden. Allerdings dürfen beide Kriterien nicht allein unter ökonomischen, technischen bzw. technologischen Aspekten betrachtet werden. Eine vorschnelle Verwendung dieses Beurteilungsaspekts im Sinne von Realisierbarkeit, Durchführbarkeit oder Machbarkeit könnte gerade im Bildungskontext dazu führen, dass ästhetische Kreativität bzw. Kreativität als Selbstausdruck abgewertet werden (vgl. Krampen 2019, S. 26). Die Nützlichkeit eines interessengesteuert entstandenen Produkts kann kaum vollumfassend durch eine dritte Person von aussen bewertet werden. Es ist beispielsweise denkbar, dass es jenseits der reinen Funktionsfähigkeit auch andere Formen des Nutzens für das Individuum geben kann (z.B. das Aussehen, der Produktionsprozess, der spannend, lustig, gemeinschaftsstiftend war, Andenken an den tollen Making-Moment).

Aus der Sicht der Maker Education steht nicht die verwertbare Leistung als kreatives Ergebnis im Vordergrund, sondern der individuelle und co-konstruktive Erfahrungs- und Lernprozess. Daher ist im Kontext des schulischen Makings die Verwendung eines erweiterten Produktbegriffs sinnvoll. Individuelle kreative Leistung zeigt sich beim Making also nicht allein im fertigen Produkt, sondern auch in den (zahlreichen) Ideen, die im Laufe des Prozesses zwar entwickelt, aber aus verschiedenen Gründen nicht umgesetzt werden. Im Sinne des Mini-C-Levels von Beghetto/Kaufman (2009) ist es im Making-Kontext legitim, bei neu erworbenem Wissen oder gelernten Fertigkeiten von Kreativität zu sprechen. Der Versuch von Nilsson, Neuheit und damit Kreativität in eine formale und eine inhaltliche Komponente zu differenzieren, kann bei der Entwicklung eines Forschungsinstruments zur Erhebung von Produktkreativität beim Making helfen, indem Hauptkategorien qualitativ ausdifferenziert werden (vgl. 7.6.1.2). Der analytische Blick auf Schüler*innenprodukte kann Facetten von Kreativität sichtbar machen und dazu beitragen, etwaige Zusammenhänge zwischen Lernumgebungen, individuellen Voraussetzungen der Schüler*innen und Sichtweisen der Lehrpersonen zu explorieren. Für die Praxis der Kreativitätsförderung in Maker-Kontexten kann die Analyse kreativer Produkte ebenfalls Anregungen geben. Lehrpersonen in Maker-Kontexten benötigen Instrumente, um kreative Produkte ihrer Schüler*innen kompetent einschätzen (vgl. Schubert/Loderer 2019, S. 54) und kreative Lösungen entsprechend würdigen zu können, ohne vermeintlich weniger kreative Ideen abzuwerten.

4.4.7 Erkenntnisse, Massnahmen und Fragestellungen

An dieser Stelle werden die wesentlichen Erkenntnisse zur Produktkreativität tabellarisch aufgeführt und kodiert (Produktkreativität: PRD), so dass im weiteren Verlauf dieses Forschungsberichts nachvollzogen werden kann, wovon Design-Massnahmen und Forschungsfragestellungen abgeleitet wurden.

FRAGESTELLUNGEN FÜR DIE PRAXISFORSCHUNG

Kreative Ideen: Welche Ideen und welche Produkte entstehen beim Making? Welche Ideen werden umgesetzt und welche nicht? (KPRD.3.1)

Produktentwicklung: Wie entwickeln sich Produkte im Laufe des Prozesses? (KPRD.3.2)

Erkenntnisgewinn: Welche neuen Erkenntnisse gewinnen die Schüler*innen im Making-Prozess? (KPRD.3.3)

Kreativitätskriterien: Wie kreativ sind die Produkte und die Umsetzungsideen (gemessen an den Kriterien für kreative Produkte)? Wie bewerten Schüler*innen, Lehrpersonen und Forschende den Kreativitätsgrad von Ideen und Produkten? (KPRD3.4)

TAB. 4.6: KREATIVE PRODUKT- UND UMSETZNGSIDEEN: ERKENNTNISSE, MASSNAHMEN UND FRAGESTELLUNGEN

CODE	RELEVANTE ASPEKTE PRODUKTKREATIVITÄT (KPRD3)	POTENZIELLE DESIGN-MASSNAHMEN	HF
KPRD3.1	Im Making-Kontext sollte ein erweiterter Produktbegriff verwendet werden, der nicht nur fertige Produkte, sondern auch (unrealisierte) Ideen mit einschliesst.		2/8
KPRD3.2	Kreativität zeigt sich nicht nur im Endprodukt, sondern auch in den Zwischenstadien und Prototypen des Produktentwicklungsprozesses.	Der Produktentwicklungsprozess wird mit besonderer Aufmerksamkeit verfolgt.	
KPRD3.3	Schüler*innen sind auch ohne domänenspezifisches Fachwissen zu kreativen Leistungen auf Mini-C-Level fähig. Beim Ausprobieren und Experimentieren gewinnen sie aber auch neue Erkenntnisse hinzu, was als spezielle Form von Produktkreativität verstanden werden kann.	Lehrpersonen lassen Schüler*innen von Beginn an kreativ tätig werden und nicht erst, wenn sie sämtliche Grundlagen beherrschen. Lehrpersonen würdigen nicht nur kreative Produkte / Lösungen, sondern betonen auch, was Schüler*innen persönlich neu erarbeitet, neu ausprobiert, erfahren haben.	1/2
KPRD3.4	Lehrpersonen benötigen Instrumente, um kreative Produkte ihrer Schüler*innen kompetent einschätzen und kreative Lösungen entsprechend würdigen zu können, ohne vermeintlich weniger kreative Ideen abzuwerten. Als klassische Kreativitätskriterien für Produkte gelten Originalität, Adäquatheit, Nützlichkeit; diese können durch die qualitativen Kriterien Cleverness und Inspirationsgrad ergänzt werden.	Lehrpersonen erhalten ein entsprechendes Weiterbildungsangebot. Schüler*innen und Lehrpersonen sollten geeignete Kriterien kennen, um Mini- und Little-C-Level Kreativität in Produkten beurteilen zu können.	1/8

ABB. 4.7: PRODUKTKREATIVITÄT IM ÜBERBLICK

4.4.8 Zusammenfassung

Produktkreativität im Kontext des schulischen Makings (vgl. Abbildung 4.7) muss mit einem erweiterten Produktverständnis einhergehen, das neben dem eigentlichen Endergebnis auch Prototypen, einzelne umgesetzte (und nicht umgesetzte) Ideen sowie mediale Produkt- und Prozessdokumentationen der Lernenden mit einschliesst. In dieser Perspektive können auch Lernzuwächse, Erfahrungen und die Aneignung neuer Fertigkeiten als (kreative) Produkte des Lernprozesses verstanden werden. Kreative Making-Produkte verbinden sowohl divergente als auch konvergente Kreativitätsaspekte, was sich in den klassischen Kriterien wie Originalität und Seltenheit einerseits sowie Adäquatheit und Funktionalität andererseits niederschlägt. Um Kreativitätsfacetten in ihrer Vielseitigkeit in Produkten umfassend wahrnehmen und würdigen zu können, kann das Kriterium Originalität (ebenso wie Adäquatheit) in inhaltliche (z.B. Story, technische Funktionen) und formale Dimensionen (z.B. Design, ästhetische Umsetzung) ausdifferenziert werden. Welche qualitativen Dimensionen dies im Einzelnen sind, wird sich im Rahmen der Analyse der Produkte auf induktive Weise herausschälen. Wichtig für die Wahrnehmung von Produktkreativität beim Making ist ferner der Subjektbezug, weswegen Kriterien wie Neuheit oder Nutzen weniger aus gesamtgesellschaftlicher Sicht, sondern – im Sinne des Mini-C und Little-C Kreativitätslevels nach Kaufman/Beghetto (2009) – aus der Perspektive der Maker*innen selbst «gemessen» werden sollten. Die Kriterien Cleverness und Inspirationsgrad ermöglichen zusätzlich, die kreative Wirkung eines Produkts im sozialen Raum (des MakerSpace) mit einzubeziehen. Damit eine Kreativitätseinschätzung fachgerecht erfolgen kann, müssen sowohl Lehrpersonen als auch Schüler*innen mit den betreffenden Kriterien vertraut sein.

4.5 Die kreative Person

Csikszentmihalyi (2014) hat in einer qualitativen Studie einundneunzig aussergewöhnlich kreative Personen interviewt und festgestellt, dass es die kreative Persönlichkeit mit ganz bestimmten Eigenschaften nicht gibt. Was die befragten Kreativen jedoch von anderen unterscheidet, sei die Komplexität ihrer Persönlichkeit. Sie zeichnet sich darin aus, verschiedene Denk- und Handlungstendenzen wie Fantasie und Realitätssinn, Disziplin und Verspieltheit, Klugheit und Naivität, Demut und Stolz in sich zu vereinigen. «Kreative Personen vereinen widersprüchliche Extreme in sich – sie bilden keine individuelle ‚Einheit', sondern eine individuelle ‚Vielheit'.» (Hutmacher/Haager 2019, S. 108). Hutmacher/Haager (ebd., S. 116) resümieren mit dem Blick auf empirische Daten und konzeptionelle Überlegungen der psychologisch ausgerichteten Kreativitätsforschung, dass kreative Persönlichkeiten eine aussergewöhnliche Motivation, verschiedene Domänen zu erkunden sowie überdurchschnittliche Neugierde zeigen. Ein starkes Autonomiebedürfnis, ausgeprägter Ehrgeiz in Verbindung mit dem Wunsch, Neues zu schaffen, sind ebenfalls häufig zu konstatierende Eigenschaften von kreativen Personen. Feist (1998, S. 299 in Schubert/Loderer 2019, S. 50) hat kreative Schüler*innen als «autonom, introvertiert, offen für Erfahrungen, normzweifelnd, selbstbewusst, selbst-akzeptierend, voller Tatendrang, anmutig, dominant, feindselig und impulsiv» beschrieben.

4.5.1 Person, Domäne, Feld (Csikzentmihalyi 2014)

Nach Csikzentmihalyi (2014) steht das kreative Individuum stets in Verbindung mit einer Domäne und einem Feld. Eine Domäne kann als Fachgebiet innerhalb von Kunst, Wissenschaft oder Wirtschaft verstanden werden, innerhalb dessen sich die kreative Persönlichkeit bewegt und sich Fachwissen, symbolische Regeln und Verfahrensweisen aneignet (vgl. Steiner 2010, S. 48). Das Feld besteht aus Personen und Institutionen, die mit der Domäne vertraut sind und kreative Leistungen beurteilen können.

Vor diesem Hintergrund bezeichnet Csikszentmihalyi (2014) jede Handlung, Idee oder Sache kreativ, die «...eine bestehende Domäne verändert oder eine bestehende Domäne in eine neue verwandelt». Kreativität manifestiert sich also in der Relation von Person, dem kreativen Produkt und einem soziokulturellen Kontext (vgl. Csikzentmihalyi 1997, S. 41), in welchem eine Neuschöpfung tatsächlich als kreativ wahrgenommen und gewürdigt wird (vgl. Steiner 2010, S. 17).

ABB. 4.8: DOMÄNE, FELD UND INDIVIDUUM IN ANLEHNUNG AN CSIKZENTMIHALYI (2014) IN: NETT / NETT 2019, S. 28

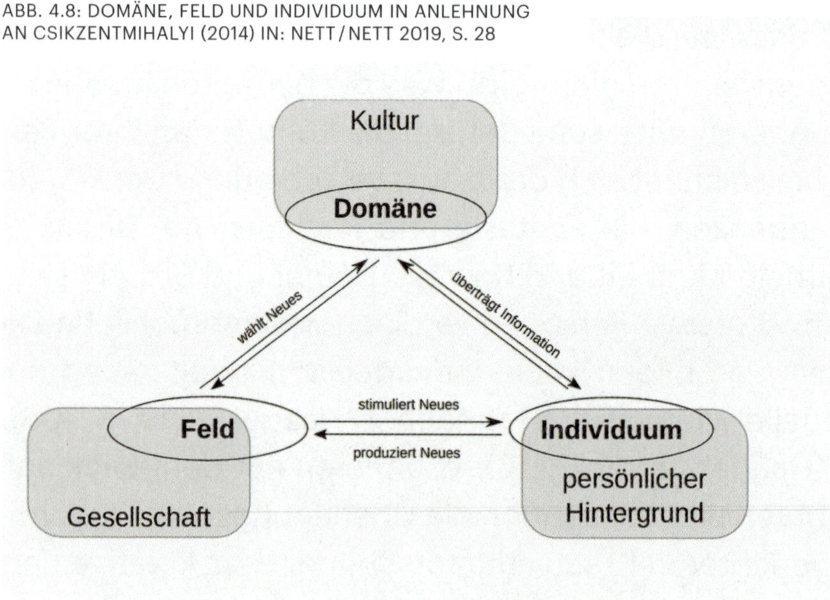

«Ohne kreativitätssensitive Umwelt kann es keine kreative Leistung geben.»

(Vogt 2010, S. 42)

Die Aussicht auf die Anerkennung kreativer Leistungen setzt den Zugang zu einer Domäne und die Unterstützung eines Feldes voraus (vgl. Csikzentmihalyi 2014, S. 489; vgl. Nett/Nett 2019, S. 28). Bornemann (2012, S. 50) bezeichnet vor diesem Hintergrund Kommunikationsfähigkeit als wichtige Voraussetzung für Kreativität, da Ideen in die richtigen Kreise beziehungsweise Felder getragen und Personen überzeugt werden müssen.

Alle aktuellen Modelle zur Personenkreativität stimmen in folgenden Punkten überein: Kreativität wird nicht (mehr) auf rein kognitive Fähigkeiten und Fertigkeiten reduziert. Affektiv-emotionale Aspekte werden ebenso mit einbezogen wie Charaktereigenschaften (z.B. Ambiguitätstoleranz und Risikobereitschaft), motivationale Kategorien (z.B. Interesse, Neigung), Selbstzuschreibungen wie Selbstvertrauen und Selbstwirksamkeit sowie Umwelt-, Kultur- und Sozialisationsbedingungen (vgl. Krampen 2019, S. 252).

4.5.2 Expertise, Motivation, kreative Denkfähigkeiten (Amabile 1998)

Amabile (1998) legt ein Modell kreativer Persönlichkeiten vor, das drei Komponenten umfasst. Personen benötigen (1) Expertise, (2) Motivation und (3) kreative Denkfähigkeiten. Expertise schliesst neben dem nötigen Fachwissen auch Erfahrung und (handwerkliche) Fertigkeiten ein. Mit Motivation ist in erster Linie die innere Leidenschaft, das persönliche Interesse, Dinge zu tun, gemeint. Amabile schreibt intrinsischer Motivation mehr Bedeutung für den kreativen Ausdruck zu als externen Anreizen wie Geld oder Anerkennung (vgl. Amabile 1998, S. 79). Unter kreativen Denkfähigkeiten versteht Amabile die Fähigkeit zum divergenten und konvergenten Denken, Problemsensitivität, den Wunsch nach Originalität und die Fähigkeit, vorhandene Ressourcen zu neuen Lösungen zu kombinieren (vgl. ebd.). Das Sechs-Komponentenmodell kreativer Persönlichkeitseigenschaften von Urban (2004, S. 48f.) umfasst jeweils drei Komponenten kognitiver und personaler Art. Neben der Fähigkeit zum divergenten Denken und Handeln zählen zu den kognitiven Komponenten auch eine allgemeine Wissens- und Denkfähigkeitsbasis sowie domänenspezifisches Wissen und Fähigkeiten. Als personale Komponenten bezeichnet Urban Fokussierung und Anstrengungsbereitschaft, Motive und Motivation sowie Offenheit und Ambiguitätstoleranz. Die Komponenten stehen in wechselseitiger Abhängigkeit voneinander und sind nicht trennscharf. Urban geht davon aus, dass sich alle sechs Komponenten entwickeln und fördern lassen. Das Sechs-Komponentenmodell ist durch seine hohe Komplexität und durch die Konzeptionalisierung mehrerer Ebenen einer systematischen empirischen Überprüfung kaum zugänglich (vgl. Krampen 2019, S. 247). Es kann aber dazu beitragen, das weniger komplexe Modell von Amabile (1998) bezogen auf den Making-Kontext qualitativ zu schärfen.

ABB. 4.9: DREI-KOMPONENTENMODELL DER KREATIVITÄT (AMABILE 1998, S. 78).

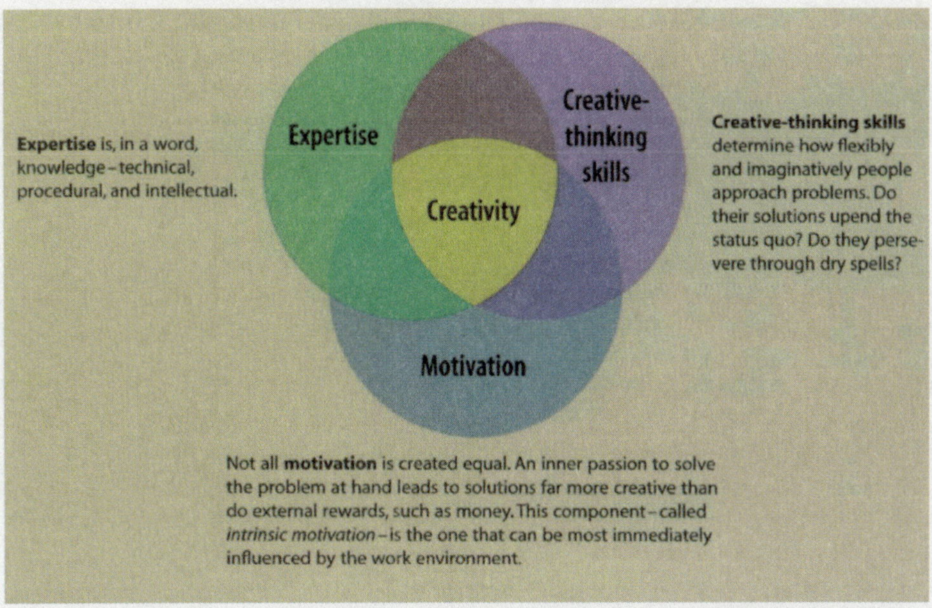

Kognitive Komponenten	Divergentes Denken und Handeln:	entfernte Assoziationen, Umstrukturierung und Redefinition, Flexibilität, Flüssigkeit, Problemsensitivität
	Allgemeine Wissens- und Denkfähigkeitsbasis:	breite Wahrnehmung, Gedächtnisnetz, evaluierendes und kritisches Denken, logisches und schlussfolgerndes Denken, Analysieren und Synthetisieren
	Spezifische Wissensbasis und spezifische Fertigkeiten:	Zunehmende Aneignung und Beherrschung spezifischer Wissensbestände und Fertigkeiten in spezifischen Bereichen des Denkens und Handelns
Personale Komponenten	Fokussierung und Anstrengungsbereitschaft:	Selektivität, Fokussierung auf einen Gegenstandsbereich bzw. eine Situation oder ein Produkt, Durchhaltewillen/-vermögen, Anstrengungsbereitschaft, Konzentration
	Spezifische Wissensbasis und spezifische Fertigkeiten:	Neugier, Erkenntnisstreben, Selbstaktualisierung, Kommunikation, Widmung und Pflicht, Kontrollbedürfnis, instrumenteller Nutzen
	Offenheit und Ambiguitätstoleranz:	Offenheit für Erfahrungen, Spielen und Experimentieren, Humor, Defokussierung, Nonkonformität, Autonomie, Risikobereitschaft im Denkerischen, Ambiguitätstoleranz, Regression und Relaxation

TAB. 4.10: SECHS-KOMPONENTENMODELL KREATIVER PERSÖNLICHKEITSEIGENSCHAFTEN (VGL. URBAN 2004, S. 50)

AMABILE (1998)	URBAN (2004)
Kreative Denkfähigkeiten	Divergentes Denken und Handeln
	Allgemeine Wissens- und Denkfähigkeitsbasis
	Offenheit und Ambiguitätstoleranz
Expertise	Spezifische Wissensbasis und spezifische Fertigkeiten
Motivation	Motive und Motivation
	Fokussierung und Anstrengungsbereitschaft

TAB. 4.11: PERSONENBEZOGENE KREATIVITÄT. GEGENÜBERSTELLUNG DER MODELLE VON AMABILE (1998) UND URBAN (2004).

Was Amabile als «Expertise» bezeichnet, deckt sich im Wesentlichen mit Urbans Komponente «Spezifische Wissensbasis und spezifische Fertigkeiten». Amabiles Dimension der «Kreativen Denkfähigkeiten» wird bei Urban in weitere Komponenten aufgefächert. Neben dem divergenten Denken zählen hierzu auch allgemeine kognitive Fertigkeiten wie logisch-schlussfolgerndes (konvergentes) Denken, Erinnerungsvermögen sowie metakognitive Kompetenzen. Individuelle Haltungsfragen zu Kreativität und entsprechende Weltzugänge wie Erkenntnisstreben, Offenheit, Ambiguitätstoleranz und Neugier (Urban 2004) lassen sich ebenfalls den «Kreativen Denkfähigkeiten» Amabiles zuordnen. Amabiles Dimension «Motivation» lässt sich durch die Komponenten «Motive und Motivation» sowie «Fokussierung und Anstrengungsbereitschaft» differenzieren.

Aus Gründen der Übersichtlichkeit wird im weiteren Verlauf mit dem dreidimensionalen Modell der kreativen Persönlichkeit von Amabile (1998) weitergearbeitet, das durch making-spezifische Komponenten in Anlehnung an Urban (2004) differenziert wird. Auf eine Differenzierung in kognitive und personale Komponenten, wie sie Urban (2004) vorsieht, wird aufgrund fehlender Trennschärfe – insbesondere bei der Zuordnung der Fokussierung = personal – verzichtet. Der empirisch nachgewiesene Zusammenhang von Kreativität und Intelligenz (vgl. z.B. Funke 2001, S. 291) wird in den folgenden Ausführungen nicht weiter berücksichtigt, weil das Konstrukt Intelligenz mehrschichtig ist und wegen der voneinander unabhängigen Intelligenztypen (z.B. sprachliche, musikalische, mathematische, räumliche Intelligenz) Kausalaussagen zur Kreativitäts-Intelligenz-Korrelation unmöglich sind.

4.5.3 Divergentes und konvergentes Denken

Unter den verschiedenen Merkmalen kreativer Persönlichkeiten, die von Czikszentmihalyi, Amabile und Urban in ihren Modellen unterschieden werden, gelten insbesondere das divergente und konvergente (schlussfolgernde) Denken als spezifische Indikatoren für Kreativität. Divergentes Denken bezeichnet nach Guilford das Entwickeln einer ungewöhnlichen Lösung für ein offenes Problem unter anderem durch den flexiblen und improvisierten Einbezug vorhandener Mittel (vgl. Guilford 1968). So werden beispielsweise gegebene Informationen umstrukturiert und verknüpft (vgl. Schubert / Loderer 2019, S. 61). Der verwandte Begriff «Bisoziation» beschreibt das Durchbrechen geistiger Routinen und die Verbindung von Gegenständen, Ideen und Materialien, die in keinem offensichtlichen Zusammenhang stehen (vgl. Koestler 1966). Konvergentes Denken unterstützt im Gegenzug die schlussfolgernde Prüfung und Auswahl geeigneter Ideen, indem komplexe Informationen interpretiert und im Rahmen des zu lösenden Problems kombiniert werden (vgl. Schubert / Loderer 2019, S. 61). Obwohl beide Denkarten im Zusammenspiel für das Lösen von komplexen, schlecht strukturierten «Real World Problems» (Steiner / Laws 2006) erforderlich sind (vgl. Steiner 2010, S. 33), wird in der Kreativitätsforschung hauptsächlich das divergente Denken als Indikator für kreative Leistungen herangezogen (vgl. Forthmann 2019, S. 17) und – mehr oder weniger unter Laborbedingungen – ermittelt.

Die meisten psychometrischen Tests zielen darauf ab, die Fähigkeit des divergenten Denkens von Einzelpersonen zu messen (vgl. Krampen 2019, S. 143; vgl. Plucker et al. 2004, S. 85). In Längsschnittstudien mit mehreren Messzeitpunkten kann so auf die Entwicklung der individuellen Kreativität geschlossen werden. Mit einem entsprechenden Vergleichsgruppensetting liesse sich so auch die kreativitätsfördernde Wirkung einer Maker-Lernumgebung erfassen – von den durch Störvariablen bedingten Reibungsverlusten eines solchen Quasi-Experiments einmal abgesehen. Das Projekt «MakerSpace: Raum für Kreativität» verfolgt jedoch nicht das Ziel, durch Interventionen in experimentellen oder quasi-experimentellen Settings eine Kreativitätssteigerung zu bewirken beziehungsweise nachzuweisen. Zum einen ist die Betriebsphase von einem Schuljahr nicht ausreichend, um signifikante kreativitätsfördernde Wirkungen einer Maker-Umgebung psychometrisch zu messen, zumal die Schüler*innen im Schuljahr maximal eine Projektwoche und vier Vormittage im MakerSpace aktiv sein können.

Zum anderen muss der Forschungsgegenstand, das schulische MakerSpace-Design, im Laufe des Design-Based-Research-Prozesses erst schrittweise entwickelt werden. Die Ideen und Anliegen der Maker Education müssen zunächst im Schulkontext etabliert und an die gegebenen Rahmenbedingungen angepasst werden, um deren Wirkung auf das divergente Denken der einzelnen Schüler*innen erfassen zu können.

4.5.4 Offenheit, Ambiguitätstoleranz und kreative Selbstwirksamkeit

Kreative Denkfähigkeiten wie divergentes und konvergentes Denken korrelieren mit weiteren Persönlichkeitsmerkmalen, Wahrnehmungen und Überzeugungen der Subjekte, die sich nicht psychometrisch, sondern über Selbsteinschätzungen erfassen lassen (vgl. Schubert/Loderer 2019, S. 44). Entsprechende Charakter- und Persönlichkeitsinventare werden wie im Creative Personality Scale (CPS; Gough 1979) mit Listen von kreativitätsrelevanten Adjektiven erhoben. Die Proband*innen können sich zu positiven Items wie humorvoll, einfallsreich, individualistisch und zu negativen Items wie gehorsam, vorsichtig, argwöhnisch etc. positionieren. Ein validiertes Selbsteinschätzungsinstrument zur Erhebung der fünf Faktoren der Persönlichkeit nach Rammstedt et al. (2013) umfasst unter dem Faktor Offenheit für Erfahrungen auch Aspekte von Kreativität. So werden u.a. Items wie «Ich bin originell und entwickle neue Ideen», «Ich bin vielseitig interessiert», «Ich bin erfinderisch und einfallsreich» abgefragt.

«Verbunden mit erhöhter Handlungs- und Risikobereitschaft [...] sowie kognitiver Flexibilität und Feldunabhängigkeit [...] tragen Ambiguitätstoleranz und intrinsische Motiviertheit zu kreativen Prozessen und Problemlösungsversuchen bei.»

(Krampen 2019, S. 405)

Ambiguitätstoleranz ist eine emotional-kognitive Persönlichkeitsvariable, die den Umgang mit Mehrdeutigkeiten und/oder Widersprüchlichkeiten beschreibt. Komplexe Anforderungen («ill-defined» Probleme; vgl. Reusser 2005, S. 167) sind mit unstrukturierten und unübersichtlichen Situationen verbunden, in welchen nur unvollständige oder widersprüchliche Informationen verfügbar sind (vgl. Dörner 2003). Kreatives Problemlösen setzt daher eine gewisse Ambiguitätstoleranz voraus. Ambiguitätstoleranz korreliert mit einer positiven Selbstwirksamkeitserwartung, d.h. mit der «... subjektive[n] Gewissheit, neue oder schwierige Anforderungssituationen auf Grund eigener Kompetenz bewältigen zu können» (Schwarzer/Jerusalem 2002, S. 35).

4.5.5 Motivation

Motiv und Motivation werden in den Persönlichkeitsmodellen von Urban (2004) und Amabile (1998) als wesentliche Voraussetzung für kreative Leistungen beschrieben. Fehlende Motivation gilt dagegen als Kreativitätsbarriere (vgl. Steiner 2010, S. 39). Intrinsische Motivation ist interessen- und selbstbestimmt. Sie wird gespeist durch das Bestreben, die Sache an sich zu verstehen, zu durchdringen und zu beherrschen. Intrinsische Motivation kommt ohne vom Handlungsgeschehen separierbare Konsequenzen (wie z.B. eine Belohnung, oder das Umgehen einer Bestrafung) aus. Es sind also auch keinerlei pädagogische Interventionen erforderlich (vgl. Deci/Ryan 1993, S. 225). Intrinsische Motivation ist mit dem Erleben von Autonomie, Selbstbestimmung und Spass (vgl. Bröckermann 2003, S. 367) verbunden.

Extrinsische Motivation drückt sich in Verhaltensweisen mit instrumenteller Absicht aus, d.h. extrinsisch motivierte Handlungen zielen auf eine bestimmte Konsequenz ab. Während intrinsische Motivation spontan und situativ auftritt, wird extrinsische Motivation «durch Aufforderungen in Gang gesetzt, deren Befolgung eine (positive) Bekräftigung erwarten lässt» (ebd.).

In der Kreativitätsforschung gibt es unterschiedliche Einschätzungen zur kreativitätsfördernden Wirkung von extrinsischer und intrinsischer Motivation. Zu Beginn der 1980er Jahre galt intrinsische Motivation als kreativitätsfördernd, während extrinsischer Motivation eher eine kreativitätsbremsende Wirkung zugeschrieben wurde (vgl. Steiner 2010, S. 6). Diese Einschätzung wurde in den 1990er Jahren relativiert. Zwar beschreiben Hennessey und Amabile (1987) das «Intrinsic Motivation Principle of Creativity», wonach Menschen dann am kreativsten sind, wenn sie durch ihr Interesse, Vergnügen und Befriedigung und durch die Herausforderung (Challenge) durch die Arbeit oder Aufgabe motiviert sind, und nicht durch externen Druck oder Zwang (vgl. Romeike 2008, S. 13). Amabile et al. (1996, S. 119) stellen in ihren Untersuchungen aber auch fest, dass extrinsisch motivationale Faktoren Kreativität begünstigen können, vorausgesetzt sie unterstützen das Kompetenzerleben und die Selbstbestimmung des Subjekts.

4.5.6 Domänenspezifische Expertise

Expertise gilt als Voraussetzung für kreatives Schaffen innerhalb einer Domäne (vgl. Ashton 2015, S. 121f; vgl. Urban 2004, S. 49). Nicht-Wissen und Nicht-Können zählen zu den Kreativitätsbarrieren (vgl. Steiner 2010, S. 39). Neben allgemeinen kreativen Fähigkeiten sind also auch domänenspezifische Fertigkeiten erforderlich – insbesondere auf dem Pro-C und Big-C-Level (vgl. Kaufman/Beghetto 2009). Mit dem Begriff Fertigkeit ist ein auf einen spezifischen Anwendungsbereich bezogenes, durch Übung erworbenes und automatisiertes Verhalten gemeint – im Unterschied zum Fähigkeitsbegriff, der kognitive, soziale, motorische Voraussetzungen für den Erwerb von Fertigkeiten bezeichnet. Der im Bildungsbereich verbreitete Kompetenzbegriff nach Weinert (2003, S. 27–28) hingegen umschreibt «...die bei Individuen verfügbaren oder durch sie erlernbaren kognitiven Fähigkeiten und Fertigkeiten, um bestimmte Probleme zu lösen, sowie die damit verbundenen motivationalen, volitionalen und sozialen Bereitschaften und Fähigkeiten, um die Problemlösungen in variablen Situationen erfolgreich und verantwortungsvoll nutzen zu können». Da die im Kompetenzbegriff enthaltene motivationale Komponente bereits in Kapitel 4.5.5 thematisiert wurde, wird im Folgenden nicht von Kompetenzen, sondern von Fertigkeiten gesprochen.

4.5.7 Personenkreativität im Making-Kontext

4.5.7.1 Offenheit, Ambiguitätstoleranz, kreative Selbstwirksamkeit und Making

Grosse Teile dessen, was zuvor als Maker-Mindset beschrieben wurde (vgl. 2.2.2), decken sich inhaltlich mit Urbans Kreativitätskomponente «Offenheit und Ambiguitätstoleranz». Aus forschungspragmatischen Gründen muss bei der Erhebung von Offenheit und Ambiguitätstoleranz die Making-Situation und nicht die Einzelperson im Forschungsfokus stehen. So ist u.a. zu fragen, welche Making-Situationen von den Akteur*innen Offenheit verlangen, unter welchen Umständen derartige Situationen auftreten und worauf sich Schüler*innen dabei tatsächlich neu einlassen müssen. Eine praktikable Operationalisierung von Offenheit und Ambiguitätstoleranz beim Making ist hierfür noch zu entwickeln.

Ambiguitätstoleranz beim Making könnte beispielsweise gefragt sein, wenn Informationen zum Bau eines bestimmten Produkts fehlen (z.B. Anleitungen) oder wenn Materialien nicht in der gewünschten Form verfügbar sind. Auch widersprüchliche Angaben oder Tipps von Mitschüler*innen oder Lehrpersonen könnten Ambiguitätstoleranz erfordern. In Anlehnung an das Anliegen der Maker Education, Selbstwirksamkeit zu ermöglichen, könnte die Erhebung der kreativen Selbstwirksamkeit interessant sein. Mit kreativer Selbstwirksamkeit ist der Glaube der Proband*innen an die eigene Fähigkeit zur Kreativität gemeint. Beghetto (2006) erhebt grundlegende persönliche Überzeugungen, kreativ handeln zu können, anhand dreier Selbstauskunftsitems: «Ich bin gut darin, neue Ideen zu entwickeln», «Ich habe viele gute Ideen», «Ich habe eine gute Vorstellungskraft».

TAB. 4.12: OFFENHEIT, AMBIGUITÄTSTOLERANZ, KREATIVES SELBSTKONZEPT: ERKENNTNISSE, MASSNAHMEN UND FRAGESTELLUNGEN

CODE	RELEVANTE ASPEKTE OFFENHEIT, AMBIGUITÄTSTOLANZ (KPE.POA)	POTENZIELLE DESIGN-MASSNAHMEN	HF
KPE.OA1	Offenheit und Ambiguitätstoleranz sind Persönlichkeitseigenschaften, die mit der Fähigkeit zu divergentem Denken korrelieren.		
KPE.OA2	Mit Offenheit ist gemeint, gegenüber Neuem aufgeschlossen zu sein und sich gerne auf Unbekanntes einzulassen.		
KPE.OA3	Ambiguitätstoleranz ist die Fähigkeit, mit Mehrdeutigkeiten souverän und produktiv umzugehen.	Schüler*innen mit gering ausgeprägter Ambiguitätstoleranz benötigen besondere Betreuung (vgl. POA.4).	4
KPE.OA4	Ambiguitätstoleranz korreliert mit einer positiven Selbstwirksamkeitserwartung hinsichtlich Kreativität. Das kreative Selbstkonzept beschreibt das Vertrauen in die eigenen kreativen Fähigkeiten.	Die Making-Lehrpersonen fördern das Vertrauen der Schüler*innen in die eigenen Fähigkeiten (positives Feedback, Betonung der Stärken).	4

FRAGESTELLUNGEN FÜR DIE PRAXISFORSCHUNG

Welche Situationen beim Making erfordern eine besondere Offenheit? (KPE.OA2)

Welche Situationen beim Making erfordern eine besondere Ambiguitätstoleranz? (KPE.OA3)

Wie sehr sind die Schüler*innen von ihren eigenen kreativen Fähigkeiten überzeugt? (KPE.OA4)

4.5.7.2 Motivation und Making

Der schulische Making-Kontext bietet den Schüler*innen die Möglichkeit, eigenen Interessen nachzugehen und eigene Ideen in Produkten umzusetzen. Es ist zu erwarten, dass sich diese Freiheit positiv auf die intrinsische Motivation auswirkt. Graube et al. (2015, S. 103) zitieren eine Studie von Virtanen et al. (2011), nach welcher Jungen und Mädchen gleichermassen Interesse zeigen, ein Gebrauchsobjekt herzustellen.

«Zirka 80 % – ohne wesentlichen Unterschied zwischen den Geschlechtern – würden gern einen nützlichen Gegenstand für den Haushalt herstellen, eine eigene Idee ausarbeiten und realisieren, wobei sie sich nicht auf ein bestimmtes Objekt festlegen.»

(Virtanen et al. 2011 in Graube et al. 2015, S. 103)

Im Making-Kontext ist es aber ebenso wahrscheinlich, dass Motivation verloren geht, wenn sich Ideen als nicht umsetzbar erweisen, Projekte scheitern oder das Ergebnis eines Entwicklungsprozesses nicht überzeugt. Neben intrinsischer Motivation können auch extrinsische Faktoren eine Rolle spielen. So sind beispielsweise kompetitive Challenges denkbar, in welchen Schüler*innen mit ihren Ideen und Problemlösungen gegeneinander antreten. Oder die Präsentation von Ergebnissen oder Dokumentationen von Making-Aktivitäten vor der Schulöffentlichkeit (Eltern, Mitschüler*innen etc.) oder der Netzöffentlichkeit könnte sich positiv oder negativ auf die Motivation auswirken.

CODE	RELEVANTE ASPEKTE MOTIVATION (PMO)	POTENZIELLE DESIGN-MASSNAHMEN	HF
KPE. MO1	Motivation ist eine wichtige Voraussetzung für Kreativität.	Making-Aktivitäten werden möglichst motivierend gestaltet. Die Schüler*innen können neue, interessante Technologien ausprobieren. Spielerische Elemente und der Spassfaktor haben eine grosse Bedeutung.	2/3/5
KPE. MO2	Intrinsische Motivation gilt als besonders kreativitätsfördernd. Sie geht einher mit Freude und Autonomieerleben. Sie ist an ein Interesse an der Sache oder am Tun an sich gebunden.	Die Schüler*innen bekommen im MakerSpace möglichst viel Autonomie (Umsetzung eigener Ideen; freie Materialwahl; freie Wahl der Sozial- und Arbeitsform).	2/5
KPE. MO3	Externer Druck oder Zwang (Bestrafung oder negative Konsequenzen im Falle des Scheiterns) verringern Motivation und Kreativität.	Auf summative Leistungsbewertung anhand von standardisierten Kriterien wird verzichtet (keine negative Konsequenzen).	2/8
KPE. MO4	Extrinsische Motivation kann ebenfalls kreativitätsfördernd wirken, solange es Kompetenzerleben und Selbstbestimmung unterstützt.	Die Lehrperson würdigt explizit Produkte, Produkt- und Umsetzungsideen. Schüler*innen würdigen gegenseitig ihre Ideen / Produkte. Auf Wunsch der Schüler*innen werden Produkte der Öffentlichkeit vorgestellt.	2

TAB. 4.13: MOTIVATION: ERKENNTNISSE, MASSNAHMEN UND FRAGESTELLUNGEN

FRAGESTELLUNGEN FÜR DIE PRAXISFORSCHUNG

Was (de-)motiviert die Schüler*innen beim Making? (KPE.MO1)
Wie lange hält die Motivation an? Wie lange beschäftigen sich Schüler*innen mit einem Projekt/mit einer Idee? (KPE.MO1)

Wofür interessieren sich die Schüler*innen? Welche Ziele setzen sie sich? (KPE.MO2)

In welchen Situationen wird Druck ausgeübt? Wie wirkt sich Druck aus? (KPE.MO3)

In welchem Verhältnis stehen intrinsische und extrinsische Motivation beim Making? (KPE.MO4)

4.5.7.3 Expertise beim Making

Ein MakerSpace kann als Domäne verstanden werden, innerhalb welcher besondere Wissensbestände und Fertigkeiten nötig sind, um mit den verfügbaren Materialien, Werkzeugen und Technologien neuartige, adäquate und funktionsfähige Produkte zu entwickeln. Welche Wissensbestände und Fertigkeiten dies beim schulischen Making sind, kann anhand des Empowerment-Modells für digitale Mündigkeit beim Making (vgl. 3.7) vermutet werden. Nicht nur Schüler*innen, sondern auch Lehrpersonen sind Akteur*innen im MakerSpace. Sie sollten in der Lage sein, Schüler*innen bei ihren explorativen und/oder systematischen Entwicklungsprozessen zu unterstützen. Es ist zu erwarten, dass Lehrpersonen ebenfalls eine gewisse domänenspezifische Expertise benötigen, um ihre Rolle als Facilitator*innen erfüllen zu können. Es stellt sich die Frage, inwieweit sie bereits umfassend qualifiziert sein müssen oder ob es möglich oder sogar von Vorteil ist, wenn sich Lehrpersonen gemeinsam mit den Schüler*innen die erforderlichen Kenntnisse aneignen. Wie praktikabel ist das Lernen auf Augenhöhe, wie es die Maker Education vorsieht, und was bedeutet dies für die pädagogische Beziehung zwischen Schüler*innen und Lehrperson?

TAB. 4.14: DOMÄNENSPEZIFISCHE FERTIGKEITEN: ERKENNTNISSE, MASSNAHMEN UND FRAGESTELLUNGEN

CODE	RELEVANTE ASPEKTE EXPERTISE (KPE.DE)	POTENZIELLE DESIGN-MASSNAHMEN	HF
KPE.DE1	Kreatives Handeln setzt domänenspezifische Fertigkeiten und Wissen voraus. Ein MakerSpace kann als Domäne verstanden werden. Somit leiten sich domänenspezifische Fertigkeiten aus den im MakerSpace verfügbaren Werkstoffen, Werkzeugen und Technologien ab.	Die Schüler*innen haben beim Making Gelegenheit, Wissen und Fertigkeiten zu erwerben; die Lernumgebung bietet hierfür geeignete Lernanlässe. Die Schüler*innen können beim Making Fertigkeiten aus anderen Fächern anwenden. Domänenspezifisches Fachwissen wird entsprechend der Neigungen der Lehrpersonen und der Projektideen der Schüler*innen ermittelt und gezielt für die jeweilige Lerngruppe in entsprechenden Challenges erworben. (jahrgangsstufenbezogenes Curriculum; domänenspezifische Fertigkeiten).	1/5
KPE.DE2	Ein MakerSpace ist ein «kreatives Feld» im Sinne Csikszentmihalyis (1996), in welchem Lehrpersonen und Schüler*innen Kreativität beurteilen bzw. als solche (an) erkennen oder nicht. Die Lehrperson hat Vorbildcharakter bei der Anerkennung kreativer Leistungen (insbesondere auf dem Mini-C-Level, vgl. 4.4.1).	Die Bedeutung der Lehrperson als Resonanzkörper für Kreativität wird betont. Die Lehrperson würdigt explizit kreative Ideen und Lösungen.	8

FRAGESTELLUNGEN FÜR DIE PRAXISFORSCHUNG

Welches Wissen benötigen Schüler*innen, um Projekte erfolgreich umsetzen zu können? (KPE.DE1)

Welches domänenspezifische Wissen benötigen Lehrpersonen, um Projekte erfolgreich begleiten zu können? (KPE.DE1)

Inwieweit erkennen Lehrpersonen kreative Ideen und Lösungen und bestärken die Schüler*innen in ihrem Handeln? (KPE.DE1)

4.5.8 Zusammenfassung

Da Kreativität eine anthropologische Grundkonstante des Menschen darstellt, können alle Schüler*innen beim Making kreativ werden. Zwar werden es jene, die vielfältige und gegensätzliche Persönlichkeitseigenschaften mitbringen und über ein ausgeprägtes kreatives Selbstkonzept verfügen, gegebenenfalls leichter haben, divergent (und konvergent) zu denken, ihre Ideen im Umfeld zu «verkaufen und umzusetzen», aber grundsätzlich können alle Schüler*innen ihre kreativen Fertigkeiten beim Making weiterentwickeln. Die (intrinsische) Motivation, Unbekanntem gegenüber offen zu sein, etwas Neues herzustellen und/oder ein Problem zu lösen, ist die notwendige Basis für Maker*innen, um überhaupt kreativ tätig zu werden und auch tätig zu bleiben. Schüler*innen mit geringer Ambiguitätstoleranz und Schwierigkeiten mit der Selbstregulation werden voraussichtlich eine engere Begleitung benötigen. Domänenspezifisches Wissen über Technologien und Werkstoffe, Kenntnisse in den Bereichen Mechanik, Elektronik und Steuertechnologie sind wichtig für kreatives Schaffen – sind letztlich aber nicht nur Voraussetzung, sondern auch Begleiterscheinung von kreativen Making-Prozessen.
Die genannten emotional-kognitiven Dispositionen der Schüler*innen (kreative Denkfähigkeiten, Motivation und Domänenspezifische Expertise) stehen in Wechselwirkung zum kreativen Feld, in dem sie die eigene Kreativität erleben und vom sozialen Umfeld als kreatives Verhalten zurückgespiegelt bekommen (Csikszentmihalyi 1996). Ein schulischer MakerSpace müsste demnach als Resonanzkörper fungieren, der kreatives Handeln verstärken oder auch abschwächen kann. Kreativitätsbezogene Urteile und Zuschreibungen von Lehrpersonen und Mitschüler*innen spielen dabei eine grosse Rolle. Lehrpersonen sollten in der Lage sein, kreative Ideen und Lösungsansätze der Schüler*innen zu erkennen und sie als solche explizit zu würdigen. Dadurch kann das kreative Selbstkonzept der Schüler*innen gestärkt werden.

ABB. 4.15: PERSONENKREATIVITÄT IM ÜBERBLICK

4.6 Der kreative Prozess

Die Entwicklung von Produktideen, Umsetzungsideen und Produkten vollzieht sich beim Making als Prozess. Anders als in ökonomischen Kontexten der Produktentwicklung ist in der Maker Education das Produkt als verwertbares Ergebnis nicht entscheidend. In seiner Funktion als Motivator für das Individuum, den Prozess zu durchlaufen und dabei neben einem objektivierten Artefakt/Objekt/Produkt auch neue Erfahrungen zu sammeln und Fertigkeiten zu erwerben, spielt es dagegen eine bedeutsame Rolle. Kreativität im Making-Prozess manifestiert sich im Handeln der Schüler*innen und wird dadurch beobachtbar (vgl. Graube et al. 2015, S. 120).

Modelle des kreativen Prozesses basieren auf theoretischen Annahmen über den Verlauf erfolgreicher kreativer Problemlöseprozesse. Die empirische Grundlage bilden Studien mit Erfinder*innen bzw. mit kreativen Persönlichkeiten – häufig rekonstruktiv im Rahmen qualitativer Interviews oder via Feldbeobachtungen. Ziel der Prozessforschung ist das Aufdecken von Prinzipien und Regeln, welchen kreative Persönlichkeiten bei ihrer Arbeit folgen (vgl. Deckert 2017, S. 14). Phasenmodelle dienen insbesondere in wirtschaftlichen und akademischen Anwendungsfeldern als idealtypische Prozessverläufe beziehungsweise als Kreativitätsheuristiken (vgl. ebd. S. 15), die Akteur*innen dazu anregen, mit gewohnten Annahmen und Selbstverständlichkeiten zu brechen und alternative Denkweisen und Perspektiven einzunehmen. Heuristische Prozessmodelle beinhalten Kreativitätstechniken, d.h. Regeln und Instruktionen zum schöpferischen (Quer-)Denken wie zum Beispiel «laterales Denken» (de Bono 1998), Assoziations-, Kombinations- und Variationsmethoden (Brainstorming, morphologischer Kasten, Lotusblütenmethode), die in einer bestimmten Abfolge von divergenten und konvergenten Denk- und Handlungsschritten durchlaufen werden sollen. In diesem Teilkapitel werden relevante Modelle des kreativen Prozesses zunächst vorgestellt, eingeordnet und mit schulischem Making in Bezug gesetzt. Forschungsmethodologisches Ziel ist die Entwicklung eines Instruments, mit dem kreative Prozesse in einem schulischen Maker-Setting beobachtet, beschrieben und interpretiert werden können.

4.6.1 Das Flow-Erleben (Csikszentmihalyi)

Das Flow-Erleben von Csikszentmihalyi (1996) beschreibt einen emotional-positiven Bewusstseinszustand, der bei kreativ handelnden Personen häufig eintritt und unter bestimmten Bedingungen anhalten kann. Flow bündelt kognitive und emotionale Ressourcen auf eine ganz bestimmte Sache und ist mit dem Gefühl der vollen Kontrolle verbunden. Reflexion und kritisches Denken sind während des

Flows zweitrangig, da sich die jeweils nächsten Handlungsschritte quasi wie von selbst, einer inneren Logik folgend, ergeben. Die Zeit gerät in Vergessenheit, es kommt zu einer Verschmelzung des Subjekts mit der Tätigkeit, während alles andere in den Hintergrund tritt. Bornemann (2012, S. 90) formuliert die Bedingungen für einen Flow-Zustand in Anlehnung an Csikszentmihalyi wie folgt. «Ein Flow-Zustand wird erreicht, wenn sich die Aufgabenstellung in der Schnittmenge aus eigener Leistungsfähigkeit und der Komplexität der Anforderungen befindet». Bornemann (ebd.) beschreibt diese Schnittmenge als «Flow-Kanal». Alles, was ausserhalb dieses Kanals liegt, führt entweder zur Frustration (durch Überforderung) oder zu Langeweile (durch Unterforderung).

Zwar sind Elemente des Flows in schulischen MakerSpaces vorstellbar, zu bedenken ist allerdings zum einen, dass der Flow-Zustand eine individuelle Erfahrung und möglicherweise in Teamsituationen nicht oder nur mit Einschränkungen erlebbar ist. Zum anderen ist der Flow-Zustand forschungsmethodologisch nur bedingt fassbar.

ABB. 4.16: FLOW-KANAL NACH CZIKSZENTMIHAHLYI

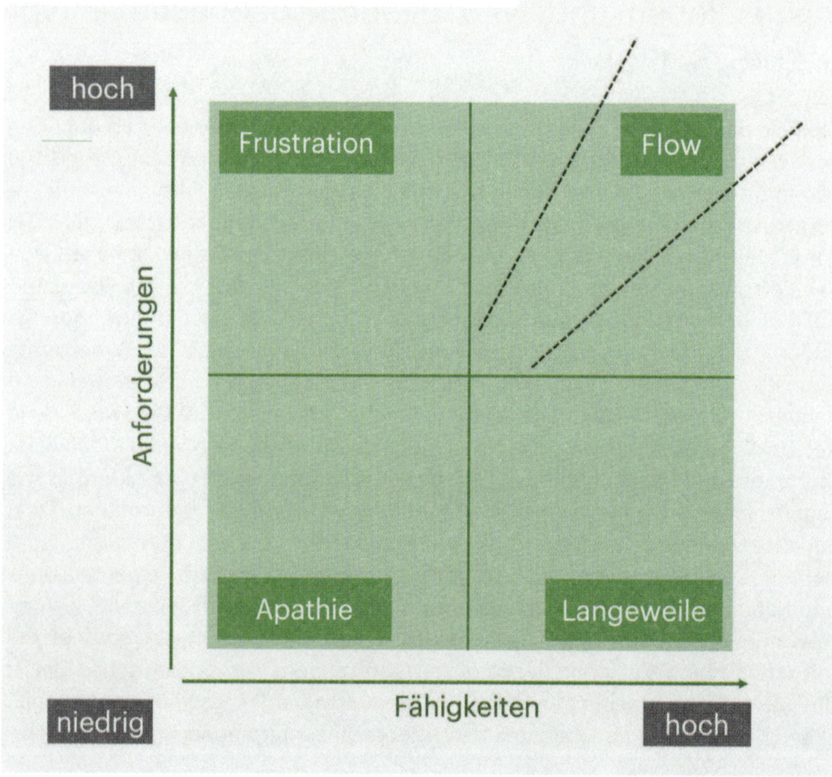

4.6.2 Lineare Phasenmodelle

In der Prozessforschung ging man ursprünglich von einem linearen Verlaufsmodell aus, nach welchem die Phasen in einer bestimmten Reihenfolge schrittweise durchlaufen werden. Graham Wallas (1926) hat den kreativen Prozess als Abfolge von vier Phasen beschrieben, deren Ergebnis im Idealfall eine geeignete Problemlösung darstellt. Auf die Vorbereitungsphase (Preparation), in der das Problem analysiert und die erforderlichen Informationen gesammelt werden, folgt die Inkubationsphase. Darin beginnt die Lösung im Unterbewussten bzw. unter psychophysiologischer Entspannung zu reifen, während sich der kreative Akteur anderen Tätigkeiten zuwendet. Die Inkubationsphase wird von den Subjekten gelegentlich als unkreativ, zäh oder unproduktiv erlebt, führt aber schliesslich zu einem Aha-Erlebnis (vgl. Bühler 1907), der Illumination. Die Illuminationsphase bringt dann – häufig unerwartet – die entscheidende Idee, die in der Verifikationsphase ausgearbeitet und auf Eignung überprüft wird. Obwohl das Modell von Wallas die Phase der Ideenentwicklung tendenziell auf unterbewusste Prozesse verkürzt, dient es vielen – sowohl linearen wie auch non-linearen – Prozessmodellen für Kreativität und Problemlösen als Vorbild (vgl. Tabelle 4.15).

TAB. 4.17: KREATIVE PROZESS- UND PROBLEMLÖSEPROZESS IM ÜBERBLICK

Die Theorie des kreativen Prozesses Wallas (1926)	Creative Problem Solving Model (CPSM) Sieben-Phasen-modell von Osborn (1953)	Thinking Skills Model (Puccio / Murdock / Mance 2007)	Mathematischer Problemlöseprozess nach Rott (2014)	Design Thinking Prozess (Plattner et al. 2016)	Vierstufiger Design Thinking Prozess Hüttebräucker (2015)
1 Präparationsphase 2 Inkubationsphase 3 Illuminationsphase 4 Verifikationsphase	1 Orientation 2 Preparation 3 Analysis 4 Hypothesis 5 Incubation 6 Synthesis 7 Verification	1 Clarification - Exploring the Vision - Formulating Challenges 2 Transformation - Exploring Ideas - Formulating Solutions 3 Implementation - Exploring Acceptance - Formulating a Plan	1 Analyse 2 Exploration 3 Planung 4 Implementation 5 Verifikation	1 Understand 2 Observe 3 Point of View 4 Ideate 5 Prototype 6 Test	1 Research 2 Ideation 3 Prototyping 4 Testing

Ein weiteres prominentes Prozessmodell ist das Creative Problem Solving Model (CPS) von Osborn (1953). In der Ursprungsform ist es noch stark an das Prozessmodell von Wallas (1926) angelehnt. Die Präparationsphase (2) flankiert Wallas jeweils mit einer Orientierungs- (1) und einer Analysephase (3), die dazu dienen, das Problem einzugrenzen und durch Informationsbeschaffung besser zu verstehen. Die Idee der Inkubationsphase (4) greift Osborn zwar auf, relativiert aber ihre Bedeutung für den Prozess durch Ergänzung einer bewusst zu leistenden Ideenentwicklung (Hypothesis, 5). Mit der Synthesisphase (6) ergänzt Osborn ein konvergent-schlussfolgerndes Element, bevor die Lösung in der Verifikationsphase geprüft wird. In der Weiterentwicklung des CPS-Modells bis heute haben sich zwei Konstanten herauskristallisiert. Zum einen wechseln sich divergente und konvergente Phasen ab. Zum anderen spielt die Bedeutung des Kontexts, in welchem sich eine Lösung bewähren muss, heute eine vergleichsweise grössere Rolle, was sich in den Phasenbezeichnungen wie «Acceptance Finding» (z.B. Parnes 1967), «Building Acceptance» (Isaksen/Dorval/Treffinger 2011) oder «Explore Acceptance» (Puccio/Murdock/Mance 2007) niederschlägt.

4.6.3 Zyklische und non-lineare Prozessmodelle

Eine Weiterentwicklung des CPS-Modells zeichnet sich im Wandel einer linearen hin zu einer kreisförmigen Prozessvorstellung ab. Aktuelle CPS-Modelle sind nicht als Stufen, sondern als Zyklen konzipiert. Wenn die entwickelte Lösung sich nicht bewährt, beginnt der Prozess von vorne. Exemplarisch für diese veränderte Prozessvorstellung soll das Thinking Skills Modell von Puccio/Murdock/Mance (2007) kurz vorgestellt und diskutiert werden.

ABB. 4.18: THINKING SKILLS MODELL ALS VARIANTE DES CPS VON PUCCIO/MURDOCK/MANCE (2007)

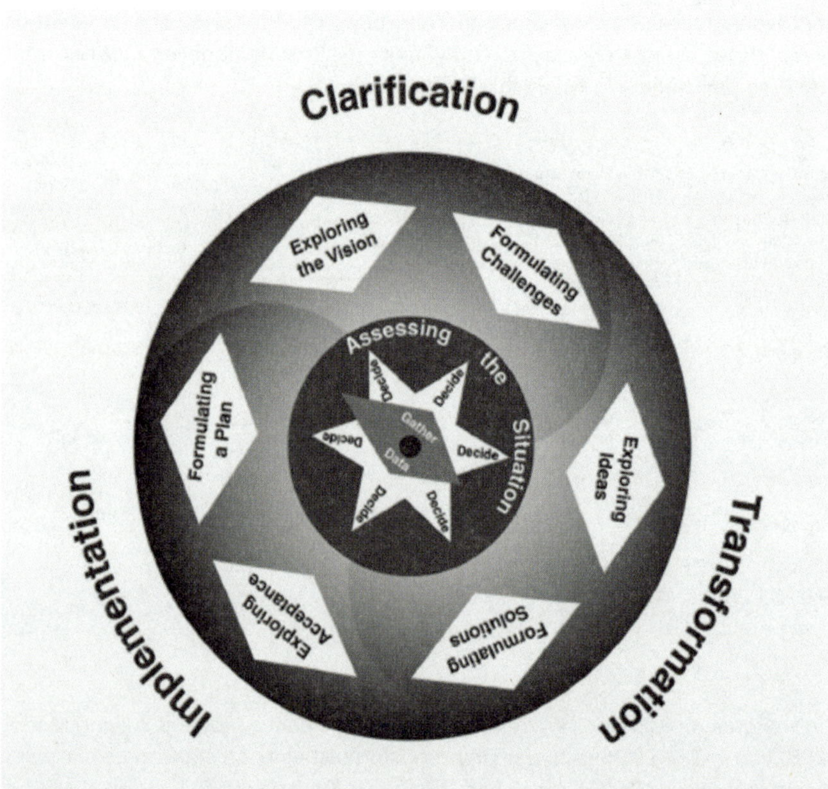

Das Modell besteht aus den drei Phasen Clarification (Klärung), Transformation (Umwandlung), Implementation (Aus-/Durchführung), welchen jeweils eine divergente und eine konvergente Denkphase zugeordnet sind. Clarification (1) beinhaltet die Klärung des Problems und die Entwicklung einer Vision, wie eine Ideal-Lösung aussehen könnte. In Relation zum Ist-Zustand werden Herausforderungen (Challenges) formuliert, die auf dem Weg zum gewünschten visionären Zustand bewältigt werden müssen. Die Transformation (2) beinhaltet die Entwicklung neuer Ideen bezogen auf die zuvor identifizierten Herausforderungen (Exporing Ideas). Diese wiederum werden in potenziell funktionierende Lösungen umgewandelt (Formulating Solutions).

In der Implementierungsphase (3) wird im Umfeld Akzeptanz für die entwickelte Lösung entwickelt, indem u.a. Faktoren identifiziert werden, die für die Umsetzung der Lösung bedacht werden müssen (vgl. Puccio/Cabra 2009, S. 331). Teil der Implementation ist ausserdem ein Plan, der konkrete Schritte definiert, wie die Lösung umgesetzt wird.

Studien zum CPS haben gezeigt, dass Proband*innen nicht nur einen zyklischen Prozess durchlaufen, sondern auch selten die Phasen des kreativen Prozesses in der idealtypischen Reihenfolge einhalten (vgl. Kaufmann 1988, S. 99). Angepasst an die jeweilige Situation und an das zu lösende Problem werden Prozessabschnitte intuitiv ausgelassen, erneut aufgerufen oder in wechselseitiger Abfolge durchlaufen (vgl. Puccio/Cabra 2009, S. 331). Das Thinking Skills Modell von Puccio et al. (2007) trägt diesen empirischen Befunden Rechnung und lässt die nötige Flexibilität zur Beschreibung non-linearer Prozessverläufe.

Auch der Mathematikdidaktiker Rott (2014) hat festgestellt, dass Schüler*innen in der Praxis komplexe Probleme selten idealtypisch, d.h. in aufeinanderfolgenden Phasen oder Zyklen lösen. Er hat in Anlehnung an Schoenfeld (1985) ein deskriptives Modell zur Untersuchung von mathematischen Problemlöseprozessen entwickelt, das sich in mehreren empirischen Untersuchungen bewährt hat (vgl. Rott 2014, vgl. Oswald/Rohner 2019, vgl. Mettler/Jany 2017). Im Unterschied zu linearen oder zyklischen CPS-Modellen lässt das Modell von Rott explizit Rückschritte und Schlaufen zwischen den Phasen zu. Interessant ist in diesem Zusammenhang, dass eine Lösungsfindung sowohl durch systematisches Planen und Implementieren (konvergentes Denken) als auch durch Exploration (Ausprobieren) möglich ist und dass beide Zugänge in Wechselwirkung zueinander stehen können (vgl. Rott 2014, S. 272). In Explorationsphasen konnte beobachtet werden, dass die Proband*innen beim Lösen von Problemen auf Heurismen zurückgreifen (vgl. Bruder/Collet 2011).

ABB. 4.19: MATHEMATISCHE PROBLEMLÖSUNGSPROZESSE NACH ROTT (2014)

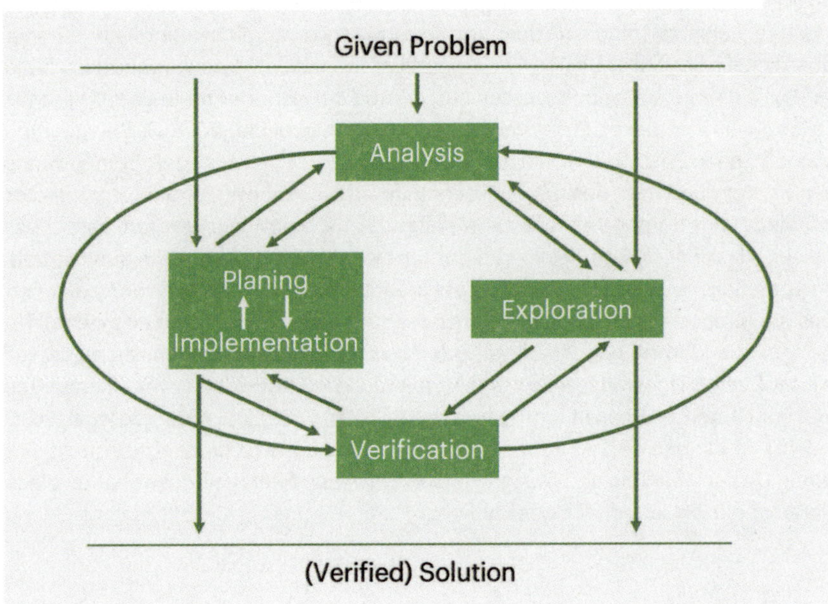

Die Wirksamkeit von CPS-Modellen als Kreativitätstraining wurde mehrfach nachgewiesen. Scott et al. (2004) stellen positive Wirkungen in den Bereichen divergentes Denken, Problemlösen und kreative Haltungen fest. In Organisationen und Betrieben ist nach CPS-Trainings eine deutliche Steigerung der Flüssigkeit im Generieren von neuen Produkten/Konzepten (Basadur, Graen & Green, 1986) und eine offene Haltung gegenüber divergentem Denken (Basadur, Graen, & Scandura, 1986) feststellbar (vgl. Kaufman & Sternberg 2010, S. 160).

4.6.4 Kreative Produktentwicklung durch Design Thinking

Das Design Thinking Konzept geht ursprünglich auf den akademischen Kontext der Design Studies zurück. Es rekonstruiert bzw. beschreibt die Art und Weise, wie Designer denken (und handeln), wenn sie Produkte entwickeln (vgl. Lindberg et al. 2010, S. 243; vgl. Hassi/Laakso 2011, S. 4). Analog zur Forschungsrichtung zum kreativen Prozess geht es der «Design Methodology» Bewegung seit Mitte der 1960er Jahren darum, Design-Prozesse zu analysieren, um auf dieser Grundlage verallgemeinerbare Empfehlungen für die Gestaltung von Design-Prozessen (z.B. zur Vermittlung in Design-Schulen) abzuleiten. So betrachtet, kann Design Thinking als domänenspezifisches Framework verstanden werden, das bei der Entwicklung kreativer Design-Produkte unterstützen kann.

Anfang der 2000er Jahre hat sich ausgehend von der D.School (University Stanford in Paulo Alto (USA)) ein weiterer Design Thinking Strang entwickelt, der auch jenseits der Design-Domäne rezipiert und angewendet wird – vor allem im ökonomischen Kontext – mit dem Ziel, innovative Produkte zu entwickeln, die sich monetarisieren lassen (vgl. Hassi/Laakso 2011, S. 4). Meinel/Leifer (2011, S. xiii) heben die interdisziplinäre Perspektive dieses Design Thinking Strangs hervor und betonen insbesondere die Synergien zwischen Design, Sozialwissenschaften, Ingenieurswissenschaften und Ökonomie.

Nach Plattner et al. (2016) ist Design Thinking eine Problemlösemethode, die das kreative Selbstvertrauen fördert und jedermann ermöglicht, innovativ zu sein. Übernickel bezeichnet Design Thinking ebenfalls als Innovationsmethode, «... die auf Basis eines iterativen Prozesses nutzer- und kundenorientierte Ergebnisse zur Lösung von komplexen Problemen liefert» (Übernickel u.a. 2015, S. 16; vgl. auch Meinel/Leifer 2011, S. xiii). Meinel/Leifer (2011, S. xiii) heben den Lernzuwachs hervor, der durch den designgetriebenen iterativen Prozess durch Prototyping ermöglicht wird. In der Definition von Kelley (2013, S. 44) wird explizit darauf verwiesen, dass mit Design Thinking nicht nur wirtschaftliche, sondern auch soziale und persönliche Herausforderungen auf kreative Weise bearbeitet werden können, was die Methode auch für Social Entrepreneurship Kontexte attraktiv macht. Wie bei vielen anderen Kreativitätsmethoden beziehungsweise -techniken auch, verbindet Design Thinking Denken und Tun, Aktion und Reflexion sowie divergentes und konvergentes Denken (vgl. Carroll et al. 2010, S. 39; vgl. Lindberg et al. 2010, S. 245). In einigen Publikationen zu Design Thinking wird nicht konsequent zwischen Design Thinking und Design Thinking Prozess differenziert. Wir halten diese Unterscheidung jedoch für erforderlich.

Nach unserem Verständnis ist Design Thinking ein Konzept, das neben dem Design Thinking Prozess als Problemlösemethode(n) auch eine bestimmte Haltung (Mindset) beinhaltet. Diese Haltung lässt sich beschreiben als menschzentriert-empathisch, experimentell-explorativ, kollaborativ, fehlertolerant und handlungsorientiert (vgl. Schmid 2019, S. 29/30; vgl. Correll et al. 2010, S. 41). Inhaltliche Überschneidungen mit dem Maker-Mindset (vgl. 2.2.2) sind offensichtlich, nicht umsonst ist Design Thinking im Making-Kontext stark verbreitet (vgl. Schmid 2019; vgl. Marx/Hampson 2019; vgl. Kleeberger/Schmid 2019).

ABB. 4.20: DER DESIGN THINKING PROZESS NACH PLATTNER ET AL. (2009)

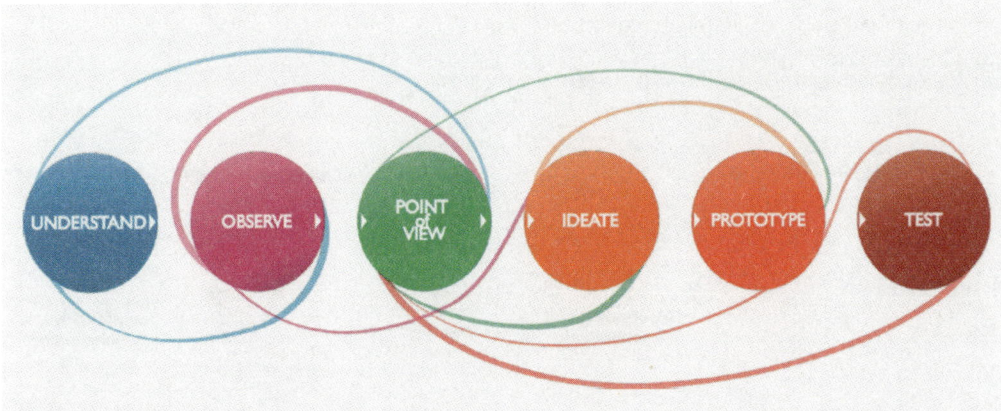

Im Kontext der kreativen Prozessforschung ist vor allem der Design Thinking Prozess von Bedeutung. Diesbezüglich liegen heute verschiedene Varianten und Adaptionen vor (vgl. Lindberg et al. 2010). Das wohl prominenteste Konzept von Plattner et al. (2016) besteht aus den sechs Abschnitten Understand (1), Observe (2), Point of View (3), Ideate (4), Prototype (5), Test (6) und wird nach Möglichkeit in heterogen zusammengesetzten Teams angewendet (vgl. Abbildung 19). Die ersten drei Abschnitte dienen dazu, die Herausforderung zu erkennen und erste relevante Informationen aus verschiedenen Quellen einzuholen. Im Unterschied zu CPS-Modellen steht der Kunde, der spätere Nutzer des zu entwickelnden Produkts, im Zentrum. Seine Bedürfnisse und Verhaltensweisen gilt es zu studieren, durch Gespräche (understand), Beobachtung (observe) und Empathie (point of view). Auf dieser Basis setzt die Ideenentwicklung (ideate) ein – häufig flankiert durch den Einsatz von Kreativitätstechniken wie Brainstorming, Mindmapping, Lotusblütenmethode (vgl. Yang/Man 2018, S. 5) oder Morphologischer Kasten (vgl. 6.3.3.3).

Ideen werden möglichst schnell in erste Prototypen umgesetzt (prototype). Ähnlich wie im Konstruktionismus nach Papert (1993) dient ein Prototyp dem Team als demonstrierbare und diskutierbare Idee (vgl. Hasso/Laasko 2011, S. 7), die in einem ersten Realisationsstadium überprüft und weiterentwickelt werden kann (test). Die Idee hinter dem schnellen Prototyping («rapid prototyping», Hasso/Laasko 2011, S. 11) ist es, früh zu scheitern («fail early», Carroll 2010, S. 41), um unnötige Entwicklungsarbeit in nicht adäquate Ideen zu vermeiden.

Da der Design Thinking Prozess auf problembezogenes und adaptives Entwickeln abzielt, wäre es problematisch, eine normalisierte Abfolge von Phasen im Sinne eines optimalen Prozessmodells abzuleiten. Vor diesem Hintergrund stellen Plattner et al. (2016) ihr Modell zwar grafisch sequentiell dar, relativieren aber die Linearität, indem sie Verknüpfungen symbolisieren, die alle Phasen miteinander verbinden (vgl. Lindberg et al. 2010, S. 246). Je nach Problemstellung werden die Phasen iterativ-mäandernd und mehrfach bis zum Erreichen von konkreten Lösungsvarianten durchlaufen. Meinel/Leifer (2011, S. xiii) veranschaulichen diesen Prozess, indem sie das idealtypische, didaktische Modell des fünfstufigen Design Thinking Prozesses einem (fiktiven) flexiblen und problembezogenen Prozessverlauf in der Praxis gegenüberstellen (vgl. Abbildung 4.21).

ABB. 4.21: DER DESIGN THINKING PROZESS NACH PLATTNER (2009) ALS MODELL UND ALS EMPIRISCHER PROZESS (IN: MEINEL/LEIFER 2011, S. XIII)

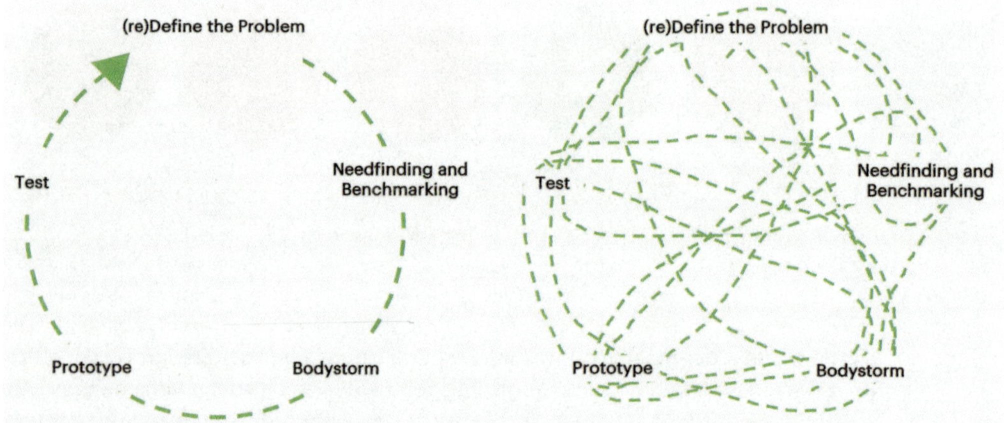

4.6.5 Diskussion der Prozessmodelle

Kreative Prozesse bei der Entwicklung von Produkten beinhalten divergente und konvergente Denk- und Handlungsschritte, die Phasen zugeordnet werden, die zyklisch durchlaufen und sich wechselseitig aufeinander beziehen können. Während Handlungsoperationen im MakerSpace ethnografisch erfasst werden können (vgl. Graube et al. 2015, S. 120), entziehen sich subjektive Denkoperationen der Wahrnehmung der Forschenden. Die Methode des «lauten Denkens», bei der Schüler*innen während einer Problemlösung gebeten werden, sämtliche Gedanken und Einfälle zu verbalisieren (vgl. Schubert/Loderer 2019, S. 53), ist nicht praktikabel. Sie würde den Entwicklungsprozess zu sehr stören. Potenzielles Flow-Erleben und weitere, für kreative Prozesse typische, emotionale Zustände können zwar triangulativ anhand von Interviews rekonstruiert werden, was jedoch mit einem hohen Aufwand verbunden wäre. Ein lineares Prozessmodell, das Kreativität als Abfolge von Vorbereitung, Inkubation, Illumination und Verifikation konzeptualisiert, ist nur bedingt geeignet, den Charakter von Maker-Prozessen zu beschreiben.

Zum einen deckt sich die Vorstellung einer unbewussten Inkubationsphase (mit einer plötzlichen Illumination am Ende) nicht mit der Maker-Prämisse, durch aktives Handeln und Exploration, durch Versuch und Irrtum (Scheitern) auf Produkt- und Umsetzungsideen zu stossen und diese gemeinsam weiterzuentwickeln. Was nicht ausschliesst, regelmässig Pausen einzulegen, um zwischenzeitlich auf andere Gedanken zu kommen. Zum anderen sind unbewusst ablaufende Prozesse im Rahmen der Begleitforschung (Teilnehmende Beobachtung) kaum zu erfassen.

Schulklassen sind heterogen zusammengesetzt. Es ist daher zu erwarten, dass die Schüler*innen über eine unterschiedlich ausgeprägte domänenspezifische Expertise (vgl. 4.5.6) verfügen. So wird ein Teil der Schüler*innenschaft Probleme ohne Recherche oder sonstige Vorbereitungsarbeiten lösen können, während andere erst bestimmte Fertigkeiten erwerben müssen, bevor die Umsetzung ihrer Ideen möglich ist. Ein lineares Prozessmodell für alle ist vor diesem Hintergrund weder als präskriptive Orientierung (beziehungsweise als didaktisches Scaffolding), noch als Modell für die Erfassung der Prozessqualität im Rahmen der Begleitforschung geeignet. Non-lineare und iterative Modelle bieten dagegen eine höhere Flexibilität für individuelle und co-konstruktive Entwicklungsprozesse im MakerSpace. Sie eignen sich auch, um kreative Prozesse in der Praxis empirisch abzubilden. Dass explorative Suchbewegungen und experimentelle Vorgehensweisen ebenso zu adäquaten Problemlösungen führen können wie systematisch geplante Prozeduren, haben Rott und andere bereits nachgewiesen (vgl. 4.6.3). Allerdings müsste diskutiert werden, inwieweit sich Konzepte der ökonomischen Produktentwicklung oder der Organisationsentwicklung wie CPS oder Design Thinking auf den schulischen Making-Kontext übertragen lassen.

Design Thinking Prozessmodelle haben aufgrund ihres Ursprungs im Design-Bereich eine strukturelle Nähe zu Making-Prozessen. Im Gegensatz zu den meisten CPS-Modellen sind konstruktive Umsetzungsaktivitäten (Prototyping) beim Design Thinking bereits integraler Bestandteil des Prozesses und nicht erst ihr Ergebnis. Prototyping macht Ideen greifbar, diskutierbar und auswertbar – was auch aus der Perspektive des Konstruktionismus nach Papert zentral ist. Im Gegensatz zu anderen Prozessmodellen bezieht der Design Thinking Prozess neben rein kognitiven Denkoperationen auch ganzheitliche und ästhetische Dimensionen des Denkens und Handelns mit ein (anschauliches Denken, Visualisierung, Modellbildung).

Das Design Thinking Prozessmodell von Plattner et al. (2016) zielt aus der Entrepreneurship-Perspektive allerdings stark auf die Entwicklung kommerziell verwertbarer Produkte ab. Das wird insbesondere an der Orientierung am angenommenen Kunden und an dessen Bedürfnissen deutlich. Gegen eine adressatenorientierte Produktentwicklung in der Schule ist zwar grundsätzlich nichts einzuwenden. Es muss allerdings bedacht werden, dass die ersten Making-Erfahrungen nach Möglichkeit interessengeleitet und selbstbestimmt erfolgen und dass zunächst Produkte für den eigenen Gebrauch entwickelt werden. Die Differenzierung in die Phasen Understand, Observe und Point of View ist im Sinne der kommerziellen Verwertbarkeit normativ und demzufolge als externale Handlungsanweisung zu verstehen. Im schulischen Kontext können nicht immer Nutzerverhalten und Nutzerbedürfnisse beobachtet werden; eine Perspektivenübernahme ist nicht in allen Fällen möglich oder nötig.

Eine Phase wie Exploring Acceptance, wie sie das CPS Modell nach Puccio et al. (2007) vorsieht, braucht es im schulischen Kontext nur bedingt – es sei denn, man bezieht die herzustellende Acceptance auf die Resonanz von Lehrperson und Mitschüler*innen.

4.6.6 Zusammenfassung

Im Rahmen der Begleitforschung werden die kreativen Prozesse der Schüler*innen beobachtet und auf der Basis des vereinfachten vierphasigen Design Thinking Prozesses nach Hüttebräucker (2015) rekonstruiert. Hüttebräucker orientiert sich am Design Thinking Prozess Modell von Plattner et al. (2016), fasst jedoch die Phasen Understand (1), Observe (2) und Point of View (3) zu einer Phase «Recherche» zusammen. Das Design Thinking Prozess Modell lässt sowohl zyklische als auch iterative Verläufe zu, die in jeder Phase – auch beim Prototyping – beginnen können. Ausserdem sind explorative und systematische Verläufe möglich.

Die vier Phasen Research (Sammeln und Ordnen), Ideation (Ideen entwickeln), Prototyping (Entwickeln und Konstruieren) und Testing (Begutachtung und Feedback) bilden die Grundlage für eine teilstrukturierte Beobachtung. Die vier Prozesskategorien sind auf einem Beobachtungsformular abgebildet, so dass sich die Beobachtungen unmittelbar einer Phase zuordnen lassen. Ausserdem ist es möglich, mittels Pfeildarstellungen die Phasenverläufe zu notieren.

ABB. 4.22: PROZESSKREATIVITÄT IM ÜBERBLICK

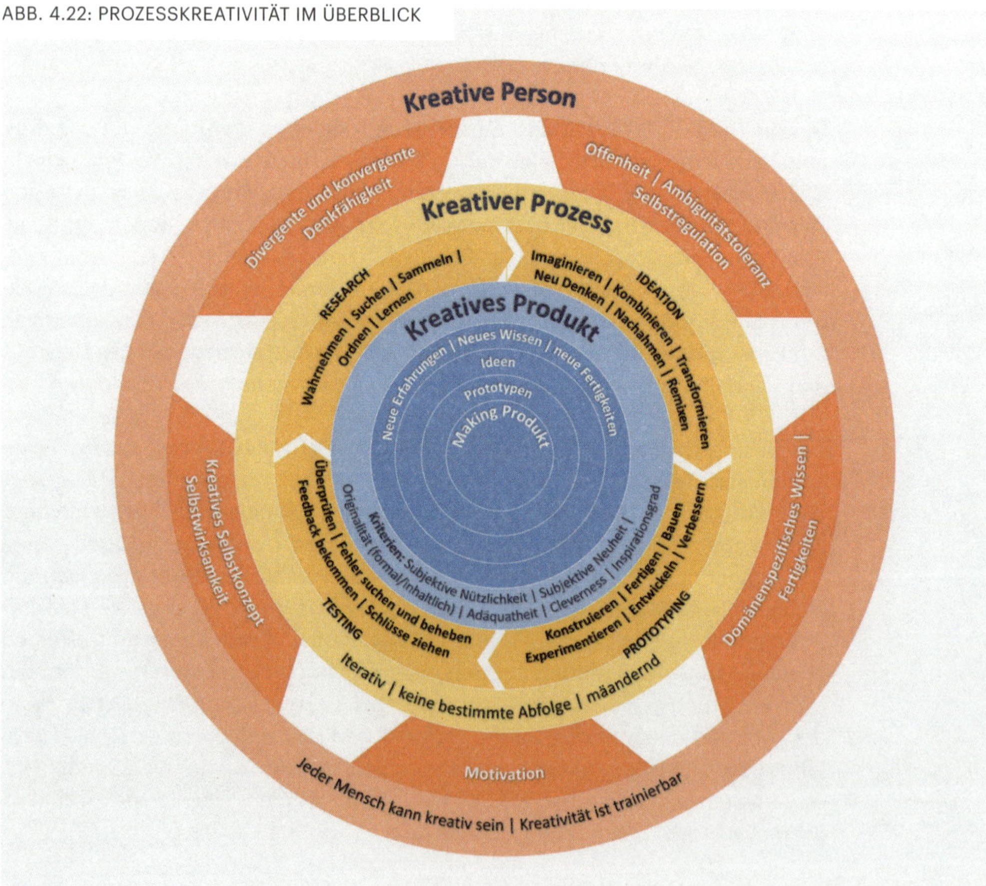

TAB. 4.23: OPERATIONALISIERUNG DER VIER PHASEN DES DESIGN THINKING PROZESSES

PROZESSPHASE	INHALTLICHE BESCHREIBUNG	PHASENTYPISCHE TÄTIGKEITEN / HANDLUNGEN
RESEARCH (SAMMELN UND ORDNEN)	Zur Research-Phase zählen sämtliche Aktivitäten der Beschaffung und Verarbeitung von Wissen, Informationen, Fertigkeiten und Objekten, die in direktem Zusammenhang mit dem zu lösenden Problem oder dem zu entwickelnden Produkt stehen: Die Aufnahme von mündlichen oder schriftlichen Anweisungen der Lehrperson, Internetrecherchen, Recherchen in anderen Medien, Befragungen von Lehrpersonen, anderen Schüler*innen oder weiteren Personen vor Ort (z.B. Eltern), die Suche nach geeigneten Baumaterialien und Werkzeugen.	Im Internet, in Büchern und Zeitschriften recherchieren Lehrpersonen, Expert*innen oder andere Schüler*innen fragen Fehlendes Wissen oder Fähigkeiten erwerben Fähigkeiten einüben Gegenstände / Objekte analysieren Suche nach möglichen Materialien und Werkzeugen Lernen, wie man bestimmte Geräte und Maschinen bedient
IDEATION (IDEEN ENTWICKELN)	Zur Ideenentwicklung im MakerSpace gehören Aktivitäten, die zur Ideenentwicklung und zur Problemlösung beitragen können (vgl. Uebernickel et al. 2015, S. 30). Hierzu zählen z.B. Kreativitäts- und Assoziationstechniken wie Mindmapping oder Brainstorming; die Dokumentation von Gedanken in Form von Notizen oder das Erstellen von Skizzen.	Ideenfindung (z.B. durch Kreativitätstechniken oder Inspiration durch Dritte) Ideen aufschreiben Ideen diskutieren und bewerten Ideen konkretisieren (Skizzen zeichnen) Ideen von anderen weiterentwickeln
PROTOTYPING (ENTWICKELN UND KONSTRUIEREN)	Das Prototyping ist aus konstruktionistischer Sicht die Kernphase des kreativen Prozesses. Hierzu gehören alle geplanten oder explorativen Aktivitäten, die mit dem gestaltenden Umgang mit Materialien, Werkzeugen und Maschinen verbunden sind. Das Prototyping ist die Konkretisierung von Ideen (vgl. Uebernickel et al. 2015, S. 31) und kann zu einem gegenständlichen Artefakt führen. Es kann aber auch auf das blosse Spielen mit Materialien – Play (Hatch 2013) – beschränkt sein.	Mit Materialien spielen und experimentieren Materialien kombinieren, konstruieren Sägen, schrauben, schleifen, bohren Zusammenfügen, löten, programmieren Prototypen bauen, weiterentwickeln
TESTING (PRÜFEN, PRÄSENTIEREN, FEEDBACK BEKOMMEN)	Zur Begutachtungsphase zählen Aktivitäten, die der Überprüfung von umgesetzten Ideen, Problemlösungen und Prototypen dienen. Überprüft werden Funktionsfähigkeit und Praxistauglichkeit einer Lösung oder eines Prototyps im vorgesehenen Anwendungsfeld. Zur Begutachtung wird auch die Präsentation vor einem kritischen Publikum gezählt. Aus der Begutachtungsphase gehen in der Regel Konsequenzen für die Weiterarbeit und Optimierung der Prototypen hervor. Die Begutachtungsphase kann den Produktentwicklungsprozess auch abschliessen, sofern das Produkt wie vorgesehen funktioniert.	Produkte erproben Funktionen testen Ergebnisse dokumentieren Produkte gemeinsam diskutieren Feedback geben, Feedback von anderen bekommen Entscheiden, was nächste Schritte sein können

FRAGESTELLUNGEN FÜR DIE PRAXISFORSCHUNG

Wie entwickeln Schüler*innen Ideen beim Making? (KPRZ1)

Wie verlaufen kreative Prozesse (Reihenfolge der Phasen)? Welche Prozessphasen dominieren, welche werden weniger häufig durchlaufen? (KPRZ2)

Wann gerät der kreative Prozess ins Stocken? Was sind Gründe dafür? (KPRZ3)

In welchen Prozessphasen benötigen die Schüler*innen besondere Unterstützung? (KPRZ4)

Welche nicht projektbezogenen und spielerischen Ausdrucks- und Handlungsformen sind zu beobachten? (KPRZ5)

Inwieweit eignet sich das vierstufige Design Thinking Modell für die Beschreibung kreativer Making-Prozesse? (KPRZ6)

4.7 Das kreative Umfeld (konkret)

Divergentes und konvergentes Denken und Handeln stehen immer in Wechselwirkung mit den spezifischen Kontextbedingungen (vgl. Krampen 2019, S. 416; vgl. Bornemann 2012, S. 70). Aus diesem Grund bezieht die Forschung im sozialpsychologischen Bereich häufig Czikszentmihályis Konzepte des kreativen Felds und der kreativen Domäne mit ein (vgl. von Wissel 2012, S. 15). Ein Grossteil der Forschungsaktivitäten zum kreativen Umfeld sind im Unternehmens- und Managementbereich angesiedelt und dienen in erster Linie der Personalentwicklung im Bereich Kreativität (vgl. z.B. Amabile 1998). Es liegen aber auch einzelne Befunde und Modelle aus dem Bildungskontext vor (vgl. Haager 2019) bzw. Modelle, die sich auf den Bildungskontext übertragen lassen (vgl. Preiser 2019). Beghetto/Kaufman (2014, S. 53) bezeichnen das Lernumfeld als einen der wichtigsten Faktoren der Kreativitätsförderung. Im Folgenden werden zunächst drei Modelle zur Differenzierung von Umfeldfaktoren vorgestellt, die Kreativität beeinflussen:

1. Das Kreativitäts- und innovationsfreundliche Klima (KIK) von Preiser (2019)
2. Das KEYS – Assessing the Climate for Creativity von Amabile et al. (1996)
3. Die kreativen Rahmenbedingungen nach Haager (2019)

Auf der Grundlage einer vergleichenden Gegenüberstellung und kritischen Würdigung der Modelle wird ein making-spezifisches Modell kreativer Umfeldfaktoren entwickelt, aus dem schliesslich Konsequenzen für das Design des schulischen MakerSpaces in Thayngen gezogen und Fragestellungen für die Begleitforschung abgeleitet werden.

4.7.1 Kreativitäts- und innovationsfreundliches Klima (Preiser 2011, Preiser 2019)

Preiser (2019, 2011) konzeptualisiert das kreativitäts- und Innovationsfreundliche Klima (KIK) in vier Faktoren. Unter Anregung und Aktivierung (1) fällt nach seinem Verständnis die Gestaltung der Umgebung (abwechslungsreich aber nicht überladen), die Verfügbarkeit vielseitiger Informationsmaterialien sowie die Strategie der Auftraggeber*innen, Lösungen nicht vorzugeben, sondern selbst entwickeln zu lassen.

Eine zielgerichtete Motivation (2) wird erreicht durch konsequente Neigungsorientierung, durch die Ermöglichung von Erfolgs- und Selbstwirksamkeit und durch die Förderung des Selbstvertrauens. Eine offene und vertrauensvolle Atmosphäre (3) hat mit Vertrautheit der Akteure und deren Bereitschaft zu tun, Konflikte offen anzusprechen, ohne andere zu verletzen. Dazu gehört auch, sich gegenseitig Fehler zuzugestehen und als Chance zu begreifen. Der letzte Faktor Freiräume und Förderung von Unabhängigkeit (4) betont einerseits Entscheidungs- und Handlungsspielräume für die Akteure; andererseits auch die Haltung der Auftraggeber*innen, Vorgesetzten (oder Lehrpersonen), ungewöhnliche Vorschläge ernst nehmen und unterschiedliche Meinungen positiv zu konnotieren. Das vierfaktorielle Konstrukt des kreativitäts- und innovationsfreundlichen Klimas (KIK) hat Preiser aus konzeptionellen Überlegungen und aus eigenen Untersuchungen abgeleitet. Für die Erhebung des KIK in Unternehmen, Verwaltungen, Kindergärten und Schulen hat er Fragebögen für verschiedene Zielgruppen entwickelt und empirisch evaluiert (vgl. Preiser 2019, S. 31).

ABB. 4.24: ÜBERSICHT: KREATIVITÄTS- UND INNOVATIONSFREUNDLICHES KLIMA (PREISER 2019, S. 31FF.)

Aspekte des kreativitäts- und innovationsfreundlichen Klimas

Anregung und Aktivierung bedeutet unter anderem
- anregende, abwechslungsreich ausgestattete, aber nicht überladene Schul- und Arbeitsräume;
- vielseitige Informationsmaterialien;
- Lösungen nicht vorgeben, sondern selbst entdecken lassen.

Zielgerichtete Motivierung bedeutet unter anderem
- an vorhandene Interessen anknüpfen;
- Erfolgserfahrungen ermöglichen;
- Selbstvertrauen fördern.

Offene und vertrauensvolle Atmosphäre bedeutet unter anderem
- Vertraulichkeit sichern;
- Konflikte offen ansprechen, ohne zu verletzen;
- Fehler als Chance für Lernprozesse verstehen und deshalb akzeptieren.

Freiräume und Förderung von Unabhängigkeit bedeutet unter anderem
- Entscheidungs- und Handlungsspielräume;
- ungewöhnliche Vorschläge ernst nehmen;
- unterschiedliche Meinungen als Bereicherung akzeptieren.

KIK – Kreativitäts- und Innovationsfreundliches Klima

1. Anregung und Aktivierung
- Der Besuch von Fortbildungsmaßnahmen wird in unserer Schule als sehr wichtig angesehen.
- Bei uns herrscht im Team ein reger Erfahrungsaustausch.

2. Zielgerichtete Motivierung
- Meine Arbeit empfinde ich als persönliche Bereicherung.
- Die pädagogischen Konzepte unserer Einrichtung kann man voll akzeptieren.

3. Offene und vertrauensvolle Atmosphäre
- Wenn man mit etwas unzufrieden ist, kann man hier mit der Schulleitung ganz offen darüber reden.
- Wir können Kollegen/Kolleginnen um Rat bitten, ohne dass es uns als mangelnde Kompetenz angekreidet wird.

4. Freiräume und Förderung von Unabhängigkeit
- Wir können die schulinternen Abläufe mitgestalten.
- Meine Arbeit im Kindergarten bietet mir ausreichend Entfaltungsmöglichkeiten.

KIK-jS (Kreativitäts- und Innovations-freundliches Klima – jüngere Schüler)

1. Bereich Anregung und Aktivierung
- Ich finde unsere Schulbücher und Arbeitsblätter schön und interessant.
- Meine Lehrerin und meine Mitschüler geben mir viele tolle Tipps zum Lernen und Spielen.

2. Bereich Zielgerichtete Motivierung
- Mir macht das Lernen viel Spaß – auch wenn ich mich manchmal anstrengen muss.
- Manchmal finde ich den Unterricht so spannend, dass ich mich mit meinen Freunden auch nachmittags darüber unterhalte.

3. Bereich Offene und vertrauensvolle Atmosphäre
- Wenn ich mit etwas unzufrieden bin, dann kann ich mit meiner Lehrerin offen darüber sprechen.
- Ich kann meine Schulfreunde um Hilfe bitten, ohne dass sie mich für dumm halten.

4. Bereich Freiräume und Förderung von Unabhängigkeit
- In unserer Schule können und dürfen wir den Unterricht mitgestalten.
- Wir können unser Klassenzimmer so verschönern, wie wir wollen.

4.7.2 KEYS – Assessing the Climate for Creativity (Amabile et al. 1996)

Das Instrument KEYS – Assessing the Climate for Creativity von Amabile et al. (1996) geht – ähnlich wie das Modell von Preiser (2019) – von der Frage aus, wie Akteur*innen (Fokus: Wirtschaftsunternehmen) das Klima in ihrer Organisation wahrnehmen und welche Auswirkungen das wahrgenommene Klima auf die Entwicklung kreativer Lösungen hat. Die KEYS-Skalen basieren konzeptionell auf der Auswertung vorangegangener Forschungsbefunde und auf der Analyse selbst durchgeführter qualitativer Interviews mit 120 Wissenschaftler*innen und Techniker*innen zu kreativen und unkreativen Ereignissen in ihrem professionellen Umfeld (vgl. Amabile et al. 1996, S. 1158). Die Wahrnehmung des Arbeitsumfelds durch die Befragten wird in KEYS in acht konzeptionelle Skalen differenziert. Sechs Skalen gelten als kreativitätsfördernd, zwei als eher hemmend (vgl. Abbildung 4.23).

ABB. 4.25: CONCEPTUAL MODEL UNDERLYING ASSESSMENT OF PERCEPTIONS OF THE WORK ENVIRONMENT FOR CREATIVITY (AMABILE ET AL. 1996, S. 1159)

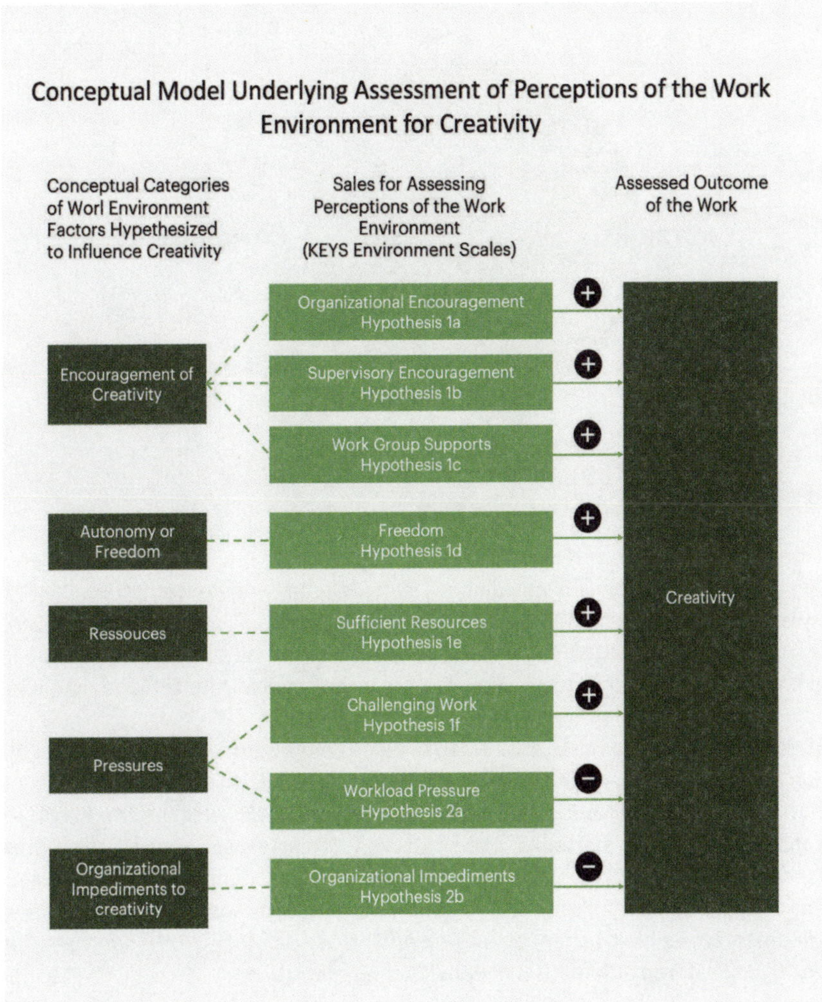

4.7.3 Kreative Umweltfaktoren (Haager 2019)

Das Modell der kreativen Umweltfaktoren von Haager (2019) basiert auf der Auswertung schulbezogener Studien und Publikationen. Sie unterscheidet drei Hauptfaktoren, die Einfluss auf die Entwicklung und Entfaltung des kreativen Potenzials haben. Intrapersonale Faktoren (1) entsprechen im Wesentlichen den bereits im Kapitel 4.5.7 ausgeführten Persönlichkeitseigenschaften, motivationale Voraussetzungen und Kompetenzen (vgl. Haager 2019, S. 229f.). Unter die physikalischen Faktoren (2) fallen sämtliche gegenständliche und beobachtbare Aspekte – in erster Linie Zeiten und Räume (vgl. ebd., S. 226). Pädagogisch-soziale Faktoren (3) wirken durch die Unterstützung und Betreuung dritter Personen auf den kreativen Prozess, die Person und das Produkt ein (vgl. ebd., S. 222). Die Visualisierung des Modells (vgl. Abbildung 4.24) durch zwei Kreise mit dem Schnittfeld «pädagogisch-sozial» ist etwas irreführend, weil sie suggeriert, dass pädagogisch-soziale Faktoren die Schnittmenge der beiden anderen Faktoren ergibt, wohingegen wohl eher gemeint ist, dass die drei Faktoren in Wechselwirkung Kreativität fördern oder hemmen (vgl. ebd., S. 232).

ABB. 4.26: DIE KREATIVEN RAHMENBEDINGUNGEN NACH HAAGER (2019, S. 233)

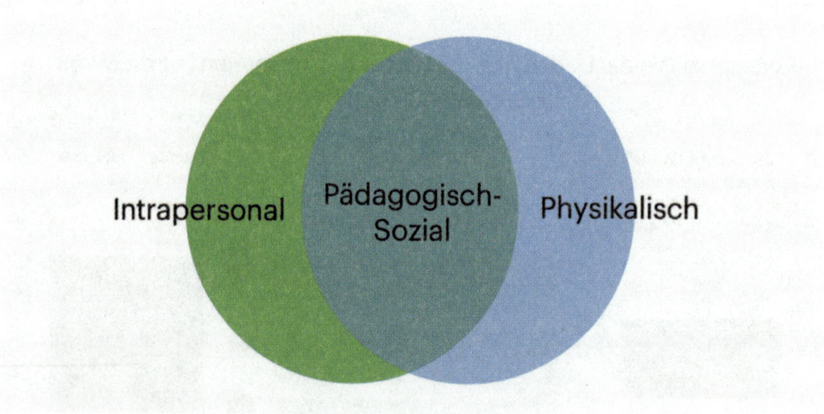

4.7.4 Diskussion der Modelle

Tabelle 12 ist der Versuch einer Gegenüberstellung der drei Modelle, ausgehend von der vierdimensionalen inhaltlichen Differenzierung von Preiser (2019). Die Faktoren von Amabile et al. (1996) und Haager (2019) wurden an entsprechender Stelle zugeordnet. Die Gegenüberstellung zeigt einerseits eine starke inhaltliche Übereinstimmung der Wirkfaktoren, andererseits werden auch Unterschiede deutlich:

Auffällig ist beispielsweise, dass Haager (2019) die interpersonalen Faktoren zu den kreativitätsfördernden Umwelt-Faktoren zählt. Mit Ausnahme von Amabile et al. (1996), die organisatorische Hindernisse wie beispielsweise interne Konflikte, Konservatismus und starre Managementstrukturen sowie als kontrollierend empfundenen Workload als kreativitätshemmende Faktoren identifizieren, berücksichtigen die Modelle von Preiser (2019) und Haager (2019) ausschliesslich positive Wirkfaktoren. Es bleibt offen, ob im Umkehrschluss das Nicht-Vorhandensein der positiven Faktoren automatisch kreativitätshemmend wirkt.

Alle Modelle gehen augenscheinlich davon aus, dass Akteure ein Problem vorgegeben bekommen, das sie unter Nutzung von Spielräumen und Freiheiten eigenständig lösen können. Das Definieren von eigenen Problemen und deren Lösung bleibt zumindest explizit unberücksichtigt, wenngleich Preisers Modell mit dem Aspekt der Neigungsorientierung die Bearbeitung selbst gewählter Problemstellungen nahelegt.

KREATIVE LERNKULTUR (PREISER 2019)	KEYS – ASSESSING THE CLIMATE FOR CREATIVITY (AMABILE ET AL. 1996)	KREATIVE RAHMENBEDINGUNGEN (HAAGER 2019)
Anregung und Aktivierung anregende, abwechslungsreich ausgestattete Umgebung; vielseitige Informationsmaterialien; Lösungen nicht vorgeben, sondern selbst entdecken lassen.	Druck (Pressure) Intellektuelle Herausforderungen in Verbindung mit dem Problem (S. 1161) Zeitdruck In Verbindung mit der Sache selbst, (nicht als externes Kontrollmittel) (S. 1161)	Physikalische Faktoren Abwechslung durch den Besuch anderer Orte, Aktivierung durch Bewegung, flexibel nutzbare Räume mit wenig Mobiliar, separate Ecken für Gruppen- und Einzelarbeiten, kreativ gestaltete Wanddekoration mit fertigen und unfertigen Produkten (S. 227), Beteiligung der Schüler*innen an der Raumgestaltung, Pädagogisch-soziale Faktoren Qualifikation der Pädagog*innen im Bereich Kreativität
Zielgerichtete Motivierung durch Neigungsorientierung, Erfolgserfahrungen, Selbstvertrauen, (Preiser 2011, S. 31)	Organisatorische Ermutigung (+) Wahrnehmung und Wertschätzung von Kreativität, Formen von Belohnung (S. 1160)	Pädagogisch-soziale Faktoren Positive und offene Haltung der Lehrpersonen gegenüber Kreativität
Offene, vertrauensvolle Atmosphäre Vertraulichkeit sichern; Konflikte offen ansprechen, ohne zu verletzen; Fehler als Chance für Lernprozesse verstehen und deshalb akzeptieren.	Organisatorische Ermutigung (+) Risiken einzugehen; neue Ideen zu generieren; Faire, unterstützende Evaluation der Ideen (vgl. ebd. S. 1160) Ermutigung durch Führungspersonen (+) Kommunikation auf Augenhöhe (S. 1160); Ermutigung durch das Team (+) gemeinsames Committment im Team	Pädagogisch-soziale Faktoren Erwartungen an die Kreativität der Schüler*innen; Heterogene Gruppenzusammensetzung; kritische Fragen zulassen; Fehler machen, ohne bestraft zu werden; Offenheit für neue Ideen: angenehme Atmosphäre; spontane Aktivitäten zulassen
Freiräume und Förderung der Unabhängigkeit Entscheidungs- und Handlungsspielräume; ungewöhnliche Vorschläge ernst nehmen; unterschiedliche Meinungen als Bereicherung akzeptieren.	Freiheit / Autonomie (+) Kontrolle über die eigene Arbeit behalten; Spielräume in der Art und Weise, wie Aufgaben erledigt werden; Ermutigung durch Führungspersonen (+) Ziele klar formulieren	Physikalische Faktoren Freiheit zu eigenständigem Zeitmanagement (mit Unterstützung); Möglichkeit, Pausen zu machen Pädagogisch-soziale Faktoren Das Ziel und nicht den Weg aufzeigen
	Ausreichende Ressourcen (+) Zeitdruck, kontrollierend (-) Organisatorische Hindernisse (-) Interne Konflikte, Konservatismus, starre Managementstrukturen	Physikalische Faktoren Ausreichend Zeit einräumen; Zeitdruck führt zum Aufgreifen von funktionierenden Lösungen, auf Nummer sicher gehen; Zeitrahmen an individuelle Voraussetzungen anpassen (heterogene Gruppen)

TAB. 4.27: GEGENÜBERSTELLUNG DER MODELLE VON PREISER (2019), AMABILE ET AL. (1996) UND HAAGER (2019) ZU KREATIVEN UMFELDFAKTOREN

Die Modelle sind ferner auf klar zu definierende Probleme und auf die Entwicklung (technisch) verwertbarer Lösungen ausgerichtet; imaginative oder musisch-künstlerische Kreativität kommen nicht explizit vor. Es stellt sich daher die Frage, ob man bei unterschiedlichen Arten von Kreativität von verschiedenen Wirkfaktoren ausgehen muss. Die beschriebene Ausrichtung auf technische Lösungen erscheint allerdings vor dem Hintergrund plausibel, dass die Modelle überwiegend im organisationspsychologischen Bereich entwickelt wurden und der Schwerpunkt eher auf Management in Betrieben und weniger in der Schule oder in Einrichtungen der kulturellen Bildung liegt.

Die Differenzierung in die einzelnen Faktoren der Modelle von Preiser (2019) und Haager (2019) ist teilweise nicht trennscharf. Ausserdem variiert der Abstraktionsgrad zwischen den Faktoren. Die Differenzierung in physikalische Faktoren einerseits und sozial-pädagogische Faktoren andererseits ist vor dem Hintergrund eines erweiterten Didaktikverständnisses fragwürdig, weil sich gerade auch in der Gestaltung der Lernumgebung wichtige pädagogische Prinzipien manifestieren. In Preisers Modell wäre der Faktor zielgerichtete Motivierung inhaltlich als Teil des Faktors Anregung und Aktivierung zu verorten.

Als bedenkenswert muss hervorgehoben werden, dass in allen Modellen (am wenigsten noch bei Preiser) zwar die Interaktion im Team (vertrauensvoll, wertschätzend, ermutigend, etc.) als kreativitätsfördernder Faktor mitgedacht wird, Gruppenkreativität jedoch, die ihr Potenzial erst entwickelt, wenn ein heterogenes Team unter Einsatz der vorhandenen individuellen Stärken zusammenarbeitet, wird nicht als Faktor betrachtet (Ausnahme: Haager 2019).

4.7.5 Das Making-Modell kreativer Umfeldfaktoren (MMKU)

In der Zusammenschau lassen sich die einzelnen Wirkfaktoren, die in den Modellen enthalten sind, prinzipiell auf den Making-Kontext übertragen. Die Struktur der Modelle ist jedoch nur teilweise mit der Struktur einer Maker-Umgebung in Deckung zu bringen. Im Folgenden wird der Versuch unternommen, die genannten Faktoren auf eine Weise zu ordnen, die die Anschlussfähigkeit an den Forschungsgegenstand MakerSpace erhöht. Das Making-Modell kreativer Umfeldfaktoren (MMKU) orientiert sich strukturell an den Rahmenbedingungen und inhaltlichen Aspekten des Making, wie es in 2 grundgelegt wurde. Es besteht aus fünf Dimensionen, die in der Darstellungslogik vom Abstrakten (Klima) zum Konkreten (Aktivitäten) verlaufen (vgl. Abbildung 4.26). Das MMKU-Modell wird im Anschluss kurz beschrieben. Dabei werden die einzelnen Dimensionen durch weitere Forschungsbefunde sowie durch konzeptionelle Überlegungen – den Making-Kontext betreffend – untermauert.

ABB. 4.28: KREATIVITÄTSFÖRDERNDE UMWELTFAKTOREN IM SCHULISCHEN MAKING-KONTEXT

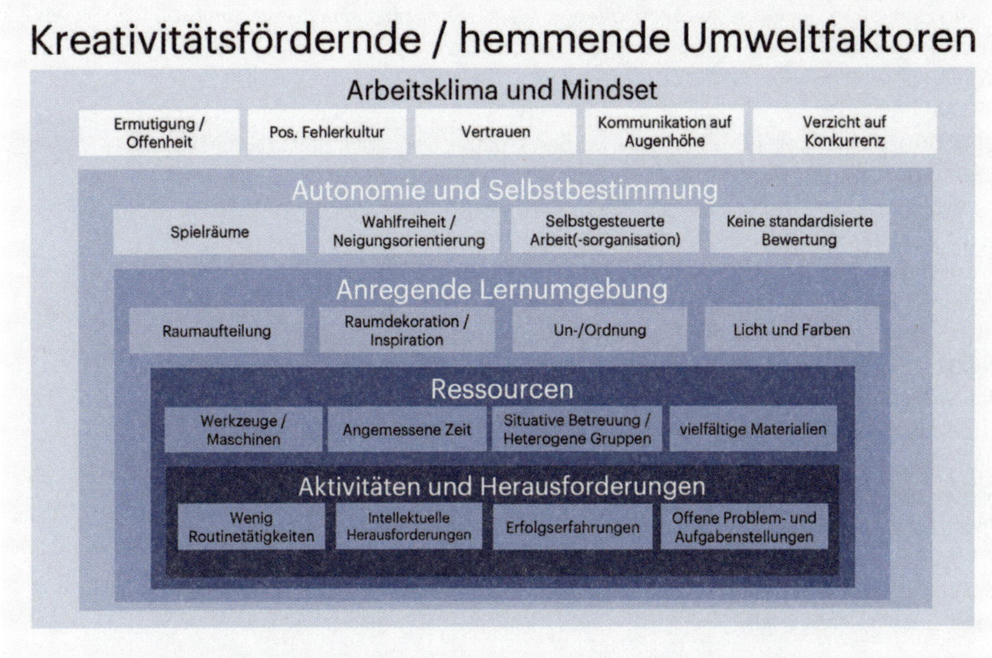

4.7.5.1 Kreatives Arbeitsklima und Mindset

Nach Preiser (2019, S. 209) wird ein kreatives (Arbeits-) Klima durch strukturell-institutionelle Rahmen- und Arbeitsbedingungen (1) einerseits und konkrete Interaktion (2) zwischen beteiligten Personen andererseits geprägt. Eine positive Grundhaltung, ein Bewusstsein für die Bedeutung von Kreativität im jeweiligen Praxisfeld zählen ebenso zu den kreativitätsfördernden strukturellen Faktoren, wie institutionelle Bemühungen, Mitarbeitende und Entscheidungstragende – im Schulkontext: Schulbehörde, Schulleitungen, Lehrpersonen – im Bereich Kreativität und Kreativitätsförderung angemessen weiterzubilden (vgl. Haager 2019, S. 222). Studien im Bereich Organisationsentwicklung zeigen auf, dass Zwangsmanagement, starrer Konservatismus, interne Konflikte und gegenseitiges Misstrauen kontraproduktiv wirken (vgl. Amabile et al. 1996; vgl. Ambrose 1995). Im Schulfeld verhindern starre Formen von Leadership sowie Gefühle von Angst und Unsicherheit kreatives Lernen und Arbeiten (vgl. Haager 2019, S. 232). Nicht nur Schüler*innen, sondern auch Lehrpersonen benötigen organisationsbezogene Flexibilität für kreatives Handeln in der Schule (vgl. Kaufmann/Baer 2005, S. 283). Braun et al. (2019, S. 28) weisen darauf hin, dass der Aufbau einer kreativen Bildungs- und Lernkultur eine stetige Überprüfung und Veränderung bestehender Strukturen, Rahmenbedingungen und Organisationsformen erfordert.

Auf der Ebene der direkten Interaktion zwischen Vorgesetzten und Mitarbeitenden in Unternehmen (respektive zwischen Lehrpersonen und Schüler*innen im Unterricht) entsteht ein vertrauensvolles kreatives Klima, indem Kreativität von allen Seiten als wünschenswertes Verhalten wahrgenommen, geschätzt und eingefordert wird.

In Betrieben zeigen die Kommunikation auf Augenhöhe, die faire und wertschätzende Evaluation der eingebrachten Ideen sowie ein sinnstiftendes Committment bzw. eine Vision des Teams positive Wirkungen auf die Produktion kreativer Ideen (vgl. Amabile et al. 1996, S. 1160).

Einer Studie von Scott (1999) zufolge werden kreative Schüler*innen von berufserfahrenen Lehrpersonen mitunter als Störfaktor wahrgenommen (im Gegensatz zur Sichtweise der Berufseinsteiger*innen). Kreatives Verhalten wird in diesem Fall durch Sanktionen eingeschränkt (vgl. Krampen 2019, S. 433). Im Gefüge der Wirkfaktoren des kreativen Umfeldes wird dem Verhalten und der Haltung der Lehrperson insgesamt ein hoher Stellenwert zugeschrieben (vgl. auch Hattie 2014). Davies et al. (2013) zufolge beeinflussen die Erwartungen der Lehrpersonen an die Schüler*innen deren kreative Leistung (vgl. Haager 2019, S. 223). Insbesondere das Vertrauen in die kreativen Fähigkeiten der Kinder und Jugendlichen und die Ermutigung zur Entwicklung origineller Ideen und Lösungen sind in diesem Zusammenhang zentral (vgl. Amabile et al. 1996, S. 1160). Ein kreatives Klima wird begünstigt, wenn Lehrpersonen Freiräume geben und vermeintlich unproduktive Phasen zulassen beziehungsweise aushalten können (vgl. Baudson/Haager 2019, S. VIII). Die Bereitschaft von Lehrpersonen, mit Unsicherheit zu leben, selbst Risiken einzugehen und Fehler zu machen (und daraus zu lernen), trägt zum kreativen Klima bei (vgl. ebd. S. VI).

Nach Hennessey und Amabile (1987) zählt die Aussicht der Schüler*innen auf Bewertung ebenso zu den fünf «reliable methods for killing creativity» wie die didaktische Inszenierung von Situationen, in denen Schüler*innen gegeneinander in einen Wettbewerb treten (vgl. Jacob 2019, S. 294). Die Gewissheit der Schüler*innen, im Falle von Fehlern keine negativen Konsequenzen oder verletzende Kritik von Lehrpersonen und/oder Mitschüler*innen befürchten zu müssen (vgl. Preiser 2019, S. 211), reduziert dagegen den Leistungsdruck und regt dazu an, Neues mit ungewissem Ausgang zu wagen.

Braun et al. (2019, S. 28) koppeln den Aufbau einer kreativen Bildungs- und Lernkultur an die Veränderung der Lehrerrolle hin zu einem Begleiter und Moderator von Lern- und Bildungsprozessen. Betont wird dabei die Selbstwahrnehmung der Lehrperson als kreativ lernendes Individuum, das den Schüler*innen gegenüber darauf verzichtet, einen etwaigen Wissensvorsprung auszuspielen.

4.7.5.2 Autonomie und Selbstbestimmung

Bei klarer Zielformulierung durch das Unternehmen bzw. die Vorgesetzten steigt die Kreativität, wenn Mitarbeitende die Kontrolle über die eigene Arbeitsorganisation behalten und Spielräume bei der Lösungsfindung ausschöpfen können (vgl. Amabile et al. 1996). Auf den Schulkontext übertragen sieht Haager (2019) positive Wirkungen, wenn Schüler*innen ihr Zeitmanagement (mit Unterstützung der Lehrpersonen) selbst gestalten und beispielsweise bei Bedarf Pausen nehmen können. Dass autonomie-gewährende, kooperativ-unterstützende soziale Umfelder die Kreativitätsentwicklung von Kindern unterstützen, während autoritär-kontrollierende Umfelder eher hemmende Wirkung haben, konnte in mehreren Studien bestätigt werden (vgl. Miller et al. 2012; vgl. Fearon et al. 2013).

TAB. 4.29: KREATIVES ARBEITSKLIMA UND MINDSET: ERKENNTNISSE, MASSNAHMEN UND FRAGESTELLUNGEN

CODE	RELEVANTE ASPEKTE KREATIVITÄT: UMFELD – ARBEITSKLIMA (KUAK)	POTENZIELLE DESIGN-MASSNAHMEN	HF
KUAK1	Stakeholder wie Schulbehörde, politische Gemeinde und Schulleitung müssen von der gesellschaftlichen Bedeutung von Kreativität und von der Notwendigkeit der Kreativitätsförderung in der Schule überzeugt sein. Eltern müssen gegebenenfalls ihre Erwartungen an die Perfektion von Lernprodukten ihrer Kinder anpassen und offen für kreative (und u.U. nicht perfekt ausgearbeitete) Lösungen sein.	Voraussetzung für die Teilnahme als Pilotschule ist, dass die Stakeholder voll hinter dem Projekt stehen. Behördenmitglieder und Eltern werden (schriftlich) über die Anliegen und die Umsetzung des schulischen Makings informiert.	9/2
KUAK2	Lehrpersonen müssen sich bewusst sein, dass die eigene Haltung zu Kreativität ein entscheidender kreativitätsfördernder bzw. -hemmender Faktor sein kann. Lehrpersonen sind im MakerSpace Kreativitätsvorbilder. Sie sollten selbst bereit sein, an offene Problemstellungen explorativ heranzugehen – auch mit dem Risiko, dass keine Lösung gefunden wird.	Lehrpersonen erhalten Weiterbildungsangebote zu kreativitätsförderndem und -hemmendem Verhalten. Lehrpersonen vertrauen in die Motivation und Bereitschaft der Schüler*innen, beim Making aktiv zu sein. Lehrpersonen werden dafür sensibilisiert, Offenheiten und vermeintliche «Leerzeiten» auszuhalten (auch wenn die Vorgehensweise der Schüler*innen von aussen betrachtet nicht effizient oder zielstrebig erscheint). Lehrpersonen positionieren sich klar als Lernende, die auf Augenhöhe mit ihren Schüler*innen beim Making dazulernen.	2/8
KUAK3	Schüler*innen und Lehrpersonen können Scheitern als Lernchance wahrnehmen, wenn sie keine negativen Konsequenzen befürchten müssen. Die Beurteilung der Schüler*innenleistung anhand standardisierter Kriterien wirkt sich negativ auf die Risikobereitschaft und die Offenheit der Schüler*innen aus.	«Aus Fehlern lernen» wird zur Leitmaxime im MakerSpace (Maker-Regeln für Schüler*innen). Auf eine summative Beurteilung von Leistungen im MakerSpace wird bewusst verzichtet. Stattdessen wird auf formatives Feedback gesetzt. Dadurch wird den Schüler*innen signalisiert, dass das Explorieren und Ausprobieren keine negativen Konsequenzen hat. Die Schüler*innen werden angeregt, ihren Lernprozess (und somit auch ihr Scheitern) medial zu dokumentieren. Dadurch ergibt sich die Möglichkeit, misslungene Experimente oder nicht-funktionierende Lösungen als wertvoll und erwünscht zu würdigen.	8/2/3

FRAGESTELLUNGEN FÜR DIE PRAXISFORSCHUNG

Kreativitätsbewusstsein der Stakeholder: Wie ist die Ressonanz der Behörde, der Eltern auf das schulische MakerSpace Projekt? (KUAK1)

Kreativitätsbewusstsein der Lehrperson: Welche Haltungen, Vorerfahrungen und Vorwissen bringen Lehrpersonen zum Thema Kreativität mit? (KUAK2)
Wie entwickelt sich die Haltung der Lehrpersonen im Laufe des Projekts?

Kreativitätsfördernde Beurteilung: Wie können kreative Prozesse und kreative Produkte so beurteilt werden, dass die Schüler*innen zu kreativem Verhalten ermutigt werden? (KUAK3)

Der Untersuchung von Hunter et al. (2007) zufolge ist das persönliche Erleben von Autonomie die entscheidende Umweltvariable für die Vorhersage kreativer Leistungen. Preiser (2019, S. 211) sieht insbesondere in der Förderung der Unabhängigkeit des Denkens und Handelns durch den Abbau von Hemmungen, durch die Reduktion des Leistungs- und Konformitätsdrucks einen wichtigen kreativitätsfördernden Beitrag des Umfelds.

Baxter et al. (2001) stellen fest, dass Schüler*innen mit Lernschwierigkeiten Probleme haben, selbst Strukturen zu schaffen, zu planen, zu ordnen und strategisch vorzugehen. In freien und offenen Lernsituationen kommen sie daher schnell an ihre Grenzen. In diesem Fall braucht es ein von der Lehrkraft mitgesteuertes, gut geplantes Vorgehen, bei dem die Inhalte oder die Strategie der Vorgehensweise explizit und schrittweise redundant vermittelt werden. Als besonders geeignete Unterstützungsstrukturen für Schüler*innen, die mit offeneren Lernsituationen eher überfordert sind, haben sich Formen direkter Instruktion, Strategieinstruktion (Mackowiack 2004), Selbstinstruktion (Boekaerts 1996), tutorielles Lernen (Haag/Streber 2011) und Computerunterstütze Förderung erwiesen.

CODE	RELEVANTE ASPEKTE AUTONOMIE UND SELBSTBESTIMMUNG (KUAS)	POTENZIELLE DESIGN-MASSNAHMEN	HF
KUAS1	Fremdsteuerung und Kontrolle sollten möglichst reduziert werden, sofern es die Lernvoraussetzungen der Schüler*innen zulassen. Es braucht Spielräume für eigenständige Erkundungen und für die Umsetzung eigener Ideen. Neigungsorientierung als wichtiges didaktisches Prinzip	Die Schüler*innen dürfen ihre Projekte selbst wählen, ebenso die Arbeits- und Sozialform. Die Lernzeit kann zu einem grossen Teil selbst gestaltet werden. Kontrolle erfolgt verstärkt im Rahmen von Peer-Feedback. Auch stärker geführte Lernangebote haben - bei aller Struktur - eine gewisse Offenheit.	2/3

TAB. 4.30: AUTONOMIE UND SELBSTBESTIMMUNG

FRAGESTELLUNGEN FÜR DIE PRAXISFORSCHUNG

Autonomie und Selbstbestimmung setzen ein gewisses Mass an Selbstregulationsfähigkeiten voraus. Daher muss beobachtet werden:
Wie gehen Schüler*innen mit Autonomie-Zwang um?
Wie könnten gegebenenfalls stützende Strukturen aussehen, die nicht autoritär oder kontrollierend wahrgenommen werden?

Wie gehen die Schüler*innen mit den Spielräumen um? (KUAS1)

Inwieweit fördern Autonomie und Selbstbestimmung die Motivation und Eigeninitiative der Schüler*innen? (KUAS1)

4.7.5.3 Anregende Lernumgebung

Architektur, Design und Innenarchitektur von Räumen haben Studien zufolge Einfluss auf divergentes und konvergentes Denken und Handeln. Haager (2019) bezeichnet diese Raumeigenschaften als physikalische Faktoren. Davies et al. (2013) kommen nach einer Literaturanalyse zum Schluss, dass flexibel nutzbare Räume mit wenig Mobiliar, Wanddekorationen mit fertigen und unvollendeten Arbeiten sowie separate Ecken für Gruppenarbeiten Kreativität begünstigen (vgl. Haager 2019, S. 227). Auch Preiser (2019, S. 210) hebt die Bedeutung von Räumen für den kommunikativen Austausch zwischen Expert*innen und Laien ebenso hervor, wie abwechslungsreich gestaltete aber nicht überladen ausgestattete Räume. Ein Lernraum, der sich bei Bedarf flexibel in unterschiedliche Handlungszonen aufteilen lässt, vergrössert den situativen Handlungsspielraum. Da beim Making Produktentwicklung im Vordergrund steht, macht es Sinn, Rahmenbedingungen zu schaffen, die Produktentwicklung erleichtern. Denkbar sind beispielsweise Visualisierungsflächen für Skizzen, Zonen für die Präsentation von Ideen vor Publikum, Aufbewahrungsboxen für laufende Projekte, digitale Recherchemöglichkeiten sowie (Fach-)Bücher und Zeitschriften für die Inspiration. Der genannte Befund von Davies et al. (2013), dass die Sichtbarkeit von fertigen und unvollendeten Arbeiten Kreativität fördert, kann für den Making-Kontext weitergedacht werden. So können im MakerSpace Ausstellungsmöglichkeiten für fertige Erfindungen und Produkte eingeplant werden. Auch die Arbeiten, die sich in der Entwicklung befinden, könnten so aufbewahrt werden, dass sie für Dritte einsehbar sind.

Doyle/Furnham (2012) haben festgestellt, dass in aufgeräumten Umgebungen tendenziell konventionellere Lösungen gewählt werden, während Unordnung im Testlabor positive Effekte auf kreative Leistungen hat. Im herkömmlichen Klassenzimmer steht den Schüler*innen in der Regel nur eine eingeschränkte Auswahl an Lehr- und Lernmaterialien zur Verfügung. Um unnötige Ablenkung zu vermeiden, kuratiert die Lehrperson das Lernmaterial so, dass es zum ausgewählten Thema oder Lerngegenstand passt. Alles andere wird in (meist geschlossenen) Schränken verstaut und ist damit ausser Sichtweite. Insbesondere im Sekundarschulbereich findet Fachunterricht in der Regel in fachspezifisch eingerichteten Räumen statt. Fächer, die durchaus einen Bezug zum Making haben, wie Technik, Werken, Handarbeit oder Informatik, werden auf diese Weise räumlich isoliert vermittelt. Mögliche interdisziplinäre Bezüge kommen kaum in den Blick. So ist es unwahrscheinlich, dass Schüler*innen im Werkunterricht von sich aus eine Verbindung zum textilen Werken herstellen, solange die Nähmaschine im Handarbeitsraum steht, der im entscheidenden Moment nicht zugänglich ist. Eine Kreativität anregende Lernumgebung aus der Making-Perspektive bietet daher Zugang zu unterschiedlichen Materialien und Technologien. Dies schliesst sparsam eingerichtete Rückzugszonen oder freie Arbeitsbereiche nicht aus. Geordnete Umgebungen sind nach der Phase der Ideenentwicklung vor allem der anhaltenden Fokussierung dienlich (vgl. Krampen 2019, S. 449).

Lichtenfeld et al. (2012) weisen in ihren Untersuchungen zur Wirkung von Farben nach, dass das kurze Betrachten einer grünen Fläche mit besseren Leistungen in figuralen und verbalen Tests korreliert (vgl. Krampen 2019, S. 448).

Nach Untersuchungen von Metha/Zhu (2009) bewirkt die Farbe Rot eine Vermeidungsmotivation. Die Farbe Blau führt dagegen zu besseren divergenten Leistungen. Steidle/Werth (2013) konnten in Untersuchungen mit Studierenden feststellen, dass kreative Leistungen in Umgebungen mit gedimmter Beleuchtung zunehmen. Sie leiten daraus die These ab, dass Dunkelheit mit Freiheit von äusseren Anforderungen assoziiert wird. Diese Einschätzung spricht wiederum für die Einrichtung von Rückzugsräumen, in welchen die Schüler*innen unbeobachtet experimentieren und ausprobieren können.

Weitbrecht et al. (2015) konnten bei warmem Licht (3000K) vergleichsweise höhere Werte bei divergenten Tests feststellen, während sich kaltes Licht bei konvergenten Tätigkeiten besser auswirkt (6000K). Kaltes Licht wird meist heller wahrgenommen als wärmeres Licht, was die Ergebnisse von Steidle/Werth (2013) stützt aber im Widerspruch mit den Befunden von Metha/Zhu (2009) steht, die blaues (kaltes) Licht eher mit divergentem Denken und Handeln verbinden. Auch der Entwicklungsprozess einer Lernumgebung kann die Kreativität der Schüler*innen anregen, wenn sie die Möglichkeit haben, mit ihren eigenen Ideen und Vorstellungen am Prozess zu partizieren. Diese Praxis findet zunehmend im Bereich Schulhausarchitektur Anwendung (vgl. Berdelmann et al. 2016). Der gesamte Entwicklungsprozess des MakerSpace könnte mit Schüler*innen und Lehrpersonen partizipativ erfolgen. Berdelmann et al. (2016) zeigen diesbezüglich adäquate Methoden auf. Alternativ und weniger aufwändig könnten die konzeptionellen Eckpfeiler vorgegeben und die individuelle Ausgestaltung gemeinsam vorgenommen werden. Unfertige Räume bieten Leerstellen und laden zur kreativen Raumaneignung ein.

CODE	RELEVANTE ASPEKTE ANREGENDE LERNUMGEBUNG (KUAL)	POTENZIELLE DESIGN-MASSNAHMEN	HF
KUAL1	Die traditionelle Klassenzimmerarchitektur führt eher zu typischem Schülerverhalten und weniger zu eigenaktivem oder kreativem Handeln.	Da im MakerSpace teilweise andere Erwartungen an die Schüler*innen gerichtet werden, als sie dies vom Regelunterricht gewöhnt sind, muss sich die Lernumgebung deutlich von einem traditionellen Schulraum unterscheiden. Auf typische Schulsymbole wie eine Wandtafel oder eine nach vorne ausgerichtete Projektionsfläche wird bewusst verzichtet. Die Farbgebung weicht von der anderer Schulräume ab. Die Raumgestaltung des MakerSpace weicht von der eines typischen Klassenzimmers ab. Mit dieser Massnahme können Verhaltensweisen und Rollenerwartungen relativiert werden und Spielräume für Individualisierung und kreativen Selbstausdruck entstehen.	6/7
KUAL2	Die Flexibilität und Mobilität des Mobiliars bietet die Chance, die Lernumgebung der erforderlichen Lernhandlung anzupassen.	Auf Festeinbauten wird nach Möglichkeit verzichtet. Tische und Werkbänke werden auf Rollen gesetzt, Maschinen und Geräte auf rollbaren Unterschränken.	6

TAB. 4.31: ANREGENDE LERNUMGEBUNG

KUAL3	Der kreative Entwicklungsprozess umfasst unterschiedliche Handlungsphasen. Dafür braucht es jeweils räumliche Entsprechungen (Zonen, Bereiche).	Bereiche (Zonen) für die Visualisierung von Ideen, für die Präsentation von Produkten, für die Recherche und Inspiration werden eingerichtet.	6
KUAL4	Unordentliche Umgebungen fördern eher die Entwicklung unkonventioneller Lösungen. Ordentliche Lernumgebungen fördern die Fokussierung und konvergentes Denken.	Im MakerSpace werden sowohl anregungsreiche Zonen mit vielen verschiedenen Materialien und Werkstoffen als auch schlicht gehaltene ablenkungsfreie Zonen eingerichtet (Ordnung).	6
KUAL5	Farben und Helligkeit wirken sich auf divergentes und konvergentes Denken aus. Dunkle, wärmere Farben fördern divergentes Denken, helle, kühlere Farben unterstützen logisch deduktives Denken.	Eine LED Beleuchtung mit unterschiedlichen Farben wird installiert.	6/7
KUAL6	Die Partizipation von Schüler*innen und Lehrpersonen an der Raumgestaltung stärkt Kreativität.	Die Schüler*innen sowie die Lehrpersonen könne ihre Ideen zur Gestaltung des MakerSpace einbringen. Der MakerSpace ist nicht fertig, sondern kann mit den Schüler*innen gemeinsam weiterentwickelt werden.	6

FRAGESTELLUNGEN FÜR DIE PRAXISFORSCHUNG

Wie hoch ist die Bereitschaft zur Partizipation?

Welche Methoden eignen sich für die partizipative Entwicklung eines MakerSpace?

Welche Gestaltungsideen und -bedürfnisse bringen Schüler*innen und Lehrpersonen ein?

4.7.5.4 Ressourcen

Zeitressourcen

«Kreativität benötigt Freiheit, um sich entfalten zu können; und in unserer durchgetakteten, auf Effizienz ausgerichteten Zeit gesteht man diese oft genug nur ungern zu» (Baudson/Haager 2019, S. VII). Im Schulalltag fehlt oft die Zeit für selbstentdeckendes Lernen oder für die Entwicklung kreativer Lösungen. In 45-minütigen Fachlektionen kann in der Regel nur Bewährtes vermittelt, geübt und gegebenenfalls angewendet werden. Untersuchungen in Unternehmen zeigen zwar, dass Zeitdruck kreativitätsfördernd (vgl. Amabile 1998, S. 82) wirken kann, wenn er darauf zurückzuführen ist, dass die Konkurrenz im selben Zeitraum ein ähnliches Produkt auf den Markt bringt. Vom Management willkürlich gesetzte und/oder unrealistisch enge Deadlines haben dagegen Kontrollwirkung und hemmen eher Kreativität (vgl. Amabile et al. 1996, S. 1161). Übertragen auf den schulischen MakerSpace kann das Wissen um begrenzte Zeitressourcen die Motivation der Schüler*innen, sich auf einen kreativen Prozess mit unbestimmtem Ausgang einzulassen, senken. Nach Beghetto und Kaufman (2014) entscheiden sich Lernende unter Zeitdruck eher für eine ihnen vertraute Arbeitsweise, die schnell und effizient zum Ziel führt, anstatt neue Herausforderungen anzugehen. Das Bedürfnis nach Zeit kann aber davon abhängen, in welcher Phase des kreativen Prozesses sich eine Person gerade befindet, worauf Csikszentmihalyi (2010) hinweist. Haager (2019, S. 229) schlägt daher für den Schulkontext eine an die individuellen Voraussetzungen der Schüler*innen angepasste (Zeit-)Ressourcenvergabe ohne «disziplinarische Leitungskeule» vor. Das bedeutet aber eine Auflösung des 45-minütigen Lektionentakts. Angesichts der Tatsache, dass Kreativität beim Making eine Reihe domänenspezifischer Fertigkeiten erfordert (vgl. 4.5.6) muss auch Zeit für deren Aneignung eingeplant werden. Schulisches Making kann also kein einmaliges Event sein. Die Schüler*innen müssen über einen längeren Zeitraum die Möglichkeit haben, Technologien und Arbeitstechniken kennenzulernen, Erfahrungen zu sammeln, Projektideen zu entwickeln und umzusetzen.

Materialressourcen und -verarbeitung

Neben den Zeitressourcen sind Material- und Verarbeitungsressourcen eine zentrale Voraussetzung für kreatives Making. Da die Kombination von analogen und digitalen Technologien Potenzial für innovatives Problemlösen bietet, sollten neben analogen Werkstoffen (Holz, Metall, Pappe, Styropor, textile Materialien) und Maschinen zur Verarbeitung (Sägen, Schleif- und Bohrmaschinen) auch digitale Werkstoffe wie Microcontroller, Sensoren, Aktoren, LEDs, Schalter und Elektronikbauteile aller Art verfügbar sein. Geräte für digitale Fabrikation (z.B. 3D-Drucker oder Laser-Cutter) erweitern die Gestaltungsmöglichkeiten zusätzlich (vgl. 2.1). Der Ressourcenbedarf sollte sich einerseits an den Interessen und Projektideen der Schüler*innen orientieren. Umgekehrt kann aber auch die Verfügbarkeit von Materialien, Geräten und Werkzeugen Inspiration für Projektideen liefern. Unter bestimmten Bedingungen kann der Mangel von Material und Technologie aber auch Kreativität steigern. Wenn beispielsweise bestimmte Materialien nicht zur Verfügung stehen, müssen neue Lösungen der Umsetzung gefunden werden (Stichwort: Life Hacks).

Teamressourcen

Die Stärken, die einzelne Teammitglieder in die Gruppe einbringen, sind eine weitere wichtige Ressource. Burow (2019, S. 239/240) empfiehlt, dass die Schüler*innen im Rahmen einer «Synergienanalyse» ihre Talente und Schwächen ermitteln, um Teams so zusammenstellen zu können, dass die Stärken der einen die Schwächen der anderen kompensieren und umgekehrt. Nach Steiner (2010, S. 149) können einzelne Teammitgliedern die Funktion von Kreativitätspromotoren übernehmen, die auf fachlicher, sozialer oder auf der Ebene der Entscheidungskompetenz positiv zum Kreativitätsklima beitragen können. Idealerweise sind Teams so heterogen zusammengesetzt, dass Promotoren eingebunden sind.

Platzressourcen

Making braucht Platz, um sich auszubreiten, um Materialien und Werkstoffe zurechtzulegen und um ungestört bauen und konstruieren zu können. Es braucht nicht nur Schreib- und Werktische für Einzel-, Partner- und Gruppenarbeiten, sondern auch Flächen am Boden für die Arbeit mit grösseren Materialien und Werkstücken.

Personalressourcen

Die situative Unterstützung in offenen Lernsituationen ist ohne Personalressourcen undenkar. Zur Entlastung der Lehrpersonen als einzige Ansprechpartner*innen im Klassenzimmer können ältere Schüler*innen als Mentor*innen einbezogen werden (Peer-Education) (vgl. Kleeberger/Schmid 2019). Solche Einsätze nach dem Prinzip «Lernen durch Lehren» (Martin 1996) müssen stundenplantechnisch gut organisiert werden. Tutorielle Unterstützung bietet sich vor allem bei der Einführung von Vorgängen oder Verfahren an, die konkret vorgezeigt werden müssen (z.B. Löten oder die Bedienung einer CNC-Fräse). Eine Ressource, die weniger planbar, dafür aber umso produktiver ist, ist der Einbezug von Eltern und Grosseltern, die im MakerSpace präsent sind und die Lehrperson in ihrer Betreuungsfunktion unterstützen.

CODE	RELEVANTE ASPEKTE RESSOURCEN (KURE)	POTENZIELLE DESIGN-MASSNAHMEN	HF
KURE1	Kreative Prozesse brauchen Zeit. Lektionen von 45 Min Länge eignen sich nicht für kreatives Making.	Es finden keine Einzellektionen im MakerSpace statt. Mehrere Lektionen werden gebündelt.	2/9
KURE2	Making ist kein Einzelevent. Für kreative Prozesse braucht es einen längeren Zeitraum, bis die Schüler*innen mit den Möglichkeiten vertraut sind, die Fertigkeiten haben und anwenden können.	Im Nutzungskonzept wird sichergestellt, dass die einzelnen Lerngruppen einen längeren Zeitraum (mehrere Wochen) regelmässig im MakerSpace arbeiten können.	2
KURE3	Für kreative Konstruktionsprozesse sind Werkstoffe und Möglichkeiten für deren Verarbeitung erforderlich. Die Verfügbarkeit digitaler und analoger Werkstoffe bietet Potenzial für innovative Verknüpfungen.	Das Materialangebot des MakerSpace umfasst sowohl digitale als auch analoge Materialien. Kindgerechte Geräte für digitale Fabrikation werden angeschafft.	7

KURE4	Heterogen zusammengesetzte Teams können ihre Kreativitätsressourcen nutzen, indem sie die Stärken der Teammitglieder erkennen und gezielt einsetzen. Hierfür sind Synergiebewusstsein und Kooperationswillen erforderlich.	Teamprojekte (bis zu drei Personen) sind im MakerSpace ausdrücklich erwünscht.	2/3
KURE5	Experimente, Erprobungen und Konstruktionsprozesse brauchen Platz. Steht zu wenig Platz zur Verfügung, bleiben Erprobungen u.U. aus.	Die Lerngruppe wird, sofern möglich, auf Halbklassen reduziert. Mobiliar wird so angepasst, dass es sich schnell entfernen und somit Platz schaffen lässt.	6
KURE6	Situative Unterstützung braucht kompetenztes Personal.	Making im MakerSpace wird nach Möglichkeit von zwei Lehrpersonen im Teamteaching begleitet. Idealerweise ergänzen sich die beiden Lehrpersonen mit ihren Fertigkeiten. Formen des Peer-Teaching bzw. LdL werden sofern möglich mit einbezogen. Eltern und Grosseltern werden einbezogen.	2/3/4 8

TAB. 4.32: RESSOURCEN

FRAGESTELLUNGEN FÜR DIE PRAXISFORSCHUNG

Zeitressourcen nutzen: Welche Zeitfenster können im Schulalltag für Making geschaffen werden? (KURE1)

Wie teilen sich die Schüler*innen ihre Zeit ein? (KURE2)
Reicht die verfügbare Zeit für die Realisierung eigener Projekte? (KURE2)

Welche Materialien, Werkstoffe und Werkzeuge sind tatsächlich erforderlich, um die Schüler*innenideen zu realisieren? (KURE3)
Wie gehen die Schüler*innen mit fehlendem Material um? (KURE3)

Wie arbeiten die Schüler*innen im MakerSpace zusammen? (KURE4)
Wie teilen sie die Arbeit untereinander auf? (KURE4)
Welche Rolle spielen Hilfsbereitschaft und Unterstützungsangebote? (KURE4)
Welche Formen der Arbeitsteilung wählen die Schüler*innen aus? (KURE4)

Wie aufwändig ist die Begleitung von individuellen Projekten? (KURE5)
Welche zusätzlichen Personalressourcen lassen sich nutzen? (KURE6)

4.7.5.5 Aktivitäten und Herausforderungen

Amabile et al. (1996, S. 1161) haben im Unternehmensumfeld gesteigerte Kreativität festgestellt, wenn Probleme mit einer intellektuellen Herausforderung verbunden sind. Im Umkehrschluss gelten Routinetätigkeiten in Verbindung mit einer ausschliesslichen Bewertung der Qualität als antikreativ (vgl. Cropley 1982 in Krampen 2019, S. 444). Dasselbe trifft auch für den Erwerb von Fertigkeiten um ihrer selbst willen zu (vgl. ebd.). Als kreativitätsfördernd erwiesen sich didaktische Settings, in welchen den Lernenden Probleme nicht in optimal aufgelöster Form präsentiert und/oder der Weg zum Ziel nicht vorgegeben werden. Ruscio/Amabile (1999) weisen positive Effekte sogenannter heuristischer Instruktionen auf kreatives Problemlösen nach. Im Gegensatz zu algorithmischen Instruktionen, die eine Lösungsfindung Schritt für Schritt vorgeben, folgen heuristische Instruktionen dem Prinzip des entdeckenden Lernens im Sinne Bruners (1961). Sie lassen den Lernenden Raum für Explorationen durch Versuch und Irrtum, beinhalten aber auch prozedurale, logisch-rationale und imaginative Strategien, die auf verschiedene Problemtypen übertragen werden können (vgl. Krampen 2019, S. 435). Hierzu zählen Kreativitätstechniken als Spiel- und Verfahrensregeln (vgl. Preiser 2019, S. 211), wie sie in 4.6.4 und in 6.3.3.3 ausgeführt werden. Das Verhältnis von heuristischer und algorithmischer Instruktion muss an die Bedürfnisse und Lernvoraussetzungen der einzelnen Schüler*innen angepasst und von dort aus in Richtung Heuristiken weiterentwickelt werden (vgl. 4.7.5.2). Im Spannungsfeld von strukturierten und offenen Lernangeboten plädiert Meyer (2004, S. 16) ebenso für ausreichend Freiräume, wie auch für Formen geführten Entdeckens. Rollett/Weickl (1989) stellten in einer vierjährigen Langzeitstudie an Grundschulen (Klasse 1–4) in Österreich fest, dass der regelmässige Einbezug freien und angeleiteten Spiels in den Unterricht in Verbindung mit adäquaten Spielumgebungen im Klassenzimmer divergentes Denken und Selbstorganisationsfertigkeiten fördert.

TAB. 4.33: AKTIVITÄTEN UND HERAUSFORDERUNGEN

CODE	RELEVANTE ASPEKTE HERAUSFORDERUNGEN (KUAH)	POTENZIELLE DESIGN-MASSNAHMEN	HF
KUAH1	Offene Problemstellungen fördern Kreativität eher als Aufgaben, die sich mit Handlungsroutinen erledigen lassen.	Die Making-Aktivitäten sind so gestaltet, dass eine gewisse Offenheit erhalten bleibt. Wenn beispielsweise das Ziel vorgegeben ist, bleiben Material und Weg offen und umgekehrt.	3
KUAH2	Heuristische Instruktionen ermöglichen kreatives Handeln (exploratives Lernen durch Versuch und Irrtum). Heuristische Instruktionen beinhalten transferierbare Strategien zur Problemlösung wie z.B. Kreativitätstechniken.	Bei Bedarf werden heuristische Instruktionen angeboten (z.B. Design Thinking Prozess).	3
KUAH3	Algorithmische Instruktionen mit klaren prozeduralen Anweisungen geben Sicherheit, lassen aber keinen Raum für selbstentdeckendes Lernen und Imagination. Entsprechend der individuellen Lernvoraussetzungen muss ein didaktisch abgestimmtes Verhältnis von algorithmischer und heuristischer Instruktion gefunden werden.	Personen ohne Making-Vorerfahrung benötigen zum Einstieg gegebenenfalls eine gewisse Sicherheit. In diesem Fall werden auch algorithmische Instruktionen angeboten, die dann schrittweise geöffnet werden. Herausforderungen und Erfolgserlebnisse werden sichergestellt, indem das Verhältnis von Struktur und Offenheit der jeweiligen Prozessphase und der Disposition des Lernenden angepasst wird.	3

ABB. 4.34: MODELL: KREATIVITÄT IM MAKING-KONTEXT

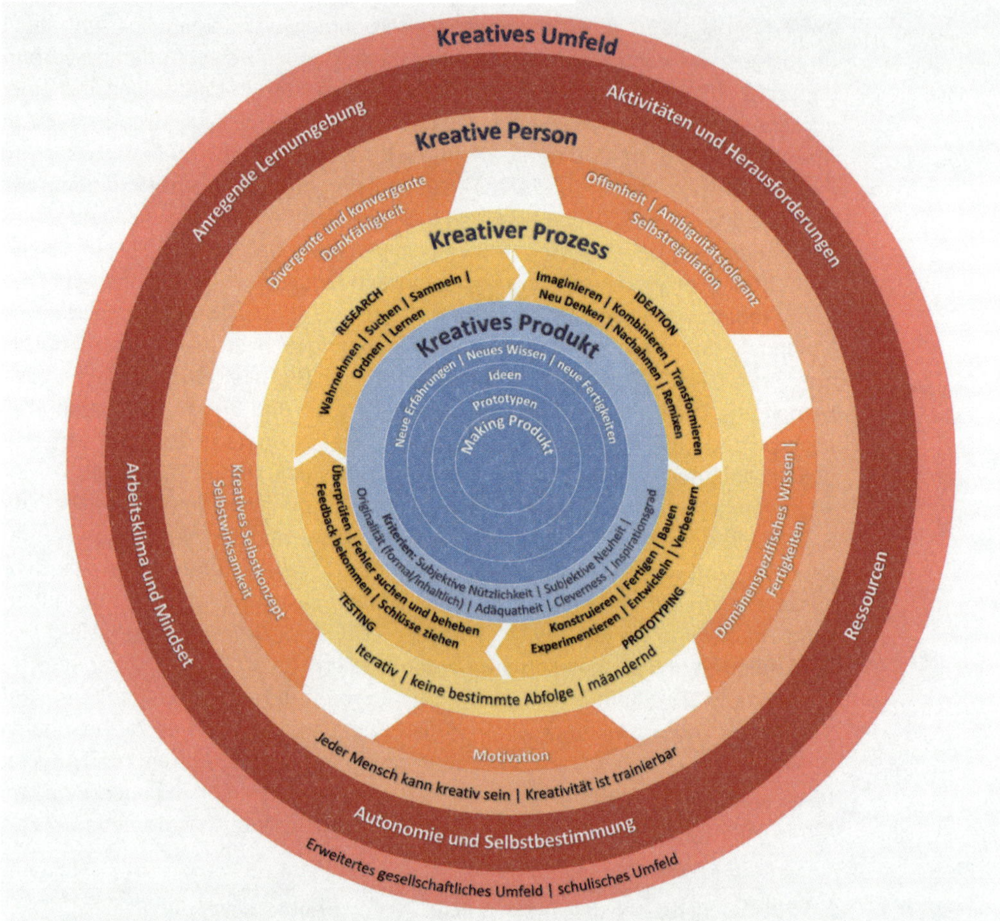

FRAGESTELLUNGEN FÜR DIE PRAXISFORSCHUNG

Kreativität wurde in schulischen Making-Kontexten bislang nicht systematisch untersucht. Schulische MakerSpaces sind vor diesem Hintergrund als wenig vorstrukturierte Forschungs- und Anwendungsbereiche zu verstehen, die ein exploratives, idiographisches methodisches Vorgehen nahelegen (vgl. Krampen 2019, S. 47).

In diesem Kapitel wurden zu den Perspektiven der Kreativitätsforschung Produkt, Person, Prozess und Umfeld verschiedene Fragestellungen aufgeworfen, die das Erkenntnisinteresse Begleitforschung (vgl. 1.2) zwar prinzipiell abbilden, in Umfang und Komplexität jedoch noch reduziert werden müssen, um das Forschungsvorhaben im Rahmen der verfügbaren Ressourcen realisierbar zu halten. Aus diesem Grund werden die Fragestellungen zum Forschungsschwerpunkt Kreativität in Abstimmung mit dem Erkenntnisinteresse im Schwerpunkt (digitale) Mündigkeit und unter Berücksichtigung der Erkenntnisse der Gegenüberstellung von Making und Schule (vgl. 6ff.) eingegrenzt und konkretisiert.

4.8 Zusammenfassung

In diesem Kapitel wurde der Forschungs- und Entwicklungsschwerpunkt «Kreativität» aus den Perspektiven «Produkt», «Person», «Prozess» und «Umfeld» betrachtet und auf den Kontext «Making in der Schule» bezogen. Dabei konnten Hinweise für die Entwicklung des MakerSpace Designs in Thayngen abgeleitet werden. Gleichzeitig wurden Fragestellungen für die Begleitforschung aufgeworfen, die dazu beitragen, das Phänomen Kreativität beim schulischen Making qualitativ zu erfassen und zu verstehen.

Auf der Grundlage dieser konzeptionellen Vorarbeiten lässt sich Kreativität beim schulischen Making systemisch konzeptionalisieren (vgl. Abbildung 4.34). Beim schulischen Making entwickeln Schüler*innen Produkte (1) im weiteren Sinne. Darunter fallen Gedanken, Erkenntnisse, Ideen, Prototypen und Making-Produkte, die als kreativ gelten können, wenn sie subjektbezogene, soziale und produktbezogene Kreativitätskriterien erfüllen. Die Kriterien Originalität, Adäquatheit, Cleverness, subjektiver Nutzen und Inspirationsgrad sind relativ und können nur von Feld (Fremdbewertung) und Subjekt (Selbstbewertung) gemeinsam angewendet werden.
Kreative Produkte sind Begleiterscheinung (Erkenntnisse, Wissen, Ideen) und/oder Ergebnis (Endprodukte) eines iterativ und nonlinear verlaufenden Design-Entwicklungsprozesses (2), in dem die Phasen Research, Ideation, Prototyping, Testing auf individuelle Weise aufeinanderfolgen und sowohl divergente als auch konvergente Denkprozesse umfassen (divergent: Ideen entwickeln, spielerisch experimentieren,rRemixen, de-konstruieren; konvergent: Informationen sammeln und auswerten, ordnen, überprüfen, Fehler finden, Erkenntnisse anwenden, ...).

Schüler*innen sind beim Making kreative Persönlichkeiten (3), die die nötige intrinsische Motivation für einen eigenen Design-Entwicklungsprozess aufbringen. Grundsätzlich kann jede*r kreativ sein. Eigenschaften wie Offenheit, Ambiguitätstoleranz, Selbstregulationsfähigkeiten sowie die Fähigkeit zum divergenten und konvergenten Denken sind allerdings günstige Voraussetzungen. Zudem erweitert domänenspezifisches Wissen kreative Ausdrucksmöglichkeiten beim Making.

Das kreative Umfeld (4) – der schulische MakerSpace – bietet geeignete Rahmenbedingungen wie beispielsweise ein kreativitätsförderndes Arbeitsklima, eine Plattform für Austausch und Inspiration, Autonomie und Selbstbestimmungsmöglichkeiten für die Schüler*innen, eine anregend gestaltete Lernumgebung mit motivierenden herausfordernden Aktivitäten und -Lernangeboten sowie ausreichende Zeit-, Material- und Personalressourcen.

5 Konzeptionelle Leitlinien für kreatives und mündiges Making in der Schule

Velazquez
100 ml
Velazquez
EN71 1.2.3.
ASTM D-4236
100 ml
ASTM D-4236
mini

5 Konzeptionelle Leitlinien für kreatives und mündiges Making in der Schule

In diesem Kapitel werden die Erkenntnisse aus den Kapiteln 2 «Maker Education», 3 «Digitale Mündigkeit und Making» und 4 «Kreativität und Making» zusammenfassend den neun Handlungsfeldern der Design-Entwicklung (vgl. 1.4) zugeordnet. Auf dieser Grundlage werden konzeptionelle Leitlinien für die Entwicklung von MakerSpaces formuliert, die autonome und kreative (Lern-)Aktivitäten begünstigen. Die Leitlinien sind vor dem Hintergrund der Auseinandersetzung mit digitaler Mündigkeit und Kreativität als idealtypisch zu verstehen. Sie werden in Kapitel 6 den Bedingungen der Schule gegenübergestellt und entsprechend angepasst.

5.1 Handlungsfeld 1: Ziele und Making-Kompetenzen

Welche Kompetenzen und Teilkompetenzen sind unter besonderer Berücksichtigung der Entwicklungsschwerpunkte digitale Mündigkeit (vgl. 3) und Kreativität (vgl. 4) für Making-Prozesse relevant?

Bislang liegt noch kein umfassender Kompetenzkatalog für die Maker Education vor. Blikstein et al. (2017) haben zwar ein standardisiertes Instrument zur Beurteilung von Explorations- und Fabrikationskompetenzen entwickelt (vgl. 6.1.2). Es fokussiert aber vor allem die digitale Fabrikation und das Verständnis von technischen Zusammenhängen und Funktionsweisen von digitalen und elektronischen Werkstoffen. Beide Dimensionen sind für Making wesentlich und werden daher in den Abschnitten Digitale Fabrikationskompetenz und Technisches Grundverständnis (vgl. 5.1.2.3.4) aufgegriffen. Da Making nach unserem Verständnis jedoch analoge und digitale Technologien verbindet und eine Passung mit dem Lehrplan der Schweizer Volksschule angestrebt wird, ist es erforderlich, ein weiterreichendes Kompetenzmodell zugrunde zu legen.

Dabei werden die in Kapitel 2.4.1 umrissenen Anliegen der Maker Education (Zukunftskompetenzen, Mündigkeit, Selbstwirksamkeit, ...) als übergreifende Bildungsziele berücksichtigt und konkretisiert. Auf der Grundlage der Literaturanalyse zur Maker Education, zu digitaler Mündigkeit und Kreativität werden im Modell zwei Kompetenzdimensionen «Rahmenkompetenzen» und «Produktentwicklungskompetenzen» unterschieden. Die «Rahmenkompetenzen» beschreiben Fertigkeiten, die mit den spezifischen Konventionen und den sozialen Erwartungen einer Maker-Lernumgebung verbunden sind. Darin enthalten sind auch «Reflexions- und Verantwortungskompetenzen», die über reflexive Prozesse im Kontext der Produktentwicklung hinaus gehen und die Fähigkeit beschreiben, zur Verwendung von Technologie unter Berücksichtung der erwartbaren Handlungsfolgen für Gesellschaft, Politik, Wirtschaft und Umwelt eine eigene Haltung einzunehmen und im Sinne einer «Verantwortungsethik» (Weber 1988, S. 505) zu begründen. Verantwortungskompetenz ist an dieser Stelle nicht mit Führungskompetenz gleichzusetzen. Den making-spezifischen Kern des Modells bilden die «(Produkt-)Entwicklungskompetenzen», deren Binnendifferenzierung vom Design Thinking Prozessmodell (vgl. 4.6.4) abgeleitet ist und das unter anderem handwerkliche Fertigkeiten, Informationskompetenz, ästhetische Kompetenzen sowie Ideenentwicklungs- und Problemlösekompetenz umfasst. Abbildung 5.1 zeigt die Kompetenzdimensionen im Überblick.

ABB. 5.1: KOMPETENZEN FÜR EIN KREATIVES UND DIGITAL MÜNDIGES MAKING

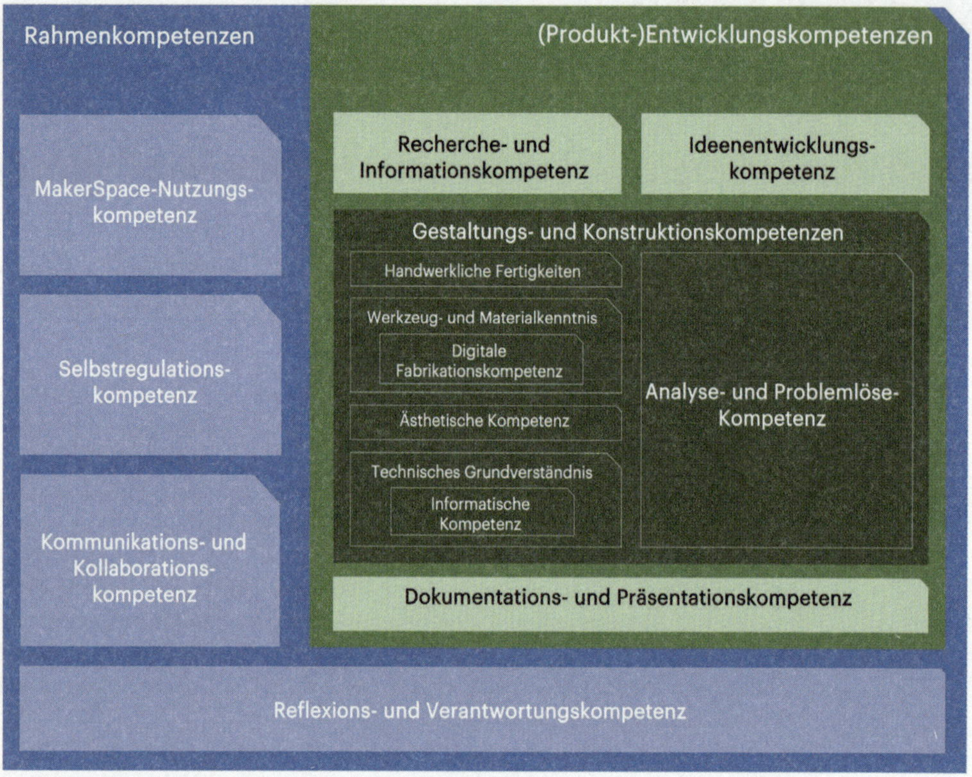

Das Kompetenzmodell beruht auf den bislang angestellten theoretisch-konzeptionellen Überlegungen und bildet eine Arbeitsgrundlage für den Design-Based Research-Prozess, die im weiteren Projektverlauf weiter angepasst wird. Die einzelnen Kompetenzen können im Online-Anhang dieses Buches abgerufen werden (vgl. 10: Kompetenzmodell).

5.2 Handlungsfeld 2: Haltung/Maker-Mindset

Ausgangsfrage: Welche pädagogische Grundhaltung fördert Kreativität und digitale Mündigkeit im Making-Kontext? Das in Kapitel 2.4.2 skizzierte Maker-Mindset kann unter Berücksichtigung der theoretisch-konzeptionellen Erkenntnisse von Kapitel 3 und Kapitel 4 weiter konkretisiert werden.

Jeder kann Making

Making bietet niederschwellige Zugänge für alle. Jeder Mensch kann kreativ sein und eigene Ideen entwickeln. Alltagskreativität und neue Denkweisen zählen auch zur Kreativität.

* Schüler*innen und Making-Lehrpersonen sind sich bewusst, dass Kreativität von allen Menschen erlern- und trainierbar ist. (EUM.3)
* Making-Lehrpersonen haben Vertrauen in die Motivation und die Lernbereitschaft der Schüler*innen. (UAK.2)
* Die Making-Lehrpersonen fördern gezielt das Vertrauen der Schüler*innen in die eigenen kreativen Fähigkeiten (kreatives Selbstkonzept). (POA.4)

Making geht vom Menschen aus

Alle Menschen sind neugierig und haben eigene Interessen. Making bietet die Chance, persönliche Stärken und Talente zu entdecken und weiterzuentwickeln.

* Schüler*innen bekommen im schulischen MakerSpace den Freiraum, ihre eigenen Ideen umzusetzen. (ES1.1)
* Schüler*innen können eigene Themen bearbeiten und vertiefen. (EU2.2)
* Schüler*innen können Materialien und technische Verfahren nach Neigung autonom auswählen. (PMO.2)
* Schüler*innen können die Arbeits- und Sozialformen selbst wählen. Die Lernzeit kann zu einem grossen Teil selbst eingeteilt werden. (UAS.1)
* Schüler*innen können Produkte herstellen, die ihnen etwas bedeuten. Das ist wichtiger, als beim Making bestimmte Fachkompetenzen zu erwerben. (ES1.1, UAH.1)

Fehler sind wichtig

Wer Neues ausprobiert, muss auch scheitern und Fehler machen können. Dabei entstehen nachhaltige Erfahrungen und wertvolle Erkenntnisse.

* «Aus Fehlern lernen» wird zur Leitmaxime im MakerSpace (Maker-Regeln für Schüler*innen). (UAK.5)
* Die Fehler der Schüler*innen werden von Lehrpersonen als wichtige Quelle der Erkenntnis gewürdigt. (EV3.4)

Innovation entsteht durch Spiel

Spielerische Zugänge sind wertvoll. Aus dem zweckfreien Spiel mit Materialien und Technologien entwickeln sich neue Ideen für die Umsetzung eigener Projekte.

* Making darf Spass machen. Making-Aktivitäten werden möglichst motivierend gestaltet. Spielerische Elemente und der Spassfaktor haben dabei eine grosse Bedeutung. (PMO.1)

Making bedeutet vor allem Lernen, weniger Lehren

Pädagog*innen sind im MakerSpace auch Lernende. Statt zu belehren, ziehen sie selbst ihre Lehren aus den Maker-Erfahrungen und agierenden mit Schüler*innen auf Augenhöhe.

* Making-Lehrpersonen betonen, dass sie selbst nicht alles wissen und dass sie, wie die Schüler*innen auch, jeden Tag im MakerSpace Neues dazulernen. (UAK.2)
* Making-Lehrpersonen können Kontrolle abgeben und den Schüler*innen Verantwortung für ihren Lernprozess übergeben. (UAS.1)

Making ist kein Leistungswettbewerb

Making lebt von Zusammenarbeit, vom Austausch und von gegenseitiger Inspiration. Es wird eine Kultur des Teilens, der gegenseitigen Wertschätzung und Unterstützung gepflegt.

* Team-Projekte (bis zu drei Personen) sind im MakerSpace ausdrücklich erwünscht. (URE.4)
* Nicht nur fertige Produkte, sondern auch Produkt- und Umsetzungsideen werden explizit gewürdigt und auf Wunsch der Öffentlichkeit vorgestellt. (PMO.4)
* Auf klassische Wettbewerbe, die auf Leistungsfähigkeit und Qualität von Problemlösungen abzielen, wird zugunsten von non-kompetitiven Team-Challenges verzichtet. (UAK.4)
* Schüler*innen bekommen die Gelegenheit, ihre Ideen und Produkte in einem geschützten, wertschätzenden Rahmen zu präsentieren. (ES1.5)

Leistung ist subjektiv

Eine klassische Leistungsorientierung oder Leistungsbeurteilung ist in der Maker Education nicht vorgesehen. Stattdessen ist ausschlaggebend, inwieweit das Individuum mit dem eigenen Produkt zufrieden ist bzw. ob es den Prozess als sinnstiftend erlebt hat.

* Auf eine summative Beurteilung von Leistungen im MakerSpace wird bewusst verzichtet. (PMO.3) Stattdessen wird auf formatives Feedback gesetzt. Dadurch wird den Schüler*innen signalisiert, dass das Explorieren und Ausprobieren keine negativen Konsequenzen haben. (UAK.5)
* Leistung wird nicht im Sinne der sozialen Bezugsnorm beurteilt. Massgeblich ist dagegen die individuelle Bezugsnorm, die nicht nur kreative Produkte beziehungsweise Lösungen würdigt, sondern individuelle Lernfortschritte, neue Erfahrungen und Erkenntnisse. (PRD.1)

Effizienz steht nicht im Vordergrund

* Making-Lehrpersonen und Schüler*innen lernen, Offenheiten und vermeintliche «Leerzeiten» auszuhalten, auch wenn die Vorgehensweise der Schüler*innen von aussen betrachtet nicht effizient oder zielstrebig erscheint. (UAK.2)
* Unterstützungsangebote werden dosiert eingesetzt.

5.3 Handlungsfeld 3: Didaktik/Lernangebote

Ausgangsfrage: Von welchen lerntheoretischen Grundlagen geht die Maker Education aus und in welchen didaktischen Prinzipien und methodischen Ansätzen schlägt sich dies nieder? Welche didaktischen Massnahmen können getroffen werden, wenn die Förderung von Kreativität und digitaler Mündigkeit zentrales Anliegen ist.

Subjektorientierung und Konstruktionismus

Maker*innen stellen etwas selbst her, das ihnen wichtig ist. Es entstehen Objekte (skizzenartige Prototypen, Artefakte oder funktionsfähige Produkte). Die Objekte müssen keinesfalls «fertig», «wertig» oder präzise gefertigt sein. Wichtiger als das Objekt selbst sind die darin enthaltenen Umsetzungsideen. Objekte können gezeigt, vorgeführt und diskutiert werden.

* Das schulische MakerSpace-Setting gibt Raum für die Entwicklung und Umsetzung eigener Projekte. (PRD.3)

Spielerisches Tüfteln/Vom Material zum Thema

Tüfteln (Tinkering) und Experimentieren gelten als wichtige Methoden des Erkenntnisgewinns (z.B. durch Versuch und Irrtum, Learning by Doing)

* Schüler*innen haben den Raum und die Möglichkeit, eigene Erfahrungen zu sammeln. Sie folgen nicht in erster Linie Schritt-für-Schritt-Anleitungen, sondern bekommen Herausforderungen, die zum Tüfteln und Experimentieren einladen. (EU2.3, EV3.4)

Problembasierte Challenges

Problembasierte Making-Aktivitäten dienen der Heranführung an das freie Making. Je nach Vermittlungsabsicht werden offene, problembasierte Aufgaben (Challenges), wettbewerbsorientierte Aufgaben, eher geleitete auftragsorientierte Umsetzungen beziehungsweise anleitungsbezogene Aufgaben verwendet.

* Geführte Lernangebote werden als problembasierte offene Aufgabenstellungen (richtige Probleme) konzipiert. (EU2.4)
* Offenheit bleibt beispielsweise erhalten, wenn das Ziel vorgegeben ist, Material und Weg aber offen bleiben, und umgekehrt. (UAH.1)
* Probleme werden nicht in vollaufgelöster Form präsentiert. Selbstentdeckendes Lernen wird möglich, wenn nicht alles «durchdidaktisiert» ist, sondern gewisse Mehrdeutigkeiten bleiben. (UAK.2)
* Das Spannungsfeld von Erfolgserlebnissen und Scheitern, von Unterforderung und Überforderung wird austariert, indem Struktur und Offenheit der Lernangebote den jeweiligen Prozessphasen und Dispositionen der Lernenden angepasst wird. (UAH.3)

Iterative Entwicklungsprozesse und agile Methoden

Im Idealfall konstruieren die Lernenden eigene Produkte und gehen dabei schrittweise vor, indem sie mehrere Prototypen entwickeln, die getestet, in der Lerngemeinschaft diskutiert, reflektiert und zum Endprodukt ausgebaut werden. Produktentwicklungsprozesse beim Making werden durch den Einsatz geeigneter agiler Methoden (z.B. Design Thinking) unterstützt.

* Gegebenenfalls werden gezielt Kreativitätstechniken vermittelt. (PR.3)
* Die Schüler*innen werden in die Phasen des kreativen Prozesses eingeführt, ohne dass rezeptartig eine bestimmte Reihenfolge nahegelegt oder vorgegeben wird. (PR.4)
* Bei Bedarf werden heuristische Instruktionen angeboten (z.B. Design Thinking Prozess). (UAH.2)
* Den Schüler*innen werden Strategien zum Problemlösen vermittelt. (EU2.4)

Situiertes Lernen

Lernende sind bereit und willens, sich fehlendes Wissen und Fertigkeiten anzueignen, wenn es für die Umsetzung ihrer Ideen erforderlich ist.

* Die Schüler*innen erhalten beim situierten Lernen bei Bedarf Unterstützung von der Making-Lehrperson oder von anderen anwesenden Expert*innen oder Mitschüler*innen. (ES2.5)
* Schüler*innen ohne Making-Vorerfahrung benötigen zu Beginn eine gewisse Sicherheit. Algorithmische Instruktionen bieten einen stützenden Rahmen (Scaffolding), der schrittweise ausgeblendet wird (Fading). (UAH3)

Prozessreflexion

Die Dokumentation von Prozessen und Produkten (z.B. mithilfe von digitalen Medien wie Videos, Fotos) ist eine wichtige Reflexionsmethode und eine Gelegenheit, Gelerntes anderen weiterzugeben.

* Die Schüler*innen bekommen beim Making Entscheidungsspielräume. Ohne Entscheidungsspielräume ist die Übernahme von Verantwortung für den eigenen Lernprozess nicht möglich. (EV3.5)
* Die Schüler*innen werden dazu angeregt, die Gründe für ihr Scheitern zu analysieren. Sie haben anschliessend die Gelegenheit, die neu gewonnenen Erkenntnisse unmittelbar anzuwenden. (EV3.4)
* Die Schüler*innen führen ein Portfolio, in welchem sie ihre Erfahrungen und Entwicklungsprozesse festhalten. (EV3.5)
* Das Portfolio beinhaltet auch nonverbale Eintragungen wie Skizzen, Fotos und Videodokumentationen. (EV3.5)
* Die Schüler*innen werden angeregt, ihren Lernprozess (und somit auch ihr begründetes Scheitern) medial zu dokumentieren. (UAK.5)
* Dadurch ergibt sich die Möglichkeit, misslungene Experimente oder nicht-funktionierende Lösungen als wertvoll und erwünscht zu würdigen. (UAK.5)

5.4 Handlungsfeld 4: Lernbegleitung

Ausgangsfrage: Welche Rolle haben Pädagog*innen und Maker*innen im Making-Prozess? Wie sieht eine kreativitäts- und autonomieunterstützende Lernbegleitung im Sinne des Maker-Mindsets aus?

Situative Begleitung

Die pädagogische Begleitung übernimmt die Funktion eines «Floating Facilitators», der die Ausdrucksabsichten und Projekte der Lernenden erkennt und bei Bedarf unterstützt (Cognitive Apprenticeship).

* Die Schüler*innen erhalten beim situierten Lernen bei Bedarf Unterstützung von der Lehrperson, die in ihrer Rolle als Facilitator agiert und gegebenenfalls Hinweise auf geeignete Online-Ressourcen gibt. (EU2.5)
* Die Schüler*innen erhalten besonders bei der Implementation digitaler Elemente in die Problemlösung Unterstützung. (UT4.2)

Dezentral statt frontal

Frontale Vermittlungsphasen vor der gesamten Lerngruppe sind selten. Die Betreuung erfolgt in erster Linie in Einzel- oder Kleingruppensituationen.

Häufig kommen Cognitive Apprenticeship Methoden (vgl. 2.2.6) zum Einsatz.

Projektmanager*innen

Maker-Pädagog*innen operieren als Projektmanager*innen. Sie unterstützen vor allem jüngeres Klientel bei Zeit- und Ressourcenplanung, Beschaffung und Problemlösung.

Peer Education

Die Lernbegleitung ist nicht auf die Pädagog*innen beschränkt. Es werden bewusst Formen des Peer Tutorings eingesetzt. Lernende werden dabei zu Lehrenden und geben ihr erworbenes Wissen an andere weiter. Das setzt einerseits voraus, dass die Pädago*innen Kontrolle abgeben und auf die Lernenden Verantwortung übertragen können, andererseits müssen die Lernenden in ihrer Rolle unterstützt bzw. dafür sensibilisiert werden.

5.5 Handlungsfeld 5: Maker-Curriculum

Ausgangsfrage: Welche Rahmenthemen und Fachinhalte werden in Lernangeboten der kreativitäts- und mündigkeitsfördernden Maker Education bearbeitet, um die Ziele (vgl. 2.2.1) zu erreichen?

Neigungsorientiertes Curriculum

Die Interessen und Neigungen der Lernenden sind in der Regel Ausgangspunkt und Kern aller Lernprozesse beim Making. Das bedeutet, dass die Lernenden sich jene Lerninhalte und Kompetenzen aneignen, die mit der Realisierung ihres Projekts verbunden sind. Die Lernenden lernen also Unterschiedliches.

* Die Schüler*innen bekommen im schulischen MakerSpace den Freiraum, eigene Ideen umzusetzen. (ES1.1)
* Die Schüler*innen bekommen die Möglichkeit, eigene Themen einzubringen und zu vertiefen. (EU2.2)

Phänomenorientierung und radikale Interdisziplinarität

Individuelle Projekte der Lernenden lassen sich selten einem bestimmten Fach zuordnen. Making ist in seiner Reinform daher eher phänomen- und weniger fachbezogen. Zur Lösung der Probleme wird Handlungswissen aus unterschiedlichen Fächern herangezogen. Making verbindet Informatik, Mathematik, Ingenieurwesen, Kunst und Gestaltung, Holz-, Metall- und Kunststoffverarbeitung, textiles

Handwerk, Musik, Film und Theater (vgl. Regalla 2016 S. 276). High-Tech und Low-Tech Traditionen gehen eine Symbiose ein (vgl. Peppler 2016).

Nachhaltigkeit als Thema

Making-Aktivitäten werden häufig an Themen aus dem Bereich «Bildung für nachhaltige Entwicklung», respektive an die 17 UN-Ziele für Sustainable Development, gekoppelt mit dem Auftrag, entsprechende Prototypen / Lösungen zu entwickeln.

* UN-Nachhaltigkeitsziele werden als Ausgangspunkt für Problemstellungen herangezogen. (EV3.1)

5.6 Handlungsfeld 6: Raumgestaltung

Ausgangsfrage: Wie sind Maker-Umgebungen gestaltet, um eigenständige und kreative Lernaktivitäten zu ermöglichen?

Visibility

Ein MakerSpace bietet niederschwelligen und freien Zugang zu verschiedenen digitalen und analogen Verarbeitungsverfahren sowie Materialien und Werkstoffen. Diese sind deutlich sichtbar, so dass Besucher*innen sehen, was möglich ist.

* Alle Materialien und Werkzeuge im MakerSpace sind für die Schüler*innen zugänglich. (EU2.1)
* Materialien und Werkzeuge werden nicht versteckt, sondern offen präsentiert (Visibility). (EU2.1)

Vielfalt

Ein wichtiger Bestandteil ist ein Materiallager mit verschiedenen Werkstoffen, das (gegebenenfalls unter Aufsicht) frei zugänglich ist.

Schutz vor Emissionen

Üblich ist eine räumliche Trennung von Werkbereich (Staub- und Lärmemissionen) und Elektronik- / Digitalbereich.

Signaletik

Eine klare Signaletik hilft den Nutzer*innen, sich zurechtzufinden und Ordnung aufrechtzuerhalten.

* Ein Leitsystem zeigt den Schüler*innen auf, welche Materialien, Maschinen und Werkzeuge es im MakerSpace gibt und wo man sie findet. (EU2.1)

Functionality

Verbreitet ist die Aufteilung in Funktionsbereiche wie z.B. eine Recherche- oder Arbeitszone.

* Im MakerSpace werden spezifische Zonen eingerichtet, in welchen die einzelnen Prozessphasen durchlaufen werden können (z.B. Visualisierung von Ideen, Präsentation und Feedback, Konstruktion, Recherche und Inspiration). (PR.4)
* Bereiche (Zonen) für die Visualisierung von Ideen, für die Präsentation von Produkten, für die Recherche und Inspiration werden eingerichtet. (UAL.3)
* Im MakerSpace werden sowohl anregungsreiche Zonen mit vielen verschiedenen Materialien und Werkstoffen als auch schlicht gehaltene ablenkungsfreie Zonen eingerichtet (Ordnung). (UAL.4)

Flexibility

* Flexibilität: Festeinbauten werden nur dort installiert, wo sie zwingend erforderlich sind. (UAL.2)
* Nach Möglichkeit wird mobiles Mobiliar eingesetzt, das unterschiedlichen Lern- und Arbeitsbedürfnissen flexibel und ohne Aufwand angepasst werden kann (z.B. Tische, Werkbänke, Maschinen und Geräte auf Rollen). (UAL.2)
* Die Raumatmosphäre im MakerSpace lässt sich an die zu verrichtenden Tätigkeitem anpassen (eine LED Beleuchtung mit einstellbaren Farben unterstützt divergente und konvergente Denkprozesse). (UAL.5)

Partizipative Raumgestaltung

* Die Schüler*innen werden am Aufbau der Lernumgebung beteiligt, sie können eigene Ideen und Wünsche einbringen. (ES1.6)
* Die Schüler*innen sowie die Lehrpersonen könne ihre Ideen zur Gestaltung des MakerSpace einbringen. (UAL.6)
* Der MakerSpace ist nicht fertig, sondern kann mit den Schüler*innen gemeinsam weiterentwickelt werden. (UAL.6)

Signifikanz

* Da im MakerSpace teilweise andere Erwartungen an die Schüler*innen gerichtet werden, als sie dies vom Regelunterricht gewöhnt sind, muss sich die Lernumgebung deutlich von einem traditionellen Schulraum unterscheiden. Mit dieser Massnahme können Verhaltensweisen und Rollenerwartungen relativiert werden und Spielräume für Individualisierung und kreativen Selbstausdruck entstehen. (UAL.1) (UAL.1)
* Auf typische Schulsymbole wie die Wandtafel oder auf die nach vorne ausgerichtete Projektionsfläche wird bewusst verzichtet. (UAL.1)
* Möblierung, Raumaufteilung und Farbgestaltung weichen von der anderer Schulräume ab. (UAL.1)

5.7 Handlungsfeld 7: Material- und Geräteausstattung

Ausgangsfrage: Welche Maschinen-, Werkzeug- und Materialausstattung hat sich in der Maker Education etabliert?

Technologiemix

Zur Ausstattung eines MakerSpace gehören nebst analogen Werkzeugen und Maschinen (z.B. für Holzbearbeitung), auch Möglichkeiten der digitalen Fabrikation (z.B. 3D-Druck, CNC-Fräse, Lasercutter, Schneideplotter, Computer-Nähmaschine).

* Im MakerSpace sind Möglichkeiten der digitalen Fabrikation vorhanden und für die Schüler*innen zugänglich. (ES1.3)
* Das Materialangebot des MakerSpace umfasst sowohl digitale als auch analoge Materialien. (URE.3)
* Kindgerechte Geräte für digitale Fabrikation werden angeschafft. (URE.3)

Digitale und elektronische Werkstoffe

In vielen MakerSpaces gehören digitale und elektronische Bau- und Werkstoffe zum Standardinventar. Hierzu zählen Microcontroller, verschiedene Sensoren, Elektromotoren, Servomotoren, LEDs, Displays, Widerstände, Taster und Schalter, Kabel, Stromquellen u.v.m.
Hinzu kommen vorkonfektionierte informatische und/oder elektronische didaktische Materialien wie LittleBits oder Robotik-Kits wie Lego-Mindstorms, mBot, Elegoo u.v.m.

* Für das Gestalten mit digitaler Technik werden kindgerechte Microcontroller-Boards und blockbasierte Programmiersprachen verwendet. (ES1.4)
* Die Verwendung einer Online-Programmierumgebung stellt sicher, dass die Schüler*innen auch eigenständig von zuhause aus programmieren üben und Ideen weiter entwickeln können. (ES1.4)

Konstruktions- und Verbrauchsmaterialien

Für das Entwickeln von Produkten sind meist verschiedene Baumaterialien verfügbar wie z.B. Pappe, Holz (verschiedene Arten und Stärken), Schaumstoffe, textile Stoffe, Metallteile, Kork- und Kunststoffstücke, mechanische Komponenten (wie z.B. Wellen, Zahnräder), Verbindungsmaterialien (wie z.B. Schrauben, Nägel, Nieten, Nägel) und Recycling-Materialien aller Art.

Computer

Für Internetrecherchen werden mobile Endgeräte zur Verfügung gestellt. Zum Konstruieren von 3D-Objekten oder CNC-Projekten sind häufig Laptops und/oder Desktop Computer vorhanden.

* Die Lernumgebung wird so gestaltet, dass ausreichend mobile Geräte mit WLAN-Zugang zur Verfügung stehen. Zudem ist eine Auswahl von Making-Büchern und Magazinen verfügbar. (EU2.6)

Inspirationsquellen

Inspiration ist in der Maker Education zentral. Daher wird viel mit Beispielen, Ideen von Plattformen oder Videotutorials gearbeitet. In der Lernumgebung werden Projektbeispiele und bereits realisierte Produkte ausgestellt, zusätzlich liegen Bücher mit Projektideen aus.

Aufnahmebereich für Medienproduktionen

Im MakerSpaces ist eine Präsentationsecke mit Greenscreenwand für Medienproduktionen installiert.

5.8 Handlungsfeld 8: Qualifikation von Maker-Pädagog*innen

Ausgangsfrage: Welche Qualifikationen benötigen Maker-Pädagog*innen, um kreative und selbstbestimmte Making-Aktivitäten kompetent begleiten zu können?

Der Qualifikations- und Weiterbildungsbedarf von pädagogischen Maker-Fachpersonen lässt sich aus den anderen Handlungsfeldern ableiten. Eine wesentliche Voraussetzung ist die Grundhaltung, das Maker-Mindset. Es ist davon auszugehen, dass sich das Maker-Mindset nicht im Rahmen von einzelnen Weiterbildungsveranstaltungen «vermitteln» lässt.

Mündigkeit und Kreativität im Lehrplan

* Maker-Lehrpersonen können Kreativität und Problemlösen als überfachliche Kompetenzen im Kontext der Lehrplananforderungen verstehen. (EUM.4)
* Maker-Lehrpersonen können Mündigkeit als überfachliches Bildungsziel im Kontext der Lehrplananforderungen verstehen.

Kreativität erkennen und fördern

* Maker-Lehrpersonen verfügen über Kriterien, um Mini- und Little-C-Level Kreativität in Produkten zu erkennen.
* Maker-Lehrpersonen können kreative Prozesse begleiten und unterstützen. (EUM.6)

Maker-Mindset

* Maker-Lehrpersonen kennen das Maker-Mindset und können ihr pädagogisches Handeln daran ausrichten.
* Maker-Lehrpersonen wissen, wie sie ein kreatives Arbeitsklima schaffen. (UAK.2)
* Die Bedeutung der Lehrperson als Resonanzkörper für Kreativität wird erkannt. (PDE.2)

Konzeption offener Aufgabenstellungen

* Maker-Lehrpersonen können offene Aufgabenstellungen entwickeln.
* Mader-Lehrpersonen können domänenspezifisches Wissen im Rahmen von problembasierten Challenges vermitteln.
* Maker-Lehrpersonen kennen Alternativen zu klassischen kompetitiven Wettbewerben. (UAK.4)

Agile Methoden

* Maker-Lehrpersonen verfügen über methodische Kenntnisse im Bereich Kreativitätsförderung (z.B. «Design Thinking») (EUM.6)

Digitale Fabrikation – informatische Kompetenzen

* Maker-Lehrpersonen sind mit den Geräten der digitalen Fabrikation vertraut und können eigene Produkte damit fertigen.
* Maker-Lehrpersonen können mit Microcontrollern, Sensoren, Aktoren und elektronischen Bauteilen Prototypen herstellen und lauffähige Softwareprogramme schreiben.
* Maker-Lehrpersonen kennen die Mehrwerte von digitalen, analogen und Mischlösungen.

5.9 Handlungsfeld 9: Organisatorische und institutionelle Einbindung

Ausgangsfrage: Wie sind Angebote der Maker Education organisatorisch gestaltet? Welche Zielgruppen werden angesprochen? Welche Formate haben sich bewährt? Wie ist das Betreuungsverhältnis Maker*in zu Pädagog*in?

Stakeholder und Eltern überzeugen

* Stakeholder wie Schulbehörde, politische Gemeinde und Schulleitung müssen von der gesellschaftlichen Bedeutung von Kreativität und von der Notwendigkeit der Kreativitätsförderung in der Schule überzeugt sein. (UAK.1)
* Eltern müssen gegebenenfalls ihre Erwartungen an die Perfektion von Lernprodukten ihrer Kinder anpassen und offen für kreative (und u.U. nicht perfekt ausgearbeitete) Lösungen sein. (UAK.1)
* Die Eltern werden über die Anliegen und die Umsetzung des schulischen Makings informiert und können sich mit ihren Ideen und Bedürfnissen einbringen. (UAK.1)

Nachhaltiges Making

* Kreative Prozesse brauchen Zeit. Lektionen von 45 Min Länge eignen sich nicht für kreatives Making. Es finden daher keine Einzellektionen im MakerSpace statt. Mehrere Lektionen werden gebündelt. (URE.1)
* Im Nutzungskonzept wird sichergestellt, dass die einzelnen Lerngruppen einen längeren Zeitraum (mehrere Wochen) regelmässig im MakerSpace arbeiten können. (URE.2)

6 Making und Schule

Werkzeuge & Too

6 Making und Schule

Maker Education möchte das freie, experimentelle Arbeiten mit analogen und digitalen Werkstoffen und Technologien ermöglichen. Die Lernenden sollen dabei angeregt werden, interessengeleitet eigene Fragestellungen und Ideen zu entwickeln und diese neugierig tüftelnd zu eigenen Produkten oder Prototypen umzusetzen. Der Erwerb der hierfür erforderlichen Materialkenntnisse, Arbeitstechniken und Methoden zur Design-Entwicklung erfolgt möglichst selbstbestimmt, situativ und/oder innerhalb von problemorientierten Challenges. Maker-Kultur und Schulkultur sind auf den ersten Blick unterschiedlich. Wichtige Maker-Prinzipien stehen im schulischen Kontext nicht unbedingt an erster Stelle. Und von einer «knowledge building community» (Scardamalia/Bereiter 2006), die sich beim Erwerb von Wissen und bei der Realisierung von Ideen gegenseitig unterstützt, ist Schule im deutschsprachigen Raum aufgrund ihrer gesellschaftspolitischen Aufgabe (insbesondere Sozialisation und Selektion) weit entfernt. Was passiert, wenn die Maker Education auf die Schule trifft? Welche Herausforderungen stellt ein schulischer MakerSpace an das Selbst- und Rollenverständnis von Schüler*innen und Lehrpersonen? Löst die Begegnung von Making und Schule einen Kampf zweier Bildungskulturen aus, die sich gegenseitig vereinnahmen wollen, wie es die Aussage des ausserschulischen Pädagogen Deinet (2002) «Alles, was Schule anfasst, wird zu Schule» suggeriert? Oder kann Making wertvolle Impulse für die Schulentwicklung geben (vgl. Ingold/Maurer 2019, S. 61)?

Manche Vertreter*innen der Maker Education neigen dazu, Making als innovativen und heilsbringenden Gegensatz zum traditionellen und rückschrittlichen Schulsystem darzustellen (vgl. Godhe et al. 2019, S. 319). Diese Position erschwert das Finden von Schnittmengen und Synergien, zumal einzelne Forschungsbefunde deutlich machen, dass sich kreatives, selbstbestimmtes Making und schulisches Lernen nicht ausschliessen müssen, sondern sich gegenseitig befruchten können (vgl. Wardrip/Brahms 2016; vgl. Martin 2015, S. 36; vgl. Tan 2018; vgl. Regalla 2016). Dies ist jedoch auch kein Automatismus. Liu (2018, S. 923) sieht die Gefahr, dass beispielsweise eine zu starke Orientierung an Hardwaretools das Bildungspotenzial schulischen Makings verwässert.

In diesem Kapitel wird zunächst der Stand der Forschung zu Making in der Schule aufgearbeitet (vgl. 6.1). Anschliessend werden ausgewählte Fallbeispiele von bereits realisierten schulischen MakerSpaces bzw. sonstigen Formen schulischen Makings beleuchtet (vgl. 6.2). Zuletzt werden entlang von neun Handlungsfeldern für die Design-Entwicklung schulischer MakerSpaces (vgl. Maurer/Ingold 2021d) unter Beizug theoretisch-konzeptioneller Fachlitertur Reibungspunkte und Synergieeffekte zwischen der ausserschulischen Maker Education und der Institution Schule antizipiert (vgl. 6.3). Auf dieser Basis werden Fragestellungen für die Design-Entwicklung und – jeweils am Ende jedes Handlungsfelds – für die Begleitforschung abgeleitet.

Wenn im Folgenden von «Schule» die Rede ist, gehen wir von einer staatlichen Primar- oder Sekundarschule (in der Schweiz: Volksschule) aus. Eine derartige Schule organisiert das Lernen tendenziell fachbezogen und curricular in Jahrgangsklassen, basiert grösstenteils auf 45- bis 90-minütigen Lektionen, orientiert sich am aktuell gültigen Lehrplan und verfügt über durchschnittliche Personalkapazitäten, d. h. ein bis maximal zwei Lehrpersonen in einer Schulklasse. Uns ist bewusst, dass Freie Schulen oder Privatschulen flexiblere Rahmenbedingungen für Maker-Ansätze bieten (vgl. Wunderlich 2019). Wir wollen an dieser Stelle jedoch von einer Standardsituation ausgehen.

6.1 Stand der Forschung

In einigen Ländern hat die Maker-Bewegung bereits erfolgreich Einzug in die Schule gehalten und dort Impulse für die Schul- und Unterrichtsentwicklung gegeben. Vor allem in den USA (vgl. Crichton / Childs 2016), Schweden (vgl. Eriksson et al. 2016) oder Singapur (vgl. Tan 2018) wurden Making-Ansätze bereits Mitte der 2000er Jahre rezipiert und auch auf den formalen Bildungsbereich übertragen. Tan (2018) und auch Cabarello / Fernandez (2019, S. 536) weisen allerdings darauf hin, dass sich ein Grossteil der wissenschaftlichen Studien im Bereich Making auf informelle Bildungskontexte bezieht. Exemplarisch für den deutschsprachigen Raum ist die Design-Based Research-Studie FabLab Mobil (vgl. Boy / Sieben 2017) zu nennen, in welcher Verfahren und Technologien der Maker-Bewegung auf die ausserschulische medienpädagogische Praxis übertragen und unter anderem die ‚Technikaneignung' und der ‚gesellschaftliche Gestaltungswille' von zwölf- bis 20-jährigen Teilnehmenden an Making-Workshops untersucht wurde. Nach Salisbury und Nichols (2020, S. 50) zeigen einige dieser Studien im ausserschulischen Bereich, dass Kinder und Jugendliche zwar in MakerSpaces lernen, Verantwortung für ihren Lernprozess zu übernehmen. Der ausserschulische Bereich sei aber in der Regel frei von formalen Zwängen wie Lehrplänen oder Leistungsbewertungen, so dass sich die Ergebnisse nur bedingt auf den Schulkontext übertragen lassen. Die Frage, wie informelles Lernen mit den Bedingungen von Schule in Einklang zu bringen ist, konnte, so Salisbury und Nichols, bislang noch nicht beantwortet werden.

«Future research is needed to determine best practices from educators who have already successfully established their own Makerspace in an educational setting.»

(Cross 2017, S. 12)

Während Schulen im deutsprachigen Raum in den letzten fünf Jahren zunehmend mit MakerSpaces und Maker-Ansätzen experimentiert und Erfahrungen gesammelt haben, ist das Forschungsfeld MakerSpace an Schulen noch relativ wenig erschlossen und konzeptionell erst in Ansätzen gefasst. Die Maker-Community selbst ist grösstenteils eine «Community of Practice» (vgl. Wenger 1998), die gut vernetzt ist und sich hauptsächlich über informelle Kanäle austauscht, in der Scientific Community dagegen weniger aktiv ist. In dieser ersten Adaptionsphase der Maker-Idee auf die Schule wurden daher hauptsächlich konzeptionelle, organisatorische sowie einzelne didaktische und technische Überlegungen zur Einrichtung und zum Betrieb von MakerSpaces in unterschiedlichen schulischen und ausserschulischen Praxisfeldern publiziert (vgl. Libow Martinez et al. 2019; vgl. Peißl 2016; vgl. Ingold/Maurer/Trüby 2019).

Im medienpädagogischen Umfeld sind in der jüngeren Vergangenheit eine Reihe didaktischer Ideen zu kreativen Maker-Aktivitäten entstanden (vgl. z.B. Schön/Ebner/Narr 2015) und der Ansatz des «pädagogisches Making» lerntheoretisch grundgelegt worden (vgl. Boy/Sieben 2017; vgl. Boy/Narr 2019). Im englischsprachigen Raum, wo die Maker Education auf eine längere Tradition zurückblicken kann, findet man inzwischen eine Reihe von Studien, die ihr Erkenntnisinteresse auf unterschiedliche Aspekte des Makings in der Schule richten. Hauptsächlich handelt es sich dabei um Praxisforschung und um die Auswertung von Good Practice Erfahrungen (vgl. Godhe et al. 2019, S. 318).

6.1.1 Making – institutionelle und kulturelle Aspekte von Schule

Die Befunde der ethnografischen Studie von Sheridan et al. (2014), die informelle Lernprozesse von MakerSpace-Besucher*innen beobachtet und analysiert haben, deuten darauf hin, dass wesentliche Charakteristika der Maker Education wie beispielsweise Freiwilligkeit, interdisziplinäre Projektarbeit, unterschiedliche Kompetenzlevels, altersgemischte Lerngruppen sowie wissensbildende soziale Interaktionen nur bedingt mit den Strukturen und Logiken der Institution Schule kompatibel sind. Tan et al. (2018) kommen in einer qualitativen Feldstudie an drei Schulen in Singapore vor diesem Hintergrund zum Schluss, dass die Einrichtung eines schulischen MakerSpaces mit einer veränderten Lernkultur einhergehen muss. Ein MakerSpace kann demnach keine Plug-and-Play-Lösung für die Vermittlung von schwierigen Lehrplaninhalten sein. Stattdessen, so die Empfehlung des Autor*innenteams, kann er Anlass sein, selbstverständliche schulische Lerninhalte und -auffassungen zu hinterfragen und zu problematisieren.

Campos et al. (2019) haben an vier Schulen untersucht, wie Making-Angebote vom Schulfeld angeeignet werden und welche Spannungen dabei auftreten. Die wissenschaftlich begleiteten Making-Angebote wurden in der Schule von Lehrpersonen und ausserschulischen Maker-Pädagog*innen gemeinsam gestaltet. Dabei erwies sich u.a. die unterschiedliche berufliche Identität und die damit verbundene Haltung der pädagogischen Akteure als Spannungsfaktor. Während Maker-Pädagog*innen grossen Wert auf Offenheit und Freiheit und weniger auf fachlichen Lernzuwachs legten, tendierten Lehrpersonen zu stärker angeleiteten Settings und fühlten sich stark ihren assoziierten Fächern und Lehrplanvorgaben verpflichtet. Campos et al. (2019) gehen davon aus, dass ein Schulethos, der Lehrplanvorgaben und formale Lernprozesse fokussiert, im Widerspruch zu Maker-Werten wie Entscheidungsfreiheit und Unabhängigkeit steht. Die beobachteten Abgrenzungs- und teilweise auch Abwertungstendenzen zwischen den beiden Akteursgruppen können nach Auffassung derAutor*innen durch kontinuierlichen Dialog und durch selbstreflexive Auseinandersetzung mit den Rollen und Zuständigkeiten relativiert werden.

Eriksson et al. (2016, S. 7) haben in einem landesweiten Making-Projekt an schwedischen Schulen herausgearbeitet, dass Schulleitende oder Lehrpersonen mit geringen oder keinen praktischen Vorkenntnissen im Bereich Making dazu neigen, schulischem Making wenig Priorität einzuräumen. Als Argument wird die vermeintlich fehlende Übereinstimmung mit den Lehrplänen genannt. Lehrpersonen, die ein längerfristiges Making-Weiterbildungsprogramm durchlaufen haben, wünschen sich explizit neben technischen Kompetenzen auch Unterstützung bei der Entwicklung von interdisziplinärem Unterricht, indem Fachinhalte miteinander verbunden und Fachressourcen für Making genutzt werden.

6.1.2 Making – Lernprozesse, Lerneffekte, Motivation

Vartiainen/Kumpulainen (2019) haben in einer Fallstudie in Finnland beobachtet, dass Vorschulkinder beim selbstgesteuerten Making mit naturwissenschaftlichen Lerngegenständen (Fallschirmen) einen Prozess der «spielerischen Sinnfindung» durchlaufen, in dem sie mit den Objekten spielerisch interagieren, auf der Basis ihrer Alltagserfahrung Hypothesen aufstellen, Vorhersagen machen und diese durch Tests bestätigen bzw. verwerfen. Naturwissenschaftliches Lernen im MakerSpace ist auch der Forschungsgegenstand eines Feldexperiments an zwei Schulen in Madrid von Caballero-Garcia/Fernandez (2019). Hier wird die Wirkung des Maker-Ansatzes auf die Motivation der Schüler*innen für naturwissenschaftliches Lernen untersucht. Das Autorenteam kommt zum Schluss, dass die Motivation der Making-Versuchsgruppe signifikant höher ist als die der Kontrollgruppe, die die Lerninhalte im Rahmen eines herkömmlichen Unterrichts bearbeitet hat.

Marsh et al. (2019) haben in ihrer qualitativen Studie im Bereich frühe Kindheit festgestellt, dass MakerSpaces die Entscheidungsfreiheit von Kindern fördern und ihnen ein Setting geben, in dem sie ihre persönlichen Interessen vertiefen, wenn die Maker-Aktivititäten möglichst offen und explorativ und weniger von Erwachsenen angeleitet werden.

Sheffield et al. (2017) stellen in einer genderspezifischen Fallstudie fest, dass Primarschülerinnen in einem von ausschliesslich weiblichen Pädagoginnen begleiteten Maker-Setting Fantasie und Kreativität entwickeln und in STEM-Projekte (Science, Technology, Engineering, and Mathematics) einfliessen lassen können. Besondere Bedeutung wird dabei der affektiven Komponente zugeschrieben, beispielsweise der Freude darüber, nach anfänglichen Schwierigkeiten durch Versuch und Irrtum etwas selbst herausgefunden zu haben (vgl. Sheffield et al. 2017, S. 160). Mangels Operationalisierung des Konstrukts Kreativität und aufgrund der kurzen Dauer der Aktivität sind die Ergebnisse im Bereich Kreativität allerdings wenig aussagekräftig. Blackley et al. (2018) konnten in ihrer qualitativen Studie an Primarschulen (Klassen 5–6) in Jakarta feststellen, dass konkrete Making-Aktivitäten (Bau eines Malroboters) das Selbstvertrauen der Schüler*innen in ihre STEM-Kompetenzen gestärkt hat. Den Proband*innen wird ausserdem bescheinigt, dass sie während des Produktionsprozesses eines Malroboters kollaborativ und kommunikativ (aber weniger kreativ) agiert haben.

Schön et al. (2020, S. 5f.) haben im Rahmen einer Literatursichtung und vor dem Hintergrund eigener Erfahrungen genderbezogene Richtlinien für die Gestaltung von Maker-Angeboten für Mädchen entwickelt und betonen u.a. die Notwendigkeit, die persönliche Relevanz des Angebots bereits im Titel deutlich zu machen, auf genderspezifische und ansprechende Illustration zu achten und möglichst weibliche Teamerinnen als «Role Models» einzusetzen. Für Denner und Werner (2007) ist ausserdem der persönliche Nutzen des Maker-Projekts/Produkts und die Möglichkeit, Probleme gemeinsam im Team zu lösen, für die Entwicklung von MINT-Lernumgebungen für Mädchen wichtig.

Blikstein et al. (2017) gehen davon aus, dass sich maker-spezfische Kompetenzen nur geringfügig mit klassischen Informations- und Kommunikationskompetenzen (ICT) überschneiden.

Daher haben sie ein standardisiertes Instrument zur Beurteilung von Maker-Kompenzen (Schwerpunkt: Explorations- und Fabrikationstechnologien) entwickelt und statistisch validiert, das den Realitäten in schulischen Maker-Umgebungen eher gerecht wird. Bei ersten Messungen an Schulen mit integrierten MakerSpaces in den USA, in Mexico und Australien stellen sie fest, dass die Schüler*innen mit Informations- und Kommunikationstechnologien (ICT) wesentlich vertrauter sind als mit Explorations- und Fabrikationstechnologien (EFT). Während die Präsenz von Smartphones, Tablets und Computern im Alltag eine autodidaktische Aneignung von digitalen ICT-Skills ermöglicht (z. B. Bild- und Videobearbeitung, Informationsrecherche- und Verarbeitung, Handhabung von Smartphones, Tablets), ist dies in den Bereichen Fabrikationstechnologie und Produktentwicklung weniger der Fall. In der Lebenswelt fehlen, so die Autor*innen, Berührungspunkte mit digitalen Fertigungstechnologien und mit der Funktionsweise technischer Systeme. Vor diesem Hintergrund kommt der Schule die verantwortungsvolle Aufgabe zu, Begegnungen mit EFTs zu ermöglichen und Schüler*innen beim Aufbau entsprechender Kompetenzen zu unterstützen.

6.1.3 Freiheit und Struktur von Making-Aktivitäten

Looijenga/Klapwijk (2018) haben an einer Montessorischule untersucht, wie sich strukturierte Aufgabensettings («bordered tasks») beim Making auf das Entdecker- und das Kollaborationsverhalten von Schüler*innen mit Lernschwierigkeiten auswirken. Ausgehend von Vygotskis Konzept der Zone der proximalen Entwicklung werden den Schüler*innen Problemstellungen und konkrete Arbeitsschritte vorgegeben, die einen begrenzten kognitiven Konflikt («bounded cognitive conflict») beinhalten und somit herausfordernde aber nicht überfordernde Challenges darstellen (Ziel: Stuhl designen, Skizze zeichnen, Bestandteile des Stuhls einzeln zeichnen, Bestandteile aus Pappe ausschneiden, Stuhl montieren, testen, überarbeiten). Durch die Begrenztheit der Aufgabenstellung – so die Autor*innen der qualitativen Studie – konnten die Schüler*innen viele Arbeitsschritte selbstständig bewältigen, die Ergebnisse gemeinsam diskutieren, die Bandbreite der verschiedenen Lösungen erfassen und sich gegenseitig zum Re-Design inspirieren.

Der thematische Rahmen der Aufgabenstellung (Stuhl entwickeln), so der Schluss der Autor*innen, ermöglicht intensivere Kooperations- und Kollaborationsprozesse, als dies bei individuellen Projekten der Fall gewesen wäre. Ein Seitenblick auf die empirische Unterrichtsforschung mit dem Fokus auf Formen des «offenen Unterrichts» bestätigt diese Befunde. So sind offene Unterrichtskontexte nur unter bestimmten Bedingungen lernwirksam: Wenn Schüler*innen über Selbstregulationskompetenzen verfügen (vgl. Lipowsky 2002), wenn der Fokus auf Problemlöse- und Anwendungsfähigkeiten liegt (vgl. Dochy et al. 2003), wenn die Lernumgebung Wahlmöglichkeiten beinhaltet und an den Interessen der Subjekte anknüpft (vgl. z.B. Hartinger 2006; vgl. Meyer-Ahrens/Wilde 2013) und wenn jüngere oder leistungsschwächere Schüler*innen unterstützende Lenkung erhalten (vgl. z.B. Hardy/Stern 2011) und wenn „Choice Overload" vermieden wird (vgl. Koh 2015).

6.1.4 Raumgestaltung und Materialangebot

Zur Gestaltung von Maker-Räumen liegen erst wenige wissenschaftliche Erkenntnisse vor, worauf Assaf (2014, S. 146) hinweist. Hynes/Hynes (2018) haben die Wirkung des Erscheinungsbildes eines MakerSpace auf Studierende unterschiedlicher Disziplinen untersucht und dabei einige interessante Befunde erzielt. Demnach stehen Raumgestaltungspräferenzen in Relation zu Studienrichtungen. Studierende aus weniger technik-affinen Studiengängen werden von unordentlichen (messy) und chaotischen Maker-Umgebungen eher abgeschreckt (2018, S. 881). Für die Nutzergruppe Frauen liefert die genderspezifische Studie von Bean et al. (2015) ähnliche Erkenntnisse. Dagegen werden die Merkmale hohe Sichtbarkeit und strukturelle Klarheit von allen Proband*innen positiv bewertet, sind sie doch Voraussetzung dafür, sich wohl zu fühlen und im Raum handlungsfähig zu sein.

6.1.5 Scheitern und der Umgang mit positiven und negativen Emotionen beim Making

In einer qualitativen Langzeitstudie stellen Liu et al. (2016) fest, dass das Engagement und die Selbstwirksamkeit der Schüler*innen in Making-Aktivitäten mit der Zeit abnehmen. Nach anfänglicher Begeisterung lässt die Motivation nach, insbesondere wenn die ersten Widerstände überwunden werden müssen. Liu et al. (2016) führen diese Beobachtung auf den Wiederholungseffekt zurück, der zwangsläufig eintritt, wenn über längere Zeit Maker-Produkte entwickelt werden. Nach der Einschätzung der Autor*innen der Studie kann die Motivation aufrechtgehalten werden, wenn die Schüler*innen gegenseitig feststellen, dass sich die Qualität ihrer Produkte kontinuierlich verbessert. So fühlen sie sich im sozialen Kontext angespornt, ihr Produkt weiter zu optimieren und nicht mit der ersten Lösung (Prototyp) zufrieden zu sein. Aus diesen Erkenntnissen leiten die Autor*innen die pädagogische Empfehlung ab, schrittweise immer höhere Standards für Maker-Aktivitäten festzulegen und die Schüler dadurch kontinuierlich an längerfristigen Making-Projekten zu beteiligen (vgl. Liu 2018, S. 930).

Maltese et al. (2018) haben untersucht, welche Erfahrungen Maker-Pädagog*innen in schulischen und ausserschulischen Kontexten mit Kindern und Jugendlichen machen, die Momente des Scheiterns erleben. Aus Interviews mit ca. 100 Maker-Pädagog*innen leiten Maltese et al. fünf Zusammenhänge für ein mögliches Scheitern ab:

Scheitern im Umgang mit Materialien und Technologien (z.B. 3D-Druck schlägt fehl)
Scheitern, das auf die Struktur des Maker-Angebots rückführbar ist (z.B. zu explorativ und schwierig für die Zielgruppe, technisch zu anspruchsvoll, zu wenig Zeit)
Scheitern durch schlechte Lernbegleitung (z.B. durch zu schnelles Tempo, zu wenig oder zu viel Unterstützung)
Scheitern im Prozess der Produktentwicklung (z.B. Prototypen funktionieren nicht, müssen re-designed werden, Endprodukte sind nicht funktionsfähig)
Scheitern durch fehlende kognitive und nicht-kognitive Voraussetzungen der Schüler*innen (z.B. Fertigkeiten und Knowhow reichen zur Umsetzung nicht aus, persönliche Ansprüche und Ziele werden verfehlt, bei Bedarf wird keine Hilfe beigezogen)

Beim Produktentwicklungsprozess wird das Scheitern als besonders negativ wahrgenommen, wenn mit Materialien gearbeitet wird, die eine lange Verarbeitungsdauer haben (z.B. Holzleim) oder die besonders fehleranfällig und unübersichtlich sind (z.B. das Verdrahten und Löten von elektronischen Schaltungen). Maltese et al. (2018) haben aus den Interviewdaten mehrere Strategien herausgearbeitet, die Maker-Pädagog*innen anwenden, wenn Schüler*innen scheitern. Das Zelebrieren des Scheiterns ist in diesem Zusammenhang weit verbreitet – häufig mit dem Hinweis, dass berühmte Erfinder*innen immer scheitern mussten, bevor sie letztlich erfolgreich waren. Eine ähnlich häufig verwendete Strategie sind Sondierungsfragen, damit das vorliegende Problem oder die Herausforderung zunächst artikuliert werden muss. Dabei – so die Erfahrung der Praktiker*innen – kommen die Schüler*innen bereits von selbst auf neue Ideen. Bei fehlerhaften Produkten werden die Arbeitsschritte gemeinsam rekonstruiert und systematisch Fehler gesucht. Wenn sich abzeichnet, dass das Problem ausserhalb der Zone der proximalen Entwicklung (Vygotsky) ist, kommt es auch vor, dass Maker-Pädagog*in und Schüler*in gemeinsam Hand anlegen – wobei dies aus der Sicht der Praktiker*innen eher eine Notlösung darstellen sollte. Maltese et al. (2018) stellen fest, dass die Schüler*innen mit zunehmender Erfahrung mit Produktentwicklungsprozessen (und Momenten des Scheiterns) im MakerSpace seltener ihr Projekt vorzeitig beenden. Cross (2017, S. 107) kommt in ihrer Untersuchung zum Schluss, dass eine Hauptursache für den Abbruch von Making-Projekten in der Schule struktureller Art ist. Den Schüler*innen falle es schwer, sich vom traditionell eng geführten schulischen Unterricht mit klaren Anforderungen auf das selbstständige, schülerorientierte Making umzustellen. «When students hit obstacles, they flatlined!» (ebd.).

Vongkulluksn et al. (2018) haben untersucht, wie sich beim schulischen Making die Selbstwirksamkeit von Primarschüler*innen (Klassen 3–6) über ein Schulhalbjahr hinweg entwickelt und in welchem Wirkungsverhältnis Selbstwirksamkeit und positive bzw. negative Leistungsemotionen stehen. Sie konnten feststellen, dass das Selbstwirksamkeitsempfinden vor allem der älteren Schüler*innen während eines Making-Halbjahrs deutlich abnimmt. Vongkulluksn et al. führen diesen Befund auf Probleme und unvorhergesehene Widerstände zurück, auf die die Schüler*innen bei ihren individuellen Projekten stossen (2018). Es falle insbesondere den älteren Schüler*innen schwer, sich ein umsetzbares Vorhaben auszusuchen und die verfügbaren Zeit- und Materialressourcen sowie die eigenen Fertigkeiten realistisch einzuschätzen. Ein weiterer Befund zeigt eine positive Korrelation zwischen Selbstwirksamkeit und Interesse. Erfolgserleben ist mit einem hohen situativen Interesse verbunden, während Misserfolg tendenziell zu schwindendem Interesse führt. Negative Emotionen wie beispielsweise durch Unklarheit verursachte Verwirrung können auch zu verstärkten Nachforschungs- und Lernaktivitäten führen, wenn es den Schüler*innen gelingt, ihre Emotionen selbst zu regulieren und positiv umzudeuten. Hierfür fehlt Primarschüler*innen jedoch häufig die Voraussetzung. Da Design-Prozesse in der Regel auch Frustration und Verwirrung beinhalten, benötigen Schüler*innen – so die Autor*innen der Studie – kontextsensive Unterstützung. Vongkulluksn et al. empfehlen beispielsweise, gemeinsam mit den Schüler*innen realistische Ziele zu setzen, sie beim Zeitmanagement zu unterstützen oder ganz einfach die Schüler*innen von ihren Fähigkeiten zu überzeugen (vgl. Vongkulluksn et al. 2018, S. 15).

Kim/Zimmermann (2017) untersuchen in einer qualitativen Fallstudie die Lern-Orientierung (learning orientations) von Kindern. Die Studie zeichnet die Veränderung des «Maker-Mindset» (Dougherty 2013) einzelner Kinder während des Design-Prozesses nach und zeigt u.a., dass Misserfolge im Umgang mit technischen Materialien schnell zur Resignation und zu einer Schwerpunktverlagerung auf eher gestalterische Aktivitäten führen. Dieser Befund wird auch von Erkenntnissen der Pilotstudie (vgl. Ingold/Maurer 2019b) bestätigt, wonach Schüler*innen konkrete Vorstellungen von Gestaltungsfragen (Farbe, Gehäuse, ...) haben, während die vorhandenen Präkonzepte für technische Design-Entscheidungen häufig unzureichend sind (Inputs, Anregungen situativ sind nötig).

6.1.6 Maker-Qualifikation von Pädagog*innen in Aus- und Weiterbildung

Verglichen mit dem deutschsprachigen Raum haben Maker-Bewegung und Maker Education in den USA eine längere Tradition. Cohen (2017) hat im Rahmen einer Online-Befragung untersucht, welchen Stellenwert Maker-Prinzipien und Maker-Technologien in der Lehrerausbildung in den USA haben. Demnach kommen im Jahr 2017 50% der Studienabgänger*innen mit Maker-Prinzipien oder -Technologien in Berührung. Meist handelt es sich jedoch um vereinzelte temporäre Angebote, die, so Cohen (2017), nicht geeignet sind, um die nötige technische Selbstwirksamkeit und eine positive Haltung gegenüber dem Einsatz von Technologie im Unterricht zu entwickeln. Insgesamt beobachtet er aber, dass das Interesse, Maker-Prinzipien und -Technologien in die Curricula an den Lehrerausbildungsstätten in den USA aufzunehmen, deutlich steigt.

Crichton/Childs (2016) haben in Workshops mit über 2500 Pädagog*innen den «Design Thinking Ansatz» als Methode der Heranführung an die Making-Praxis mit Kindern und Jugendlichen getestet und festgestellt, dass das aktive Erleben des Making-Prozesses eine wirksame Ausgangsbasis für die tatsächliche Umsetzung im Unterricht sein kann. Eriksson et al. (2016) können in ihrer Studie herausarbeiten, dass Vorkenntnisse und ein starkes Interesse von Schulleitungen und Lehrpersonen an digitaler Fabrikation eine wichtige Voraussetzung sind, um Schüler*innen kompetent bei ihren Design-Prozessen zu begleiten. Hierfür seien entsprechende Weiterbildungen (z.B. Design Thinking Modell) und kontinuierliche Unterstützungsmassnahmen erforderlich.

6.1.7 Zusammenfassung

Der Forschungsüberblick zeigt deutlich, dass das Thema Making an Schulen in den letzten fünf Jahren im englischsprachigen Raum verstärkt in den Forschungsfokus geraten ist. Im deutschsprachigen Raum sind diesbezüglich vergleichsweise wenig Forschungsaktivitäten auszumachen, wobei das Interesse auch hier inzwischen steigt. Ein Grossteil der Studien verwendet qualitative Designs und trägt zur Theoriebildung bei. Wirkungsstudien (z.B. zur Lernwirksamkeit) sind eher die Ausnahme, wenngleich standardisierte Kompetenz-Beurteilungsinstrumente für den Making-Kontext (vgl. z.B. Blikstein et al. 2017) eine günstige Ausgangsbasis dafür bieten. Zur Frage, wie die Maker-Idee von Schulen angeeignet wird und welche Reibungspunkte und Herausforderungen im Rahmen von Schulentwicklung entstehen, liegen einzelne Erkenntnisse vor, die aufgrund der Unterschiede in den Bildungssystemen der betreffenden Länder nur bedingt auf das Schweizer Schulsystem übertragbar sind. Die wenigen Befunde, die beispielsweise schulischem Making Kreativitätspotenzial bescheinigen, sind entweder sehr allgemein gehalten (vgl. z.B. Boy/Sieben 2017; vgl. Sheffield et al. 2017) oder es liegt ein Alltagsverständnis von Kreativität ohne differenzierte Operationalisierung zugrunde (vgl. z.B. Blackley et al. 2017; vgl. Abdurrahman 2019). Wenngleich einzelne der genannten Forschungserkenntnisse in die Handlungsfelder für die Entwicklung des MakerSpace-Designs an der Schule Thayngen einfliessen, ist weitere Grundlagenforschung notwendig, um die Potenziale, Ausdrucksformen und Zusammenhänge von produkt-, personen-, prozess- und umfeldbezogener Kreativität sowie von digitaler Mündigkeit beim Making zu identifizieren und zu verstehen.

6.2 Berührungspunkte von Making und Schule

Die Bandbreite der Beührungspunkte reicht dabei von ausserschulischen Making-Orten mit Angeboten für Schulen über Projekte an der Schnittstelle schulisch-ausserschulisch (z.B. Jugendarbeit) bis hin zu Bemühungen, MakerSpaces zum festen Bestandteil des Schulalltags an Schulen zu machen.

6.2.1 MakerSpace als ausserschulischer Lernort

Ausserschulische MakerSpaces sind Lernorte, die mit einer Schulklasse oder Lerngruppe besucht werden, um temporäre Making-Aktivitäten zu ermöglichen. Lokal vorhandene Ressourcen wie beispielsweise MakerSpaces oder Fablabs in Gemeinden, Bibliotheken und Ausstellungsorten können auf effiziente Weise von unterschiedlichen Gruppen genutzt werden. Vorteil dabei ist, dass die Schulen keine Investitionen für Ausstattung und Personal aufwenden müssen und die vorhandenen, ausserschulischen Ressourcen und Infrastrukturen gut eingesetzt werden. Zudem kann jede Klasse bzw. Lehrperson flexibel für sich entscheiden, inwieweit sie das Angebot in Anspruch nimmt. Es sind keine schulübergreifenden Organisationsbemühungen oder umfassenden Anpassungen im Schulalltag (z.B. auf Ebene Stundenplanentwicklung) erforderlich.

Die organisatorischen Rahmenbedingungen in der Schule müssen somit nicht angepasst werden. Es gibt jedoch auch Nachteile. So bleibt es weitgehend vom Interesse und Engagement der Lehrperson abhängig, ob Schüler*innen mit Making in Berührung kommen. Je nach Angebot und zeitlichen sowie finanziellen Ressourcen der Schulklassen beschränken sich die Making-Aktivitäten zudem auf punktuelle Besuche – meist auf einen Vormittag, seltener auf eine Projektwoche. Solche Besuche erlauben in der Regel die Auseinandersetzung mit vorkonfektionierten Lernmaterialien und Produkten nach Anleitung oder bestenfalls die Bearbeitung von ausgewählten «open-ended Projekten» (Assaf 2019, S. 265–266). Eigene Ideen und Produkte können in dieser kurzen Zeit nur begrenzt entwickelt und umgesetzt werden. Interessensgeleitete Making-Aktivitäten – z.B. verknüpft mit einem Thema aus dem Fachunterricht – sind in diesem Rahmen nur begrenzt möglich. Die Besuche müssen frühzeitig geplant und organisiert werden. Die ausserschulischen Lernorte bieten aufgrund der eingeschränkten zeitlichen Besuchsmöglichkeiten Unterlagen zur Vor- und/oder Nachbereitung im Schulzimmer an. Dadurch kann die Besuchszeit möglichst optimal für die Making-Aktivitäten genutzt werden (z.B. RDZ Gossau: https://www.digitalewerkstatt.ch; go tec! Schaffhausen: https://www.go-tec.ch oder Technorama Winterthur: https://www.technorama.ch). Insgesamt können dadurch die längerfristigen Ziele der Maker Education (wie z.B. kreative Selbstwirksamkeit, digitale Mündigkeit, Weiterentwicklung eigener Stärken) nur begrenzt erreicht werden.

Zudem muss die Schule als Organisation kein gemeinsames Maker-Mindset entwickeln und ihr Lernverständnis nicht der Maker Education anpassen.

Einige ausserschulische MakerSpaces sind stark auf den Informatikunterricht ausgerichtet. Dort können die Schüler*innen verschiedene Aspekte angewandter Informatik ausprobieren, z.B. Roboter programmieren, Konstruktionen im Bereich Physical Computing entwickeln; gegebenenfalls sind auch Experimente mit digitaler Fabrikation möglich. Digitale Labore bieten in der Regel nur begrenzt analoges Material oder klassische Werkzeuge und Maschinen an. Ein Beispiel für ein digitales Labor dieser Art ist der MakerSpace des Regionaldidaktischen Zentrums Gossau (Schweiz) (vgl. https://www.phsg.ch/de/dienstleistung/regionale-didaktische-zentren/rdz-gossau/makerspace; vgl. https://www.digitalewerkstatt.ch). Themenfelder, die hier bearbeitet werden, sind: Programmieren, 3D-Druck und das Konstruieren von einfachen Computern (vgl. Institut für ICT &Medien 2015). Ein Vorteil solcher Angebote ist die gezielte Förderung von Informatikkompetenzen, die im Schulalltag häufig (noch) zu kurz kommen. Zudem werden Lehrpersonen durch das didaktisch aufbereitete Material und kompetente Fachpersonen vor Ort unterstützt.

Eine weitere Form der ausserschulischen Making-Angebote bilden Making-Aktivitäten, die durch eine längerfristige Kooperation zwischen Schule und Jugendarbeit lanciert werden. Die Jugendarbeit bietet einen Lernort für non-formale und informelle Bildung und ist dadurch weniger fixen Strukturen und Vorgaben unterworfen als die Schule (vgl. DOJ 2018; vgl. SAJV 2012). Ein Beispiel für einen solchen Lernort in der Schweiz ist der MakerSpace Mittelrheintal des Jugendnetzwerkes der Sozialen Dienste Mittelrheintal (vgl. https://www.jnw-sdm.ch/angebote/makerspace). Das Jugendnetzwerk bietet einen Experimentier-, Kreativ- und Erfahrungsraum, in dem Kinder und Jugendliche ab der 4. Klasse die digitale Welt, in der sie leben, spielerisch und kreativ erforschen und mit Handwerk verbinden können (vgl. https://www.jnw-sdm.ch/angebote/makerspace). Gleichzeitig hat der Initiator dieses ausserschulischen MakerSpace ein flexibles Workshop-Format (mit)entwickelt – die Erfinderwerkstatt WILMA (Wir lernen durch Machen) – das Kinder und Jugendliche in ihrem kreativen Schaffen unterstützt und begleitet (vgl. Hamspon/Marx 2019, S.139). Ein Vorteil dieser non-formalen und informellen Lernorte der Jugendarbeit ist, dass sie sich im Hinblick auf ihre Strukturen, Lerninhalte und Lernformen stark vom Schulalltag unterscheiden. Kinder und Jugendliche können so in verschiedenen Lernkontexten mit jeweils anderen Methoden abgeholt und damit gezielt auf vielfältige Weise und in ganz unterschiedlichen Kompetenzen gefördert werden (vgl. SAJV 2012, S. 5). Die vielfältige Förderung von Kindern und Jugendlichen erfordert, dass verschiedene Lernwege zugelassen und unterschiedliche Lernvoraussetzungen berücksichtigt werden (vgl. SAJV 2012, S. 11).

Dadurch können auch Benachteiligungen in Lernprozessen und -biografien vermieden oder vermindert werden. Mit solchen Making-Angeboten kann die Zusammenarbeit von Jugendarbeit und Schule längerfristig aufgebaut und gestärkt werden. Non-formale und informelle Lernorte treten als anerkannte Bildungspartner der Schulen auf, Bildungsnetzwerke zwischen formalen, non-formalen und informellen Bildungspartnern können geschaffen werden.

So können die Stärken beider Lernorte optimal aufeinander abgestimmt und das volle Potenzial ihres Zusammenspiels genutzt werden (vgl. SAJV 2012, S. 6). Die Zusammenarbeit von Lehrpersonen und Sozialpädagog*innen in der Vorbereitung und Durchführung von Making-Aktivitäten ermöglicht auch den Wissenstransfer von der einen zur anderen Berufsgruppe und umgekehrt. Nachteile zeichnen sich darin ab, dass auch in einer solchen Kooperation spontanes Making organisatorisch kaum möglich und regelmässige Besuche im Schulalltag schwierig umzusetzen sind. Die Methoden, die das Making prägen, das Lernverständnis sowie das Maker-Mindset bleiben symbolisch im ausserschulischen Kontext verortet und werden nicht automatisch auf den formalen Bildungskontext, auf das schulische Lernen, übertragen.

6.2.2 Making als punktuelle Veranstaltung in der Schule

Als Alternative zum Besuch von ausserschulischen Lernorten bieten externe Fachpersonen – Maker Educator*innen – Making-Aktivitäten vor Ort an der Schule an. Externe Maker-Fachpersonen werden für einzelne Projekttage oder ganze Projektwochen an die Schule eingeladen und bringen meist eine Grundausstattung von Making-Materialien und -Werkzeugen (z.B. in Form mobiler MakerSpaces) sowie die methodische Herangehensweise (inklusive Szenarien, Challenges) mit. Konzeption und Durchführung liegen in der Hauptverantwortung der Maker Educator*innen. Während der Projekttage werden die Schüler*innen von den externen Fachpersonen und nicht von den Lehrpersonen unterrichtet. Solche Maker-Days oder Maker-Weeks (vgl. Schön; vgl. Grandl; vgl. Kleeberger/Schmid 2019; vgl. Hollauf/Schön 2019; vgl. https://tinkertank.de/ etc.) sind an vielen Orten mittlerweile fester Bestandteil der schulischen Bildungsangebote. In Deutschland ist beispielsweise die gemeinnützige Organisation Junge Tüftler ein solcher Anbieter für schulische wie auch ausserschulische Making-Aktivitäten (vgl. Kleeberger/Schmid 2019 und https://junge-tueftler.de). Junge Tüftler bieten regelmässig eine Projektwoche Stufe Sek 1 zum Thema «Code und Bewegung» an, bei dem auch Auszubildende von ansässigen Unternehmen unterstützen. Diese Zusammenarbeit unterschiedlicher Akteure hat den Vorteil, dass sowohl die Auszubildenden Kompetenzen (Soft Skills wie Kommunikations- und Coaching-Kompetenzen sowie pädagogische Methoden) erwerben wie auch die Schüler*innen und Lehrpersonen (Programmier- und Problemlöse-Kompetenzen). Für die Lehrpersonen sind die Making-Aktivitäten zudem eine Inspiration für den Fachunterricht. Der Kontakt der Schüler*innen zu jungen Erwachsenen, die bereits erste Schritte im Berufsleben gemacht haben, kann ein bereichernder Austausch sein (vgl. Kleeberger/Schmid 2019, S. 110). Ein anderes Beispiel in diesem Bereich ist das Projekt «Baut eure Zukunft», eine gemeinsame Initiative von Social Impact, der Deutschen Bank und der Deutschen Bank Stiftung (vgl. Hollauf/Schön 2019, S. 127). Bei diesem Projekt handelt es sich um ein sechsstündiges Unterrichtskonzept für schulische und ausserschulische Lernorte, das sich darauf konzentriert, Probleme im Schulalltag junger Menschen (z.B. Mobbing, Zukunftsangst, Gewalt, Armut) mit Hilfe einer digitalen Toolbox mit Anleitung anzugehen (vgl. Hollauf/Schön 2019, S. 127; vgl. https://baut-eure-zukunft.eu/toolbox). Das Konzept basiert ebenfalls auf dem Modell des Design Thinking. Ziel ist es, die eigenen Ideen in Prototypen umsetzen und präsentieren zu können.

Dank des Making-Ansatzes werden die Kinder und Jugendlichen dazu motiviert, handlungsorientiert zu arbeiten und Lösungsansätze niederschwellig auszuprobieren (vgl. Hollauf/Schön 2019, S. 127–129). Vorteil solcher Angebote von externen Maker-Educatoren ist, dass der Zeitaufwand und die organisatorischen Aufgaben überschaubar sind, da die Klassen im Schulhaus bleiben können und die Making-Aktivitäten sowie -Infrastruktur nicht längerfristig im Schulhaus implementiert und betreut werden müssen. Die beteiligten Lehrpersonen benötigen weder Vorwissen noch eigene Making-Kompetenzen und müssen diesbezüglich keinen Mehraufwand betreiben, da sie die Verantwortung an die externen Fachpersonen abgeben können. Das unverbindliche Sonderprogramm (Projekttag(e) oder Projektwoche) ist von den üblichen, schulischen Rahmenbedingungen wie z.B. Leistungsbewertungen, Lehr- und Stundenpläne befreit. Wenn Lehrpersonen die Verantwortung abgeben und sich nicht selbst an den Aktivitäten und deren Vorbereitung beteiligen, findet jedoch kein Wissenstransfer in den Schulalltag statt. Der klassische Unterricht wird nicht im Sinne der Maker Education weiterentwickelt, die längerfristigen Ziele der Maker Education werden kaum erreicht und das Maker-Mindset findet über das Sonderprogramm hinaus kaum Einzug in die Schule. Meistens wird keine spezifische Lernumgebung eingerichtet, sondern bestehende Räumlichkeiten temporär und mit einfachen Mitteln umgestaltet.

6.2.3 Integrative MakerSpaces an Schulen

Erfahrungen mit integrativen MakerSpaces, die im Schulalltag fest verankert sind, liegen im deutschsprachigen Raum vergleichsweise wenige vor. Im Folgenden werden – beispielhaft und somit ohne Anspruch auf Vollständigkeit – drei ausgewählte Praxisbeispiele vorgestellt, um unterschiedliche Ansätze sowie Dimensionen von integrativen MakerSpaces an Schulen aufzuzeigen.

6.2.3.1 Freie aktive Schule Wülfrath (D)

Der MakerSpace an der Freien Aktiven Schule Wülfrath (FASW) (D) ist der wohl erste schulische MakerSpace im deutschsprachigen Raum, der fest im Regelunterricht verankert ist. Er wurde im Jahr 2015 als technisch orientierter «Ermöglichungsraum» (Wunderlich 2019) im Zuge einer Umbaumassnahme am dortigen Sekundarschulhaus eingerichtet. Er besteht aus Werkraum, Elektronik/Digital-Labor, Maschinenraum und Lager- bzw. Materialraum. Genutzt wird er polyvalent von verschiedenen Anspruchsgruppen. Dort findet für Schüler*innen der Klassen 6–10 das Fach Arbeitslehre/Technik statt. Das Fach beinhaltet sowohl kursartige Formate als auch einen hohen Anteil an Freiarbeit. Im Wülfrather MakerSpace werden selbstgesteckte Lernziele verfolgt und eigene Projekte umgesetzt. Ansonsten steht der Ort als Ermöglichungsraum für Projekte aller Art zur Verfügung, die die Schüler*innen mit interdisziplinärem Fachbezug planen und durchführen. Der Raum wird hauptsächlich von einer Lehrperson betreut, die hierfür einen Grossteil ihres Lehrdeputats zur Verfügung hat. Temporär erfolgt Unterstützung durch weitere Lehrerkolleg*innen (vgl. Wunderlich 2019, S. 158). Die FASW arbeitet eng mit den Eltern zusammen und bietet hierfür auch Gefässe im MakerSpace an. Regelmässig findet ein Repair Cafe statt, das von Eltern, Schüler*innen und sonstigen Interessierten besucht werden kann.

Da die Eltern auch am Weiterausbau des Schulhauses partizipieren, können sie den MakerSpace als Werkstatt nutzen. Der MakerSpace wird auch genutzt, um die Schule weiterzuentwickeln. Die Signaletik im Haus wurde beispielsweise von Schüler*innen mit Plottern im MakerSpace gestaltet.

Der MakerSpace in Wülfrath reiht sich in das pädagogische Konzept der FASW ein, in dem Freiarbeit die vorherrschende Methode ist, Kompetenzen zu erwerben und sich neues Wissen anzueigenen (vgl. Wunderlich 2019, S. 157). Die Schüler*innen haben grosse Freiheiten bei der Auswahl und Bearbeitung der Lerninhalte. Mit Unterstützung von Lerncoaches stellen sie jeden Montagmorgen ihr individuelles Wochenprogramm zusammen (vgl. Wunderlich 2019, S. 157). Dabei können sie auch entscheiden, mehrere Tage in Folge im MakerSpace zu verbringen und dort grössere Projekte umzusetzen. Die Aufgabe des Lerncoaches besteht nicht darin, Projekte zum Erfolg zu führen. Unrealistische Projekte werden den Schüler*innen nicht ausgeredet, denn Scheitern ist als Methode des Erkenntnisgewinns explizit eingeplant. Vorteil dieses radikalen Ansatzes ist es, dass Ideen umgesetzt werden können, die relativ aufwändig und zeitintensiv sind. Zudem kann mit diesem Lernansatz auch optimal individuellen Voraussetzungen, Interessen und Lernfähigkeiten der Schüler*innen begegnet werden, was sowohl die Lernmotivation wie auch die Selbstwirksamkeit erhöht. Aufgrund des starken Einbezugs von Schüler*innen wie auch Eltern am Aufbau und Betrieb des MakerSpace ist die Identifikation der Beteiligten hoch. Gleichzeitig ist jedoch zu berücksichtigen, dass diese Variante eines integrativen MakerSpace nicht einfach auf andere Schulen übertragbar ist, da sie sich stark an der pädagogischen Grundhaltung der FASW orientiert, die sich von Regelschulen unterscheidet (vgl. Wunderlich 2019, S. 157).

6.2.3.2 Ernst-Reuter-Gemeinschaftsschule in der Karlsruher Waldstadt (D)

Der MakerSpace der Ernst-Reuter-Gemeinschaftsschule in Karlsruhe ist an ein Ideenbüro angebunden, das von Schüler*innen selbst verwaltet wird. Die Einrichtung des Ideenbüros ist das Ergebnis eines Projekts, das die Schülerinnen und Schüler im Unterrichtsfach L.E.B.E.N entwickelt haben. Das Ideenbüro ist eine Anlaufstelle für Personen aus der Schule oder dem Quartier, die Ideen und Anliegen haben, diese aber nicht alleine umsetzen oder erfüllen können. Die Ideen werden von den Schüler*innen aufgenommen und im MakerSpace umgesetzt. Pro Woche steht eine Schulstunde pro Schüler*in für die Arbeit im Ideenbüro zur Verfügung. Die Koppelung von MakerSpace und Ideenbüro schafft die Möglichkeit für die Schüler*innen, ihr Potenzial und ihre vielseitigen Interessen im Rahmen von Service Learning Projekten (vgl. Seifert et al. 2019) einzubringen. Sollten keine Ideen vorliegen, werden selbst Ideen entwickelt und umgesetzt. Der Schwerpunkt des MakerSpace an der Ernst-Reuter-Gemeinschaftsschule liegt auf digitalem Making (Robotik, Virtual Reality, Medienproduktion mit Greenscreen, Trickfilm, etc.). Vorteil dieses Praxisbeispiels ist, dass das Making entweder einen konkreten Beitrag zur Verbesserung der Schulkultur leistet oder bei der Problemlösung von Dritten hilft. Dadurch ist es sinnhaft eingebunden und ermöglicht den Schüler*innen die Erfahrung von Selbstwirksamkeit. Dieses Modell eines integrativen MakerSpace gekoppelt an das Ideenbüro erfordert jedoch einen grossen Eingriff in die bestehende Schulkultur. Das Fach L.E.B.E.N ist ein absoluter Einzelfall und kann in dieser Form nicht an jeder Schule eingeführt werden.

6.2.3.3 MakerSpace Light an der Schule Zumikon (CH)

Falls die Räumlichkeiten oder die finanziellen Voraussetzungen für einen eigenen MakerSpace an einer Schule fehlen, gibt es auch die Möglichkeit, mit einem MakerSpace Light zu beginnen (vgl. Waldvogel 2019, S. 177). In der Primarschule Zumikon (CH) wurde 2017 ein MakerSpace Light eingerichtet. Eine Lehrperson für Werkunterricht und Informatik führt in Personalunion einen klassenbezogenen MakerSpace, indem sie den Werkunterricht stärker mit Informatik verknüpft und den Schüler*innen dabei grosse Freiheiten lässt (vgl. Waldvogel 2019). Räumlich dient der Werkraum als MakerSpace. Ganz ohne Ressourcen kommt der MakerSpace Light nicht aus, aber im Vordergrund stehen eher das Maker-Mindset – wie beispielsweise individuelle Wahlmöglichkeiten angepasst an das Vorwissen, dass die Schüler*innen im Fach «Textiles und Technisches Gestalten» mitbringen – und die im Werkraum vorhandenen Ressourcen. Hohe Anschaffungskosten konnten somit vermieden werden. Einzig im Bereich der digitalen Materialien und Werkzeuge wurden einige Anschaffungen getätigt (z.B. 3D-Druck). Zudem wurde der Raum soweit wie möglich, dem Maker-Mindset angepasst (z.B. frei zugängliche Werkzeuge und Materialien, verschiedene Arbeitsbereiche anstelle eines fixen Arbeitsplatzes, achtsamer Umgang mit Ressourcen, eigenes Maker-Journal). Der Lehrplan 21 ermöglicht dabei mit der eingeführten Kompetenzorientierung einen Paradigmenwechsel im Fach «Textiles und Technisches Gestalten», der weggeht von einheitlichen Produkten hin zu kreativen, individualisierten Lernprozessen, bei dem je nach Komplexität der Idee und Fertigkeiten der Schüler*innen ein fertiger Gegenstand oder nur ein Prototyp entstehen kann (vgl. Waldvogel 2019, S. 177). Der Schritt von einer Konsumhaltung hin zu einem aktiven, kreativen Gestalten steht im Vordergrund.

Die einzelne Lehrperson hat im MakerSpace Light die Chance, eigeninitiativ Akzente zu setzen und die Fächer, die sie selbst unterrichtet, auf sinnvolle Weise zu verbinden sowie das Making-Mindset im eigenen Unterricht zu etablieren. Das lässt sich relativ niederschwellig, ohne grossen Absprachen und Veränderungen im Schulalltag arrangieren und kann bestenfalls auch auf andere Lehrpersonen oder die ganze Schule «überschwappen». Die Anschaffungskosten und die (räumlichen) Veränderungsaufwände sind überschaubar. Die Bemühungen bleiben allerdings eher punktuell. Making ist dann gebunden an eine bestimmte Lehrperson, die es gegebenenfalls schwierig findet, ihren Ansatz und ihre Haltung gegenüber der Schulleitung, Schulbehörde, anderen Lehrpersonen und Eltern zu vertreten. Zudem sind die Schüler*innen den Making-Ansatz nicht gewohnt und haben nur beschränkt auf wenige Stunden pro Woche die Möglichkeit, in diese Art von Lehren und Lernen einzutauchen. Der Bruch mit dem klassischen Unterricht kann dabei als gross empfunden werden. So sind Schüler*innen beispielsweise zu Beginn auch häufig überfordert mit der Offenheit des Settings.

6.2.4 Zusammenfassung

Die Fallbeispiele zeigen auf, dass es verschiedene Formen gibt, wie Making im Schulkontext realisiert werden kann. Wardrip und Brahms (2016) weisen explizit auf die Notwendigkeit hin, sich der Vor- und Nachteile bewusst zu werden und sich vor diesem Hintergrund für eine geeignete Form zu entscheiden. Ausserschulische Making-Lernorte im Umfeld der Schule bieten zweifellos niederschwellige und kostengünstige Gelegenheiten, Schüler*innen temporär Making-Erfahrungen zu ermöglichen. Eine inhaltliche Synchronisation mit den Anliegen der Fachdidaktiken und den bildungspolitischen Anforderungen dagegen gestaltet sich in diesem Rahmen jedoch eher schwierig – ebenso wie eine nachhaltige Förderung von Innovationsgeist und Kreativität. Integrative schulische MakerSpaces stellen hohe organisatorische und pädagogische Anforderungen an das Schulhausteam. Sie erfordern regelmässige Absprachen, eine inhaltliche Anbindung an den Fachunterricht und an die im Sinne des Lehrplans zu erwerbenden Kompetenzen sowie ein Raumnutzungskonzept, in dem geregelt ist, welche Lerngruppe wann mit oder ohne Betreuung im MakerSpace aktiv sein kann.

Auf der anderen Seite kann Making auf diese Weise zum festen Bestandteil des Schullebens werden und allen Schüler*innen können systematische und situative Making-Lernanlässe zugänglich gemacht werden. Ein interdisziplinäres Schulfach wie «L.E.B.E.N.» oder ein radikal offenes Schulkonzept mit neigungsorientiertem Curriculum bieten ideale Voraussetzungen für einen integrativen MakerSpace. An Regelschulen müssen praktikable Lösungen für Making-Zeitfenster im Stundenplan gefunden und gegebenenfalls Lernzeit aus verschiedenen Fächern für Making umgewidmet werden. In diesem Zusammenhang stellt sich auch die Frage nach geeigneten Leistungsbegutachtungsformen. Initiativen einzelner Lehrpersonen wie im Beispiel Zumikon sind vor allem an kleinen Schulen praktibel, wenn eine Fachlehrperson die Fächer Technisches und Textiles Gestalten und Medien und Informatik in allen Klassen unterrichtet. Im Forschungs- und Entwicklungsprojekt an der Primarschule Thayngen wird ein integrativer schulischer MakerSpace angestrebt, der allen Schüler*innen innerhalb der regulären Lernzeit zur Verfügung steht. Eine Verbindung mit dem Kompetenzerwerb nach Massgabe der bildungspolitischen Vorgaben wird explizit angestrebt. Es geht also nicht um ein After-School-Angebot oder um ein Arbeitsgemeinschafts- oder Freifachangebot.

6.3 Synergien und Reibungspunkte

In diesem Kapitel werden potenzielle Synergien und Reibungspunkte von Maker Education und Schule antizipiert. Dies geschieht anhand der neun Handlungsfelder der Design-Entwicklung für schulische MakerSpaces (vgl. Abbildung 6.1). Neben theoretischen Vorüberlegungen (vgl. Maurer/Ingold 2020a, b, c) und den davon abgeleiteten Leitlinien für ein kreatives und mündiges Making (vgl. Maurer/Ingold 2020d) fliessen weitere Erkenntnisse aus Forschung und Praxis im Schnittfeld von Making und Schule ein. Am Ende jedes Handlungsfelds werden Fragestellungen für die Begleitforschung im Design-Based Research-Projekt «MakerSpace – Raum für Kreativitität» aufgeworfen.

ABB. 6.1: HANDLUNGSFELDER DER DESIGN-ENTWICKLUNG FÜR SCHULISCHE MAKERSPACES

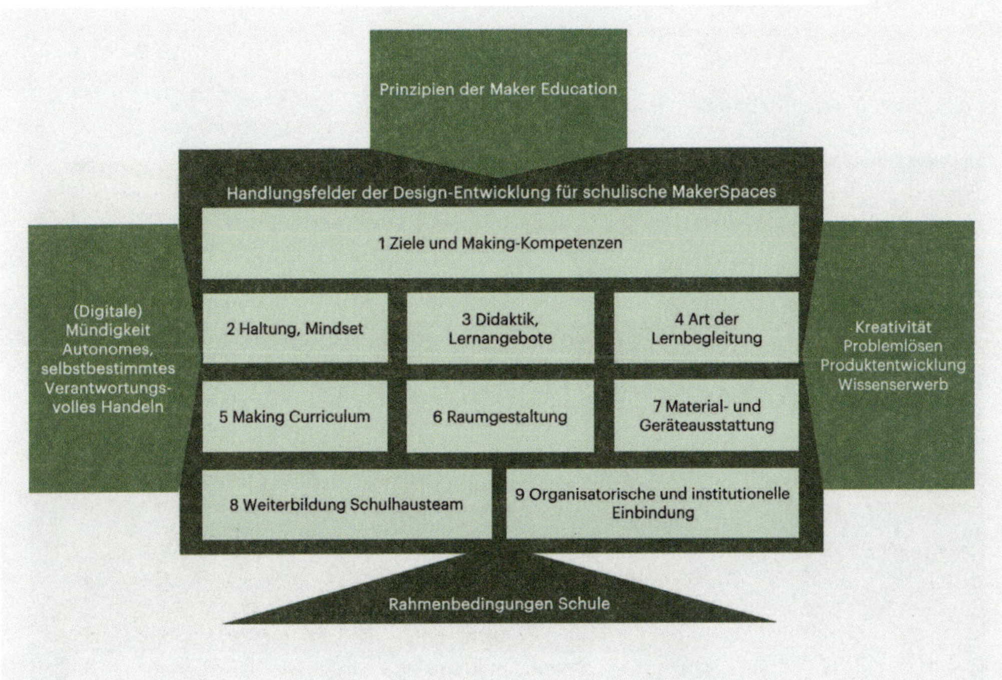

6.3.1 Handlungsfeld 1: Making-Kompetenzen

Welche Kompetenzen benötigen Schüler*innen und Schüler, um im schulischen MakerSpace autonom und kreativ Ideen umzusetzen und Produkte zu entwickeln? Inwieweit lassen sich diese Kompetenzen mit den bildungspolitischen Vorgaben im Lehrplan der Volksschule in Deckung bringen? In welchem Verhältnis stehen dabei fachliche und überfachliche Kompetenzen?

Im Folgenden werden die Making-Kompetenzdimensionen (vgl. Abbildung 6.2) dem Lehrplan21 der Schweizer Volksschule gegenübergestellt. Für eine detaillierte Auflistung der Making-Kompetenzen und eine ausführliche Lehrplananalyse siehe Maurer/Ingold 2021a. In Tabelle 6.3 sind grosse, mittlere und geringe Überschneidungen mit Kreuzen gekennzeichnet. Es handelt sich um eine erste Einschätzung, die als Grundlage für Design-Entwicklungsmassnahmen im Design-Based Research-Projekt an der Schule Thayngen (vgl. Maurer/Ingold 2020a) dient.

Making im Sinne der Maker-Bewegung kann mit den Kompetenzvorgaben der Lehrpläne kompatibel sein, wenn in fächerübergreifenden oder -verbindenden Settings gedacht wird und inhaltlich verwandte Kompetenzen aus verschiedenen Fächern in Making-Projekten zusammengefasst werden.

ABB 6.2: KOMPETENZMODELL MAKING IN DER SCHULE

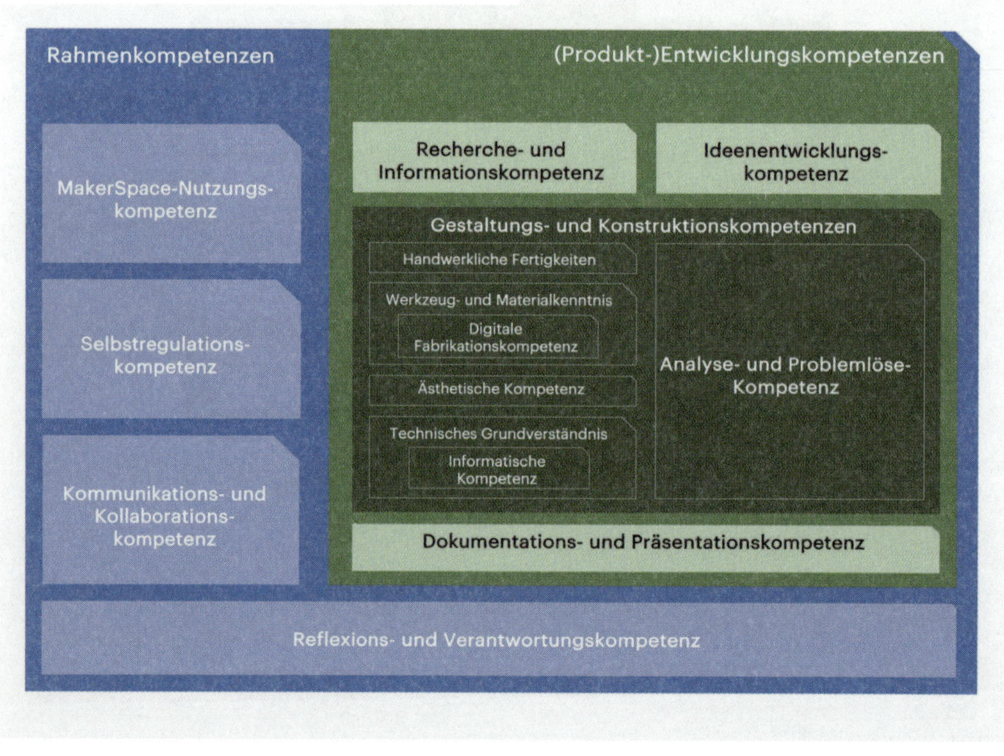

TAB. 6.3: ÜBEREINSTIMMUNG MAKINGKOMPETENZEN – LEHRPLANKOMPETENZEN

	ÜBEREINSTIMMUNG MIT DEM LEHRPLAN 21 (SCHWEIZER VOLKSSCHULE)		
1.1 RAHMENKOMPETENZEN	**GROSS**	**MITTEL**	**GERING**
MAKERSPACE-NUTZUNGSKOMPETENZ			X
SELBSTREGULATIONSKOMPETENZ		X	
KOMMUNIKATIONS- UND KOLLABORATIONSKOMPETENZ	X		
REFLEXIONS- UND VERANTWORTUNGSKOMPETENZ	X		
1.2 PRODUKT-ENTWICKLUNGS-KOMPETENZEN			
IDEENENTWICKLUNGSKOMPETENZ		X	
RECHERCHE- UND INFORMATIONSKOMPETENZ	X	X	
HANDWERKLICHE FERTIGKEITEN	X		
MATERIAL- UND WERKZEUGKENNTNIS UND DIGITALE FABRIKATIONSKOMPETENZ	X	X	
ÄSTHETISCHE KOMPETENZ / DESIGN-KOMPETENZ	X		
TECHNISCHES GRUNDVERSTÄNDNIS UND INFORMATISCHE KOMPETENZ		X	
ANALYSE- UND PROBLEMLÖSEKOMPETENZ	X		
DOKUMENTATIONS- UND PRÄSENTATIONSKOMPETENZ	X		

FRAGESTELLUNGEN FÜR DIE PRAXISFORSCHUNG

Welche Kompetenzen erwerben die Schüler*innen beim Making in der Praxis? (HF1.1)

Welche Kompetenzen benötigen die Schüler*innen, um ihre Ideen umzusetzen? (HF1.2)

Welche domänenspezifischen Fertigkeiten bringen die Lehrpersonen und Schüler*innen mit, welche müssen erst erworben werden? (HF1.3)

In welchen Situationen wirken fehlende Kompetenzen hemmend? Wie gehen Schüler*innen damit um? (HF1.4)

Inwieweit lassen sich relevante Making-Kompetenzen mit dem zugrundeliegenden Kompetenz-Modell abbilden? (HF1.5)

6.3.2 Handlungsfeld 2: Haltung/Mindset

Welche pädagogische Grundhaltung (Maker-Mindset) ist erforderlich, um Kreativität und digitale Mündigkeit beim schulischen Making zu fördern? Wie können Lehrpersonen und Schüler*innen für das Maker-Mindset sensibilisiert werden? Inwieweit sind durch die strukturellen Rahmenbedingungen der Institution Schule und/oder aufgrund von professionsbezogenen Handlungs- und Deutungsmustern Reibungspunkte zu erwarten?

Für den Transfer von Innovationen in den Unterricht ist neben strukturellen Einflussfaktoren von Schule und Schulumfeld vor allem die Lehrperson – deren Motivation und Einsicht in das Potenzial des schulischen Makings für curriculumbasiertes Lernen – entscheidend (vgl. Gräsel 2010; vgl. Klees/Tillmann 2015, S. 92; vgl. Eriksson et al. 2016). Martin (2015, S. 36) weist auf der Grundlage von Befunden qualitativer Untersuchungen zur Implementation von MakerSpaces an Schulen darauf hin, dass eine blosse Adaption des Maker-Mindsets im Sinne Doughertys (2013) oder Hatchs (2013) nicht zielführend ist. Er spricht sich für die Entwicklung eines spezifischen, an die Bedingungen des lokalen Kontexts angepassten Maker-Mindsets aus. «As schools work to incorporate making, they will need guidance on how to construct their own version of the maker mindset appropriate to the local context» (Martin 2015, S. 36). Das bedeutet im Umkehrschluss, ein Maker-Mindset kann einem Schulhausteam kaum von aussen übergestülpt werden. Stattdessen ist die partizipative Entwicklung des Mindsets sinnvoll, so dass ein gemeinsames Verständnis dessen abgebildet wird, was Making konkret bedeutet und wie sich Making von anderen Unterrichtsprinzipien unterscheidet.

Es kann davon ausgegangen werden, dass einige Schüler*innen und Lehrpersonen sich von habitualisierten schulischen Verhaltensmustern lösen müssen. Schulische Verhaltensregeln wie «Ich melde mich, wenn ich etwas sagen möchte», «Ich verhalte mich leise», «Ich denke erst nach, bevor ich frage» oder «Ich frage, bevor ich Material aus dem Schrank hole» sind zweifellos für die Bewältigung des Schulalltags wichtig. Sie repräsentieren den «heimlichen Lehrplan» (Zinnecker 1975) der Schule, fördern aber nicht unbedingt die Eigenständigkeit und die Bereitschaft der Schüler*innen, Neues auszuprobieren, sich Freiräume zu schaffen oder ungewöhnliche Lösungen zu entwickeln. Darauf deuten erste Beobachtungen in Praxisforschungsprojekten an der Schnittstelle von Schule und Making hin. «An den ersten Tagen haben die Kinder oftmals gefragt, ob sie Dieses oder Jenes benutzen dürfen und erst später haben sie sich getraut einfach alles zu benutzen» (Kohn 2016, S. 237). Der neue Freiraum und die damit in Verbindung stehende Notwendigkeit zur Eigeninitiatve und Verantwortungsübernahme ist ein kontinuierlicher Lernprozess.

6.3.2.1 Jeder kann Making

Nach dem Selbstverständnis der Maker Education stehen Making-Angebote allen Interessierten offen. Eine Teilnahme ist ohne Voraussetzung möglich. Jedem Menschen wird die Fähigkeit zugestanden, im Rahmen seiner Möglichkeiten kreativ zu sein und eigene Ideen zu entwickeln. Dieser Haltung liegt ein weit gefasster Kreativitätsbegriff zugrunde, der Alltagskreativität (Micro-C und Mini-C-Level, Kaufman/Beghetto 2009) einschliesst.

Konzeptionelle Maker-Leitlinien

* Kreativität ist von allen Menschen erlern- und trainierbar.
* Lernende sind neugierig und wollen aus eigenem Antrieb neue Dinge entdecken und dazulernen.
* Das Selbstvertrauen in die eigenen kreativen Fähigkeiten (kreatives Selbstkonzept) ist eine wichtige Voraussetzung für kreativen Selbstausdruck. Es muss gefördert werden.

Die Perspektive der Schule

Godhe et al. (2019, S. 232) sehen die Tendenz, dass ausserschulische Making-Angebote vor allem von männlichen Teilnehmenden aus bildungsprivilegierten Milieus besucht werden und somit die Gefahr besteht, dass soziokulturelle und/oder genderstereotype Unterschiede durch Making-Angebote verstärkt werden. Die Schule erreicht – im Gegensatz zu ausserschulischen Bildungseinrichtungen – nicht nur einige besonders motivierte oder begabte Kinder und Jugendliche, sondern in der Breite eine heterogene Klientel quer durch alle soziokulturellen Milieus. Dadurch ergibt sich die Chance, tatsächlich allen Schüler*innen Making-Erfahrungen zu ermöglichen – idealerweise nicht nur Schüler*innen einer bestimmten Jahrgangsstufe. Voraussetzung ist aber, dass Lehrpersonen allen Schüler*innen kreative Making-Aktivitäten in ihrem eigenen Tempo und auf ihrem Niveau zutrauen und zugestehen. Ein Blick auf Befunde der Kreativitätsforschung lässt vermuten, dass letzteres nicht immer gegeben ist. Den Effekt, wie er von früheren Erfahrungen mit digitalen Technologien in der Schule bekannt ist, dass vor allem privilegierte Schüler*innen profitieren und andere überfordert sind und abgehängt werden (vgl. Selwyn et al. 2018), gilt es, beim schulischen Making zu vermeiden.

	ERWARTETE REIBUNGSVERLUSTE		
	GERING	MITTEL	GROSS
JEDER KANN MAKING		X	

6.3.2.2 Making geht vom Menschen aus

Making ermöglicht Selbstwirksamkeit und dient der Persönlichkeits- und Identitätsbildung. Es bietet die Chance, persönliche Interessen und Stärken zu entwickeln und Projekte zu verwirklichen, die persönlich etwas bedeuten.

Konzeptionelle Maker-Leitlinien

* Maker*innen haben die Freiheit, ihre eigenen Ideen umzusetzen. (ES1.1, KUAH1)
* Maker*innen bearbeiten und vertiefen ihre Themen. (EU2.2)
* Maker*innen entscheiden sich autonom für Materialien und technische Verfahren. (PMO.2)
* Maker*innen wählen die Arbeitsform und entscheiden, ob und mit wem sie zusammenarbeiten wollen. Sie teilen sich die Lernzeit selbst ein. (KUAS1)

Die Perspektive der Schule

Zwischen den Neigungen und Interessen der Schüler*innen und den bildungspolitischen Vorgaben muss eine Passung erreicht werden. Die kompetenzorientierte Wende in den Lehrplänen bietet hierfür gute Voraussetzungen. Lehrpersonen haben die Freiheit, bei der Auswahl konkreter Lerninhalte und Themen auf die

Neigungen und Interessen der Schüler*innen einzugehen. Ein grosser Teil der Making-Kompetenzen (vgl. Handlungsfeld 1) ist zudem mit den Kompetenzvorgaben des Lehrplans 21 der Schweizer Volksschule kompatibel, vorausgesetzt, es wird stärker in fächerübergreifenden Lernsettings gedacht. Eine freie Wahl von Arbeitsform und Fabrikationsverfahren sowie eine selbstbestimmte Zeiteinteilung sind prinzipiell denkbar, im Grad der Ausprägung allerdings an die Voraussetzungen der jeweiligen Klassenstufen und Lerngruppen anzupassen. Eine wichtige Voraussetzung für neigungs- und interessenorientiertes Making ist die Bereitschaft der einzelnen Lehrperson sich für die Projekt- und Produktideen der Schüler*innen zu öffnen – auch wenn sie unterschiedlich aufwendig und komplex sind. Gay (2010) zufolge müssen manche Lehrpersonen die Defizitperspektive auf Schüler*innen (und Eltern) aufgeben und sich von der Vorstellung lösen, dass sich alle Schüler*innen mit einem bestimmten vorgegebenen Lernangebot identifizieren können. Lehrpersonen, die sich vorrangig als Vermittler*innen von Lernstoff verstehen, werden damit Schwierigkeiten haben.

	ERWARTETE REIBUNGSVERLUSTE		
	GERING	MITTEL	GROSS
MAKING GEHT VOM MENSCHEN AUS		X	X

6.3.2.3 Aus Fehlern lernen

Die Maker Education betrachtet Fehler als wesentliches Mittel der Erkenntnisgewinnung. Wer Neues ausprobiert, muss selbstverständlich auch scheitern und Fehler machen können. Umgekehrt werden Maker*innen, die Fehler als positive Erfahrung verbuchen, den Mut haben, neue Dinge zu wagen und dabei auch neue Erkenntnisse zu gewinnen. Wenn etwas schief geht, wird dies im Idealfall als spannendes Event zelebriert. Maltese et al. (2018) haben das Scheitern in Making-Prozessen untersucht und festgestellt, dass beim Making ständig Fehler auftreten (vgl. ebd. S. 119). Für die Erhaltung der Motivation und für die Selbstwirksamkeit der Schüler*innen – so Maltese et al. – sei es unbedingt erforderlich, dass die Pädagog*innen klarstellen, dass das Scheitern ein wesentlicher Bestandteil jedes Konstruktionsprozesses ist.

Konzeptionelle Maker-Leitlinien

* «Wir lernen aus Fehlern» ist die Leitmaxime im MakerSpace (Maker-Regeln für Schüler*innen). (KUAK5)
* Fehler von Maker*innen werden grundsätzlich als Quelle der Erkenntnis gewürdigt. (EV3.4)

Die Perspektive der Schule

In der Schulpraxis herrscht häufig eine weniger positive Kultur, was den Umgang mit Fehlern betrifft. «Failure is not a happy word in most educational circles, particularly when attached to schools» (Martin 2015, S. 35). Die Perspektive der Schule auf die Schüler*innen lässt sich nicht selten mit dem Stichwort «defizitorientiert» beschreiben. Es gilt, Schwächen zu identifizieren und mit geeigneten Mitteln und Fördermethoden zu kompensieren. Besonders bei benoteten Arbeiten wirken sich Fehler in der Regel negativ auf die Bewertung aus. Aus Schüler*innensicht sind Fehler daher in der Regel kein Grund zum Feiern. Schüler*innen versuchen, sie zu vermeiden, um nicht unangenehm oder als förderbedürftig aufzufallen. Dieses Sozialisationsmuster aufzulösen, wird eine grosse Herausforderung für Lehrpersonen und Schüler*innen darstellen.

	ERWARTETE REIBUNGSVERLUSTE		
	GERING	MITTEL	GROSS
AUS FEHLERN LERNEN			X

6.3.2.4 Making bedeutet Lernen, nicht Lehren

Pädagog*innen sind im MakerSpace immer auch Lernende. Statt zu belehren, ziehen sie selbst ihre Lehren aus ihren Maker-Erfahrungen und agieren mit Maker*innen auf Augenhöhe.

Konzeptionelle Maker-Leitlinien

* Maker-Pädagog*innen müssen nicht alles wissen und können.
* Maker-Pädagog*innen gehen offensiv mit ihrem Nicht-Wissen um. Sie betonen, dass sie selbst jeden Tag im MakerSpace Neues dazulernen. (KUAK2)
* Maker-Pädagog*innen geben Kontrolle ab, sie übergeben den Maker*innen Verantwortung für ihren Lernprozess. (KUAS1)

Die Perspektive der Schule

Lehrpersonen sehen sich häufig in ihrer Rolle als Lehrende. Im Sinne des Maker-Mindsets müssten sie sich eher als Lern-Personen verstehen. Wer professionell lehrt, wird gegebenenfalls mit der Vorstellung, Lernprozesse aufgrund mangelnden Fachwissens oder fehlender Erfahrung möglicherweise nicht kompetent begleiten zu können, Schwierigkeiten haben. Hinzu kommt, dass sich das Nicht-Planbare, Situative aus der Sicht der Lehrerprofession nur schwer mit dem Anspruch einer fundierten didaktischen Unterrichtsvorbereitung in Deckung bringen lässt. An dieser Stelle müssen voraussichtlich einige Lehrpersonen umdenken und die Haltung, man könne Schüler*innen nur dann etwas vermitteln, wenn man es selbst perfekt beherrscht, zugunsten von mehr Spontaneität und pädagogischer Intuition relativieren. Umso wichtiger erscheint vor diesem Hintergrund, dass Behörden, Schulleitung und Eltern hinter dem schulischen MakerSpace-Projekt stehen und den Lehrpersonen den Perfektionsdruck nehmen und die Freiheit lassen, gemeinsam mit den Schüler*innen Lernende und Explorierende zu sein. Ein solches Lernen auf Augenhöhe kann die Lernbeziehung und das Rollenverständnis von Lehrpersonen grundlegend verändern (vgl. Handlungsfeld 4).

	ERWARTETE REIBUNGSVERLUSTE		
	GERING	MITTEL	GROSS
MAKING HEISST LERNEN, NICHT LEHREN		X	X

6.3.2.5 Making ist kein Wettbewerb

Making ist keine Disziplin, in der Rival*innen gegeneinander antreten und in ihrer Leistung miteinander konkurrieren. Individuelle Projekte liessen sich auch nicht so einfach miteinander vergleichen. Making lebt von Zusammenarbeit, vom Austausch und von gegenseitiger Inspiration. Es wird eine Kultur des Teilens, der gegenseitigen Wertschätzung und Unterstützung gepflegt. Godhe et al. (2019) geben zu Bedenken, dass auch beim Making subtiler Wettbewerbsdruck herrschen kann, was für Lernende mit weniger Vorerfahrung oder Begabung nicht als Empowerment sondern als Dis-Empowerment wirken kann. (Wirtschafts-)Liberale Haltungen nach dem Motto «Jeder ist seines Glückes Schmid» bekräftigen solche Tendenzen und sollten, so Godhe et al. (2019) unbedingt reflektiert werden.

Konzeptionelle Maker-Leitlinien

* Teamprojekte sind im MakerSpace ausdrücklich erwünscht. (KURE4)
* Fertige Produkte aber auch Produkt- und Umsetzungsideen werden grundsätzlich gewürdigt. Sie sind so wertvoll, dass es sich lohnt, sie auf Wunsch der Öffentlichkeit zu präsentieren. (KPE.MO4, ES1.5)
* Non-kompetitive Teamchallenges entsprechen eher dem innovativen Erfindergeist als klassische Wettbewerbe, die auf Leistungsfähigkeit und Qualität von Problemlösungen abzielen. (KUAK4)

Die Perspektive der Schule

Wettbewerbsartige Aufgabenstellungen sind im Schulunterricht (z.B. in Natur, Mensch, Gesellschaft) verbreitet, wenn es etwa um Antriebsstärke oder Reichweite von Fahrzeugen oder um die Belastbarkeit von Brückenkonstruktionen geht. Diese Ansätze können im Making unter der Bedingung aufgegriffen werden, dass die Lehrperson nicht einfach die beste Lösung oder das beste Team prämiert, sondern gemeinsam analysiert wird, warum eine bestimmte Lösung besser funktioniert als andere. Wichtig dabei ist, zu betonen, dass gerade auch die weniger idealtypischen Lösungen Erkenntnisse generieren, die im Anschluss alle Schüler*innen für ihre Projekte nutzen können.

	ERWARTETE REIBUNGSVERLUSTE		
	GERING	MITTEL	GROSS
MAKING IST KEIN WETTBEWERB	X	X	

6.3.2.6 Leistung ist subjektiv

Eine klassische Leistungsorientierung oder Leistungsbeurteilung ist in der Maker Education nicht vorgesehen. Stattdessen ist ausschlaggebend, inwieweit das Individuum mit dem eigenen Produkt zufrieden ist bzw. ob es den Prozess als sinnstiftend erlebt hat.

Konzeptionelle Maker-Leitlinien

* Summative Leistungsbeurteilung (in Ziffernnoten) im MakerSpace ist kontraproduktiv und kreativitätshemmend. (KPE.MO3)
* Wertschätzendes formatives Feedback würdigt den Lernzuwachs der Maker*innen und signalisiert, dass das Explorieren und Ausprobieren keine negativen Konsequenzen hat. (KUAK5)

* Die soziale Bezugsnorm ist für das formative Feedback ungeeignet. Massgeblich ist die individuelle Bezugsnorm. Dabei werden nicht nur kreative Produkte und Lösungen gewürdigt, sondern auch individuelle Lernfortschritte, neue Erfahrungen und gewonnene Erkenntnisse. (KPRD1)

Die Perspektive der Schule

Leistungsbeurteilung nimmt im Schulkontext einen hohen Stellenwert ein. Während Maker-Aktivitäten nicht auf dem Erreichen vordefinierter Ziele beruhen, wird das, was Schüler*innen in der Schule tun, früher oder später bewertet und mit den Lehrplanzielen in Beziehung gesetzt (Sheridan et al. 2014). Wenn bestimmte Lehrplankompetenzen im Rahmen des schulischen Makings erworben werden (sollen), stellt sich in jedem Fall auch die Frage der Kompetenzüberprüfung. Die Schwierigkeit dabei ist: Leistung wird in der Regel personenbezogen und anhand von transparenten Kriterien gemessen – unter Berücksichtigung der sozialen Bezugsnorm. Um unter solchen Bewertungsumständen gute Leistungen zu erzielen, werden Schüler*innen sich (aus schulischer Gewohnheit) in erster Linie an jenen Kriterien orientieren und auf vertraute und bewährte Verfahren setzen, anstatt sich auf neue Technologien und Experimente mit unklarem Ausgang einzulassen. Dies schränkt die Selbstbestimmung sowie den kreativen Selbstausdruck deutlich ein. «Scardamalia and Bereiter note that (Making S.I.B.M) is different from the typically competitive and replicative nature of classroom learning, where the (sometimes tacit) goal is to acquire a set of pre-existing knowledge, and to do so more effectively than one's classmates» (Martin 2015, S. 36). Eine eher formative Beurteilung im Sinne eines kontinuierlichen, wertschätzenden Feedbacks durch Mitschüler*innen und Lehrperson könnte durch Formen der Selbstbeurteilung ergänzt werden. Diese wiederum müsste Prozess und Produkt gleichermassen mit einbeziehen. Liu (2018, S. 930) weist darauf hin, dass es bislang noch keine belastbaren Konzepte für die Bewertung von Lern- und Kreativitätsleistungen im schulischen MakerSpace gibt.

Da im Regelunterricht vor allem Einzelleistungen anhand von Ziffernnoten beurteilt werden, können schnell Leistungsdruck und Konkurrenzdenken entstehen. Die Wahrscheinlichkeit, dass sich dadurch die Bereitschaft der Schüler*innen reduziert, ihre Ideen zu teilen und anderen zu helfen, ist hoch.

Es ist zu erwarten, dass schulische Strukturen und Sozialisationsmuster an dieser Stelle negative Prägekräfte entwickeln, die langfristig überwunden werden müssen, um die Gemeinschaft als Gewinn wahrzunehmen und die Stärken der einzelnen Mitglieder als Ressourcen nutzen zu können. Eine zugewandte Haltung und der Wille zur Zusammenarbeit zählen zu den Grundpfeilern der Maker Education (vgl. Boy/Sieben 2017, S. 22; vgl. Martin 2015, S. 36).

	ERWARTETE REIBUNGSVERLUSTE		
	GERING	MITTEL	GROSS
LEISTUNG IST SUBJEKTIV		X	X

6.3.2.7 Es geht nicht um Effizienz

Ideen entwickeln – Experimentieren – Fehler machen – Erkenntnisse gewinnen. Aus den bisherigen Ausführungen geht hervor, dass es beim Lernen im MakerSpace nicht um Effizienz und Geradlinigkeit geht. Ein blosses Training von Skills zur Benutzung von DIY- und Fabrikationstools würde zu kurz greifen, worauf Liu (2018, S. 923) hinweist. Bildungsprozesse und kreatives Schaffen brauchen Zeit für Experimente, für Umwege, für Scheitern und für das Ziehen von Konsequenzen. Das Maker-Lernsetting ist daher von Offenheit und «didaktischer Bescheidenheit» (vgl. Arnold 2017) geprägt.

Konzeptionelle Maker-Leitlinien

* Making-Pädagog*innen und Maker*innen halten Offenheiten und vermeintliche «Leerzeiten» aus, auch wenn die Vorgehensweise von aussen betrachtet nicht effizient oder zielstrebig erscheint. (KUAK2)

Die Perspektive der Schule

In Zeiten einer zunehmend evidenzorientierten Didaktik (kritisch hierzu vgl. Arnold 2017), wo schulpädagogische Interventionen bezogen auf Effektivität und Wirksamkeit bewertet werden, erscheinen Lernprozesse mit unklarem Verlauf und Ausgang für Schulleitungen, Schulbehörden oder Eltern schwer legitimierbar. Entsprechend verständlich ist das Bemühen vieler Lehrpersonen, eindeutige und didaktisch reduzierte Aufgaben zu konzipieren und die Schüler*innen so zu begleiten, dass sie innerhalb einer vertretbaren Zeit auf (vorgegebene) Lösungen kommen. Vor diesem Hintergrund wird das «Aushalten» vermeintlich unproduktiver «Leerzeiten» zu einer Gratwanderung. Es wird im Rahmen des Projekts zu klären sein, in welchen Situationen ein Eingreifen erforderlich und wann didaktische Zurückhaltung angemessen ist. Möglicherweise schafft das Thema «Effizienz» noch eine weitere Herausforderung. Sowohl bei Lehrpersonen als auch bei Schüler*innen könnte sich eine Grundhaltung entwickeln, die eigene Produkte in erster Linie unter dem Gesichtspunkt der Zweckmässigkeit («es muss funktionieren») zu beurteilen. Das wiederum führt im Kontext des Making dazu, dass bestimmte Ideen nie umgesetzt und bestimmte Formen von Kreativität und Innovation nicht zugelassen werden.

	ERWARTETE REIBUNGSVERLUSTE		
	GERING	MITTEL	GROSS
ES GEHT NICHT UM EFFIZIENZ		X	

6.3.2.8 Zusammenfassung

Die folgende tabellerische Übersicht (vgl. Tab. 6.4) über die Dimensionen des Maker-Mindsets zeigt einige Reibungspunkte, mit welchen im schulischen Kontext zu rechnen ist.

TAB. 6.4: HALTUNG / MINDSET ÜBERBLICK

HALTUNG / MINDSET (HF2)	GERING	MITTEL	GROSS
JEDER KANN MAKING		X	
MAKING GEHT VOM MENSCHEN AUS		X	X
FEHLER SIND WERTVOLL – AUS FEHLERN LERNEN			X
MAKING BEDEUTET LERNEN, NICHT LEHREN		X	X
MAKING IST KEIN WETTBEWERB	X	X	
LEISTUNG IST SUBJEKTIV		X	X
ES GEHT NICHT UM EFFIZIENZ		X	

FRAGESTELLUNGEN FÜR DIE PRAXISFORSCHUNG

Welche Aspekte des Maker-Mindsets sind aus der Sicht der Lehrpersonen mit dem Schulalltag der Volksschule (un)vereinbar? (HF2.1, KUAK2)

Welche Aspekte des Maker-Mindsets werden von den Lehrpersonen in der Praxis besonders berücksichtigt? (HF2.2)

Inwieweit sind bei Lehrpersonen und Schüler*innen im Laufe des Projekts Veränderungen im Maker-Mindset zu beobachten? Worauf lassen sich diese Veränderungen zurückführen? (HF2.3)

Welche Aspekte des Maker-Mindsets (z.B. Formen des Feedbacks) ermutigen die Schüler*innen zu kreativem und selbstbestimmtem Handeln? (HF2.4)

6.3.3 Handlungsfeld 3: Didaktik

Ausgangsfragen für die Design-Entwicklung:
Welche didaktischen Prinzipien sind aus der Sicht der Maker Education in einem schulischen MakerSpace zu berücksichtigen? Welche didaktischen Prinzipien sind zu berücksichtigen, wenn insbesondere Kreativität und digitale Mündigkeit gefördert werden sollen? Inwieweit sind bereits etablierte didaktische Prinzipien und Ansätze der Volksschule mit den Ansprüchen und Intentionen der Maker Education kompatibel? Wie lassen sich didaktische Prinzipien der Maker Education mit den Gegebenheiten und Rahmenbedingungen der Schule in Einklang bringen?

In diesem Handlungsfeld wird das lerntheoretische Fundament für schulisches Making gelegt. Ziel ist es, Anknüpfungspunkte zur Schulpädagogik und mögliche Reibungsverluste zu identifizieren beziehungsweise Handlungsbedarf zu formulieren. Dies geschieht im Folgenden eher holzschnittartig und wird keinesfalls der Vielfalt didaktischer Prinzipien und Modelle gerecht, die im Schulfeld etabliert sind. Dennoch sollen mögliche Ansatzpunkte für die Design-Entwicklung des schulischen MakerSpace im Projekt «MakerSpace – Raum für Kreativität» herausgearbeitet werden.

6.3.3.1 Subjektorientierung und Konstruktionismus

Der Konstruktionismus nach Papert (1980) zählt du den wesentlichen lerntheoretischen Referenzen der Maker Education. Er betont das aktive Handeln der Lernenden, die Artefakte bzw. Objekte konstruieren, die für sie selbst bedeutsam sind. Making ist vor diesem Hintergrund immer subjektorientiert, d.h. von den Interessen und Neigungen der Subjekte ausgehend. Die selbst hergestellten Objekte müssen keinesfalls «fertig», «wertig» oder gar präzise gefertigt sein. Wichtiger sind die darin enthaltenen Umsetzungsideen und die individuellen Lernerfahrungen, die bei der Konstruktion gemacht werden. Die Diskussion der Objekte im sozialen Kontext des MakerSpaces ist ein zentrales Element einer Didaktik des Making.

Konzeptionelle Maker-Leitlinien

* Maker*innen stellen selbst Objekte/Artefakte her.
* Maker*innen bekommen den Raum für die Entwicklung und die Umsetzung eigener Projekte. (KPRD3)

Die Perspektive der Schule

Subjektorientierte, schülerzentrierte Konzepte in Anlehnung an Montessori, Dewey, Kerschensteiner sind an vielen Schulen bereits gängige Praxis. Salisbury und Nichols (2020, S. 50) bezeichnen den Maker-Ansatz vor diesem Hintergrund nicht als neuen Bildungstrend, sondern als eine Renaissance bereits etablierter Unterrichtsprinzipien. Insbesondere in den naturwissenschaftlichen Fächern ist selbstgesteuertes und problembasiertes Lernen weit verbreitet, ebenso wie die Herstellung von (Lern-)Produkten.

Theaterspielen im Literaturunterricht, Werkstücke im technischen und textilen Gestalten – Handlungs- und Produktionsorientierung hat sich als didaktisches Prinzip in vielen Fächern etabliert (vgl. z.B. Waldmann 2016; vgl. Gudjons 2014). Die Freiheit, nach den eigenen Interessen und Neigungen subjektiv bedeutsame Objekte zu gestalten, wird im schulischen Kontext jedoch vergleichsweise selten gewährt. Auch wenn es an einigen Schulen maker-ähnliche Unterrichtsgefässe wie Projekttage und -wochen, Halbjahresarbeit, etc. gibt, so wird es für viele Lehrpersonen und Schüler*innen eine neue Erfahrung sein, eigene Projekte zu entwickeln und Lernzeit für die Umsetzung nutzen zu können.

	ERWARTETE REIBUNGSVERLUSTE		
	GERING	MITTEL	GROSS
SUBJEKTORIENTIERNG / KONSTRUKTIONISMUS		X	

6.3.3.2 Spielerisches Tüfteln / Vom Material zum Thema

Dass aus Materialerkundungen spontan Themen und Bauvorhaben entstehen, widerspricht den bildungspolitischen Vorgaben des Schweizer Volksschullehrplans nicht. Im Gegenteil, spielerische Erfahrungen mit Materialität, im Umgang mit Werkzeugen und Technologien zählen in den Fachbereichen Bildendes Gestalten (BG) und Textiles und Technisches Gestalten (TTG) zu den Basiskompetenzen. Textil-, Holz- und Metallverarbeitungsmöglichkeiten sind traditionell in TTG anzusiedeln. Auch im Modul Medien und Informatik ist ein spielerischer und experimenteller Umgang mit Medien explizit vorgesehen.

	ERWARTETE REIBUNGSVERLUSTE		
	GERING	MITTEL	GROSS
SPIELERISCHES TÜFTELN		X	

6.3.3.3 Problembasierte Challenges

Maker-Pädagog*innen arrangieren problembasierte Making-Aktivitäten (Challenges). Sie führen an das freie Making – d.h. an die selbstständige Umsetzung eigener Ideen und Projekte – heran. Solche Challenges bieten im Idealfall ein komplexes, authentisches Problem, das nicht durch eine einfache Handlungsroutine (Reproduktion) gelöst werden kann (vgl. Funke 2003, S. 25). Klauser (1998, S. 278) spricht in diesem Zusammenhang von «ill-defined» Problems. Maker-Challenges dienen vor diesem Hintergrund weniger der Überprüfung oder Vertiefung von erworbenem Fachwissen – wie es bei «well-defined Problems» (vgl. ebd.) in der Regel der Fall ist – sondern der Genese neuen Wissens, das benötigt wird, um Making-Produkte zu entwickeln.

Konzeptionelle Maker-Leitlinien

* Pädagogisch arrangierte Making-Aktivitäten werfen hauptsächlich «ill-defined» Problems auf. (EU2.4)
* Making-Aktivitäten sind offen und nicht voll «durchdaktisiert». Dadurch ist selbstentdeckendes Lernen und eigenständige Wissensgenese möglich. (KUAK2)
* Offenheit bleibt beispielsweise erhalten, wenn das Ziel vorgegeben ist, Material und Weg aber offenbleiben, und umgekehrt. (KUAH1)
* Das Spannungsfeld von Erfolgserlebnissen und Scheitern, von Unterforderung und Überforderung wird austariert, indem Struktur und Offenheit der Lernangebote den jeweiligen Prozessphasen und Dispositionen der Lernenden angepasst wird. (KUAH3)

Die Perspektive der Schule

Problembasiertes Lernen zählt zu den verbreiteten schüleraktivierenden Unterrichtsmethoden. Für den Making-Kontext wird allerdings relevant sein, dass die von der Lehrperson kuratierten Challenges ausreichend offen sind und den Schüler*innen Gelegenheit geben, Wissen zu erwerben, das sie später in eigenen Projekten nutzen und anwenden können. Liu (2018, S. 923) sieht die Gefahr, dass Lehrpersonen dazu tendieren, Maker-Aktivitäten zu stark anzuleiten, so dass sich kreative Potenziale nicht frei entfalten können. Die Herausforderung besteht darin, fachliche Perfektionsansprüche gegebenenfalls zurückzustellen und Trial-and-Error-Verfahren als Form der Problemlösung anzuerkennen.

	ERWARTETE REIBUNGSVERLUSTE		
	GERING	MITTEL	GROSS
PROBLEMBASIERTE CHALLENGES	X	X	

6.3.3.4 Kreativitätsfördernde Methoden

In der Maker Education werden kreativitätsunterstützende Methoden verwendet, um Einsteiger*innen niederschwellig Kreativitätserfahrungen zu ermöglichen. Dabei kommen neben den Standardtechniken wie Brainstorming, Mindmapping spezifischere Methoden zum Einsatz, die auf Produktentwicklung abzielen.

«Remixing»

Remixing ist ein Prozess, in welchem Schüler*innen Artefakte erstellen, indem sie verschiedene Materialien kombinieren, verändern oder neu verwenden. Sie beginnen ein Projekt also nicht von vorne, sondern greifen auf Bestehendes zurück, das sie auf neue Art arrangieren. Diese Methode kommt beispielsweise beim Programmieren zum Einsatz (vgl. z.B. Vasudevan et al. 2015), wenn vorgegebene Programmbausteine verändert und erweitert werden, so dass neue Funktionen entstehen (vgl. Liu 2018, S. 926). Meist fungieren Materialien in diesem Rahmen als Scaffolding-Instrument und erleichtern Noviz*innen den Einstieg in das kreative Making (vgl. Vasudevan et al. 2015).

«Reverse Engeneering»

Während Forward Engineering den traditionellen Prozess der Entwicklung von technischen Systemen und Produkten bezeichnet, der von der Planung über verschiedene Stufen der Modellbildung und Abstraktion bis zur physischen Implementierung des Systems reicht, ist mit Reverse Engineering der umgekehrte Prozess gemeint. Dabei wird ohne Baupläne und ohne Anleitung versucht, ein bestehendes technisches System zu dekonstruieren, Bestandteile zu identifizieren und die Funktionen zu verstehen. Ziel ist die Rekonstruktion des Systems mit eigenen Mitteln, so dass die Funktionsfähigkeit vollumfänglich gegeben oder sogar verbessert ist (vgl. Siegkas 2020). Das Verstehen technischer Zusammenhänge durch Dekonstruktion und Rekonstruktion ist methodischer Bestandteil der Ingenieursausbildung (vgl. ebd.). Es wird aber auch in der Maker Education als Methode eingesetzt, um kreative Problemlösefertigkeiten zu entwickeln. Beispielsweise, indem ein vorgegebenes Fahrzeug mit verfügbaren Materialien möglichst funktionstüchtig nachgebaut oder erweitert werden soll. Die Methode beinhaltet spielerisches Herantasten an das Problem im Trail and Error Verfahren. Ähnlich wie beim Remixing beginnen die Lernenden nicht im luftleeren Raum, sondern können mit konkreten Vorgaben arbeiten, die aber Spielräume bei der Umsetzung eröffnen (vgl. auch die Erkenntnisse von Vartiainen/Kumpulainen 2019).

«Morphologischer Kasten»

Der schweizer Physiker Fritz Zwicky gilt als Erfinder der morphologischen Kreativitätsmethoden. Sie kommen zum Einsatz, wenn Kombinationen von Merkmalen systematisch nach möglichen Lösungen abgesucht werden sollen. Dadurch ergeben sich oftmals neue Sichtweisen und Ideen. Der morphologische Kasten ist eine zweidimensionale tabellarische Darstellung, in der vertikal die Merkmalkategorien und horizontal die möglichen Varianten eingetragen werden (vgl. Tab. 6.4). Palmsdorfer (2007) hat ein Beispiel für den Werkunterricht in der Primarschule entwickelt. Hier haben die Schüler*innen den Auftrag ein Fahrzeug zu entwickeln. Die Varianten können entweder vorgegeben oder von den Maker*innen gemeinsam bestimmt werden. Palmsdorfer sieht den Mehrwert des morphologischen Kastens darin, dass er selbsttätiges und selbstgesteuertes Lernen in offenen Aufgabensettings unterstützt und zudem durch die verschiedenen Realisationsmöglichkeiten Diskussionen im Team anregt (vgl. Palmstorfer 2007, S. 61).

TAB 6.4: BEISPIEL MORPHOLOGISCHER KASTEN PRIMARSCHULE (PALMSTORFER 2007, S. 61F)

MORPHOLOGISCHER KASTEN	1	2	3	4
MATERIAL	Papier/Karton	Holz	Bausteine	Styropor
RÄDER	keine	4	3	mehr als 4
FUNKTION	Lasten tragen	Personen mitführen	baggern	walzen
ANTRIEB	Elektromotor	ohne	mit einem Seil	mit einer Feder
ZUSATZFUNKTION	Anhänger	kann schwimmen	kann als Tresor verwendet werden	kann Lärm erzeugen
BESCHICHTUNG	Deckfarben	unbeschichtet	lackiert	mit Alufolie bezogen
GRÖSSE WIE	ein Spielzeugauto	ein Schuhkarton	eine Obstkiste	Waschmaschinenverpackung

Die Perspektive der Schule

Die Remix Methode ist in der Schulpädagogik prinzipiell eingeführt. Beim kreativen Schreiben beispielsweise ist die Arbeit an Paralleltexten, bei welcher vorgegebene Textstrukturen verändert und erweitert werden, eine gängige Methode. Im Fach Bildendes Gestalten ist die künstlerische Ausdrucksform der Collage explizit Lehrplanbestandteil. Liu (2018, S. 926) macht jedoch die Beobachtung, dass Remixen in der Schule nicht nur positiv aufgefasst wird. Sie verweist auf die Schwierigkeit, Remixe von Plagiaten abzugrenzen. So können traditionelle Vorstellungen von geistiger Eigenleistung mit experimentellen Formen des Remixens in Konflikt geraten. Das gilt auch für den Fall, dass Maker*innen eine Idee ihrer Kolleg*innen aufgreifen und weiterentwickeln. Das Individualleistungsprinzip der Schule kann ein Bremser sein, wenn die Urheber*innen einer Idee feststellen, dass die Leistungskonkurrenz ihre Idee übernommen und davon profitiert hat. Als Lösung schlägt Liu (2018) vor, die Remix Methode bewusst als soziale Kreativitätstechnik einzuführen, die davon lebt, dass alle Akteur*innen ihre Ideen selbstverständlich untereinander teilen und daraus etwas Neues entstehen kann.

Reverse Engineering kommt ursprünglich aus dem Ingenieurwesen bzw. aus der Softwareentwicklung. Ob die Methode von der Volksschule bereits in der Breite adaptiert wurde, lässt sich nicht pauschal sagen. Lehrplankompetenzen im Fach Technisches und Textiles Gestalten umfassen jedenfalls die zielgerichtete Untersuchung der Funktionsweise, Gestaltung, Konstruktion von Objekten und das Erkennen von technischen Zusammenhängen (vgl. TTG. 1.A.1). Es ist aber zu erwarten, dass in der Schulpraxis in den meisten Fällen das Foreward Engineering dominiert. Morphologische Kreativitätstechniken zählen vermutlich nicht zu den am häufigsten eingesetzten Kreativiätstechniken in der Schule. Sie sind ihrer Struktur nach aber anschlussfähig an freie Gestaltungsprozesse. Lehrpersonen benötigen allenfalls Weiterbildungsangebote im Bereich designorientierter Kreativitätstechniken.

	ERWARTETE REIBUNGSVERLUSTE		
	GERING	MITTEL	GROSS
KREATIVITÄTSFÖRDERNDE METHODEN		X	

6.3.3.5 Low Floor – High Ceiling – (Wide Walls)

In der Maker Education ebenfalls verbreitet ist das Prinzip Low Floor – High Ceiling von Seymour Papert. Es beinhaltet den Anspruch, niederschwellige Zugänge für Einsteiger*innen anzubieten (low floors) und gleichzeitig Fortgeschrittenen die Möglichkeit zu geben, zunehmend anspruchsvollere und komplexere Projekte zu verwirklichen (high ceiling). Low Floors sind notwendig, um Einsteiger*innen Erfolgserlebnisse und Vertrauen in die eigenen Fähigkeiten zu geben, High Ceilings halten die Spannung aufrecht und garantieren individuelle Entwicklungsmöglichkeiten auf verschiedenen Niveaustufen (vgl. Liu 2018, S. 929). Resnick (2017, S. 64) ergänzt das Prinzip um die Komponente «Wide Walls».

Seiner Meinung nach sei es nicht ausreichend, lediglich einen einzigen Weg vom Floor zur Ceiling anzubieten. Stattdessen seien zusätzlich Wide Walls erforderlich, so dass die Lernenden nach ihren Interessen und Neigungen ihre eigenen Lernwege einschlagen und Projekte realisieren können, die für sie persönlich bedeutsam sind.

Die Perspektive der Schule

Auch wenn in der Schulpädagogik andere Begriffe (Differenzierung oder Individualisierung) verwendet werden, ist es der Anspruch einer zeitgemässen Bildung, Lernumgebungen anzubieten, die den individuellen Lernvoraussetzungen der Schüler*innen entsprechen. Zurzeit ist dies in der Praxis aus Ressourcengründen nicht immer möglich ist – der Anspruch low floors – heigh ceiling widerspricht aber keinesfalls dem Bildungsauftrag der Schule.

	ERWARTETE REIBUNGSVERLUSTE		
	GERING	MITTEL	GROSS
LOW FLOOR, HIGH CEILING	X	X	

6.3.3.6 Iterative Entwicklungsprozesse und agile Methoden

«Iterate, iterate—then iterate again» (Resnick 2017, S. 178). Im Idealfall konstruieren die Lernenden beim Making eigene Produkte und gehen dabei schrittweise vor, indem sie mehrere Prototypen entwickeln, die im Entwurfsstadium getestet, in der Lerngemeinschaft diskutiert, reflektiert und dann zum Endprodukt ausgebaut werden. Produktentwicklungsprozesse beim Making werden durch den Einsatz geeigneter agiler Methoden (z.B. Design Thinking) unterstützt.

Konzeptionelle Maker-Leitlinien

* Gegebenenfalls werden gezielt Kreativitätstechniken vermittelt. (KPRZ3)
* Die Schüler*innen werden in die Phasen des kreativen Prozesses eingeführt, ohne dass rezeptartig eine bestimmte Reihenfolge nahegelegt oder vorgegeben wird. (KPRZ4)
* Bei Bedarf werden heuristische Instruktionen angeboten (z.B. Design Thinking Prozess). (KUAH2)
* Den Schüler*innen werden Strategien zum Problemlösen vermittelt. (EU2.4)

Die Perspektive der Schule

Anders als in der Maker Education sind agile didaktische Methoden zum jetzigen Zeitpunkt in der Volksschule eher unbekannt. Nur wenige Lehrpersonen und Erziehungswissenschaftler*innen, wie Arn (2017) oder Brichzin et al. (2019), greifen die ursprünglich aus dem Wirtschaftskontext stammende Idee der agilen Entwicklung auf und adaptieren sie für die Bildungspraxis. Für viele Lehrpersonen und Schüler*innen könnte die agile Produktentwicklung eine besondere Herausforderung sein. Schüler*innen haben häufig den Anspruch, schulische Aufträge mit minimalem Aufwand erfolgreich zu erfüllen, um sich anschliessend wieder eigenen Interessen zu widmen.

Die Vorgehensweise, zunächst einen Prototyp zu entwickeln, diesen zu präsentieren bzw. zu testen und auf diese Weise während des Produktionsprozesses Feedback zu erhalten, das man zur Weiterentwicklung des Prototypen nutzen kann, ist nicht die Regel. Daher müssen die Akteure voraussichtlich für die Besonderheit und den Mehrwert agiler und iterativer Verfahren sensibilisiert werden. Ob die Schüler*innen tatsächlich bereit sind, mehrere Überarbeitungszyklen zu durchlaufen, ist unter dem Gesichtspunkt der selbstbestimmten Umsetzung eigener Ideen wahrscheinlich, muss aber empirisch erst überprüft werden. Salisbury und Nichols (2020, S. 52) haben in einer qualitativen Feldstudie gute Erfahrungen gemacht, indem sie den Schüler*innen eine Art «Playlist» mit den einzelnen Design-Phasen zur Verfügung gestellt haben und die Freiheit liessen, in welcher Reihenfolge die Phasen bearbeitet wurden.

	ERWARTETE REIBUNGSVERLUSTE		
	GERING	MITTEL	GROSS
ITERATIVE ENTWICKLUNGSPROZESSE		X	X

6.3.3.7 Situiertes Lernen

Maker*innen sind bereit und willens, sich spontan fehlendes Wissen und Fertigkeiten anzueignen, wenn es für die Umsetzung ihrer Ideen erforderlich ist. Die Maker-Lernumgebung ist so gestaltet, dass situiertes Lernen möglich ist.

Konzeptionelle Maker-Leitlinien

* Die Schüler*innen erhalten beim situierten Lernen bei Bedarf Unterstützung von der Making-Lehrperson oder von anderen anwesenden Expert*innen oder Mitschüler*innen. (ES2.5)
* Schüler*innen ohne Making-Vorerfahrung benötigen zu Beginn eine gewisse Sicherheit. Algorithmische Instruktionen bieten einen stützenden Rahmen (Scaffolding), der schrittweise ausgeblendet wird (Fading). (KUAH3)

Die Perspektive der Schule

Der Schulkontext mit seinen bildungspolitischen Vorgaben und Kompetenzstandards sperrt sich auf den ersten Blick gegen eine Lernform, in der sich Lernende genau jenes Wissen und jene Fertigkeiten aneignen, die sie in der individuellen Lernsituation benötigen, um ihre Ideen umzusetzen. Auf den zweiten Blick ergeben sich durch situiertes Lernen aber auch Chancen für Differenzierung und Individualisierung. Die Schüler*innen erwerben zwar – je nach Projektvorhaben – unterschiedliche Kompetenzen, können aber ihr (heterogenes) Vorwissen einbringen, sich gegenseitig mit ihren Fähigkeiten ergänzen oder Wissen und Erfahrungen austauschen. Weil das neu Gelernte unmittelbar gebraucht und angewendet werden kann, kommt es kaum zur Anhäufung von «trägem Wissen» (Gruber et al. 2000). Aus schulischer Perspektive wird es allerdings relevant sein, individuelle Lernprozesse und Kompetenzerwerb zu dokumentieren und somit den Lernzuwachs für Lernende und Lehrpersonen sichtbar zu machen.

Eine grössere Passung zwischen Lehrplanvorgaben und situiertem Lernen im MakerSpace kann gegebenenfalls durch die gezielte Setzung eines Rahmenthemas (z.B. Digitale Rauminstallation) erreicht werden, innerhalb dessen sich die Schüler*innen mit ihren individuellen Entwicklungsprojekten bewegen können.

Bei der Entwicklung einer digitalen Rauminstallation werden die Schüler*innen die Funktionsweise des Stromkreises sowie die Programmierung von Sensoren und Aktoren kennenlernen (müssen).

Es ist davon auszugehen, dass Kompetenzerwerb im MakerSpace nicht ausschliesslich situiert erfolgen kannn. Gerade die gestaltende Arbeit mit digitalen Technologien und Verfahren ist für viele Schüler*innen neu, so dass kursorische Einführungen notwendig sein werden, um einen Überblick über die technischen Möglichkeiten zu erhalten. Schüler*innen ohne Making-Vorerfahrung oder mit weniger stark ausgeprägten Selbststeuerungskompetenzen werden beim situierten Lernen eine intensivere Lernbegleitung (Scaffolding) benötigen als andere. Insgesamt hat der Fokus auf situiertem Lernen einen grossen Einfluss auf die Ausgestaltung der Rolle von Pädagog*innen im schulischen Making-Kontext.

	ERWARTETE REIBUNGSVERLUSTE		
	GERING	MITTEL	GROSS
SITUIERTES LERNEN		X	

6.3.3.8 Prozessreflexion

Die Dokumentation von Prozessen und Produkten (z.B. mithilfe von digitalen Medien wie Videos, Fotos) ist eine wichtige Reflexionsmethode und eine Gelegenheit, Gelerntes anderen weiterzugeben.

Konzeptionelle Maker-Leitlinien

* Die Schüler*innen bekommen beim Making Entscheidungsspielräume. Ohne Entscheidungsspielräume ist die Übernahme von Verantwortung für den eigenen Lernprozess nicht möglich. (EV3.5)
* Die Schüler*innen werden dazu angeregt, die Gründe für ihr Scheitern zu analysieren. Sie haben anschliessend die Gelegenheit, die neu gewonnenen Erkenntnisse unmittelbar anzuwenden. (EV3.4)
* Die Schüler*innen führen ein Portfolio, in welchem sie ihre Erfahrungen und Entwicklungsprozesse festhalten. (EV3.5)
* Das Portfolio beinhaltet auch nonverbale Eintragungen wie Skizzen, Fotos und Videodokumentationen. (EV3.5)
* Die Schüler*innen werden angeregt, ihren Lernprozess (und somit auch ihr begründetes Scheitern) medial zu dokumentieren. (KUAK5)
* Dadurch ergibt sich die Möglichkeit, misslungene Experimente oder nicht funktionierende Lösungen als wertvoll und erwünscht zu würdigen. (KUAK5)

Die Perspektive der Schule

Kompetenzzuwachs bewusst und sichtbar zu machen, ist ein wesentliches Anliegen der Schulpädagogik. Schulische Lernprozesse werden vor diesem Hintergrund häufig mit Lerntagebüchern und Portfolios reflektiert, was eine Grundlage für die formative Beurteilung und für entwicklungsorientiertes Feedback bietet. Beim schulischen Making gilt es allerdings, im Rahmen der verfügbaren Lernzeit ein angemessenes Verhältnis von Produktion und Reflexion zu finden. Eine hauptsächlich schriftliche Reflexionsform, wie sie an vielen Schulen üblich ist, wäre zeitaufwendig. Ausserdem würden die spezifischen Herausforderungen der konzeptionellen Schriftlichkeit (Einhaltung orthografischer Normen, Ausdrucksfähigkeit, ...) dominieren, was zur Benachteiligung verbal weniger privilegierter Schüler*innen führt. Eine niederschwellige Prozessdokumentation unter Verwendung digitaler Medien (z.B. Fotos, Videoaufnahmen, Skizzen) wäre kompatibel mit den Lehrplanvorgaben im Modul Medien und Informatik (inklusive Anwendungskompetenzen) und gäbe zudem Raum für situative und mündliche Formen der Reflexion. Die Schüler*innen könnten ihre Erkenntnisse anhand konkreter Objekte formulieren. Da beim Making aus Fehlern gelernt werden soll, ist ein Reflexionsschwerpunkt die Analyse des Scheiterns. Das heisst, die Schüler*innen werden angeregt, die Gründe für das Nicht-Funktionieren zu ermitteln und die Reichweite und Übertragbarkeit der Erkenntnisse einzuschätzen. Selbstreflexion braucht Zeit. Diese Zeit muss den Schüler*innen verlässlich zur Verfügung stehen. Idealerweise lassen sich ritualisierte Formen der Reflexion unter Einbeziehung der Lerngruppe etablieren und mit medialer Dokumentation verbinden.

	ERWARTETE REIBUNGSVERLUSTE		
	GERING	MITTEL	GROSS
PROZESSREFLEXION	X	X	

6.3.3.9 Zusammenfassung

Die tabellarische Übersicht macht deutlich, dass es durchaus Berührungspunkte und Parallelen von Schuldidaktik und Maker-Didaktik gibt.
Aktivierende Lernmethoden der Maker Education sind auch im Schulkontext etabliert, werden dort aufgrund struktureller Rahmenbedingungen und Prioritäten nicht in der Breite angewendet. Das Potenzial der agilen, iterativen Design-Entwicklung wird bislang allenfalls im TTG-Unterricht genutzt. Dezidierte Kreativitätsförderung ist prinzipiell eine wichtige Aufgabe von Schule, spielt aber eine untergeordnete Rolle.

	ERWARTETE REIBUNGSVERLUSTE		
DIDAKTIK / LERNANGEBOTE (HF 3)	GERING	MITTEL	GROSS
SUBJEKTORIENTIERUNG / KONSTRUKTIONISMUS		X	
SPIELERISCHES TÜFTELN		X	
PROBLEMBASIERTES LERNEN		X	
KREATIVITÄTSFÖRDERNDE METHODEN		X	
LOW FLOOR - HIGH CEILING - (WIDE WALLS)	X	X	
ITERATIVE ENTWICKLUNGSPROZESSE		X	X
SITUIERTES LERNEN		X	
PROZESSREFLEXION	X	X	

TAB. 6.5: DIDAKTIK / LERNANGEBOTE ÜBERBLICK

FRAGESTELLUNGEN FÜR DIE PRAXISFORSCHUNG

Wieviel Spielraum, Freiheit und Wahlfreiheit beinhalten die Lernangebote in der Praxis tatsächlich (z.B. Offenheit vs. Geschlossenheit, Umsetzung eigener Ideen, freie Arbeits- und Zeiteinteilung)? (ES1.2, UAH.1)

Welche didaktischen Prinzipien der Maker Education werden im Making-Unterricht umgesetzt? (HF3.1)

Wie gehen die Schüler*innen mit den (offenen) Lernangeboten im MakerSpace um? (Zeiteinteilung (KURE2), Eigeninitiative und Motivation (UAS.1, EH5.1), Selbstständigkeit und Selbstregulation (EU2.7), Situiertes Lernen und Wissenserwerb, Reflexion des eigenen Lernprozesses (EV3.5)). (HF3.2)

Woran scheitern die Schüler*innen, wie gehen sie mit dem Scheitern um? (HF3.3; EU2.3, EV3.4)

Wie verlaufen kreative Problemlöseprozesse? Welche kreativen Tätigkeiten und Verfahren lassen sich beobachten? (HF3.4)

Welche Problemlösestrategien und Kreativitätstechniken wenden die Schüler*innen an? (HF3.5)

Was lernen die Schüler*innen beim Making? Wie werden Lernprozesse beim Making reflektiert? Wie nehmen die Schüler*innen verschiedene Formen der Prozessreflexion auf? (HF3.6)

Welche Produkte entstehen beim Making? Welche Kriterien für Kreativität erfüllen die Produkte? (HF3.7)

Wo zeigen sich kreative Lösungen in der Verbindung digitaler und analoger Technologien? (HF3.8)

KREATIVE PROZESSE / PROBLEMLÖSEN

Inwieweit können kreative Prozesse beim Making mit dem 4-stufigen Design-Thinking-Modell beschrieben werden? (KPRZ4)

In welcher Reihenfolge durchlaufen die Schüler*innen die Phasen des kreativen Prozesses? (KPRZ4)

Welche Prozessphasen dominieren, welche werden weniger häufig durchlaufen? (KPRZ4)

Welche Kreativitätstechniken wenden Schüler*innen bei der Produktentwicklung intuitiv an? (KPRZ3, EU2.4)

Welche Probleme entstehen beim Making? (EU2.4) Auf welche Problemlösestrategien und Kreativitätstechniken greifen sie zurück? (EU2.4)

Können die Schüler*innen mit ihrem informatisch-technischen Wissen das Potenzial digitaler Technologie für die Problemlösung einschätzen? (UT4.2)

Inwieweit können die Schüler*innen erkennen, dass eine digitale Lösung sinnvoller ist als eine anloge (und umgekehrt)? (UT4.2)

Inwieweit wenden die Schüler*innen Programmierkenntnisse bei eigenen Projekten an? Welche Ideen entstehen auf der Basis von Programmierkenntnissen? (ES1.4)

In welchen Prozessphasen benötigen die Schüler*innen besondere Unterstützung? (KPRZ4)

Wie werden Lernprozesse beim Making reflektiert? Wie nehmen die Schüler*innen verschiedene Formen der Prozessreflexion auf?

Reichen die Zeitfenster für kreative Produktentwicklung aus? (KURE2)

KREATIVE LERNPRODUKTE / ARTEFAKTE

Welche Ideen entwickeln Schüler*innen beim Making? (KPRD1, ES1.2)
Welche Ideen werden umgesetzt, welche nicht? (KPRD1., ES1.1)

Was lernen Schüler*innen beim Making (Erkenntnisse)? (KPRD1)

Welche Formen von Alltagskreativität zeigen sich beim Making? (KPRD1)

Welche Kriterien für Produktkreativität erfüllen die Ideen und Produkte der Schüler*innen? (PRD.3) Inwieweit unterscheiden sich die Kreativitätsbeurteilungen von Lehrpersonen, Schüler*innen und Forschenden? (KPRD3)

Wo zeigt sich Kreativität durch die Verbindung von analogen und digitalen Technologien?

Inwieweit eröffnet digitale Fabrikation den Schüler*innen neue Ausdrucksmöglichkeiten, die über klassisch manuelle Produktion hinausgehen? (ES1.3)

6.3.4 Handlungsfeld 4: Lernbegleitung

Ausgangsfragen für die Design-Entwicklung:
Welche Rolle kommt Lehrpersonen und Schüler*innen im Making-Prozess idealerweise zu? | Wie sieht eine kreativitäts- und autonomieunterstützende Lernbegleitung im Sinne des Maker-Mindsets aus? | Wie kann eine situierte Lernbegleitung beim Making sichergestellt werden?

Eine Begegnung auf Augenhöhe, gemeinsames Experimentieren und Lernen; den Schüler*innen den Rücken freihalten, so dass sie selbstbestimmt an ihren Projekten werkeln können. Eine Lernbegleitung im MakerSpace kann viele Gesichter haben. Aus der Sicht der Maker Education ist die Lernbegleitung vor allem aufmerksam, flexibel, hilfsbereit, fachlich kompetent, neugierig und wertschätzend.

6.3.4.1 Situierte Begleitung

Situiertes Lernen erfordert eine individuelle Lernbegleitung im Sinne des Cognitive Apprenticeship Ansatzes. Die Lehrperson wird dabei zum Coach und unterstützt bei Bedarf (Scaffolding), reduziert aber schrittweise die Unterstützung und überträgt den Lernenden die Verantwortung für den Lernprozess (Fading).

Konzeptionelle Maker-Leitlinien

* Die pädagogische Begleitung übernimmt die Funktion eines «Floating Facilitators», der die Ausdrucksabsichten und Projekte der Lernenden erkennt und bei Bedarf unterstützt (Cognitive Apprenticeship).
* Die Schüler*innen erhalten beim situierten Lernen bei Bedarf Unterstützung von der Lehrperson, die in ihrer Rolle als Facilitator agiert und gegebenenfalls Hinweise auf geeignete Online-Ressourcen gibt. (EU2.5)

Die Perspektive der Schule

Unterricht kann beim situierten Lernen nicht – wie ansonsten üblich – sukzessiv geplant werden. Es gibt nicht ein bestimmtes Ziel, das von den Schüler*innen erreicht, bzw. dessen Nicht-Erreichung von der Lehrperson festgestellt und mit geeigneten Massnahmen überwunden werden kann. Making provoziert Situationen, in welchen spontan und intuitiv Entscheidungen getroffen werden müssen. Wann ist es sinnvoll, unterstützend einzugreifen, und wann ist es besser, den Prozess weiterlaufen zu lassen? Welche Fehler und Fehltritte müssen gemacht werden, um daraus Erkenntnisse zu gewinnen und wann verursacht dies so viel Frustration, dass die Motivation schwindet und der kreative Prozess gefährdet ist?

Das Spektrum pädagogischer Tätigkeiten beim Scaffolding reicht vom Vorzeigen und Nachmachen von einzelnen Handlungsschritten über das gemeinsame Arbeiten von Schüler*in und Lehrperson am Werkstück bis hin zur Extremform, dass die Lehrperson Akteur ist und die Schüler*innen lediglich assistieren. Es ist pädagogisch anspruchsvoll, ein angemessenes Verhältnis von Scaffolding und Fading zu finden.

Hierfür müssen Lehrpersonen ihre Schüler*innen gut kennen und deren Vorwissen, Talente und Fertigkeiten entsprechend einschätzen können. Im Vergleich zu Pädagog*innen im ausserschulischen Bereich sind Lehrpersonen (insb. Klassenlehrpersonen) diesbezüglich im Vorteil. Sie haben Gelegenheit, über längere Zeit eine Beziehung zu ihren Schüler*innen aufzubauen. Der Einsatz von Lernportfolios – gegebenenfalls unter Verwendung digitaler Tools – kann helfen, den Überblick zu behalten.

Situative Lernbegleitung kann in grossen Lerngruppen sehr zeitaufwendig sein, vor allem wenn die Schüler*innen an eigenen Projekten arbeiten und unterschiedlich intensive Unterstützung benötigen. In einer ganzen Schulklasse wird die Lehrperson schnell an ihre Kapazitätsgrenze kommen. Begrenzte Zeit und fehlende Geduld der Schüler*innen und/oder Lehrpersonen kann die situative Lernbegleitung zusätzlich erschweren.

	ERWARTETE REIBUNGSVERLUSTE		
	GERING	MITTEL	GROSS
SITUATIVE BEGLEITUNG		X	

6.3.4.2 Dezentral statt frontal

Lernen im gleichen Takt, wie es in Phasen des schulischen Frontalunterrichts häufig praktiziert wird, ist in der Maker Education eher unüblich, da es gegen einige Prinzipien des Maker-Mindset verstösst. Im Idealfall werden die Lernenden nicht vorab theoretisch unterwiesen, sondern sie generieren ihre Erkenntnisse während des Prozesses, indem sie recherchieren, ausprobieren und mit ihrem Artefakt interagieren. Ganz ohne theoretische Unterweisungen kommt aber auch die Maker Education nicht aus. So lässt sich die vorherige Einweisung in komplizierte Verfahren, störungsanfällige oder gefährliche Maschinen, empfindliche und kostenintensive Werkstoffe etc. nicht vermeiden. Dies geschieht meist in Kleingruppen, seltener im Plenum.

Die Perspektive der Schule

Lehrpersonen haben es in der Regel mit einem Klassenverband zu tun und müssen mit dieser Situation konstruktiv umgehen. Making bietet die Chance, die Schüler*innen selbstständig an ihren Projekten arbeiten zu lassen und parallel dazu für eine Kleingruppe eine Einführung in ein technisches Verfahren zu machen. Grundsätzlich gibt es keinen triftigen Grund, Frontalunterricht zu vermeiden, wenn es pragmatisch eine ideale Form ist, um bestimmte Informationen zu vermitteln. So spricht beispielsweise nichts gegen eine frontale Einführung in die Videobearbeitung am Beamer (für das Videotagebuch als Prozessdokumentation). Making ist per se schüleraktivierend. Es besteht also kaum die Gefahr, dass Frontalunterricht beim schulischen Making dominiert.

	ERWARTETE REIBUNGSVERLUSTE		
	GERING	MITTEL	GROSS
DEZENTRAL STATT FRONTAL		X	

6.3.4.3 Lehrpersonen als Projektmanager*innen

Maker-Pädagog*innen operieren als Projektmanager*innen. Sie unterstützen vor allem jüngeres Klientel bei Zeit- und Ressourcenplanung und bei der Beschaffung und Organisation von Materialien. Sie sorgen auch für Networking, indem sie Personen mit ähnlichen Interessen zusammenbringen oder Expert*innen für bestimmte Technologien bei Bedarf hinzuziehen.

Die Perspektive der Schule

Vor allem Klassenlehrpersonen haben bereits eine Art Managementfunktion. Diese kann leicht an den Maker-Kontext angepasst werden. Sie kann bei Bedarf Eltern, Grosseltern und Expert*innen vor Ort einbeziehen.

	ERWARTETE REIBUNGSVERLUSTE		
	GERING	MITTEL	GROSS
LEHRPERSONEN ALS PROJEKTMANAGER	X		

6.3.4.4 Peer Education

Peer Education – also das Lernen Gleichaltriger mit und voneinander (vgl. Kästner 2003) – ist in der Maker Education stark verbreitet. Zum einen werden Making-Pädagog*innen dadurch entlastet. Zum anderen wird der Anspruch der Maker-Bewegung eingelöst, soziales Lernen zu befördern, gegenseitig Wissen und Erfahrungen weiterzugeben und die Verantwortung auf die Lerngemeinschaft zu übertragen. Making bietet darüberhinaus die Chance, individuelles Wissen einzubringen und dabei Selbstwirksamkeitserfahrungen zu machen.

Die Perspektive der Schule

Peer Education ist im Schulkontext etabliert. Methodische Formen wie Gruppenpuzzle oder Lernen durch Lehren (LdL; vgl. Martin 1996) beinhalten Aspekte der Peer Education. Im Unterschied zum didaktisierten Gruppenpuzzle ist Peer Education beim Making situativer und informeller. Wenn ein Schüler oder eine Schülerin auf ein Problem stösst, eine Tätigkeit neu lernen will oder einfach für eine Bauphase mehr als zwei Hände braucht, muss ein Mitschüler oder eine Mitschülerin, der oder die verfügbar ist und die benötigte Expertise hat, spontan unterstützen. Auf diese Rolle müssen die Lernenden vorbereitet werden.

Im System Schule, in dem Leistung in der Regel als Individualleistung beurteilt wird – verbunden mit der Zuteilung zu gesellschaftlichen Positionen (Selektionsprinzip) – kann es herausfordernd werden, Schüler*innen für gegenseitige Unterstützung zu motivieren, wenn ihr eigenes Projekt noch nicht zu ihrer Zufriedenheit abgeschlossen ist. Es muss ein Klima geschaffen werden (Mindset), innerhalb dessen es selbstverständlich ist, sich gegenseitig zu unterstützen und in dem sich Engagement für Mitschüler*innen nicht negativ in der Bewertung bemerkbar macht, wenn für die Fertigstellung des eigenen Projekts letztlich die Zeit fehlt.

Peer Education nach dem Motto «Wer fertig ist, hilft noch denen, die noch nicht fertig sind» greift zu kurz, da so nur die erfolgreichsten Schüler*innen die Expertenrolle einnehmen und die Anerkennung erhalten. Patensysteme, innerhalb derer ältere Schüler*innen eine Making-Patenschaft für jüngere Schüler*innen übernehmen und ansprechbar sind für deren Ideen und Projekte, können eine Lösung sein. Dies stellt die Schule aufgrund struktureller Rahmenbedingungen (Stundenpläne, Freistunden etc.) aber vor organisatorische Herausforderungen.

	ERWARTETE REIBUNGSVERLUSTE		
	GERING	MITTEL	GROSS
PEER EDUCATION		X	

6.3.4.5 Zusammenfassung

Die Rolle der Lernbegleitung im MakerSpace unterscheidet sich grundsätzlich nicht von der in anderen offenen Lernumgebungen, in welchen Schüler*innen eigenständig an ihren Projekten arbeiten (z.B. Atelierunterricht, Freiarbeit, projektorientierter Unterricht, Lernlandschaften). Unterstützung durch die Lehrperson wird dann erbracht, wenn sie erforderlich ist. Schüler*innen werden in die Lage versetzt, sich selbst untereinander weiterzuhelfen (Peer Education). Die Lehrperson agiert als Berater*in, hilft dabei, die Ziele im Blick zu behalten. Sie übernimmt, falls nötig, auch zwischendurch die Initiative, bringt sich mit ihren Ideen ein, motiviert und findet im Falle des Scheiterns aufbauende und wertschätzende Worte. Voraussetzung ist die Bereitschaft und die Fähigkeit der Lehrperson, sich zurückzunehmen, den Schüler*innen zu vertrauen und ihnen die Spielräume für eigenständige Making-Aktivitäten zu geben. Um im richtigen Moment Unterstützung zu leisten, sind einerseits fachliche (Making-Kompetenzen) und andererseits diagnostische Kompetenzen erforderlich.

	ERWARTETE REIBUNGSVERLUSTE		
LERNBEGLEITUNG (HF 4)	GERING	MITTEL	GROSS
SITUIERTE BEGLEITUNG		X	
DEZENTRAL STATT FRONTAL		X	
LEHRPERSONEN ALS PROJEKTMANAGER*INNEN	X		
PEER-EDUCATION		X	

TAB. 6.6: LERNBEGLEITUNG ÜBERBLICK

FRAGESTELLUNGEN FÜR DIE PRAXISFORSCHUNG

Welche Herausforderungen ergeben sich bei der situierten Lernbegleitung für Schüler*innen und Lehrpersonen? (HF4.1; KURE6)

Welche Rollen- und Identitätskonflikte entstehen beim Making? Wie lösen Schüler*innen und Lehrpersonen etwaige Rollenkonflikte? (HF4.2)

Welche Unterstützung benötigen die Schüler*innen bei komplexen Anforderungen, beim Lösen komplexer Probleme? (HF4.3; EU.2.5)

Mit welchen Fragen und Anliegen wenden sich die Schüler*innen an die Lernbegleitung? (HF4.4)

Welche Impulse und Anregungen gibt die Lehrperson in den Prozess ein? (HF4.5)

Wie lassen sich Peer Education und externe Personen in die Lernbegleitung einbeziehen? (HF4.6)

Welche Erfahrungen sammeln Schüler*innen und Lehrpersonen mit digitaler Lernbegleitung? (HF4.7)

6.3.5 Handlungsfeld 5: Making-Curriculum in der Schule

Ausgangsfragen für die Design-Entwicklung:
Welche Themen (Inhalte, Technologien und Verfahren) eignen sich für ein schulisches Maker-Curriculum? | Welche Themen eignen sich für welche Jahrgangsstufe? | Wie können Maker-Kompetenzen zielstufengerecht über die Schullaufbahn hinweg aufgebaut werden? | Welche Fächer haben eine inhaltliche Nähe zum Making? | Wie lassen sich Making und Fachdidaktiken sinnvoll verzahnen? | Wie kann aus welchen Fächern Lernzeit für Making-Aktivitäten bereitgestellt werden? (KURE1) | Welche Lehrplan-Kompetenzen lassen sich mit schulischen Making-Aktivitäten erwerben?

«At present, many schools are turning to STEM and Digital & Technology subjects as appropriate 'home' areas for maker technologies.»

(Godhe et al. 2019, S. 324/325)

Maker-Aktivitäten sind in der Regel von mehrere Disziplinen inspiriert, darunter Naturwissenschaften, Technik, Ingenieurwesen, Kunst und Mathematik (STEAM). Entsprechend anspruchsvoll ist die Adaption der Maker Education im Fächerkanon der Schule und im Stundenplan. Liu (2018, S. 931) rechnet diesbezüglich mit Reibungspunkten und weist darauf hin, dass es noch weitere Forschung braucht, um eine Passung zwischen interdisziplinärem Making, schulischem Curriculum und Stundentafel zu erreichen.

In der Maker Education gibt es ein mit der Schule vergleichbares Curriculum nicht, da es sich meist um kurzzeitpädagogische Einzelangebote handelt. Soll ein schulischer MakerSpace aber nicht nur punktuell, sondern von allen Schüler*innen während ihrer Schullaufbahn kontinuierlich genutzt werden, muss im Schulhausteam entschieden werden, auf welchen Werkstoffen, Verfahren und Technologien in welcher Klassenstufe jeweils ein Schwerpunkt liegen soll. Dies widerspricht teilweise dem Prinzip der Maker Education nach einer neigungsorientierten Wahl der Lerngegenstände, ist für ein mehrjähriges, verbindliches Bildungsangebot jedoch unumgänglich.

6.3.5.1 Neigungsorientiertes Curriculum

Die Interessen und Neigungen der Lernenden sind in der Regel Ausgangspunkt und Kern aller Lernprozesse beim Making. Das bedeutet, dass die Lernenden sich jene Lerninhalte und Kompetenzen aneignen, die mit der Realisierung ihres Projekts verbunden sind.

Konzeptionelle Maker-Leitlinien

* Die Schüler*innen bekommen im schulischen MakerSpace den Freiraum, eigene Ideen umzusetzen. (ES1.1)
* Die Schüler*innen bekommen die Möglichkeit, eigene Themen einzubringen und zu vertiefen. (EU2.2)

Die Perspektive der Schule

Die Schule ist als formaler Kontext einer curricular organisierten Wissens- und Kompetenzvermittlung verpflichtet und stützt sich auf bildungspolitische Vorgaben, die in Bildungs- und Lehrplänen (temporär) festgeschrieben sind. Aus systemtheoretischer Sicht im Sinne Parsons erfüllt sie dadurch die Qualifikationsfunktion, indem sie kanonisiertes Wissen, Fähigkeiten, Fertigkeiten und Einstellungen vermittelt, die für ein selbstbestimmtes Leben in unserem Gesellschaftssystem wichtig sind (vgl. Parsons 2012). Die Lerninhalte und zu erwerbenden Kompetenzen orientieren sich nicht in erster Linie an den Lernenden, und die Teilnahme an den Unterrichtsangeboten ist obligatorisch, während Lernen im Sinne der Maker Education stets auf Freiwilligkeit beruht (vgl. Godhe et al. 2019, S. 320).

Verglichen mit einem ausserschulischen MakerSpace ist der Spielraum für Subjektorientierung in der Schule strukturell eingeschränkt. Die curriculare Organisation der Lehr- und Lerninhalte über mehrere Jahrgangsstufen hinweg erschwert in der Praxis eine neigungsorientierte Auswahl und individuelle Bearbeitung von Themen. Zum einen können dadurch inhaltliche Doppelungen in der Schullaufbahn einzelner Schüler*innen nicht ausgeschlossen werden. Zum anderen steht das Maker-Prinzip der Neigungsorientierung auf den ersten Blick dem Anspruch der landes- oder kantonsweiten Vergleichbarkeit schulischer Bildung gegenüber, was insbesondere bei einem Schulwechsel oder auch bei einem Lehrerwechsel zu Schwierigkeiten führen kann. Prinzipiell wird sich ein schulischer MakerSpace im Spannungsfeld von Vorgaben und individuellen Spielräumen positionieren müssen. Als handlungsleitende Maxime könnte gelten: «Soviel Freiheit wie möglich, soviel Curriculum wie nötig». Durch eine weitsichtige Auslegung und Zuordnung der Making-Kompetenzen zu den Lehrplankompetenzen der Fächer lässt sich auch in der Schule ein gewisses Mass an Subjektorientierung erreichen. Dies wiederum setzt eine hohe Bereitschaft und didaktisches Geschick der betreffenden Lehrperson voraus.

	ERWARTETE REIBUNGSVERLUSTE		
	GERING	MITTEL	GROSS
NEIGUNGSORIENTIERTES CURRICULUM		X	X

6.3.5.2 Phänomenorientierung und radikale Interdisziplinarität

Making ist radikal interdisziplinär (vgl. Liu 2018, S. 930). Komplexe Konstruktionsprobleme lassen sich selten mit Fachwissen aus lediglich einem Bereich lösen. Schulische Bildung ist aber überwiegend in Fächern und Fächerverbünden organisiert. Im Sekundarschulbereich ist zudem das Fachlehrer*innenprinzip verbreitet, so dass viele Schüler*innen für jedes Fach eine andere Lehrperson haben. Einige Fächer haben zwar einen Bezug zum aktiven Gestalten mit unterschiedlichen Materialien (z.B. Technisches Gestalten, textiles Werken, Informatik). Im Schulalltag werden diese Fächer jedoch häufig isoliert und bezogen auf die eigene Fachdidaktik unterrichtet, was Studien wie z.B. von Blackley und Howell (2015) belegen.

Das ist vor dem Hintergrund der Aufgabe von Schule nachvollziehbar, die «Bildungssprache» der Schüler*innen zu entwickeln, die stark an fachspezifische Begrifflichkeiten und Konzepte geknüpft ist und sich an konzeptioneller Schriftlichkeit orientiert (vgl. Feilke 2012). Operative Fertigkeiten gilt es oftmals, möglichst präzise und exakt zu erwerben und den erfolgreichen Erwerb nachzuweisen, indem alle Schüler*innen ein ähnliches Werkstück herstellen und somit Abweichungen unmittelbar auffallen. Making in der Schule müsste als Plattform verstanden werden, wo Schüler*innen ihre bereits erworbenen Fachkompetenzen bündeln und in einer realen Situation anwenden können. Das schliesst weiteren Wissenserwerb im Modus des situierten Lernens nicht aus. Insofern ist (interdisziplinäres) Making ohne spezielle Fachkompetenzen zwar prinzipiell möglich aber durch die vielen nötigen Phasen des situierten Lernens sehr zeitaufwendig. Bereits vorhandene Fachkompetenzen erleichtern dagegen Making-Prozesse und erweitern die Ausdrucks- und Gestaltungsmöglichkeiten der Schüler*innen. Interdisziplinäre und disziplinäre Zugänge schliessen sich also nicht gegenseitig aus, sondern sie können beim schulischen Making eine Symbiose eingehen. Aufgeworfene Problemstellungen beim Making können in ihre fachspezifischen Bestandteile heruntergebrochen und im Fachunterricht systematisch bearbeitet werden. Dies erfordert allerdings die Bereitschaft zur Absprache im Team und eine gewisse inhaltliche Flexibilität der betreffenden Fach-Lehrpersonen. Vor diesem Hintergrund sehen Sheffield et al. (2017, S. 152) Maker-Ansätze in der Schule als authentische sinngebende Praxis für die Ausbildung in den MINT-Fächern.

	ERWARTETE REIBUNGSVERLUSTE		
	GERING	MITTEL	GROSS
PHÄNOMENORIENTIERUNG		X	

6.3.5.3 Jahrgangstufenbezogenes Maker-Curriculum

Zwar möchte die Maker Education der Neugier und der Leidenschaft von Lernenden entgegenkommen und eine Vielfalt an Materialien und technischen Möglichkeiten anbieten – auch wenn sie aufgrund fehlenden Vorwissens dessen Potenzial noch nicht voll ausschöpfen können. Aber auch dort gibt es zielgruppenorientierte und altersgemässe Angebote, die den Stand der kognitiven Entwicklung berücksichtigen (vgl. z.B. Jammer/Narr 2018 für das Kindergartenalter), was insbesondere im Bereich Programmieren von Bedeutung ist (vgl. Thompson/Tanimoto 2016).

Die Perspektive der Schule

In der Schule müssten Making-Aktivitäten einerseits anschlussfähig sein an die überfachlichen und fachspezifischen Kompetenzanforderungen. Andererseits braucht es altersadäquate Einstiegsszenarien (Low Floor) und eine schrittweise Erhöhung des Komplexitätsgrads (High Ceiling) durch Beizug weiterer Technologien, anspruchsvoller Materalien und Fertigungsverfahren. Wie die Lehrplananalyse (vgl. Maurer/Ingold 2021a) gezeigt hat, lassen sich in allen Zyklen (Schulstufen) in den Fachbereichen Medien und Informatik (MI), Natur, Mensch, Gesellschaft (NMG), Technisches und Textiles Gestalten (TTG) altersgerechte Making-Kompetenzen aufgreifen und in exemplarischen Konstruktionsprojekten verzahnen. Für gemeinsame thematische Schwerpunkte sind allerdings Absprachen zwischen den beteiligten Kolleg*innen erforderlich.

	ERWARTETE REIBUNGSVERLUSTE		
	GERING	MITTEL	GROSS
JAHRGANGSSTUFEN CURRICULUM		X	

6.3.5.4 Themenschwerpunkt Nachhaltigkeit

Godhe et al. (2019, S. 326) fordern explizit für die Maker Education, dass Making-Aktivitäten nicht ausschliesstlich auf den Erwerb von MINT-Fertigkeiten und deren Verwertbarkeit in Berufsorientierung und Monetarisierung abzielen. Jäger (2016) stellt dem US-amerikanisch dominierten «Old Entrepreneurship»-Ansatz, der auf dem Grundgedanken des Turbo-Kapitalismus basiert, alternative Konzepte von Social Entrepreneurship gegenüber, die gesellschaftlichen Herausforderungen wie demografische Veränderungen oder den Klimawandel entgegentreten (vgl. Hermann 2019). Verantwortungsvolles Handeln im Umgang mit Innovationen anhand von humanethischen Prinzipien und auf der Grundlage sozialer und ökologischer Nachhaltigkeit ist ein Kernanliegen der Maker Education (vgl. hierzu auch die Ausführungen von Hollauf/Schön 2019).

Die Perspektive der Schule

Im Lehrplan 21 der Schweizer Volksschule ist Bildung für nachhaltige Entwicklung (BNE) ein expliziter Querschnittbereich, so dass schulisches Making unmittelbar anschlussfähig ist für die kreative Auseinandersetzung mit den 17 UN-Zielen für Sustainable Development.

	ERWARTETE REIBUNGSVERLUSTE		
	GERING	MITTEL	GROSS
BILDUNG FÜR NACHHALTIGE ENTWICKLUNG	X		

6.3.5.5 Zusammenfassung

Das Handlungsfeld Making-Curriculum ist für eine erfolgreiche Einbindung von Making-Aktivitäten im Schulalltag entscheidend – sofern alle Schüler*innen im Regelunterricht kontinuierlich Making-Erfahrungen sammeln sollen. Die grösste Herausforderung ist wohl die Gratwanderung zwischen curricularen Vorgaben und den individuellen Neigungen der Schüler*innen. Ein jahrgangsstufenspezifisches Making-Curriculum mit geeigneten Rahmenthemen und Technologieschwerpunkten – ohne interessierten Schüler*innen Zugänge zu verschliessen – ist vor dem Hintergrund der bildungspolitischen Vorgaben prinzipiell umsetzbar. Es bedarf allerdings Absprachen zwischen den beteiligten Akteur*innen über einzelne Klassenteams hinweg. Letztlich handelt es sich um ein übergreifendes Schulentwicklungsprojekt, in welchem Fachstunden zu interdisziplinären Gefässen neu zusammengesetzt und Lernprozesse fächerübergreifend begleitet werden müssen.

	ERWARTETE REIBUNGSVERLUSTE		
MAKING-CURRICULUM (HF 5)	GERING	MITTEL	GROSS
NEIGUNGSORIENTIERTES CURRICULUM		X	X
PHÄNOMENORIENTIERUNG		X	
JAHRGANGSSTUFEN CURRICULUM		X	
BILDUNG FÜR NACHHALTIGE ENTW.	X		

TAB. 6.7: MAKING-CURRICULUM ÜBERBLICK

FRAGESTELLUNGEN FÜR DIE PRAXISFORSCHUNG

Inwieweit stimmen die Themenschwerpunkte, Inhalte und Lernangebote des Maker-Curriculums mit den Interessen und Neigungen der Schüler*innen überein? (HF5.1; EU2.2)

Inwieweit stimmen die Themenschwerpunkte, Inhalte und Lernangebote des Maker-Curriculums mit den bildungspolitischen Vorgaben überein? (HF5.2)

Wie werden Themen im MakerSpace mit verwandten Themen in den Fächern verknüpft? (HF5.3)

Welche Bedeutung haben Nachhaltigkeitsthemen? Wie könnte dieses Themenfeld noch stärker eingebunden werden, ohne Autonomie und Selbstbestimmung zu reduzieren? (HF5.4)

Wie kann aus dem interessen- und neigungsgeleiteten Pilot-Curriculum ein systematisches Schul-Curriculum Making entwickelt werden? (HF5.5)

6.3.6 Handlungsfeld 6: Raumgestaltung, Raumaufteilung und Mobiliar

Ausgangsfragen für die Design-Entwicklung:
Wie sollte eine schulische Maker-Umgebungen gestaltet sein, um eigenständige und kreative Lernaktivitäten zu ermöglichen? | Welche architektonischen Rahmenbedingungen müssen beachtet werden? Welche Art Lernaktivitäten und -handlungen sowie sonstige Nutzungsmöglichkeiten muss ein schulischer MakerSpace ermöglichen? | Welche Funktionsbereiche (Zonen) müssen hierfür eingerichtet werden? (KUAL3) | Wie lassen sich Bedürfnisse von Schüler*innen und Lehrpersonen in die Raumgestaltung integrieren? | Welche Methoden eignen sich für die partizipative Entwicklung des MakerSpace? (KUAL6)

Making ist prinzipiell auch im Klassenzimmer, im Pausenraum oder auf der Wiese vor dem Schulhaus möglich. Eine verlässliche räumliche Maker-Lernumgebung erleichtert allerdings die kreative und selbstbestimmte Arbeit an eigenen Projekten (vgl. Salisbury/Nichols 2020, S. 52). In der praxisbezogenen Literatur zu MakerSpaces im Bildungsbereich haben sich einige Prinzipien herausgeschält.

6.3.6.1 Visibility/Sichtbarkeit

Die Sichtbarkeit und Zugänglichkeit von Materialien und Werkzeugen gilt in der Maker Education als wichtige Voraussetzung für Inspiration und Kreativität. Die Lernenden sehen dadurch, was der Raum bietet und welche Arbeitsweisen möglich sind. Zur Visibility gehört ausserdem ein Aufforderungscharakter zum aktiven und explorativen Handeln. Doorley und Witthoft (2012) empfehlen die Anlehnung an einer industriellen Ästhetik, bei der Möbel, Werkzeuge und Accesssoires eine Patina aufweisen. Dadurch, so Doorley und Witthoff, haben Nutzer*innen den Eindruck, dass hier experimentiert werden darf und trauen sich eher an die Arbeit. Doorley und Witthoff (2012) sprechen sich für Lagereinheiten mit transparenten Türen oder ohne Türen aus, was den Nutzer*innen hilft, sich selbst zu versorgen und selbstgesteuertes Lernen zu fördern.

Konzeptionelle Maker-Leitlinien:

* Alle Materialien und Werkzeuge im MakerSpace sind für die Schüler*innen zugänglich. (EU2.1)
* Materialien und Werkzeuge werden nicht versteckt, sondern offen präsentiert (Visibility). (EU2.1)

Die Perspektive der Schule

Im herkömmlichen Schulzimmer stehen Schüler*innen in der Regel nicht sämtliche Lehr- und Lernmaterialien zur freien Verfügung – abgesehen von Ansätzen wie Freiarbeit oder Werkstattunterricht. Zur Vermeidung von Ablenkung kuratiert die Lehrperson das Material meist so, dass es zum ausgewählten Thema oder Lerngegenstand passt. Es ist zudem nicht selbstverständlich, dass die Schüler*innen bei Bedarf freien Zugang zu den Materialien haben.

Die Aufbewahrungslogik ist nicht immer selbsterklärend, sondern vor allem der Lehrperson bekannt. Dieser Anspruch der Zugänglichkeit und Sichtbarkeit wird sich mit schulischen Gepflogenheiten reiben, zumal Lehrpersonen bereit sein müssen, Verantwortung an die Schüler*innen abzugeben und ihnen zu vertrauen. Umgekehrt müssen Schüler*innen gegebenenfalls erst lernen, mit Freiheit und Vertrauensvorschuss verantwortungsvoll umzugehen.

	ERWARTETE REIBUNGSVERLUSTE		
	GERING	MITTEL	GROSS
VISIBILITY / SICHTBARKEIT		X	

6.3.6.2 Vielfalt / Variety

Durch ein vielfältiges Material-, Werkzeug- und Maschinenangebot wird im MakerSpace die Wahrscheinlichkeit erhöht, dass Arbeitstechniken und Materialien neu kombiniert und dadurch alternative, kreative Lösungen entwickelt werden. Ein wesentliches konzeptionelles Anliegen der Maker Education ist in diesem Zusammenhang die Verbindung von analogen und digitalen Techniken und Produktionsverfahren. Maker*innen können somit beim Making Unbekanntes entdecken und neues Wissen und Fertigkeiten erwerben.

Perspektive der Schule

In Schulzimmern sind Lern- und Arbeitsmaterialien in der Regel klassensatzweise vorhanden, was dem Anliegen entspricht, innerhalb einer bestimmten Lektion mit allen Schüler*innen am selben Lerngegenstand gleichzeitig zu arbeiten. Handwerkliche und technische Fächer werden in spezifischen Fachräumen unterrichtet – häufig sogar getrennt in technisches und textiles Gestalten. Dies erschwert interdisziplinäre Sichtweisen. Schüler*innen werden beim technischen Gestalten kaum eigenständig eine Verbindung zwischen mechanischen Apparaturen und der Arbeit mit Textilien herstellen, solange Nähmaschine und Stoffe im Handarbeitsraum aufbewahrt werden, der im entscheidenden Moment nicht zugänglich ist.

Lehrpersonen und Schüler*innen müssen gegebenenfalls umdenken und das Potenzial der Vielfalt, das in anderen Fachräumen in dieser Form nicht vorhanden ist, für die kreative Problemlösung und Gestaltung nutzen. Für manche Lehrpersonen könnte allerdings die Vorstellung, dass Schüler*innen mit unterschiedlichen Materialien wie iPads und Klebepistolen am selben Arbeitsplatz hantieren, Irritationen und Unbehagen auslösen.

	ERWARTETE REIBUNGSVERLUSTE		
	GERING	MITTEL	GROSS
VIELFALT / VARIETY		X	

6.3.6.3 Schutz vor Emissionen

Die Verbindung von analogen und digitalen Technologien und Arbeitsverfahren stellt besondere Anforderungen an die Raumaufteilung eines MakerSpace. Manche Geräte haben eine hohe Lärm- und/oder Staubemission und müssen separat untergebracht werden, um den laufenden Betrieb nicht zu beeinträchtigen.

3D-Drucker und Computer sind baubedingt meist sehr staubempfindlich und müssen besonders geschützt werden. Laute Geräte und geräuschintensive Fertigungsprozesse können die Konzentration und den kommunikativen Austausch der Lernenden stören, so dass eine räumliche Trennung sinnvoll ist.

Die Perspektive der Schule

Die räumlichen Voraussetzungen an Schulen lassen die oben beschriebene Trennung von Räumen nicht immer zu. Notfalls können staubempfindliche Geräte wie 3D-Drucker mit Plexiglasabdeckungen geschützt werden.

	ERWARTETE REIBUNGSVERLUSTE		
	GERING	MITTEL	GROSS
SCHUTZ VOR EMMISSIONEN		X	X

6.3.6.4 Signaletik

Eine klare Signaletik im Raum fördert die Selbstständigkeit der Lernenden, die sich damit zurechtfinden und Ordnung aufrechterhalten können.

Konzeptionelle Maker-Leitlinien

* Ein Leitsystem zeigt den Lernenden auf, welche Materialien, Maschinen und Werkzeuge es im MakerSpace gibt und wo man sie findet. (EU2.1)

Die Perspektive der Schule

Signaletik im Klassenzimmer ist grunsätzlich kein Fremdkörper. Sie schafft Ordnung und Übersicht und wird bei Lehrpersonen sicher nicht auf Widerstand stossen.

	ERWARTETE REIBUNGSVERLUSTE		
	GERING	MITTEL	GROSS
SIGNALETIK	X		

6.3.6.5 Funktionalität/Functionality

MakerSpaces sind häufig in verschiedene Funktionsbereiche aufgeteilt, die makertypische Tätigkeiten und Prozessabläufe unterstützen oder erleichtern.

Konzeptionelle Maker-Leitlinien

* Im MakerSpace werden spezifische Zonen eingerichtet, in welchen die einzelnen Prozessphasen durchlaufen werden können (z.B. Visualisierung von Ideen, Präsentation und Feedback, Konstruktion, Recherche und Inspiration). (KPRZ4)
* Bereiche (Zonen) für die Visualisierung von Ideen, für die Präsentation von Produkten, für die Recherche und Inspiration werden eingerichtet. (KUAL3)
* Im MakerSpace werden sowohl anregungsreiche Zonen mit vielen verschiedenen Materialien und Werkstoffen als auch schlicht gehaltene ablenkungsfreie Zonen eingerichtet (Ordnung). (KUAL4)

Die Perspektive der Schule

Im vielen Klassenzimmern finden sich unterschiedliche Funktionsbereiche wie beispielsweise eine Leinwand für Präsentationen, ein Whiteboard oder eine Wandtafel für Anschriebe und Skizzen, einen Bereich zur Bildung eines Stuhlkreises oder eine Lerntheke, auf welcher Lernaufträge angeboten werden. Ebenso verbreitet sind die Klassenbücherei und die Leseecke, der Lehrerpult und natürlich die Arbeitsplätze für die Schüler*innen. Die meisten dieser Funktionsbereiche sind auf kognitive Lernaktivitäten ausgerichtet. Beim Making sehen die Funktionsbereiche etwas anders aus. Zwar gibt es hier auch den Bedarf für sozialen Austausch, für spontane Notizen oder Skizzen, für das Zeigen und Präsentieren. Es braucht aber auch Rückzugsräume, ein Lager für Werkstoffe, eine ICT-Ecke mit digitalen Endgeräten, eine Maschinenecke, Platz zum Testen von Prototypen, eine Ausstellungsfläche für Making-Produkte, Lagermöglichkeiten für laufende Projekte und vieles mehr. Diese Fülle an Funktionen in einem Raum unterzubringen, ist eine Herausforderung. Insbesondere, wenn es sich um einen Raum in Standardgrösse handelt, der polivalent genutzt wird.

	ERWARTETE REIBUNGSVERLUSTE		
	GERING	MITTEL	GROSS
FUNKTIONALITÄT		X	

6.3.6.6 Flexibility

Flexibilität ist wichtig, um den Raum den Projekten und Umsetzungsideen anpassen und gestalten zu können. Rands und Gansemer-Topf (2017) konnten in einer Studie aufzeigen, dass flexible Sitz- und Arbeitsbereiche das Engagement der Lernenden erhöht. Espey (2008) kommt ferner zum Schluss, dass mobiles Mobiliar die Einstellung der Lernenden gegenüber Teamarbeit positiv beeinflusst. Es gilt somit, eine möglichst hohe Flexibilität für die individuelle Nutzung des Raums (Raumaneignung) zu schaffen und Flexibilität für verschiedene Lern- und Sozialformen.

Konzeptionelle Maker-Leitlinien

* Flexibilität: Festeinbauten werden nur dort installiert, wo sie zwingend erforderlich sind. (KUAL2)
* Nach Möglichkeit wird mobiles Mobiliar eingesetzt, das unterschiedlichen Lern- und Arbeitsbedürfnissen flexibel und ohne Aufwand angepasst werden kann (z.B. Tische, Werkbänke, Maschinen und Geräte auf Rollen). (KUAL2)
* Die Raumatmosphäre im MakerSpace lässt sich an die zu verrichtenden Tätigkeitem anpassen (eine LED Beleuchtung mit einstellbaren Farben unterstützt divergente und konvergente Denkprozesse). (KUAL5)

Die Perspektive der Schule

In den architektonischen Gegebenheiten traditioneller «Flurschulen» (Rossmann 2018) spiegelt sich oftmals die Vorstellung, in welcher Richtung Wissensvermittlung stattfindet – von vorne nach hinten. Die Lage von Türen und Fenstern, von Wandtafel und Projektionsflächen, von Steckdosenleisten und Bedienelementen für Licht und Jalousien markieren klar, wer die Deutungshoheit hat: Eine Person, die vor der Klasse steht und die Fäden in der Hand hält. Das ist meist die Lehrperson, die für Ruhe sorgt, etwas vorführt oder ein Gespräch moderiert. Auch wenn bei der Konzeption von Schulneubauten zunehmend alternative pädagogische Settings mitgedacht werden, sind aktuell wohl die meisten Klassenzimmer zumindest architektonisch auf klassischen Frontalunterricht zugeschnitten. Und oftmals bietet das Standardmobiliar – je nach Klassengrösse – wenig Flexibilität für kollaborative und explorative Arbeitsformen. Insbesondere in Werkräumen kommen massive Werkbänke zum Einsatz, deren Position sich nur bedingt dem situativen Bedarf anpassen lässt.

	ERWARTETE REIBUNGSVERLUSTE		
	GERING	MITTEL	GROSS
FLEXIBILITY / FLEXIBILITÄT		X	

6.3.6.7 Partizipative Raumgestaltung

Im MakerSpace sollten die Nutzer*innen die Gelegenheit haben, den Raum mit ihren Ideen mitzugestalten, um die Identifikation mit der neuen Lernumgebung zu intensivieren (vgl. Wunderlich 2019).

Konzeptionelle Maker-Leitlinien

* Die Schüler*innen werden am Aufbau der Lernumgebung beteiligt, sie können eigene Ideen und Wünsche einbringen. (ES1.6)
* Die Schüler*innen sowie die Lehrpersonen können ihre Ideen zur Gestaltung des MakerSpace einbringen. (KUAL6)
* Ein MakerSpace ist nicht zu Beginn fertig, sondern kann mit den Schüler*innen gemeinsam weiterentwickelt werden. (KUAL6)

Die Perspektive der Schule

Die Möglichkeiten für Schüler*innen, sich den Lernraum individuell anzueignen, mit Bedeutung zu füllen und zu gestalten, sind im Schulkontext meist eingeschränkt – abgesehen von rein dekorativen Massnahmen wie beispielsweise die Ausstellung von Schüler*innenarbeiten. Für die Einrichtung des Klassenzimmers fühlt sich in der Regel die Lehrperson verantwortlich. Selten werden die Schüler*innen bei der Konzeption, Beschaffung oder Produktion von Mobiliar mit einbezogen.

	ERWARTETE REIBUNGSVERLUSTE		
	GERING	MITTEL	GROSS
PARTIZIPATIVE RAUMGESTALTUNG		X	X

6.3.6.8 Signifikanz

Ein schulischer MakerSpace sollte sich auch aus ästhetischer Perspektive signifikant von herkömmlichen Schulräumen unterscheiden. Damit kann der Effekt reduziert werden, dass die Schüler*innen aus Gewohnheit das Verhalten zeigen, von dem sie denken, es würde in der Schule von ihnen erwartet. Die Raumgestaltung sollte allerdings auch nicht zu weit von vertrauten Räumen abweichen, weil dies – wie eine Studie im Hochschulkontext von Hynes und Hynes (2018, S. 881) aufgezeigt hat – abschreckende Wirkung haben könnte.

Konzeptionelle Maker-Leitlinien

* Auf typische Schulsymbole wie die Wandtafel oder eine nach vorne ausgerichtete Projektionsfläche wird bewusst verzichtet. (KUAL1)
* Möblierung, Raumaufteilung und Farbgestaltung weichen von der anderer Schulräume ab. (KUAL1)

Besondere visuelle und funktionale Akzente (z.B. spezielle Signaletik, Verzicht auf eine klassische Wandtafel, besondere Beleuchtung) zeigen den Schüler*innen an, dass im MakerSpace ein alternatives Lernverhalten Raum hat. Alternativ oder ergänzend zu den herkömmlichen Klassenregeln können gut sichtbar angebrachte Leitsätze im Sinne des Maker-Manifesto (Hatch 2013) signalisieren, worauf es beim Making ankommt.

Perspektive der Schule

Die signifikante Gestaltung eines schulischen MakerSpace ist mit Kosten verbunden. Aus Ressourcengründen wird es nicht in allen Fällen möglich sein, etablierte Elemente (z.B. Wandtafel) zu entfernen und durch neue Lösungen zu ersetzen, zumal derartige Veränderungen unter Umständen die Alltagsroutinen der Lehrpersonen infrage stellen. Letztendlich bedarf es der Bereitschaft, gegebenenfalls Abstand von gewohnten Abläufen zu nehmen und sich auf neue Umgebungen einzulassen.

	ERWARTETE REIBUNGSVERLUSTE		
	GERING	MITTEL	GROSS
SIGNIFIKANZ		X	X

6.3.6.9 Zusammenfassung

Die räumlichen Anforderungen an einen schulischen MakerSpace können relativ klar umrissen werden, da bereits einschlägige Erfahrungen aus der ausserschulischen Maker Education vorliegen. Wie gross der Handlungsbedarf und -spielraum an den Schulen sind, hängt von den Rahmenbedingungen vor Ort ab. Ein Neubauprojekt bietet mehr Möglichkeiten als die Umgestaltung eines vorhandenen Werkraums, wie es im Projekt «MakerSpace – Raum für Kreativität» der Fall ist. Ideen und Anregungen für verschiedene Raummodelle und architektonische Voraussetzungen haben wir in den Praxistipps zusammengestellt.

TAB. 6.8: RAUMGESTALTUNG ÜBERBLICK

	ERWARTETE REIBUNGSVERLUSTE		
	GERING	MITTEL	GROSS
VISIBILITY / SICHTBARKEIT		X	
VARIETY / VIELFALT		X	
SCHUTZ VOR EMISSIONEN		X	X
SIGNALETIK	X		
FUNKTIONALITÄT		X	
FLEXIBILITÄT		X	
PARTIZIPATIVE RAUMGESTALTUNG		X	X
SIGNIFIKANZ		X	X

FRAGESTELLUNGEN FÜR DIE PRAXISFORSCHUNG

Welche Raumgestaltungsmassnahmen erleichtern / erschweren das selbstgesteuerte Arbeiten im MakerSpace? (HF6.1; EU2.1)

Wie wird das Potenzial des Raums (Zonen, mobile Möbel, ...) von Lehrpersonen und Schüler*innen tatsächlich genutzt? (HF6.2)

Welche Raumgestaltungsmassnahmen unterstützen das kollaborative Arbeiten der Schüler*innen? (HF6.3)

Welche Anpassungen sind aus der Sicht von Schüler*innen und Lehrpersonen am Raum erforderlich? (HF6.4)

Welche Nutzungsbedürfnisse und Gestaltungsideen bringen Schüler*innen und Lehrpersonen ein? (KUAL6, ES1.6)

6.3.7 Handlungsfeld 7: Material- und Geräteausstattung

Ausgangsfragen für die Design-Entwicklung:
Welche Maschinen- und Werkzeugausstattung ist für Making-Aktivitäten in der Primarschule angemessen? | Welche Grundausstattung an Materialien wird voraussichtlich benötigt, um die Schüler*innenideen umsetzen zu können? | Welche Grundausstattung an Materialien wird benötigt, um das schulische Maker-Curriculum (vgl. 7.3.5) umsetzen zu können? | Welche Ausstattung im Bereich digitale Fabrikation ist erforderlich und zielführend?
Der physische Raum ist für Making-Prozesse weit weniger relevant als die pädagogische Haltung (Mindset). Es geht um die Befähigung der Schüler*innen, ihre eigenen Interessen, ihre Neugier und ihre Kreativität mit fachlichem und überfachlichem Lernen zu verbinden (vgl. Salisbury/Nichols 2020, S- 52). Geräte für digitale Fabrikation wie 3D-Drucker oder Laser-Cutter sind daher nice to have, aber keinesfalls eine notwendige Bedingung für erfolgreiches Making.

Wardrip/Brahms (2016) plädieren vor diesem Hintergrund für verstärkte Investitionen in die Weiterbildung der Lehrpersonen anstatt der Anschaffung von Geräten und Tools. Dennoch erweitert die Vielfalt von Werkstoffen, Fertigungsverfahren und Technologien die kreativen Ausdrucksmöglichkeiten der Maker*innen. Im Folgenden wird antizipiert, welche Ausstattung an Primar- und Sekundarschulen in der Schweiz bereits vorhanden ist und inwieweit sie sich in einem schulischen MakerSpace integrieren lässt.

6.3.7.1 Technologiemix

Zur Ausstattung eines MakerSpace gehören nebst analogen Werkzeugen und Maschinen (z.B. für Holzbearbeitung), auch Möglichkeiten der digitalen Fabrikation (z.B. 3D-Druck, CNC-Fräse, Lasercutter, Schnittplotter, Computer-Nähmaschine). Wie bereits erwähnt, schafft die Mischung von traditionellen und digitalen Ressourcen ein Lernumfeld, in dem Lernende verschiedene Zugänge finden, Dinge zusammenbringen und neu kombinieren und dabei ihr Hintergrundwissen anwenden können (vgl. Sheridan et al. 2014, S. 526).

Konzeptionelle Maker-Leitlinien

* Im MakerSpace sind Möglichkeiten der digitalen Fabrikation vorhanden und für die Schüler*innen zugänglich. (ES1.3)
* Geräte für digitale Fabrikation können von Schüler*innen selbstständig bedient werden. (KURE3)
* Das Material- und Werkstoffangebot des MakerSpace umfasst sowohl digitale als auch analoge Materialien. (KURE3)

Die Perspektive der Schule

Eine Ausstattung im Bereich digitaler Fabrikation sprengt schnell das verfügbare Budget einer Schule. Besonders kostenintensiv sind Laser Cutter, da nicht nur der Anschaffungspreis (inklusive Absaugeinrichtung), sondern auch die laufende Wartung erhebliche Kosten verursachen. Günstiger sind dagegen 3D-Drucker, wenngleich die Kosten für das Drucker-Filament nicht zu unterschätzen sind. Textilplotter sind momentan wohl die günstigste Möglichkeit, Schüler*innen mit digitaler Fabrikation in Kontakt zu bringen. Insgesamt ist zu bedenken, dass Geräte für digitale Fabrikation zwar die Neugier und Begeisterung der Schüler*innen wecken können (vgl. Liu 2018, S. 928), dass dieser Effekt aber nur dann erhalten bleibt, wenn sie sinnstiftende Anwendungsmöglichkeiten für die Umsetzung der eigenen Projekte bieten.

Auch klassische analoge Materialverarbeitungsmöglichkeiten sind Teil eines MakerSpace. Viele Schulen verfügen über Dekupiersägen, Styroporschneidemaschinen, Bohr- und Schleifmaschinen. Alle diese Geräte sind prädestiniert für den Prototypenbau und könnten in einem MakerSpace zusammengeführt werden.

	ERWARTETER HANDLUNGSBEDARF		
	GERING	MITTEL	GROSS
TECHNOLOGIEMIX		X	X

6.3.7.2 Digitale und elektronische Werkstoffe

In vielen MakerSpaces gehören digitale und elektronische Bau- und Werkstoffe zum Standardinventar. Hierzu zählen Microcontroller, verschiedene Sensoren, Elektromotoren, Servomotoren, LEDs, Displays, Widerstände, Taster und Schalter, Kabel, Stromquellen u.v.m.
Hinzu kommen vorkonfektionierte informatische und/oder elektronische didaktische Materialien wie LittleBits oder Robotik-Kits wie Lego-Mindstorms, mBot, Elegoo u.v.m.

Konzeptionelle Maker-Leitlinien

* Für das Gestalten mit digitaler Technik werden kindgerechte Microcontroller-Boards und blockbasierte Programmiersprachen verwendet. (ES1.4)
* Die Verwendung einer Online-Programmierumgebung stellt sicher, dass die Schüler*innen auch eigenständig von zuhause aus programmieren üben und Ideen weiter entwickeln können. (ES1.4)

Die Perspektive der Schule

Ein Grossteil der genannten Materialien ist nicht nur für Making, sondern auch für den NMG-Unterricht (z.B. Energie, Stromkreis, Schaltungen) und für den Informatikunterricht (Microcontroller programmieren, Robotik) erforderlich. Es ist aber davon auszugehen, dass aktuell der Bestand an digitalen Werkstoffen (z.B. Microcontroller, Sensoren, Aktoren) an Schulen noch überschaubar ist, so dass Anschaffungen erforderlich sein werden. Alle digitalen Werkstoffe können bei Elektronikanbietern relativ günstig bezogen werden. Orientierung bei der Zusammenstellung von analogen Materialien geben MakerSpace-Materiallisten, die in zahlreicher Form im Internet verfügbar sind.

	ERWARTETER HANDLUNGSBEDARF		
	GERING	MITTEL	GROSS
DIGITALE UND ANALOGE WERKSTOFFE		X	

6.3.7.3 Konstruktions- und Verbrauchsmaterialien

Für das Entwickeln von Produkten sind im MakerSpaces meist verschiedene Baumaterialien verfügbar wie z.B. Pappe, Holz (verschiedene Arten und Stärken), Schaumstoffe, textile Stoffe, Metallteile, Kork- und Kunststoffstücke, mechanische Komponenten (wie z.B. Wellen, Zahnräder), Verbindungsmaterialien (wie z.B. Schrauben, Nägel, Nieten, Nägel) und auch Recycling-Materialien aller Art. Es handelt sich grösstenteils um Materialien, die im TTG-Unterricht ohnehin zum Einsatz kommen, so dass an dieser Stelle kaum Reibungspunkte zu erwarten sind.

	ERWARTETER HANDLUNGSBEDARF		
	GERING	MITTEL	GROSS
KONSTRUKTIONSMATERIALIEN	X		

6.3.7.4 Computer

Konzeptionelle Maker-Leitlinien

Für Internetrecherchen werden mobile Endgeräte zur Verfügung gestellt. Zum Konstruieren von 3D-Objekten oder CNC-Projekten sind Laptops und/oder Desktop Computer vorhanden.Die Lernumgebung wird so gestaltet, dass ausreichend mobile Geräte mit WLAN-Zugang zur Verfügung stehen. Zudem ist eine Auswahl von Making-Büchern und Magazinen verfügbar. (EU2.6)

Die Perspektive der Schule

Laptops und mobile Endgeräte gehören an den meisten Schulen inzwischen zur Standardausstattung. Im MakerSpace sollten diese Geräte allerdings jederzeit griffbereit sein.

	ERWARTETER HANDLUNGSBEDARF		
	GERING	MITTEL	GROSS
COMPUTER	X	X	

6.3.7.5 Inspirationsquellen

Inspiration ist in der Maker Education zentral. Daher wird viel mit Beispielen, Ideen von Plattformen oder Videotutorials gearbeitet.

Die Perspektive der Schule

Der Zugang zu Inspirationsquellen ist ein wesentlicher Baustein des didaktischen Konzepts eines (schulischen) MakerSpace. Gerade in der Anfangsphase sollte für die Akteur*innen deutlich werden, wie sich Making beispielsweise vom TTG-Unterricht unterscheidet, bzw. welche neuen Gestaltungsmöglichkeiten ein MakerSpace bietet. Eine Ausstellung von Beispielprodukten/-projekten von Schüler*innen im MakerSpace kann diesbezüglich für Inspiration sorgen. Im Unterschied zu üblichen Ausstellungen von Schüler*innenarbeiten, die sich meist auf verschiedene Umsetzungsvarianten desselben Arbeitsauftrags beschränken, müsste eine Making-Ausstellung die Vielfalt unterschiedlicher Ideen und Ausdrucksmöglichkeiten stärker abbilden.

Auch Do-It-Yourself-Plattformen im Internet können spannende Anregungen liefern, wobei die Maker-Lehrperson an dieser Stelle kuratierende Funktion haben sollte, um die Primarschüler*innen nicht zu überfordern. Eine besondere Herausforderung ist die Entwicklung von Beispielen, die den Mehrwert der digitalen (Steuer-)Technologie im Vergleich zu herkömmlichen Umsetzungen zum Ausdruck bringen. An dieser Stelle ist noch einige Entwicklungsarbeit erforderlich. Das Thema Inspiration korrespondiert mit dem Maker-Mindset. Das Übernehmen und Weiterentwickeln von Ideen Dritter gilt beim Making nicht im negativen Sinne als Abschauen oder Ideenklau. Da Schüler*innen im Kontext schulischer Leistungsbewertung häufig in Konkurrenz zueinander treten, sind diesbezüglich gegebenenfalls Change-Prozesse anzustossen.

	ERWARTETER HANDLUNGSBEDARF		
	GERING	MITTEL	GROSS
INSPIRATIONSQUELLEN	X	X	

6.3.7.6 Aufnahmebereich für Medienproduktionen

In einigen MakerSpaces ist eine Präsentationsecke mit Greenscreen-Hintergrund für Medienproduktionen installiert. Sie wird für Projektdokumentationen oder Projektpräsentationen mit Video genutzt. Derartiges Equiment ist – zumindest in mobiler Form – an vielen Schulen vorhanden.

	ERWARTETER HANDLUNGSBEDARF		
	GERING	MITTEL	GROSS
AUFNAHMEBEREICH FÜR MEDIENPRODUKTIONEN		X	

6.3.7.7 Zusammenfassung

Die Frage nach der Raumausstattung wird ganz am Anfang häufig gestellt, weil damit Kosten verbunden sind. Welche Ausstattung man tatsächlich für einen MakerSpace braucht, lässt sich pauschal nur schwer beantworten. Sie ist abhängig von Zielstufe, Making-Schwerpunkt, Umsetzungsideen, der Qualifkation der Lehrpersonen u.v.m. Insofern sind die vorigen Ausführungen als (sehr) grober Fokus für die Design-Entwicklung eines schulischen MakerSpace gedacht.

	ERWARTETER HANDLUNGSBEDARF		
	GERING	MITTEL	GROSS
TECHNOLOGIEMIX		X	X
DIGITALE U. ELEKTRONISCHE WERKSTOFF		X	
VERBRAUCHS- UND BAUMATERIALIEN	X		
COMPUTER	X	X	
INSPIRATIONSMATERIALIEN	X	X	
AUFNAHMEBEREICH MEDIEN		X	

TAB. 6.9: RAUMAUSSTATTUNG ÜBERBLICK

FRAGESTELLUNGEN FÜR DIE PRAXISFORSCHUNG

Welche Materialien, Maschinen und Werkzeuge werden in der schulischen Making-Praxis tatsächlich benötigt? (HF7.1; KURE3)

Wie wartungs-, nutzungs- und kostenintensiv sind Betrieb der Geräte und Bereitstellung von Verbrauchsmaterialien? (HF7.2)

Welche Materialien, Maschinen und Werkzeuge fehlen? Inwieweit ist die Anzahl verfügbarer Gegenstände für die Grösse der Lerngruppen ausreichend? (HF7.3)

Welche Ausstattungsgegenstände müssen aus der Sicht von Schüler*innen und Lehrpersonen ergänzt werden? (HF7.4)

6.3.8 Handlungsfeld 8: Qualifikation und Weiterbildung von Lehrpersonen

«How do we prepare teachers to create robust learning ecologies with a maker ethos?»

(Peppler et al. 2016)

Ausgangsfragen für die Design-Entwicklung: Welche Qualifikationen benötigen Lehrpersonen, um kreative und selbstbestimmte Making-Aktivitäten kompetent initiieren und begleiten zu können? | Wie müsste ein Weiterbildungskonzept für die Einführung in das schulische Making inhaltlich und methodisch beschaffen sein? | Welche Weiterbildungsformate sind kompatibel mit den strukturellen und personellen Rahmenbedingungen im Schulhaus?

Making ist kein Tool oder Rezept, das im Rahmen von standardisierten Weiterbildungsformaten erlernt werden könnte. Es geht um Haltungen und Einstellungen (Maker-Mindset), um das Selbstverständnis als Lehrperson und um komplexe Formen der situativen Lernbegleitung. Die Lehrperson muss nicht für jede Schüler-Projektidee eine fertige Lösung parat haben, braucht aber ein gewisses technisches und gestalterisches Grund- und Materialverständnis und vor allem Neugier und Vertrauen in die Motivation und Lernbereitschaft der Schüler*innen (vgl. Godhe et al. 2019, S. 319). Der konkrete Qualifikations- und Weiterbildungsbedarf von schulischen Making-Fachpersonen lässt sich in erster Linie aus den Handlungsfeldern 1, 2, 3, 4 und 5 ableiten und kann daher erst nachgängig ermittelt werden.

6.3.8.1 Eine Maker-Grundhaltung (Mindset) einnehmen

Lehrpersonen benötigen einen Einblick in den Zielhorizont und in die Wertewelt der Maker Education. Auf derlei Kenntnissen kann über längere Sicht eine Maker-Grundhaltung (Mindset) aufgebaut werden. Es ist allerdings davon auszugehen, dass sich das Maker-Mindset nicht im Rahmen einzelner Weiterbildungsveranstaltungen «vermitteln» lässt. Externe Making-Expert*innen könnten unterstützen, indem sie im Teamteaching mit Lehrpersonen das Maker-Mindset vorleben und zeigen, was dies für die Rolle einer Making-Lehrperson konkret bedeutet (vgl. Campos et al. 2019).

	ERWARTETER HANDLUNGSBEDARF		
	GERING	MITTEL	GROSS
MAKER-MINDSET		X	X

6.3.8.2 Mündigkeit und Kreativität als Bildungsziel anerkennen

Um kreatives und mündiges Making bildungspolitisch legitimieren zu können, benötigen Lehrpersonen zum einen ein Bewusstsein für die gesellschaftliche Relevanz von Kreativität und Mündigkeit. Zum anderen muss klar sein, welche konkreten fachlichen und überfachlichen Bezugspunkte der Lehrplan der Schweizer Volksschule zu Kreativität und Mündigkeit hat. Aufgrund der lehrplanbedingten «Kompetenzdichte» in den Fächern laufen ansonsten überfachliche Bildungsziele Gefahr, mangels Zuständigkeitsgefühl durch das Raster zu fallen. Die Anerkennung von Kreativität und Mündigkeit als wesentliche Bildungsziele erleichtert es den Lehrpersonen gegebenenfalls, Verantwortung an die Schüler*innen abzugeben und divergentes wie konvergentes Denken zu fördern, auch wenn dies mit Kontroll- und Autoritätsverlust verbunden ist (vgl. Haager/Baudson 2019, S. VI).

	ERWARTETER HANDLUNGSBEDARF		
	GERING	MITTEL	GROSS
MÜNDIGKEIT UND KREATIVITÄT ALS ZIEL		X	

6.3.8.3 Kreativität fördern

Lehrpersonen benötigen theoretisches Hintergrundwissen zum Konstrukt Kreativität. Das schliesst unter anderem die Begriffsbedeutung, die vier Betrachtungsweisen (Produkt, Person, Prozess, Umfeld) sowie die Tatsache mit ein, dass Kreativität nicht nur Genies und Nobelpreisträger*innen vorbehalten, sondern in Form von Alltagskreativität (Mini-C-Level) typisch menschlich und dadurch förderbar ist. Die Kenntnis von objektiven, subjektiven und sozialen Kreativitätskriterien (Originalität, Neuheit, Adäquatheit, Inspirationsgrad, ...) erleichtert Lehrpersonen, kreative Ansätze in Produktideen, Umsetzungsideen, Problemlösungen und Produkten zu erkennen und angemessen zu würdigen. Für die Gestaltung der Lernumgebung sollten Lehrpersonen mit Rahmenbedingungen vertraut sein, die Kreativität begünstigen. Hierzu zählen unter anderem das kreative Arbeitsklima und wie man es herstellt, Möglichkeiten zur Gewährung von Autonomie und Selbstbestimmung beim Making und das Wissen darüber, wie man kreativitätsfördernde Aufgabenstellungen und Making-Aktivitäten konzipiert.

	ERWARTETER HANDLUNGSBEDARF		
	GERING	MITTEL	GROSS
KREATIVITÄT FÖRDERN		X	

6.3.8.4 Offene Aufgabenstellungen konzipieren

Da sich schulisches Making aktuell noch in der Anfangsphase befindet, gibt es zum jetzigen Zeitpunkt noch kein ausdifferenziertes jahrgangsstufenbezogenes Curriculum von problembasierten Maker-Challenges zur Heranführung an die technischen und gestalterischen Möglichkeiten in einem MakerSpace.

Lehrpersonen sind somit gefordert, vorhandene Challenges zu kuratieren oder passend zu den Ideen der Lernenden neu zu entwickeln. Damit dies im Sinne der Maker Education gelingt, benötigen Lehrpersonen im Rahmen der Weiterbildung entsprechende Kriterien für die Entwicklung solcher Challenges.

	ERWARTETER HANDLUNGSBEDARF		
	GERING	MITTEL	GROSS
OFFENE AUFGABENSTELLUNGEN		X	

6.3.8.5 Agile Methoden anwenden

Da agile Produktentwicklungsmethoden bislang im Schulkontext wenig verbreitet sein dürften, müssen Lehrpersonen in die Theorie und Praxis von Design Thinking-Ansätzen eingewiesen werden (vgl. Crichton/Childs 2016). Insbesondere auch in die Anwendung in der pädagogischen Making-Praxis. Petrich et al. (2013) weisen darauf hin, dass Lehrpersonen selbst Maker-Erfahrungen sammeln müssen, bevor sie Schüler*innen bei der Produktentwicklung begleiten können (vgl. auch Godhe et al. 2019, S. 320). «If the general teacher population is to gain such experiences, substantial professional development will be needed» (ebd.).

	ERWARTETER HANDLUNGSBEDARF		
	GERING	MITTEL	GROSS
AGILE METHODEN ANWENDEN		X	X

6.3.8.6 Lernbegleitung/Cognitive Apprenticeship

Lehrpersonen benötigen problemdiagnostische Kompetenz. Das heisst, ein emphatisches Verständnis, an welchem Problem die Schüler*innen gerade arbeiten und wo genau Schwierigkeiten auftreten. Ausserdem muss das individuelle Vorwissen der Schüler*innen realistisch eingeschätzt werden, um abschätzen zu können, wie hoch der Betreuungsbedarf tatsächlich ist. Problemdiagnostische Kompetenz setzt wiederum ein gewisses technisches Grundverständnis voraus, das Lehrpersonen in die Lage versetzt, Herausforderungen zu antizipieren und vorab Hilfestellungen zu geben. Da situative Lernbegleitung eher zeitaufwendig ist, macht es Sinn, andere Schüler*innen, die über betreffende Kompetenzen bereits verfügen, in die Betreuung mit einzubeziehen. Zur Weiterbildung im Bereich Lernbegleitung gehören daher auch Methoden und Verfahren, wie Lehrpersonen den Überblick über die bereits erworbenen Fähigkeiten ihrer Schüler*innen behalten können – auch unter Verwendung digitaler Tools (z.B. ePortfolio).

	ERWARTETER HANDLUNGSBEDARF		
	GERING	MITTEL	GROSS
LERNBEGLEITUNG		X	X

6.3.8.7 Gestaltungs- und Konstruktionskompetenzen

Lehrpersonen sollten – ähnlich wie die Schüler*innen – über grundlegende informatische, mechanische, elektrotechnische und materialwissenschaftliche Kenntnisse verfügen und diese für die Konstruktion von Prototypen nutzen können. Ferner sollten die vorhandenen Gerätschaften für die analoge und digitale Fabrikation bedient und die zugehörigen Workflows für CAD-Design beherrscht werden. Programmierung, Steuertechnologie, Mehrwerte von digitaler Technologie – sicher wird keine Lehrperson alle diese Bereiche gleichermassen abdecken können. Daher sind individuelle Schwerpunktsetzungen sinnvoll, so dass die beteiligten Lehrpersonen ihre persönlichen Stärken einbringen und sich gegenseitig ergänzen und voneinander lernen können. Dies entspricht auch der Philosophie des Making, dass alle Maker*innen Lernende sind und niemand alles wissen kann.

	ERWARTETER HANDLUNGSBEDARF		
	GERING	MITTEL	GROSS
GESTALTUNGS- UND KONSTRUKTIONSKOMP.		X	X

6.3.8.8 Geeignete Weiterbildungsformate

Da sich die Vorerfahrungen und Interessen im Schulhausteam meist unterscheiden, kommen klassische Kursangebote für grössere Gruppen – abgesehen von einer Kickoff-Veranstaltung zur Einführung in die Philisophie des Making – nur bedingt infrage. Niederschwellige und vor allem situative Coaching-Angebote in kleinen Gruppen sind möglicherweise besser geeignet, um Neugierde zu wecken, gegebenenfalls die Angst zu nehmen und Making aktiv erleben zu können. Dabei können die Schwerpunktthemen und Interessen der Lehrpersonen (z.B. Wasserkraft, Müllvermeidung) gezielt mit den Anliegen der Maker-Bewegung verbunden werden. Um die Nachhaltigkeit der Maker-Weiterbildung zu stärken, könnte eine Maker-Fachlehrperson aus dem Team beauftragt werden, die für den Wissenstransfer im Schulhausteam sorgt und regelmässig Making-Inputs mit interessierten Kolleg*innen durchführt. Diese Lehrperson hätte im Rahmen ihres Pensums Ressourcen zur Verfügung, um den MakerSpace à jour zu halten, Weiterbildungsangebote zu machen und gemeinsam mit anderen Lehrpersonen Making-Projekte zu planen und umzusetzen. Zusätzlich kann das bei den Schüler*innen angewendete Prinzip des Peer-to-Peer-Learning auch auf die Lehrpersonen übertragen werden. Erfahrene Kolleg*innen teilen Good Practice und unterstützen sich gegenseitig mit Fachexpertise, Materialien und Ressourcen. Für den Austausch untereinander, für die Weiterentwicklung der Making-Skills und für die Planung von Making-Aktivitäten mit Schüler*innen benötigen die Lehrpersonen Zeit (vgl. Wardrip/Brahms 2016).

	ERWARTETER HANDLUNGSBEDARF		
	GERING	MITTEL	GROSS
GEEIGNETE WEITERBILDUNGSFORMATE		X	X

6.3.8.9 Zusammenfassung

Die erfolgreiche Einbindung eines MakerSpace im Schulkontext wird ohne Weiterbildung in den genannten Bereichen nicht möglich sein. Erste qualitative Studien im Schweizer Schulfeld untermauern diese Hypothese (vgl. Buchmann 2021). Lehrpersonen benötigen u.a. making-methodische Qualifikationen zur Kreativitätsförderung sowie eigene Erfahrungen als Maker*in.

TAB. 6.10: QUALIFIKATION UND WEITERBILDUNG ÜBERBLICK

	ERWARTETER HANDLUNGSBEDARF		
	GERING	MITTEL	GROSS
MAKER-MINDSET EINNEHMEN		X	X
MÜNDIGKEIT UND KREATIVITÄT ALS ZIEL		X	
KREATIVITÄT FÖRDERN		X	X
OFFENE AUFGABENSTELLUNGEN DESIGNEN		X	
AGILE METHODEN ANWENDEN		X	X
LERNBEGLEITUNG / COGNITIVE APPRENTICESHIP		X	
GESTALTUNGS- UND KONSTRUKTIONS-KOMPETENZEN		X	
GEEIGNETE WEITERBILDUNGSFORMATE		X	X

FRAGESTELLUNGEN FÜR DIE PRAXISFORSCHUNG

Wie werden die Weiterbildungsangebote von den Lehrpersonen angenommen (inhaltlicher Weiterbildungsbedarf, Weiterbildungsbereitschaft, Nutzungsfrequenz, erbrachter Zeitaufwand)? (HF8.1)

Wie beurteilen die Lehrpersonen die Qualität der Weiterbildungsangebote (Zeitpunkt, Dauer, Format, Praxisrelevanz, Themen, methodische Qualität, Vorbereitung auf Making)? (HF8.2)

Inwieweit müssen Themenschwerpunkte, Formate und methodische Gestaltung der Weiterbildungsangebote verändert werden? (HF8.3)

6.3.9 Handlungsfeld 9: Organisatorische Einbindung in den Schulalltag

Ausgangsfragen für die Design-Entwicklung: Rückhalt: Welche Stakeholder müssen vom Projekt überzeugt und in den Entwicklungsprozess eingebunden werden? (KUAK1) | Projektmanagement: Welche Schritte müssen von der Idee bis zur Umsetzung eines schulischen MakerSpace durchlaufen werden? | Budget: Welches Budget wird für Geräte-Anschaffung, Umbaumassnahmen und Verbrauchsmaterial be nötigt? | Personal: Wie kann mit verfügbaren Personalressourcen ein MakerSpace entwickelt und betrieben werden? | Welche Steuer- und Umsetzungsorgane werden benötigt? | Wer übernimmt die Hauptverantwortung für den MakerSpace? | Wie kann der Raum bewirtschaftet und einsatzbereit gehalten werden? | Zeitfenster: Wie lassen sich innerhalb und ausserhalb des Stundenplans Zeitfenster für schulisches Making generieren? | Aus welchen Fächern kann Lernzeit einfliessen? | Nutzungskonzept: Inwieweit muss der MakerSpace für andere Lernaktivitäten genutzt werden? | Wer kann den MakerSpace zu welcher Zeit unter welchen Bedingungen nutzen (Raumbelegung, feste und flexible Zeiten, Priorisierung)? | Wie können alle Schüler*innen innerhalb der Unterrichtszeit den MakerSpace nutzen?

6.3.9.1 Rückhalt im Umfeld

Es versteht sich von selbst, dass Schulleitung und Schulbehörde hinter einem schulischen MakerSpace-Projekt stehen müssen (vgl. Cross 2017, S. 44; vgl. Eriksson et al. 2016). Auch die Eltern sollten frühzeitig informiert oder sogar in die Entwicklung miteinbezogen werden. Für Campos et al. (2019, S. 3) ist generell die Bildung eines Netzwerks von Personen und Insitutionen in und ausserhalb der Schule ein Gelingensfaktor für die nachhaltige Implementation eines schulischen MakerSpace. Demnach muss eine Maker-Kultur über die Schule hinaus geschaffen werden, die den Maker-Gedanken in der Gemeinde beziehungsweise im Quartier trägt und fördert (vgl. Marshall/Harron 2018).

	ERWARTETER HANDLUNGSBEDARF		
	GERING	MITTEL	GROSS
RÜCKHALT IM UMFELD			X

6.3.9.2 Budget/Finanzierung

Für Umbaumassnahmen, Geräte- und Materialanschaffung sowie für den laufenden Betrieb sind finanzielle Ressourcen erforderlich, die rechtzeitig budgetiert und/oder bei der Gemeinde beantragt werden müssen. Mögliche Ansprechpartner für Drittmittel sind Stiftungen oder kantonale Förderstellen.

In Form von Sponsoring können auch Partnerschaften mit ortsansässigen Unternehmen geschlossen werden. Nicht zu unterschätzen sind Personalkosten, die für die Entwicklung und den laufenden Betrieb des MakerSpace aufgebracht werden müssen. Es ist unrealistisch, dass Lehrpersonen die ganze Arbeit im Rahmen ihres Berufsauftrags leisten.

	ERWARTETER HANDLUNGSBEDARF		
	GERING	MITTEL	GROSS
BUDGET / FINANZIERUNG			X

6.3.9.3 Personalressourcen

Für einen schulischen MakerSpace braucht es mindestens eine hauptverantwortliche Person, die den Raum bewirtschaftet, mit dem Schulhausteam gemeinsam Maker-Aktivitäten plant und bei Bedarf schulhausinterne Weiterbildungskurse anbietet. Zur Entlastung werden in schulischen Maker-Projekten bereits ältere Schüler*innen als Mentor*innen einbezogen (vgl. Kleeberger / Schmid 2019). Solche Einsätze nach dem Prinzip «Lernen durch Lehren» (Martin 1996) müssen jedoch stundenplantechnisch gut organisiert sein. Tutorielle Unterstützung bietet sich vor allem bei der Einführung von konkreten Vorgängen oder Verfahren an, die vorgezeigt werden müssen (z.B. Löten oder die Bedienung einer CNC-Fräse). Als zusätzliche Entlastung ist der Einbezug von Eltern und Grosseltern denkbar, die im MakerSpace präsent sind und die Lehrperson in ihrer Betreuungsfunktion unterstützen.

In einigen schulischen Maker-Projekten werden neben Lehrpersonen auch Making-Expert*innen von aussen eingesetzt. Sie arbeiten direkt mit den Schüler*innen und haben durch ihr pädagogisches Handeln im MakerSpace Vorbildcharakter. Sie leben vor, dass Lehrpersonen nicht alles wissen oder können müssen und dass es nicht darum geht, den Schüler*innen adhoc passende Lösungen für ihr Problem zu liefern. Making-Expert*innen zeigen, wie man sich als Lehrperson auf Prozesse mit unklarem Verlauf und Ausgang einlassen kann und wie die Schüler*innen motiviert werden, selbst die Verantwortung für ihren Lernprozess zu übernehmen. In der kollegialen Zusammenarbeit werden die Lehrpersonen bei der Entwicklung ihres Maker-Mindsets unterstützt.

	ERWARTETER HANDLUNGSBEDARF		
	GERING	MITTEL	GROSS
PERSONALRESSOURCEN			X

6.3.9.4 Lernzeit für Making

Wenn schulisches Making Teil des obligatorischen Unterrichts für alle Schüler*innen sein soll, müssen verbindliche Zeitgefässe geschaffen werden. Da Making in Einzellektionen aus verschiedenen genannten Gründen nicht sinnvoll ist, müssen Stundenkontingente aus den verwandten Fachdidaktiken herausgelöst und zu Making-Zeitfenstern zusammengefasst werden. Die Kompetenzen im Lehrplan (insb. MI, NMG, TTG, BG) überschneiden sich mit Making-Themen, so dass sich die Einrichtung von Making-Zeitfenstern gut organisieren lässt. Hierfür ist allerdings die Zusammenarbeit der betroffenen Fachlehrpersonen nötig, die statt ihrer Fachlektionen gemeinsam oder arbeitsteilig Making-Prozesse begleiten. Das ist wohl einer der grössten organisatorischen Herausforderungen im Zuge der Implementation im Schulalltag. Blockveranstaltungen lassen sich nur schwer in den Wochenstundenplan einfügen, da dann bestimmte Lehrpersonen besetzt sind und der reguläre Unterricht von anderen Lehrpersonen übernommen werden müsste. Falls mit Halbklassen gearbeitet wird, muss sichergestellt sein, dass die andere Halbklasse zeitgleich ein alternatives Lernangebot erhält. Noch kompliziertere Lösungen sind erforderlich, wenn das Nutzungskonzept im Sinne des Making-Ansatzes jahrgangsübergreifend angelegt ist oder mit Patenschaften älterer Schüler*innen für jüngere gearbeitet wird.

	ERWARTETER HANDLUNGSBEDARF		
	GERING	MITTEL	GROSS
LERNZEIT FÜR MAKING			X

6.3.9.5 Nutzungskonzept

Stunden- und Raumbelegungspläne, Sicherstellung der pädagogischen Betreuung der Schulklassen und Lerngruppen – die Schule ist eine durch und durch strukturierte Institution mit geregelten Abläufen und Prozessen. Ein schulischer MakerSpace muss innerhalb dieser Strukturen im Schulalltag Platz finden. Hierfür ist ein Nutzungskonzept erforderlich. Darin muss festgelegt werden, welche Schüler*innen, Lerngruppen und Lehrpersonen den Raum für welche Zwecke in welchen Zeitfenstern nutzen können. So ist bei spielsweise zu klären, ob es klassenspezifische Making-Wochentage gibt oder ob in Projektwochen oder Epochen im MakerSpace gearbeitet wird. Finden alle Angebote im Regelunterricht statt oder gibt es zusätzlich informelle Freizeitangebote?

Einen grossen Einfluss auf das Nutzungskonzept hat die Entscheidung, ob alle Schüler*innen einer Schule im MakerSpace arbeiten dürfen oder nur bestimmte Klassen(-stufen) oder Schüler*innenklientel (zum Beispiel Hochbegabte). Ebenfalls im Nutzungskonzept zu berücksichtigen ist die Frage, ob der MakerSpace exklusiv für schulisches Making zur Verfügung steht, oder polivalent verwendet wird – beispielsweise für regelmässigen Unterricht in den Fächern Technisches und Textiles Gestalten oder Medien und Informatik.

Je stärker der Raum frequentiert ist, desto komplizierter ist die Entwicklung des Nutzungskonzepts. Für die Stundenplanung ergeben sich beispielsweise zusätzliche Herausforderungen, wenn der Raum in Leer- oder Randstunden für freies Making – ausserhalb der obligatorischen Unterrichtszeit – zugänglich sein soll (vgl. Cross 2017, S. 31) oder gar für externe Veranstaltungen vermietet werden soll. Im Nutzungskonzept muss ausserdem festgehalten werden, wer für den Raum hauptverantwortlich ist, Beschaffungen und Gerätewartung übernimmt sowie für Ordnung sorgt. Diese Person wird auch für die Raumvergabe zuständig sein, sofern eine Spontannutzung oder Buchung freier Zeitfenster im MakerSpace möglich ist.

	ERWARTETER HANDLUNGSBEDARF		
	GERING	MITTEL	GROSS
NUTZUNGSKONZEPT			X

6.3.9.6 Bewirtschaftungskonzept

Der laufende Betrieb im MakerSpace muss gewährleistet werden. Hierfür braucht es ein Bewirtschaftungskonzept, in dem u.a. festgelegt ist, wie der Materialbestand aufrechterhalten und die Geräte einsatzbereit gehalten werden.

	ERWARTETER HANDLUNGSBEDARF		
	GERING	MITTEL	GROSS
BEWIRTSCHAFTUNGSKONZEPT			X

6.3.9.7 Zusammenfassung

Zu diesem Handlungsfeld liegen bisher kaum Praxiserfahrungen und Forschungsergebnisse vor. Vor diesem Hintergrund sind Ausführungen eher etwas allgemein gehalten. Der Handlungsbedarf ist insgesamt hoch, wie die Übersicht zeigt. Ohne institutionelle und organisatorische Einbindung lässt sich Making nur punktuell und in der Verantwortung einzelner interessierter Lehrpersonen einbinden – nicht aber im Rahmen eines Schulentwicklungsprojekts mit Auswirkung auf die Schulkultur insgesamt.

TAB. 6.11: ORGANISATORISCHE EINBINDUNG ÜBERBLICK

	ERWARTETER HANDLUNGSBEDARF		
	GERING	MITTEL	GROSS
RÜCKHALT IM UMFELD			X
BUDGET / FINANZIERUNG			X
PERSONALRESSOURCEN			X
LERNZEIT FÜR MAKING			X
NUTZUNGSKONZEPT			X
BEWIRTSCHAFTUNGSKONZEPT			X

FRAGESTELLUNGEN FÜR DIE PRAXISFORSCHUNG

Inwieweit ist die Integration des MakerSpace in das Schulleben aus der Sicht von Lehrpersonen, Schüler*innen und Forschenden gelungen? Wie ist die Resonanz auf das MakerSpace-Projekt seitens Schulbehörde und Elternschaft? (HF9.1; KUAL1)

Welche Reibungspunkte treten durch strukturelle Rahmenbedingungen des Systems Schule auf? Wie lassen sich Reibungspunkte zukünftig entschärfen? (HF9.2)

Wie ist der partizipative Entwicklungsprozess rückblickend zu bewerten? (HF9.3)

Wieviel Personalressourcen werden tatsächlich benötigt, um einen schulischen MakerSpace zu entwickeln und zu betreiben? (HF9.4)

Welche Anpassungen und Veränderungen an der organisatorischen Einbindung sind aus der Sicht der Akteur*innen erforderlich? (HF9.5)

7 Forschungsdesign

iPad6

7 Forschungsdesign

Die Komplexität des Forschungsgegenstands «Making in der Schule» erfordert ein mehrperspektivisches methodologisches Setting, das mehrere qualitative empirische Erhebungsinstrumente integriert und sich gegenseitig ergänzende Einsichten erlaubt (vgl. Bornemann 2012, S. 11). Den Prinzipien des Design-Based Research-Ansatzes folgend wird in diesem Kapitel ein theoriegeleiteter, explorativ-qualitativer Zugang zum Forschungsgegenstand entwickelt. Nach der Präzisierung des Erkenntnisinteresses in Form von Fragestellungen zu den Handlungsfeldern sowie zu den Forschungsschwerpunkten digitale Mündigkeit und Kreativität erfolgt ein Überblick über die Projektbeteiligten und ihre Rollen sowie über die einzelnen Schritte, Phasen und Methoden des DBR von Juli 2018 bis September 2019 (Betriebsphase). Im Anschluss werden die Erhebungs- und Analyseinstrumente entwickelt.

7.1 Erkenntnisinteresse und Design-Entwicklung

Das Projekt «MakerSpace – Raum für Kreativität» verfolgt das Ziel, an der Primarschule Thayngen (CH, Kanton Schaffhausen) einen MakerSpace zu etablieren, den alle Schüler*innen im Rahmen des Regelunterrichts nutzen können. Der MakerSpace soll mit Schüler*innen und Lehrpersonen gemeinsam entwickelt und im Schulalltag verankert werden. Massgebend für die Design-Entwicklung sind zum einen Prämissen der Maker Education (vgl. 2), konzeptionelle Überlegungen zur Förderung von Autonomie und verantwortungsvollem Handeln (vgl. 3) und Erkenntnisse aus der Kreativitätsforschung (vgl. 4). Zum anderen fliessen die administrativen und bildungspolitischen Rahmenbedingungen der Schule (vgl. 6) sowie die persönlichen Haltungen und Dispositionen der Lehrpersonen und Schüler*innen in die Design-Entwicklung ein. Vor diesem Hintergrund verfolgt das Projektteam aus Lehrpersonen, Forschenden und weiteren Fachpersonen folgende Ziele:

* Im Schulhaus soll ein Denk-, Lern- und Handlungsraum eingerichtet werden, der mit geeigneten analogen und digitalen Werkzeugen bzw. Werkstoffen ausgestattet ist.
* Das didaktische Konzept für den Raum und die Lernangebote sollen in Zusammenarbeit von Lehrpersonen, Schüler*innen und Forschenden partizipativ entwickelt und erprobt werden.
* Die Lernangebote sollen Bezüge zu den Kompetenzen der Fachdidaktiken und Berührungspunkte mit Themenfeldern des Lehrplanmoduls «Medien und Informatik» aufweisen.
* Alle Schüler*innen sollen im Laufe der Pilotphase (ein Schuljahr) die Gelegenheit bekommen, im MakerSpace eigene Ideen zu entwickeln und als Produkte umzusetzen.
* Alle Lehrpersonen sollen dazu befähigt werden, den MakerSpace mit ihren Schüler*innen zu nutzen und Lernangebote im Sinne der Maker Education zu gestalten.
* Der Maker-Ansatz soll so an die strukturellen und organisatorischen Rahmenbedingungen der Primarschule angepasst werden, dass Making auch über die Projektlaufzeit hinaus zum Bestandteil des Schulalltags in Thayngen wird.

Ein weiterer Zielhorizont geht über das Entwicklungsvorhaben hinaus. Es gilt, das kreative Tüfteln und Lernen in einem schulischen MakerSpace zu beschreiben, das Potenzial für fachlichen und überfachlichen Kompetenzerwerb zu analysieren und autonome und selbstbestimmte Lernprozesse zwischen Schüler*innen und Lehrpersonen zu verstehen.

* Insbesondere sollen Hypothesen zur Wirksamkeit des Making-Ansatzes hinsichtlich digitaler Mündigkeit und Kreativität gebildet werden.
* Bewährte Challenges zur Heranführung an das selbstbestimmte Making sollen identifiziert und hinsichtlich einer möglichen Übertragbarkeit auf andere Schulen weiterentwickelt und mit Bezug auf fächerübergreifenden Kompetenzerwerb spezifiziert werden.

Das Projekt wird sowohl in der Design-Entwicklungsphase als auch in der Betriebsphase begleitend erforscht. Es ist ein Anliegen, den MakerSpace nicht nur zu konzipieren, sondern dessen Möglichkeiten und Einsatzszenarien unter den Alltagsbedingungen einer Primarschule zu dokumentieren und kritisch zu begleiten.

7.1.1 Fragestellungen zu den Handlungsfeldern

Die Ausgangsfragen für die Design-Entwicklung wurden in den Kapiteln 1.4, 2.4ff., 5ff. und 6.3ff. bereits aufgeworfen und schrittweise konkretisiert. Dasselbe gilt für die Fragestellungen der Begleitforschung. Bezogen auf die Handlungsfelder soll ausgelotet werden, auf welche Art und Weise die Maker-Idee vom Schulfeld angeeignet und adaptiert wird, welche strukturellen Rahmenbedingungen die Adaption beeinflussen und welche konkreten Massnahmen die Einbindung eines MakerSpace in den Schulalltag erleichtern.

Es folgt ein Gesamtüberblick der Fragestellungen über alle Handlungsfelder hinweg. Die beiden Forschungsschwerpunkte «Digitale Mündigkeit» und «Kreativität» fliessen einerseits an geeigneter Stelle in die Handlungsfelder ein. Andererseits werden relevante Faktoren und Rahmenbedingungen für das Empowerment zur digitalen Mündigkeit und zu kreativem Selbstausdruck quer zu den Handlungsfeldern untersucht, identifiziert und in ihren Wirkungszusammenhängen beschrieben.

HF 1: Ziele und Making-Kompetenzen

Ausgangsfragen: Design-Entwicklung

* Welche Kompetenzen benötigen Schüler*innen für kreatives und mündiges Making?
* Inwieweit lassen sich Making-Kompetenzen mit den Lehrplanvorgaben in Deckung bringen?

Fragestellungen: Begleitforschung

* Welche Kompetenzen erwerben die Schüler*innen beim Making in der Praxis? (HF1.1)
* Welche Fertigkeiten und welches Wissen benötigen die Schüler*innen, um ihre Ideen umzusetzen? (HF1.2)
* Welche domänenspezifischen Fertigkeiten bringen die Schüler*innen bereits mit? Welche müssen erst erworben werden? (HF1.3)
* In welchen Situationen wirken fehlende Kompetenzen kreativitätseinschränkend? Wie gehen Schüler*innen mit fehlenden Kompetenzen um? (HF1.4)
* Inwieweit lassen sich relevante Making-Kompetenzen mit dem zugrundeliegenden Kompetenz-Modell abbilden? (HF1.5)

HF 2: Haltung / Maker-Mindset

Ausgangsfragen: Design-Entwicklung

* Welche pädagogische Grundhaltung fördert Kreativität und digitale Mündigkeit beim Making?
* Wie können die Akteure und Anspruchsgruppen für das Maker-Mindset sensibilisiert werden?
* Welche Reibungspunkte sind aufgrund struktureller und bildungspolitischer Rahmenbedingungen des Schulfelds zu erwarten?

Fragestellungen: Begleitforschung

* Welche Aspekte des Maker-Mindsets sind aus Sicht der Lehrpersonen mit dem Schulalltag der Volksschule (un)vereinbar? (HF2.1)
* Welche Aspekte des Maker-Mindsets werden von den Lehrpersonen in der Praxis besonders berücksichtigt? (HF2.2)
* Inwieweit lassen sich bei Lehrpersonen und Schüler*innen im Laufe des Projekts Veränderungen im Maker-Mindset beobachten? Worauf sind etwaige Veränderungen zurückzuführen? (HF2.3)
* Welche Aspekte des Maker-Mindsets (z.B. Formen des Feedbacks) ermutigen die Schüler*innen zu kreativem und selbstbestimmtem Handeln? (HF2.4)

HF 3: Didaktik / Lernangebote

Ausgangsfragen: Design-Entwicklung

* Welche didaktischen Prinzipien sind aus der Sicht der Maker Education in einem schulischen MakerSpace zu berücksichtigen?
* Inwieweit sind didaktische Prinzipien und Ansätze der Volksschule mit den Ansprüchen und Intentionen der Maker Education kompatibel?
* Welche didaktischen Prinzipien sind zu berücksichtigen, wenn insbesondere Kreativität und digitale Mündigkeit gefördert werden sollen?

Fragestellungen: Begleitforschung

* Welche didaktischen Prinzipien der Maker Education berücksichtigen die Lehrpersonen im Making-Unterricht? Welche lassen sich aus welchen Gründen schwer realisiseren? Wieviel Spielraum und Wahlfreiheit beinhalten die Lernangebote in der Praxis tatsächlich (ES1.2, UAH.1)? (HF3.1)
* Wie gehen die Schüler*innen mit den Making-Lernangeboten um (Eigeninitiative, Motivation, Selbstständigkeit, situiertes Lernen, Reflexion)? (HF3.2)
* Woran scheitern die Schüler*innen, wie gehen sie mit dem Scheitern um? Welche Unterstützung ist erforderlich? (HF3.3)
* Wie verlaufen kreative Problemlöseprozesse? Welche kreativen Tätigkeiten und Verfahren lassen sich beobachten? (HF3.4)
* Welche Problemlösestrategien und Kreativitätstechniken wenden die Schüler*innen an? (HF3.5)
* Was lernen die Schüler*innen beim Making? Wie werden Lernprozesse beim Making reflektiert? Wie nehmen die Schüler*innen verschiedene Formen der Prozessreflexion auf? (HF3.6 / HF1.1)
* Welche Produkte entstehen beim Making? Welche Kriterien für Kreativität erfüllen die Produkte? (HF3.7)
* Wo zeigen sich kreative Lösungen in der Verbindung digitaler und analoger Technologien? (HF3.8 / KR?)

HF 4: Lernbegleitung

Ausgangsfragen: Design-Entwicklung

* Wie kann eine situierte Lernbegleitung beim Making sichergestellt werden?
* Wie sieht eine kreativitäts- und autonomieunterstützende Lernbegleitung im Sinne des Maker-Mindsets aus?

Fragestellungen: Begleitforschung

* Welche Herausforderungen ergeben sich bei der Lernbegleitung für Schüler*innen und Lehrpersonen? (HF4.1)
* Welche Rollen- und Identitätskonflikte entstehen beim Making? (HF4.2)
* Welche Art Unterstützung benötigen die Schüler*innen bei komplexen Anforderungen, beim Lösen komplexer Probleme? (HF4.3)
* Mit welchen Fragen und Anliegen wenden sich die Schüler*innen an die Lernbegleitung? (HF4.4)
* Welche Impulse gibt die Lehrperson den Schüler*innen? (HF4.5)
* Wie lassen sich Peer Education und externe Expert*innen in die Lernbegleitung einbeziehen? (HF4.6)
* Welche Erfahrungen sammeln Schüler*innen und Lehrpersonen mit digitaler Lernbegleitung? (HF4.7)

HF 5: Maker-Curriculum

Ausgangsfragen: Design-Entwicklung

* Welche Themen (Inhalte, Technologien und Verfahren) eignen sich für ein schulisches Maker-Curriculum über alle Zyklen hinweg? Welche Themeninteressen haben Lehrpersonen und Schüler*innen?
* Welche Fächer haben eine inhaltliche Nähe zum Making? Wie lassen sich Making und Fachdidaktiken sinnvoll verzahnen? Aus welchen Fächern kann Lernzeit für Making-Aktivitäten bereitgestellt werden?

Fragestellungen: Begleitforschung

* Inwieweit stimmen die Themenschwerpunkte, Inhalte und Lernangebote des Maker-Curriculums mit den Lernvoraussetzungen und Neigungen der Schüler*innen überein? (HF5.1)
* Inwieweit stimmen die Themenschwerpunkte, Inhalte und Lernangebote des Maker-Curriculums mit den bildungspolitischen Vorgaben überein? (HF5.2)
* Wie werden Themen im MakerSpace mit verwandten Themen in den Fächern verknüpft? (HF5.3)
* Welche Bedeutung haben Nachhaltigkeitsthemen? Wie könnte dieses Themenfeld noch stärker eingebunden werden, ohne Autonomie und Selbstbestimmung zu reduzieren? (HF5.4)
* Wie kann aus dem interessen- und neigungsgeleiteten Pilot-Curriculum ein systematisches Schul-Curriculum Making entwickelt werden? (HF3.5)

HF 6: Raumgestaltung

Ausgangsfragen: Design-Entwicklung

* Welche technischen und architektonischen Rahmenbedingungen sind bei der Raumgestaltung zu beachten?
* Welche Aktivitäten, Handlungen und sonstige Nutzungsformen müssen Platz finden? Was bedeutet dies für die Raumaufteilung in Funktionsbereiche (Zonen)?
* Welche Nutzungsbedürfnisse und Gestaltungsideen bringen Schüler*innen und Lehrpersonen ein?
* Wie ist eine schulische Maker-Umgebung gestaltet, die eigenständige und kreative Lernaktivitäten ermöglicht?
* Welche Ideen der Akteure können in die Raumgestaltung einbezogen werden?

Fragestellungen: Begleitforschung

* Welche Raumgestaltungsmassnahmen erleichtern/erschweren das selbstgesteuerte Arbeiten im MakerSpace? (HF4.1)

* Wie wird das Potenzial des Raums (Zonen, mobile Möbel, ...) von Lehrpersonen und Schüler*innen genutzt? (HF4.2)
* Welche Raumgestaltungsmassnahmen unterstützen das kollaborative Arbeiten der Schüler*innen? (HF4.3)
* Welche Anpassungen am Raum sind aus der Sicht von Schüler*innen und Lehrpersonen erforderlich? (HF4.4)

HF 7: Material- und Geräteausstattung

Ausgangsfragen: Design-Entwicklung

* Welche Maschinen- und Werkzeugausstattung wird für Making-Aktivitäten in der Primarschule benötigt?
* Welche Grundausstattung an Materialien wird für die Umsetzung der Schüler*innenideen benötigt?
* Welche Grundausstattung an Materialien wird für das schulische Maker-Curriculum (vgl. 7.3.5) benötigt?

Fragestellungen: Begleitforschung

* Welche Materialien, Maschinen und Werkzeuge werden in der schulischen Making-Praxis tatsächlich benötigt? (HF7.1)
* Wie wartungs- und kostenintensiv sind Betrieb der Geräte und Bereitstellung von Verbrauchsmaterialien? (HF7.2)
* Welche Materialien, Maschinen und Werkzeuge fehlen? Inwieweit ist die Anzahl verfügbarer Gegenstände für die Grösse der Lerngruppen ausreichend? (HF7.3)
* Welche Ausstattungsgegenstände müssen aus der Sicht der Schüler*innen und der Lehrpersonen ergänzt werden? (HF7.4)

HF8: Qualifikation und Weiterbildung von Lehrpersonen

Ausgangsfragen: Design-Entwicklung

* Welche Qualifikationen benötigen Lehrpersonen für den Unterricht im MakerSpace aus der Perspektive einer kreativitäts- und mündigkeitsfördernden Maker Education?
* Welchen Weiterbildungsbedarf äussern die Lehrpersonen?
* Welche Weiterbildungsformate sind kompatibel mit den strukturellen und personellen Rahmenbedingungen im Schulhaus? Welche methodischen Formen stossen bei Lehrpersonen auf positive Resonanz?

Fragestellungen: Begleitforschung

* Wie werden die Weiterbildungsangebote von den Lehrpersonen angenommen (inhaltlicher Weiterbildungsbedarf, Weiterbildungsbereitschaft, Nutzungsfrequenz, erbrachter Zeitaufwand)? (HF8.1)
* Wie beurteilen die Lehrpersonen die Qualität der Weiterbildungsangebote (Zeitpunkt, Dauer, Format, Praxisrelevanz, Themen, methodische Qualität, Vorbereitung auf Making)? (HF8.2)
* Inwieweit müssen Themenschwerpunkte, Formate und methodische Gestaltung der Weiterbildungsangebote anpasst werden? (HF8.3)

HF 9: Organisatorische Einbindung in den Schulalltag

Ausgangsfragen: Design-Entwicklung

* Rückhalt: Welche Stakeholder müssen überzeugt und eingebunden werden?
* Projektmanagement: Welche Projektschritte müssen durchlaufen werden?
* Budget: Welches Budget wird für Ausstattung, Betrieb und Personal benötigt?

* Personal: Wie kann mit verfügbaren Personalressourcen ein MakerSpace entwickelt und betrieben werden? Welche Steuer- und Umsetzungsorgane werden benötigt? Wer übernimmt die Hauptverantwortung für den MakerSpace? Wie kann der Raum bewirtschaftet und einsatzbereit gehalten werden?
* Zeitfenster: Wie lassen sich Zeitfenster für schulisches Making generieren? Aus welchen Fächern kann Lernzeit einfliessen?
* Nutzungskonzept: Wie wird der MakerSpace jenseits von Making-Aktivitäten genutzt? Wie kann die Nutzung geregelt werden (Raumbelegung, feste und flexible Zeiten, Priorisierung)? Wie können alle Schüler*innen innerhalb der Unterrichtszeit den MakerSpace nutzen?

Fragestellungen: Begleitforschung

* Inwieweit ist die Integration des MakerSpace in das Schulleben aus der Sicht von Lehrpersonen, Schüler*innen, Forschenden gelungen? Wie ist die Resonanz auf das MakerSpace Projekt seitens Schulbehörde und Elternschaft? (HF9.1)
* Welche Reibungspunkte traten durch strukturelle Rahmenbedingungen des Systems Schule auf? Wie lassen sich Reibungspunkte zukünftig entschärfen? (HF9.2)
* Wie ist der partizipative Entwicklungsprozess rückblickend zu bewerten? (HF9.3)
* Wieviele Personalressourcen werden tatsächlich benötigt, um einen schulischen MakerSpace zu entwickeln und zu betreiben? (HF9.4)
* Welche Anpassungen und Veränderungen an der organisatorischen Einbindung sind aus der Sicht der Akteur*innen erforderlich? (HF9.5)

7.1.2 Fragestellungen zum Schwerpunkt «Digitale Mündigkeit»

In Kapitel 3.6 wurde digitale Mündigkeit auf den Making-Kontext übertragen und entsprechend spezifiziert. Das davon abgeleitete Empowerment-Modell für digitale Mündigkeit (vgl. 3.7) bildet die Basis für die folgenden Fragestellungen, die aus forschungspragmatischen Gründen redimensioniert und weiter zugespitzt werden.

Empowerment zur Selbstermächtigung und Selbstbestimmung (ES1_SELBST)

* Inwieweit sind die Schüler*innen Produzent*innen von Produkten? (ES1.1)
* Inwieweit setzen die Schüler*innen tatsächlich eigene Ideen um? (ES1.2)
* Wie nutzen die Schüler*innen digitale Fabrikationsmittel? Inwieweit eröffnen digitale Fabrikationsmittel den Schüler*innen erweiterte Handlungs- und Gestaltungsmöglichkeiten? (ES1.3)
* Inwieweit können die Schüler*innen ihre Programmierkenntnisse und ihr Wissen über digitale Steuertechnologie für die Produktentwicklung nutzen? Welche Kenntnisse sind erforderlich, um das Potenzial digitaler Technologie für die Problemlösung zu nutzen? (ES1.4)
* In welchen Momenten erleben die Schüler*innen Selbstwirksamkeit? (ES1.5)
* Inwieweit können die Schüler*innen ihre Arbeitsumgebung selbst gestalten? (ES1.6)

Empowerment zur Unabhängigkeit und zur Selbstständigkeit (EU2_AUTONOM)

* Wie finden sich die Schüler*innen im MakerSpace zurecht? Welche Faktoren erleichtern / erschweren die Orientierung? (EU2.1)
* Inwieweit haben die Schüler*innen eigene Interessen, die sie im MakerSpace vertiefen wollen? Inwieweit ist Raum für die Interessen und Bedürfnisse der Schüler*innen? (EU2.2)

* Auf welche Probleme stossen die Schüler*innen im Making-Prozess? Inwieweit können sie die Probleme selbstständig lösen? Welche Strategien wenden sie dabei an? (EU2.3)
* Inwieweit sind die Schüler*innen in der Lage, bei Bedarf Unterstützung hinzuzuziehen? Welche Art Unterstützung wird benötigt? (EU2.4)
* Inwieweit sind die Schüler*innen in der Lage, sich selbstständig relevante Informationen zu beschaffen und auszuwerten? Welche (digitalen) Informationsquellen nutzen sie? (EU2.5)
* Inwieweit sind die Schüler*innen in der Lage, ihre Design-Entwicklungsprozesse selbstständig zu gestalten? (EU2.6)
* Inwieweit können Schüler*innen ihre Ideen und Lösungsansätze vertreten, begründen und an ihnen festhalten, auch wenn Dritte eine andere Lösung vorschlagen? (EU2.7)

Empowerment zur Verantwortung und Reflexion (EV3_VERANT)

* Welche gesamtgesellschaftlich relevanten Fragestellungen und Probleme werden beim Making aufgeworfen? Welche dieser Fragestellungen haben eine Bezug zur Lebenswelt der Schüler*innen? (EV3.1)
* Inwieweit spielen universelle Werte bei der Produktentwicklung eine Rolle? Welche Rolle spielen Aspekte von Nachhaltigkeit (Energieeinsparung, Recycling, nachhaltige Materialien, Lösung von Nachhaltigkeitsproblemen) bei der Produktentwicklung? (EV3.2)
* Welches Feedback geben sich Schüler*innen gegenseitig zu ihren Produkten? Nach welchen Kriterien begutachten die Schüler*innen ihre eigenen Produkte und die ihrer Mitschüler*innen? (EV3.3)
* Welche Schlüsse ziehen die Schüler*innen aus ihren Fehlern? Sind sie in der Lage, ihre Erkenntnisse unmittelbar anzuwenden? (EV3.4)
* Inwieweit übernehmen die Schüler*innen Verantwortung für ihren Lernprozess beim Making? Nutzen sie die verfügbare Zeit produktiv und sinnvoll? (EV3.5)

Empowerment zur Urteilsfähigkeit durch Sachkenntnis (UT4_URTEIL)

* Welches informatisches und/oder technisches und/oder gestalterisches Vorwissen bringen die Schüler*innen mit? (UT4.1)
* Welches informatisches und/oder technisches und/oder gestalterisches Wissen ist erforderlich, um die Projektideen der Schüler*innen zu realisieren? (UT4.2)
* Inwieweit können die Schüler*innen erkennen, wann eine digitale Lösung sinnvoller ist als eine analoge (und umgekehrt)? (UT4.3)
* Welche Art (technische) Fehler treten im Rahmen der Produktentwicklung auf? Welches Wissen ist erforderlich, um Fehler/Probleme zu erkennen und zu beseitigen? (UT4.4)

7.1.3 Fragestellungen zum Schwerpunkt «Kreativität»

In Kapitel 4.8 wurde entlang der vier Perspektiven der Kreativitätsforschung (Produkt, Person, Prozess, Umfeld) ein Modell für Kreativität im Making-Kontext entwickelt, das einerseits konzeptionelle Leitlinien für die Design-Entwicklung liefert und andererseits Fragestellungen für die Begleitforschung impliziert. Aus forschungspragmatischen Gründen können nicht alle diese Fragestellungen weiterverfolgt werden, weswegen die nachfolgende Auflistung nur die priorisierten Fragestellungen enthält.

Kreative Person und Making (KPE1)

* Kreativitätsverständnis: Was bedeutet Kreativität für Schüler*innen und Lehrpersonen? (KPE1.1; KUAK2, KEUM1, KEUM4)
* Kreatives Selbstkonzept: Wie kreativ schätzen sich die Schüler*innen selbst ein? (KPE1.2; KPE.OA4)

* Motivation: Wie stark sind die Schüler*innen beim Making intrinsisch motiviert? Was motiviert/demotiviert sie besonders? (KPE.MO1). Welche Rolle spielen dabei Wahlfreiheit und Selbstbestimmung? (KUAS1)
* Charaktereigenschaften: Welche sonstigen persönlichen Eigenschaften erweisen sich beim Making als kreativitätsfördernd bzw. -hemmend? (KPE1.4; KPE.OA)

Fragestellungen zum erforderlichen domänenspezifischen Wissen (KPDE1.) sind bereits im Forschungsfokus digitale Mündigkeit enthalten und werden daher hier nicht gesondert aufgeführt.

Kreativer Prozess und Making (KPRZ)

* Problemlösestrategien und Kreativitätstechniken: Wie entwickeln Schüler*innen Ideen beim Making? (KPRZ1)
* Prozessverlauf: Wie verlaufen die kreativen Prozesse der Schüler*innen (Reihenfolge, Verteilung der Phasen, ...)? (KPRZ2)
* Anspruchsvolle Situationen: Wann gerät der kreative Prozess ins Stocken? Was sind Gründe dafür? (KPRZ3)
* In welchen Prozessphasen benötigen die Schüler*innen besondere Unterstützung? (KPRZ4)
* Welche nicht-projektbezogenen spielerischen Handlungs- und Ausdrucksformen sind zu beobachten? (KPRZ5)
* Prozessmodel: Inwieweit eignet sich das vierstufige Design Thinking-Modell (Research -> Ideation -> Prototyping -> Testing) für die Beschreibung kreativer Making-Prozesse? (KPRZ6)

Kreatives Produkt und Making (KPRD)

* Kreative Ideen: Welche Ideen und welche Produkte entstehen beim Making? Welche Ideen werden umgesetzt und welche nicht? (KPRD.3.1)
* Produktentwicklung: Wie entwickeln sich Produkte im Laufe des Prozesses? (KPRD.3.2)
* Erkenntnisgewinn: Welche neuen Erkenntnisse gewinnen die Schüler*innen im Making-Prozess? (KPRD.3.3)
* Kreativitätskriterien: Wie kreativ sind die Produkte und die Umsetzungsideen (gemessen an den Kriterien für kreative Produkte)? Wie bewerten Schüler*innen, Lehrpersonen und Forschende den Kreativitätsgrad von Ideen und Produkten? (KPRD3.4)

Kreatives Umfeld und Making (KUM)

* Rahmenbedingungen: Welche Bedingungen des Lernumfelds sind besonders kreativitätsfördernd oder hemmend (Ressourcen, Materialien, Gestaltung der Lernumgebung, Unterstützung, kommunikativer Austausch?)? (KUM1; KURE1, 2, 3, 4, 5, 6)
* Strukturelle Kreativitätskiller: Welche strukturellen Eigenschaften der Schule hemmen Kreativität beim Making? (KUM2; KEUM5)
* Kreativität durch Kooperation: Wie wirkt sich Feedback aus der Gruppe auf Entwicklungsprozesse aus? Welche Art von Feedback wird gegeben? (KUM3; KURE4)

7.2 Design-Based Research

Da im deutschsprachigen Raum bislang nur wenige Erfahrungen mit MakerSpaces im Schulumfeld vorliegen und belastbare Forschungsbefunde im Bereich digitale Mündigkeit und Kreativität noch ausstehen, wird ein qualitatives Forschungsdesign verwendet, das sich auf explorative Weise dem Phänomen Making in der Schule annähert, Sinn- und Bedeutungsstrukturen erfasst und mit der Absicht der Theoriebildung beschreibt und interpretiert.

Das vorliegende Projekt hat die theoriebasierte Konzeption und die empiriegestützte Weiterentwicklung einer innovativen schulischen Lernumgebung zum Gegenstand. Es handelt sich damit um angewandte Forschung. Da der Forschungsgegenstand «schulischer MakerSpace» zu Projektbeginn nicht feststeht, sondern im Rahmen eines iterativen Prozesses von Design-Entwicklung, Design-Anwendung, Analyse und Re-Design gemeinsam mit den Akteur*innen im Feld erst entwickelt werden muss, wird der Forschungsansatz Design-Based-Research (DBR) gewählt. Dieser verbindet Phasen der theoriegeleiteten Design-Entwicklung – also die Entwicklung der Maker-Lernumgebung – mit empirischen Phasen der Praxiserprobung, die wissenschaftlich begleitet und kontinuierlich mit dem Ziel ausgewertet werden, die Befunde unmittelbar in die Optimierung der Lernumgebung (Re-Design) einfliessen zu lassen. Ein weiteres Anliegen des Projekts ist Theoriebildung in den Forschungsschwerpunkten Kreativität und Digitale Mündigkeit im Kontext des schulischen Makings. Im Gegensatz zur reinen Praxisforschung ist Theoriebildung im DBR-Ansatz expliziter Bestandteil (vgl. Reinmann 2005).

Ein weiterer Grund, der für die Wahl des Design-Based Research-Ansatzes spricht, ist dessen explorativer Charakter und dessen Flexibilität. Somit ist es möglich, während des Forschungsprozesses auf unerwartete Geschehnisse zu reagieren und Anpassungen bzw. Präzisierungen an Fragestellungen, Methoden und Forschungsinstrumenten vorzunehmen. Die Fragestellungen (7.1.1-7.1.3) sind das Ergebnis eines iterativen Prozesses von Literaturrecherche, Praxiserprobung und Theoriebildung. Der DBR-Ansatz sieht ein solches Vorgehen offiziell vor, da gerade bei Neuentwicklungen zu Beginn nicht abgeschätzt werden kann, wie das optimale Design-Ergebnis aussieht.

Es geht nicht um Vergleichbarkeit, sondern um ein Ergebnis, das den Akteur*innen im Feld und der Institution Schule gerecht wird. Zwar können Veränderungen und Entwicklungen im Schulbereich von schulexternen Expert*innen angeregt werden. Um innovative Ansätze wie das Making nachhaltig in den Schulalltag zu implementieren, ist eine gemeinsame, partizipative Vorgehensweise zielführend. Der Schule aus forschungspragmatischen Gründen ein fertiges Making-Konzept überzustülpen, wäre vor diesem Hintergrund kontraproduktiv. Mit dem DBR Ansatz ist es möglich, alle Beteiligten als Forschungssubjekte und Impulsgeber*innen ernst zu nehmen (vgl. Howald/Schwarz 2010).

Design-Based Research-Projekte sind aufgrund ihrer Struktur und der methodischen Komplexität arbeits- und zeitaufwendig. In der Konzeptionsphase war vorgesehen, dass zwei Mitarbeitende ein Dissertationsvorhaben im Rahmen des Projekts realisieren und somit ausreichend Personalressourcen für ein DBR-Projekt zur Verfügung stehen. Aufgrund beruflicher Veränderungen der Akteure konnten beide Vorhaben nicht durchgeführt werden. Dadurch war es erforderlich, das Projekt nachträglich zu redimensionieren. Ein ursprünglich vorgesehener Forschungsfokus «Kollaboration und Kommunikation» wurde aufgegeben und bei der Auswertung konnten nicht alle Fragekomplexe in der geplanten Intensität bearbeitet werden. Zu weiteren Abstrichen kam es bei der Auswertung der Daten, die nicht vollumfassend durchgeführt werden konnte.

7.2.1 Phasen und Arbeitsschritte der Design-Entwicklung

ZEIT	NR	PHASE	DBR	METHODE	HF
Juni 2017		**THEORETISCHE VORARBEITEN**			
	1	Literaturrecherche Making, Maker Education, Kreativität, digitale Mündigkeit, 21st. Century Skills, offene Unterrichtsformen	Theoriearbeit	Recherche, Literaturauswertung	
	2	Besuche existierender MakerSpaces an Schulen, Experteninterviews (z.B. Wülfrath)	Datenerhebung (E-I_EXP)	Exkursion, Experteninterview, Fotodokumentation	
	3	Entwicklung Projektziele, Forschungsdesign, Projektplanung, Definition von Handlungsfeldern	Theoriearbeit	Literaturauswertung	
	4	Projektbudget und -finanzierung; Einwerben von Drittmitteln / Bereitstellung von Eigenmitteln	Theoriearbeit Antragsarbeit Budget		
Oktober 2017		**ZUGANG SCHAFFEN ZU EINER PILOTSCHULE**			
	5	Suche nach Pilotschule im Kanton Schaffhausen; Informationsveranstaltung für interessierte Schulen			
	6	Auswahl der Pilotschule	Auswertung	Kriterienbasierte Auswahl	
	7	Bestandsaufnahme / Rahmenbedingungen IST-Analyse vor Ort: Raumverhältnisse, vorhandene Ausstattung, sonstige Rahmenbedingungen für schulisches Making	Datenerhebung (E-IST)	Gespräche, Notizen, Fotos	9
	8	Vorgespräche mit Lead-Lehrperson und Schulleitung	Datenerhebung	Informelle Gespräche	9
	9	Zusammenstellung des Projektteams			
November 2017		**KONZEPTIONELLES FUNDAMENT ENTWICKELN**			
	10	Silberberg-Manifest: Verabschiedung von neun Leitsätzen für schulisches Making an der Primarschule Thayngen mit Lead-Lehrperson	Design-Entwicklung Re-Design	Theoriegeleitete Reduktion	2/3 9
	11	Entwicklung eines Flyers zur Kommunikation der Projektanliegen	Design-Entwicklung	Reduktion Theorie	

ZEIT	NR	PHASE	DBR	METHODE	HF
Dezember 2017		**BEDÜRFNISSE UND IDEEN DER SCHÜLER*INNEN ERMITTELN**			
	12	Kinderzeichnungen «So stelle ich mir einen Lernraum der Zukunft vor». (Klasse 3 und Klasse 6)	Datenerhebung (E-KiZ_SuS)	Recherche, Literatur-auswertung	6/7
	13	Gruppendiskussionen zu Kinderzeichnungen mit 6. Klasse	Datenerhebung (E-GD_KL_6_SuS)	Exkursion, Experten-interview, Fotodokumen-tation	6/7
	14	Schriftliche Befragung: Raumgestaltung (E-ÄTA_SuS-Erhebung)	Datenerhebung (E-ÄTA_SuS)	Literatur-auswertung	6/7
	15	Schriftliche Befragung: Präferierte-Making-Aktivitäten (Klasse 6)	Datenerhebung (E-PMA)		3/5
	16	Auswertung der Kinderzeichnungen (E-KiZ_SuS)	Daten-Auswertung	Induktive Kategorien-bildung	6/7
	17	Auswertung der E-ÄTA-Erhebung	Daten-Auswertung		6/7
Februar 2018		**BEDÜRFNISSE UND IDEEN DER LEHRPERSONEN ERMITTELN**			
	18	Kickoff-Entwicklungsworkshop mit Schulhausteam: Projektvorstellung und -planung Arbeitsgruppe zum Nutzungskonzept: Wer nutzt den MakerSpace wann? Arbeitsgruppe zur Raumgestaltung: Welche Zonen? Welche Ausstattung? Arbeitsgruppe zur inhaltlichen Arbeit im MakerSpace (Szenarien und Themen)	Workshop: Design-ent-wicklung (E-KICK_LPs)	Partizipativer Workshop	2/3 5/6 7/1
	19	Interview mit Lead-Lehrperson zum Nutzungskonzept (Konkretisierung)	Datenerhebung und Auswer-tung (E-I_LLP_NUTZ)	Leitfaden-gestütztes Interview	9
	20	Gruppen-Interview mit den Lehrpersonen, die Werken und Handarbeit unterrichten	Datenerhebung und Auswertung (E-GD_LPs_WERK)	Leitfaden-gestütztes Interview	6/7 9
April 2018		**MAKERSPACE-DESIGN – KONZEPTENTWICKLUNG**			
	21	Nutzungskonzept: Planung des Schuljahrs 2018/19: Eine Projektwoche für alle Schulklassen, zusätzlich vier Mittwochvormittage für alle Schüler*innen der Klassen 4–6	Design-Entwicklung	Berücksichti-gung der Erkenntnisse aus 7, 8, 18, 19, 20	9
	22	Entwicklung eines Flyers zur Kommunikation der Projektanliegen	Design-Entwicklung	Berücksichti-gung der Erkenntnisse aus 1, 2, 16, 17, 18, 19, 20	9
	23	Raumausstattungskonzept I: Beschaffung erster Geräte und Ausstattungsgegenstände, Erprobung von 3D-Druckern, CNC-Fräse, Plotter etc.	Design-Entwicklung	Berücksichti-gung der Erkenntnisse aus 1, 2, 7, 8, 16, 17, 19, 20	9
	24	Raumgestaltungskonzept: Umsetzung Umgestaltung des ehemaligen Werkraums zu einem MakerSpace (Bauphase 1)	Design-Entwicklung	Berücksichti-gung 1, 2, 7, 8, 16, 17, 19, 20	6

ZEIT	NR	PHASE	DBR	METHODE	HF
Mai 2018		**MAKERSPACE – DIDAKTISCHES DESIGN**			
	25	Befragung der Schüler*innen: «Was würdet ihr gerne bauen?» (freiwillig, alle Klassen)	Datenerhebung (WWDGB_SuS)	Schriftliche Befragung mit Skizze	3/5/1
	26	Auswertung der schriftlichen Befragung «Was würdet ihr gerne bauen?»	Daten-Auswertung	Inhalts-analytische Auswertung	3/5/1
	27	Entwicklung: Didaktisches Modell mit drei Zugängen: Freie Projekte, Challenges, Einführungen (auf der Grundlage der Theorie)	Design-Entwicklung	Theorie- und empirie-geleitete Konzeption	3
	28	Online-Umfrage als Vorbereitung der Planungsgespräche mit den Lehrpersonen	Datenerhebung (E-OBF_LPs)	Online-Befragung	8/5/3/2
	29	Auswertung der Online-Umfrage	Daten-Auswertung		8/5/3/2
	30	Beratungs- und Planungsgespräche mit den Lehrpersonen Vorschläge des Pädagogischen Making-Supports, Festlegung von Rahmenthemen für die einzelnen Klassenstufen im MakerSpace	Datenerhebung und Design Entwicklung (E-GD_BERAT_LPs)	Leitfaden-gestützte Gruppen-diskussion	8/5/3/2
	31	Auswertung der Planungsgespräche hinsichtlich des Weiterbildungs- und Beratungsbedarfs	Daten-Auswertung	Qualitative Inhaltsanalyse	8/2
Juni 2018	32	Auswertung der Planungsgespräche hinsichtlich Interessen und möglicher jahrgangsspezifischer Themen	Daten-Auswertung	Qualitative Inhaltsanalyse	3/5/7
	33	Festlegung des Maker-Curriculums		Berücksichtigung von 1, 2, 26, 29, 32,	5
		ABSCHLUSS DER DESIGN-ENTWICKLUNGSPHASE			
	34	Raumgestaltungskonzept: Umsetzung II Anpassung der Raumgestaltung, Beschaffung von Materialien und Werkstoffen; Vorbereitung des MakerSpace für die erste Projektwoche	Re-Design	1, 2, 26, 29, 32	6/7
	35	Weiterbildungskonzept: Planung der konkreten Weiterbildungsthemen und -formate auf der Basis der geplanten Themen und der geäusserten Bedürfnisse der Lehrpersonen		1, 2, 20, 31, 32, 33	8/2/3

7.2.2 Phasen und Arbeitsschritte der Begleitforschung

ZEIT	NR	PHASE	DBR	METHODE	HF
Juli 2018	**36**	**ENTWICKLUNG DER FORSCHUNGSINSTRUMENTE TEILNEHMENDE BEOBACHTUNG, INTERVIEWLEITFÄDEN**			
August 2018		**FALLSTUDIE KLASSE 3 (PILOT)**			
	37	Projektwoche Klasse 3 Teilnehmende Beobachtung Fotodokumentation	Datenerhebung (B-TNB) (B-RGD_SuS)		
	38	Abschlussinterview mit Klassenlehrpersonen	Datenerhebung (B-I_LPs_abschluss)	TN-Beobachtung Interview	
September 2018		**FALLSTUDIE KLASSE 5 (1)**			
	39	acht Mittwoch Vormittage Teilnehmende Beobachtung Videographie: Insb. Gesprächskreise	Datenerhebung (B-TNB) (B-RGD_SuS)	TN-Beobachtung Videographie von Prozessen Interviews	
	40	Zwischeninterview Lead-Lehrperson	Datenerhebung (I_LPs_zwischen)	Leitfaden-Interview	
	41	Zwischeninterview Schüler*innen	Datenerhebung (I_SuS_zwischen)	Leitfaden-Interview	
	42	Teilauswertung 39, 40, 41	Daten-Analyse	Grobanalyse im Forschungsteam	
	43	Konzeptionelle Veränderungen / Anpassungen an Did. Konzept und Raum	Re-Design		
	44	Schulinterne Weiterbildungsangebote			
November 2018		**FALLSTUDIE KLASSE 4 (1)**			
	45	Projektwoche: Einführung in Making, Programmieren, ...	Datenerhebung (B-TNB) (B-RGD_SuS)	TN-Beobachtung, Videographie, Fotodokumentation	
	46	Zwischeninterview Schüler*innen Zwischeninterview Lead-Lehrperson	Datenerhebung (B-I_SuS_zwischen) (B-I_LPs_zwischen)	Leitfaden-gestütztes Interview	
	47	Teilauswertung 45, 46	Daten-Analyse	Grobanalyse im Forschungsteam	
		FALLSTUDIE KLASSE 5 (2)			
	48	Projektwoche, Abschluss individuelle Making-Projekte	Datenerhebung (B-TNB) (B-RGD_SuS)	TN-Beobachtung, Videographie, Fotodokumentation	
	49	Abschlussinterviews mit Schüler*innen	Datenerhebung (B-I_SuS_abschluss)	Leitfaden-gestützte Interviews	

ZEIT	NR	PHASE	DBR	METHODE	HF
	50	Abschlussinterview mit Klassenlehrpersonen	Datenerhebung (B-I_LPs_abschluss)	Leitfadengestützes Interview	
	51	Anonyme Online-Befragung: 5.Klässler	Datenerhebung (B-AOBF_SuS)	Online-Befragung	
	52	Schulinterne Weiterbildungsangebote			
	53	Teilauswertung 48, 49, 50, 51, 52	Datenanalyse	Grobanalyse im Forschungsteam	
	54	Anpassung schulinterne Weiterbildungsangebote	Re-Design		
Dezember 2018		**FALLSTUDIE KLASSE 4 (2)**			
	55	acht Mittwoch Vormittage in Halbklassen	Datenerhebung (B_TNB) (B-RGD_SuS)	TN-Beobachtung, Videographie, Fotodokumentation	
	56	Abschlussinterview mit Schüler*innen (4.Kl)	Datenerhebung (B-I_SuS_abschluss)	Leitfadengestützte Interviews	
	57	Abschlussinterview mit Klassenlehrperson / Lead-Lehrperson	Datenauswertung	Leitfadengestütztes Interview	
	58	Anonyme Online-Befragung: 4.Klasse	Datenerhebung (AOBF_SuS)	Online-Befragung	
	59	Schulinterne Weiterbildungsgebote	Datenanalyse		8
	60	Teilauswertung 55, 56, 57, 58, 59	Re-Design		
	61	Anpassung Didaktische Konzeption			
Februar 2019		**FALLSTUDIE KLASSE 6**			
	62	Projektwoche: Einführung in Making, Programmieren, Stromkreislauf, ...	Datenerhebung (B-TNB) (B-RGD_SuS)	TN-Beobachtung, Videographie, Fotodokumentation	
	63	Zwischeninterviews mit Schüler*innen	Datenerhebung (B-I_SuS_zwischen)	Leitfadengestützte Interviews	
	64	Zwischeninterview mit Klassenlehrperson	Datenerhebung (B-I_LPs_zwischen)	Leitfadengestütztes Interview	
	65	Teilauswertung 62, 63, 64	Datenanalyse	TN-Beobachtung, Videographie, Foto-Dokumentation	
	66	8 Mittwoch Vormittage: eigene Making-Projekte	Datenerhebung (B-TNB) (B-RGD_SuS)	TN-Beobachtung, Videographie, Foto-Dokumentation	

ZEIT	NR	PHASE	DBR	METHODE	HF
	67	Abschlussinterview mit Klassenlehrperson	Datenerhebung (B-I_LPs_abschluss)	TN-Beobachtung, Videographie, Foto-Dokumentation	
	68	Abschlussinterviews mit Schüler*innen	Datenerhebung (B-I_SuS_abschluss)	Leitfadengestützte Interviews	
	69	Anonyme Online-Befragung	Datenerhebung (B-AOBF_SuS)	Online-Befragung	
	70	Teilauswertung 66, 67, 68	Datenanalyse		
Juni 2019		**FALLSTUDIE KLASSEN 1 UND 2**			
	71	Projektwoche	Datenerhebung (B-TNB)	TN-Beobachtung, Fotodokumentation	
	72	Planung 2. Betriebsjahr, Anpassung Didaktik und Raumkonzeption	Re-Design		
August 2019	73	Abschlussinterviews Mit allen am Projekt beteiligten Lehrpersonen	Datenerhebung (B-I_LPs_abschluss_gesamt) (B-I_TEAM_abschluss)	Leitfadengestützte Interviews	
September 2019	74	Fallstudie Klasse 5 (vormals Klasse 4)	(TNB)	Teilnehmende Beobachtung	
November 2019	75	Fallstudie Klasse 6 (vormals Klasse 5)	(TNB)	Teilnehmende Beobachtung Abschlussinterview Lehrperson Abschlussinterview Schüler*innen	
März 2020	76	Gesamtauswertung			
	77	Verfassen des Forschungsberichts			

7.3 Kontextinformationen zum Forschungsfeld

Die Primarschule am Silberberg in Thayngen ist eine Schule mit einem kleinen Kollegium von etwa zehn Personen. Rund 120 Schülerinnen verteilen sich auf sieben Klassen. In der Betriebsphase gibt es zwei 1. Klassen. Die anderen Klassen werden einzügig geführt. Die Schule befindet sich in einer eher ländlichen Region und ihr Einzugsbereich umfasst unterschiedliche sozioökonomische Milieus. Ausschlaggebende Kriterien für die Wahl der Schule waren die grosse Bereitschaft des gesamten Kollegiums zur Teilnahme am Projekt, eine positiv-unterstützende Einstellung von Seiten der Schulbehörde und ein altersdurchmischtes Kollegium ohne Vorerfahrungen mit dem Unterricht in einer vergleichbaren Lernumgebung. Das Kollegium war bereit, den Unterricht für die Begleitforschung zu öffnen, sich Interviewsituationen zu stellen und an der Konzeption der Maker-Aktivitäten mitzuwirken. Weitere Voraussetzungen waren räumliche und nutzungsspezifische Gestaltungsspielräume, eine engagierte Maker-Lehrperson (Lead-Lehrperson), die über die Gemeinde für ihre zusätzlichen Aufwände finanziert ist und die Möglichkeit, dass der MakerSpace in einer erweiterten Version auch von anderen Personen (evtl. von anderen Schulen) genutzt werden kann. Die überschaubare Anzahl der Lehrpersonen sollte eine intensive Zusammenarbeit zwischen Forscher*innen und Praktiker*innen ermöglichen.

7.3.1 Personen und deren Rollen und Aufgaben im Projekt

7.3.1.1 Lead-Lehrperson (Schule Thayngen)

Das Kollegium und die Schulleitung haben – in unterschiedlicher Intensität – Berührung mit dem Entwicklungsprojekt. Eine Lehrperson hat dabei eine herausgehobene Rolle: Die Lead-Lehrperson ist für den MakerSpace hauptverantwortlich. Sie ist Ansprechpartnerin und Bindeglied zwischen den Projektmitarbeitenden und dem Schulhausteam. Als Lead-Lehrperson koordiniert sie die Entwicklung unter Berücksichtigung der Anliegen des Schulhausteams. Während der Betriebsphase hat sie ein 20%-Pensum im Umfang von sechs Lektionen pro Woche zur Verfügung. In dieser Zeit entwickelt sie gemeinsam mit dem Pädagogischen Making-Support Making-Szenarien und führt diese mit Schüler*innen aller Schulklassen durch. Zusätzlich unterstützt und berät sie ihre Kolleg*innen beim Unterricht im MakerSpace.

7.3.1.2 Co-Projektleitung (Ostschweizer Fachhochschule)

Die Co-Projektleitung hat ein 20%-Pensum im Projekt und ist zuständig für die gesamte Projektkoordination. Sie vertritt das Projekt nach aussen und innen, leitet die Projekttreffen und entwickelt das Projekt gemäss DBR sukzessive weiter. In Zusammenarbeit mit der Lead-Lehrperson und dem Pädagogischen Making-Support entwickelt sie die Konzeption der schulhausinternen Weiterbildung und stellt deren Evaluation sicher. An der Design-Entwicklung und am Aufbau des MakerSpace ist sie aktiv beteiligt. In der Betriebsphase übernimmt sie Aufgaben der teilnehmenden Beobachtung im Feld. Gemeinsam mit der zweiten Co-Leitung hält sie Vorträge und verfasst projektbezogene Publikationen, um die Dissemination der Projektergebnisse in der Öffentlichkeit sicherzustellen.

7.3.1.3 Co-Projektleitung (Pädagogische Hochschule Thurgau)

Die Co-Projektleitung hat ebenfalls ein 20%-Pensum im Projekt und ist zuständig für die Entwicklung und die iterative Anpassung des Forschungsdesigns an den Forschungsgegenstand. Sie koordiniert die Literaturrecherche und leitet mit den Mitarbeitenden die relevanten theoretisch-konzeptionellen Grundlagen für das Projekt ab. Ausserdem ist sie federführend für die Entwicklung von Forschungsinstrumenten und für die Datenerhebung im Feld zuständig. In der Rolle der Co-Projektleitung verwaltet sie das Projetbudget und kümmert sich um Material- und Technikanschaffungen. Während der Betriebsphase des Projekts ist sie bei allen Aktivitäten im schulischen MakerSpace präsent und erhebt in der Rolle einer beteiligten Beobachtung prozessbezogene Daten, interviewt Schüler*innen und Lehrpersonen und führt Produktanalysen durch. Gemeinsam mit der Co-Projektleitung vertritt sie das Projekt nach aussen, hält Vorträge und verfasst projektbezogene Publikationen. Für den Forschungs- und Entwicklungsbericht zeichnet sie sich hauptverantwortlich.

7.3.1.4 Pädagogischer Making-Support (Pädagogische Hochschule Thurgau)

Der Pädagogische Making-Support ist eine externe Person, die mit dem Making-Ansatz vertraut ist und sich mit den Möglichkeiten, Technologien und Werkzeugen gut auskennt. Sie arbeitet mit der Lead-Lehrperson eng zusammen, entwickelt geeignete pädagogische Szenarien und Ideen für schulische Making-Aktivitäten. Sie versorgt die Lehrpersonen mit Ideen für Projekte und berät sie bei der Planung von Unterricht mit ihren Lerngruppen im MakerSpace. Zudem beteiligt sie sich aktiv an der Entwicklung und Durchführung des schulhausinternen Weiterbildungsprogramms. Hierfür ist sie vier Lektionen pro Woche an der Schule präsent und für die Lehrpersonen ansprechbar.

7.3.1.5 Mitarbeiter*in Begleitforschung (Pädagogische Hochschule Thurgau/Ostschweizer FH)

Eine Person ist mit einem 20%-Pensum an der Entwicklung von Forschungsinstrumenten beteiligt und verantwortet den Forschungsfokus «Kollaboration und Kommunikation». Während der Betriebsphase ist sie an den regelmässigen Making-Aktivitäten in der Rolle einer beteiligten Beobachtung präsent, erhebt prozessbezogene Daten und unterstützt die Schüler*innen bei ihren Making-Projekten. Eine zweite Person ist als teilnehmende Beobachterin in das Projekt involviert.

7.3.1.6 Mitarbeiterin Begleitforschung/Datenauswertung (Pädagogische Hochschule Thurgau)

Die Person arbeitet mit einem 15%-Pensum vor allem an der Datenauswertung mit. Da sie kaum im Forschungsfeld (Schule) aktiv ist, kann von einem geringeren emotionalen Envolvement ausgegangen werden als bei der teilnehmenden Beobachtung. Somit ermöglicht es eine gewisse kritische Distanz zum Geschehen. Die Mitarbeiterin wertet kontinuierlich qualitative Daten aus und sorgt regelmässig für Zwischenergebnisse, die im Sinne des Design-Based Research-Ansatzes in die Projektentwicklung rückfliessen. Inhaltlich verantwortet sie den Forschungsfokus «Kreativität» und ist an der Entwicklung von Forschungsinstrumenten beteiligt.

7.3.1.7 Externe Referentin für Weiterbildung (PH Schaffhausen)

In die schulhausinterne Weiterbildung ist eine weitere Person eingebunden, die insbesondere im Bereich Informatik und Textiles Gestalten Angebote macht.

7.4 Erhebungsmethoden und -instrumente der Design-Entwicklung

Im Rahmen der Design-Entwicklung sollen Einstellungen, individuelle Bedürfnisse und Interessen sowie Gestaltungsideen der Akteur*innen erhoben werden, um neben den theoriegeleitet entwickelten Leitlinien (vgl. 5) eine empirische Basis für die Konzeption des schulischen MakerSpace zu schaffen. Hierzu gilt es, Vertrauen zu entwickeln und den Beteiligten zu kommunzieren, dass es sich um einen partizipativen Forschungsansatz handelt, in dem nicht ein fertiges Maker-Konzept umgesetzt und anschliessend beforscht wird, sondern gemeinsam ein Design entwickelt wird, das den spezifischen Rahmenbedingungen vor Ort angepasst und sukzessive optimiert wird. Die eingesetzten Methoden müssen zudem in das Forschungsfeld Schule passen. Sie dürfen weder die Lehrpersonen zeitlich überstrapazieren, noch den Schulbetrieb stören. Da es sich beim Forschungsgegenstand u.a. um Interaktionsprozesse unter Menschen handelt, ist eine gewisse Authentizität und Transparenz in der Methodik ebenfalls unabdingbar. Es braucht aktivierende qualitative Methoden, die die Subjekte ernst nehmen und in ihrer Expertise wertschätzen. Da es sich bei einem Grossteil der Forschungssubjekte um Kinder handelt, sind Methoden zu präferieren, die den Ausdrucks- und Handlungsmöglichkeiten von Kindern gerecht werden.

Im Folgenden werden die verwendeten Methoden und Instrumente kurz vorgestellt, begründet und der jeweiligen Entkenntnisabsicht in den betreffenden Handlungsfeldern zugeordnet (s. tabellarische Darstellungen). Sämtliche Methoden sind in den Phasen der Design-Entwickung (vgl. 7.2.1) verzeichnet und lassen sich über die laufende Phasennummer in der Chronologie des Projekts finden.

7.4.1 Leitfaden Interviews (2): Making-Expert*innen, theoriegeleiteter Leitfaden (E-I_Exp)

Als Vorbereitung werden ergänzend zur Literaturauswertung zwei Personen interviewt, die zu Projektbeginn bereits Erfahrungen mit schulischem Making hatten. Die Expert*inneninterviews stützen sich auf einen Leitfaden, der dem globalen Vorverständnis des Themas zu Projektstart entspricht (vgl. 10: E-I_Exp). Ziel dieser Interviews ist es, Einblicke in bereits bestehende schulische Maker-Settings zu erhalten, Good Practice Szenarien kennenzulernen und erste Handlungsfelder zu definieren, die im weiteren Verlauf des Projekts die Struktur bilden. Die Interviews finden jeweils im Arbeitsumfeld der Expert*innen – idealerweise in einer Maker-Umgebung – statt. Sie werden partiell transkribiert und mittels theoretisch offener Codierung analysiert. Die Ergebnisse fliessen einerseits in die Projektorganisation (Handlungsfelder) ein. Andererseits führen sie zu einer Akzentuierung in der Recherche weiterer Literatur.

HF1	HF2	HF3	HF4	HF5	HF6	HF7	HF8	HF9
X	X	X	X	X	X	X	X	X

7.4.2 Instrument Erhebung IST-Zustand (IST)

Das Instrument wurde ursprünglich in der Auswahlphase der Pilotschule entwickelt, um eine kriterienbasierte Entscheidung treffen zu können. Inhaltlich wird abgefragt, welche making-relevanten Geräte(kategorien), Werkzeuge, Materialien und Möbel bereits vorhanden sind und welche Funktionen die Räumlichkeiten erfüllen sollen. In der ersten Version war das Instrument ein Paper-and-Pencil Bogen, den die Forschenden gemeinsam mit Schulleitung und potentieller Lead-Lehrperson im Rahmen einer Raumbegehung ausgefüllt haben. Im Laufe des Projekts wurde das Instrument inhaltlich erweitert und als Google-Forms-Umfrage digital zugänglich gemacht. In der aktuellen Form kann es Schulen dabei unterstützen, ausgehend von den vorhandenen Ressourcen und Bedürfnissen ein Grobkonzept für einen schulischen MakerSpace im Team zu diskutieren und die entsprechenden Entscheidungen zu treffen (vgl. 10: IST). Das Instrument liefert Befunde, die vor allem für die Handlungsfelder 9 (Raumnutzung), 6 (Raumgestaltung) und 7 (Raumausstattung) relevant sind. Die Auswertung erfolgt automatisiert über Google-Workspace docs. Das Ergebnis dient als weitere Planungs- und Entwicklungsgrundlage für Beschaffungen, Personalentscheidungen etc.

HF1	HF2	HF3	HF4	HF5	HF6	HF7	HF8	HF9
				(X)	X	X		X

7.4.3 Kinderzeichnungen (KiZ_SuS) «So stelle ich mir einen Lernraum der Zukunft vor». (12)

Die Vorstellungen und Ideen der Schüler*innen zur Raumgestaltung werden mit der Methode Kinderzeichnung erhoben. Die Schüler*innen werden gebeten, auf einem Din A4 Blatt mit schwarzem Stift zu skizzieren, wie sie sich einen Lernraum der Zukunft vorstellen, in dem sie kreativ tüfteln und eigene Ideen umsetzen können. Gegenstände, die aus ihrer Sicht erklärungsbedürftig sind, sollen beschriftet werden. Die Schüler*innen werden von der Klassenlehrperson instruiert, fertigen ihre Zeichnungen im Rahmen des Unterrichts an und haben dafür etwa 30 Minuten Zeit.

Die ästhetische Einschränkung auf die Farbe Schwarz soll bewirken, dass die Schüler*innen Skizzen anfertigen und somit möglichst viele konzeptionelle Ideen abbilden, anstatt sich im Gegenständlichen zu verkünsteln. Die Methode Kinderzeichnung bietet den Schüler*innen die Möglichkeit, räumliche Arrangements und Gegenstände in ihrer Proxemik zu visualisieren, ohne dies umständlich und abstrakt verbalisieren zu müssen. Die Klassen 3 und 6 nehmen an dieser Erhebung teil. Damit werden sowohl von jüngeren als auch von älteren Schüler*innen Vorstellungen und Ideen eingeholt. Eine Beteiligung aller Schüler*innen ist aus forschungspragmatischen Gründen nicht möglich, da die Ergebnisse der Auswertung zeitnah in den Design-Entwicklungsprozess zurückgespiegelt werden müssen. Die genaue Bedeutung mehrdeutiger Bildobjekte wird im Rahmen einer Gruppendiskussion (vgl. 7.4.4) ermittelt, in der die Skizzen mit den Schüler*innen betrachtet und diskutiert werden. Mit dem Instrument Kinderzeichnung sollen neben den konkreten Ideen zur Raumgestaltung (HF6) und zur Raumausstattung (HF7) auch Hinweise zu den präferierten Aktivitäten im MakerSpace erhoben werden. Daher gibt es auch Bezüge zu den Handlungsfeldern Didaktik (3) und Curriculum (5). Die Auswertung der Zeichnungen vollzieht sich mittels induktiver Kategorienbildung im Rahmen einer qualitativen Inhaltsanalyse nach Mayring (2010).

HF1	HF2	HF3	HF4	HF5	HF6	HF7	HF8	HF9
		X		(X)	X	X		

7.4.4 Gruppendiskussion zu KiZ_SuS mit 6. Klasse (GD_SuS_KL6)

Mit den Sechstklässlern wird auf der Grundlage der Kinderzeichnungen eine Gruppendiskussion geführt. Die Zeichnungen liegen während des Gesprächs aus und dienen als Stimulus. Die interviewende Person kann bei Bedarf Fragen zu einzelnen gezeichneten Objekten stellen. Die Gruppendiskussion findet im Klassenzimmer während des Unterrichts statt, wird auf Audio aufgezeichnet, transkribiert (vgl. 10: GD_SuS_KL6) und bei Bedarf in die Analyse der Kinderzeichnungen mit einbezogen.

HF1	HF2	HF3	HF4	HF5	HF6	HF7	HF8	HF9
				X	X	X		

7.4.5 Schriftliche Befragung: Ästhetische Attraktivität (ÄTA_SuS) Klasse 6 (14)

Im Rahmen der Gruppendiskussionssession (vgl. 7.4.4) werden die Schüler*innen gebeten, in Partnerarbeit Fotos von drei verschiedenen MakerSpaces hinsichtlich ästhetischer Attraktivität und Relevanz der abgebildeten Objekte zu beurteilen und ihr Urteil stichwortartig auf einem Erfassungsbogen (vgl. Abbildung 7.1) festzuhalten. Die Einschätzungen der Schüler*innen werden anschliessend direkt in der Klasse diskutiert, die Erfassungsbögen im Anschluss für eine Detailauswertung (qual. Inhaltsanalyse) eingesammelt. Die Konfrontation der Schüler*innen mit bereits existierenden schulischen MakerSpaces (MakerSpace-Models) soll dazu dienen, die Urteile zu konkreten Ausstattungs- und Raumaufteilungsmöglichkeiten zu erfassen.

ABB. 7.1: ERFASSUNGSBOGEN «ÄSTHETISCHE ATTRAKTIVITÄT VON MAKERSPACES»

AUSWAHLKRITERIEN FÜR DIE ABBILDUNG

- Sehr nah an einem regulären Klassenraum
- Greenscreen Ecke für Videoaufnahmen
- Runde Tische für Gruppenarbeit
- Hoher Grad an Farbigkeit

AUSWAHLKRITERIEN FÜR DIE ABBILDUNG

- Innovative, flexible Möblierung
- wohnliche Elemente (Teppich)
- helle und luftige Raumwirkung
- unterschiedliche Sozial- und Handlungsformen möglich

AUSWAHLKRITERIEN FÜR DIE ABBILDUNG

- innovative Geräte (3D-Drucker)
- Schwerpunkt Arbeit am Computer, Informatikaspekte
- Eng, dunkel und eher «nerdig» (Technik, Unordnung, Kabel, ...)
- unterschiedliche Sozial- und Handlungsformen möglich

HF1	HF2	HF3	HF4	HF5	HF6	HF7	HF8	HF9
					X	X		

7.4.6 Schriftliche Befragung: Präferierte Making-Aktivitäten (PMA_SuS) (15)

Als weitere Ergänzung zur eher offenen Erhebungsmethode Kinderzeichnung (zuzügl. Gruppendiskussion) werden den Sechstklässler*innen neun typische Making-Aktivitäten präsentiert (in Wort und Bild) mit der Bitte, drei Favoriten auswählen.Auf dem Erfassungsbogen (vgl. Abbildung 7.2) können die Schüler*innen – inspiriert durch die Vorgaben – weitere Ideen und Making-Aktivitäten ergänzen. Die neun vorgegebenen Making-Aktivitäten leiten sich aus dem Theorieteil «Maker Education» ab (vgl. 2.2.5).

ABB. 7.2: ERFASSUNGSBOGEN «MAKING-PRÄFERENZEN»

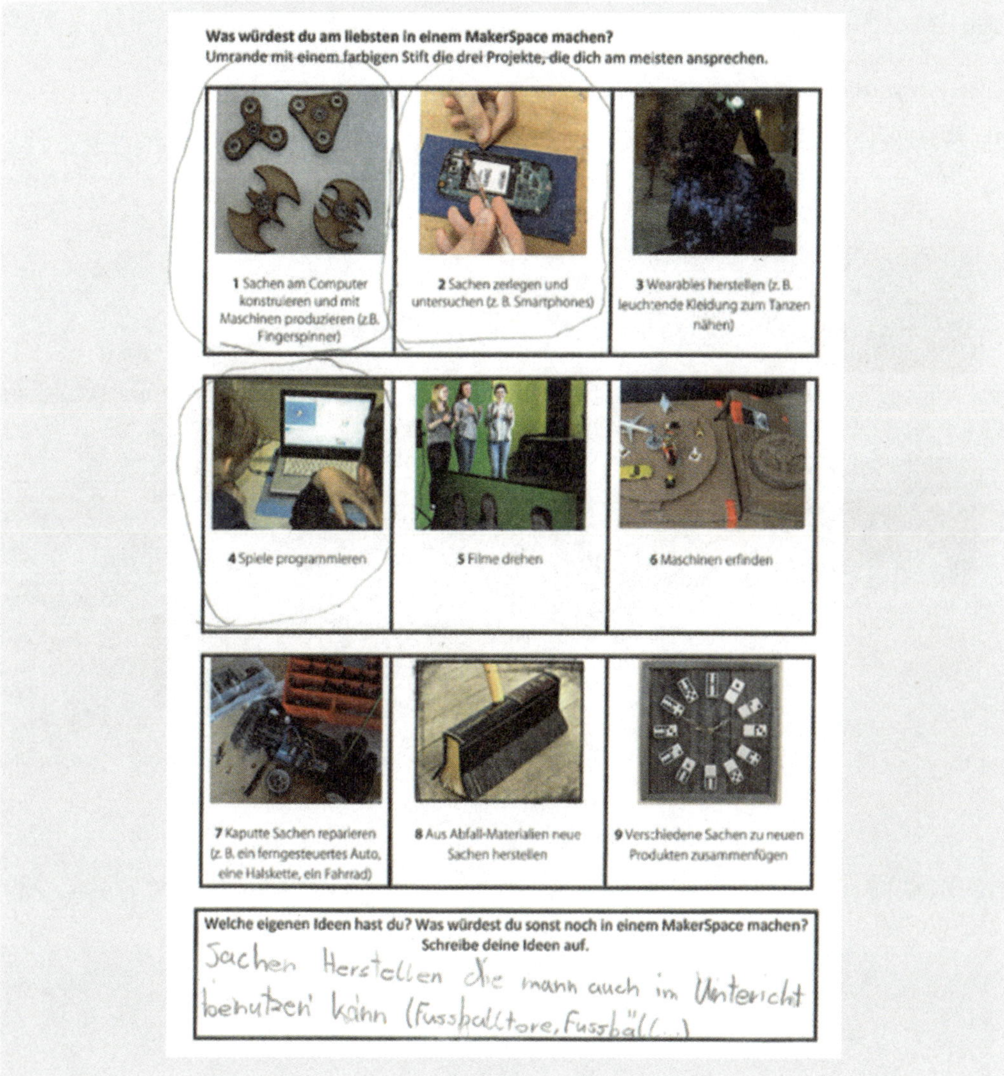

Was würdest du am liebsten in einem MakerSpace machen?
Umrande mit einem farbigen Stift die drei Projekte, die dich am meisten ansprechen.

1 Sachen am Computer konstruieren und mit Maschinen produzieren (z.B. Fingerspinner)	2 Sachen zerlegen und untersuchen (z. B. Smartphones)	3 Wearables herstellen (z. B. leuchtende Kleidung zum Tanzen nähen)
4 Spiele programmieren	5 Filme drehen	6 Maschinen erfinden
7 Kaputte Sachen reparieren (z. B. ein ferngesteuertes Auto, eine Halskette, ein Fahrrad)	8 Aus Abfall-Materialien neue Sachen herstellen	9 Verschiedene Sachen zu neuen Produkten zusammenfügen

Welche eigenen Ideen hast du? Was würdest du sonst noch in einem MakerSpace machen? Schreibe deine Ideen auf.

Sachen Herstellen die mann auch im Unterricht benutzen kann (Fussballtore, Fussbäll(...)

HF1	HF2	HF3	HF4	HF5	HF6	HF7	HF8	HF9
(X)		X		X	(X)	(X)		

7.4.7 Kickoff-Entwicklungsworkshop mit Schulhausteam (KICK_LPs)

Der halbtägige Kickoff-Entwicklungsworkshop dient der Information des Schulhausteams (Projektziele, -dauer, Beteiligungsmöglichkeiten, Maker-Mindset, Weiterbildungen etc.). Insbesondere sollen Lehrpersonen abgeholt werden, die zuvor nur am Rande in die Projektvorbereitungen involviert waren. Um den Charakter des Makings erlebbar zu machen, ist auch eine HandsOn-Phase vorgesehen, in der die Lehrpersonen mit ausgewählten Maker-Kits (explore-it und LittleBits) eigene Prototypen entwickeln können. Zudem sollen in drei moderierten Gruppenarbeiten die Ideen und Bedürfnisse der Lehrpersonen zu den Handlungsfeldern 3 (Didaktik), 6/7 (Raumgestaltung und -ausstattung) und 9 (Organisatorische Einbindung) eingeholt werden. Die Ergebnisse der Gruppenarbeiten werden auf Plakaten festgehalten und auf Audio aufgezeichnet und anschliessend ausgewertet.

ABB. 7.3: POTENZIELLE ZONEN EINES MAKERSPACE

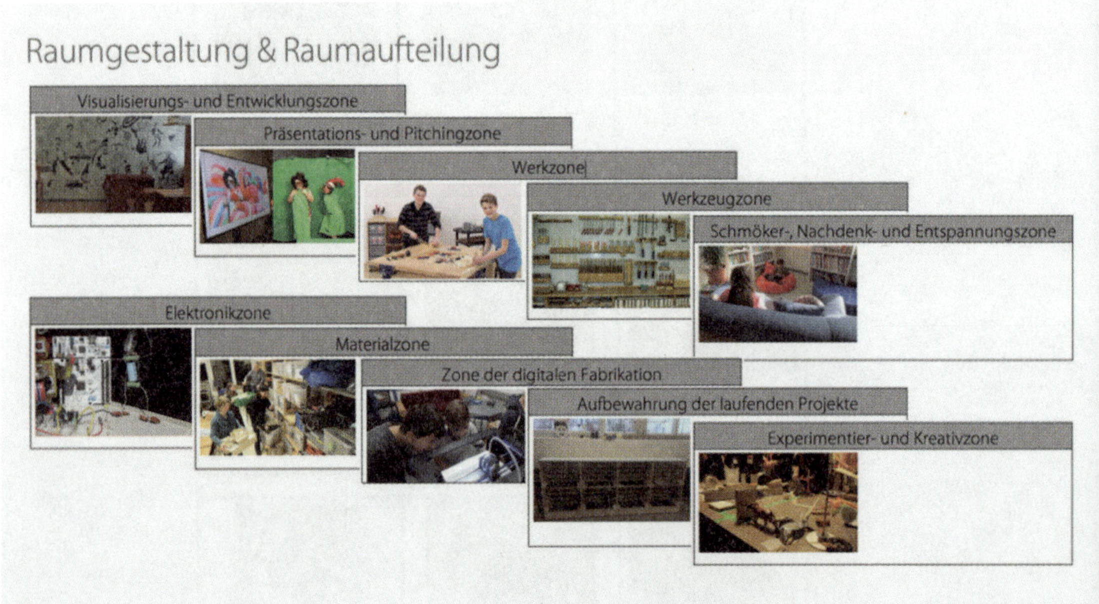

HF1	HF2	HF3	HF4	HF5	HF6	HF7	HF8	HF9
	X	X		(X)	(X)	X		X

7.4.8 Interview mit Lead-Lehrperson zum Nutzungskonzept (I_NUTZ_LLP)

Nach dem Kickoff-Entwicklungsworkshop werden mehrere leitfadengestützte Gespräche mit der Lead-Lehrperson geführt (vgl. 10: I_NUTZ_LLP). Die Lead-Lehrperson ist das Bindeglied zwischen Forschenden und dem Kollegium. Dadurch kann die Stimmungslage nach dem Kickoff-Workshop erfasst und gegebenenfalls konzeptionelle Anpassungen vorgenommen werden. Die Gespräche werden auf Audio aufgezeichnet und transkribiert. Die Ergebnisse fliessen in die Entwicklung des Nutzungskonzepts (HF9) und der Raumgestaltung (HF6/7) ein.

HF1	HF2	HF3	HF4	HF5	HF6	HF7	HF8	HF9
				X	(X)			X

7.4.9 Gruppen-Diskussion mit Werk- und Handarbeits-Lehrpersonen (GD_LPs_Werk)

Da die Lehrpersonen des Fachbereichs Textiles und Technisches Gestalten (TTG) von potenziellen Veränderungen im ehemaligen Werkraum besonders betroffen sind, werden die Bedürfnisse und Vorstellungen dieser Zielgruppe gesondert erhoben. Die betroffenen Lehrpersonen haben im Rahmen einer Gruppendiskussion die Möglichkeit, ihre Ansprüche und Ideen zur Raumgestaltung und -umnutzung einzubringen und sicherzustellen, dass sie einerseits ihre Unterrichtsroutinen beibehalten und andererseits von den innovativen Veränderungen profitieren können. Auch diese Diskussion wird aufgezeichnet und transkribiert.

HF1	HF2	HF3	HF4	HF5	HF6	HF7	HF8	HF9
				(X)	X	X		X

7.4.10 Befragung aller Schüler*innen: «Was würdet ihr gerne bauen?» (WWDGB_SuS)

Gestaltung, Ausstattung und pädagogisches Konzept eines schulischen MakerSpace sollen sich idealerweise an den Neigungen und Interessen der Schüler*innen orientieren. Die Befragung WWDGB erhebt in der Breite, welche Ideen die Schüler*innen gerne in einem MakerSpace umsetzen wollen. Die Teilnahme an der Erhebung ist freiwillig und bezieht die Klassen 2 bis 5 ein.*

* Die Ideen der Sechstklässler*innen wurden bereits mit den Kinderzeichnungen und mit der Gruppendiskussion erfasst. Die Sechstklässler*innen können nicht mehr vom MakerSpace profitieren, weil sie die Schule am Ende des Schuljahrs 2017/18 verlassen. Die Klasse 1 wird aufgrund der noch nicht vorhandenen Lese- und Schreibfertigkeiten nicht in die Erhebung einbezogen.

Unter dem Motto: «Stell dir vor, du hättest alles Material der Welt, was würdest du am liebsten bauen?» können die Schüler*innen ihre Produktideen visuell und schriftlich deponieren. Die Befragung ist nicht anonym, damit im Fall von Verständnisschwierigkeiten nachgefragt werden kann. Auf dem Erhebungsbogen soll die Produktidee möglichst benannt, mit einer Skizze konkretisiert und die Funktion bzw. Nutzung der Idee beschrieben werden (vgl. Abbildung 7.4).

ABB. 7.4: ERHEBUNGSINSTRUMENT FÜR PRODUKTIDEEN DER SCHÜLER*INNEN

Die Klassenlehrpersonen der Klassen 2–5 führen das Erhebungsinstrument in ihren Klassen nach einer vorgegebenen Instruktion (vgl. Abbildung 7.5) ein. Die Schüler*innen haben dann eine Woche Zeit, um ihre Ideen zu deponieren und den Bogen zurückzugeben. 68 Schüler*innen nutzten diese freiwillige Partizipationsmöglichkeit am Projekt (34 Jungen und 34 Mädchen).

ABB. 7.5: INSTRUKTION FÜR DIE DURCHFÜHRUNG DER ERHEBUNG

IN DEN KLASSEN 2–5 SOLL FOLGENDE ERHEBUNG STATTFINDEN:

1) Die Klassen-Lehrperson wendet sich an alle Kinder ihrer Klasse und sagt zur Einführung ungefähr Folgendes: „Ihr habt ja vielleicht schon mitbekommen, dass wir im Werkraum einen MakerSpace einrichten wollen. In einem MakerSpace kann man viele Dinge bauen und erfinden. Dafür gibt es viele verschiedene Werkzeuge, Maschinen und Baumaterialien. Auch mit Computern und Elektronik kann gearbeitet werden. Damit wir den Raum passend einrichten, interessiert uns, was ihr gerne bauen würdet."

2) „Wer möchte, kann uns eine Bauidee abgeben. Stellt euch vor, ihr hättet alle Materialien und Sachen, die ihr euch wünscht. Was würdet ihr am liebsten im MakerSpace bauen?"

3) Die Lehrperson teilt den Kindern das «Ideenblatt» aus.

4) LP: „Ihr müsst auf dem Blatt nur...
a. Aufschreiben, wie das Ding heisst, das ihr bauen wollt.
b. Eine Skizze von dem Ding zeichnen, wie es aussehen könnte.
c. Notieren, was man mit dem Ding machen kann und wie es funktioniert.
d. Euren Namen draufschreiben, falls es Fragen zu eurer Idee gibt."

5) LP: „Ihr habt eine Woche Zeit, euch etwas zu überlegen. Es ist freiwillig. Ihr könnt eine Idee abgeben, müsst ihr aber nicht. Die, die wollen, geben mir das Ideenblatt in einer Woche ausgefüllt zurück."

Regeln für die Durchführung.
Keine Idee geben, keine Beispiele nennen.
Die Beteiligung ist freiwillig.

Die Auswertung erfolgt analog zur Analyse der Kinderzeichnung durch induktive Kategorienbildung. Die Erhebung liefert Erkenntisse für die Handlungsfelder 3 (konkrete Making-Aktivitäten), 5 (mögliche Inhalte und Rahmenthemen im jahrgangsbezogenen Making-Curriculum) sowie 7 (Werkzeug- und Materialbedarf für die Umsetzung der Ideen). Da die Umsetzung der Schüler*innen-Ideen gegebenenfalls unterschiedliche Kenntnisse und Fertigkeiten voraussetzt, ergeben sich auch Anhaltspunkte für das Handlungsfeld 1 (Making-Kompetenzen).

HF1	HF2	HF3	HF4	HF5	HF6	HF7	HF8	HF9
(X)		X		(X)		X		

7.4.11 Online-Umfrage als Vorbereitung der Planungsgespräche mit Lehrpersonen (OBF_LPs)

Zur individuellen Vorbereitung der Beratungs- und Planungsgespräche (vgl. 7.4.12) werden die Lehrpersonen mit einer nicht anonymen Online-Umfrage (mit Google Forms) zu ihren thematischen Interessen und zu ihrem Weiterbildungsbedarf befragt. Die Umfrage besteht aus fünf offenen Fragekomplexen.

FRAGEN DER ONLINE-BEFRAGUNG
Wie stehst du grundsätzlich dem MakerSpace Projekt gegenüber?
Wo gibt es mögliche Anknüpfungspunkte für die Arbeit im MakerSpace und deinem Unterricht im Schuljahr 2018/19?
Welche Themen würdest du gerne im MakerSpace mit deiner Klasse bearbeiten?
Projektwoche: Was würdest du gerne in der MakerSpace-Projektwoche mit deiner Klasse erarbeiten?
Welche Unterstützung benötigst du voraussichtlich zur Einführung in das Making / in den MakerSpace?

ABB. 7.6: FRAGEN DER ONLINE-BEFRAGUNG PLANUNGSGESPRÄCHE

Nach der Rückmeldung einzelner Lehrpersonen (und der Schulleitung), dass teilweise noch die konkrete Vorstellung fehlt, was genau im MakerSpace gemacht werden könnte, wird die Online-Umfrage vorab noch um konkrete Themen und making-spezifische Aspekte konkretisiert, die im Multiple-Choice-Verfahren ausgewählt werden können. Die Zusammenstellung der Themen und Vorschläge ist das Ergebnis einer längeren Diskussion im Projektteam. Vertreter*innen der Begleitforschung sprechen sich im Sinne des Design-Based Research-Ansatzes dafür aus, die Auswahl der Vorschläge theoretisch-konzeptionell aus der Fachliteratur und aus den vorliegenden empirischen Daten der Schülerbefragungen abzuleiten. Der Pädagogische Making-Support verfolgt eher den Ansatz, von konkreten Werkzeugen und Maschinen im MakerSpace (3D-Druck, CNC-Fräse) bzw. von Aktivitäten auszugehen, die seiner Erfahrung nach in der Praxis funktionieren (zum Beispiel Trickfilmproduktion). Aus pragmatischen Gründen kommt es zu folgendem Kompromiss: Die Umfrage enthält einerseits mögliche Rahmenthemen (z.B. Zeit und Raum; Messen, Steuern, Regeln; Zero Waste) und gerätebezogene Angebote (z.B. Schneide-Plotter, Löt-Station), andererseits fliessen auch einzelne produktbezogene Vorschläge ein, die an den Präferenzen der Schüler*innen orientiert sind (z.B. Flugobjekte, Robotik, Produkte mit Antrieb). Bei der Auswahl der Themen setzt der Pädagogische Making-Support auf seine Vorerfahrungen und Kompetenzen. Da er gute Erfahrungen mit Explore-it Bausätzen (https://www.explore-it.org/de/) gesammelt hat, ist es ihm wichtig, den Lehrpersonen konkrete Angebote zu machen, die in der Praxis funktionieren. Zu den Themen Messen, Steuern, Regeln und Zeit und Raum gibt es Explore-it Bausätze desselben Namens. Auch zu Fluggeräten und Fahrzeugen mit Antrieb bietet Explore-it passende Bausätze an.

ABB. 7.7: ERWEITERTE ONLINE-UMFRAGE PLANUNGSGESPRÄCHE

Diese Themen interessieren mich (Bezug auf Geräte):

	gar nicht	mittel	interessant	sehr interessant
3d Druck	○	○	○	○
CNC Fräse	○	○	○	○
Elektronik-Bauteile wie L.E.D's, Motoren und Controller	○	○	○	○
Schneide-Plotter	○	○	○	○
Laser-Cutter (noch nicht im MakerSpace)	○	○	○	○
Löt-Station	○	○	○	○

Hier brauche ich Unterstützung:

	keine Unterstützung	mittel	Unterstützung	viel Unterstützung/Begleitung
3d Druck	○	○	○	○
CNC Fräse	○	○	○	○
Elektronik-Bauteile wie L.E.D's, Motoren und Controller	○	○	○	○
Schneide-Plotter	○	○	○	○
Laser-Cutter (noch nicht im MakerSpace)	○	○	○	○
Löt-Station	○	○	○	○

Stimmungsbild: Diese Themen interessieren mich in Bezug auf meinen Unterricht

	nicht interessiert	mittel	interessiert	sehr interessiert
Programmiersprachen	○	○	○	○
Basteln/Erfinden mit Elektronik (z. B. Automaten)	○	○	○	○
Trickfilme selber machen	○	○	○	○
Filme produzieren (Greenscreen, Storytelling, Erklärvideos)	○	○	○	○
Zero Waste (Reuse, Recycle..)	○	○	○	○
Robotik: Messen, steuern, regeln	○	○	○	○
Solarenergie/Wasserkraft /Windkraft	○	○	○	○
Fluggeräte herstellen	○	○	○	○
Zeit und Raum - Astronomie	○	○	○	○
Microcontroller z. B. BBC Microbit/Calliope	○	○	○	○
Produkte aus Holz/Metall /Kunststoff/Stoff herstellen	○	○	○	○
Produkte mit Antrieb herstellen (z. B. Elektromotor)	○	○	○	○

Die Online-Umfrage wird in Vorbereitung der Beratungs- und Planungsgespräche grob ausgewertet. Eine systematische Auswertung und ein Abgleich der Befunde mit den betreffenden Handlungsfeldern findet im Rahmen der Gesamtauswertung statt.

HF1	HF2	HF3	HF4	HF5	HF6	HF7	HF8	HF9
	X	(X)		X		X	X	

7.4.12 Beratungs- und Planungsgespräche mit Lehrpersonen (GD_BERAT_LPs)

Ziel der Beratungs- und Planungsgespräche ist neben der Erhebung der inhaltlichen Bedürfnisse und Ideen auch die Klärung des Erwartungshorizonts an die Lehrpersonen. Es muss deutlich gemacht werden, dass es sich um ein Pilotprojekt und damit um ein Experiment mit ungewissem Ausgang handelt. Die Lehrpersonen sollen nicht das Gefühl haben, bestimmten Ansprüchen der Begleitforschung genügen zu müssen. Stattdessen soll die Bereitschaft geweckt werden, (auch weniger vertraute) pädagogische Interventionen auszuprobieren, anschliessend ihr Handeln gemeinsam zu reflektieren und bei Bedarf schrittweise anzupassen.

Ausserdem soll in den Gesprächen geklärt werden, welches Teammitglied welche Rolle hat, respektive wie die Lead-Lehrperson und der Pädagogische Making-Support die Klassenlehrperson(en) bei der Detailplanung und bei der Durchführung des Unterrichts im MakerSpace unterstützen sollen.

Die Klassenlehrpersonen sollen zudem nach den Gesprächen erste Ideen und Anregungen haben, um mögliche Maker-Aktivitäten mit ihren Schüler*innen weiter planen zu können. Die Gespräche führen die Co-Projektleitung und der Pädagogische Making-Support jeweils mit den Lehrpersonen, die eine Klassenstufe im Teamteaching unterrichten. Als Gesprächsgrundlage dienen die jeweiligen Datensätze der vorbereitenden Online-Befragung. Alle Gespräche werden auf Audio aufgezeichnet und für die Auswertung transkribiert. Die Auswertung erfolgt inhaltsanalytisch. Es werden insbesondere relevante Befunde zu den Handlungsfeldern 2 (Welche Haltung haben die Lehrpersonen gegenüber dem Making-Ansatz?), 5 (Welche Rahmenthemen kommen infrage?), 7 (Welche Materialien und Werkzeuge werden benötigt?), 8 (Welchen Weiterbildungs- und Unterstützungsbedarf sehen die Lehrpersonen?) und 9 (Wie kann die Zusammenarbeit der Akteur*innen organisiert werden?).

HF1	HF2	HF3	HF4	HF5	HF6	HF7	HF8	HF9
	X	(X)		X		(X)	X	(X)

7.4.13 Sitzungen in der Projektgruppe (PROT)

Im Projektteam (vgl. 7.3.3) finden regelmässig Sitzungen statt. In der Regel werden die Sitzungen anhand einer Traktandenliste moderiert, die sich an tagesaktuellen Themen und Herausforderungen orientiert. Alle Sitzungen werden zudem protokolliert. Die Protokolle halten einerseits die Kernergebnisse fest, erhöhen die Verbindlichkeit und dienen als Steuerungsinstrument. Andererseits stellen die Protokolle auch qualitative Daten dar, die einen Einblick in den Projektverlauf geben und strategische Entscheidungen im Nachhinein rekonstruierbar machen. Daher werden die Sitzungsprotokolle in die Auswertung einbezogen.

Eine weitere wichtige Kategorie von Daten sind Notizen aus Gesprächen mit verschiedenen Akteur*innen, die sich im Schulalltag spontan und zwischen Tür und Angel ergeben. Ohne Anspruch auf Systematik werden solche Feldbegegnungen in den Feldnotizen festgehalten und als Kontextinformationen im Rahmen der Auswertung genutzt. Sitzungsprotokolle und Feldnotizen liefern möglicherweise Erkenntnisse zu sämtlichen Handlungsfeldern des Projekts.

HF1	HF2	HF3	HF4	HF5	HF6	HF7	HF8	HF9
X	X	X	X	X	X	X	X	X

7.5 Erhebungsmethoden und -instrumente der Begleitforschung

Das methodische Design der Begleitforschung ist so konzipiert, dass für die Weiterentwickung des Designs einerseits Zwischenauswertungen möglich sind und andererseits in regelmässigen Abständen Anpassungen an den Erhebungsinstrumenten vorgenommen werden können. Hierfür wird eine etappenartige Struktur in Einzelfallstudien gewählt. Anpassungen am Design werden jeweils zwischen den Einzelfallstudien vorgenommen.

ABB. 7.8: FORSCHUNGSDESIGN EINZELFALLSTUDIE

Phase	Erhebung	Inhalt
Vorbereitung	(Vor-)gespräch mit Lead-Lehrperson	Leitfadengestütztes Interview: Wie lief die vorbereitende Coachingphase ab? Welche Inputs wurden der betreffenden Lehrperson gegeben?
Vorbereitung	(Vor-)gespräch mit betroffener Klassenlehrperson	Hintergrundinfos zur Planung / Zielen / zur Klassensituation Didaktisches Selbstverständnis Auswahl von interessanten SuS für den engeren Beobachtungsfokus Persönliche Sichtweise (Ängste / Befürchtungen / Hoffnungen / ...)
Durchführung	Hospitation Heranführungsphase	Teilnehmende Beobachtung (nach entsprechenden Kriterien: Kreativität, digitale Mündigkeit, Kollaboration) Fokus auf 2-3 Schüler*innen pro Klassenstufe Feldnotizen, Feld-Videotagebuch, Fotos von Situationen und Produkten Informelle Gespräche mit den (ausgewählten) Schülerinnen und Schülern
Durchführung	Zwischengespräche mit SuS und Klassenlehrpersonen	Leitfadengestütztes Interviews
Durchführung	Hospitation Freie Produktentwicklungsphase	Teilnehmende Beobachtung (nach entsprechenden Kriterien: Kreativität, digitale Mündigkeit) Feldnotizen, Feld-Videotagebuch, Fotos von Situationen, Produkten Informelle Gespräche mit den (ausgewählten) Schülerinnen und Schülern
Nachbereitung	Anonyme Onlinebefragung SuS	Onlinebefragung für alle beteiligten Schüler*innen
Nachbereitung	Auswertungsgespräch mit SuS im Fokus	Leitfadengestütztes Abschlussinterview Kommunikative Validierung der bisherigen Beobachtungen, Befunde und Interpretationen
Nachbereitung	Nachgespräch mit betroffener Lehrperson	Leitfadengestütztes Abschlussinterview: Zielerreichung Einschätzung: Kreativität, digitale Mündigkeit, Kollaboration Besondere Erfahrungen / Lessons learned, Einschätzung bezüglich d. Schülerinnen und Schüler in der näheren Auswahl

7.5.1 Episodische Struktur – Fallstudien

Das Feld wird in klassenstufenspezifische Einzelfallstudien aufgeteilt. Da die Jahrgangsklassen während der Betriebsphase im Schuljahr 2018/19 den MakerSpace in aufeinanderfolgenden Etappen nutzen, können Beobachtungen und Erkenntnisse im Sinne des DBR-Ansatzes unmittelbar in das Re-Design für die nächste Fallstudie einfliessen. Eine Einzelfallstudie umfasst in der Regel eine Vorbereitungs-, eine Durchführungs- und eine Nachbereitungsphase. Dabei kommen folgende Methoden der Datenerhebung und -analyse zum Einsatz (vgl. Abbildung 7.8).

Die Vorbereitungsphase beinhaltet ein leitfadengestütztes Interview mit der Lead-Lehrperson und eines mit der betreffenden Klassenlehrperson. In beiden Gesprächen geht es neben der theoriegeleiteten Erhebung von Daten im Sinne des Erkenntnisinteresses auch um organisatorische Fragen der Projektentwicklung (z.B. Zusammenarbeit Klassenlehrperson und Lead-Lehrperson, inhaltliche Schwerpunkte, methodische Planung, Unterstützungsbedarf).

Die Durchführungsphase ist dreigeteilt. Die Heranführungsphase (1) an das Making beinhaltet mehrere Hospitationen im MakerSpace. Dabei agiert die wissenschaftliche Begleitung als teilnehmende Beobachtung. Die wissenschaftliche Begleitung ist Teil des Geschehens und neben der Lead- oder Klassenlehrperson auch ansprechbar für die Anliegen der Schüler*innen. Bei den Hospitationen kommen als Erhebungsinstrumente strukturierte Feldnotizen, Fotodokumentationen und Videographie zum Einsatz. Zwischen der Heranführungsphase und der freien Produktentwicklungsphase finden Zwischeninterviews (2) mit ausgewählten Schüler*innen und mit der Klassenlehrperson statt, um gegebenenfalls Hinweise für eine Anpassung der Rahmenbedingungen an die Bedürfnisse der Anspruchsgruppen zu finden. In der freien Produktentwicklungsphase (3) finden erneut einzelne Hospitationen der wissenschaftlichen Begleitung analog zur Hinführungsphase statt. Die Nachbereitungsphase beinhaltet eine anonyme Online-Befragung für die Schüler*innen. Mit diesem Instrument werden Selbsteinschätzungen u.a. zur allgemeinen Zufriedenheit, Motivation, Lernzuwachs, Kreativität sowie Feedback bzw. Änderungswünsche der Schüler*innen erhoben. Die Ergebnisse der Online-Umfrage liefern Anhaltspunkte für die Gestaltung der leitfadengestützten Abschlussinterviews mit ausgewählten Schüler*innen. Weitere abschliessende Interviews mit den betreffenden Klassenlehrpersonen und gegebenenfalls mit der Lead-Lehrperson schliessen die Fallstudie ab. Sämtliche Forschungsinstrumente und Methoden werden im Folgenden noch genauer vorgestellt, vom Theorieteil abgeleitet und begründet.

7.5.2 Leitfadeninterview Lead-Lehrperson (I_LLP)

Zu Beginn einer Etappe wird die Lead-Lehrperson (vgl. 7.3.3.1) in einem leitfadengestützten Interview befragt (Vorerfahrungen, Haltungen gegenüber Medien und ICT, Auffassung von Lernen, organisatorische Frage zur Implementation und Nutzung des MakerSpace im Rahmen des Schulvormittags, etc.). Die Lead-Lehrperson wird in regelmässigen Abständen interviewt, um sicherzustellen, dass der parallel zum Projekt entstandene Erkenntnisgewinn konstruktiv in die Weiterentwicklung des Projekts einfliesst. Ferner dienen die regelmässigen Gespräche dem Monitoring des Partizipationsgrads.

HF1	HF2	HF3	HF4	HF5	HF6	HF7	HF8	HF9
X	X	X	X	X	X	X	X	X

7.5.3 Teilnehmende Beobachtung (TNB)

Teilnehmende Beobachtung findet dann statt, wenn die Schüler*innen im MakerSpace aktiv sind und an ihren Projekten arbeiten. Die Schüler*innen werden von der Klassenlehrperson auf die Anwesenheit der Forschenden im Feld vorbereitet. Pro Klassenstufe sind mindestens drei Hospitationen an Mittwochvormittagen und zusätzlich die Anwesenheit an zwei Tagen einer Projektwoche vorgesehen. So können die Maker-Prozesse zwar nicht lückenlos, aber in regelmässigen Abständen beobachtet werden. Aufgrund der Komplexität der Situation sind nach Möglichkeit zwei Personen als teilnehmende Beobachter*innen im Feld aktiv. Sie können sich die Aufgaben aufteilen. Während eine Person für die Schüler*innen ansprechbar ist und deren Anliegen und Bedürfnisse unmittelbar erfährt, kann die zweite Person aus der Distanz beobachten. Zur Rollenklärung wird den Personen, die teilnehmend beobachten, schriftliche Instruktionen gegeben (vgl. Abbildung 7.9).

ABB. 7.9: INSTRUKTIONEN FÜR DIE TEILNEHMENDE BEOBACHTUNG

ANWEISUNGEN FÜR DIE TEILNEHMENDE BEOBACHTUNG

«Teilnehmende Beobachtung in einer Schulklasse ist eine grosse Herausforderung. Wie stark soll man sich am Prozess beteiligen? Soll man die Schülerinnen und Schüler unterstützen oder einfach nur neutral beobachten, was passiert?

Wir arbeiten mit der Methode der beteiligten teilnehmenden Beobachtung.

Wichtig ist, zu Beginn den Schülerinnen und Schülern deutlich zu machen, wozu wir da sind und was wir im Klassenzimmer machen. Es reicht ein Hinweis, dass wir daran interessiert sind, wie das Lernen im MakerSpace bei den Schülerinnen und Schülern ankommt, was genau sie dort lernen und ob sie die Chance haben, kreativ zu sein. Wenn sich herausstellt, dass der MakerSpace eine gute Sache ist, könnten vielleicht auch andere Schulen in Zukunft einen MakerSpace einrichten. Wichtig ist auch darauf hinzuweisen, dass wir Fotos machen, damit wir unsere Beobachtungen besser behalten können.

Als wissenschaftliche Begleitung konzentrieren wir uns jeweils auf ein Schüler*innen-Tandem. Wir machen den Schülerinnen und Schülern aber nicht transparent, welches Tandem wir uns genauer anschauen. Wir können uns aber problemlos mit an den Tisch oder zumindest in die Nähe setzen. In regelmässigen Abständen macht es Sinn, zu schauen, was die anderen Schülerinnen und Schüler machen.

Wenn wir am Tisch des zu beobachteten Tandems sitzen, können wir zwischendrin Fragen zum Prozess stellen (natürlich nicht ständig, sondern in Massen). Wir können auch Tipps geben, auf Materialien und Werkzeuge aufmerksam machen, ohne allerdings die Lösung vorwegzunehmen.»

7.5.3.1 Teilstrukturierte Beobachtung – Instrument (V.1)

Als Hilfsmittel kommt in der ersten Fallstudie (Klasse 3) ein Beobachtungsraster zum Einsatz, in dem die beobachteten Handlungen direkt in den Phasen des kreativen Prozesses (vgl. 4.6.6, vgl. Abbildung 7.10) verortet werden. Dadurch ist die Beobachtung zwar kriteriengeleitet, bietet aber die nötige Offenheit für unvorhergesehene Aspekte und Situationen. Nach jeder Beobachtung sind die Forschenden dazu angehalten, ihre Beobachtungen im Nachhinein in eine thematisch strukturierte Auswertungsmaske zu übertragen (vgl. Abbildung 7.11).

Die Strukturvorlage erwies sich im Feld als bedingt praktikabel. Zum einen fiel es schwer, die beobachteten Handlungen des ausgewählten Schüler*innentandems adhoc den vier Phasen zuzuordnen. Zum anderen liess sie zu wenig Raum, um interessante Beobachtungen bei anderen Schüler*innen zu dokumentieren. In der Nachbearbeitung (Übertragung der Notizen in eine digitale Vorlage) erwies sich das Verfahren als zu aufwendig.

ABB. 7.10: STRUKTURVORLAGE FÜR DIE TEILNEHMENDE BEOBACHTUNG

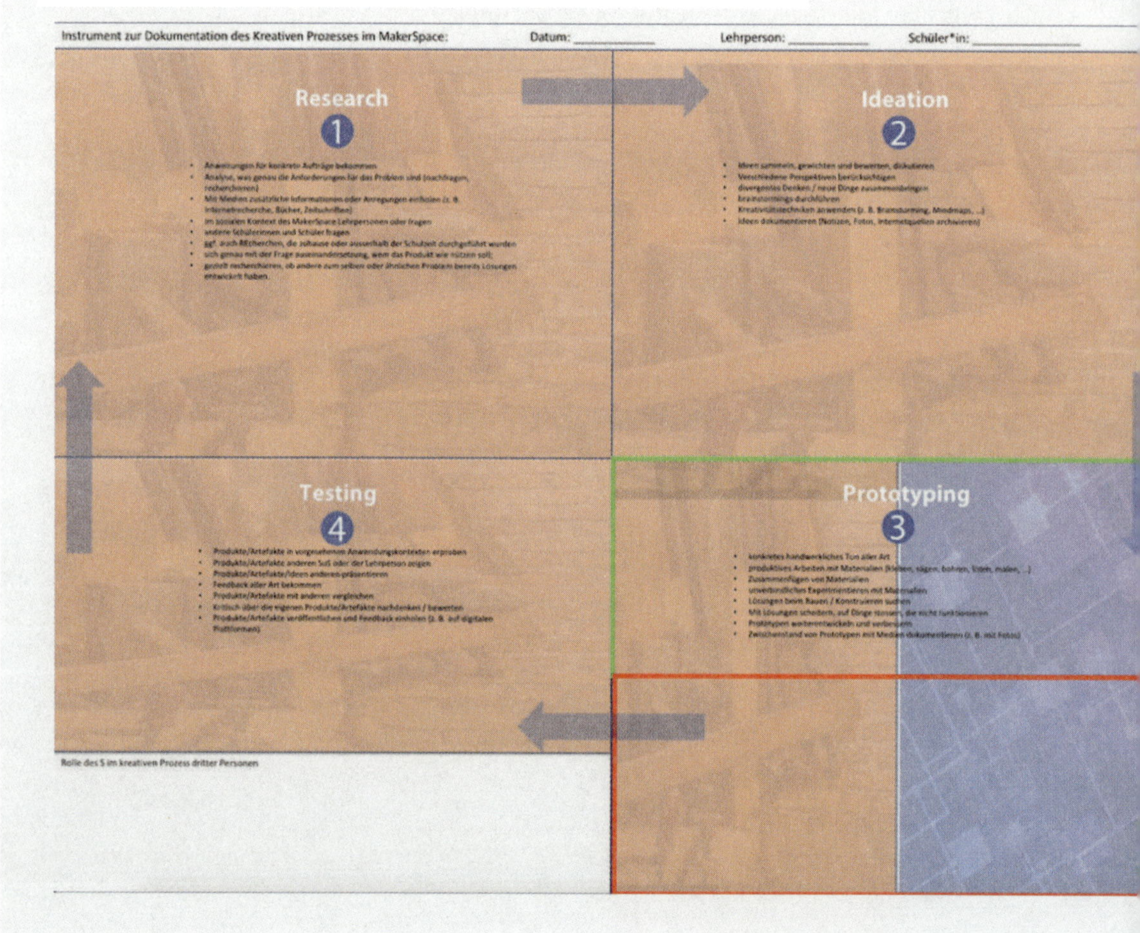

Mithilfe der Auswertungsmaske (vgl. Abbildung 7.11) können die Kontexte der jeweiligen Maker-Session beschrieben und dokumentiert werden. Die Maske beinhaltet noch den ursprünglich geplanten Forschungsschwerpunkt «Kollaboration», der aus bereits genannten Gründen nicht vertieft verfolgt werden konnte.

ABB. 7.11: STRUKTURIERTE AUSWERTUNGSMASKE TN-BEOBACHTUNG

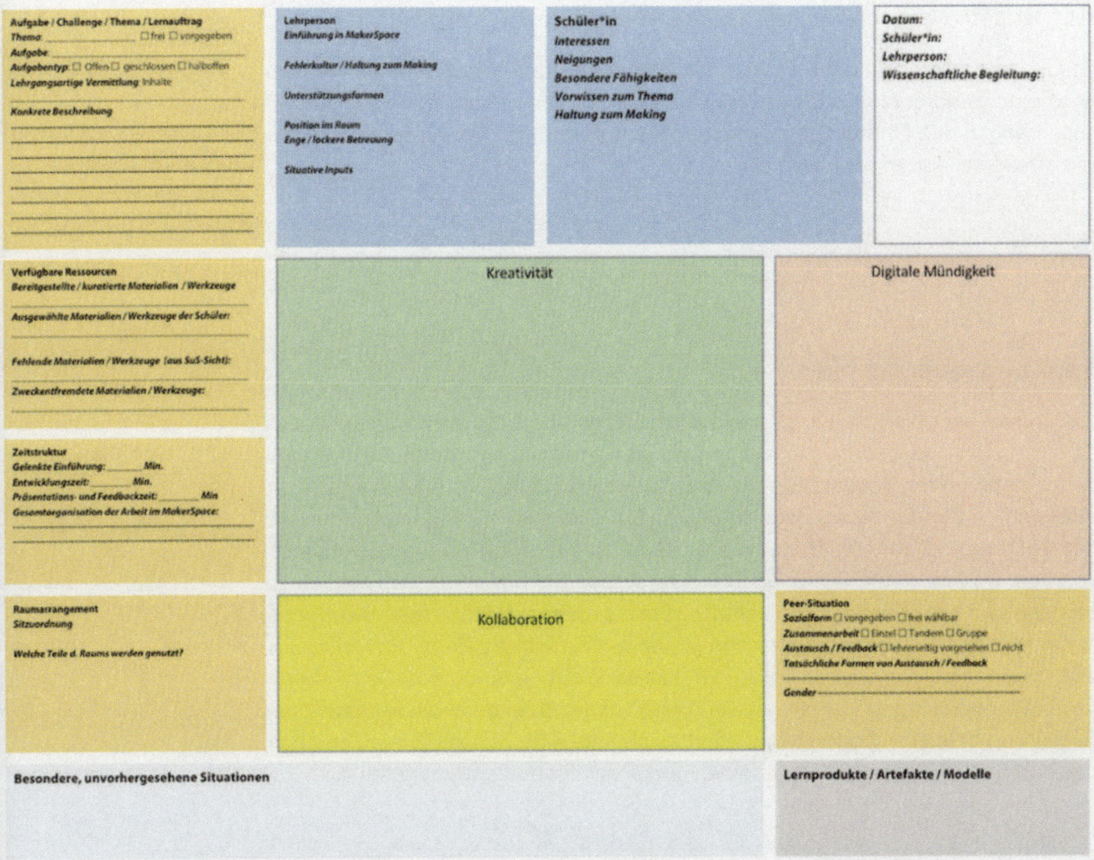

7.5.3.2 Teilstrukturierte Beobachtung – Instrument (V.2)

Als Weiterentwicklung des Instruments für die teilstruktierte Beobachtung ist ein Verlaufsraster entstanden, das die einzelnen Phasen des Making-Prozesses chronologisch abbildet und das Handeln von verschiedenen Akteuren erfassen hilft (vgl. Abbildung 7.12). Somit können die Impulse der Lehrperson besser mit den Aktivitäten der Schüler*innen im Fokus abgeglichen werden. Das Raster ermöglicht auch Notizen von Beobachtungen anderer Schüler*innen (Spalte: Kontext) und sonstiger Ereignisse. Ausserdem können spontane Gedanken und Interpretationen notiert werden (Spalte: Bemerkungen). Die Spalte «Bild» ermöglicht den Einbezug von Fotos, die den jeweiligen Moment illustrieren.

LEHRPERSON	SCHÜLER*INNEN IM FOKUS	KONTEXT	BILD	BEMERKUNGEN

ABB. 7.12: INSTRUMENT FÜR DIE TEILNEHMENDE BEOBACHTUNG (WEITERENTWICKLUNG, V2.0)

Im Laufe des Forschungsprozesses hat sich neben den tabellarischen Notizen noch eine weitere, eher offene essayistische Form der Verschriftlichung von Beobachtungen und Eindrücken etabliert. In die Auswertung fliessen somit Feldnotizen in verschiedenen Formaten ein.

HF1	HF2	HF3	HF4	HF5	HF6	HF7	HF8	HF9
(X)	X	X	X					

7.5.4 Videographie

Im Rahmen der Fallstudie «3. Klasse» stellte sich heraus, dass die Komplexität des Settings und insbesondere das von den Schüler*innen eingeforderte Envolvement der teilnehmenden Beobachtung die Beobachtung erschwert. Ausserdem zeichnete sich im DBR-Prozess bereits zu Beginn ab, dass sich Teilfragestellungen vor dem Hintergrund weiterer Theorie- und Literaturarbeit präzisieren oder verlagern könnten. Daraus erwuchs das Bedürfnis, Prozesse beim Making ganzheitlich zu erfassen und bei Bedarf auf die Daten zurückzugreifen. Im Projektteam wurde daher entschieden, auf videographische Methoden zurückzugreifen. Die Maker-Sessions wurden ab der zweiten Fallstudie (Klasse 5) mit einer «Action-Cam» durchgehend aufgezeichnet. Die Kamera war hierzu auf der Brust der wissenschaftlichen Begleitung befestigt. Dadurch war es möglich, Interaktionen zwischen Forschenden und Schüler*innen mitzuschneiden und anschliessend auszuwerten.

HF1	HF2	HF3	HF4	HF5	HF6	HF7	HF8	HF9
(X)	X	X	X					

7.5.5 Dokumentation der Reflexions-Gruppendiskussionen (RGD_SuS)

Zu Beginn und zum Ende jeder Maker-Session findet mit der Lerngruppe eine ca. zehnminütige Gruppendiskussion statt. Die Akteur*innen erklären vorgängig, was sie sich für die Session vorgenommen haben und ob sie gegebenenfalls Unterstützung oder Anregungen von der Gruppe benötigen. Zum Abschluss werden die Erfahrungen der Session resümiert und Schlüsse für die Weiterarbeit gezogen. Das Setting wird von der Lehrperson moderiert. Die Schüler*innen und die wissenschaftliche Begleitung können Fragen stellen oder Rückmeldungen geben. Die Sessions werden videographisch aufgezeichnet, automatisiert transkribiert (MS Stream) und in die Auswertung einbezogen.

HF1	HF2	HF3	HF4	HF5	HF6	HF7	HF8	HF9
(X)	X	X	X					

7.5.6 Leitfadengestützte Interviews (I_LPs, I_SuS, I_)

Alle Interviews der Begleitforschung werden auf der Grundlage von Leitfäden durchgeführt. Die Leitfäden bestehen aus mehreren theoriegeleiteten Fragedimensionen. Im Laufe des DBR-Projekts werden die Fragedimensionen den empirischen Erfahrungen mehrmals angepasst, einzelne Fragen ergänzt oder gestrichen. Die Interviews finden nach Möglichkeit direkt im MakerSpace statt, somit kann die Umgebung – in diesem Fall ein grosser Teil des Forschungsgegenstands – bei Bedarf in das Gespräch einbezogen werden. Wenn dies aus organisatorischen Gründen nicht möglich ist, werden die Gespräche in einem separierten Gruppenraum an der Schule durchgeführt. Alle Interviews werden mit dem Einverständnis der Interviewpartner*innen auf Audio aufgezeichnet und nach vereinfachten Transkriptionsregeln nach Dresing/Pehl (2011) verschriftlicht.

Interviews mit Lehrpersonen dauern ca. 45-60 Minuten. Je nachdem, wie die Personalsituation in der Klasse ist, finden sie entweder als Einzelgespräch oder im Zweierteam statt. Die Schüler*inneninterviews sind auf 20 Minuten begrenzt und werden alle in Tandems durchgeführt. Durch diese Massnahme wird die Gesprächssituation aufgelockert. Den Gesprächspartner*innen wird freigestellt, ob sie Mundart oder Hochdeutsch sprechen wollen. In der Transkription wird Mundart wörtlich und sinngemäss in Hochsprache übertragen.

Da im Projekt hauptsächlich Personen in ihrem beruflichen Umfeld befragt werden, handelt es sich um Experteninterviews. Schüler*innen sind zwar in der Schule nicht professionell tätig, werden aber dennoch zu Expert*innen für ihre Making-Erfahrungen und sie erwerben domänenspezifisches Wissen. Insofern können auch die Schüler*inneninterviews als Expert*inneninterviews verstanden und entsprechend ausgewertet werden. Der Interview-Leitfaden dient dem Interviewenden als Orientierung. Es werden also nicht der Reihe nach Fragen abgearbeitet, sondern die interviewende Person achtet darauf, dass während des Gesprächs alle Fragedimensionen abgedeckt sind.

Die einzelnen Interviewleitfäden sind im Online-Anhang (vgl. 10: Interviewleitfäden) einsehbar.

Leitfaden Vorgespräch (Variante 2)
Leitfaden Schüler*innen-Zwischeninterview
Leitfaden Schüler*innen-Abschlussinterview
Leitfaden Lehrperson(en) Zwischeninterview
Leitfaden Lehrperson(en) Abschlussinterview
Leitfaden Projektteam Abschlussinterview
Leitfaden Lehrpersonen Projektresümee

HF1	HF2	HF3	HF4	HF5	HF6	HF7	HF8	HF9
(X)	X	X	X					

7.5.7 Anonyme Online-Befragung Schüler*innen (AOBF_SuS)

Die anonyme Online-Befragung soll eine resümierende Gesamteinschätzung der Schüler*innen zu ihren Erfahrungen im MakerSpace erfassen. Sie ist in mehrere Fragedimensionen gegliedert, die sich sowohl von den Fragestellungen der Handlungsfelder als auch vom Erkenntnisinteresse zu digitaler Mündigkeit und Kreativität ableiten. Es handelt sich um eine nicht-standardisierte Befragung, die sowohl geschlossene Fragen bzw. Impulse (Items mit sechsstufiger Likertskala) als auch offene Fragen mit der Möglichkeit der Texteingabe umfasst. Die Auswertung der Online-Befragung soll ausserdem Hinweise liefern, um für die qualitativen Abschlussinterviews mit den Schüler*innen spezifische (Nach-)Fragen zu entwickeln. Die Online-Umfrage ist digital mit Google Forms realisiert. Den Link zur Befragung erhalten die Schüler*innen von ihrer Klassenlehrperson. Sie bearbeiten die Befragung während des Unterrichts, so dass die Lehrperson ansprechbar für Nachfragen ist.

Welche Klasse besuchst du?

1	Ich besuche die Klasse	6 5 4 3 2	
2	Ich bin	Ein Mädchen	Ein Junge

Bereiche, die dich interessieren

3	Für welche der folgenden Bereiche interessierst du dich besonders? (Mehrfachnennungen möglich)	Arbeit mit dem Tablet Arbeit mit Elektronik (Löten, Elektromotoren, Batterien, Kabel, LEDs) Arbeit mit Robotern und Mini-Computern (z. B. mit Calliope) Arbeit mit mechanischen Bauteilen (z. B. Zahnräder, Achsen, Künstlerisches Gestalten Arbeiten mit Holz Arbeiten mit Pappe Arbeiten mit Hartschaumstoff Arbeiten mit Stoffen und Textilien Sonstiges: ________	HF2 HF3 HF5

Die angebotenen Interessensbereiche leiten sich einerseits von typischen Making-Aktivitäten, andererseits vom Materialangebot im MakerSpace ab. Im Feld «Sonstiges» können die Schüler*innen eigene Interessen ergänzen.

Tätigkeiten im MakerSpace, die dich interessieren

4	Für welche Maker-Tätigkeiten interessierst du dich besonders? (Mehrfachnennungen möglich)	Programmieren Löten Fräsen Sägen Bohren Kleben Produkte und Ideen Präsentieren Dokumentieren Gestalten mit Farbe und Deko-Materialien Filmen Fotografieren Recherchieren Zerlegen (Sachen auseinandernehmen) Montieren (Sachen zusammenbauen) Produkte testen Sonstige ___	HF2 HF5

Die angebotenen Items sind Tätigkeiten, die typisch sind für einen MakerSpace. Sie orientieren sich aber vor allem an den im MakerSpace vorhandenen Materialien und Werkzeugen.

Dein Vorwissen

5	Womit kanntest du dich schon vor dem MakerSpace gut aus? (Mehrfachnennungen möglich)	Programmieren Löten Fräsen Sägen Bohren Kleben Produkte und Ideen Präsentieren Dokumentieren Gestalten mit Farbe und Dekomaterialien Filmen Fotografieren Recherchieren Zerlegen (Sachen auseinandernehmen) Montieren (Sachen zusammenbauen) Produkte testen Sonstige __	HF1 HF5

Das Vorwissen der Schüler*innen ist im Prozess oder in Interviews nicht ohne weiteres zu erheben. In der Online-Befragung wird das Vorwissen daher anhand von konkreten Items abgefragt. Die Items sind identisch mit der Frage nach den Interessen. Auf diese Weise können Interessen und Vorwissen bei der Auswertung differenziert werden.

Deine Zufriedenheit

6	Die Mittwochvormittage im MakerSpace haben mir gefallen.	6	5	4	3	2	1	HF2 KPERS1c
7	Die Projektwoche im MakerSpace hat mir gefallen.	6	5	4	3	2	1	HF2 KPERS1c
8	Was hat dir am MakerSpace am besten gefallen?	**Offene Frage**						KPERS1c
9	Was hat dir im MakerSpace nicht so gut gefallen?	**Offene Frage**						KUMFELD4b

Die Frage nach der Zufriedenheit mit dem schulischen Maker-Setting liegt quer zu den Handlungsfeldern. Sie zielt auf ein ganzheitliches Urteil ab und umfasst Aspekte wie Motivation und Selbstwirksamkeit, ohne diese jedoch differenziert erheben zu können. Da sich die Settings der Mittwochvormittage und der Projektwoche deutlich unterscheiden, wird explizit nach beiden Nutzungsformaten gefragt. Die offenen Fragen zum Gefallen/Missfallen gibt den Schüler*innen die Möglichkeit für ein Feedback, mit der Aussicht, das MakerSpace-Design in ihrem Sinne weiterzuentwickeln.

Der MakerSpace und der Unterricht im Klassenzimmer

10	Arbeiten im MakerSpace ist interessanter als Unterricht im Klassenzimmer.	6	5	4	3	2	1	
11	Arbeiten im MakerSpace ist schwieriger als Unterricht im Klassenzimmer.	6	5	4	3	2	1	
12	Arbeiten im MakerSpace ist anstrengender als Unterricht im Klassenzimmer.	6	5	4	3	2	1	
13	Im MakerSpace muss man mehr können als im Unterricht im Klassenzimmer.	6	5	4	3	2	1	
14	Was lernt man im MakerSpace? Schreibe stichwortartig auf, was du denkst.	**Offene Frage**						HF1

Dieser Teil der Befragung widmet sich dem Verhältnis von Making und Fachunterricht. Es wird erhoben, wie Making gegenüber dem herkömmlichen Unterricht erlebt wird, hinsichtlich der persönlichen Belastung (anstrengend), der Anforderungen (mehr können; schwieriger) und der individuellen Interessenlage. Die offene Frage 14 zielt auf den individuellen Lernzuwachs gemäss der Selbsteinschätzung der Schüler*innen beim Making ab.

Deine Kreativität

15	Ich mag es, neue Dinge auszuprobieren.	6	5	4	3	2	1	HF2 KPERS1d
16	Ich habe mich im MakerSpace gelangweilt.	6	5	4	3	2	1	HF2 KPERS1d
17	Ich habe mich im MakerSpace getraut, schwierige Sachen zu bauen, ohne vorher zu wissen, wie es geht.							HF2 KPERS1d
18	Ich gehe auf Nummer sicher und möchte keine Fehler machen.	6	5	4	3	2	1	HF2 KPERS1d
19	Ich arbeite am liebsten nach Anleitung.	6	5	4	3	2	1	HF2 KPROZ2a
20	Ich arbeite am liebsten frei und aus dem Kopf.	6	5	4	3	2	1	HF2 KPROZ2a
21	Ich hatte im MakerSpace gute Ideen für tolle Produkte.	6	5	4	3	2	1	KPERS1b
22	Meine Ideen konnte ich auch umsetzen.	6	5	4	3	2	1	ES1_SELBSTa KPERS1b
23	Ich hätte für mein Produkt mehr Zeit gebraucht.	6	5	4	3	2	1	HF9 KUMFELD4a
24	Die Zeit im MakerSpace verging immer sehr schnell.	6	5	4	3	2	1	KPROZ2b
25	Ich wusste nicht genau, was ich im MakerSpace tun soll.	6	5	4	3	2	1	KPERS1d
26	Bei Schwierigkeiten habe ich nicht aufgegeben.	6	5	4	3	2	1	KPERS1d
27	Welche Schwierigkeiten gab es? (Offene Frage mit Antwortkasten?)	**Offene Frage**						KPROZ2c

Der Abschnitt «Deine Kreativität» bezieht sich primär auf die Personenkreativität, d.h. auf Eigenschaften, die Kreativität begünstigen bzw. hemmen, und auf einzelne Faktoren des kreativen Umfeldes (vgl. 4.7.5). Die Positionen 15-18 widmen sich Eigenschaften wie Offenheit und Neugier, Eigeninitiative und Selbststeuerung, Mut und Risikobereitschaft sowie Sicherheitsorientierung und Erfolgsorientierung. Position 25 und 26 bezieht sich auf den Umgang mit Offenheit, auf Ambiguitätstoleranz bzw. Durchhaltevermögen. Position 19 und 20 erfragen die Einstellungen gegenüber Vorgaben beim Making. Position 21 und 22 stehen für das kreative Selbstkonzept und die kreative Selbstwirksamkeit der Befragten. Die Positionen 23 und 24 beziehen sich auf die subjektiv erlebte Zeit, als Flow-Erlebnis oder als empfundenen Zeitdruck. Die offene Frage 27 ermöglicht den Schüler*innen konkrete Herausforderungen zu nennen, die ihnen in Erinnerung geblieben sind.

Deine Produkte

28	Mit meinen Produkten bin ich zufrieden.	6	5	4	3	2	1	KPERS1b
29	Mein Produkt funktioniert.	6	5	4	3	2	1	KPERS1b
30	Mir hat für mein Produkt Material gefehlt.	6	5	4	3	2	1	HF7 KUMFELD4a
31	Mir hat für mein Produkt Hilfe gefehlt.	6	5	4	3	2	1	HF4 KUMFELD4a
32	Ich habe zuhause an meinen Produkten weitergebaut.	6	5	4	3	2	1	HF2
33	Am liebsten würde ich noch folgendes Bauen:	**Offener Impuls**						KPROD3a HF7

Mit dem Fragekomplex «Deine Produkte» soll erfasst werden, inwieweit die Schüler*innen auf ihr Produkt stolz sein können und ob sie Selbstwirksamkeit erlebt haben (28/29). Die Positionen 30 und 31 erfassen fehlende Ressourcen für die Produktentwicklung, wobei fehlende Unterstützung bedeuten kann, dass die Kapazitäten unzureichend waren oder dass die Fähigkeit, sich Unterstützung zu holen, nicht vorhanden war. Die Position 32 indiziert die Bereitschaft der Schüler*innen, auch in der Freizeit am eigenen Projekt weiterzuarbeiten, was wiederum ein Indikator für ein hohes Mass an intrinsischer Motivation sein kann. Die Frage nach weiteren Bauprojekten zielt auf die Motivation der Schüler*innen ab, sich auch zukünftig mit konkreten Projekten im MakerSpace zu engagieren.

Deine Zusammenarbeit

34	Mein Produkt...	Habe ich alleine gebaut.			Habe ich mit anderen zusammen gebaut.			
35	Ich arbeite am liebsten alleine.	6	5	4	3	2	1	
36	Ich arbeite am liebsten mit anderen zusammen.	6	5	4	3	2	1	
37	Ich habe mit anderen viel zusammengearbeitet.	6	5	4	3	2	1	KUMFELD4c
38	Ich frage andere Schülerinnen und Schüler, wenn ich etwas nicht weiss.	6	5	4	3	2	1	KUMFELD4c
39	Ich habe anderen Schülerinnen und Schülern regelmässig geholfen.	6	5	4	3	2	1	KUMFELD4c
40	Andere Schülerinnen und Schüler haben mir bei meinen Produkten geholfen.	6	5	4	3	2	1	KUMFELD4c
41	Ich habe von Mitschülerinnen und Mitschülern gute Rückmeldungen zur Verbesserung meines Produkts bekommen.	**Antwortkasten**						KUMFELD4c
42	Wir haben im Team häufig gestritten.	6	5	4	3	2	1	

Der Fragekomplex «Deine Zusammenarbeit» geht ursprünglich zurück auf den Forschungsfokus «Kollaboration», der im Projekt nicht weiterverfolgt werden konnte. Da Zusammenarbeit ein wesentlicher Bestandteil der Maker-Idee darstellt, fliessen die Daten in diesem Bereich in die Auswertung ein. In Position 35 und 36 werden die Präferenzen der Sozialform abgefragt. In Kombination mit Position 34 lässt sich überprüfen, ob die Schüler*innen ihre Präferenz verfolgen konnten. Mit Position 37 lässt sich feststellen, ob in Teamprojekten tatsächlich zusammengearbeitet wird. Die Positionen 38 bis 41 bilden das Ausmass gegenseitiger Unterstützung im Making-Prozess ab.

Recherche und Reparaturen

43	Ich habe gelernt, wie elektronische Geräte funktionieren.	6	5	4	3	2	1	HF1 UT4_URTEILb
44	Ich möchte kaputte Sachen reparieren.	6	5	4	3	2	1	E???5_WILLE
45	Ich kann kaputte Sachen reparieren.	6	5	4	3	2	1	ES1_SELBSTa HF1
46	Ich finde im Internet schnell die Sachen, die ich suche.	6	5	4	3	2	1	EU2_AUTONOMe HF1
47	Ich weiss, wie ich im Internet suchen muss, wenn ich eine Frage haben	6	5	4	3	2	1	EU2_AUTONOMe HF1
48	Ich kann eigene Sachen erfinden.	6	5	4	3	2	1	KPERS1b

Der Fragekomplex «Recherche und Reparaturen» widmet sich im Schwerpunkt dem Thema «Digitale Mündigkeit». Neben Informationskompetenz (Position 46, 47) wird auch Sachwissen zur Selbstermächtigung im Bereich Elektronik (Position 43) und Handlungswillen beziehungsweise Zutrauen in die eigenen Fähigkeiten erhoben (Position 45 und 48).

Ausblick

49	Andere Schulen sollten auch einen MakerSpace bekommen.	ja	nein	
50	Begründe deine Antwort stichwortartig.	**Offener Impuls**		
51	Ich würde gerne mehr Zeit im MakerSpace verbringen.	ja	nein	
52	Begründet deine Antwort.	**Offener Impuls**		
53	Ich würde auch freiwillig am Nachmittag in den MakerSpace kommen.	ja	nein	KPERS1c
54	Wie könnte man den MakerSpace verbessern?	**Offene Frage**		

Im Bereich «Ausblick» des Online-Fragebogens können die Schüler*innen einschätzen, ob sich der MakerSpace soweit bewährt hat, dass man das Konzept auf andere Schulen übertragen könnte (49). Interessant ist in diesem Zusammenhang, wie die Schüler*innen ihre Einschätzung im offenen Texteingabefeld begründen (50). Die letzte offene Frage lädt dazu ein, Verbesserungsvorschläge zu machen.

Insgesamt soll die Bearbeitung des Online-Fragebogens nicht länger als 45 Minuten dauern, damit sich die Befragung binnen einer Lektion abschliessen lässt.

7.5.8 Anonyme Online-Befragung Lehrpersonen (AOBF_LP)

Die anonyme Online-Befragung der Lehrpersonen (via Google Forms) fokussiert die Qualität und Praktikabilität der Weiterbildungsangebote (HF8). Es handelt sich nicht um einen standardisierten Fragebogen. Die Umfrage wurde gemeinsam mit der Lead-Lehrperson entwickelt und den bisherigen Eindrücken bzw. der informellen Resonanz auf die Angebote angepasst. Die Befragung besteht aus vier Abschnitten. Im ersten Abschnitt werden Daten zur Nutzung der Weiterbildungsangebote (1, 2), zur Attraktivität der Formate (5, 6, 7) und zur grundsätzlichen Motivation zur Teilnahme (3, 4) erhoben. Im zweiten Abschnitt (Fragen zu den Inhalten) wird gefragt, inwieweit die Inhalte der Angebote dem Weiterbildungsbedürfnis der Lehrpersonen entsprochen haben (8-10) und wie sie deren methodische Qualität beurteilen (11–13).

INSTRUKTIONEN FÜR DIE ONLINE-BEFRAGUNG

Im Folgenden möchten wir dir ein paar Fragen zu den Weiterbildungsangeboten im MakerSpace stellen. Diese Umfrage dient dazu, die gemachten Erfahrungen auszuwerten und in weitere Projekte einfliessen zu lassen. Der Fragebogen ist für euch nur relevant, wenn ihr tatsächlich an mindestens einer Weiterbildung teilgenommen habt.

Es gibt viele geschlossene Fragen zum Ankreuzen und wenige offene Fragen mit Texteingabe. Das Ausfüllen wird etwa 10 Minuten dauern. Die Umfrage müsst ihr am Stück bis zum Ende durchführen. Ihr könnt sie nicht unterbrechen. Bitte füllt die Umfrage bis spätestens 29. Oktober 2019 aus.

Die Daten werden im Forschungsbericht anonymisiert verarbeitet.

Vielen Dank fürs Mitmachen.

Im dritten Abschnitt (Fragen zum Lerntransfer) geht es um die Lernwirksamkeit der Angebote aus Lehrpersonensicht (14, 15, 16, 17, 18, 19) und um die Frage, welche Bedeutung die Unterstützung durch die Lead-Lehrperson, den Pädagogischen Support und die Forschenden rückblickend hatte (20-23). Im abschliessenden vierten Abschnitt wird danach gefragt, wie sicher sich die Lehrpersonen für zukünftige Einsätze im MakerSpace fühlen (24), wie sie das Weiterbildungsangebot insgesamt fanden (25) und welche individuelle Rückmeldung sie dem Projektteam geben wollen (26).

<table>
<tr><td></td><td colspan="6">Fragen zur Nutzung der Angebote</td></tr>
<tr><td>1</td><td>Wieviele Weiterbildungsangebote hast du genutzt? (Radiobuttons)</td><td colspan="5"><table><tr><td>1-2
☐</td><td>3-5
☐</td><td>5-7
☐</td><td>Mehr als 7
☐</td></tr></table></td></tr>
<tr><td>2</td><td>Welche Weiterbildungsangebote hast du besucht? (Kategorien: alle Angebote aufzählen mit Möglichkeit, sie anzukreuzen, auch die SCHILF-Veranstaltungen; inkl. keine Weiterbildung besucht) (Multiple Choice)</td><td colspan="5">☐ Paper Circuits
☐ Textilplotter
☐ 3D-Druck und CNC-Fräse (Technikeinführung)
☐ Trickfilm
☐ Stromkreise auf Papierkarten, LEDs in Textilien
☐ Mini Maker Challenges
☐ Design Thinking & DIY.org
☐ Motoren, Zahnräder, Antriebe
☐ Calliope Einführung
☐ CNC-Fräse – Projektideen
☐ 3D-Druck - Projektideen</td></tr>
<tr><td>3</td><td>Ich habe die Weiterbildungsangebote gerne besucht. (Radiobuttons)</td><td>Trifft gar nicht zu
☐</td><td>Trifft eher nicht zu
☐</td><td>Teils – teils
☐</td><td>Trifft eher zu
☐</td><td>Trifft voll-kommen zu
☐</td></tr>
<tr><td>3b</td><td>Filterfrage: Offene Texteingabe</td><td colspan="5">Du hast angegeben, dass du die Angebote nicht so gerne besucht hast. Magst du das kommentieren?</td></tr>
<tr><td>4</td><td>Ich habe mich (zusätzlich) autonom zum Making weitergebildet. (Multiple Choice)</td><td colspan="5">☐ Bücher / Zeitschriften gelesen
☐ Internetrecherchen
☐ Kurse, z.B. in einem ausserschulischen MakerSpace besucht
☐ Austausch mit Arbeitskolleg*innen zum Thema Making
☐ Ich mache mich nicht zusätzlich weitergebildet
☐ Weitere...</td></tr>
<tr><td>5</td><td>Das Weiterbildungsformat (2-3h regelmässig am Mittwochnachmittag) ist für Making-Angebote gut geeignet. (Radiobuttons)</td><td>Trifft gar nicht zu
☐</td><td>Trifft eher nicht zu
☐</td><td>Teils – teils
☐</td><td>Trifft eher zu
☐</td><td>Trifft voll-kommen zu
☐</td></tr>
<tr><td>5b</td><td>Filterfrage: Offene Texteingabe</td><td colspan="5">Welches Weiterbildungsformat würde dir besser passen?</td></tr>
<tr><td>6</td><td>Ich wäre bereit, folgende alternativen Weiterbildungsformate zu besuchen. (Multiple Choice)</td><td colspan="5">☐ Wochenendworkshop (1tägig)
☐ Wochenendworkshop (2tägig)
☐ Workshops an Abenden
☐ Kurzworkshops über Mittag (1h)
☐ Blockworkshops in den Ferien (2tägig)
☐ Keine
☐ Sonstige Nennungen</td></tr>
<tr><td>7</td><td>Die Weiterbildungen für maximal 4 Personen fand ich sinnvoll. (Radiobuttons)</td><td>Trifft gar nicht zu
☐</td><td>Trifft eher nicht zu
☐</td><td>Teils – teils
☐</td><td>Trifft eher zu
☐</td><td>Trifft voll-kommen zu
☐</td></tr>
<tr><td>7b</td><td>Filterfrage: (Offene Texteingabe)</td><td colspan="5">Welche TN-Zahl fändest du gut und warum?</td></tr>
</table>

	Fragen zu den Inhalten der Weiterbildungen					
8	Die Themen der Weiterbildungsangebote haben meinen Interessen und Bedürfnissen entsprochen. (Radiobuttons)	Trifft gar nicht zu ☐	Trifft eher nicht zu ☐	Teils – teils ☐	Trifft eher zu ☐	Trifft vollkommen zu ☐
8b	Filterfrage: (Offene Texteingabe)	Ich habe folgende Themen vermisst.				
9	Die Themen und Inhalte der von mir besuchten Angebote sind für meine pädagogische Arbeit im MakerSpace relevant. (Radiobuttons)	Trifft gar nicht zu ☐	Trifft eher nicht zu ☐	Teils – teils ☐	Trifft eher zu ☐	Trifft vollkommen zu ☐
9b	Filterfrage: (Offene Texteingabe)	Welche Themen/ Inhalte waren nicht relevant und weshalb?				
10	Ich würde mir noch konkrete Angebote zu folgenden Themen wünschen. (Multiple Choice)	☐ Einführung in technische Geräte/ Werkzeuge im MakerSpace. ☐ Ideen für Challenges zur Heranführung der Schüler*innen an freies Making. ☐ Hinweise zur Strukturierung von Making-Prozessen mit Schüler*innen (z.B. Begleitung einer ganzen Klasse). ☐ Maker-Mindset: Was es bedeutet und wie man es in der Schule leben kann. ☐ Ich würde mir keine weiteren Angebote wünschen. ☐ Weitere...				
11	Die Weiterbildungs-angebote waren gut vorbereitet. (Radiobuttons)	Trifft gar nicht zu ☐	Trifft eher nicht zu ☐	Teils – teils ☐	Trifft eher zu ☐	Trifft vollkommen zu ☐
12	Die Weiterbildungs-angebote waren methodisch ansprechend umgesetzt. (Radiobuttons)	Trifft gar nicht zu ☐	Trifft eher nicht zu ☐	Teils – teils ☐	Trifft eher zu ☐	Trifft vollkommen zu ☐
13	Filterfrage: (Offene Texteingabe)	Welche Verbesserungsvorschläge zur methodischen Gestaltung hast du?				

	Fragen zum Lerntransfer/Lerneffekt.						
14	Ich habe bei den Weiterbildungen viel Neues gelernt. (Radiobuttons)	Trifft gar nicht zu ☐	Trifft eher nicht zu ☐	Teils – teils ☐	Trifft eher zu ☐	Trifft voll-kommen zu ☐	
15	Die Weiterbildungen haben mein Interesse an Making/MakerSpace erhöht. (Radiobuttons)	Trifft gar nicht zu ☐	Trifft eher nicht zu ☐	Teils – teils ☐	Trifft eher zu ☐	Trifft voll-kommen zu ☐	
16	Ich habe Anregungen bekommen, wie ich bei meinen Schülerinnen und Schüler Kreativität fördern kann. (Radiobuttons)	Trifft gar nicht zu ☐	Trifft eher nicht zu ☐	Teils – teils ☐	Trifft eher zu ☐	Trifft voll-kommen zu ☐	
17	Ich habe im Anschluss an die Weiterbildungen selbst Making-Experimente / Produkte gemacht. (Radiobuttons)	Trifft gar nicht zu ☐	Trifft eher nicht zu ☐	Teils – teils ☐	Trifft eher zu ☐	Trifft voll-kommen zu ☐	
18	Ich konnte das in der Weiterbildung Gelernte in meinem Unterricht anwenden. (Radiobuttons)	Trifft gar nicht zu ☐	Trifft eher nicht zu ☐	Teils – teils ☐	Trifft eher zu ☐	Trifft voll-kommen zu ☐	
18b	Filterfrage: (Offene Texteingabe)	Aus welchen Gründen konntest du es eher nicht oder nur teilweise anwenden?			Was konntest du konkret anwenden?		
19	Ich habe während meines MakerSpace-Projekts mit meiner Klasse Folgendes gelernt. (Offene Texteingabe)						
20	Ich habe mich während der Betriebsphase mit meinen Kolleginnen und Kollegen intensiv über die Making-Aktivitäten ausgetauscht. (Radiobuttons)	Trifft gar nicht zu ☐	Trifft eher nicht zu ☐	Teils – teils ☐	Trifft eher zu ☐	Trifft voll-kommen zu ☐	kann nicht beurteilt werden ☐
21	Beim Making (Projektwoche) war die Unterstützung im Unterricht durch die Maker-Lehrperson (Rebecca) sehr wichtig. (Radiobuttons)	Trifft gar nicht zu ☐	Trifft eher nicht zu ☐	Teils – teils ☐	Trifft eher zu ☐	Trifft voll-kommen zu ☐	kann nicht beurteilt werden ☐
22	Beim Making (Projektwoche) war die Unterstützung im Unterricht durch die externen Personen sehr wichtig. (Radiobuttons)	Trifft gar nicht zu ☐	Trifft eher nicht zu ☐	Teils – teils ☐	Trifft eher zu ☐	Trifft voll-kommen zu ☐	kann nicht beurteilt werden ☐
23	Ich wünsche mir zukünftig eine direkte Ansprech-person für die Planung von Projekten im MakerSpace. (Radiobuttons)	Trifft gar nicht zu ☐	Trifft eher nicht zu ☐	Teils – teils ☐	Trifft eher zu ☐	Trifft voll-kommen zu ☐	kann nicht beurteilt werden ☐

	Abschliessende Fragen zur Weiterbildung					
24	Ich fühle mich gut vorbereitet, um künftig im MakerSpace zu arbeiten. (Radiobuttons)	Trifft gar nicht zu ☐	Trifft eher nicht zu ☐	Teils – teils ☐	Trifft eher zu ☐	Trifft voll-kommen zu ☐
25	Ich war mit den Weiterbildungsangeboten insgesamt zufrieden. (Radiobuttons)	Trifft gar nicht zu ☐	Trifft eher nicht zu ☐	Teils – teils ☐	Trifft eher zu ☐	Trifft voll-kommen zu ☐
26	Gibt es etwas, was du uns noch mitteilen möchtest? (Offene Texteingabe)					

7.6 Auswertungsinstrumente und Analyseverfahren der Begleitforschung

Die Auswertung der überwiegend qualitativen Daten erfolgt projektbegleitend mit inhaltsanalytischen Methoden in Anlehnung an Mayring (2010), so dass die Erkenntnisse im Sinne des DBR-Prozesses unmittelbar in die Weiterentwicklung des Designs einfliessen können. Die Projektressourcen lassen eine systematische Auswertung aller Daten jedoch nicht zu, so dass während des Projektverlaufs jeweils nur Teilauswertungen zu spezifischen Subfragestellungen von ausgewählten Datensätzen erfolgen können. Die Ergebnisse der Teilauswertungen werden primär projektintern verwertet, in einzelnen Fällen werden sie in Zeitschriften und Sammelbänden projektbegleitend veröffentlicht (vgl. z.B. Maurer/Ingold 2019a, Ingold/Maurer 2019b, Maurer/Feurle 2019, Ingold/Maurer 2018). Ein umfassender Abgleich sämtlicher Daten erfolgt im Rahmen des vorliegenden Forschungsberichts, der den gesamten DBR-Prozess systematisch rekonstruiert und dokumentiert. An dieser Stelle wird auch begründet, welche Daten letztlich in die Endauswertung eingeflossen sind.

Die Endauswertung erfolgt zunächst fallstudienspezifisch. Es werden also sämtliche Daten einer Fallstudie (einer Schulklasse) für sich genommen betrachtet und im jeweiligen spezifischen Kontext nach dem Verfahren der deduktiven Inhaltsanalyse ausgewertet. Insbesondere die Interviewdaten (I_SuS, I_LP, I_PMA), die Feldnotizen der teilnehmenden Beobachtung (TNB), die Protokolle der Teamsitzungen (PROT) sowie die automatisiert erstellten Videotranskripte der Reflexions-Gruppendiskussionen (RGD_SuS) werden anhand von handlungsfeld- und forschungsfokusspezifischen Kodierleitfäden theoriegeleitet kodiert. Auch die quantitativen Daten (anonyme Online-Befragung der Schüler*innen (AOBF_SuS)) werden fallstudienspezifisch betrachtet und mit den jeweiligen Interviewaussagen und den Beobachtungen im Feld in Bezug gesetzt. Die Kodierleitfäden bilden die Haupt- und Subfragestellungen der neun Handlungsfelder (vgl. 7.1.1) sowie der Forschungsschwerpunkte «Digitale Mündigkeit» (vgl. 7.1.2) und «Kreativität» (vgl. 7.1.3) ab. Der Kodiervorgang erfolgt arbeitsteilig und kollaborativ. Um die Reliabilität der Kodes zu prüfen, werden ca. 20% des Datenmaterials von zwei Personen verdeckt kodiert. Sofern sich Unterschiede in der Zuordnung der Kodes zeigen, werden die Kodes entsprechend angepasst.

Daten, die sich nicht mit den Kodierleitfäden auswerten lassen, werden gesondert ausgewertet. Kreative Prozesse, die grösstenteils mit teilstrukturierenden Beobachtungsinstrumenten (vgl. 7.5.3.1 und 7.5.3.2) erfasst wurden, werden rekonstruktiv mit einem am Design Thinking Prozess angelehnten Instrument analysiert und beschrieben (vgl. 7.6.2). Der Kreativitätsindikatoren in Produkten und Prototypen der Schüler*innen werden mit einem Produktanalyseraster ermittelt (vgl. 7.6.1.2f.). Als Grundlage für die Produktanalyse dienen Fotos, Schüler*innenvideos und Videosequenzen der teilnehmenden Beobachtung. Um die Phasen des DBR-Prozesses für die Leser*innen nachvollziehbar zu machen, werden die Konsequenzen für das jeweilige Re-Design der Maker-Umgebung und die Implikationen für die Theoriebildung dargelegt.

Die Ergebnisse der Einzelfallstudien werden anschliessend mit den übergreifenden Daten (z.B. Interviews mit Projektmitarbeiter*innen, Resümee-Gespräche mit Lehrpersonen, anonyme Online-Umfrage mit Lehrpersonen) und mit den theoretischen Vorannahmen in Kapitel 6 abgeglichen. Unter Rückgriff auf bestehende Forschungserkenntnisse und publizierter Praxiserfahrungen werden die Ergebnisse diskutiert. Dabei gilt es insbesondere zu den neun Handlungsfeldern möglichst konkrete Schlüsse für die Praxis zu ziehen.

Der folgende Überblick in Abbildung 7.13 zeigt auf, welche Daten in der Betriebsphase des Projekts im Schuljahr 2018/19 erhoben und ausgewertet werden.

NR.	DATENART	ABKÜRZUNG
1	Leitfadeninterviews mit Schüler*innen	(I_SuS)
2	Interviews mit Lead-Lehrperson	(I_LLP)
3	Interviews mit Klassenlehrpersonen, Werklehrpersonen, Schulleitung	(I_LP)
4	Interviews mit Projektmitarbeitenden	(I_PMA)
5	Sitzungsprotokolle Teamsitzungen	(PROT)
6	Making-Produkte Schüler*innen	(PROD_SuS)
7	Sonstige Lernprodukte der Schüler*innen (Videos, Aufschriebe, ...)	(LPRDT_SuS)
8	Feldnotizen der teilnehmenden Beobachtung	(TNB)
9	Reflexions-Gruppendiskussionen	(RGD_SuS)
10	Anonyme Online-Befragung Schüler*innen	(AOBF_SuS)
11	Anonyme Online-Befragung Lehrpersonen	(AOBF_LPs)

ABB. 7.12: ÜBERBLICK ÜBER DEN GESAMTEN DATENKORPUS DES PROJEKTS

7.6.1 Instrument zur Ideen- und Produktanalyse

Ein Instrument zur Beschreibung von Kreativität in Produkten muss praktibel sein und darf eine gewisse Komplexität nicht überschreiten, weil die Erkenntnisse im Kontext von Prozess, Person und Umfeld betrachtet werden müssen. Modelle vom Detaillierungsgrad von Forthmann (2019) oder Cropley/Cropley (2007) liefern wertvolle Inspirationen (vgl. 4.4.4 und 4.4.5), müssen auf den Making-Kontext zugeschnitten und in ihrer Komplexität reduziert werden.

7.6.1.1 Begriffe: Idee, Prototyp, Produkt

Ideen im Making-Kontext sind Gedanken, die Maker*innen bei der Auswahl von Projekten und bei deren Umsetzung leiten. Im Making-Kontext ist eine Unterscheidung von Produktideen, Umsetzungsideen und umgesetzten Ideen sinnvoll. Eine Produktidee bezieht sich auf die Art des Produkts, das entwickelt werden soll (z.B. eine Kitzelmaschine, eine Murmelbahn). Eine Umsetzungsidee bezieht sich auf konkrete Vorstellungen, wie bestimmte Probleme beim Bau des Produkts gelöst werden können (im Falle der Kitzelmaschine z.B. eine drehbare Vogelfeder). Eine umgesetzte Idee ist bereits Teil eines Produkts und trägt zu dessen Funktion/Form bei. Produktideen und Umsetzungsideen werden individuell gedacht, verbalisiert, verschriftlicht oder visualisiert (z.B. mit einer Skizze).

Sobald eine Idee dreidimensional oder virtuell konkretisiert wird (umgesetzte Idee), handelt es sich nicht mehr um eine reine Idee, sondern um einen Prototyp. Prototypen sind nach dieser Betrachtungsweise materialisierte Ideen, die zentrale Funktionsprinzipien repräsentieren, jedoch noch nicht den Charakter von Abgeschlossenheit haben. Ein Prototyp ist ein Zwischenergebnis, das mit der Absicht der Weiterentwicklung weiteren Funktions- und Wirkungstests unterzogen wird.

Ein Produkt im Making-Kontext ist ein auf der Basis einer Produktidee unter Anwendung von Umsetzungsideen und/oder einer spielerisch-explorativen Aktivität (Tinkering) entstandenes materialisiertes Objekt. Maker-Produkte können aus analogen und/oder digitalen Materialien und Werkstoffen bestehen. Auch rein virtuelle Objekte (z.B. VR-Sphären, Algorithmen) zählen zu den Maker-Produkten. Maker-Produkte erfüllen einen oder mehrere Funktionen und sind im Sinne der Produzent*innen abgeschlossen.

7.6.1.2 Instrument zur Analyse von Produkten

Das Instrument zur Analyse von Kreativität in Making-Produkten (vgl. Abb. 7.13) setzt sich aus produktbezogenen, subjektbezogenen und sozialen Kriterien zusammen. Jedes Kriterium beinhaltet weitere, für den Maker-Kontext spezifizierte Differenzierungen.
Die produktbezogenen Kriterien können direkt an das Produkt angelegt werden. Lediglich das Kriterium Originalität der Umsetzungsidee(n) steht in Relation zu Lehrerinputs, anderen Produkten oder Ideen. Subjektbezogene Kriterien beziehen sich auf die Personenkreativität. Sie können nur aus der Perspektive des Subjekts beschrieben werden, die anhand von Interviewaussagen, schriftlichen Äusserungen im Maker-Tagebuch oder Feldnotizen der Teilnehmenden Beobachtung rekonstruiert werden können.

Das soziale Kriterium «Inspirationsgrad» beschreibt den inspirativen Einfluss, den das Produkt auf eigene oder fremde Produkte hat. Das Instrument ist aus pragmatischen Gründen als quantitativ-holistisches Raster konzipiert. Eine fünfstufige Likert-Skala, wie sie in vielen Instrumenten zur Bewertung von Produktkreativität verbreitet ist, hilft bei der Einschätzung. Felder für Bemerkungen lassen darüberhinaus auch qualitativ beschreibende Einschätzungen zu. Die Bedeutung der Kriterien wird im Folgenden erläutert.

Analysesheet-Nummer		**Anonymisierungscode:**				
Produktkontext:		**Produktfoto**				
A	**Vorgegebenes Projekt / selbst gewähltes Projekt:**					
B	**Geschlecht Urheber*in:**					
C	**Klassenstufe:**					
D	**Produktname / Produktart:**					
E	**Einzelprodukt / Gruppenprodukt:**					
F	**Konstruktionsmaterialien:**					
G	**Sonstige Bemerkungen zum Kontext:**	Sehr stark	stark	Teils teils	schwach	Sehr schwach
Produktbezogene Kriterien						
1	**Originalität der Produktidee** *Formale Neuheit und Inhaltliche Neuheit* (Imitation, Variation, Kombination, Transformation, Original); Statistische Seltenheit					
2	**Originalität der Umsetzungsidee(n)** *Formale Neuheit und Inhaltliche Neuheit* (Imitation, Variation, Kombination, Transformation, Original); Statistische Seltenheit					
2.1						
2.2						
2.3						
3	**Adäquatheit/Funktionsfähigkeit** *Funktion / Haltbarkeit / Einsatz- und Anwendungsmöglichkeiten*					
4	**Cleverness** *Einfachheit / Durchdachtheit / Humor*					
Subjektbezogene Kriterien						
5	**Subjektive Nützlichkeit** *Eigener Alltagsnutzen / Nutzen für Dritte / Wissenserweiterung / Persönlichkeitsbildung, Stolz, Selbstwirksamkeit*					
6	**Subjektive Neuheit** *Vorerfahrungen, Vorwissen, Biografie*					
Soziale Kriterien						
7	**Inspirationsgrad** *Selbstinspiration / Fremdinspiration*					
8	**Bemerkungen zur Analyse:**					

ABB. 7.13: INSTRUMENT ZUR ANALYSE VON PRODUKTKREATIVITÄT

Das Analyseinstrument wurde im Rahmen des Design-Based Research-Prozesses mehrmals modifiziert. Die einzelnen Varianten werden im zweiten Band im Teil «Fallstudien» vorgestellt und diskutiert.

7.6.1.2.1 Produktbezogene Kriterien

A Originalität der Produktidee
Dieses Kriterium kann nur ausgewertet werden, wenn die Schüler*innen selbst entscheiden können, welche Art von Produkt sie herstellen wollen. Beschrieben wird der Originalitätsgrad der Produktidee. Die Bandbreite reicht von einer reinen Imitation, d.h. dem Nachbau einer bereits existierenden Sache (z.B. eine Kugelbahn) über die Kombination von gegebenen Sachen zu etwas Neuem (z.B. ein Bügeleisentoaster zur Nutzung der Restwärme beim Bügeln) bis hin zu einem Original, das bislang keine Entsprechung in der Wirklichkeit hat (z.B. eine Lehrpersonenalarmapp). Von Nilssons Typologie (2011) wird die Differenzierung formale Neuheit und inhaltliche Neuheit für die vertikale Differenzierung des Kriteriums übernommen. Inhaltliche Neuheit bezieht sich vorrangig auf den Nutzen/Zweck des Produkts, während sich formale Neuheit auf die Art und Weise, die Form/Gestalt/Ästhetik der Umsetzung (z.B. Material, Kombination von Materialien, technischen Prinzipien) bezieht. Eine Murmelbahn weist als Imitation eines gegebenen Spielzeugs keine inhaltliche Neuheit auf, während ihr – z.B. als Wassermurmelbahn umgesetzt – durchaus formale Neuheit zugeschrieben werden kann. Mit dem Subkriterium Statistische Seltenheit wird die Häufigkeit einer Produktidee in Relation zu allen Ideen einer Klassenstufe erfasst.

B Originalität der Umsetzungsidee(n)
Dieses Kriterium beschreibt den Originalitätsgrad der Ideen, die im Produkt verarbeitet sind. Analog zur Beschreibung der Produktidee wird auch bei den Umsetzungsideen auf die Originalitätsskala von Nilsson zurückgegriffen. Beschrieben wird, ob eine Idee, die beispielsweise zuvor in einer Workshopphase vermittelt wurde, 1:1 übernommen ist (Imitation), ob sie abgewandelt bzw. erweitert ist (Variation), oder ob es sich um eine Kombination von existierenden Ideen handelt (Kombination). Die Differenzierung in formale und inhaltliche Originalität wird ähnlich auch wie bei der Produktidee als Differenzierung übernommen. Mit dem Subkriterium Statistische Seltenheit wird die Häufigkeit einer Umsetzungsidee in Relation zu allen Ideen einer Klassenstufe erfasst.

C Adäquatheit/Funktionsfähigkeit
Dieses Kriterium beschreibt den Grad der Passung einer Lösung zum vorgegebenen oder selbst gewählten Problem. Leistet das Produkt, was es soll? Ist die Lösung für das betreffende Problem geeignet? Als vertikale Dimensionen kann die Funktion an sich, der Grad der Haltbarkeit des Produkts (Prototypenstatus oder Serienreife? Stabilität, Nachhaltigkeit) sowie die Verwertung bezüglich verschiedener Anwendungsmöglichkeiten beschrieben werden.

D Cleverness
Das Kriterium «Cleverness» beschreibt, wie geistreich ein Produkt einzuschätzen ist. Cleverness kann vertikal in drei Dimensionen beschrieben werden. Die Einfachheit bezeichnet das Verhältnis von Aufwand und Ertrag der Lösung(en). Die Durchdachtheit beschreibt, wie weit eine Lösung durchdacht ist. Wurde um die Ecke gedacht? Ist die Lösung ausgeklügelt und berücksichtigt verschiedene Eventualitäten (z.B. Schutzmechanismen für den Ernstfall)? Humor beschreibt, wie unterhaltsam oder humorvoll das Produkt ist.

7.6.1.2.2 Subjektbezogene Kriterien

E Subjektive Nützlichkeit
Die Subjektive Nützlichkeit des Produkts in der Wahrnehmung der Urheber*innen kann sich auf vier Ebenen ausdrücken. Zunächst kann der individuelle Nutzen beschrieben werden, den die Person vom Produkt im Alltag hat. Der Nutzen kann sich aber auch auf andere Personen, Tiere oder die Umwelt (im Sinne der UN-Ziele für nachhaltige Entwicklung) beziehen. Unabhängig vom Nutzen des Produkts an sich sind auch andere Formen des Nutzens für das Subjekt wie z.B. der Erwerb neuen Wissens oder eine als positiv erlebte Erfahrung bei der Erstellung vorstellbar. Das Produkt kann auch ein Beitrag zur Persönlichkeitsbildung leisten, wenn es mit dem Gefühl von Selbstwirksamkeit, von Stolz oder mit neuer Motivation für weitere Erfindungen verbunden ist.

F Subjektive Neuheit
Das Kriterium Subjektive Neuheit entspricht dem Kriterium «Überraschtheit» bei Forthmann (2019). Beschrieben wird die Neuheit der Idee/n in Relation zum Erfahrungshorizont des Subjekts. Hat es eine ähnliche Idee bereits an anderer Stelle entwickelt oder ist die Idee völlig neu? Welches Vorwissen fliesst gegebenenfalls ein?

7.6.1.2.3 Soziale Kriterien

G Inspiration
Das Kriterium Inspirationsgrad beschreibt, inwieweit die im Produkt enthaltenen Ideen als Inspiration dienen. Unterschieden wird zwischen Selbstinspiration, wenn die Maker*innen auf der Basis einer eigenen Idee auf weitere Ideen kommen; und der Fremdinspiration, wenn andere Personen oder Teams von einer Idee inspiriert werden.

7.6.1.3 Instrument zur Analyse von Ideen

Zur Analyse von Ideen wird auf eine reduzierte Form des Produktanalyserasters zurückgegriffen. Berücksichtigt werden nur die Kriterien, die sich für Produktideen und Umsetzungsideen eignen, d.h. für nicht materialisierte Ideen. Je nach Art der Idee – Produkt- oder Umsetzungsidee – wird entweder Kriterium A oder Kriterium B analysiert. Das Kriterium C Adäquatheit fokussiert die potenzielle Problemlösung, während produktspezifische Haltbarkeit und Anwendungsmöglichkeiten wegfallen. Das Kriterium D Cleverness beschränkt sich auf die Durchdachtheit und den Humor einer Idee. Bei den subjektbezogenen Kriterien wird E Subjektive Nützlichkeit gestrichen, da die Effekte in den Unterbereichen in der reinen Idee noch nicht absehbar sind.

In Anlehnung an Hennessey und Amabile (1999) ist es bei der Einschätzung von Produkten als Ergebnis oder Zwischenergebnis des Making-Prozesses sinnvoll, wenn mehrere Forscher*innen eine Einschätzung vornehmen; auf diese Weise kann eine gewisse Intercoderreliabilität erreicht werden. Dabei sollten jedoch Befunde zweier Studien von Kaufman et al. (2013) berücksichtigt werden.

Die Autor*innen der Studie konnten herausarbeiten, dass sich Kreativitätsbeurteilungen von Quasi-Experten und Experten zwar oft decken, bei manchen Produktdomänen – wie etwa im Bereich technischer Innovationen für eine qualifizierte Kreativitätseinschätzung – Spezialexpertise erforderlich ist.

7.6.2 Instrument zur Erhebung des kreativen Prozesses

Im Rahmen der Begleitforschung werden die kreativen Prozesse der Schüler*innen beobachtet und auf der Basis des vereinfachten vierphasigen Design Thinking Prozesses nach Hüttebräucker (2015) rekonstruiert. Hüttebräucker orientiert sich am Design Thinking Prozess Modell von Plattner et al. (2016), fasst jedoch die Phasen Understand (1), Observe (2) und Point of View (3) zu einer Phase «Recherche» zusammen. Das Design Thinking Prozess Modell lässt sowohl zyklische als auch iterative Verläufe zu, die in jeder Phase – auch beim Prototyping – beginnen können. Ausserdem sind explorative und systematische Verläufe möglich.

TAB. 7.14: OPERATIONALISIERUNG DER VIER PHASEN DES DESIGN THINKING PROZESSES

PROZESS-PHASE	INHALTLICHE BESCHREIBUNG	PHASENTYPISCHE TÄTIGKEITEN
RESEARCH (Sammeln und Ordnen)	Zur Research-Phase zählen sämtliche Aktivitäten der Beschaffung und Verarbeitung von Wissen, Informationen, Fertigkeiten und Objekten, die in direktem Zusammenhang mit dem zu lösenden Problem oder dem zu entwickelnden Produkt stehen. Die Aufnahme von mündlichen oder schriftlichen Anweisungen der Lehrperson, Internetrecherchen, Recherchen in anderen Medien, Befragungen von Lehrpersonen, anderen Schüler*innen oder weiteren Personen vor Ort (z.B. Eltern), die Suche nach geeigneten Baumaterialien und Werkzeugen.	- Im Internet, in Büchern und Zeitschriften recherchieren - Lehrpersonen, Expert*innen oder andere Schüler*innen fragen - Fehlendes Wissen oder Fähigkeiten erwerben - Fähigkeiten einüben - Gegenstände / Objekte analysieren - Suche nach möglichen Materialien und Werkzeugen - Lernen, wie man bestimmte Geräte und Maschinen bedient.
IDEATION (Ideen entwickeln)	Zur Ideenentwicklung im MakerSpace gehören Aktivitäten, die zur Ideenentwicklung und zur Problemlösung beitragen können (vgl. Uebernickel u.a. 2015, S. 30). Hierzu zählen z.B. Kreativitäts- und Assoziationstechniken wie Mindmapping oder Brainstorming; die Dokumentation von Gedanken in Form von Notizen oder das Erstellen von Skizzen.	- Ideenfindung (z.B. durch Kreativitätstechniken oder Inspiration durch Dritte) - Ideen aufschreiben - Ideen diskutieren und bewerten - Ideen konkretisieren (Skizzen zeichnen) - Ideen von anderen weiterentwickeln
PROTOTYPING (Entwickeln und Konstruieren)	Das Prototyping ist aus konstruktionistischer Sicht die Kernphase des kreativen Prozesses. Hierzu gehören alle geplanten oder explorativen Aktivitäten, die mit dem gestaltenden Umgang mit Materialien, Werkzeugen und Maschinen verbunden sind. Das Prototyping ist die Konkretisierung von Ideen (vgl. Uebernickel u.a. 2015, S. 31) und kann zu einem gegenständlichen Artefakt führen. Es kann aber auch auf das blosse Spielen mit Materialien – Play (Hatch 2013) – beschränkt sein.	- Spielen und experimentieren mit Materialien - Materialien kombinieren, konstruieren - Sägen, schrauben, schleifen, bohren - Zusammenfügen, löten, programmieren - Prototypen bauen, weiterentwickeln
TESTING (Begutachtung)	Zur Begutachtungsphase zählen Aktivitäten, die der Überprüfung von umgesetzten Ideen, Problemlösungen und Prototypen dienen. Überprüft werden Funktionsfähigkeit und Praxistauglichkeit einer Lösung oder eines Prototyps im vorgesehenen Anwendungsfeld. Zur Begutachtung wird auch die Präsentation vor einem kritischen Publikum gezählt. Aus der Begutachtungsphase gehen in der Regel Konsequenzen für die Weiterarbeit und Optimierung der Prototypen hervor. Die Begutachtungsphase kann den Produktentwicklungsprozess auch abschliessen, sofern das Produkt wie vorgesehen funktioniert.	- Produkte erproben - Funktionen testen - Ergebnisse dokumentieren - Produkte gemeinsam diskutieren - Feedback geben, Feedback von anderen bekommen - Entscheiden, was nächste Schritte sein können.

Eine ausführliche Begründung für die Auswahl des Prozessmodells wird in Kapitel 4.6.5 gegeben.

Die vier Phasen Research (Sammeln und Ordnen), Ideation (Ideen entwickeln), Prototyping (Entwickeln und Konstruieren) und Testing (Begutachtung und Feedback) bilden die Grundlage für eine teilstrukturierte Beobachtung. Die vier Prozesskategorien sind auf einem Beobachtungsformular abgebildet, so dass sich die Beobachtungen unmittelbar einer Phase zuordnen lassen. Ausserdem ist es möglich, mittels Pfeildarstellungen die Phasenverläufe zu notieren.

Forschungsmethodologisches Ziel ist die Entwicklung eines Instruments, mit dem kreative Prozesse in einem schulischen Maker-Setting beobachtet, beschrieben und interpretiert werden können. Ob sich das Instrument bewährt, muss der Alltagseinsatz im Feld erweisen.

7.6.3 Kodierleitfaden «Handlungsfelder»

Der Kodierleitfaden zu den Handlungsfeldern enthält Kategorien bzw. Kodes, die aus der Auseinandersetzung mit der Fachliteratur in den Kapiteln 2, 3, 4, 5 und 6 abgeleitet sind. Die tabellarische Darstellung beinhaltet die Subcode-Bezeichnung, die zugrundeliegende Fragestellung, die Codebeschreibung, ein Ankerbeispiel, die Code-Abkürzung sowie die Datenart, die voraussichtlich zur jeweiligen Fragestellung Erkenntnisse liefert.

7.6.3.1 Handlungsfeld 1: Ziele und Making-Kompetenzen

	SUBCODE-LABEL	FRAGE-STELLUNG	BESCHREIBUNG	ANKERBEISPIEL	CODE	DATEN
HF1.1	Gelerntes	Welche Kompetenzen erwerben die Schüler*innen beim Making?	Beobachtungen oder Selbsteinschätzungen, was Schüler*innen beim Making an Wissen, Kompetenzen, Erfahrungen mitnehmen	Schüler*in Y lässt sich von Schüler Z zeigen, wie löten geht. Danach lötet sie selbstständig ihre Schaltung.	HF1_komp_erwerb Verwandt mit HF3.7= HF3_Did_Lern	TNB I_SuS AOBF_SuS
HF1.2	Benötigtes	Welche Kompetenzen benötigen die Schüler*innen, um ihre Ideen umzusetzen?	Beobachtungen, dass es bestimmte Fertigkeiten braucht, um bestimmte Produktideen umzusetzen.	Schüler X im Interview: «Ich hätte gerne so ein Game gemacht, aber ich kann nicht so gut programmieren»	HF1_komp_nötig verwandt mit: EU2_AUTONOMe = EU2_autonom_info ES1_SELBTSd= ES1d_selbst_kenntnis	TNB I_SuS
HF1.3	Vorwissen	Welche domänenspezifischen Fertigkeiten bringen die Lehrpersonen und Schüler*innen mit, welche müssen erst erworben werden?	Beobachtungen oder Selbsteinschätzungen von Vorwissen, das beim Making mobilisiert werden kann.	Schülerin X kann schon gut nähen und näht Schüler Y und Schüler Z ein Segel für ihren Fluggleiter.	HF1_komp_vorwissen verwandt mit: HF5.1= HF5_curric_interes ES1_SELBSTa = ES1a_selbst_ideen	TNB AOBF_SuS (I_SuS)

	SUBCODE-LABEL	FRAGE-STELLUNG	BESCHREIBUNG	ANKERBEISPIEL	CODE	DATEN
HF1.4		In welchen Situationen wirken fehlende Kompetenzen hemmend? Wie gehen Schüler*innen damit um?	Situationen, wo eindeutig Wissen / Kompetenzen fehlen, so dass der Prozess ins Stocken kommt.	Lehrperson X im Interview: «A. hat noch nie eine Säge in der Hand gehabt. Kein Wunder, dass er nicht voran-kommt.»	HF1_komp_fehlwissen verwandt mit: HF5.1= HF5_curric_interes EU2_AUTONOMd= EU2_autonom_situiert	TNB I_SuS
HF1.5		Inwieweit lassen sich relevante Making-Kompetenzen mit dem zugrundeliegenden Kompetenz-Modell abbilden?				

7.6.3.2 Handlungsfeld 2: Haltung, Mindset

	SUBCODE-LABEL	FRAGE-STELLUNG	BESCHREIBUNG	ANKERBEISPIEL	CODE	DATEN
HF2.1	Mindset mit Schule vereinbar	Welche Aspekte des Maker-Mindsets sind aus der Sicht der Lehrpersonen mit dem Schulalltag der Volksschule (un)vereinbar?	Beobachtungen oder Aussagen, die darauf hindeuten, dass bestimmte Aspekte des Maker-Mindset schwer einzuhalten, für das Schulfeld nicht geeignet sind.	Lehrperson B im Interview: «Wenn jeder machen kann, was er will, landen wir in der Spassgesellschaft».	HF2_mind_vereinbar	TNB I_LPs (I_SuS)
HF2.2	Mindset praktisch	Welche Aspekte des Maker-Mindsets werden von den Lehrpersonen in der Praxis besonders berücksichtigt?	Beobachtungen, wie Lehrpersonen das Maker-Mindset in der Praxis zum Ausdruck bringen.	Lehrerin C weist immer wieder darauf hin, dass Fehler machen im MakerSpace wertvoll ist.	HF2_mind_praktisch verwandt mit: HF3.1= HF3_Did_prinz	TNB I_LPs
HF2.3	Mindset Wandel	Inwieweit lassen sich bei Lehrpersonen und Schüler*innen im Laufe des Projekts Veränderungen im Maker-Mindset beobachten? Worauf sind etwaige Veränderungen zurückzuführen?	Aussagen, die auf eine Verhaltensänderung bezogen auf das Mindset hindeuten; Langzeitbeobachtungen, die aufzeigen, dass Schüler*innen oder Lehrpersonen such diesbezüglich verändert haben.	Schüler A. im Interview: «Am Anfang wollte ich immer als erstes fertig sein. Dann habe ich gemerkt, dass ich lieber was neues austüftle und dass das Zeit braucht.»	HF2_mind_wandel Verwandt mit HF3.7= HF3_Did_Lern	TNB I_LPs
HF2.4	Mindset Ermutigung	Welche Aspekte des Maker-Mindsets (z.B. Formen des Feedbacks) ermutigen die Schüler*innen zu kreativem und selbstbestimmtem Handeln?	Beispiele für Situationen, wo aktiv-kreatives Schülerhandeln unmittelbar auf Mindset-Aspekte (Lehrpersonenoder Schüler*innen-Verhalten) rückführbar ist.	Lehrer Z lobt häufig die Ideen der schüchternen Schülerin A. Sie taut immer mehr auf und traut sich, ihre Prototypen vor der Gruppe zu präsentieren.	HF2_mind_mut	TNB (I_SuS)

7.6.3.3 Handlungsfeld 3: Didaktik – Lernen

	SUBCODE-LABEL	FRAGE-STELLUNG	BESCHREIBUNG	ANKERBEISPIEL	CODE	DATEN
HF3.1	Didaktik Prinzipien	Welche didaktischen Prinzipien der Maker Education werden im Making-Unterricht umgesetzt?	Beobachtungen, dass Prinzipien wie Problemorientierung, Neigungsorientierung, etc. berücksichtigt oder nicht berücksichtigt werden	Lehrperson B lässt die Schüler*innen hauptsächlich Objekte nach Anleitung bauen (explore-it)	HF3_Did_prinz verwandt mit: HF2.2= HF2_mind_praktisch	TNB I_LPs
HF3.2	Didaktik Umgang	Wie gehen die Schüler*innen mit den Making-Lernangeboten um? (Eigeninitiative, Motivation, Selbstständigkeit, Situiertes Lernen, Reflexion)	Beobachtungen oder Selbstaussagen der Schüler*innen, wie motiviert, selbstständig, situiert oder reflexiv sie lernen und arbeiten.	93% der Schüler*innen sagen, dass sie im MakerSpace sehr motiviert waren.	HF3_Did_umgang verwandt mit: ES1_SELBSTa = ES1a_selbst_ideen EV3_VERANTb= EV3 _verant_wirkung EV3_VERANTe= EV3_verant_nachhalt	TNB AOLB_SuS I_SuS
HF3.3	Didaktik Scheitern	Woran scheitern die Schüler*innen, wie gehen sie mit dem Scheitern um?	Beobachtungen, woran Schüler*innen im Prozess scheitern; welche Unterstützung hilft ihnen weiter (im Sinne der Selbstständigkeit)	Drei Schüler*innen-Gruppen konnten mit den Zahnrädern kein funktionsfähiges Getriebe bauen. Die Zahnräder verklemmten sich immer.	HF3_Did_scheitern verwandt mit: UT4_URTEIL_d= UT4_urteil_fehler	TNB I_SuS AOBF_SuS
HF3.4	Didaktik Problemlösen	Wie verlaufen kreative Problemlöseprozesse? Welche kreativen Tätigkeiten und Verfahren lassen sich beobachten?	Beobachtungen, die aufzeigen, wie kreative Problemlöseprozesse verlaufen. Welche Phasen?	Schüler C und D bauen drei Wochen lang an ihrem Produkt, ohne es zu testen.	HF3_Did_problemlös Verwandt mit: EU2_AUTONOM_b= EU2_autonom_prozess EU2_AUTONOM_c= EU2_autonom_problem Kreativität	TNB
HF3.5	Didaktik Strategien	Welche Problemlösestrategien und Kreativitätstechniken wenden die Schüler*innen an?	Beobachtungen, die darauf hindeuten, dass die Schüler*innen versuchen ihre Probleme systematisch zu lösen oder bei der Ideenentwicklung Techniken anzuwenden.	Zwei Mädchen entwickeln erst ein Mindmap, um sich bewusst zu werden, welche Funktionen ihre Uhr haben soll.	HF3_Did_strategien verwandt mit: HF3.5= HF3_Did_Strategien EU2_AUTONOM_b= EU2_autonom_prozess EU2_AUTONOM_c= EU2_autonom_problem Kreativität	TNB
HF3.6	Didaktik Lernen	Was lernen die Schüler*innen beim Making? Wie werden Lernprozesse beim Making reflektiert? Wie nehmen die Schüler*innen verschiedene Formen der Prozessreflexion auf?	Beobachtungen oder Selbsteinschätzungen, was Schüler*innen beim Making an Wissen, Kompetenzen, Erfahrungen mitnehmen	Schüler*in Y lässt sich von Schüler Z zeigen, wie löten geht. Danach lötet sie selbstständig ihre Schaltung.	HF3_Did_Lern Verwandt mit HF1.1= HF1_komp_erwerb HF2.3= HF2_mind_wandel EV3_VERANTc= EV3c_verant_schlüsse Kreativität UT4_URTEIL_d= UT4_urteil_fehler	TNB AOBF_SuS I_SuS I_LPs

	SUBCODE-LABEL	FRAGE-STELLUNG	BESCHREIBUNG	ANKERBEISPIEL	CODE	DATEN
HF3.7	Didaktik Produkte	Welche Produkte entstehen beim Making? (Welche Kriterien für Kreativität erfüllen die Produkte?)	Dokumentation der Produkte auf Fotos, Videos. (Analyse der Produkte mit dem Analyseraster für kreative Produkte.)	s. Instrument Produktkreativität	HF3_Did_Produkt Verwandt: Kreativität	TNB PROD_ SuS Analyse
HF3.8	Didaktik analog digital	Wo zeigen sich kreative Lösungen in der Verbindung digitaler und analoger Technologien?	Analyse von Produkten, die digitale und analoge Technologien verbinden	Schüler X steuert den Motor nicht über Kabel, sondern über Funk mit einem Calliope.	HF3_Did_digi_log Verwandt mit: UT4_URTEIL_c UT4_urteil_mehrwert ESC_SELBST_c= ES1c_selbst_dig_gestalten	PROD_ SuS TNB I_SuS

7.6.3.4 Handlungsfeld 4: Lernbegleitung

	SUBCODE-LABEL	FRAGE-STELLUNG	BESCHREIBUNG	ANKERBEISPIEL	CODE	DATEN
HF4.1	Lern-begleitung Herausforderung	Welche Herausforderungen ergeben sich bei der situierten Lernbegleitung für Schüler*innen und Lehrpersonen?	Situierte Lernprozesse; Aufwand, Wartezeiten und Geduld, Kapazität d. Lehrpersonen, Aussagen aus Inteviews zu Schwierigkeiten mit Lernen	Schüler*in A wartet lange, bis sie schliesslich Hilfe bekommt, anstatt die Zeit für eigene Versuche zu nutzen.	HF41_begleit_heraus verwandt mit: HF7.3= HF7_ausstatt_fehlt	TNB I_LPs (I_SuS)
HF4.2	Lern-begleitung Identität	Welche Rollen- und Identitätskonflikte entstehen beim Making?	Probleme mit Schülerrolle und Lehrerrolle, Hiercherchien in Selbstaussagen oder aus der Prozessbeobachtung	Lehrperson Z im Interview: «Ich komme nicht damit klar, dass ich selbst die Lösung nicht weiss.»	HF42_begleit_id	TNB I_LPs
HF4.3	Lern-begleitung Unterstützung	Welche Unterstützung benötigen die Schüler*innen bei komplexen Anforderungen, beim Lösen komplexer Probleme? (EU.2.5)			HF43_begleit_unterstützt	TNB
HF4.4	Lern-begleitung Fragen	Mit welchen Fragen und Anliegen wenden sich die Schüler*innen an die Lernbegleitung?			HF48_begleit_fragen	TNB

	SUBCODE-LABEL	FRAGE-STELLUNG	BESCHREIBUNG	ANKERBEISPIEL	CODE	DATEN
HF4.5	Lern-begleitung Impulse	Welche Impulse und Anregungen gibt die Lehrperson in den Prozess ein?			HF45_begleit_inputs	TNB
HF4.6	Lern-begleitung Externe	Wie lassen sich Peer Education und externe Personen in die Lernbegleitung einbeziehen?	Situationen, in denen Peer-Teaching stattfindet; oder Externe einbezogen werden. Welche Chancen und Risiken sich dadurch ergeben	Grossvater Y nimmt Schülerin X ständig die Säge aus der Hand und will alles selbst machen.	HF46_begleit_digital verwandt mit: EU2_AUTONOMe= EU2_autonom_info	TNB (I_LPs)
HF4.7	Lern-begleitung Digital	Welche Erfahrun-gen sammeln Schüler*innen und Lehrpersonen mit digitaler Lernbe-gleitung?	Beobachtungen, wie die Schüler*innen digitale Lernbeglei-tungstools nutzen, Motivation, Schwierigkeiten, Impact....	Schüler*in Y lädt ausschliesslich Selfies hoch und fügt Emoticons hinzu.	HF47_begleit_digital verwandt mit: EU2_AUTONOMe= EU2_autonom_info	LPRDT _SuS

7.6.3.5 Handlungsfeld 5: Maker-Curriculum

	SUBCODE-LABEL	FRAGE-STELLUNG	BESCHREIBUNG	ANKERBEISPIEL	CODE	DATEN
HF5.1	Curriculum Interessen	Inwieweit stimmen die Themenschwerpunkte, Inhalte und Lernangebote des Maker-Curriculums mit den Interessen und Neigungen der Schüler*innen überein?	Beobachtungen oder Aussagen, die darauf hindeuten, dass die Rahmenthemen und Technologien im Interessens- und Fähigkeitsbereich d. Schüler*innen liegen; Überforderung, Unterforderung, Langeweile, Sinnhaftigkeit, Nutzen	Schülerin A ist nur halbherzig beim Bau der Fahrzeuge aktiv. Nachdem sie angesprochen wird, sagt sie, dass sie Fahrzeuge langweilig findet.	HF51_curric_interes verwandt mit: HF1.3= HF1_komp_vorwissen HF1.4= HF1_komp_fehlwissen EU_AUTONOMa= EU2_autonom_interessen	TNB
HF5.2	Curriculum Lehrplan	Inwieweit stimmen die Themenschwerpunkte, Inhalte und Lernangebote des Maker-Curriculums mit den bildungspolitischen Vorgaben überein?	Vergleich der tatsächlich erworbenen Kompetenzen mit den Lehrplanvorgaben	Vergleichende Analyse	HF52_curric_lehrplan	
HF5.3	Curriculum Fächerverbindung	Wie werden Themen im MakerSpace mit verwandten Themen in den Fächern verknüpft?	Aussagen, die darauf hindeuten, dass Maker-Themen im Fachunterricht aufgegriffen und vertieft wurden	Lehrerin B: «Ich habe mit den Schüler*innen in Medien und Informatik Programmieren geübt.»	HF53_curric_fachverbind	
HF5.4	Curriculum Nachhaltigkeit	Welche Bedeutung haben Nachhaltigkeitsthemen? Wie könnte dieses Themenfeld noch stärker eingebunden werden, ohne Autonomie und Selbstbestimmung zu reduzieren?	Situationen oder Aussagen, in welchen Nachhaltigkeit zum Thema gemacht wird; Nachhaltigkeit von Produkten	Schülerin Z: «Ich möchte kein Holz verwenden, das aus dem Regenwald kommt»	HF54_curric_nachhalt verwandt mit: EV3_VERANTd= EV3_verant_werte EV3_VERANTe= EV3_verant_nachhalt	
HF5.5	Curriculum Systematik	Wie kann aus dem interessen- und neigungsgeleiteten Pilot-Curriculum ein systematisches Schul-Curriculum Making entwickelt werden?			HF55_curric_system	

7.6.3.6 Handlungsfeld 6: Raumgestaltung

	SUBCODE-LABEL	FRAGE-STELLUNG	BESCHREIBUNG	ANKERBEISPIEL	CODE	DATEN
HF6.1	Raum-gestaltung Selbst-steuerung	Welche Raumgestaltungsmassnahmen erleichtern/erschweren das selbstgesteuerte Arbeiten im MakerSpace?	Beobachtungen und Aussagen, die darauf hindeuten, dass die Raumgestaltung Selbstständigkeit fördert oder hemmt.	Die Schüler*innen nutzen die Werkzeugwand, um herauszufinden, wo sie das benötigte Werkzeug finden	HF61_gestalt_selbst	TNB
HF6.2	Raum-gestaltung Nutzung Potenzial	Wie wird das Potenzial des Raums (Zonen, mobile Möbel, ...) von Lehrpersonen und Schüler*innen tatsächlich genutzt?	Beobachtungen, welche Zonen, Bereiche für welche Tätigkeiten genutzt werden.	Lehrperson im Interview: «Ich habe die Whiteboardwand nie gebraucht. Ich habe alles immer mit dem Beamer gelöst»	HF62_gestalt_nutz	TNB I_LPs
HF6.3	Raum-gestaltung Aktivität Kollaboration	Welche Raumgestaltungsmassnahmen unterstützen das kollaborative Arbeiten der Schüler*innen?	Beobachtungen, wie Raumaufteilung und -Arrangements Zusammenarbeit erleichtern oder erschweren.	Die Schüler*innen A und B machen nicht von der Möglichkeit Gebrauch, sich die Arbeitsumgebung selbst einzurichten.	HF63_gestalt_kollab	TNB (I_LPs) (I_SuS)
HF6.4	Raum-gestaltung Re-Design-wünsche	Welche Anpassungen sind aus der Sicht von Schüler*innen und Lehrpersonen am Raum erforderlich?			HF64_gestalt_wünsche	AOBF_LPs AOBF_SuS I_LPs I_SuS

7.6.3.7 Handlungsfeld 7: Material- und Geräteausstattung

	SUBCODE-LABEL	FRAGE-STELLUNG	BESCHREIBUNG	ANKERBEISPIEL	CODE	DATEN
HF7.1	Ausstattung Nutzung	Welche Materialien, Maschinen und Werkzeuge werden in der schulischen Making-Praxis tatsächlich benötigt?	Beobachtung für welche Projekte welche Gegenstände benötigt werden;	Schüler X hat Schwierigkeiten Styropor mit dem Cutter zu verarbeiten. Er entdeckt die Stypoporschneidemaschine und nutzt sie erfolgreich.	HF71_ausstatt_genutzt	TNB (I_LPs)
HF7.2	Ausstattung Kosten	Wie wartungs-, nutzungs- und kostenintensiv sind Betrieb der Geräte und Bereitstellung von Verbrauchsmaterialien?	Erfahrungen der Lehrpersonen mit den Geräten; Funktions- und Nutzerfreundlichkeit, laufende Kosten, Aufwand für Betrieb und Wartung.	Lehrperson X klagt darüber, dass der 3D-Druck so lange dauert und oft schief geht.	HF72_ausstatt_kosten	TNB I_LPs
HF7.3	Ausstattung fehlt	Welche Materialien, Maschinen und Werkzeuge fehlen? Inwieweit ist die Anzahl verfügbarer Gegenstände für die Grösse der Lerngruppen ausreichend?	Beobachtungen, wo im Praxisbetrieb Engpässe entstehe	Schüler Y: «Die Balsaholzplatten reichen nie aus. Immer wenn ich welche brauchte, sind sie weg».	HF73_ausstatt_fehlt verwandt mit HF4.1= HF4_begleit_heraus HF7.5= HF7_ausstatt_redesign	TNB (I_LPs) (I_SuS) RGD_ SuS
HF7.4	Ausstattung Re-Design	Welche Ausstattungsgegenstände müssen aus der Sicht von Schüler*innen und Lehrpersonen ergänzt werden?	Aussagen von Schüler*innen und Lehrpersonen zu fehlenden Gegenständen, Materialien, Geräten	Schüler Z: «Ich hätte gerne qualitativ hochwertiges Holz, nicht so ein billig Kiefernkram»	HF74_ausstatt_redesign verwandt mit: HF7.3= HF7_ausstatt_fehlt	AOBF_ SuS AOBF_LP I_SuS I_LPs SPRT RGD_ SuS

7.6.3.8 Handlungsfeld 8: Qualifikation und Weiterbildung Lehrpersonen

	SUBCODE-LABEL	FRAGE-STELLUNG	BESCHREIBUNG	ANKERBEISPIEL	CODE	DATEN
HF8.1	Qualifikation Resonanz	Wie werden die Weiterbildungsangebote von den Lehrpersonen angenommen? (inhaltlicher Weiterbildungsbedarf, Weiterbildungsbereitschaft, Nutzungsfrequenz, erbrachter Zeitaufwand)	Aussagen zum Weiterbildungsangebot insgesamt; wie es genutzt wurde	Lehrer R. im Interview: «Ich fand gut, dass wir ansonsten keine anderen Weiterbildungsangebote hatten.»	HF8_quali_resonanz	AOBF I_LPs
HF8.2	Qualifikation Urteil	Wie beurteilen die Lehrpersonen die Qualität der Weiterbildungsangebote? (Zeitpunkt, Dauer, Format, Praxisrelevanz, Themen, methodische Qualität, Vorbereitung auf Making)	Aussagen zur Qualität der Weiterbildungen	Lehrerin A: «Das ging mir alles zu schnell. Ich brauche Übung und Betreuung in der Praxis».	HF8_quali_urteil	AOBF I_LPs
HF8.3	Qualifikation Re-Design	Inwieweit müssen Themenschwerpunkte, Formate und methodische Gestaltung der Weiterbildungsangebote verändert werden?	Aussagen zu Wünschen und Vorschlägen zur Veränderung der Weiterbildungsangebote	Lehrer C. im Interview: «Ich hätte gerne noch eine systematische Einführung in den 3D-Druck».	HF8_quali_redesign	AOBF I_LPs

7.6.3.9 Handlungsfeld 9: Organisatorische Einbindung in den Schulalltag

	SUBCODE-LABEL	FRAGE-STELLUNG	BESCHREIBUNG	ANKERBEISPIEL	CODE	DATEN
HF9.1	Organisation Gelingen	Inwieweit ist die Integration des MakerSpace in das Schulleben aus der Sicht von Lehrpersonen, Schüler*innen und Forschenden gelungen? Wie ist die Resonanz auf das MakerSpace Projekt seitens Schulbehörde und Elternschaft?	Allgemeine Aussagen zur Praxistauglichkeit des Making-Ansatzes; Einschätzungen zum Integrationsgrad im Schulleben;	Lehrperson: «Also, ich weiss immer noch nicht so ganz genau, was ihr da im MakerSpace macht.»	HF91_orga_gelingen	TNB I_SuS I_LPs
HF9.2	Organisation Reibungspunkte	Welche Reibungspunkte traten durch strukturelle Rahmenbedingungen des Systems Schule auf? Wie lassen sich Reibungspunkte zukünftig entschärfen?	Aussagen von Lehrpersonen oder Beobachtungen hinsichtlich einer negativen Wirkung des Schulsystems auf die Integration der Maker-Idee.	Lehrperson: «letztendlich steht und fällt alles mit der Benotung. Eltern und Schüler erwarten einfach, dass sie Noten kriegen. Wie mache ich das beim Making?»	HF92_orga_reibung	I_SuS TNB AOBF_ LPs
HF9.3	Organisation Partizipation	Wie ist der partizipative Entwicklungsprozess rückblickend zu bewerten?	Resümee, wie stark sich Lehrpersonen und Schüler*innen an der Entwicklung des MakerSpace beteiligt haben.		HF93_orga_partizip	
HF9.4	Organisation Ressourcen	Wieviel Personalressourcen werden tatsächlich benötigt, um einen schulischen MakerSpace zu entwickeln und zu betreiben?	Resümee und Einschätzung, der Akteure, wie personalaufwändig schulisches Making tatsächlich ist. (auch Zeitfaktor)	Lehrer D.: «Ich kann das alleine unmöglich machen. Wir müssen mindestens zu zweit sein».	HF9_orga_ressourcen	
HF9.5	Organisation Re-Design	Welche Anpassungen und Veränderungen an der organisatorischen Einbindung sind aus der Sicht der Akteur*innen erforderlich?	Aussagen und Vorschläge zur Anpassung von Nutzungskonzept, Curriculum, Zeitfenstern etc.	Lehrer E.: «Vier Vormittage reichen nunmal nicht, wenn man ein wirklich tolles Projekt umsetzen will.»	HF94_orga_redesign	

7.6.4 Kodierleitfaden «Digitale Mündigkeit»

Der Kodierleitfaden für digitale Mündigkeit leitet sich aus dem Empowerment-Modell für digitale Mündigkeit im Making-Kontext ab (vgl. 3.7). Die Spalte «Fragestellung» bildet Teilfragestellungen der jeweiligen Subkategorie ab. Ein Ankerbeispiel soll das Codieren erleichtern und die Intercoder-Reliabilität sicherstellen. Die Code-Abkürzungen orientieren sich jeweils an den Konventionen der Konstruktoperationalisierung in Kapitel 3. In der Spalte «Daten/Methoden» wird angezeigt, welche qualitativen Daten voraussichtlich in die Analyse mit einbezogen werden können.

7.6.4.1 Dimension 1: Selbstermächtigung und Selbstbestimmung

	SUBCODE-LABEL	FRAGE-STELLUNG	BESCHREIBUNG	ANKERBEISPIEL	CODE	DATEN
ES1.1	Selbst-ermächtigung Ideen umsetzen	Inwieweit können die Schüler*innen tatsächlich eigene Ideen umsetzen? (ES1.2)	Beobachtungen oder Aussagen, die bestätigen, dass die Schüler*innen tatsächlich Produkte herstellen und eigene Ideen umsetzen.	Schülerin A. stellt einen Regenbogen-kaugummi-automat her.	ES1.1_selbst_ideen verwandt mit: EU2_AUTONOM_a= EU2_autonom_interessen HF1.3= HF1_komp_vorwissen HF3.2= HF3_Did_umgang	TNB KiZ / WWIGB PROD_SuS
ES1.2	Selbst-ermächtigung Digitale Fabrikation	Wie nutzen die Schüler*innen digitale Fabrikationsmittel? Inwieweit eröffnen digitale Fabrikationsmittel den Schüler*innen erweiterte Handlungs- und Gestaltungsmöglichkeiten? (ES1.3)	Beobachtungen, wozu digitale Fabrikationsmittel genutzt werden. Beispiele, die zeigen, dass digitale Fabrikation den Schüler*innen erweiterte Ausdrucksmöglichkeiten an die Hand geben	Schülerin H. produziert Zahnräder mit der CNC-Fräse für ihr Übersetzungsgetriebe.	ES1.2_selbst_dig_fab verwandt mit: HF7.4= HF7_ausstatt_kreativ	TNB RGD_SuS
ES1.3	Selbst-ermächtigung Digitales Gestalten	Inwieweit können die Schüler*innen ihre Programmierkenntnisse und ihr Wissen über digitale Steuertechnologie für die Produktentwicklung nutzen? (ES1.4)	Beispiele für Produkte, zu deren Produktion die Schüler*innen digitale Kenntnisse benötigen (z.B. Programmierkenntnisse)	Schülerin C. im Interview: «Ich habe gelernt, wie man mit dem Calliope Lieder komponiert.»	ES1.3_selbst_dig_gestalten verwandt mit: HF3.8= HF3_Did_dig_log	TNB PROD_SuS I_SuS
ES1.4	Selbst-ermächtigung Digitale Kenntnisse	Welche Kenntnisse sind erforderlich, um das Potenzial digitaler Technologie für die Problemlösung zu nutzen? (ES1.4)	Beobachtungen oder Selbsteinschätzungen von Schüler*innen, welche Kenntnisse nötig sind, um das Potenzial der digitalen Technologie wirklich nutzen zu können.	Lehrer T.: «Wenn die nicht wissen, welche Sensoren auf dem Board drauf sind, können sie nicht mal ahnen, was alles möglich ist»	ES1.4_selbst_kenntnis verwandt mit: HF1.2= HF1_komp_nötig HF1.1= HF1_komp_erwerb	TNB I_SuS I_LPs
ES1.5	Selbst-ermächtigung Arbeitsbedingungen selbst gestalten	Inwieweit können die Schüler*innen ihre Arbeitsbedingungen selbst gestalten? (Möglichkeit / Kompetenz)			ES1.4_selbst_bedingung	TNB

ES1.6	Selbst-ermächtigung Selbst-wirksamkeit	In welchen Momenten können Schüler*innen Selbstwirksamkeit erleben?	Momente von Anerkennung, Erfolg, Stolz, Freude über Geschafftes	Schülerin T: «Jetzt, endlich klappt es! Ich hab gewusst, dass ich es hinkriege!»	ES1.6_selbst_wirksam-keit	TNB I_SuS

7.6.4.2 Dimension 2: Unabhängigkeit und Selbstständigkeit

	SUBCODE-LABEL	FRAGE-STELLUNG	BESCHREIBUNG	ANKERBEISPIEL	CODE	DATEN
EU2.1	Unabhängigkeit Orientierung	Wie finden sich die Schüler*innen im MakerSpace zurecht? Welche Faktoren erleichtern / erschweren die Orientierung?			EU2.1_autonom_orient	TNB
EU2.2	Unabhängigkeit Interessen verfolgen	Inwieweit haben die Schüler*innen eigene Interessen, die sie im MakerSpace vertiefen wollen? Inwiefern ist für die Interessen der Schüler*innen Raum?	Einschätzungen, inwieweit Schüler*innen Raum für ihre Interessen und Neigungen beim Making haben.	Schüler D. im Interview: «Das Calliope Programmieren interessiert mich gar nicht. Ich würde lieber häkeln».	EU2.2_autonom_interessen; Verwandt: EV3a; ES1a	TNB I_SuS RGD_SuS AOBF_SuS
EU2.3	Unabhängigkeit Probleme lösen	Auf welche Probleme stossen die Schüler*innen im Making-Prozess? Inwieweit können sie die Probleme selbstständig lösen? Welche Strategien wenden sie dabei an?	Beobachtungen auf welche Probleme Schüler*innen stossen; inwieweit Schüler*innen Probleme eigenständig oder mit Hilfe anderer lösen, welche Lösungsstrategien sie anwenden	Schülerin X wirkt verzweifelt und gibt beim ersten Fehlschlag auf. XY fragt ständig die Lehrperson, wenn sie nicht weiterkommt.	EU2.3_autonom_problem verwandt mit: HF3.5= HF3_Did_Strategien HF3.4= HF3_Did_problemlös KPROZ2a EV3e HF47, HF48	TNB AOLB_SuS I_SuS I_LP
EU2.4	Unabhängigkeit Unterstützung	Inwieweit sind die Schüler*innen in der Lage, bei Bedarf Unterstützung hinzuzuziehen? Welche Art Unterstützung wird benötigt?	Beobachtungen von Situationen, in denen Schüler*innen Wissen oder Kompetenzen für die Weiterarbeit fehlen; was tun sie? Wie besorgen sie sich das nötigte Wissen?	Schüler X will mit der CNC-Fräse einen Schlüsselanhänger produzieren. Er weiss aber noch nicht, wie das Gerät funktioniert. Er traut sich nicht, jemanden zu fragen und baut stattdessen einen Papierflieger.	EU2.4_autonom_unterstütz verwandt mit: HF1.4= HF1_komp_fehlwissen EV3f HF48	TNB I_SuS I_LP
EU2.5	Unabhängigkeit Informationskompetenz	Inwieweit sind die Schüler*innen in der Lage, sich selbstständig relevante Informationen zu beschaffen und auszuwerten? Welche (digitalen) Informationsquellen nutzen sie?	Situationen, in welchen Schüler*innen Informationen suchen, selektieren, auswerten und anwenden. Suchstrategien?	Schülerin R. im Interview: «Ich gehe nicht gerne ins Internet, da gibt es immer so viel und ich weiss nicht, was nehmen.»	EU2.5_autonom_info verwandt mit: HF1.2= HF1_komp_nötig HF4.4= HF4_begleit_digital	TNB I_LPs I_SuS
EU2.6	Unabhängigkeit Prozess	Inwieweit sind die Schüler*innen in der Lage, ihre Design-Entwicklungsprozesse selbstständig zu gestalten?	Selbstständigkeit der Schüler*innen bei der Produktentwicklung; Unterstützungsbedarf durch Lehrperson		EU2.6_autonom_prozess	TNB I_LPs

EU2.7	Unabhängigkeit Partizipation	Inwieweit können Schüler*innen ihre Ideen und Lösungsansätze vertreten, begründen und an ihnen festhalten, auch wenn Dritte eine andere Lösung vorschlagen?			EU2g_autonom_partizip	

7.6.4.3 Dimension 3: Verantwortung und Selbstreflexion

	SUBCODE-LABEL	FRAGESTELLUNG	BESCHREIBUNG	ANKERBEISPIEL	CODE	DATEN
EV3.1	Verantwortung Relevanz Lebensweltbezug	Welche gesamtgesellschaftlich relevanten Fragestellungen und Probleme werden beim Making aufgeworfen? Welche dieser Fragestellungen haben einen Bezug zur Lebenswelt der Schüler*innen?	Beispiele für Problemstellungen beim Making, die eine grössere gesellschaftliche Relevanz haben; echte lebensweltrelevante Problemstellungen; Nachhaltigkeitsthemen	Schülerin XY will ein Angebot für Einkaufsservice-Angebot für Senioren während der Coronazeit entwickeln.	EV3.1_verant_relevanz verwandt: EU2.1	TNB RGB_SuS PROD_SuS
EV3.2	Verantwortung Werte	Inwieweit spielen (universelle) Werte bei der Produktentwicklung eine Rolle? Welche Rolle spielen Aspekte von Nachhaltigkeit (Energieeinsparung, Recycling, nachhaltige Materialien, Lösung von Nachhaltigkeitsproblemen) bei der Produktentwicklung?	Nachdenken über Wirkung anhand von Kriterien wie: Funktion, Haltbarkeit, Nachhaltigkeit von Produkten; Reflexionsanlässe	Schüler XY macht Z darauf aufmerksam, dass sein Produkt scharfe Kanten hat: Verletzungsgefahr.	EV3b_verant_werte verandt mit: HF3.2= HF3_Did_Umgang EV3c	TNB RGD_SuS
EV3.3	Verantwortung Empathie/ Feedback	Welches Feedback geben sich Schüler*innen gegenseitig zu ihren Produkten? Nach welchen Kriterien begutachten die Schüler*innen ihre eigenen Produkte und die ihrer Mitschüler*innen?	Formen von produktbezogenem Feedback, das sich die Schüler*innen während der Making-Sessions geben		EV3.3_verant_feedback verwandt: KUMFELD4c EV3f_verant_schlüsse	TNB RGD_SuS
EV3.4	Verantwortung Schlüsse ziehen	Welche Schlüsse ziehen die Schüler*innen aus ihren Fehlern? Sind sie in der Lage, ihre Erkenntnisse unmittelbar anzuwenden? (EV3.4)	Erkenntnisse durch Fehler, Lernzuwachs, Schlussfolgerungen; können Schüler*innen das eigenständig beim Making?	Schülerin XY erkennt, dass ein Elektromotor nicht unter Wasser montiert werden darf, weil es sonst einen Kurzschluss gibt.	EV3.4_verant_schlüsse verwandt mit: HF3.7= HF3_Did_Lern UT4_URTEIL_c= UT4_urteil_mehrwert UT4_URTEIL_d= UT4_urteil_fehler KPROZ2c_situationen UT4d HF3.7_did_lern	TNB

	SUBCODE-LABEL	FRAGE-STELLUNG	BESCHREIBUNG	ANKERBEISPIEL	CODE	DATEN
EV3.5	Verantwortung Lernprozess	Inwieweit übernehmen die Schüler*innen Verantwortung für ihren Lernprozess beim Making? Nutzen sie die verfügbare Zeit produktiv und sinnvoll?	Nachdenken über das eigene Lernen; Festhalten von Lernerfolgen und -erfahrungen; Selbsteinschätzungen d. Schüler*innen	Schülerin A: «Ich mag am liebsten nur Bauen. Aufschreiben und Dokumentieren hasse ich.»	EV3.5_verant_lern verwandt mit: HF3.2= HF3_Did_umgang HF5.3= HF5_curric_nachhalt EU2d	TNB PROD_SuS I_SuS

7.6.4.4 Dimension 4: Urteilsfähigkeit durch Sachkenntnis

	SUBCODE-LABEL	FRAGE-STELLUNG	BESCHREIBUNG	ANKERBEISPIEL	CODE	DATEN
UT4.1	Urteilsfähigkeit Vorwissen Technik, Informatik, Gestaltung, ...	Welches informatisches und / oder technisches und / oder gestalterisches Vorwissen bringen die Schüler*innen mit?	Schüler*innen-Vorkenntnisse, Vorstellungen von digitalen Systemen, Vorkenntnisse im Programmieren, in der Bedienung von Computern und Endgeräten	Schüler B: «In unserem Toaster ist auch ein Temperatursensor drin.»	UT4.1_urteil_informatik	TNB I_SuS I_LP
UT4.2	Urteilsfähigkeit Wissen erforderlich für Umsetzung Technik, Informatik, Gestaltung, Elektronik,	Welches informatisches und / oder technisches und / oder gestalterisches Wissen ist erforderlich, um die Projektideen der Schüler*innen zu realisieren?	Wissens- und Kompetenzbestände, die sich in der Praxis als wichtig erweisen für die Umsetzung von Standardprodukten.	Schülerin V möchte eine Alarmanlage bauen und muss dazu ein Kabel an einer Metallplatte verlöten.	UT4.2_urteil_umsetzung	TNB PROD_SuS
UT4.3	Urteilsfähigkeit Mehrwert digitale Technologie	Inwieweit können die Schüler*innen erkennen, wann eine digitale Lösung sinnvoller ist als eine analoge (und umgekehrt)?	AHA Erlebnisse: mit dig. Steuerung sind andere Funktionen möglich	Schülerin C: «Ich brauche kein Getriebe, ich kann den Motor digital schnell und langsam machen.»	UT4.3_urteil_mehrwert verwandt mit: ES1c ES1b HF3.8_did_digi_log	TNB I_SuS I_LP PROD_SuS
UT4.4	Urteilsfähigkeit Fehlersuche	Welche Art (technische) Fehler treten im Rahmen der Produktentwicklung auf? Welches Wissen ist erforderlich, um Fehler / Probleme zu erkennen und zu beseitigen?	Situationen, wo Schüler*innen durch ihr (fehlendes) technisches Verständnis Probleme (nicht) lösen können.	Schüler D hat die Aufbauten seines Bootmodells nicht mittig montiert, es kentert ständig. Er schafft es nicht, den Fehler zu beheben.	UT4.4_urteil_fehler verwandt mit: KPROZ2c EV3e HF3.3= HF3_Did_Scheitern HF3.7= HF3_Did_Lern EV3c_VERANT_c	TNB RGD_SuS

7.6.5 Kodierleitfaden «Kreativität»

Der Kodierleitfaden für «Kreativität» beinhaltet deduktive Kategorien bzw. Codes, die im Kapitel 4 in Auseinandersetzung mit den vier Perspektiven der Kreativitätsforschung Person, Produkt, Prozess und Umfeld schrittweise entwickelt wurden. Aus Gründen der Transparenz verweisen die Kürzel in der Spalte «Fragestellung» auf die entsprechende Stelle im Theorieteil, von welcher die Fragestellung abgeleitet ist.

7.6.5.1 Perspektive 1: Kreative Person und Making

	SUBCODE-LABEL	FRAGE-STELLUNG	BESCHREIBUNG	ANKERBEISPIEL	CODE	DATEN
KPE1.1	Kreativitäts-verständnis	Was bedeutet Kreativität für Schüler*innen und Lehrpersonen? (KUAK2, KEUM1. KEUM4)	Aussagen zur inhaltlichen Bestimmung, Definition von Kreativität.	Schülerin W: «Für mich ist Kreativität ausprobieren, ohne nachdenken.»	KPE1.1_K_verständnis	I_SuS I_LP TNB
KPE1.2	Kreatives Selbstkonzept Selbstbewusstsein	Wie kreativ schätzen sich die Schüler*innen selbst ein? (KPE. OA4) Wie schätzen die Lehrpersonen die Kreativität bei ihren Schüler*innen ein?	Aussagen zur kreativen Selbsteinschätzung	Schüler A.: «Ich bin nicht so der kreative Typ.»	KPE1.2_selbstkonzept	
KPE1.3	Motivation Zufriedenheit Ansprüche	Wie stark sind die Schüler*innen beim Making intrinsisch motiviert? Was motiviert/ demotiviert sie besonders? (KPE. MO1). Welche Rolle spielen dabei Wahlfreiheit und Selbstbestimmung? (KUAS1) Wie schnell sind die Schüler*innen mit einem Ergebnis zufrieden? Welchen Anspruch verbinden die Schüler*innen mit ihrem Produkt?	Beobachtungen des Motivationsverhaltens der Schüler*innen. Selbsteinschätzungen zur Motivation.	Schüler B möchte unbedingt sein defektes ferngesteuertes Auto reparieren. Er ist begeistert von den Möglichkeiten der bluetooth-gesteuerten Fernbedienung.	KPE1.3_motivation	TNB AOLB_SuS I_SuS (I_LP)
KPE1.4	Eigenschaften	Welche sonstigen persönlichen Eigenschaften erweisen sich beim Making als kreativitätsfördernd bzw. -hemmend? (KPE.OA)	Beobachtung von kreativitätsfördernden oder -hemmenden Verhaltensweisen, Rückschlüsse auf persönliche Eigenschaften.	Schülerin C fängt lange Zeit nicht mit dem Arbeiten an. Auf Nachfrage sagt sie, dass sie keine Fehler machen will und nicht weiss, was sie nun tun soll.	KPE1.4_eigenschaft verwandt mit: HF2_mindset KPROZ2d	TNB (I_SuS)

7.6.5.2 Perspektive 2: Kreativer Prozess und Making

	SUBCODE-LABEL	FRAGE-STELLUNG	BESCHREIBUNG	ANKERBEISPIEL	CODE	DATEN
KPRZ1	Prozess Ideen Problemlöse-strategien und Kreativitäts-techniken	Wie entwickeln Schüler*innen Ideen beim Making? Welche Rolle spielen Kreativitätstechni-ken? (PR.3) Welche Strategien der Problemlösung wenden sie an?	Beobachtungen, wie Schüler*innen bei der Entwicklung von Ideen vorgehen. Beobachtungen, wie die Schüler*innen ihre Probleme lösen.	Schüler T sucht eine Stunde lang im Internet nach Videos zu Robotern aus Pappe. Er entscheidet sich dazu, einen bestimmten Roboter nachzubauen.	KPRZ1_techniken	TNB
KPRZ2	Prozess Prozessverlauf	Wie verlaufen die kreativen Prozesse der Schüler*innen (Reihenfolge, Verteilung der Phasen, ...)? (PR.4)	Beobachtungen zur Abfolge der Phasen des kreativen Prozesses.	Schüler A nutzt fast die ganze Zeit für Prototyping, während Testing keine Rolle spielt.	KPRZ2_verlauf	TNB
KPRZ3	Prozess Anspruchs-volle Situationen Scheitern	Welche Probleme entstehen? Welche Situationen im Prozess sind besonders anspruchsvoll, führen zum Scheitern, erfordern eine hohe Ambiguitätstole-ranz? (POA.3)	Beobachtung von Situationen, an denen die Schüler*innen nicht weiterkommen, wo Probleme entstehen. Selbstaussagen von Schüler*innen über schwierige Sitautio-nen	Schülerin A und Schülerin E haben einen Kurzschluss in ihrer Schaltung. Sie finden den Fehler nicht und geben ihr Projekt auf.	KPRZ3_situationen	TNB I_SuS I_LP
KPRZ4	Prozess Unterstützung	In welchen Situationen benötigen die Schüler*innen besondere Unterstützung?	Beobachten von besonderem Unterstützungsbe-darf, den die Schüler*innen einfordern.	Schüler C müht sich mit der Handbohrmaschi-ne ab, er dreht in die falsche Richtung, ohne es zu merken.	KPRZ4_untetstütz	TNB
KPRZ5	Kreatives Verhalten	Welche nicht projektbezogenen kreativen und spielerischen Ausdrucksformen sind zu beobach-ten?	Beobachtung von Schüler*innen-Verhal-ten, das nichts mit den laufenden Projekten zu tun hat.	Schüler H klopft mit den Holzstäben einen Rhythmus auf dem Tisch und interpretiert einen HipHop-Text	KPRZ5_verhalten	TNB
KPRZ6	Prozessmodel in der Praxis	Inwieweit eignet sich das 4-stufige Design Thinking-Modell (Research, Ideation, Prototyping, Testing) für die Beschreibung kreativer Making-Prozesse? (PR.4)			KPRZ6_modell	TNB

7.6.5.3 Perspektive 3: Kreatives Produkt und Making

	SUBCODE-LABEL	FRAGE-STELLUNG	BESCHREIBUNG	ANKERBEISPIEL	CODE	DATEN
KPRD3.1	Produkt Ideen	Welche Ideen und welche Produkte entstehen beim Making? (PRD.1) Wovon sind die Ideen beeinflusst / inspiriert? Welche Ideen werden umgesetzt und welche nicht? (PRD.1)	Erfassung von Ideen im Prozess und in Produkten Erfassung von Produkten und Prototypen, die beim Making entstehen	Schüler X baut eine stromgesteuerte Papierschneidemaschine.	KPRD3.1_ideen verwandt mit: HF3.6_did_Produkt KPROZ2c	TNB KiZ / WWIGB PROD_SuS AOLB_SuS
KPRD3.2	Produkt Produkt-entwicklung	Wie entwickeln sich Produkte im Laufe des Prozesses?	Analyse der Produkte anhand des Produktanalyse-rasters (vgl. 7.6.1.2)	Kann nur durch Analyse der Produkte erfolgen	KPRD3.2_entwicklung verwandt mit: KPROZ2b	PROD_SuS
KPRD3.3	Produkt Erkenntnis-gewinn	Welche Erkenntnisse gewinnen die Schüler*innen im Making-Prozess? (PRD.1) Lernzuwachs	Selbsteinschätzungen zum persönlichen Erkenntnisgewinn der Schüler*innen	Schüler S im Interview: «Ich habe gelernt, durchzuhalten und dran zu bleiben.»	KPRD3.3_erkenntnis verwandt mit: HF1_komp_erwerb UT4d EV3e HF3.7_did_lern	I_SuS AOLB_SuS I_LP TNB
KPRD3.4	Produkt Kreativitäts-kriterien	Wie kreativ sind die Produkte und die Umsetzungsideen (gemessen an den Kriterien für kreative Produkte)? Bewerten verschiedene Personen den Kreativitätsgrad von Ideen und Produkten ähnlich? (PRD.3)	Analyse von Schüler*innen-Produkten mithilfe der Kreativitätsanalyse-raster; Vergleich der Einschätzung unterschiedlicher Personen		KPRD3.4_entwicklung	PROD_SuS TNB

7.6.5.4 Perspektive 4: Kreatives Umfeld und Making

	SUBCODE-LABEL	FRAGE-STELLUNG	BESCHREIBUNG	ANKERBEISPIEL	CODE	DATEN
KUM1	Rahmen-bedingungen	Welche Bedingungen des Lernumfelds sind besonders kreativitätsfördernd oder hemmend (Ressourcen, Materialien, Gestaltung der Lernumgebung, Lernaktivitäten)? (KURE1, 2, 3, 4, 5, 6)	Beobachtung von Rahmenbedingungen, die sich auf das Explorations- und Konstruktionsverhalten der Schüler*innen auswirken.	Schüler W verbringt lange Zeit im Materiallager, dann greift er nach Korken und Gummibärchen und entwickelt daraus ein Geschicklichkeitsspiel.	KUM1_bedingung verwandt mit: HF2_mind_mut	TNB I_SuS AOLB_SuS
KUM2	Strukturelle Kreativitätskiller	Welche strukturellen Eigenschaften der Schule hemmen Kreativität beim Making? (KEUM.5)	Schulische Alltagspraxen, die kreative Prozesse erschweren und kreative Selbstkonzepte torpedieren	Schülerin W klagt darüber, dass ihr die Zeit fehlt und dass sie gerne ein ganzes Jahr an ihrem Produkt tüfteln würde.	KUM1_killer verwandt mit: HF42_begleit_id	TNB I_SuS AOLB_SuS
KUM3	Kreativität durch Kooperation	Wie arbeiten Schüler*innen im MakerSpace zusammen? (KURE4) Wie wirkt sich Feedback aus der Gruppe auf Entwicklungsprozesse aus? Welche Art von Feedback wird gegeben?	Beobachtungen zur Verwertung von Feedback bei der Weiterentwicklung von Produkten.	Schülerin C hat den Hinweis bekommen, dass sie einen Elektromotor nicht unter Wasser betreiben kann, und baut ihr Bootsmodell entsprechend um.	KUMF1_kommunikation verwandt mit: EV3e EV3d HF43_begleit_ext	TNB RGD_SuS I_SuS

8 MakerSpace Thayngen – Design-Entwicklung

8 MakerSpace Thayngen – Design-Entwicklung

Gegenstand dieses Kapitels ist das MakerSpace-Design der Primarschule Thayngen, das auf der Grundlage der theoretischen Vorarbeit in den Kapiteln «Maker Edcuation» (2), «(Digitale) Mündigkeit und Making» (3), «Kreativität und Making» (4), «Konzeptionelle Leitlinien für die Design-Entwicklung» (5) sowie «Making und Schule» (6) entwickelt wird. Der Begriff «Design-Entwicklung» im Zusammenhang mit der Konzeption des schulischen MakerSpace geht auf den gewählten Forschungsansatz Design-Based Research (vgl. 1.3, 7.2) zurück. Massgebend für die Design-Entwicklung sind neben den theoretischen Implikationen auch empirische Daten, die parallel zur Design-Entwicklungsphase im Feld erhoben und analysiert wurden. Es handelt sich vorwiegend um Befunde zu persönlichen Bedürfnissen, inhaltlichen

Präferenzen und Ideen der Schüler*innen und Lehrpersonen zur Ausgestaltung des MakerSpace. Damit wird eingelöst, was Salisbury und Nichols (2020, S. 53) fordern: Der spezifische Kontext einer Schule ist entscheidend zu berücksichtigen, anstatt pfannenfertige Konzepte zu etablieren (vgl. auch Campos et al. 2019, S. 3).

Im Bewusstsein, dass die neun Handlungsfelder der Design-Entwicklung (vgl. 1.4) den Forschungs- und Entwicklungsgegenstand lediglich theoretisch differenzieren und eine Trennschärfe nicht gegeben ist, werden die getroffenen Design-Entscheidungen aus Gründen der Textkohärenz und -systematik nicht chronologisch, sondern entlang der Handlungsfelder dargestellt und diskutiert. Querverbindungen sind im Text durch entsprechende Verweise gekennzeichnet.

8.1 HF1: Ziele und Making-Kompetenzen

Die Ziele der Maker Education werden im Schulhaus auf verschiedene Weise kommuniziert und diskutiert (vgl. 8.2.3, vgl. 8.2.2). Prinzipiell gibt es im Schulhausteam keine Einwände gegen das «Silberberg-Manifest» und die darin enthaltenen Ideen des Making-Ansatzes.

Zum Kompetenzerwerb der Schüler*innen beim Making werden den Lehrpersonen im ersten Betriebsjahr keine konkreten Vorgaben gemacht. Diese Entscheidung ist zum einen dem Umstand geschuldet, dass zu Projektbeginn unklar ist, in welche Richtung die Lehrpersonen den schulischen MakerSpace akzentuieren wollen. Zum anderen zeichnet sich durch die Analyse des Lehrplans 21 ohnehin eine grosse Schnittmenge zwischen Making-Kompetenzen, Fachkompetenzen und überfachlichen Kompetenzen ab (vgl. 10: Making-Kompetenzen).

Der Erwerb von Fachkompetenzen im Besonderen steht allerdings in Relation zur Design-Entwicklung im Bereich Making-Curriculum (vgl. 8.5ff.). Entsprechend der Themenpräferenzen von Lehrpersonen und ausgehend von den Gestaltungsideen und -wünschen der Schüler*innen ergeben sich themenspezifisch klassenstufenbezogene Kompetenzschwerpunkte. Diese werden im Folgenden aufgeführt, sind aber nur in Verbindung mit den Ausführungen im Kapitel 8.5ff. nachvollziehbar. Die Frage, welche Kompetenzen die Schüler*innen beim Making defakto erwerben, ist Gegenstand der Begleitforschung.

8.1.1 Fachkompetenzen Klassenstufe 3

MATHEMATIK
Die Schüler*innen können nach bildlichen Anleitungen falten. (MA.2.C.2c)
TECHNISCHES UND TEXTILES GESTALTEN (TTG)
Die Schüler*innen können Ideen sammeln, ordnen. (TTG.2.A.1a) Die Schüler*innen können Material, Objekte spielerisch erkunden, Ideen entwickeln. (TTG.2.A.2a) Die Schüler*innen können mit Materialien spielen und einfache Bauten konstruieren. (TTG.2.B.1.3a) Die Schüler*innen können mit beweglichen Konstruktionen experimentieren. (TTG.2.B.1.4b) Die Schüler*innen können individuelle Produkte herstellen. (TTG.2.A.3a) Die Schüler*innen können schneiden, reissen, lochen, (sägen, bohren). (TTG.2.D.1.1a) Die Schüler*innen können falten (Papier), raspeln, feilen, schleifen (Holz). (TTG.2.D.1.2a) Die Schüler*innen können Werkzeuge, technische Geräte bedienen (Schere, Handsäge, Handbohrer, Thermoschneider, Einspannvorrichtuung). Die Schüler*innen können Alltagsgeräte sachgerecht und sicher bedienen (Heissleimpistole, Föhn, Batterie einsetzen). (TTG.3.B.4.a) Die Schüler*innen machen Erfahrungen mit rollenden, schwimmenden, schwebenden und fliegenden Objekten. (TTG.2.B.1.4a) Die Schüler*innen können Produkte präsentieren und vom Prozess und über Gelerntes berichten. (TTG.1.B.2a, TTG.1.B.11a)
NATUR, MENSCH, GESELLSCHAFT (NMG)
Die Schüler*innen können spielerisch und modellartig technische Geräte und Anlagen nachkonstruieren (z.B. Türme, Brücken, Wippe, Balkenwaage) und dabei Vermutungen zu Konstruktion und Funktion anstellen sowie reale Beispiele suchen und beschreiben. (NMG.5.1b)

8.1.2 Fachkompetenzen Klassenstufe 4

MATHEMATIK
Die Schüler*innen können mit dem Computer Formen zeichnen, verändern, anordnen (tinkerCAD). (MA.2.C.2g)
TECHNISCHES UND TEXTILES GESTALTEN (TTG)
Die Schüler*innen können mechanische Aspekte, technische Zusammenhänge erkennen (Kraftübertragung, Antrieb, ...). (TTG.1.A.1b) Die Schüler*innen können Erwartungen und Resultate vergleichen. (TTG.1.B.1.2b) Die Schüler*innen können Design-Prozesse untereinander vergleichen, Entwicklungsmöglichkeiten aufzeigen. (TTG.1.B.1.1b) Die Schüler*innen können Prozessphasen festhalten, veranschaulichen; sie kennen Fachbegriffe von Werkzeugen und können Verfahren anwenden. (TTG.1.B.2b) Die Schüler*innen können Ideen und Infos sammeln, ordnen. (TTG.2.A.1b) Die Schüler*innen können Lösungen suchen, Produktideen entwickeln, Lösungen aus Experimenten ableiten. (TTG.2.A.2b) Die Schüler*innen kennen die Funktion und Konstruktion von Antrieben und deren Anwendung (Rückstoss, Luftschraube, Gummiantrieb). (TTG.2.B.1.4c) Die Schüler*innen können mechanisch-technische Grundlagen anwendungsbezogen einsetzen (Rad, Getriebe, ...). (TTG.2.B.1.4c) Die Schüler*innen kennen Eigenschaften von Stromkreisen und können sie in eigenen Produkten anwenden (Leuchtdioden, Serie- und Parallelschaltung). (TTG.2.B.1.5c) Die Schüler*innen können Wirkungen von Materialien und Oberflächen treffend beschreiben und für das eigene Produkt bewusst auswählen. (TTG.2.C.1.1b) Die Schüler*innen können schneiden (Karton, Textilien, Polystyrol, PET), sägen, bohren, (Weichholz, Holzwerkstoffe). (TTG.2.D.1.1c) Die Schüler*innen können feilen, schleifen, (Holz); biegen (Polystyrol), giessen (Zinn, Gips), modellieren (Plattentechnik) (TTG.2.D.1.2b) Die Schüler*innen können Werkzeuge und Maschinen verantwortungsbewusst einsetzen (Nähmaschine, Webgeräte, Decoupiersäge, Akku-und Standbohrmaschine). (TTG.2.E.1.2b) Die Schüler*innen können Eigenschaften von Materialien benennen und bewusst einsetzen (Holzwerkstoffe, Acrylglas, Draht, dünne Bleche, Leder, textile Materialien). (TTG.2.E.1.1b) Die Schüler*innen können technische Geräte und Produkte in Betrieb nehmen (mit Bedienungsanleitung). (TTG.3.B.4.b)

BILDNERISCHES GESTALTEN (BG)
Die Schüler*innen können Spuren des Prozesses festhalten und aufzeigen. (BG.1.B.1.1b) Die Schüler*innen können Produkte ausstellen, Produkte und Prozesse mit Fachbegriffen kommentieren. (BG.1.B.1.2b) Die Schüler*innen können durch Abformen und Nachformen modellieren; bauen und konstruieren. (BG.2.C.1.4c)
MEDIEN UND INFORMATIK (MI)
Die Schüler*innen können Informationen aus verschiedenen Quellen gezielt beschaffen, auswählen und hinsichtlich Qualität und Nutzen beurteilen. (MI.1.2e) Die Schüler*innen können Medien zum Erstellen und Präsentieren ihrer Arbeiten einsetzen (z.B. Klassenzeitung, Klassenblog, Hörspiel, Videoclip). (MI.1.3c) Die Schüler*innen können durch Probieren Lösungswege für einfache Problemstellungen suchen und auf Korrektheit prüfen (z.B. einen Weg suchen, eine Spielstrategie entwickeln); verschiedene Lösungswege vergleichen. (MI.2.2b) Die Schüler*innen verstehen, dass ein Computer nur vordefinierte Anweisungen ausführen kann und dass ein Programm eine Abfolge von solchen Anweisungen ist. (MI.2.2e) Die Schüler*innen können Programme mit Schleifen, bedingten Anweisungen und Parametern schreiben und testen. (MI.2.2f)
NATUR, MENSCH, GESELLSCHAFT (NMG)
Die Schüler*innen können Energiewandler und deren Wirkung ohne genaue Kenntnis von Bau und Funktion erläutern (z.B. Generator wandelt Bewegungsenergie in elektrische Energie um). (NMG.3.2e) Die Schüler*innen können Alltagsgeräte untersuchen und dabei einfache naturwissenschaftliche und technische Prinzipien erkennen und erläutern (z.B. Gleichgewicht bei Wippe, Balkenwaage, Stabilität bei Brücken, Türmen, Mauern, Hebel bei Schere, Zange, Hammer). (NMG.5.1c) Die Schüler*innen können mithilfe eines einfachen Stromkreises experimentell zeigen, welche Materialien elektrisch leiten und welche nicht. (NMG.5.2.1e)

8.1.3 Fachkompetenzen Klassenstufe 5

MATHEMATIK
Die Schüler*innen können mit dem Computer Formen zeichnen, verändern, anordnen (tinkerCAD). (MA.2.C.2g)
TECHNISCHES UND TEXTILES GESTALTEN (TTG)
Die Schüler*innen können mechanische Aspekte, technische Zusammenhänge erkennen (Kraftübertragung, Antrieb, ...). (TTG.1.A.1b) Die Schüler*innen können Erwartungen und Resultate vergleichen. (TTG.1.B.1.2b) Die Schüler*innen können Design-Prozesse untereinander vergleichen, Entwicklungsmöglichkeiten aufzeigen. (TTG.1.B.1.1b) Die Schüler*innen können Prozessphasen festhalten, veranschaulichen; sie kennen Fachbegriffe von Werkzeugen und können Verfahren anwenden. (T.TG.1.B.2b) Die Schüler*innen können Ideen und Infos sammeln, ordnen. (TTG.2.A.1b) Die Schüler*innen können Lösungen suchen, Produktideen entwickeln, Lösungen aus Experimenten ableiten. (TTG.2.A.2b) Die Schüler*innen kennen die Funktion und Konstruktion von Antrieben und deren Anwendung (Rückstoss, Luftschraube, Gummiantrieb). (TTG.2.B.1.4c) Die Schüler*innen können mechanisch-technische Grundlagen anwendungsbezogen einsetzen (Rad, Getriebe, ...). (TTG.2.B.1.4c) Die Schüler*innen kennen Eigenschaften von Stromkreisen und können sie in eigenen Produkten anwenden (Leuchtdioden, Serie- und Parallelschaltung). (TTG.2.B.1.5c) Die Schüler*innen können Wirkungen von Materialien und Oberflächen treffend beschreiben und für das eigene Produkt bewusst auswählen. (TTG.2.C.1.1b) Die Schüler*innen können schneiden, sägen, bohren. (TTG.2.D.1.1c) Die Schüler*innen können feilen, schleifen, (Holz); biegen (Polystyrol), giessen (Zinn, Gips), modellieren (Plattentechnik) (TTG.2.D.1.2b) Die Schüler*innen können Werkzeuge und Maschinen verantwortungsbewusst einsetzen (Nähmaschine, Webgeräte, Decoupiersäge, Akku-und Standbohrmaschine). (TTG.2.E.1.2b) Die Schüler*innen können Eigenschaften von Materialien benennen und bewusst einsetzen (Holzwerkstoffe, Acrylglas, Draht, dünne Bleche, Leder, textile Materialien). (TTG.2.E.1.1b) Die Schüler*innen können technische Geräte und Produkte in Betrieb nehmen (mit Bedienungsanleitung). (TTG.3.B.4.b)

BILDNERISCHES GESTALTEN

Die Schüler*innen können Spuren des Prozesses festhalten und aufzeigen. (BG.1.B.1.1b)
Die Schüler*innen können Produkte ausstellen, Produkte und Prozesse mit Fachbegriffen kommentieren. (BG.1.B.1.2b)
Die Schüler*innen können durch Abformen und Nachformen modellieren; bauen und konstruieren. (BG.2.C.1.4c)

MEDIEN UND INFORMATIK

Die Schüler*innen können Informationen aus verschiedenen Quellen gezielt beschaffen, auswählen und hinsichtlich Qualität und Nutzen beurteilen. (MI.1.2e)
Die Schüler*innen können Medien zum Erstellen und Präsentieren ihrer Arbeiten einsetzen (z.B. Klassenzeitung, Klassenblog, Hörspiel, Videoclip). (MI.1.3c)

NATUR, MENSCH, GESELLSCHAFT (NMG)

Die Schüler*innen können Energiewandler und deren Wirkung ohne genaue Kenntnis von Bau und Funktion erläutern (z.B. Generator wandelt Bewegungsenergie in elektrische Energie um). (NMG.3.2e)
Die Schüler*innen können Alltagsgeräte untersuchen und dabei einfache naturwissenschaftliche und technische Prinzipien erkennen und erläutern (z.B. Gleichgewicht bei Wippe, Balkenwaage, Stabilität bei Brücken, Türmen, Mauern, Hebel bei Schere, Zange, Hammer). (NMG.5.1c)
Die Schüler*innen können mithilfe eines einfachen Stromkreises experimentell zeigen, welche Materialien elektrisch leiten und welche nicht. (NMG.5.2.1e)

8.1.4 Fachkompetenzen Klassenstufe 6

MATHEMATIK

Die Schüler*innen können mit Rastern, Zirkel, Geodreieck zeichnen (rechte Winkel, Parallele Linien etc.), Winkel messen. (MA.2.C.2f)
Die Schüler*innen können mit dem Computer Formen zeichnen, verändern, anordnen (tinkerCAD) (MA.2.C.2g)

TECHNISCHES UND TEXTILES GESTALTEN (TTG)

Die Schüler*innen können mechanische Aspekte, technische Zusammenhänge erkennen (Kraftübertragung, Antrieb, ...). (TTG.1.A.1b)
Die Schüler*innen können Erwartungen und Resultate vergleichen. (TTG.1.B.1.2b)
Die Schüler*innen können Design-Prozesse untereinander vergleichen, Entwicklungsmöglichkeiten aufzeigen. (TTG.1.B.1.1b)
Die Schüler*innen können Prozessphasen festhalten, veranschaulichen; sie kennen Fachbegriffe von Werkzeugen und können Verfahren anwenden. (TTG.1.B.2b)
Die Schüler*innen können Ideen und Infos sammeln, ordnen. (TTG.2.A.1b)
Die Schüler*innen können Lösungen suchen, Produktideen entwickeln, Lösungen aus Experimenten ableiten. (TTG.2.A.2b)
Die Schüler*innen erkennen die Funktion stabilisierender Elemente und können sie in eigenen Konstruktionen anwenden (TTG.2.B.1.3c)
Die Schüler*innen kennen die Funktion und Konstruktion von Antrieben und deren Anwendung (Rückstoss, Luftschraube, Gummiantrieb). (TTG.2.B.1.4c)
Die Schüler*innen können mechanisch-technische Grundlagen anwendungsbezogen einsetzen (Rad, Getriebe, ...). (TTG.2.B.1.4c)
Die Schüler*innen kennen Eigenschaften von Stromkreisen und können sie in eigenen Produkten anwenden (Leuchtdioden, Serie- und Parallelschaltung). (TTG.2.B.1.5c)
Die Schüler*innen können Wirkungen von Materialien und Oberflächen treffend beschreiben und für das eigene Produkt bewusst auswählen. (TTG.2.C.1.1b)
Die Schüler*innen können schneiden (Karton, Textilien, Polystyrol, PET), sägen, bohren, (Weichholz, Holzwerkstoffe). (TTG.2.D.1.1c)
Die Schüler*innen können feilen, schleifen, (Holz); biegen (Polystyrol), giessen (Zinn, Gips), modellieren (Plattentechnik) (TTG.2.D.1.2b)
Die Schüler*innen können nähen, kleben, schrauben, popnieten, weichlöten (TTG.2.D.1.3b)
Die Schüler*innen können Werkzeuge und Maschinen verantwortungsbewusst einsetzen (Nähmaschine, Webgeräte, Decoupiersäge, Akku-und Standbohrmaschine). (TTG.2.E.1.2b)
Die Schüler*innen können Eigenschaften von Materialien benennen und bewusst einsetzen (Holzwerkstoffe, Acrylglas, Draht, dünne Bleche, Leder, textile Materialien). (TTG.2.E.1.1b)
Die Schüler*innen können technische Geräte und Produkte in Betrieb nehmen (mit Bedienungsanleitung). (TTG.3.B.4.b)

BILDNERISCHES GESTALTEN (BG)

Die Schüler*innen können Spuren des Prozesses festhalten und aufzeigen. (BG.1.B.1.1b)
Die Schüler*innen können Produkte ausstellen, Produkte und Prozesse mit Fachbegriffen kommentieren. (BG.1.B.1.2b)
Die Schüler*innen können durch Abformen und Nachformen modellieren; bauen und konstruieren. (BG.2.C.1.4c)

MEDIEN UND INFORMATIK (MI)

Die Schüler*innen können Informationen aus verschiedenen Quellen gezielt beschaffen, auswählen und hinsichtlich Qualität und Nutzen beurteilen. (MI.1.2e)
Die Schüler*innen können Medien zum Erstellen und Präsentieren ihrer Arbeiten einsetzen (z.B. Klassenzeitung, Klassenblog, Hörspiel, Videoclip). (MI.1.3c)
Die Schüler*innen können durch Probieren Lösungswege für einfache Problemstellungen suchen und auf Korrektheit prüfen (z.B. einen Weg suchen, eine Spielstrategie entwickeln); verschiedene Lösungswege vergleichen. (MI.2.2b)
Die Schüler*innen verstehen, dass ein Computer nur vordefinierte Anweisungen ausführen kann und dass ein Programm eine Abfolge von solchen Anweisungen ist. (MI.2.2e)
Die Schüler*innen können Programme mit Schleifen, bedingten Anweisungen und Parametern schreiben und testen. (MI.2.2f)

NATUR, MENSCH, GESELLSCHAFT (NMG)

Die Schüler*innen können die Funktion von Hebeln im Alltag anwenden. (NMG.3.1e)
Die Schüler*innen können Energiewandler und deren Wirkung ohne genaue Kenntnis von Bau und Funktion erläutern (z.B. Generator wandelt Bewegungsenergie in elektrische Energie um). (NMG.3.2e)
Die Schüler*innen können Alltagsgeräte untersuchen und dabei einfache naturwissenschaftliche und technische Prinzipien erkennen und erläutern (z.B. Gleichgewicht bei Wippe, Balkenwaage, Stabilität bei Brücken, Türmen, Mauern, Hebel bei Schere, Zange, Hammer). (NMG.5.1c)
Die Schüler*innen können verzweigte Stromkreise als Serie-oder Parallelschaltung aufbauen, ausprobieren, die Bauteile benennen und an Alltagsgeräten wiedererkennen (z.B. bei Spielgeräten, Beleuchtung). (NMG.5.2.1d)
Die Schüler*innen können mithilfe eines einfachen Stromkreises experimentell zeigen, welche Materialien elektrisch leiten und welche nicht. (NMG.5.2.1e)
Die Schüler*innen können bei technischen Geräten, Bauten und Anlagen naturwissenschaftliche und technische Prinzipien erkennen, die Funktionsweisen beschreiben und erklären (z.B. Konstruktionsweisen bei Fahrrad, Kran, Ruderboot, Barriere, Hebel, Umlenkrolle, Keil, schiefe Ebene, Gleichgewicht, Stabilität, Bewegung (NMG.5.1f)
Die Schüler*innen können Arbeitsteilung angeleitet organisieren sowie über das Resultat und die Verteilung der Arbeit nachdenken (NMG.6.1c)

DEUTSCH

Die Schüler*innen können Grundfunktionen von Programmen (z.B. verschieben, kopieren, löschen) nutzen, um ihre Produkte zu erstellen und zu bearbeiten (z.B. Text, Tabelle, Präsentation, Bild). (D.4.D.1d)

8.2 HF2: Maker-Mindset

Das Schulhausteam steht zu Projektbeginn geschlossen hinter dem MakerSpace-Projekt. Alle Lehrpersonen zeigen Interesse und sind bereit, sich auf making-spezifische Lernformen und auf die Prinzipien der Maker Education einzulassen.

«Also, ich finde es mega interessant. Ich finde es so cool, dass wir das machen.»

(IP9, A. 4.4)

8.2.1 Haltung der Lehrpersonen

Die Begeisterung ist gross, obwohl sich nur wenige Lehrpersonen zu Beginn vorstellen können, wie Making im Unterricht konkret aussehen könnte. «Bei mir kommt es eigentlich gar nicht darauf an, was es genau ist. Ich bin von allem total begeistert» (IP6, A. 1.3.). Sie sehen didaktisches Potenzial im kreativen Tüfteln und Erfinden mit verschiedenen Technologien und wollen die Chance wahrnehmen, neue Dinge zu lernen und Techniken auszuprobieren. «Grundsätzlich bin ich sehr interessiert und motiviert, das da auch zu lernen» (IP11, A. 4.6). «Also ich freue mich mega, ich finde es voll gut, dass es das gibt, auch für die Kinder, aber auch für mich persönlich. Ich freue mich, neue Sachen zu lernen» (IP3, A. 6.1). Damit ist eine wichtige Komponente des Maker-Mindsets – Neugier, Bereitschaft, sich auf Ungewisses einzulassen und dazuzulernen – gegeben.

Die Übertragung der Verantwortung an die Schüler*innen und die damit verbundene Freiheit, eigene Ideen umzusetzen, wird mit Spannung aber auch mit Sorge gesehen. Während einzelne Lehrpersonen betonen, es sei in den höheren Klassenstufen bereits üblich, dass Schüler*innen im Werkunterricht an verschiedenen Projekten gleichzeitig arbeiten, sehen andere die offenen Lernformen als Herausforderung. «Möglicherweise wird es uns aufzeigen, wie wir an gewisse Dinge auf andere Arten herangehen könnten» (IP6, A. 1.2). «Auf diese total andere Unterrichtsmethodik freue ich mich einerseits, habe aber auch etwas Bedenken, ob es gut geht» (IP1, A. 3.6). Die Bedenken beziehen sich auf mögliche Disziplinprobleme, oder darauf, dass Chaos ausbrechen könnte.

> «Ich bin gespannt, wie ich das Ganze aufnehme, da ich eine ziemlich strenge Lehrperson bin und immer Ordnung möchte. Ich hoffe, dass ich danach nicht eine riesen Rasselbande habe.»
>
> (IP1, A. 3.4)

Die Vorstellung, dass die Schüler*innen an unterschiedlichen Projekten arbeiten, die sie sich selbst ausgesucht haben, führt zu weiteren Bedenken hinsichtlich der Betreuungskapazität. «Das Problem ist, jetzt habe ich 21 Kinder. (...) Wie soll ich das schaffen?». «Da müssen wir einfach schauen, dass wir nicht (...) vier Gruppen haben, die wer weiss, was machen, und wir sind nur noch am Rennen» (IP4, A. 5.31). Einzelne Aussagen gehen in die Richtung, man müsse den Schüler*innen klare Ziele geben und zielstufengerecht bleiben, um sie nicht zu überfordern.

> «Gerade in den unteren Klassen geht's ja auch mehr um Verständnisaufbau, was vielleicht auch noch ein bisschen mehr geführt ist. Und wenn sie das dann auch zwei Jahre einmal so erlebt und gelernt haben, dann werden sie freier arbeiten können.»
>
> (IP9, A. 4:71)

Die Vorstellung, man müsse den Schüler*innen zunächst die Grundlagen vermitteln, bevor sie frei arbeiten können, ist unter den beteiligten Lehrpersonen verbreitet. Hier deutet sich eine Diskrepanz zum Maker-Mindset ab, das stärker auf die intrinsische Motivation und auf explorative Aneignungsformen setzt.

8.2.2 Das «Silberberg Manifest»

In den ersten Gesprächen zeigt sich, dass die Vorstellungen des Schulhausteams zu den pädagogischen Anliegen der Maker Education relativ vage sind. Ein Selbststudium von Literatur oder Links ist mit der Arbeitsbelastung der Lehrpersonen nicht zu vereinbaren, weswegen sich die Projektgruppe entschieden hat, die wesentlichen Aspekte des Maker-Mindsets in einer Art Manifest zusammenzustellen

ABB. 8.1: DAS SILBERBERG-MANIFEST

Silberberg-Manifest

Makerspace

Wir bieten niederschwellige und altersgemässe Einstiegsszenarien in das Making an.

Wir lassen den Kindern die Wahl und unterstützen sie – wenn nötig – bei der Suche nach eigenen Ideen.

Wir geben den Kindern Verantwortung, wir lassen sie aber nicht alleine: Wir fördern und fordern die Eigenständigkeit und die Selbstorganisation.

Wir lernen beim Tun und gestalten konkrete Produkte bzw. Lösungen. Wir deuten an, was möglich ist, nehmen aber nicht zu viel vorweg.

Wir gestalten den MakerSpace selbsterklärend.

Wir würdigen die Projekte der Kinder – auch und gerade wenn die Lösungen unkonventionell sind.

Wir sehen Fehler als Lernchance und pflegen eine positive Fehlerkultur.

Die Arbeit im MakerSpace wird im Sinne des Portfoliogedankens festgehalten.

Wir nutzen die vorhandenen Ressourcen im und um das Schulhaus herum .

HANDLUNGSFELD 2: MAKER-MINDSET	AUSZUG AUS DEM SILBERBERG-MANIFEST
Jeder kann Making	Wir bieten niederschwellige und altersgemässe Einstiegsszenarien in das Making an. Wir geben den Kindern Verantwortung, lassen sie aber nicht alleine. Wir fördern die Eigenständigkeit und die Selbstorganisation. Wir gestalten den MakerSpace selbsterklärend.
Making geht vom Menschen aus	Wir lassen den Kindern die Wahl und unterstützen sie – wenn nötig – bei der Suche nach eigenen Ideen.
Aus Fehlern lernen	Wir sehen Fehler als Lernchance und pflegen eine positive Fehlerkultur.
Making bedeutet Lernen, nicht Lehren	Wir lernen beim Tun und gestalten konkrete Produkte bzw. Lösungen. Wir deuten an, was möglich ist, nehmen aber nicht zuviel vorweg.
Making ist kein Wettbewerb	- Kein spezieller Leitsatz -
Leistung ist subjektiv	Die Arbeit im MakerSpace wird im Sinne des Portfoliogedankens festgehalten.
Es geht nicht um Effizienz	Wir würdigen die Produkte der Kinder – auch und gerade wenn die Lösungen unkonventionell sind.
Keine unmittelbare Entsprechung mit dem Handlungsfeld «Mindset»	Wir nutzen die vorhandenen Ressourcen im und um das Schulhaus herum.

TAB. 8.2: DAS SILBERBERG-MANIFEST AUF DER GRUNDLAGE DES MAKER-MINDSETS.

und dieses mit dem Schulhausteam gemeinsam weiterzuentwickeln. Das «Silberberg-Manifest» (vgl. Abbildung 8.1) liegt fortan der Entwicklung des schulischen MakerSpace in Thayngen zugrunde.

Als Inspiration dient das Maker-Manifesto (Hatch 2013) und die Überlegungen zum Maker-Mindset von Dougherty (2013). Die lerntheoretische Basis bilden Konstruktionismus und situiertes Lernen. Somit kommt in den neun Punkten die Orientierung an offenen, subjektorientierten Lern- und Aneignungsformen zum Ausdruck. Der Entwurf der Projektgruppe wird vom Schulhausteam – insbesondere von der Lead-Lehrperson – kritisch geprüft und angepasst. Das Manifest spricht die Lehrpersonen direkt an. Tabelle 8.2 zeigt, von welchen Aspekten des Maker-Mindsets die jeweiligen Leitsätze abgeleitet sind. Das jeweils fehlende Pendant bei «Making ist kein Wettbewerb» und bei «Wir nutzen die vorhandenen Ressourcen im und um das Schulhaus herum» hängt damit zusammen, dass das Manifest zu Beginn des Projekts entwickelt wurde und der Theorieteil zwischenzeitlich mehrfach überarbeitet worden ist.

8.2.3 Informationsbroschüre

Im Rahmen des Kickoff-Entwicklungsworkshops (vgl. 7.4.7) wird das Thema «Maker-Mindset» nochmals diskutiert. Mehrere Lehrpersonen sind der Ansicht, dass es

ABB. 8.3: INFORMATIONSBEROSCHÜRE – ZWEITE AUFLAGE

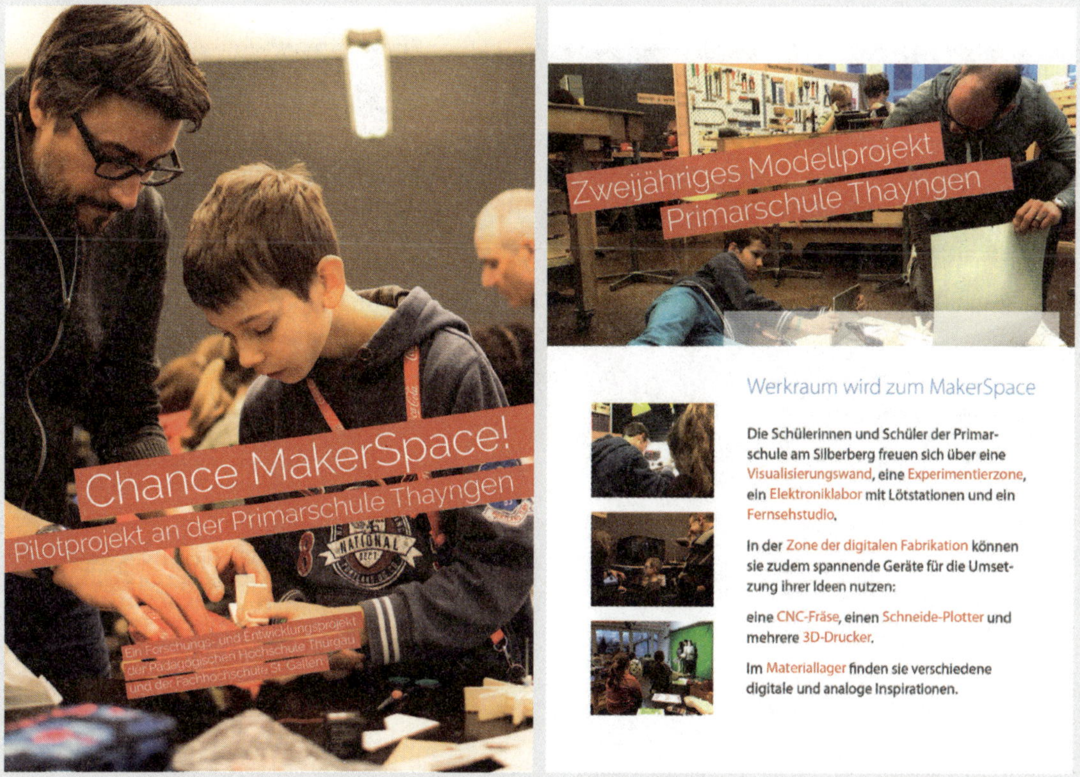

Schüler/innen erfinden Produkte

Ein MakerSpace ist eine Lern- und Experimentierumgebung, in der aktiv geschraubt, gebastelt, gelötet und programmiert wird.

Die Schülerinnen und Schüler entwickeln eigene Ideen. Sie kombinieren verschiedene Materialien und Techniken und stellen daraus eigene Produkte her.

Dabei bekommen sie Inspiration, alle Freiheiten und die nötige Unterstützung von anderen Makern oder von der Lehrperson.

> «Making is fundamental to what it means to be human.»
> (Hatch 2014)

Skills für die «digitale Gesellschaft»

Im Vordergrund steht die Förderung von nicht-automatisierbaren Fähigkeiten wie Kreativität, Problemlösen und Kollaboration.

Ausserdem machen die Schülerinnen und Schüler den Schritt vom User zum Prod-User von Produkten.

Sie nutzen digitale und mediale Techniken und wenden sie in eigenen Erfindungen praktisch an. Z. B. Steuerungstechnik, Sensoren und Aktoren, Algorithmen.

Fächerübergreifendes Lernen

Making geht über Fachgrenzen hinaus.
Es knüpft an konkreten Herausforderungen an, die sich die Schülerinnen und Schüler selbst stellen.

Aus den Fachbereichen textiles und technisches Gestalten, Musik, Medien & Informatik, Mathematik und Naturwissenschaften übernehmen sie Strategien, Arbeitsformen und Lösungsansätze.

Besonders spannend sind Kombinationen von digitalen und analogen Techniken.

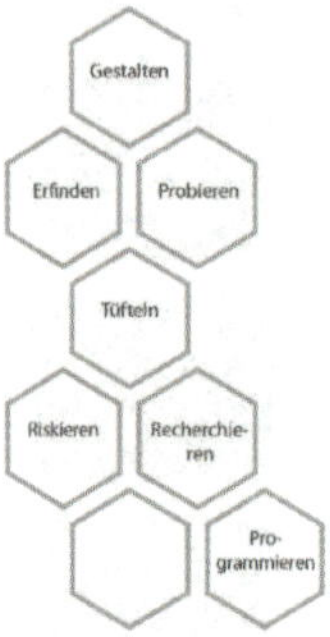

Unsere Leitsätze für Making in der Volksschule

> «Innovation vor Präzision»
> «Kreativität vor Effizienz»
> «Vielfalt vor Einfalt»
> «Scheitern als Erfolg»
> «Versuch und Irrtum»
> «Learning by Design»

1. Wir bieten niederschwellige und altersgemässe Einstiegsszenarien in das Making an.
2. Wir lassen den Kindern die Wahl und unterstützen sie bei der Suche nach eigenen Ideen.
3. Wir geben den Kindern Verantwortung, wir lassen sie aber nicht alleine.
4. Wir lernen beim Tun und gestalten konkrete Produkte bzw. Lösungen.
5. Wir gestalten den MakerSpace selbsterklärend.
6. Wir würdigen grundsätzlich die Projekte der Kinder.
7. Wir sehen Fehler als Lernchance.
8. Die Arbeit wird im Sinne des Portfoliogedankens festgehalten.
9. Wir nutzen die vorhandenen Ressourcen im und um das Schulhaus herum.

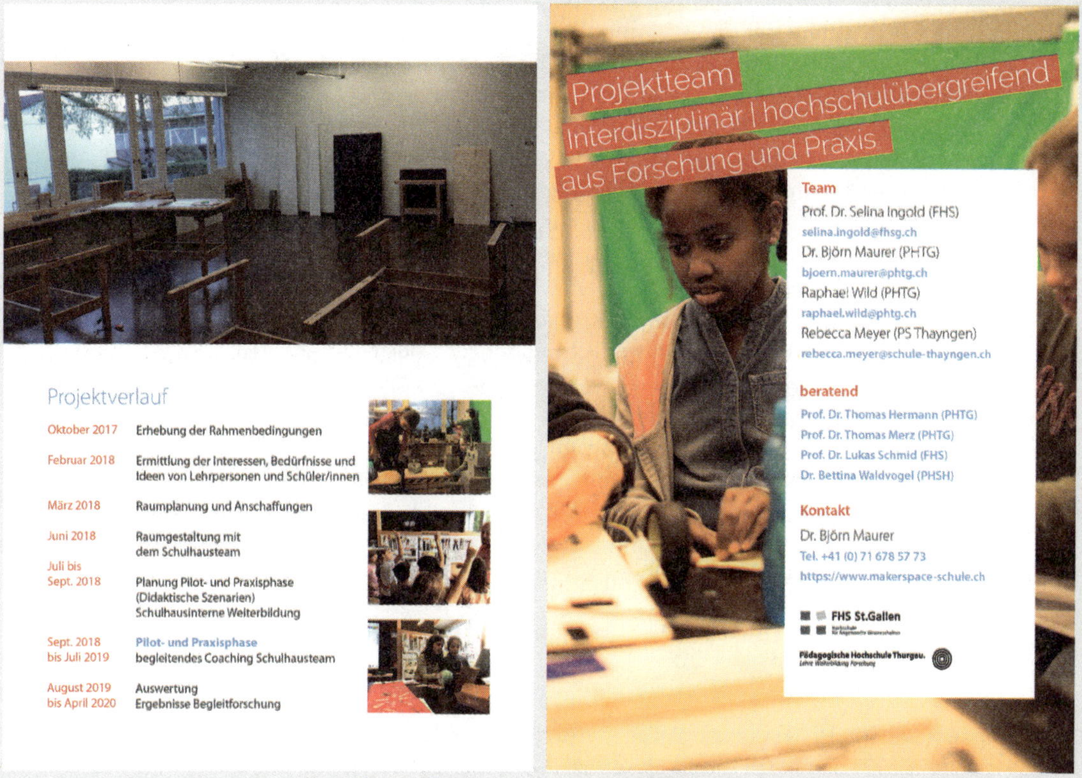

ABB. 8.4: INFORMATIONSBEROSCHÜRE – ZWEITE AUFLAGE

auch bei den Eltern und bei den Schüler*innen ein Maker-Mindset braucht. Lehrpersonen haben die Erfahrung gemacht, dass Eltern bei handwerklichen Arbeiten in der Regel perfekte Produkte erwarten, was sich mit den Anliegen der Maker Education nicht vereinbaren lässt. Auch Schüler*innen müssten sich bewusst sein, dass es nicht vorrangig um die Qualität der Produkte gehe, sondern auch um den eigenständigen Lernprozess. So könnten Enttäuschungen und Frustration vermieden werden. Vor diesem Hintergrund wird entschieden, eine Informationsbroschüre für Eltern zu produzieren – als Instrument zur Kommunikation der Projektabsicht und zur Konkretisierung des Maker-Mindsets. Die 8seitige Broschüre (vgl. Abbildung 8.4) beinhaltet neben dem Silberberg-Manifest auch wesentliche Anliegen der Maker Education wie beispielsweise das Selbermachen, die Herstellung von eigenen Produkten, das interdisziplinäre Lernen und Arbeiten sowie die Förderung von 21st Century Skills wie Kreativität, Mündigkeit und Kollaboration. Die Broschüre dient der Kommunikation nach innen (Schulhausteam und Behördenmitglieder) und nach aussen gegenüber den Eltern und der interessierten Öffentlichkeit.

8.2.4 Maker-Leitsätze für Schüler*innen

Als Pendant zum Silberberg-Manifest, das sich an Lehrpersonen richtet, werden Maker-Leitsätze für die Schüler*innen erarbeitet und im MakerSpace an prominenter Stelle platziert. Dadurch sollen die Schüler*innen in einfacher Sprache für das Maker-Mindset sensibilisiert werden. Die Leitsätze markieren aus der Sicht der Projektgruppe die Unterschiede zwischen Regelunterricht und Making. Sie stecken den Erwartungsrahmen ab und geben in der offenen Lernumgebung Orientierung.

* Wir dürfen - wenn immer möglich - unser Projekt selbst wählen.
* Wir sind für unsere Projekte verantwortlich und können selbständig arbeiten.
* Wir lernen beim Tun und gestalten eigene Produkte.
* Wir trauen uns, ausprobieren, ohne vorher zu wissen, ob es klappt.
* Wir machen Fehler. Sie helfen uns, Neues zu lernen.
* Wir unterstützen uns gegenseitig bei der Umsetzung von Ideen.
* Wir stellen vor, was wir gemacht und gelernt haben.
* Jede Idee ist wertvoll.
* Wir können Materialien und Werkzeuge selbst holen, müssen sie aber wieder versorgen.

8.2.5 Zusammenfassung

Mit dem Silberberg-Manifest (vgl. 8.2.2) und den Maker-Leitsätzen für Schüler*innen (vgl. 8.2.4) konnte das Thema Maker-Mindset in den Fokus gerückt und auf die Kernpunkte heruntergebrochen werden. Das schulische MakerSpace-Projekt hat dadurch einen, von den Lehrpersonen ratifizierten, gemeinsamen Nenner erhalten. Für die Betriebsphase ist es eine Art Absichtserklärung, die Autonomie der Schüler*innen zu stärken und Vertrauen in deren Motivation und Lernbereitschaft zu entwickeln - und somit der Maker-Idee im Unterricht Raum zu geben. Mit der Informationsbroschüre (vgl. 8.2.3) lassen sich Anliegen und Methoden der Maker Education an Personen im schulnahen Umfeld kommunizieren, zudem dient sie schulhausintern der konzeptionellen Orientierung im Projekt. Inwieweit die Lehrpersonen das Maker-Mindset tatsächlich beherzigen und in ihr Verhaltensrepertoire übernehmen, muss sich in der Betriebsphase erst zeigen. Die Einstellung gegenüber dem Projekt ist im Schulhausteam jedenfalls durchweg positiv und die Bereitschaft, sich auf Neues einzulassen, ist vorhanden.

8.3 HF3: Didaktik

Das didaktische Design des MakerSpace in Thayngen setzt sich aus zwei Phasen zusammen – einer Heranführungsphase und einer freien Produktentwicklungsphase. In der Heranführungsphase lernen die Schüler*innen die Besonderheiten des MakerSpace als Lernort – insbesondere das Maker-Mindset – kennen und setzen sich entsprechend des Themenschwerpunkts (der jeweiligen Klassenstufe) mit ausgewählten Technologien und Werkstoffen auseinander.

8.3.1 Didaktische Grobstruktur

Die Heranführungsphase hat enge Bezüge zu den Fachkompetenzen in den Fachbereichen «Technisches und Textiles Gestalten», «Natur, Mensch, Gesellschaft» und «Medien und Informatik», während in der Produktentwicklungsphase überfachliche Kompetenzen im Vordergrund stehen. Mit der Heranführungsphase wird dem Bedürfnis der Lehrpersonen, zunächst Grundlagen im Rahmen des schulischen Bildungsauftrags zu vermitteln, Rechnung getragen. Die freie Produktentwicklungsphase verkörpert stärker die Anliegen der Maker Education.

ABB. 8.5: DIDAKTISCHE GROBSTRUKTUR DES MAKERSPACE DESIGNS

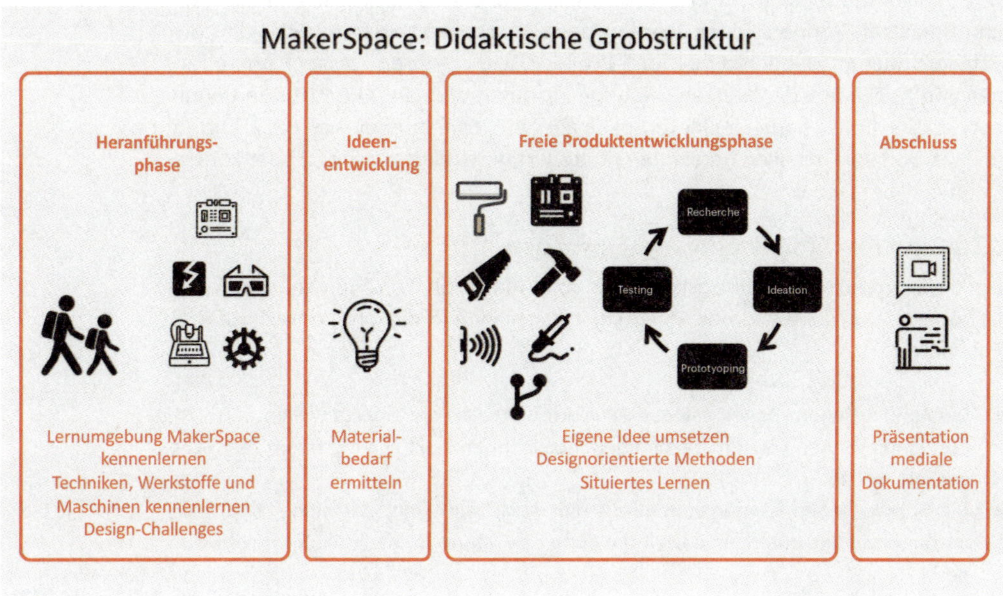

8.3.1.1 Die Heranführungsphase

Nicht alle Fähigkeiten und Fertigkeiten, die im MakerSpace benötigt werden, können eigenständig in offenen Lernarrangements erworben werden. Mal wäre es im Rahmen der verfügbaren Zeitressourcen nicht möglich, mal kämen die Schüler*innen von sich aus nicht auf die Idee, eine bestimmte Technik zu nutzen, die sie noch nicht kennen. Worauf kommt es beim 3D-Drucken an? Wie gestaltet man eine Druckvorlage? Wie funktioniert die CNC-Fräse? Wie programmiert man mit Scratch?

Auch wenn die Heranführungsphase thematisch und methodisch enger geführt ist, werden wesentliche Prinzipien des pädagogischen Makings berücksichtigt. Auf theoretische Unterweisung wird – soweit möglich – zugunsten von explorativem und problembasiertem Tinkering (vgl. 2.2.4) verzichtet. Die Konstruktionsaufträge sind zwar vorgegeben und thematisch eingegrenzt, letztlich sind sie aber als Design-Challenges konzipiert (vgl. 2.2.5) und lassen somit Spielraum für selbstentdeckendes und forschendes Lernen im aktiven Umgang mit Materialien. Die Heranführungsphase erstreckt sich pro Schüler*in auf vier bis fünf Halbtage im MakerSpace. Von Beginn an werden die Schüler*innen dazu angeregt, zu überlegen, welche Idee sie in der freien Produktentwicklungsphase umsetzen möchten.

8.3.1.2 Ideenentwicklung

Zwischen Heranführungsphase und freier Produktentwicklungsphase liegen ein bis zwei Wochen. In dieser Zeit wird die in der Heranführungsphase begonnene Ideenentwicklung konkretisiert. Die Schüler*innen entscheiden sich für «ihr» Projekt und antizipieren ihren Materialbedarf, damit die im MakerSpace nicht vorhandenen Materialien vorgängig beschafft werden können. Die Idee kann von jenen Technologien und Werkstoffen ausgehen, die die Schüler*innen in der Heranführungsphase kennengelernt haben. Es ist aber ebenso möglich, eine andere Richtung einzuschlagen und das gesamte Spektrum an verfügbaren Technologien und Materialen zu nutzen. Die Schüler*innen wissen, dass sie bei gravierenden Umsetzungsschwierigkeiten ihr Projekt abbrechen und eine andere Idee aufgreifen und umsetzen können. Ideen werden nach Möglichkeit «gepitched», d.h. die Schüler*innen präsentieren ihre Idee in aller Kürze vor ihren Klassenkamerad*innen und heben u.a. den Nutzen, wichtige Produktmerkmale, Herausforderungen hervor. Die Pitches finden im MakerSpace auf der «Ideenbühne» (vgl. 8.6.3.7) statt und werden dort mit allen Beteiligten ritualisiert gewürdigt, erweitert oder konkretisiert.

8.3.1.3 Freie Produktentwicklungsphase

Die freie Produktentwicklungsphase ist vollumfänglich den individuellen Schüler*innenprojekten gewidmet. «Freiheit» bezieht sich in diesem Kontext auf drei Parameter.

* Die Schüler*innen können selbst entscheiden, was sie entwickeln wollen.
* Die Schüler*innen können entscheiden, ob sie ihr Produkt allein oder im Team entwickeln wollen.
* Die Schüler*innen können sich ihre Arbeit selbst einteilen, d.h. sich selbst Ziele setzen und überprüfen, inwieweit die Ziele bzw. Etappen tatsächlich erreicht wurden.

Die Lernbegleitung (vgl. 8.4) erfolgt situiert nach dem Prinzip des Cognitive Apprenticeship. Frontale theoretische Unterweisung findet nur statt, sofern mehrere Schüler*innen vor einem ähnlichen Problem stehen und ähnliche Unterstützung benötigen. Die Schüler*innen bekommen Raum für Learning by Doing, können scheitern, daraus lernen und neue Anläufe nehmen. Die Maker-Leitsätze (vgl. 8.2.4) sind in der freien Produktentwicklungsphase handlungsleitend. Designorientierte Methoden (Design Thinking) werden von der pädagogischen Begleitung forciert, ausserdem folgen die freien Maker-Sessions der mikrodidaktischen Struktur, die in Kapitel 8.3.2 näher beschrieben ist. Die freie Produktentwicklungsphase dauert zirka vier bis fünf Halbtage und entspricht damit der Länge der Heranführungsphase.

8.3.1.4 Präsentation und mediale Dokumentation der Ergebnisse

Die Schüler*innen werden während der freien Produktentwicklungsphase dazu angehalten, ihre Erfahrungen und Erkenntnisse beim Making zu dokumentieren. Hierfür haben sie – je nach Klassenstufe – ein «Maker-Buch» und/oder Tablets für Foto- und Videodokumentationen zur Verfügung. Am Ende einer Making-Epoche erfolgt eine Produktpräsentation und eine Präsentation der medialen Dokumentation der Produkte.

8.3.2 Mikrodidaktische Struktur einer einzelnen Making-Session

Making-Unterrichtsblöcke (Maker-Sessions) von vier Lektionen schaffen Zeit für kreative Making-Prozesse. Der Grossteil dieser Zeit ist für das selbstgesteuerte Arbeiten und Agieren der Schüler*innen reserviert, welches wiederum in ein didaktisches Framework (vgl. Abbildung 8.6) eingebettet ist, das im Laufe des Projekts als Ritual etabliert wird.

ABB. 8.6: MIKRODIDAKTISCHE STRUKTUR DES MAKERSPACE DESIGNS

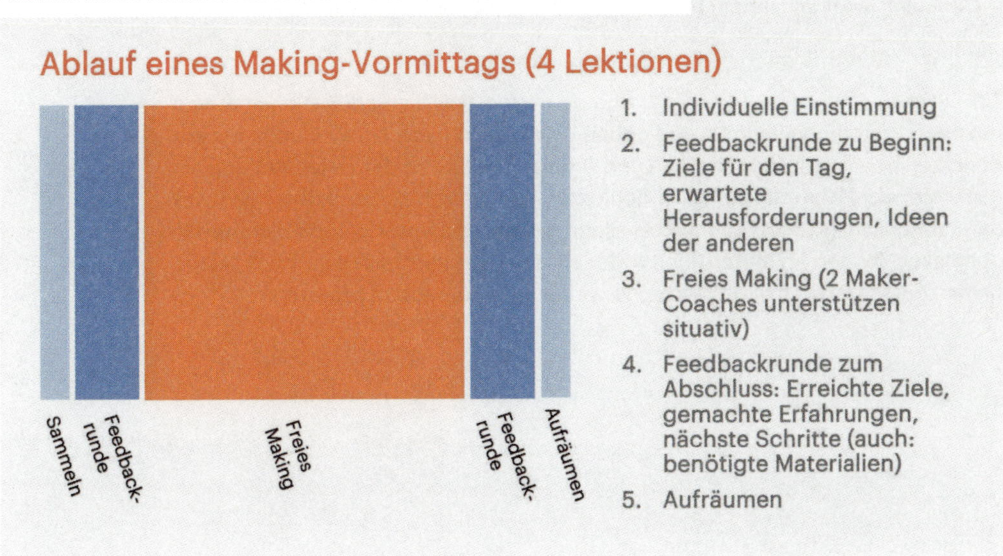

8.3.2.1 Sammeln

Die ersten 10 Minuten Sammeln dienen der Vorbereitung der Maker-Session. Die Schüler*innen legen sich die benötigten Materialien bereit, rekapitulieren den aktuellen Stand und setzen sich Ziele für die bevorstehende Session. In dieser Zeit können sie ihre Überlegungen schriftlich oder visuell im Maker-Buch oder in einem digitalen Portfolio (bzw. mit Padlet) festhalten und sich auf die eröffnende Feedbackrunde vorbereiten.

8.3.2.2 Eröffnende Feedbackrunde

Zur Feedbackrunde kommen die Schüler*innen im Kreis zusammen und präsentieren nacheinander ihre Projekte und die jeweils nächsten Schritte ihrer Produktentwicklung. Das Plenum nutzt die Gelegenheit, Fragen zu stellen und konstruktive Rückmeldung und Hinweise zu geben. Die Schüler*innen werden dazu ermutigt, sich an diesen Feedbackrunden aktiv zu beteiligen.

Das sich gegenseitige Unterstützen ist ein wesentlicher Bestandteil der Maker Education. Es soll in den regelmässig stattfindenden Feedbackrunden ritualisiert werden. Für die Schüler*innen soll die Präsentation und die Diskussion der eigenen Ideen mit dem Klassenplenum zu einer gewinnbringenden Selbstverständlichkeit werden. Aus diesem Grund moderiert die Lehrperson die Feedbackrunden in der Anfangsphase, sorgt für eine angenehme und wertschätzende Gesprächsatmosphäre und lobt die Schüler*innen für ihre Beiträge und Rückmeldungen. Nach erfolgreicher Ritualisierung der Feedbackrunde wird die Moderation in die Verantwortung der präsentierenden Schüler*innen übergeben.

8.3.2.3 Freies Making

Nach Abschluss der Feedbackrunde beginnen die Schüler*innen mit der selbstständigen Arbeit. Sie werden von der Lehrperson individuell und bei Bedarf betreut (vgl. 8.4). Schüler*innen mit Vorkenntnissen werden gezielt in die Betreuung mit einbezogen. Eine grosse Pause (30 Min.) nach zwei Lektionen sorgt für die nötige Zerstreuung und schafft konstruktive Distanz zu den eigenen Vorhaben. Die Schüler*innen müssen in dieser Zeit den MakerSpace verlassen.

8.3.2.4 Abschliessende Feedbackrunde

Zirka 20 Minuten vor dem Ende der Stunde treffen sich die Schüler*innen erneut mit ihren Prototypen im Kreis. Sie geben Einblicke in ihren Entwicklungsprozess, berichten über Herausforderungen und schätzen den Grad der Zielerreichung ein. Auch in dieser Phase ist Raum für Nachfragen und kritisch-konstruktives Feedback der Klassenkamerad*innen. Anschliessend werden die wichtigsten Erkenntnisse der Maker-Session im Maker-Buch (oder im digitalen Portfolio) schriftlich festgehalten, die Prototypen und Werkzeuge verstaut und der Raum aufgeräumt.

8.3.3 Zusammenfassung

Mit dem beschriebenen didaktischen Design ist es gelungen, einige der im Handlungsfeld 3 «Didaktik» aufgeführten Design-Massnahmen einer kreativitäts- und mündigkeitsfördernden Maker-Lernumgebung (vgl. 6.3.3ff.) im Schulalltag zu etablieren. Ein hohes Mass an Subjektorientierung wird durch die freie Produktentwicklungsphase erreicht, in der die Schüler*innen ihr eigenes Projekt verwirklichen können. In diesem Rahmen greift auch das Prinzip «Low Floor – High Ceiling – Wide Walls» (vgl. 6.3.3.4), da die Schüler*innen ihr Vorwissen mobilisieren, Produkte auf der Basis ihrer individuellen Voraussetzungen designen und unterschiedlich komplexe Verfahren und Technologien einbeziehen können. Freies Making öffnet ausserdem Raum für situiertes Lernen, so dass die Schüler*innen bestimmte Kompetenzen dann erwerben können, wenn die Situation bzw. die Umsetzung einer Idee dies erfordert. Die im Kontext des situierten Lernens besonders wichtige Reflexion der individuellen Erfahrungen und Erkenntnisse wird durch die regelmässigen Feedbackrunden und durch die Dokumentation der Lernprozesse sichergestellt. Die thematisch zugespitzte Heranführungsphase (vgl. 8.3.1.1) bietet den Lehrpersonen die Gelegenheit, gezielt Grundlagenwissen und Fachkompetenzen zu vermitteln, die im Lehrplan explizit ausgewiesen sind. Durch problemorientierte Aufgabenstellungen und Design-Challenges wird ausserdem das selbstentdeckende Tüfteln und der spielerische Umgang mit Materialien provoziert.

Das hier beschriebene didaktische Design stellt den Status Quo vor Beginn der Betriebsphase des schulischen MakerSpace in Thayngen dar. Es handelt sich um einen Kompromiss, der unter Berücksichtigung der in Kapitel 5 und 6 grundgelegten konzeptionellen Leitlinien und unter den Bedingungen vor Ort im Projektteam entwickelt wurde. Entsprechend der Logik des Design-Based Researchprozesses werden die später vorgenommenen Anpassungen (das Re-Design) jeweils im Anschluss an die klassenspezifische Fallstudie im Band 2 dieses Forschungsberichts beschrieben und eingeordnet.

8.4 HF 4: Lernbegleitung

Das Handlungsfeld «Lernbegleitung» kann zu Beginn der Betriebsphase aus Zeitgründen nicht weiter konkretisiert oder gemeinsam mit den Lehrpersonen bearbeitet werden. Insofern stellt das Silberberg-Manifest (vgl. 8.2.3) die Basis dar, auf welche sich die Lernbegleitung abstützt. Es ist vor diesem Hintergrund unter den Beteiligten Konsens, dass Frontalunterrichtsphasen auf das Nötigste beschränkt (z.B. Einführung ins Programmieren, Einweisung in die Bedienung von Geräten, um Beschädigungen durch unsachgemässes Handeln zu vermeiden) und die Schüler*innen bei Bedarf während des Prozesses situativ unterstützt werden.

Jahrgangsgemischtes Lernen mit Peer-Tutoring (ältere Schüler*innen betreuen jüngere Schüler*innen bei ihren Projekten) lässt sich kurzfristig nicht organisieren, weswegen nach Rücksprache mit der Lead-Lehrperson im ersten Betriebsjahr darauf verzichtet wird. Stattdessen soll das Peer-Learning innerhalb der Lerngruppe Raum bekommen. Eine digitale Lernbegleitung kommt im ersten Betriebsjahr nicht zum Einsatz. Die Viertklässlerinnen führen Maker-Bücher und verschriftlichen bzw. visualisieren regelmässig Einträge zu Aktivitäten und Erkenntnissen im MakerSpace. Die Fünftklässler*innen dokumentieren ihren Prozess mit Fotos oder Videoaufnahmen und produzieren anschliessend einen kleinen Film über ihr Produkt und dessen Entstehung. Wie genau eine praktikable und wirksame Lernbegleitung aussehen kann oder muss, wird im Rahmen der Begleitforschung beobachtet und analysiert.

8.5 HF5: Making-Curriculum

Es ist ein wichtiges Anliegen des Projektteams, das schulische Making-Curriculum partizipativ mit Lehrpersonen und Schüler*innen gemeinsam zu entwickeln. Der Anspruch der Neigungsorientierung (vgl. 6.3.5.1) soll nicht nur für die Schüler*innen, sondern auch für die Lehrpersonen gelten. Daher werden zunächst die inhaltlichen Interessen und Wünsche der Lehrpersonen erhoben und mit den Vorstellungen und Ideen der Schüler*innen abgeglichen.

8.5.1 Erste Ideen für Maker-Themen – Kickoff-Entwicklungsworkshop mit Schulhausteam

Im Rahmen der bereits genannten Kickoff-Veranstaltung (vgl. 7.4.7) werden mit den Lehrpersonen Themen gesammelt, die sie interessant finden und für making-kompatibel halten. Der Moderator aus dem Projektteam hält sich mit Vorschlägen bewusst zurück und konzentriert sich auf die Moderation. Physikalische Phänomene aus den Bereichen Optik, Schall oder Magnetismus werden besonders häufig genannt. Generell orientieren sich die Lehrpersonen bei diesem Erstkontakt mit der Making-Thematik stark am naturwissenschaftlichen Experimentieren (z.B. Trennen von Stoffen aus dem Lernbereich Chemie). Die Nutzung eines USB-Mikroskops und einer interaktiven Wildkamera sind Vorschläge, wie sich biologische Themen und Verfahren mit digitalen Medien verbinden lassen. Die Idee, den Schulgarten in Making-Projekte einzubeziehen, schafft Verbindungen mit Themen wie nachhaltige Entwicklung und Ökologie (vgl. 6.3.5.4).

Themen mit informatischem Bezug (z.B. Physical Computing oder Programmieren) werden vom Schulhausteam nicht explizit eingebracht. Auf einen entsprechenden Impuls des Moderators nennt die Lead-Lehrperson Lego Wedo® als Möglichkeit, niederschwellig in das Thema Programmieren einzusteigen. Um insbesondere den Lehrpersonen der Unterstufe entgegenzukommen, weist der Moderator darauf hin, dass es möglich ist, mit Cuboro-Elementen (Material zum Bau von Kugelbahnen) die konzeptionellen Grundlagen des Programmierens verständlich zu machen.

Die Auswertung der ersten Diskussion im Rahmen des Kickoff-Workshops deutet daraufhin, dass die Lehrpersonen eine stark naturwissenschaftlich gefärbte Vorstellung von einem MakerSpace haben, die sich auf forschendes und entdeckendes Lernen stützt. Die Entwicklung von Prototypen und Produkten – gewissermassen das konstruktionistische Element beim Making – spielt darin eine untergeordnete Rolle. Da informatische Lerninhalte im Kanton Schaffhausen erst ab dem Schuljahr 2019/20 offiziell zum schulischen Curriculum nach Lehrplan zählen, ist es keine Überraschung, dass in dieser Richtung keine Vorschläge kommen.

Das Post-it «Programmieren» hat die Lead-Lehrperson eingebracht, die sich im Vorfeld schon stärker mit der Making-Thematik auseinandergesetzt hat. Interessant ist, dass mit Ausnahme der Wildkamera-Idee kaum interdisziplinäre Themen oder Projektideen eingebracht werden.

ABB. 8.7: INHALTLICHE IDEEN DER LEHRPERSONEN ZU AKTIVITÄTEN IM MAKERSPACE

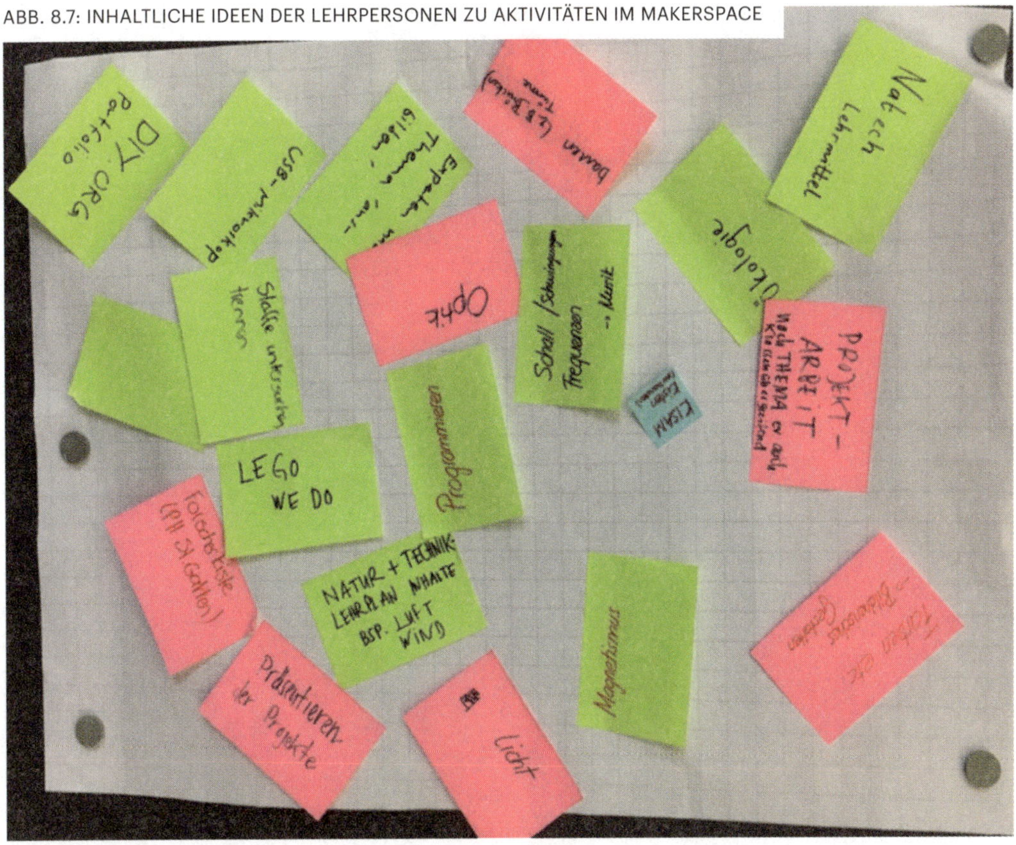

8.5.2 Vorbereitung der Beratungsgespräche mit Lehrpersonen: Online-Befragung

Eine Woche vor den Beratungsgesprächen werden die Lehrpersonen gebeten, sich mithilfe einer (nicht anonymen) Online-Umfrage (vgl. 7.4.11) auf die Gespräche vorzubereiten. Aufgrund der zeitlich nicht eingeplanten Überarbeitung des Instruments erreicht die Lehrpersonen die Einladung zur Online-Umfrage etwas zu kurzfristig. Dadurch können nicht alle Teammitglieder die Umfrage vollständig ausfüllen. Die Tatsache, dass die Befragung nicht anonym ist, und die geringe Anzahl der Teilnehmenden (N=11) schränkt die Möglichkeiten der Auswertung ein. Die Befragung ist ursprünglich nicht als Forschungsinstrument, sondern als Methode gedacht, den Lehrpersonen im Vorfeld der Gespräche konkrete inhaltliche Orientierungspunkte zu geben. Die Ergebnisse der Befragung sind aber für Design-Entscheidungen im HF5 relevant und werden daher genauer dargestellt.

ABB. 8.8: INTERESSE DER LEHRPERSONEN AN GERÄTEN IM MAKERSPACE

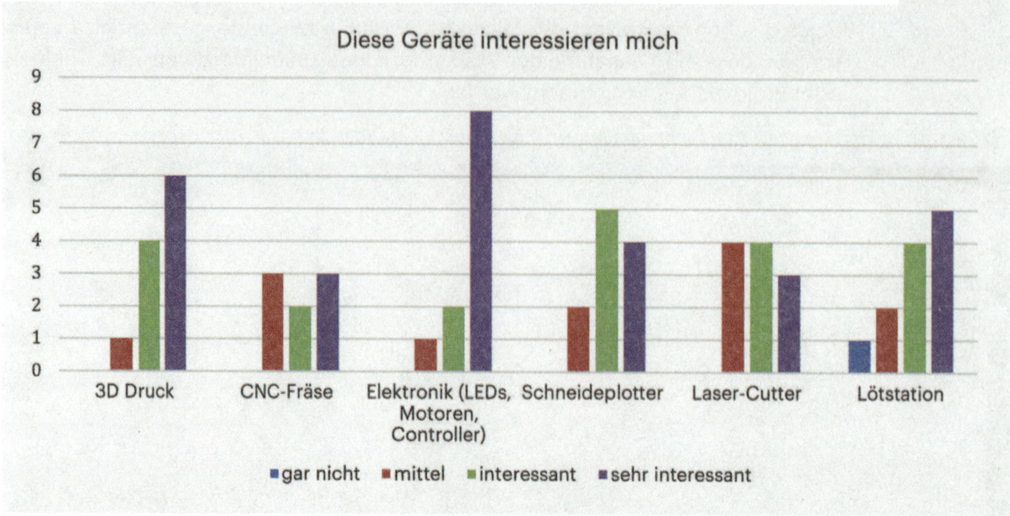

ABB. 8.9: UNTERSTÜTZUNGSBEDARF DER LEHRPERSONEN BEZOGEN AUF GERÄTE IM MAKERSPACE

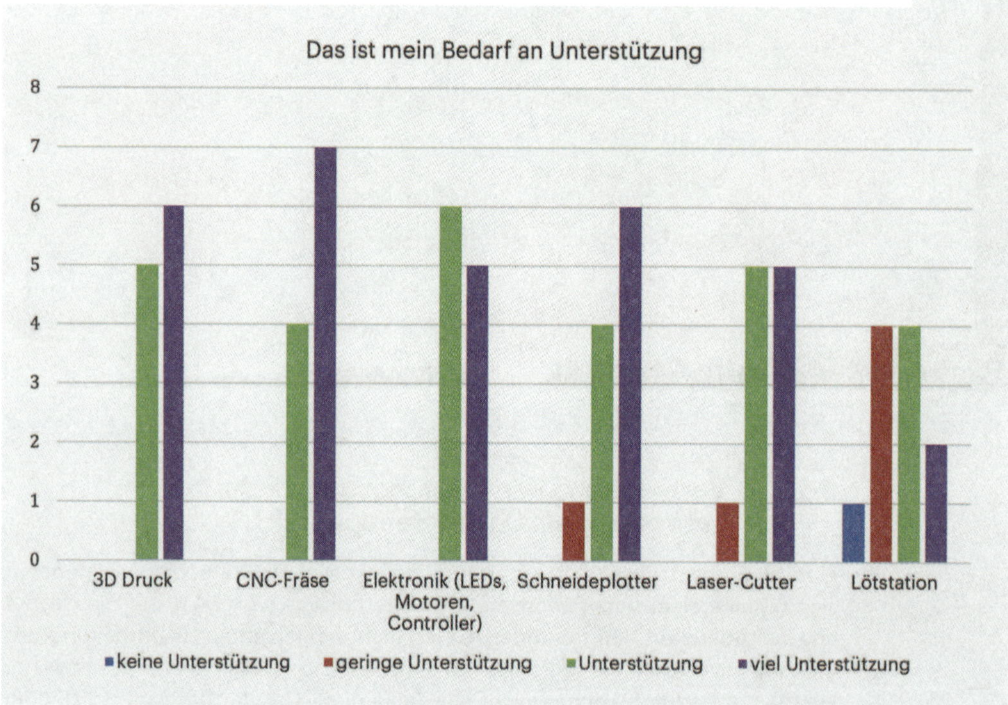

Die meisten Lehrpersonen interessieren sich stark für elektronische Werkstoffe und Verfahren (vgl. Abbildung 8.8). An zweiter Stelle steht der 3D-Druck, der eine gewisse Faszination ausübt. Die analoge Lötstation steht an dritter Stelle. Für die anderen Geräte der digitalen Fabrikation wie beispielsweise den Laser-Cutter, die CNC-Fräse oder den Schnittplotter ist das Interesse eher durchschnittlich hoch. Der Bedarf an Begleitung und Unterstützung ist an der Lötstation am geringsten, hier scheinen einige Lehrpersonen über Vorerfahrungen zu verfügen. Dennoch (oder gerade weil?) ist das Interesse am Löten recht hoch.

ABB. 8.10: INTERESSE DER LEHRPERSONEN AN THEMEN BEZOGEN AUF IHREN UNTERRICHT

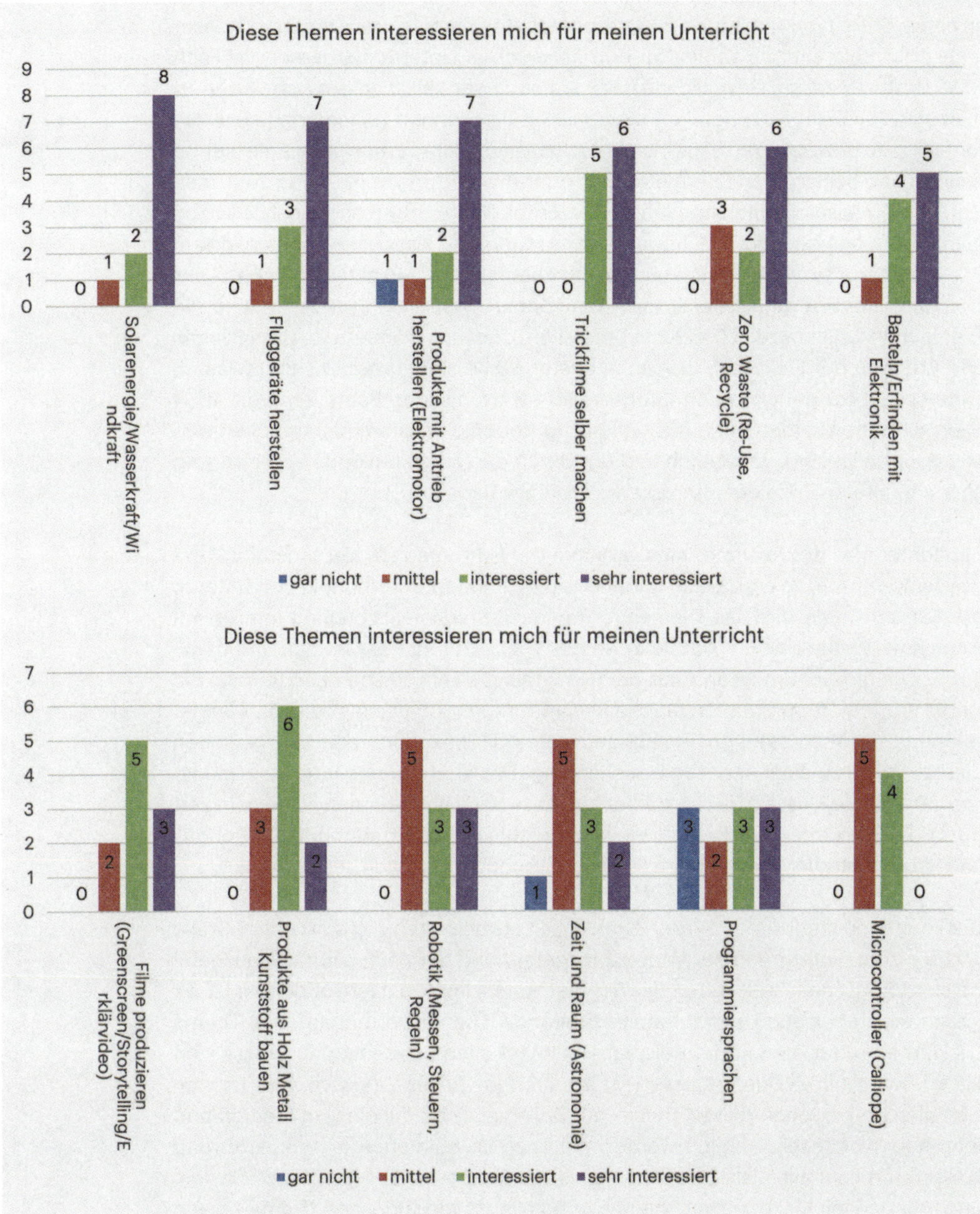

Anders sieht es bei den Geräten für die digitale Fabrikation aus. Hier ist die Vorerfahrung insgesamt eher gering, worauf das relativ hohe Bedürfnis nach Unterstützung hindeutet (vgl. Abbildung 8.9). Der Bedarf ist bei der CNC-Fräse am höchsten. Gleichzeitig ist das Interesse relativ niedrig. Möglicherweise kennen einige Lehrpersonen das Gerät zu wenig und können den Mehrwert für die Praxis nicht abschätzen. Der 3D-Drucker fällt diesbezüglich aus dem Rahmen. Obwohl sich die meisten Lehrpersonen beim 3D-Drucker Unterstützung wünschen, ist das Interesse am Gerät relativ hoch. Offenbar sind die Vorstellungen bezüglich einer möglichen Nutzung hier konkreter.

Themen aus dem Bereich Naturwissenschaft und Technik stehen für Lehrpersonen an erster Stelle (vgl. Abbildung 8.10). Erneuerbare Energien wie Windkraft, Wasserkraft oder Solarenergie zählen zu den klassischen Unterrichtsthemen im Fach NMG (Natur, Mensch, Gesellschaft), wie sie auch der Lehrplan der Schweizer Primarschule vorsieht: «Die Schülerinnen und Schüler können verschiedene Energieformen (z.B. Bewegungs-, Lage-, elektrische, thermische, chemische Energie) benennen und bestimmten Energieträgern oder Anwendungen im Alltag zuordnen (z.B. Wind, Wasser, Sonnenstrahlung, Holz, Erdöl, Nahrung).» (Lehrplan, NMG.3.2c). Auch die Fluggeräte oder die Produkte mit Antrieb sind klassische Themen, die im Primarschulkontext ihren Raum haben und ebenfalls mit den aktuell gültigen Lehrplankompetenzen gerechtfertigt werden können. Erst an vierter Stelle wird ein Thema mit Medienbezug (Trickfilme herstellen) genannt. Der Befund, dass Basteln und Erfinden mit Elektronik erst an sechster Stelle steht, verhält sich etwas im Widerspruch zu dem grossen Interesse an elektronischen Bauteilen (vgl. Abbildung 8.8). Die Themen mit Informatikbezug Robotik, Programmiersprachen und Microcontroller sind, vermutlich bedingt durch die (noch) fehlende Vorerfahrung, eher am unteren Ende der Interessensskala angesiedelt.

Betrachtet man das Abstimmungsverhalten der Lehrpersonen klassenstufen- und genderspezifisch, so ergibt sich folgendes Bild: Für den Unterricht in den unteren drei Klassenstufen wird das Thema Programmiersprachen als bedingt interessant eingestuft. Wobei eine Erstklasslehrerin das Thema für interessant hält und damit aus der Reihe fällt. Umgekehrt aus der Reihe fällt die Lehrperson der 6. Klasse. Sie ist der Ansicht, Programmiersprachen seien für ihre Schüler*innen eher weniger relevant oder interessant. In den Klassen vier und fünf kommen die Lehrpersonen diesbezüglich zu einer anderen Einschätzung. Das eher geringe Interesse an Microcontrollern in Klasse 5 deutet darauf hin, dass den Lehrpersonen zu diesem Zeitpunkt die Bedeutung des Begriffs vielleicht nicht klar ist. Programmieren, Robotik und Microcontroller spielen beim Physical Computing letztlich zusammen.

Die Lötstation steht für Erst- und Zweitklass-Lehrpersonen nicht an erster Stelle, was vor dem Hintergrund der Verletzungsgefahr und der noch nicht voll ausgebildeten motorischen Fertigkeiten des Schüler*innenklientels nachvollziehbar ist. Es lassen sich aber auch zielstufenübergreifende Themen ermitteln. Das Thema Trickfilme produzieren findet beispielsweise auf allen Klassenstufen grossen Anklang. Sowohl in Zyklus 1 (Klasse 1–3) als auch im Zyklus 2 (Klasse 4–6) können sich die Lehrpersonen dieses Thema mit Bezug zum Modullehrplan Medien und Informatik vorstellen. Ähnlich werden die Themen Solarenergie/Windkraft und Wasserkraft über alle Zielstufen hinweg als sehr interessant eingeschätzt. Basteln und Erfinden mit Elektronik erscheinen ebenfalls als verbindendes Thema – wenn man von der Einschätzung der Lehrperson der zweiten Klasse absieht.

Die Ergebnisse der Online-Befragung deuten auf ein Curriculum von Making-Aktivitäten hin, das in den unteren Klassenstufen eher sinnlich wahrnehmbare und haptisch erschliessbare Phänomene sieht, bei welchen die Schüler*innen erfolgreich konkrete Objekte entwickeln und bauen können, ohne die technischen Gesichtspunkte im Hintergrund vollumfänglich verstehen zu müssen (z.B. Fluggeräte, Produkte mit Antrieb, Energieformen).

In den höheren Klassen (Ausnahme Klasse 6) werden die (vermeintlich?) abstrakteren und kognitiv anspruchsvolleren Making-Aktivitäten wie Programmieren, die Robotik oder der Einsatz von Microcontrollern verortet. Diese Deutung wird auch durch die Meinung der Lehrperson für Begabtenförderung gestützt, die Programmiersprachen als einziges Thema für ihr Schüler*innenklientel als sehr interessant einschätzt.

Im Schulhausteam halten männliche Lehrpersonen die Geräte für die digitale Fabrikation (3D-Druck, CNC-Fräse, Laser-Cutter) tendenziell für interessanter als ihre Kolleginnen. Ansonsten lassen sich keine auffälligen genderspezifischen Unterschiede in den Präferenzen finden. Auf die offenen Fragen der Online-Umfrage antworteten nur wenige Lehrpersonen. Die Rückmeldung der Schulleitung zu dieser Erkenntnis war, dass die Vorstellungen der Lehrpersonen zu diesem Zeitpunkt noch nicht konkret genug waren, um stichhaltig antworten zu können. Hervorzuheben sind vor diesem Hintergrund aber die Gedanken der Lehrperson für Textiles Gestalten, insbesondere auf die Frage zu möglichen Anknüpfungspunkten zwischen dem eigenen Unterricht und dem MakerSpace.

«Ich finde vor allem die Themen Technik, Elektronik, Stoffe spannend. Diese können im Makerspace gut fächerübergreifend und projektartig angegangen werden und vor allem auch handelnd.»

(Online-Umfrage, IP10)

«Zum Beispiel könnte man zum Strom/Stromkreislauf ein Lampenprojekt (...) machen. Jedes Kind hat danach die Aufgabe, einen «Leuchtkörper» zu planen und definieren und bauen; dieses dann auch vorstellen und erklären können (Technik, Zweck, Ästhetik).»

(Online-Befragung: TTG-Lehrperson)

TAB. 8.11: INTERESSE DER LEHRPERSONEN AN TECHNOLOGIE (ZIELSTUFEN- UND GENDERSPEZIFISCHE DARSTELLUNG

	KLASSE 1		KLASSE 2	KLASSE 3	KLASSE 4
GENDER	Lehrer	Lehrerin	Lehrerin	Lehrer	Lehrerin
GAR NICHT			Lötstation		
MITTEL	Lötstation	Elektronik-Bauteile Laser-Cutter	CNC-Fräse, Schneide-Plotter, Laser-Cutter		
INTERESSANT	3D-Druck CNC-Fräse Schneide-Plotter Laser-Cutter	3D-Druck CNC-Fräse Schneide-Plotter, Lötstation	Elektronik-bauteile	Lötstation	
SEHR INTERESSANT				3D-Druck, CNC-Fräse, Elektronik-Bauteile, Schneide-Plotter, Laser-Cutter	Alle Geräte

Obwohl sie die Geräte der digitalen Fabrikation lediglich als mittel interessant einstuft, entwickelt die TTG-Fachlehrperson Ideen zur Verbindung von textilem Werken und dem Einsatz einer CNC-Fräse.

«Eventuell könnte man da auch die CNC-Fräse gebrauchen und Stempel planen und ausfräsen, um damit dann die T-Shirts bedrucken.»

(Online-Befragung: TTG-Lehrperson)

KLASSE 5		KLASSE 6	WERKEN / TEXTIL	BEG.-FÖRDERUNG	
Lehrer	Lehrerin	Lehrerin	Lehrerin	Lehrerin	**GENDER**
					GAR NICHT
		CNC-Fräse, Schneide-plotter, Laser-Cutter	3D-Druck CNC-Fräse Laser-Cutter		**MITTEL**
CNC-Fräse, Schneideplotter, Laser-Cutter	CNC-Fräse, Schneideplotter, Laser-Cutter	3D-Druck, Lötstation	Schneide-Plotter	CNC-Fräse, Elektronik-Bauteile, Schneide-Plotter, Laser-Cutter	**INTERES-SANT**
3D-Druck, Elektronik-Bauteile, Lötstation	3D-Druck, Elektronik-Bauteile, Lötstation	Elektronik-Bauteile	Elektronik-Bauteile Lötstation	3D-Druck, Lötstation	**SEHR INTERES-SANT**

TAB. 8.12: INTERESSE DER LEHRPERSONEN AN THEMEN (ZIELSTUFEN- UND GENDERSPEZIFISCHE DARSTELLUNG)

	KLASSE 1		KLASSE 2	KLASSE 3	KLASSE 4
GENDER	Lehrer	Lehrerin	Lehrerin	Lehrer	Lehrerin
GAR NICHT	Programmiersprachen		Programmiersprachen, Produkte mit Antrieb		
MITTEL	Filme produzieren Zero Waste Robotik Zeit und Raum Microcontroller		Basteln / Erfinden mit Elektronik, Microcontroller, Produkte aus Holz / Metall / ...	Programmiersprachen, Robotik, Zeit und Raum	
INTERESSANT	Basteln / Erfinden Solarenergie / Wasserkraft / Windkraft Produkte aus Holz / Metall / Kunststoff Produkte mit Antrieb herstellen	Programmiersprachen, Robotik	Trickfilme selber machen, Filme produzieren, Zero Waste, Robotik, Produkte aus Holz / Metall	Basteln / erfinden mit Elektronik, Produkte aus Holz / Metall...	Programmiersprachen Fluggeräte herstellen Zeit und Raum (Astronomie) Microcontroller
SEHR INTERESSANT	Trickfilm Fluggeräte herstellen	Basteln / erfinden mit Elektronik, Trickfilme, Filme, Zero Waste, Solar / Wind / Wasserkraft, Fluggeräte, Zeit und Raum	Solar / Wind / Wasserkraft, Fluggeräte, Zeit und Raum, Produkte mit Antrieb	Trickfilme selber machen, Filme produzieren, Zero Waste, Solar / Wind / Wasserkraft, Fluggeräte, Produkte mit Antrieb	Basteln / Erfinden, Trickfilme, Filme, Zero Waste, Robotik, Solarenergie / Windkraft..., Produkte aus Holz / Metall / Kunststoff Produkte mit Antrieb

8.5.3 Beratungs- und Planungsgespräche mit den Lehrpersonen

Die Erkenntnisse aus den Beratungs- und Planungsgesprächen mit den Lehrpersonen werden im Folgenden klassenstufenspezifisch dargestellt. Dabei wird der Fokus auf Zyklus 2 gelegt.

8.5.3.1 Klasse 1/2

Auf der Unterstufe stehen die Lehrpersonen offenen Lehr-Lernformen offen gegenüber. Sie sind bereits Teil des Regelunterrichts, wobei die Lehrpersonen betonen, dass die Schüler*innen die Fähigkeit zur Selbstorganisation und zur Teamarbeit erst erlernen müssen. Schwierigkeiten sehen sie dagegen im Bereich Technik. Wieviel Technik ist in diesem Alter sinnvoll? Was können die Kinder überhaupt verstehen und wo handelt es sich nur um den gestalterischen Umgang mit Black Boxes? Angesichts des Umstands, dass im MakerSpace viele neue, unvertraute Lernangebote auf die Schüler*innen warten, hält eine Lehrperson ein eng geführtes pädagogisches Setting für unumgänglich.

KLASSE 5		KLASSE 6	WERKEN / TEXTIL	BEG.-FÖRDERUNG	
Lehrer	Lehrerin	Lehrerin	Lehrerin	Lehrerin	**GENDER**
				Zeit und Raum	**GAR NICHT**
Microcontroller, Produkte aus Holz / Metall / Kunststoff	Microcontroller	Programmiersprachen, Zeit und Raum	Filme produzieren, Robotik, Zeit und Raum	Zero Waste, Robotik, Solar / Wind / Wasserkraft, Fluggeräte herstellen, Produkte aus Holz / Metall..., Produkte mit Antrieb	**MITTEL**
Trickfilme selber machen, Filme produzieren, Zeit und Raum	Programmiersprachen, Trickfilme selber machen, Filme produzieren, Zeit und Raum, Produkte aus Holz / Metall / Kunststoff	Trickfilme, Robotik, Fluggeräte, Microcontroller, Produkte aus Holz / Metall / Kunstsoff	Zero Waste, Microcontroller	Basteln / Erfinden mit Elektronik, Trickfilme, Film produzieren, Microcontroller	**INTERESSANT**
Programmiersprachen, Basteln / Erfinden mit Elektronik, Zero Waste, Robotik, Solar- / Wind / Wasserkraft, Fluggeräte, Produkte mit Antrieb	Basteln / Erfinden mit Elektronik, Zero Waste, Robotik, Solar- / Wind / Wasserkraft, Fluggeräte, Produkte mit Antrieb	Basteln / Erfinden, Zero Waste, Solar / Wasser / Windkraft, Produkte mit Antrieb	Programmiersprachen, Basteln / Erfinden Trickfilme selber machen Solarenergie / Wasserkraft / Windkraft, Fluggeräte, Produkte aus Holz / Metall / Kunststoff, Produkte mit Antrieb	Programmiersprachen	**SEHR INTERESSANT**

«Gerade in den unteren Klassen geht's ja auch mehr um Verständnisaufbau, was vielleicht auch noch ein bisschen mehr geführt ist. Und wenn sie das dann auch zwei Jahre einmal so erlebt und gelernt haben, dann werden sie freier arbeiten können.»

(IP9, A. 4:37)

Mit Erst- und Zweitklässler*innen verschiedene analoge Tüftelchallenges anzugehen und kleine Objekte zu bauen, können sich alle Lehrpersonen gut vorstellen. Manche haben aber Schwierigkeiten, aus den Einzelelementen ein übergreifendes Projekt zu machen.

> «Also mir gefallen verschiedene Themen, aber ich weiss nicht, wie ich da ein Projekt machen könnte, unter einem Label. (...) Ich weiss jetzt nicht, was könnte eine ganze Woche füllen.»
>
> (IP11, A. 4:24)

Es wird auch eher infrage gestellt, ob die Schüler*innen über einen so langen Zeitraum an einer Sache oder Projekt dranbleiben können. Im Unterstufenteam ist schnell der Konsens gebildet, mit den Schüler*innen jeweils tageweise Mini-Projekte zu starten. Als Rahmenthema, das auch zur Jahreszeit passt (Frühsommer), in die die Making-Epoche der Erst- und Zeitklässler*innen fällt, kommt das Thema Wasser in die nähere Auswahl.

> «Wasserrad, Wasserkraft allgemein und eben, wenn man so eine Projektwoche hat, gerade mit den Erstklässlern, ja die müssen etwas machen können, also das, was viel Geduld braucht, kann man vielleicht über einen kleinen Zeitraum mal machen.»

Auch Wasserspiele und die Konstruktion von Kanalsystemen werden als Optionen diskutiert. Das klassische Thema Schwimmen und Sinken könnte zudem mit der Konstruktion eigener Wasserfahrzeuge aus Recycling-Materialien kombiniert werden. Einen alternativen Zuang mit fächerverbindendem Potenzial sieht die Zweitklasslehrperson im Thema Trickfilm.

> «Die Trickfilme mit Knete, da kann man gut so Brücken schlagen zu Deutsch. Also wenn es darum geht, eine eigene Geschichte zu erfinden. Das fällt den Kindern zwar oft schwer, aber ich finde, wenn sie sehen können, dass da ein Film dabei rauskommt...»
>
> (IP11, A. 4:21)

8.5.3.2 Klasse 3

Die Lehrpersonen der 3. Klasse (im Team-Teaching) greifen das bereits in der Online-Befragung als sehr interessant eingeschätzte Thema Windkraft auf und konkretisieren es im Gespräch gemeinsam mit dem Pädagogischen Making-Support (I6). IP5 hat im Vorfeld recherchiert und im Internet eine Windturbine mit integrierter LED gefunden, die sich nach Anleitung nachbauen lässt (vgl. IP5, A. 1:4). Baupläne in verschiedenen Varianten (Abfallmaterialien, Plexiglas, Stoff) liegen vor. Der Pädagogische Making-Support versucht daraufhin die Maker-Philosophie bewusst zu machen.

> «Jedoch haben gemäss Bild danach alle dasselbe Windrad und im Makerspace ist die Grundidee eigentlich, dass es möglichst wenige Lösungsvorgaben gibt. Beispielsweise könnte man die Materialien vorgeben und den Output völlig offenlassen.»
>
> (I6, A. 1:8)

Um den Lehrpersonen ein Beispiel zu geben, schlägt der Pädagogische Making-Support vor, aus einer vorgegebenen Materialauswahl ohne einschränkende Vorgaben ein Fluggerät zu bauen zu lassen (vgl. I6, A. 1:10). IP5 möchte dennoch gerne bei den Windrädern bleiben. Sie sieht den Vorteil darin, dass die Schüler*innen es anschliessend mit nach Hause nehmen könnten (vgl. IP5, A. 1:17). Ihre Idee ist, zwei bis drei Techniken vorzustellen, wie man einen Propeller herstellen könnte und anschliessend die Wahl zu lassen, welches Modell umgesetzt wird (vgl. IP5, A. 1.18). Der Vorschlag bei der Konstruktion des Propellers den 3D-Drucker einzubeziehen, wird von der Lehrperson als zu anspruchsvoll eingeschätzt (vgl. IP5, A. 1:36).

> «Wichtig ist sicherlich, dass die Kinder nicht überfordert sind.»
>
> (IP5, A. 1:16)

Die Vorstösse des Pädagogischen Making-Supports, mehr Offenheit und Exploration für die Schüler*innen beim Bau von Windturbinen zu erreichen, werden von IP6 wahrgenommen. «Prinzipiell ist es für mich schon zu genau mit den vielen Vorgaben» (IP6, A. 1:7). Im Gespräch werden jedoch noch keine konkreten Massnahmen abgeleitet. Im zweiten Teil des Gesprächs werden noch andere mögliche Ideen für Making in der dritten Klasse angesprochen: Trickfilmprojekte, Herstellung von Wasserkanälen, 3D-Druck allgemein.

8.5.3.3 Klasse 4

Die Lehrperson der vierten Klasse, die gleichzeitig die Lead-Lehrperson ist, hat sich zur Vorbereitung auf das Gespräch mit den Angeboten von Explore-it auseinandergesetzt.

> **«Ich bin (...) auf das Thema Messen, Steuern und Regeln gestossen und bin der Auffassung, dass man Kinder damit sehr gut fangen könnte.»**

(IP1, A. 3:15)

Der gleichnamige Explore-it-Bausatz ist rein analog ausgerichtet und beinhaltet Pumpentechnik, einen selbstgebauten Druckschalter als Sensor samt zugehörigem Relais. Die Lead-Lehrperson sieht aber Möglichkeiten, das Thema mit digitaler Technologie zu verbinden. «Ein solches Thema fände ich noch cool und man könnte mit «Littlebits» fortfahren.» (ebd.). Wie genau das geschehen soll, ist zum Zeitpunkt des Gesprächs noch nicht entschieden. Grundsätzlich ist ihr Anspruch das Thema Programmieren einzubeziehen – in Verbindung mit Sensoren-Technologie.

Ein konkreter Anwendungsbereich für diese Technologie oder mögliche Produkte, die damit entwickelt werden könnten, werden im Gespräch nicht bestimmt. Stattdessen werden verschiedene Tools und Kits zur Einführung in das Programmieren diskutiert – auch unter dem Gesichtspunkt der Attraktivität für Mädchen.

> **«Mit Lego Weedo könnte man sicherlich auch die Mädchen gut abholen und nicht nur die Jungen. Ich habe einen Lego-Roboter zu Hause, den man auch programmieren kann. Zum Beispiel kann man programmieren, dass er bellt. Ich habe einige Mädchen in der Klasse, die Hunde extrem mögen. Für sie wäre das optimal.»**

(IP1, A. 32)

Eine mögliche Schwierigkeit sieht IP1 in der Tatsache, dass viele Materialien und Online-Umgebungen in englischer Sprache verfasst sind. Als Einsatzmöglichkeiten des 3D-Druckers angesprochen werden, stellt sie eine Verbindung mit dem Mathematikunterricht und insbesondere mit der Förderung des räumlichen Vorstellungsvermögens her. «Schon die Vorstellung von 3D-Komponenten ist gut. Viele Kinder haben beispielsweise Mühe mit der Vorstellung von Würfelnetzen. Hier könnten sie eventuell sehr viel profitieren, indem sie es praktisch anwenden» (IP1, A. 3.32).

8.5.3.4 Klasse 5

Ähnlich wie die Lehrpersonen der dritten Klasse haben auch die Fünftklasslehrpersonen das Thema Energieformen, Energieumwandlung und Antriebe in die engere Auswahl genommen. «Etwas mit Elektromotoren – Dampf oder Solarantrieb. Also wir stellen uns (...) irgendein Gefährt (vor) (...), das in der Projektwoche (...) zusammen (gebaut wird)» (IP4, A. 5:12). Den beiden Lehrpersonen ist wichtig, dass die Schüler*innen die technischen Grundlagen kennen und verstehen, wo die Energie herkommt und wie z. B. ein Elektromotor funktioniert, bevor sie mit dieser Technologie ein Fahrzeug bauen. «Sie sollten ja zuerst wissen, woher kommt denn überhaupt die Energie. (...). Aus was kann man Energie gewinnen, Wind, Solar Wasser (...). Dann muss man das ja irgendwie umwandeln (...), damit man irgendetwas antreiben kann. (...). Zuerst soll die Basis gelegt werden» (IP2, A. 5:13). Auf der Grundlage der fachlichen Basis sind beide Lehrpersonen bereit, den Schüler*innen einen grossen Freiraum bei der Entwicklung von Produkten mit Antrieb zu geben.

«Ich glaube (...) die Interessierten, die gehen wirklich ab. Für die soll es auch ein Gefäss sein, wo sie wirklich etwas umsetzen können.»

(IP4, A. 5:31)

Die Art des Produkts wollen sie bewusst offenlassen. «Ja eben, wenn es kein Gefährt gibt, vielleicht kristallisiert sich ja raus, dass der Antrieb etwas anderes bedient» (IP2, A. 5:30). «Es könnte ja auch sein, dass sie eine Kugelbahn machen und der Antrieb dann am Schluss nur dazu dient, dass das „Kügegli" dann wieder zum Start rauffährt» (IP2, A. 5:24). Im Gespräch zeigt sich, dass die beiden Lehrpersonen selbst viele verschiedene Möglichkeiten antizipieren und zudem offen sind für Ideen der Schüler*innen.

«Aber vielleicht gibt es auch noch andere lässige Ideen, die wir noch gar nicht kennen. (...) Es kann ja auch etwas mit Luft sein, sag ich jetzt nur mal so, Verschiedenes.»

(IP4, A. 5:17)

Der Pädagogische Making-Support muss im Gespräch nicht explizit auf die Grundhaltung des Makings hinweisen. Die Lehrpersonen vertreten von sich aus zentrale Maker-Anliegen wie beispielsweise die Möglichkeit am Gegenstand selbstentdeckend zu lernen. «Wenn sie am (...) (Ausprobieren) sind, sie lernen ja dann den Motor kennen, wie leistungsfähig der ist. (...) Da muss man dann ja schauen, was realistisch ist, was sie machen können, was funktioniert» (IP2, A. 5:27). IP4 gesteht sich ein, dass ihr das Thema Stromkreis und Schaltungen fremd ist, dass sie es aber dennoch für spannend hält.

8.5.3.5 Klasse 6

Die Lehrperson der sechsten Klasse ist dem MakerSpace-Projekt gegenüber sehr offen und motiviert eingestellt. Sie schätzt ihr Vorwissen im technisch-digitalen Bereich jedoch als gering ein. Sie hat zu Projektbeginn das Gefühl, die vorhandenen Möglichkeiten zu wenig einplanen zu können, weil ihr teilweise die konkrete Vorstellung fehlt (vgl. IP3, A. 6:12). Das erklärt auch die Einstufung des Themas «Programmiersprachen» als nur mittel interessant. Inhaltlich möchte sie wie die meisten anderen Teams am Thema Energie anknüpfen. Ihre Idee ist, die Schüler*innen auf der Basis der Explore-it-Box «Energie macht mobil» zunächst geführt experimentieren zu lassen. Im Anschluss möchte sie die offene Aufgabe stellen, etwas zu entwickeln, das Energie umwandelt. Als weitere Variante schlägt sie vor, die Klasse in drei Gruppen einzuteilen und jede Gruppe eines der Themen Wasserkraft, Solarenergie und Windkraft vertiefen zu lassen und ein Objekt zu konstruieren. Die Anregungen des Pädagogischen Making-Supports, aufgrund der kognitiven Reife von Sechstklässlerinen zusätzlich Themen wie Kraftübertragung (Übersetzungsgetriebe) oder sensorenbasierte Steuertechnologie mit einzubeziehen, nimmt IP3 gerne mit auf.

8.5.3.6 Zusammenfassung der Ergebnisse

Die Lehrpersonen vertreten durchweg ein Verständnis von Making, das auf Handlungsorientierung abzielt. In den Interviewaussagen der Lehrpersonen spiegelt sich der Wunsch, von bekannten Themen auszugehen und sich von dort aus an die Philosophie und die Praxis des Making heranzutasten. Sehr deutlich ist die Orientierung an Themen und Phänomenen aus den naturwissenschaftlichen Fächern. Dabei stehen physikalisch-technische Themen, wie Energie, Energieerzeugung und -umwandlung sowie Energienutzung im Vordergrund. Denkbare Produkte aus Lehrpersonensicht sind Fahrzeuge mit Antrieb, Flugobjekte, Boote, Maschinen mit Kraftumwandlung etc. Zu musisch-künstlerischen Aspekten werden vergleichsweise wenige Berührungspunkte hergestellt, wenn man von dem Thema «Trickfilmproduktion» absieht. Obwohl in der Online-Befragung explizit aufgeführt, sind informatische Themen – mit Ausnahme der Lead-Lehrperson – eher unterrepräsentiert. Die Vorstellungen, wie die Möglichkeiten der digitalen Fabrikation mit den präferierten Themen verbunden werden können, sind zu Projektbeginn noch eher diffus. Insgesamt zeigen die Lehrpersonen gegenüber Themenvorschlägen des Pädagogischen Making-Supports eine grosse Offenheit. Einige äussern explizit den Wunsch, weitere Vorschläge für mögliche Making-Projekte zu bekommen.

«Ich wäre einfach froh, wenn ich nachher mal hören könnte, was denn schon für Erfahrung da ist, was funktioniert.»

(IP11, A. 4.11)

Es wird auch immer wieder nach geeigneten Lehrmitteln und konfektionierten Materialien gefragt. Der Pädagogische Making-Support hat diesen Wunsch aufgegriffen und aus seiner Erfahrung zyklenspezifische Impulse für eine mögliche Vertiefung vorgeschlagen:
Einige Lehrpersonen finden die vorgeschlagenen Explore-it Materialien besonders attraktiv. Zum einen bieten sie eine Verbindung mit «klassischen» Themen des NMG-Unterrichts. Zum anderen beinhalten Explore-it Bausätze konkrete Konstruktionsprojekte mit vorkonfektionierten Materialien und Anleitungen, die einen gewissen Tüftelspielraum eröffnen. Ein Rahmen, in dem sich die Schüler*innen zunächst bewegen können, wird von Lehrerseite sehr geschätzt.

«Wir haben die Explore-it Webseite angeschaut, da diese bezüglich Projektwoche sehr viel bietet. Da meine Kinder nach den Sommerferien erst in die vierte Klasse kommen und sie solche Sachen noch nicht so gewohnt sind, möchte ich sie nicht komplett überfordern.»

(IP1, A. 3.35)

TAB. 8.12: ZYKLENSPEZIFISCHE IMPULSE DES PÄDAGOGISCHEN MAKING-SUPPORTS

UNTERSTUFE, KLASSE 1, 2 UND 3	MITTELSTUFE, KLASSE 4, 5 UND 6
Elektronisches Bewässerungssystem für den Schulgarten	Digitale Begleitvideos eines Produkts erstellen, Dokumentation und Reflexion
Trickfilmproduktion und Storytelling, Geschichte der Filmentwicklung	Mit Lichtschranken arbeiten (Littlebits), Verfahren ansteuern
Bilder und Grafiken erstellen und mit der CNC-Fräse herausfräsen lassen	Elektromotor selbst konstruieren und damit etwas antreiben
Kugelbahnen, die mit Sensoren angereichert sind: wenn die Kugel eine Stelle passiert, geht ein Licht an oder ertönt ein Geräusch	Recherche und Präsentationstechniken einbinden
Papierflugzeug mit Elektroantrieb	Produktion von verschiedenen Zahnrädern mit der CNC-Fräse
Konstruktion von Objekten mit einer 3D-Software und 3D-Drucker	Messung der Luftqualität (Co2, Feinstaub)
	Mechanische Konstruktionen in Youtube recherchieren und nachbauen oder erweitern

8.5.4 Projektideen der Schüler*innen

Um den Unterricht im Sinne der Maker Education subjekt- und neigungsorientiert zu gestalten, sind die Ideen und Wünsche der Schüler*innen für die Curriculum-Entwicklung ebenso wichtig, die die Themenpräferenzen der Lehrpersonen. Im Folgenden werden die Ergebnisse der E-KiZ_SuS-, der PMA-und der WWDGB-Erhebung vorgestellt und diskutiert. Im Anschluss wird überprüft, inwieweit sich die Schüler*innen-Ideen mit den Themenpräferenzen der Lehrpersonen in Deckung bringen lassen.

8.5.4.1 Präferierte Making-Aktivitäten (PMA)

Die Auswertung der schriftlichen Befragung «Präferierte Making-Aktivitäten» (vgl. 7.4.6) unter Sechstklässler*innen führt zu folgenden Ergebnissen (vgl. Tabelle 8.14).

ABB. 8.13: BOGEN ZUR ERFASSUNG DER MAKING-PRÄFERENZEN DER SCHÜLER*INNEN

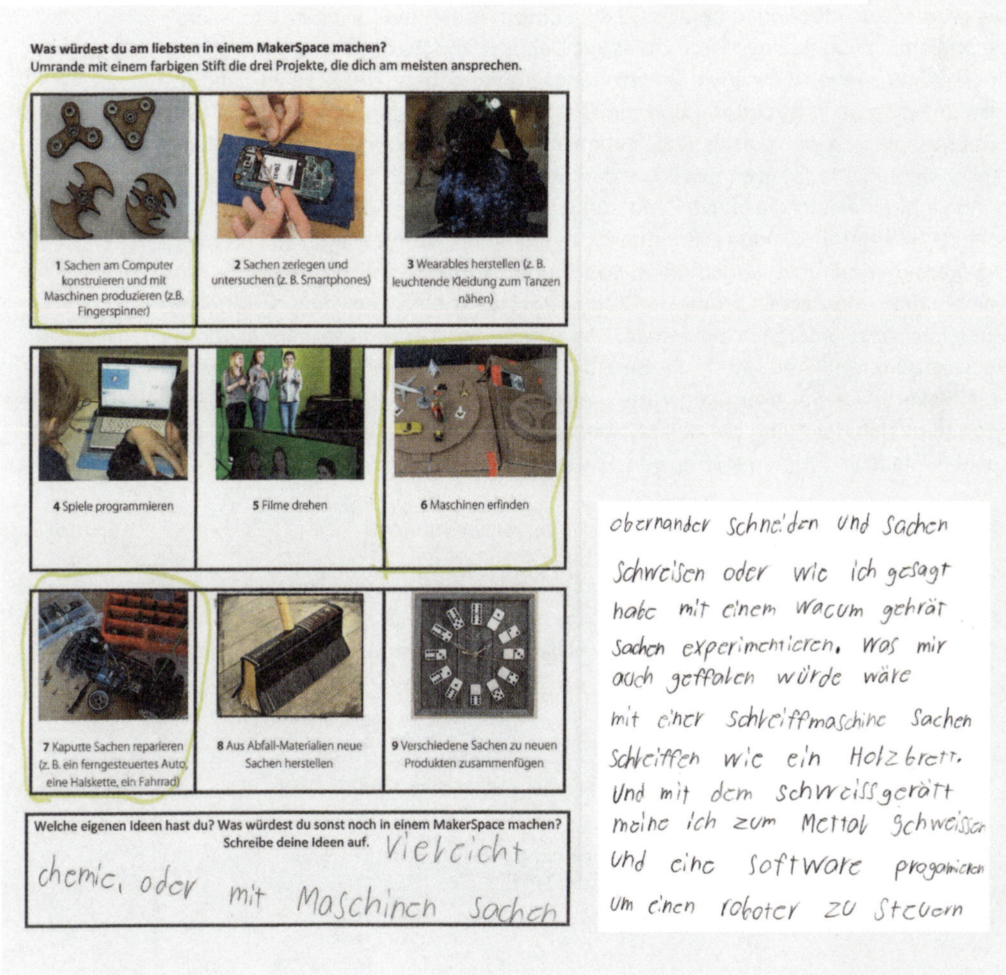

RANG	MAKING-AKTIVITÄTEN	ANZAHL NENNUN-GEN
1	Sachen zerlegen und untersuchen (z.B. Smartphones)	15
2	Filme drehen	11
3	Sachen am Computer konstruieren und mit Maschinen produzieren	10
4	Verschiedene Sachen zu neuen Produkten zusammenfügen	9
5	Spiele programmieren	8
6	Wearables herstellen (z.B. leuchtende Kleidung zum Tanzen nähen)	4
7	Maschinen erfinden	4
8	Kaputte Sachen reparieren (z.B. ein ferngesteuertes Auto, ein Fahrrad, eine Halskette)	3
9	Aus Abfallmaterialien neue Produkte herstellen	1

TAB. 8.14: AUSWERTUNG PRÄFERENZEN DER MAKING-AKTIVITÄTEN (SCHÜLER*INNEN)

Die grösste Zustimmung in beiden Geschlechtern erhält die Dekonstruktion und Untersuchung von (technischen) Objekten. Dahinter könnte das Bedürfnis stehen, opake Alltagsgegenstände wie Smartphones zu verstehen, Einblicke zu bekommen in verborgene Strukturen und digitale Subtexte (vgl. Ingold/Maurer 2018). Das Ergebnis lässt sich diesbezüglich auch im Zusammenhang von Digitaler Mündigkeit deuten. Die Tätigkeit des Filme drehens (vor allem von Mädchen präferiert) ermöglicht einerseits die aktive Benutzung von digitaler Technik (Kamera, Videoschnitt, Hilfsmittel, ...) und lässt Raum für Imagination, Storytelling und Roleplay. Die computergestützte Konstruktion von Dingen kommt ähnlich gut an wie die Kombination von Sachen zu neuen Produkten. Das Thema Recycling spielt eine vergleichsweise untergeordnete Rolle. Das könnte damit zusammenhängen, dass Recycling im regulären Unterricht bereits Thema ist und die Schüler*innen sich vom MakerSpace vor allem neuartige Lernangebote versprechen. Genderspezifisch zeigt sich der Trend bei den Mädchen hin zur Filmproduktion, während die Jungen eher zum Programmieren von Spielen tendieren.

THEMENBEREICHE	ANZAHL NENNUNGEN
Chemie	Minivulkan bauen, chemische Stoffe mixen (mehrfach genannt), Experimentieren, z.B. mit Reagenzgläsern.
Produkte mit Strom, Elektronik	Stromkreislauf, Leistung in der Elektrizität, Bau von elektrischen Objekten.
Produkte ohne Strom	Flugobjekte, Lampen und andere Deko-Dinge, Steinskulpturen, Legokonstruktionen, Arrangements aus Naturmaterialien (z.B. aus Ton, Holz), Puzzles, Getränkeproduktionsmaschine (mit Marshmellow-Geschmack), Schweissarbeiten mit Metall
Produkte mit digitalem Anteil	Roboter, Software programmieren, Spiele erfinden und bearbeiten, Stimme aufnehmen und digital verändern, Fantasiewelt für die Playstation gestalten
Digitale Fabrikation	3D-Druck, Gravurlaser

TAB. 8.15: PRÄFERENZEN SCHÜLER*INNEN – ZUSÄTZLICHE IDEEN

Einige Sechstklässler im Schuljahr 2017/18 haben von der Möglichkeit Gebrauch gemacht, auf dem Bogen eigene Ideen schriftlich zu deponieren. Die Kategorien der nachfolgenden Übersicht wurden aus dem Material herausgebildet.
An diesen Befunden ist das Spektrum interessant, das vergleichsweise breiter ist als die Themenideen der Lehrpersonen, die sich stark auf das Thema Energie, Energiegewinnung, Antrieb und Energieumwandlung beziehen. Themen und Projekte mit digitalem Bezug stehen nicht an erster Stelle, es zeigt sich gleichermassen das Bedürfnis nach analogen, handwerklichen Tätigkeiten (z.B. schweissen, schleifen, tonen, aus Naturmaterialien Dinge herstellen).

8.5.4.2 Schriftliche Befragung aller Schüler*innen: «Was würdet ihr gerne bauen?» (WWDGB)

68 Schüler*innen der Klassenstufen 2 bis 5 nutzten die freiwillige Möglichkeit, ihre Produktideen für die Arbeit im MakerSpace einzubringen (vgl. 7.4.10). 34 Jungen und 34 Mädchen haben teilgenommen. Die Auswertung der Ideendokumente zeigt, dass viele Schüler*innen konkrete Ideen haben, die sie im MakerSpace zu Produkten umsetzen wollen. In Tabelle 8.17 sind die Ideen nach Klassenstufe und Geschlecht geordnet aufgeführt. Die Projektideen der Schüler*innen lassen sich aus verschiedenen Perspektiven betrachten. Zunächst soll eine Verortung nach Projektart (ohne Strom, mit Strom, mit Computer) und Realisierbarkeit (leicht realisierbar, mit gewissem Aufwand realisierbar, schwer realisierbar, nicht realisierbar) vorgenommen werden.

ABB. 8.16: BEISPIELE FÜR AUSGEFÜLLTE WWDGB-DOKUMENTE DER SCHÜLER*INNEN

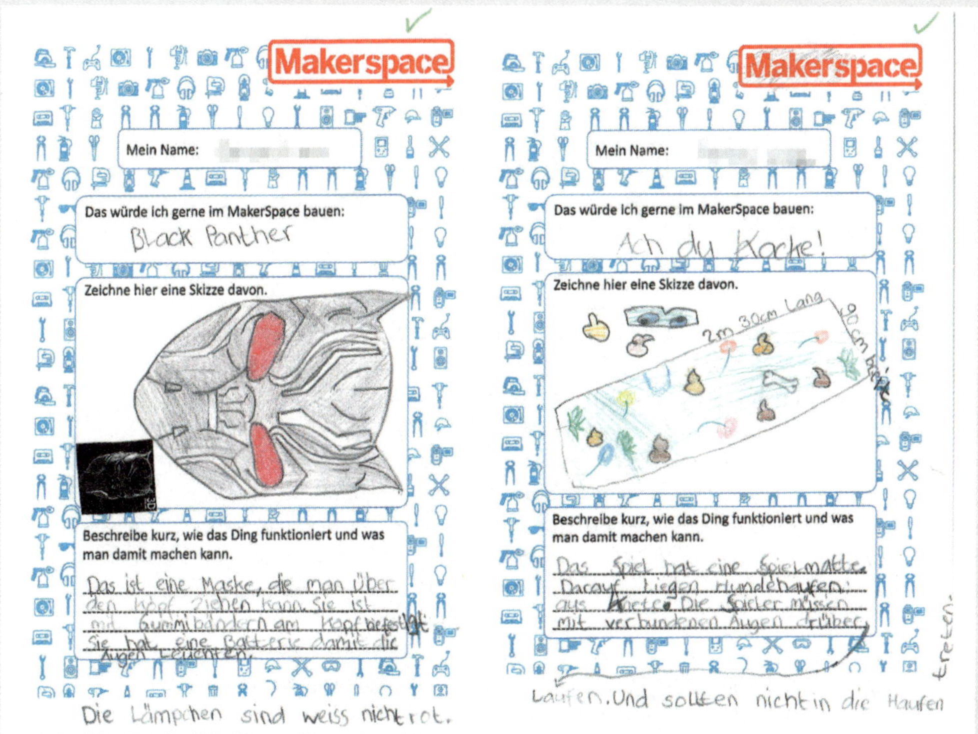

	KLASSE 2 (2017/18) KLASSE 3 (2018/19)	KLASSE 3 (2017/18) KLASSE 4 (2018/19)	KLASSE 4 (2017/18) KLASSE 5 (2018/19)	KLASSE 5 (2017/2018) KLASSE 6 (2018/2019)
PROJEKT-IDEEN DER MÄDCHEN	- Radio - Zwillingsspringhasen (können reden und springen) - Baby Igel (kann laufen und reden) - Roboterhase - Computer - Holzuhr - LED-Taschenlampe - Schublade mit Hirsch drauf - Haus mit Kerzenbeleuchtung - Kleine Murmelbahn - Setzkasten	- Fotoapparat - Eifelturm - Roboter - Kleines Holzschiff - Solarauto - Ferngesteuertes Auto - Interaktiver Pferdestall - Geheimbox mit Code - Elektrische Bohrmaschine - Hundehaus mit Klappe - Haus mit Tür und Licht auf Rollen - Hunderoboter - Lichtmaschine	- Regenbogenprojektor als Nachttischlampe - Jesuskrippe	- Handyladegerät in der Form eines Emojis - Kleines Tablet - Solarauto - Alarmanlage - Kleiner Heissluftballon - Roboter - Roboterpferd
PROJEKT-IDEEN DER JUNGEN	- Dreier-Kugelbahn - Ferngesteuerte Drohne - Hasenhäuschen - Nimbo-Trainingsgerät - U-Boot mit Kamera und Fernsteuerung - Sofortbildkamera - Ferngesteuerter Helikopter - Stromauto - Roboter - Ferngesteuertes Raupenfahrzeug - Robotermann	- Automatische Türe - Roboter - Elektroschocker - Kleines Auto - Auto mit Licht	- Box zum Verstauen - Gitarre - Schanze (für Velo, BMX, Scooter) - Spiel: Ach du Kacke (analog) - Black Panther (Maske mit Lampen für Augen) - Roboter, der auf Füssen läuft - Ferngesteuertes Auto	- Solarpowerbank - Roboter «Wally 2.0» - Leuchtbrille - Palettensofa - Radio - Musik Box - Ferngesteuertes Solar-Abschleppfahrzeug - Segelboot als Skateboard mit Anker

TAB. 8.17: AUSWERTUNG DER BEFRAGUNG WWDGB

Nach der Ausklammerung der voraussichtlich nicht realisierbaren Projekte erfolgt eine Betrachtung nach Technologiebedarf, nach Nutzungszweck und nach der Passung zu den inhaltlichen Präferenzen der Lehrpersonen.

8.5.4.2.1 Realisierbarkeit

Vorweggenommen: In einem MakerSpace kann grundsätzlich jedwede Idee irgendwie umgesetzt werden. Die Zuordnung zu den verschiedenen Graden der Realisierbarkeit in Tabelle 8.18 erfolgt vor dem Hintergrund der Haltung, dass Produkte im MakerSpace nach Möglichkeit selbstständig mit Rohmaterialien und weniger mit vorkonfektionierten Bausätzen und Anleitungen realisiert werden sollen. So wäre der Bau eines solar- und ferngesteuerten Abschleppfahrzeugs mit einem Bausatz leicht möglich – ohne Bausatz jedoch eher schwierig. Ein zweites Kriterium für Realisierbarkeit ist die Jahrgangsstufe. Während Sechstklässler voraussichtlich in der Lage sind, ein funktionierendes ferngesteuertes Solarauto zu bauen, entpuppt sich dasselbe Vorhaben für Zweitklässler*innen möglicherweise als zu komplexes Unterfangen. Die Zuordnung der Projektideen nach Machbarkeit dient ausschliesslich der internen Orientierung bei der Entwicklung von didaktischen Maker-Settings und Materialbeständen. Sie bedeutet nicht, dass den Schüler*innen ausgeredet wird, eine eigene Idee zu realisieren. Es ist ein wesentliches Merkmal des Maker-Mindsets, Kindern Dinge zuzutrauen und ihnen auch scheinbar unmögliche Lösungen zuzugestehen. Oftmals verbinden die Schüler*innen mit ihren Ideen etwas ganz anderes, als Erwachsene darin sehen.

TAB. 8.18: SCHÜLER*INNENIDEEN SORTIERT NACH REALISIERBARKEIT FÜR DIE JEWEILIGE ZIELSTUFE

	LEICHT REALISIERBAR	MIT GEWISSEM AUFWAND REALISIERBAR	SCHWER REALISIERBAR	NICHT REALISIERBAR
OHNE STROM, REIN MECHANISCH	Haus mit Kerzenbeleuchtung (2) Schublade mit Hirsch drauf (2) Kleine Murmelbahn (2) Setzkasten (2) Kleines Holzschiff (3) Hasenhäuschen (2) 3er-Kugelbahn (2) Box zum Verstauen (4) Kleiner Heissluftballon (5) Aus Lego Sachen bauen (6) Aus Naturmaterialien Sachen bauen (aus Holz: Schiffe, aus Ton Krüge) (6) Puzzles herstellen (6)	Holzuhr (2) Eifelturm (3) Jesuskrippe (4) Schanze für BMX (4) Spiel: Ach du Kacke (4) Black Panther Maske mit leuchtenden Augen (4) Gitarre (4) Solarauto (5) Paletten Sofa (5) Segelboot als Skateboard mit Anker (5) Flugobjekte (6) Skulpturen aus Steinen klopfen (6)	Fotoapparat (3) Nimbo Trainingsgerät (2) Sofortbildkamera (2)	
MIT STROM, MIT ELEKTRONIK	Coole Lampen und Dekosachen (6)	Haus mit Tür und Licht auf Rollen (3) Auto mit Licht (3) Stromauto (2) Solarauto (3) LED Taschenlampe (2) Regenbogenprojektor als Nachttischlampe (4)	Ferngesteuertes Auto (3) Elektrische Bohrmaschine (3) Ferngesteuertes Auto (4) Solarpowerbank (5)	Elektroschocker (3) Ferngesteuertes Solarabschleppfahrzeug (5) Ferngesteuertes Raupenfahrzeug (2) Ferngesteuerter Helikopter (2)
MIT COMPUTER, MICROCONTROLLER		Roboterhase (3) Roboter (3) Geheimbox mit Code (3) Hundehaus mit Klappe (3) Hunderoboter (3) Lichtmaschine (3) Robotermann (2) Automatische Türe (3) Interaktiver Pferdestall (3) Roboter, der mit den Füssen läuft (4) Handyladegerät in der Form eines Emojis (5) Alarmanlage (5) Roboterpferd (5) Roboter (5) Radio (5) Roboter programmieren (6)	Software programmieren (6) Zwillingsspringhasen (können reden und springen) (2) Radio (2) Baby Igel (kann laufen und reden)(2) Music Box (5) Getränkemaschine mit unterschiedlichen Geschmacksrichtungen (6)	Fantasiewelt für Playstationbrille erstellen (6) Ferngesteuerte Drohne (2) Ferngesteuertes U-Boot mit Kamera (2) Computer (3) Kleines Tablet (5)

Einige Schüler*innen der Unterstufe haben Schwierigkeiten, die Realisierbarkeit ihrer Projektideen einzuschätzen. Etwa die Hälfte der Zweitklässler*innen bringt ambitionierte Ideen ein, die nicht so einfach umsetzbar sind. Ein ferngesteuertes U-Boot mit Unterwasserkamera oder eine Drohne sind mit einfachen Mitteln und möglichst eigenständig kaum konstruierbar. Ein praxistaugliches Nimbo Trainingsgerät ist eine grosse Herausforderung, mit den passenden Materialien und mit mehrmaligen Versuchen aber theoretisch machbar. Eine Sofortbildkamera wäre als einfache Lochkamera realisierbar, nicht aber als komplexe, elektronisch gesteuerte Apparatur mit entsprechender Optik.

Sprechende und hüpfende Zwillingspringhasen sind für Unterstufenschüler*innen als programmierte Roboter zu schwierig. Eine mechanische Umsetzung mit Antriebsfedern ist unter Umständen aber vorstellbar. Gegebenenfalls muss die Lehrperson alternative Vorschläge machen, wie das gewünschte Produkt auf andere Weise hergestellt werden kann.

Auch manche Schüler*innen der Mittelstufe geben Ideen an, die entweder gar nicht oder nur mit grossem Aufwand und hoher Fachkompetenz realisierbar sind. Ein Tablet selbst zu bauen, ist nicht möglich. Ein ferngesteuertes Solarabschleppauto mit Solarantrieb ist von Grund auf schwer zu konstruieren. Die Frage ist allerdings, was die Kinder unter Fernsteuerung verstehen. Vielleicht haben sie ja ganz andere Lösungen wie z.B. eine Steuerung mit Schnüren, Magneten oder Schienensystemen.

8.5.4.2.3 Nutzungszweck

Kategorisiert man die Projektideen der Schüler*innen nach Nutzungszweck, so lassen sich folgende Kategorien bilden:

Gebrauchsobjekte: sind Gegenstände oder Geräte, die die Schüler*innen in ihrem Alltag verwenden können. Zu den Alltagsobjekten zählen die Projektideen wie die Lampe, eine Box zum Verstauen, das Hasenhäuschen, der Setzkasten, die Jesuskrippe, das Hundehaus mit Klappe, das Radio. Gebrauchsobjekte müssen ihren konkreten Zweck erfüllen, sonst sind sie nutzlos. Das bedeutet für die Entwicklung meist klare Vorgaben und Ansprüche, die eingehalten beziehungsweise erfüllt werden müssen (z.B. auch die Belastbarkeit). Spiel- und Freizeitgegenstände: sind eine spezielle Form von Gebrauchsobjekten. Sie müssen hohe Belastungen aushalten und beinhalten bewegliche Elemente (Spiel: «Ach du Kacke», Fantasielandschaft für Playstation VR Brille, interaktiver Pferdestall, Kugelbahn, Gitarre).

Modellbauobjekte: sind Modelle von existierenden Gegenständen, die die Funktion der jeweiligen Vorlage teilweise erfüllen müssen. Ein Flugzeugmodell muss fliegen können und eine ansprechende Flugbahn einhalten. Ein Modellauto muss fahren können, gegebenenfalls ferngesteuert, und lenkbar sein. Ein Schiffsmodell muss schwimmen und sich selbstständig im Wasser fortbewegen. Da es sich um Modelle handelt, deren Originale den Schüler*innen aus dem Alltag bekannt sind, ist die Entwicklungsarbeit bezüglich Form und Design einigermassen klar. Technisch gesehen sind Modelle schwierig zu realisieren.

Künstlerisch-ästhetische Werke: haben keinen spezifischen Nutzungs- oder Verwendungszweck. Sie sind sinnlich wahrnehmbar und bieten ein ästhetisch interessantes oder schönes Erlebnis. Sie können auch irritieren oder zum Nachdenken anregen. Die Ansprüche an ein ästhetisches Produkt sind weniger klar konturiert. Dadurch ergibt sich eine gewisse Toleranz in der Entwicklung. Auch wenn das Produkt ganz anders wird als geplant, kann es seinen Zweck erfüllen. Zu den künstlerisch-ästhetischen Werken zählen u.a. die Steinskulpturen, die Lichtmaschine und der Regenbogenprojektor.

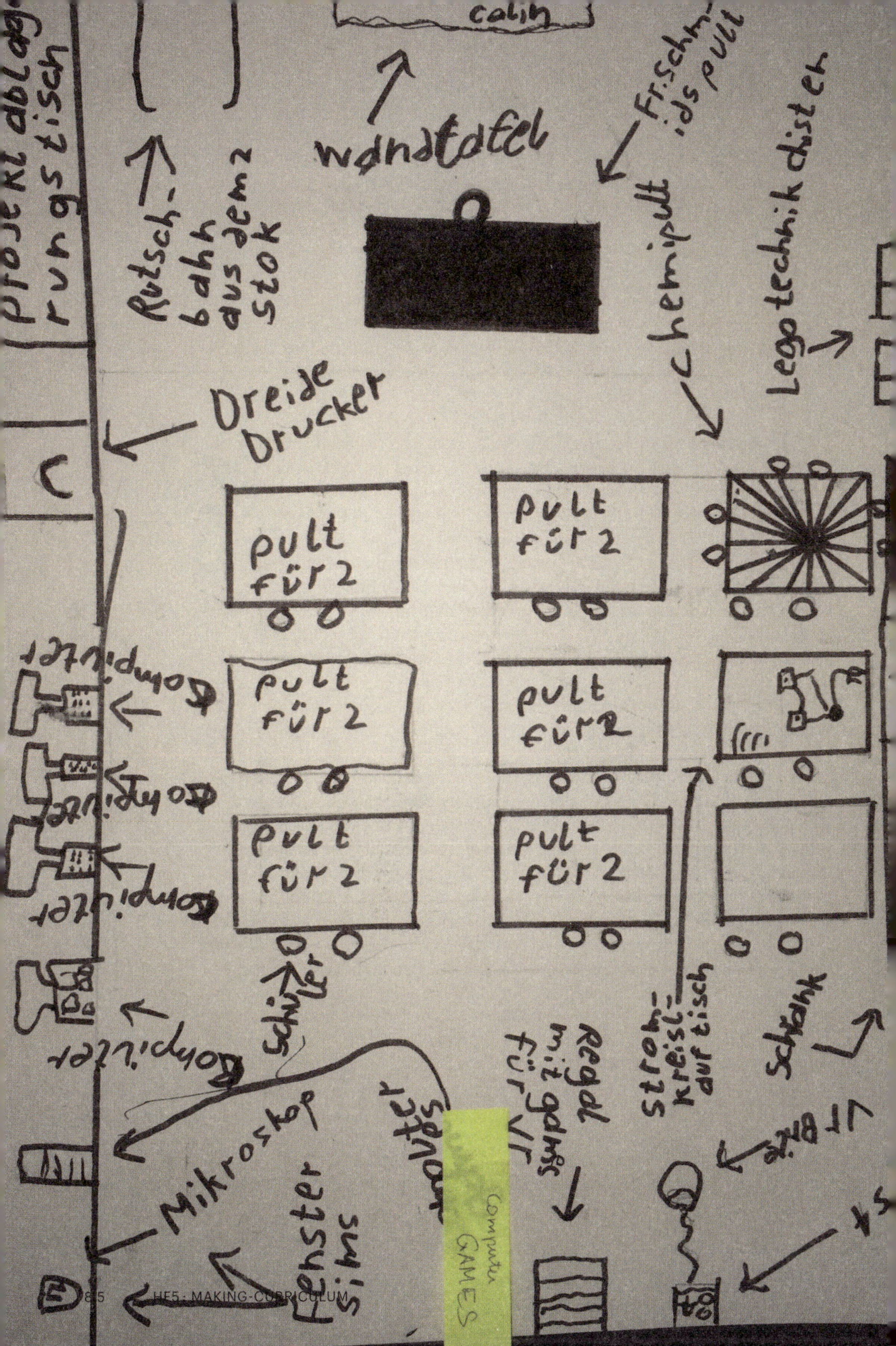

colin
wandtafel
Fr. Schmids pult
Rutschbahn aus dem 2 stok
projekt ablagerungstisch
Dreide Drucker
chemipult
Legotechnik cister
pult für 2
pult für 2
pult für 2
pult für 2
pult für 2
pult für 2
Schüler
Mikroskop
Fenster sims
Regal mit games für VR
strom-kreislauf tisch
Schrank
Computer GAMES

8.5.5 Diskussion und Einordnung

8.5.5.1 Neigungsorientiertes Curriculum

Während sich die Lehrpersonen überwiegend an klassischen handlungsorientierten Unterrichtsthemen des Fächerverbunds NMG orientieren, und sich damit implizit der Vermittlung von Fachkompetenzen verpflichtet fühlen, bringen die Schüler*innen ein breiteres Spektrum von Themen ein und gehen dabei von konkreten Produkten aus (wonach in der WWDGB-Befragung ja auch gefragt war). Die meisten Ideen beziehen sich auf Gebrauchsgegenstände mit klarem Nutzen oder auf Objekte mit ästhetischer Funktion (Kunst, Skulpturen,...). Nicht alle Projektideen lassen sich nach Einschätzung der wissenschaftlichen Begleitung selbstständig und ohne vorkonfektionierte Bausätze realisieren. Einzelne Schüler*innen – so die Ergebnisse der Befragung PMO – haben auch jenseits der Produktentwicklung Interesse am naturwissenschaftlichen Forschen und Experimentieren (z.B. das Zusammenmischen von Stoffen).

Schüler*innen und Lehrpersonen teilen das Interesse an digitalen Fabrikationsmöglichkeiten (vor allem 3D-Druck, CNC-Fräse, ...), wobei zu Projektbeginn unklar bleibt, wie solche Geräte in die Produktentwicklung eingebunden werden könnten. Hier ist offensichtlich die Neuheit der Technologie für sich genommen der Auslöser für die hohe Attraktivität. Auffällig ist, dass die Themenvorschläge der Lehrpersonen der Klassen 3–6 (z.B. Energie, Energieumwandlung, Antriebe) inhaltlich nahe beieinander liegen. Ein Grund dafür könnte die Inspiration durch die bereits mehrfach genannten Explore-it Bausätze im Rahmen des Kickoff-Entwicklungsworkshops (vgl. 7.4.7) sein. Das Angebot von Explore-it hat in diesem Bereich einen Schwerpunkt. An dieser Stelle zeigt sich, dass die Lehrpersonen angesichts des bevorstehenden neuartigen Making-Projekts einerseits dankbar für konkrete Anregungen und Materialien, andererseits aber auch offen gegenüber alternativen Ideen und Vorschlägen sind.

Das Projektteam vertritt den Standpunkt, dass die Implementation des MakerSpace erleichtert wird, wenn die Lehrpersonen das Konzept inhaltlich mittragen und sich in ihrer Rolle und mit ihrer Kompetenz bei der Begleitung von Making-Projekten wohlfühlen. Vor diesem Hintergrund wird entschieden, dass im MakerSpace-Design Neigungsorientierung nicht nur für Schüler*innen, sondern auch für Lehrpersonen entscheidend ist. Daher haben im ersten Betriebsjahr die Themen-Präferenzen der Lehrpersonen Priorität (insbesondere auch wegen der Legitimierung durch den Lehrplan), während die Produktideen der Schüler*innen nach Möglichkeit darin verortet werden. Das Thema Antriebe lässt sich in Roboterprojekten ebenso integrieren wie in den Auto-, Schiffs- und Flugmodellen. Elektronische Elemente wie LEDs, Motoren und Schalter können in verschiedene Projekte eingebunden werden, auch wenn die Schüler*innen dies zu Beginn des Projekts noch nicht explizit geplant haben (z. B. LEDs, die leuchten, sobald das Gerät eingeschaltet ist).

Dem Bedürfnis der Lehrpersonen nach Systematik («Zuerst soll die Basis gelegt werden» (IP2, A. 5:13)) einerseits und der Motivation der Schüler*innen, ein nützliches Produkt für sich zu entwickeln, wird durch ein «hybrides Curriculum» Rechnung getragen.

Dieses Curriculum beinhaltet für jede Jahrgangsstufe eine thematisch eingegrenzte Heranführungsphase (vgl. 8.3.1.1), in der die Schüler*innen Grundlagen erwerben. Anschliessend folgt eine freie Produktentwicklungsphase (vgl. 8.3.1.3), in der die Schüler*innen ihre erworbenen Fertigkeiten für die Entwicklung eines eigenen Produkts nutzen können. Je nach Klassenstufe und Lehrperson werden den Schüler*innen für das eigene Projekt kleine Vorgaben gemacht (vgl. HF3 8.3). Damit die Schüler*innen ihre eigenen Ideen im MakerSpace prinzipiell auch entwickeln können, dienen die Auswertungen von PMO und WWDGB als Orientierung bei der Zusammenstellung des Materialangebots und der Geräteausstattung im HF7 (vgl. 8.7).

8.5.5.2 Phänomenorientierung und radikale Interdisziplinarität

Die Themeninteressen und Vorschläge der Lehrpersonen bewegen sich hauptsächlich im naturwissenschaftlich-technischen Bereich und sind damit anschlussfähig an den Fächerverbund NMG (Natur, Mensch, Gesellschaft). In diesem Rahmen sind interdisziplinäre Vorhaben (beispielsweise durch Verknüpfung mechanischer, elektrodynamischer, informatischer und ästhetischer Prinzipien) möglich. Verbindungen zum bildenden Gestalten oder zum textilen Arbeiten werden von den Lehrpersonen zu Beginn eher zurückhaltend hergestellt, dasselbe gilt für Mathematik oder Sprachen – wenngleich beispielsweise Filmprojekte u.a. auch sprachliche Dimensionen beinhalten. Die Bandbreite der Schüler*innen-Ideen kann zu einer Art «vertikalen Interdisziplinarität» führen, die erlebbar wird, wenn in einem Raum zeitgleich unterschiedliche Produkte entwickelt werden und dabei auf Wissensbestände und Verfahren aus verschiedenen Disziplinen zurückgegriffen wird. Die Verbindung von Fachunterricht und Making ist im partizipativen Design-Entwicklungsprozess immer wieder virulent, wird aber konzeptionell nicht weiter differenziert. Stattdesssen soll explorativ erschlossen werden, welche Verknüpfungen und Wechselwirkungen sich im Laufe des Projekts ergeben und wie das Verhältnis von Vor- und Nachbereitung von Making-Themen im Fachunterricht sinnvoll ist.

8.5.5.3 Jahrgangstufenbezogenes Making-Curriculum

Im ersten Betriebsjahr wird noch kein systematisch aufeinander aufbauendes Making-Curriculum über die Jahrgangsstufen hinweg lanciert. Im ersten Schritt soll an den Themeninteressen der jeweiligen Lehrpersonen angeknüpft und damit Akzeptanz gegenüber dem Vorhaben geschaffen werden. Die Präferenzen der Lehrpersonen im Umfeld «klassischer» NMG-Themen führt zwar zu einer curricularen Verengung, die nur einen Teil der möglichen Handlungs- und Ausdrucksformen beim Making abdeckt. Das Themenspektrum ist aber anschlussfähig an viele der erhobenen Schüler*innenideen. Nach Auffassung des Projektteams kann ein systematisches Curriculum erst dann entwickelt werden, wenn erste Erfahrungen mit den verschiedenen Jahrgangsstufen gesammelt und analysiert sind. In diesem Zusammenhang muss diskutiert und eingeschätzt werden, welche Technologien, Fertigungsverfahren, Werkstoffe und Projekte sich für welche Zielstufe tendenziell eignen und welche aufeinander aufbauenden Kompetenzen erforderlich sind.

8.5.5.4 Nachhaltigkeitsthemen im Curriculum

«Nachhaltigkeit» manifestiert sich in einzelnen Themenpräferenzen der Lehrpersonen (z.B. Windkraft, Wasserkraft, Solarenergie). In den Projektideen der Schüler*innen spielt nachhaltige Entwicklung eine untergeordnete Rolle.

Upcycling und Recycling werden nicht explizit erwähnt, was aber daran liegen kann, dass es sich um bereits im Schulalltag etablierte Themen handelt, die nicht zwangsläufig mit Making in Verbindung gebracht werden. Im ersten Design-Entwurf wird darauf verzichtet, Nachhaltigkeit übergreifend und konzeptionell (vgl. UN-Ziele) zu bearbeiten. Die Arbeit mit Recycling- und Restmaterialien als Werk- und Baustoffe ist dagegen ein selbstverständlicher Aspekt.

8.5.6 Konkretisierung des Making-Curriculums

Im Folgenden werden die gewählten Rahmenthemen der einzelnen Jahrgangsstufen tabellarisch dargestellt. Dabei sind die Lehrer- und Schüler*innenpräferenzen einander gegenübergestellt. An dieser Stelle muss angemerkt werden, dass das Making-Curriculum unter den Beteiligten zwar zu Beginn der Betriebsphase grob abgestimmt wird, die Detailplanung aber immer kurz vor der jeweiligen Epoche vorgenommen wird – im Sinne des DBR-Ansatzes gestützt durch die Erkenntnisse der vorangegangenen Fallstudien.

8.5.6.1 Curriculum für Klasse 3

	LEHRERPRÄFERENZEN1	SCHÜLER*INNEN IDEEN	GEWÄHLTES RAHMENTHEMA
KLASSE 3	Thematische Eingrenzung auf Windenergie Windkraft nutzen Windturbine/Windrad Mit Windkraft etwas antreiben Mit Recyclingmaterialien arbeiten	- Radio - Zwillingsspringhasen (können reden und springen) - Baby Igel (kann laufen und reden) - Roboterhase - Computer - Holzuhr - LED Taschenlampe - Schublade mit Hirsch drauf - Haus mit Kerzenbeleuchtung - Kleine Murmelbahn - Setzkasten - Dreier-Kugelbahn - Ferngesteuerte Drohne - Hasenhäuschen - Nimbo-Trainingsgerät - U-Boot mit Kamera und Fernsteuerung - Sofortbildkamera - Ferngesteuerter Helikopter - Stromauto - Roboter - Ferngesteuertes Raupenfahrzeug - Robotermann	Heranführung: Windenergie Windrad besichtigen Windräder, verschiedene Typen herstellen . Freie Produktentwicklung: Maschine erfinden, die mit Wind etwas antreibt Fluggeräte bauen

TAB. 8.19: LEHRERPRÄFERENZEN – SCHÜLER*INNENIDEEN – GEWÄHLTES THEMA (KLASSE 3)

Die Klassenlehrpersonen von Klasse 3 haben bereits zu Beginn klare Vorstellungen, wie die Making-Projektwoche aussehen könnte. Sie schätzen das Thema Windkraft als sehr attraktiv für ihre Schüler*innen ein. Ausserdem bietet es ihrer Ansicht nach ausreichend Spielraum, um eigene Entwicklungen und Experimente zu machen. Besonders wichtig ist den beiden Lehrpersonen, die neuen Drittklässler zu Schuljahresbeginn nicht mit zu viel Offenheit zu überfordern, sondern ihnen klare Aufträge zu geben.

Mit dem Thema Windkraft liegen die Lehrpersonen zwar nah am NMG-Unterricht und an den NMG-Kompetenzen im Lehrplan, bieten aber - Ideen zu Flugobjekten ausgenommen - wenig Schnittmengen mit den Bau-Ideen der Schüler*innen. Das Projektteam beschliesst, trotz eingeschränkter Subjektorientierung und der fehlenden Möglichkeit, tatsächlich eigene Produkte zu entwickeln, nicht zu intervenieren. Zum einen soll den Klassenlehrpersonen kein idealtypisches Maker-Konzept übergestülpt werden, zum anderen haben sie nachvollziehbare Gründe, ihre Projektwoche genau so zu planen.

8.5.6.2 Curriculum für Klasse 4

TAB. 8.20: LEHRERPRÄFERENZEN – SCHÜLER*INNENIDEEN – GEWÄHLTES THEMA (KLASSE 4)

	LEHRERPRÄFERENZEN1	SCHÜLER*INNEN IDEEN	GEWÄHLTES RAHMENTHEMA
KLASSE 4	Messen - Steuern - Regeln (explore-it) Steuertechnologie, Arbeit mit Sensoren; Programmieren mit dem Microcontroller Calliope Experimente mit Littlebits, WeDoo 3D-Druck	- Fotoapparat - Eifelturm - Roboter - Kleines Holzschiff - Solarauto - Ferngesteuertes Auto - Interaktiver Pferdestall - Geheimbox mit Code - Elektrische Bohrmaschine - Hundehaus mit Klappe - Haus mit Tür und Licht auf Rollen - Hunderoboter - Lichtmaschine - Automatische Türe - Roboter - Elektroschocker - Kleines Auto - Auto mit Licht	Heranführung: Einführung in das blockbasierte Programmieren mit Calliope; Bau von Elektrofahrzeugen, Pumpen, Experimente mit Sensoren Freie Produktentwicklung: Eigenes Produkt ohne weitere Vorgabe

Die Viertklässler*innen haben einige Ideen, für deren Umsetzung digitale Steuertechnologie von Vorteil ist (z.B. Geheimbox mit Code, interaktiver Pferdestall). Die Entscheidung der Klassenlehrerin, Programmieraktivitäten mit Calliope Mini in das Curriculum aufzunehmen, lässt sich somit mit den Neigungen und Interessen einiger Schüler*innen vereinbaren. Die Auseinandersetzung mit Stromkreis, Schaltungen und Energieumwandlern (z.B. Lampen, Elektromotoren) schafft zudem eine gute Ausgangsposition für die Realisierung weiterer individueller Projekte. Verglichen mit den anderen Klassenstufen ist die Freiheit für die Schüler*innen in Klasse 4 am grössten, da es für die Umsetzung eigener Projekte keine weiteren Vorgaben oder Auflagen gibt.

8.5.6.3 Themen und Inhalte für Klasse 5

	LEHRERPRÄFERENZEN1	SCHÜLER*INNEN IDEEN	GEWÄHLTES RAHMENTHEMA
KLASSE 5	Wasser-, Wind-, Solarenergie; Funktionsweise eines Elektromotors als Basis, um etwas damit zu entwickeln; Freiraum lassen bei der Entwicklung von Produkten mit Antrieb	Box zum Verstauen Gitarre Schanze (für Velo, BMX, Scooter) Spiel: Ach du Kacke (analog) Black Panther (Maske mit Lampen für Augen) Roboter, der auf Füssen läuft Ferngesteuertes Auto Regenbogenprojektor als Nachttischlampe Jesuskrippe	Heranführung: - Funktionsweise eines Elektromotors Bau eines Elektromotors Explore-It: Räderfahrzeuge, Antrieb (Feder-, Gummi-, Dampf-, Elektro) Freie Produktentwicklung: - Ein Produkt mit Antrieb

TAB. 8.21: LEHRERPRÄFERENZEN – SCHÜLER*INNENIDEEN – GEWÄHLTES THEMA (KLASSE 5)

Die Lehrpersonen der fünften Klasse entscheiden sich für das Thema «Antriebe» und wollen damit insbesondere eine Verbindung mit den Kompetenzen der Fachbereiche NMG und TTG herstellen. Diese Entscheidung hat zur Folge, dass einige der Schüler*innenideen (ohne Antrieb) nicht umgesetzt werden können. Gleichwohl bietet die Aufgabenstellung, ein Produkt mit Antrieb zu entwickeln, auch jenseits klassischer Fahrzeugmodelle Freiräume für eigene Entwicklungen.

8.5.6.4 Curriculum für Klasse 6

	LEHRERPRÄFERENZEN1	SCHÜLER*INNEN IDEEN	GEWÄHLTES RAHMENTHEMA
KLASSE 6	Energie macht mobil (explore-it) Energieumwandlung, Maschinen, die Energie umwandeln	Handyladegerät in der Form eines Emojis Kleines Tablet Solarauto Alarmanlage Kleiner Heissluftballon Roboter Roboterpferd Solarpowerbank Roboter «Wally 2.0» Leuchtbrille Palettensofa Radio Musik Box Ferngesteuertes Solar-Abschleppfahrzeug Segelboot als Skateboard mit Anker	Heranführung: - Offene Challenges - Stromkreis - Programmieren mit Calliope - Mechanik, Übersetzungsgetriebe, Dampfmaschine Freie Produktentwicklung: - Ein Produkt mit elektronischer oder digitaler Komponente

TAB. 8.22: LEHRERPRÄFERENZEN – SCHÜLER*INNENIDEEN – GEWÄHLTES THEMA (KLASSE 6)

Die Lehrperson der sechsten Klasse möchte ihren Schüler*innen eine gute Ausgangsbasis für die Entwicklung ihrer vielfältigen Produkte schaffen. Deswegen werden Lernanlässe in den Bereichen Mechanik, Elektronik und Informatik (Programmieren/Hardware) angeboten.

8.6 HF6: Raumgestaltung, Raumaufteilung und Mobiliar

Nach der Erhebung des IST-Zustands (7.4.2) werden Ideen und Bedürfnisse von Lehrpersonen und Schüler*innen zur Raumgestaltung mit mehreren Methoden erhoben (Schüler*innen: KiZ_SuS-Erhebung (7.4.3), GD_SuS_Kl6-Gruppendiskussion (7.4.4), ÄTA_SuS-Befragung (7.4.5); Lehrpersonen: Kickoff-Entwicklungsworkshop (7.4.7), Gruppendiskussion mit Lehrpersonen (7.4.7), Interview mit Lead-Lehrperson (7.4.8)). Zunächst werden die zentralen Ergebnisse dieser Erhebungen vorgestellt und anschliessend konkrete Konsequenzen für die Design-Entwicklung abgeleitet.

8.6.1 IST-Stand

Für den MakerSpace kann ein ehemaliger Werkraum mit einer quadratischen Grundfläche von ca. 78 qm umgenutzt werden. Ausserdem steht ein ca. 25 qm grosser Lagerraum zur Verfügung, der sowohl durch eine Türe vom Schulhausflur als auch durch eine weitere Türe im hinteren Teil des MakerSpace zugänglich ist. Beide Räume liegen unmittelbar nebeneinander im Erdgeschoss des einstöckigen Schulgebäudes. Der Raum ist «klassisch» ausgestattet. So findet man an der Stirnseite eine magnetische Wandtafel. Vorne rechts ist ein breiter Waschtrog mit mehreren Wasserhähnen montiert. Daneben sind über die gesamte Wand bis zur Decke Regale und Einbauschränke gezogen. Unter der Fensterzeile, die sich über die gesamte Seite des Raumes zieht, befindet sich ein ca. 50cm tiefes Fensterbrett, das als Ablage genutzt werden kann. Der Raum ist elektrotechnisch so ausgestattet, dass grössere Maschinen wie Bandsägen oder Schleifmaschinen betrieben werden können. Der Bodenbelag besteht aus strapazierfähigem Linoleum. Die bereits vorhandene Ausstattung wird im HF7 (vgl. 8.7) beschrieben. Aus Kostengründen kann kein Mobiliar neu angeschafft werden, weswegen vorwiegend mit dem vorhandenen Mobiliar und der gegebenen Infrastruktur geplant werden muss.

ABB. 8.23: GRUNDRISS WERKRAUM, ZUSTAND WERKRAUM ENDE 2017

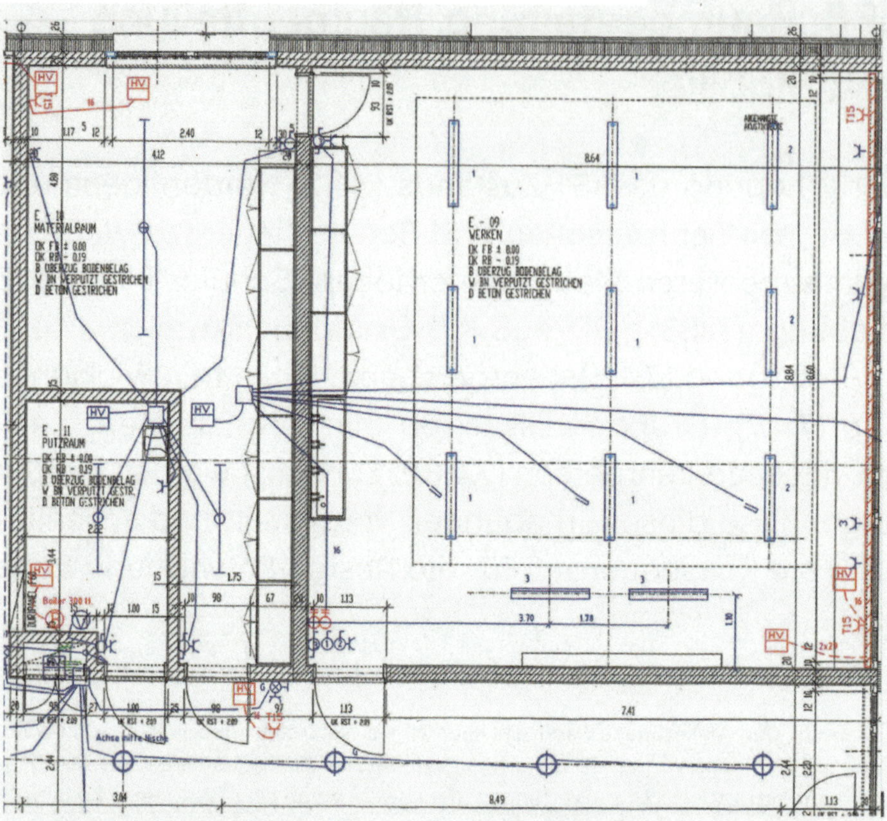

8.6.2 Ideen und Bedürfnisse der Schüler*innen

8.6.2.1 Raumaufteilung

Die KiZ_SuS-Erhebung (vgl. 7.4.3) zeigt, dass die Vorstellungen der Schüler*innen zur Raumaufteilung teilweise an schultypischen Mustern anknüpfen. In zehn Zeichnungen finden sich konventionelle Sitzordnungen mit Tischen – angeordnet in Reihen, die nach vorne ausgerichtet sind (vgl. Abbildung 8.24). Die Beispiele erinnern an herkömmliche Schulzimmer und repräsentieren die Vorstellung von Unterricht, in dem alle Schüler*innen zeitgleich dasselbe tun. Eine klassische Wandtafel findet sich in acht von 39 Zeichnungen – vor allem bei Sechstklässler*innen. In zehn Zeichnungen werden dagegen Projektionsleinwände oder Screens vorgesehen, diese meistens in Verbindung mit einer mehr oder weniger frontal ausgerichteten Sitzordnung, seltener mitten im Raum beispielsweise in Kombination mit einem Sofa.

ABB. 8.24: BEISPIELE FÜR KONVENTIONELLE RAUMAUFTEILUNGEN

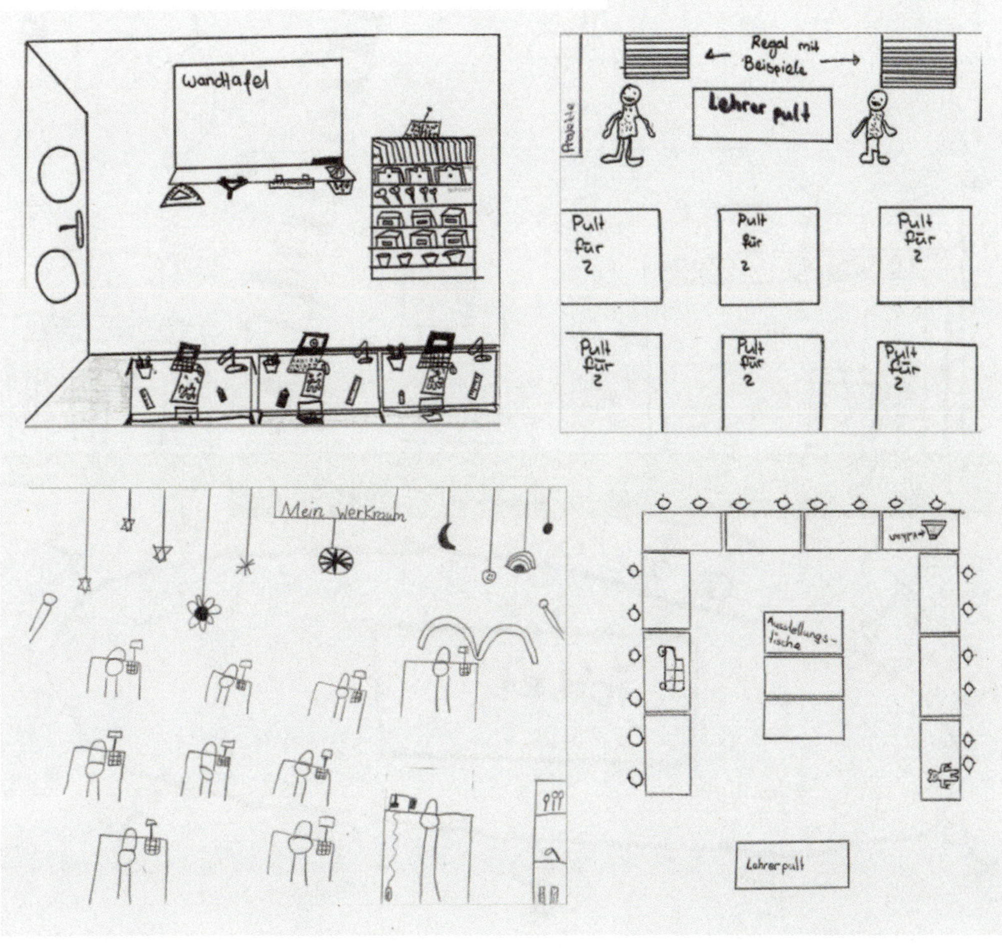

ABB. 8.25: ÖFFNUNG DES KLASSENZIMMERS (LINKS); FUNKTIONSZONEN (RECHTS)

ABB. 8.26: INNOVATIVE RAUMAUFTEILUNG AUF ZWEI EBENEN

ABB. 8.27: INFRASTRUKTUR FÜR DIGITAL-KOLLABORATIVES ARBEITEN

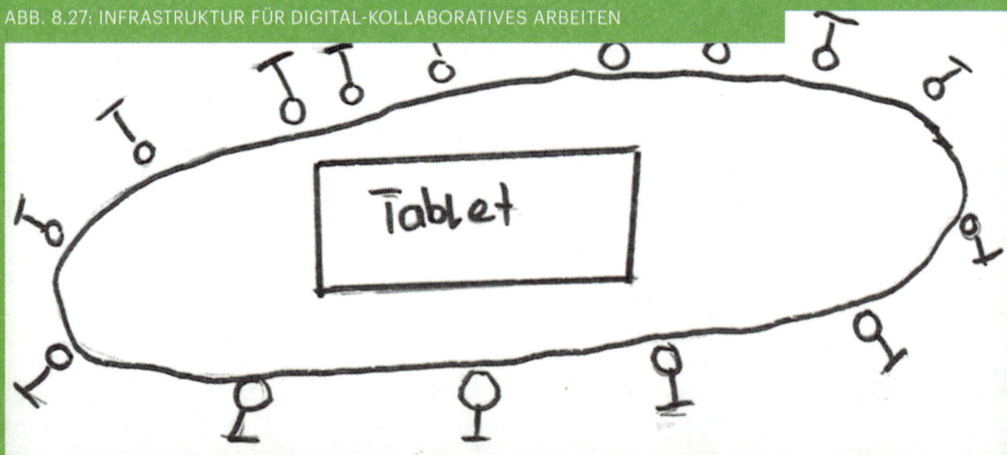

Bei einigen Zeichnungen sind aber Ideen für die Gestaltung von alternativen Lernumgebungen erkennbar. Das linke Bild in Abbildung 8.25 deutet je nach Betrachtungsweise entweder auf die Öffnung des Klassenzimmers nach aussen hin (Beobachtung von Vögeln?) oder es bringt eine Aufteilung des Raums in Lernzonen zum Ausdruck. Das Bild rechts zeigt den differenzierten Grundriss eines MakerSpace, der ebenfalls in verschiedene Lernzonen aufgeteilt ist. Zudem gibt es verschiedene Lernangebote und Materialien.

Eine besonders innovative Raumaufteilung auf zwei Ebenen zeigt die Abbildung 8.26. Mit dem Kran oben rechts lassen sich schwere Gegenstände auf die zweite Ebene befördern. Das Thema Teamarbeit im MakerSpace wird in 10 von 39 Zeichnungen visuell repräsentiert. Entsprechende Umgebungen wie etwa Versammlungstische oder «Kollaborationstisch für Tablets» (vgl. Abbildung 8.27) sind erkennbar – teilweise mit Beschriftung.

«...ein Tisch mit Tablets, und in der Mitte einen grossen Bildschirm, man könnte von den Tablets etwas direkt auf den grossen Bildschirm senden. Also dann könnten alle zusammen Ideen sammeln für ein Projekt.»

(Kommentar eines Sechstklässlers zu seiner Zeichnung während der Gruppendiskussion; A. 3:25)

Gruppentische werden auch in der ÄTA-Erhebung (vgl. 10: ÄTA-Erhebung) mehrmals als attraktive Raumelemente benannt. Die Drittklässler*innen (drei Teamsettings) tendieren weniger dazu, Teamarbeit zu visualisieren, als die Sechstklässler*innen (sieben Teamsettings). Dieser Befund könnte damit zusammenhängen, dass Drittklässler*innen im Regelunterricht bislang weniger mit Teamarbeit in Berührung gekommen sind als die Sechstklässler*innen.

Die Sechstklässler*innen tendieren dazu, einzelne Bildelemente zu beschriften und spezifischen Funktionszonen zuzuweisen. So sind über sämtliche Zeichnungen hinweg folgende Zonen zu finden: Spielraum (Pausenraum), VR-Simulationszone, Experimentierraum, Chemielabor, Bauplatz, Roboterarbeitstisch, Ausprobiertisch, Ausstellungsraum für Projekte und Produkte, Versammlungsplatz, Schweissarbeitsplatz, Bunsenbrennerplatz, Maltisch, Elektroraum, Frühstücksplatz, Chillzone mit Sofa und TV-Gerät, Bibliothek der Experimente. Die meisten Schüler*innen versprechen sich vom MakerSpace eine multifunktionale Nutzung.

ABB. 8.28: KONKRETE FUNKTIONSZONEN IM MAKERSPACE

Ein weiteres Bedürfnis der Schüler*innen im Bereich Raumeinteilung betrifft das Platzangebot. Dies manifestiert sich vor allem in der ÄTA-Befragung, in der mehrere Schüler*innen (2+5) einen grossen Raum mit ausreichend Platz für verschiedene Aktivitäten attraktiv finden, während enge Raumverhältnisse negativ konnotiert werden.

8.6.2.2 Arbeitsplätze und Mobiliar

Abbildung 8.29 zeigt das Gesamtkonzept eines Sechstklässlers, der in seiner Zeichnung die digitale Seite des MakerSpace betont. Zu sehen sind mehrere Computerplätze mit jeweils drei Monitoren, die an leistungsfähige Game-Computer erinnern. Die Beschriftung des Sessels mit «Gamer Sessel Racer» unterstützt diese Deutung. Neben weiteren digitalen Komponenten wie iPads mit Ladegerät, Smarthome-Anwendungen / Assistenten (Siri, Alexa), 3D-Drucker und VR (Virtuelle Realität) Simulator sind die Mikroskope und die Lötkolben die einzigen analogen Elemente. Computerarbeitsplätze gehören in der Vorstellung der meisten Schüler*innen zu einem MakerSpace und werden positiv konnotiert (vgl. auch die ÄTA-Erhebung, 7.4.5). Computer stehen für Modernität, sie werden in Verbindung mit digitaler Fabrikation gebracht (insb. 3D-Druck). Computer sollten den Raum allerdings auch nicht dominieren, so kommentieren zumindest fünf Schüler*innen das computerlastige Setting des MakerSpace auf dem unteren Bild der ÄTA-Erhebung, vgl. 7.4.5).

Abbildung 8.30 ist ein Beispiel für einen eher analog ausgerichteten MakerSpace. Zwar ist auch hier ein Computer vorgesehen, dessen Bedeutung wird allerdings durch das Smiley mit Herzaugen und Zunge auf dem Monitor etwas relativiert. Im Vordergrund stehen hier vor allem Pflanzen und Tiere. Ausserdem scheint die ästhetische Gestaltung der Lernumgebung bedeutsam zu sein – was insbesondere das Blumendekor am Sessel deutlich macht. Im Vergleich von Abbildung 8.29 und Abbildung 8.30 zeigen sich alters- und geschlechtsspezifische Unterschiede in den inhaltlichen und ästhetischen Präferenzen der Schüler*innen. Jungen zeichnen tendenziell eher technische, elektronische und digitale Objekte, während Mädchen mehr handwerkliche und ästhetische Gegenstände betonen. Jüngere Schüler*innen orientieren sich weniger an traditionell schulischen Inhalten und Strukturen, bringen mehr ästhetische Aspekte ein und verarbeiten eher spielerische und experimentelle Elemente als die Sechstklässler*innen.

Eine Sechstklässlerin liefert eine Lösung, wie man das Mobliliar möglichst flexibel einsetzen kann – indem man beispielsweise Tische auf Rollen verwendet (vgl. Abbildung 8.31).

ABB. 8.29: BEISPIEL FÜR EIN RAUMKONZEPT EINES JUNGEN MIT FUNKTIONSPLÄTZEN UND ZONEN (6.KLASSE)

ABB. 8.30: BEISPIEL FÜR EIN EHER ANALOGES RAUMKONZEPT EINES MÄDCHENS (KLASSE 3)

ABB. 8.31: TISCHE MIT ROLLEN IN EINEM GESTALTUNGSVORSCHLAG EINER SECHSTKLÄSSLERIN

ABB. 8.32: LAMPEN IN VERSCHIEDENEN FORMEN UND ARTEN (IN 16 VON 18 ZEICHNUNGEN) (3. KLASSE)

8.6.2.3 Ästhetische Präferenzen

Konkrete Vorstellungen zu Gestaltungsfragen werden in einigen Zeichnungen der Drittklässler*innen sichtbar. Signifikant häufig werden besondere Arten von Lampen gezeichnet, die an einen Sternenhimmel erinnern (vgl. Abbildung 8.32). In mehreren Zeichnungen tauchen Wandbilder und Zimmerpflanzen auf, was darauf hindeutet, dass Interesse an einer angenehmen wohnlichen Raumatmosphäre besteht. In der ÄTA-Befragung (vgl. 7.4.5) werden bequeme Sitzgelegenheiten als attraktiv hervorgehoben.

Aus der ÄTA-Erhebung geht hervor, dass eine zu kindliche Raumanmutung von einigen Sechstklässler*innen explizit abgelehnt wird («zu viel Spielzeug», «zu viel Farbe», «zu kindisch», «wie im Kindergarten»). Ebenso wenig kommt eine Gestaltung an, die zu grosse Ähnlichkeiten mit einem normalen Klassenzimmer hat («zu langweilig», «zu normal», «zu wenig Geräte und Sachen zum Experimentieren»). Einige Mädchen fühlen sich von «rumgeworfenem» Kabelgewirr abgeschreckt. Weitere Erkenntnisse zu den ästethischen Präferenzen der Schüler*innen konnten im Rahmen der ÄTA-Erhebung (vgl. 7.4.5) gewonnen werden.

ABB. 8.33: ÄSTHETISCHE ELEMENTE AUS VERSCHIEDENEN ZEICHNUNGEN (KLASSE 3)

ABB. 8.34: BEISPIEL FÜR AUSGEFÜLLTEN ÄTA-BOGEN

Wie findest du die drei MakerSpace-Räume?
Schreibe stichwortartig auf, was dir gefällt und was du nicht so gut findest.

Das gefällt mir daran.
nichts

Das gefällt mir nicht so gut.
Es ist zu Chindisch

Das gefällt mir daran.
Es siht bekwem du

Das gefällt mir nicht so gut.
Imer hoch zu chindisch

Das gefällt mir daran.
Die Elektronik wie z.b die Dreideruker im hintergrund

Das gefällt mir nicht so gut.
nichts

8.6.2.4 Zusammenfassung

Die Raumbedürfnisse und Gestaltungsideen der Schüler*innen lassen sich wie folgt zusammenfassen: Die Schüler*innen wünschen sich einen Raum mit viel Platz, in dem verschiedene Aktivitäten möglich sind – unter anderem (digital gestützte) Teamarbeiten. Der Raum sollte sich optisch von einem normalen Klassenzimmer unterscheiden. Er sollte Modernität ausstrahlen und neben der Arbeit mit Computern und Elektronik vielfältige Lernanlässe beinhalten. In vielen Zeichnungen ist die Raumaufteilung zwar klassisch schulisch arrangiert (frontal), einige alternativere Entwürfe deuten aber auf das Bedürfnis nach unterschiedlichen Zonen (Experimentieren, Spielen, Versammeln, Recherchieren, ...) hin. Wichtig ist den Schüler*innen eine angenehme wohnliche Atmosphäre, die durch Pflanzen, Bilder, Couches oder besonders gestaltete Lampen erzeugt wird. Ausserdem sollte der Raum nicht zu chaotisch und vollgestellt sein.

8.6.3 Ideen und Bedürfnisse der Lehrpersonen

Im Rahmen des Kickoff-Entwicklungsworkshops (vgl. 7.4.7) widmet sich eine Gruppe von Lehrpersonen der Raumgestaltung. Arbeitsgrundlage stellt eine Vorab-Auswertung der Kinderzeichnungen (KiZ_SuS, vgl. 7.4.3) dar, die von der Projektleitung unter Berücksichtigung von konzeptionellen Überlegungen der Maker Education (vgl. 2.3, vgl. 6.3.6ff.) zu einem prototypischen Funktionszonenmodell aufbereitet und den Lehrpersonen zur Diskussion und Weiterentwicklung präsentiert wird (vgl. Abbildung 8.36).

ABB. 8.35: LEHRPERSONEN BEIM KICKOFF-ENTWICKLUNGSWORKSHOP AM 28.02.2018. IN TANDEMS LÖSEN SIE «LITTLEBITS-CHALLENGES».

Die Lehrpersonen gehen zunächst von den Nutzungsbedürfnissen der Kolleg*innen aus, deren Arbeitsalltag von dem Umbau des Werkraums in einen MakerSpace betroffen sein wird. An drei Nachmittagen pro Woche ist der Raum für den normalen Werkunterricht vorgesehen, d.h. Raumgestaltung und Raumaufteilung müssen mit dem Werkunterricht im Halbklassenverband kompatibel sein. Es sind also genügend Werkbank-Arbeitsplätze für eine Halbklasse (ca. 12 Schüler*innen) einzuplanen. Da an einer Werkbank zwei Schüler*innen arbeiten können, gilt es mindestens sechs massive Werkbänke im Raum unterzubringen.

Diskussionen zur effizienten Nutzung des knappen verfügbaren Raums führen zur Idee, die grosse und vor allem tiefe Wandtafel an der Stirnseite durch eine beschreibbare, magnetische Wand (Whiteboard) zu ersetzen. Zusätzliche Raumflexibilität, so eine weitere Idee der Lehrpersonen, soll durch das Aushängen der Schranktüren (Einbauschränke) gewonnen werden. Dadurch werden störende Engstellen zwischen offenstehenden Türen und Mobiliar im Raum reduziert. Den Wunsch einiger Schüler*innen nach einer gemütlichen Couchecke können die Lehrpersonen nachvollziehen. Angesichts des knappen Raumangebots wird aber entschieden, einen Chillout- und Bibliotheksbereich ausserhalb des Raums im Gang einzurichten – auch, um Möbel und Bücher vor Staubemissionen zu schützen. Die Lehrpersonen schlagen ausserdem eine effizientere Nutzung der Einbauschränke im Werkraum und im Nebenraum vor, wodurch mehr Platz für Werkzeuge, Baumaterialien und Maker-Kits frei wird – die Werklehrpersonen sind zu einer völligen Neustrukturierung ihrer Unterrichtsmittel bereit.

ABB. 8.36: PRÄSENTATIONSFOLIE – KICKOFF-ENTWICKLUNGSWORKSHOP – MÖGLICHE MAKER-ZONEN

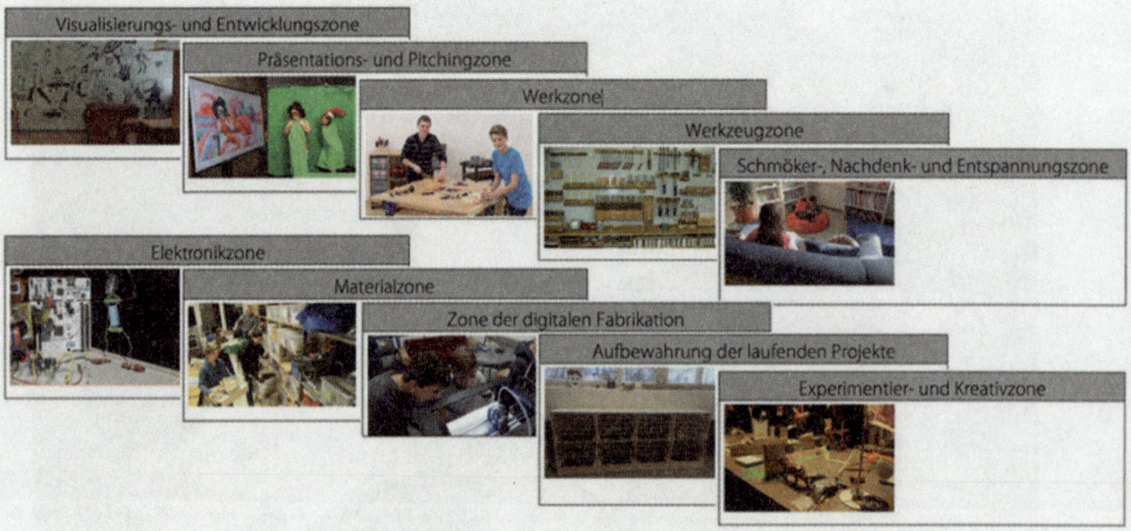

8.6.3.1 Stauraum für Schüler*innen-Produkte

Der Lagerplatz für fertige oder unvollendete Schüler*innenprojekte war bereits vor dem Umbauvorhaben nicht ausreichend, weswegen nach neuen Verstau-Möglichkeiten gesucht wird. Bislang diente vor allem das Fenstersims als Lagerfläche, was jedoch von einigen Lehrpersonen als unbefriedigend wahrgenommen wird (Chaos, man kann das Fenster nicht öffnen, ...). Der Raum unter dem ca. 60cm tiefen Fenstersims war bislang ungenutzt. Es entsteht die Idee, Regalelemente unter dem Fenstersims anzubringen. Da dort auch die Heizungen montiert sind und die Luftzirkulation sichergestellt werden muss, fällt die Entscheidung auf offene Holzharasse (46x31x25cm), die jeweils in 6er-Blöcken gebündelt unter das Fenstersims geschoben werden können. Auf diese Weise ergibt sich eine Aufbewahrungsstruktur für etwa 25 Projekte. Den bislang ungenutzten Raum unter den Werkbänken, so die Arbeitsgruppe, könne man für weitere drei Harasse pro Werkbank (bei sechs Werkbänken zusammen 18 Stk.) effizienter nutzen, sofern man ein Regalbrett über die gesamte Fläche der Werkbänke einzieht.

8.6.3.2 Flexible Präsentationsmöglichkeit

Die Frage, ob ein Beamer mit Präsentationsfläche oder ein mobiler Screen verwendet werden soll, wird kontrovers diskutiert. Letztlich überzeugt die Flexibilität des Screens (bei Tageslicht einsetzbar, keine Projektionsfläche erforderlich, keine frontale Anordnung nötig, wenn er nicht benötigt wird, kann er im Lagerraum untergebracht werden...). Ein flexibler Deckenstromhydrant soll bewirken, dass der Screen ohne Stolperfallen an jeder Stelle des Raums betrieben werden kann. Da in anderen Klassenzimmern auch digitale Visualizer installiert sind, äussern einzelne Lehrpersonen ein entsprechendes Bedürfnis. Damit der Visualizer-Wunsch mit der Idee des mobilen Screens kompatibel ist, wird entschieden, eine iPad-Halterung anzuschaffen und die iPad-Kamera in Verbindung mit Apple-TV und dem Screen als Visualizer zu nutzen.

8.6.3.3 Sichtbarkeit der Werkzeuge

Den Lehrpersonen ist die Sichtbarkeit der Werkzeuge und Möglichkeiten im MakerSpace wichtig. Eine Werkzeugwand mit Werkzeugen in Klassensatzstärke wäre insbesondere für den TTG-Unterricht wünschenswert, aber aus Platzgründen nicht realisierbar. Stattdessen soll ein Werkzeugboard installiert werden, auf dem jeweils ein Werkzeug jeden Typs angebracht, beschriftet und mit einem Hinweis versehen ist, wo das Werkzeug im Raum verstaut ist. Dadurch können die Schüler*innen selbstständig Werkzeuge finden und anschliessend wieder verstauen. Durch die Beschriftung der Werkzeuge lernen die Schüler*innen ausserdem die Fachbegriffe kennen (Wortschatzbildung).

Da die Stirnseite des Raums für das Whiteboad und die Greenscreen-Präsentationsfläche und die Rückwand für Holzbearbeitungsmaschinen und CNC-Fräse reserviert ist, kommt die Frage auf, wo das Werkzeugboard platziert werden soll. Als Lösung für dieses Problem entwickelt die Arbeitsgruppe die Idee einer Zwischenwand im Raum, die den Holzbearbeitungsbereich (Dekupiersägen, Bohrmaschinen, Schleifmaschinen) von den Werkbankarbeitsplätzen abgrenzt und auf der Rückseite Platz für die Werkzeugpräsentationswand bietet. Die ausgehängten Schranktüren erhöhen die Sichtbarkeit und die Zugänglichkeit zu Werkzeug und Material.

Die Befürchtung einzelner Lehrpersonen, die Werkzeuge könnten verstauben, und der Alternativvorschlag, man könne an den Schranktüren ein Foto mit dem Schrankinhalt anbringen, wurden diskutiert und zu einem Kompromiss weiterentwickelt. Einige aber nicht alle Schranktüren werden ausgehängt, ein Schrank wird mit durchsichtigen Plexiglasschreiben bestückt und in jedem Regal wird ein Foto der dort aufbewahrten Gegenstände platziert, so dass die Schüler*innen die Ursprungsordnung leicht wiederherstellen können.

8.6.3.4 Flexible Werkbänke

Die schweren Werkarbeitsbänke schränken die Flexibität für unterschiedliche Aktivitäten und Sozialformen eher ein. Sie lassen sich nur mit viel Kraftaufwand verschieben. Im Workshop wird deswegen auf die Schüler*innenidee, die Werkbänke auf Rollen zu setzen (vgl. Abbildung 8.31), diskutiert. Nicht ganz überzeugt von der Praxistauglichkeit dieser Idee entscheiden die Lehrpersonen, einen Prototyp mit Bremsrollen zu bauen (mit gekürzten Tischbeinen, um die rollenbedingte Höhe auszugleichen) und dann eine entgültige Entscheidung zu treffen. Mobile Tische lassen sich je nach Nutzungsbedarf zu Gruppentischen zusammenstellen oder ganz zur Seite schieben.

8.6.3.5 Computerarbeitsplätze

Desktop-Computerplätze kommen aufgrund der begrenzten Platzverhältnisse nicht in Frage. Stattdessen sollen zwölf Tablets angeschafft werden, die niederschwellig an den Arbeitsort transportiert und im Produktionsprozess für Recherchen oder für Anleitungen im Internet verwendet werden können. Zur CAD-Bearbeitung und zur Ansteuerung der Maschinen für die digitale Fabrikation (3D-Drucker und CNC-Fräse) wird vorgeschlagen, zusätzlich drei Laptops anzuschaffen, die auch für Programmierprojekte genutzt werden können. Eine WLAN-Ausstattung des Raums war bereits vor dem Workshop geplant.

8.6.3.6 Labor und Werkraum

Staub- und lärmemittierenden Maschinen werde zusammen mit den Werkarbeitsplätzen im ehemaligen Werkraum untergebracht. Der kleinere Lagerraum wird zum Elektroniklabor und zum Materiallager umfunktioniert. Dort werden auch die staubempfindlichen Geräte wie 3D-Drucker oder Computer eingerichtet. Obwohl die Bandsäge (für Schüler*innen verboten) im Lagerraum bereits fest installiert war, entscheiden sich die Lehrpersonen für diese Aufteilung. Ein ausschlaggebendes Argument ist, dass sie die Aufsichtspflicht so besser erfüllen können, wenn sie die Schüler*innen an den Maschinen direkt im Blick haben und nicht extra deswegen in den Nebenraum gehen müssen. Eine Bandsäge, die zum Zeitpunkt des Workshops im Nebenraum festinstalliert ist, muss somit zurückgebaut und versetzt werden.

8.6.3.7 Beleuchtung und Aufnahmestudio mit Ideenbühne

Das Bedürfnis der Schüler*innen nach besonderer Beleuchtung wird nicht explizit aufgegriffen. Es kommt aber die Idee auf, im Labor einige LED-Bänder zu installieren, deren Farbe sich verändern lässt. Da für Lötarbeiten eine gute Beleuchtung erforderlich ist, entscheidet das Team, Schreibtischlampen an die Wand zu montieren. Für die Würdigung von Schüler*innen-Produkten wird ein Videoaufnahmestudio mit Greenscreen und Scheinwerfern (aus Platzgründen an der

Decke) installiert. Es wird ausserdem die Idee entwickelt, die Greenscreenwand mit der Visualisierungswand (Whiteboard) zu kombinieren. Hierfür werden im Raumkonzept farbige Hintergründe aus Stoff montiert, die bei Bedarf vor dem Whiteboard heruntergelassen werden können. Hierbei kommt man den ästhetischen Präferenzen der Schüler*innen (vgl. ÄTA-Erhebung) entgegen und verpasst dem Raum eine besondere visuelle Erscheinung. Auch die Ideenbühne (3) - ein mobiles Minipodest - ist mit LED-Bändern versehen, so dass die Präsentationen von Schüler*innenideen in einem ästhetisch ansprechenden Rahmen stattfinden.

8.6.3.8 Weitere ästhetische Veränderungen am Raum

Die Rückwand des MakerSpace wird grau gestrichen, um die technischen Geräte davor besser zur Geltung kommen zu lassen. Farblich regulierbare LED-Bänder sollen dem Raum eine der Stimmung anpassbare Optik verleihen. Statt des von einigen Sechstklässler*innen gewünschten Sofas stehen zwei bequeme Sessel zur Verfügung, die ausserhalb des MakerSpace im Gang platziert werden.

8.6.4 Das neue MakerSpace-Design – Grundriss

Die umgesetzten Design-Massnahmen zur Raumgestaltung und Raumeinteilung werden nun anhand von Grundriss und Fotos im Überblick gezeigt. In der Vollansicht (vgl. folgende Doppelseite) sind die mobilen Werkarbeitstische (5) mit den ergänzten Regalbrettern gut zu erkennen. Rechts befindet sich die Whiteboardwand (2) und darüber die farbigen Hintergründe des Aufnahmestudios (1),

ABB. 8.37: GRUNDRISS MIT FUNKTIONSZONEN IM MAKERSPACE THAYNGEN

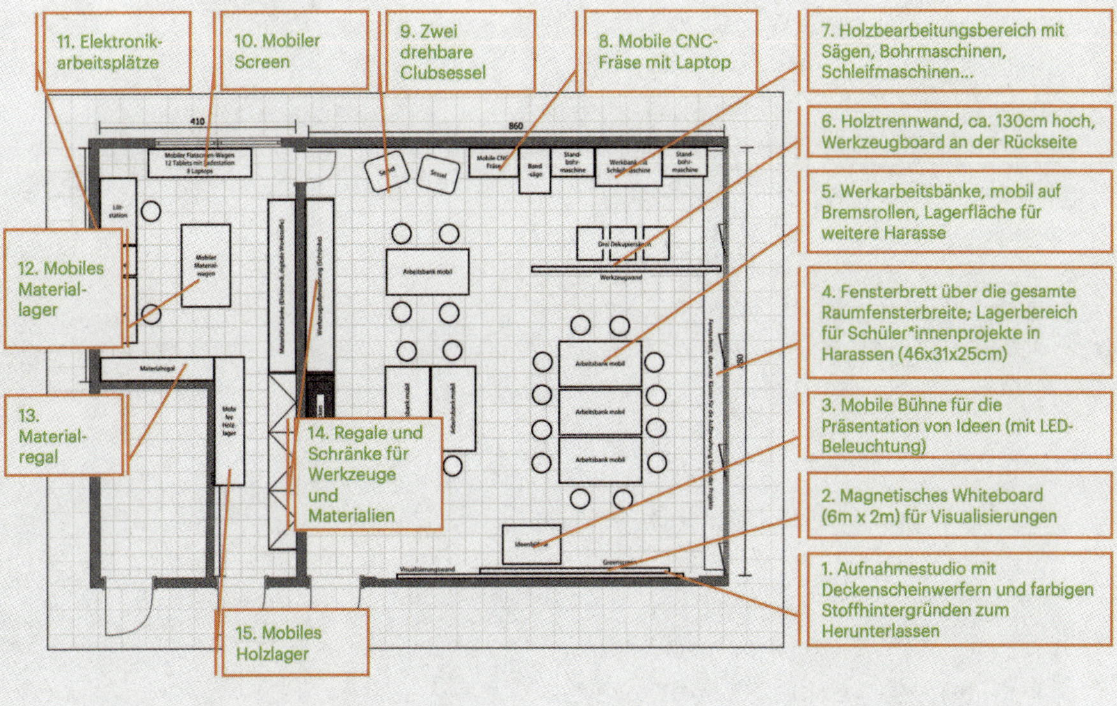

Makerspace

die aufgewickelt an der Wand montiert sind und sich an einer Art Flaschenzug herunterziehen lassen. Besonders charakteristisch ist das Scheinwerferarrangement (zu 1), das über ein Lichtsteuerpult am Fenster bedient werden kann. Deutlich hervor tritt die graue Rückwand, die in Verbindung mit den Maschinen eine gewisse Industrial-Atmosphäre ausstahlt.

In Abbildung 8.40 ist links die halbhohe Trennwand aus Holz und darauf die Werkzeugschauwand (6) zu erkennen. Dahinter befinden sich Sägen und Bohrmaschinen (7). Rechts ist zu erkennen, dass von jedem Werkzeug ein Exemplar befestigt, beschriftet und mit einem Hinweis auf den Aufbewahrungsort versehen ist. Abbildung 8.43 zeigt im Hintergrund, wie die Werkzeuge sichtbar und frei zugänglich aufbewahrt werden (14). Jedes Regal ist mit einem Buchstaben beschriftet (z.B. C). Die Regalbretter sind von oben nach unten durchnummeriert. Die Bezeichnung «Rundfeile C3» an der Werkzeugwand bringt zum Ausdruck, dass die Rundfeile im Regal C auf dem dritten Regalbrett von oben gelagert ist.

Im Elektroniklabor sind zwei Lötarbeitsplätze (11) und transparante Schubladenregalelemente für Elektronikkleinteile eingerichtet. Im Hintergrund des oberen Bildes ist ein 3D-Drucker und weiter hinten ein Materialregal (13) zu erkennen. Alle Materialien sind beschriftet und offen zugänglich. Statt transparenter Boxen aus Plastik (Visibility) hat sich das Schulhausteam aus Nachhaltigkeitsgründen für Holzboxen entschieden. Auf dem unteren Bild sind die Lampen zu erkennen und oberhalb der Akustikdämmung scheint ein Lichtstreifen der indirekten und vierfarbigen LED-Beleuchtung auf.

In Abbildung 8.44 ist der Mobile Screen (10) zu sehen. Er ist auf einem selbst gebauten Rollwagen fest installiert. Auf einem Regalbrett unter dem Screen ist die iPad-Ladestation montiert. Ausserdem werden dort die Laptops aufbewahrt und geladen sowie die Akkuladegeräte betrieben. Die Werkarbeitsplätze wurden für die abgebildete Situation zur Seite gerollt.

8.6.5 Zusammenfassung

Das partizipativ entwickelte MakerSpace Design ist bezüglich Raumgestaltung und Raumaufteilung sowohl kompatibel mit den Anforderungen des TTG-Unterrichts, als auch mit den didaktischen Anliegen und Prinzipien der Maker Education. Gegenüber herkömmlichen Klassenzimmern bietet der Raum durch seine spezifische Gestaltung (vgl. Signifikanz) Anregungen für vielseitige Making-Aktivitäten (Vielfalt) und einen Rahmen für kreative Prozesse in Anlehnung an das vierstufige Design Thinking Konzept. Die Signaletik (z.B. die deutlich sichtbare Bezeichnung der Zonen) gibt den Schüler*innen zusätzliche Orientierung im Raum und erklärt die Funktionalität der Zonen, die teilweise polivalent genutzt werden können (z.B. Whiteboard und Aufnahmestudio in einem). Die Aufteilung in Labor (Elektronik, empfindliche Geräte, Materiallager) und Werkzone (Maschinen, Werkzeuge, Werkarbeitsplätze, ...) entspricht den Empehlungen der Maker Education für die Einrichtung von MakerSpaces und ist gemessen an den räumlichen Gegebenheiten an der Primarschule Thayngen eine sinnvolle Entscheidung.

ABB. 8.39

ABB. 8.40

ABB. 8.41

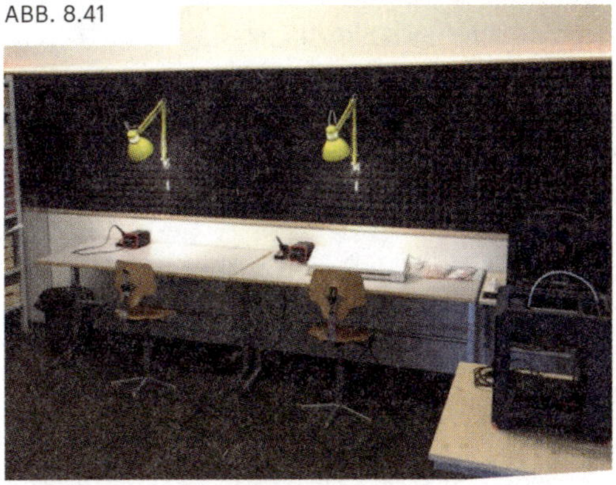

ABB. 8.42

ABB. 8.43

8.39 Elektroniklabor
8.40 Scheinwerfer
8.41 Lötstationen
8.42 Werkzeugschauwand
8.43 Werkzeugregale

Durch die Trennwand, durch die Möglichkeit im Labor zu arbeiten oder in der Chillout-Ecke ausserhalb des MakerSpace zu stöbern, ergeben sich Rückzugsräume, in welchen auch zurückhaltende Schüler*innen Dinge ausprobieren können, ohne von Lehrpersonen beobachtet zu werden. Mit dem Werkzeugboard und dem transparenten Aufbewahrungsprinzip (beschriftete Schränke und Regalbretter, Fotos der Anordnung) wird das Kriterium der «Sichtbarkeit» erfüllt, wodurch den Schüler*innen eine selbstbestimmte und eigenständige Arbeitsweise erleichtert wird. Dem Schüler*innenbedürfnis nach einem Raum mit grosszügigem Platzangebot kann aufgrund der räumlichen Gegebenheiten nur bedingt entsprochen werden. Mobiles Mobiliar ermöglicht bei Bedarf einen raschen Umbau, der Verzicht auf die Wandtafel in Verbindung mit einer Kombination aus Aufnahmestudio und Visualisierungswand sowie die Projekt-Lagerfläche unter Fenstersims und Werkbänken trägt dazu bei, den Raum effizienter und flexibler zu nutzen. Gruppenarbeiten und Einzelarbeiten sind gleichermassen möglich (vgl. «Flexibilität»). Der Wegfall der Wandtafel verleiht dem Raum eine spezielle Anmutung. Er unterscheidet sich ausserdem durch Elemente wie Greenscreen, Scheinwerfer, Holztrennwand mit Werkzeugboard, farbige LED-Beleuchtung und die graue Rückwand signifikant von einem herkömmlichen Klassenzimmer (vgl. «Signifikanz»), was den Bedürfnissen der Schüler*innen ebenfalls entspricht.

Von Beginn an ist klar, dass die Raumgestaltung nicht als abgeschlossenes Projekt zu verstehen ist. Es soll immer die Möglichkeit bestehen, den Raum im Laufe der Betriebsphase an die Bedürfnisse der Akteur*innen anzupassen und zu erweitern. Dies geschieht während des Projekts mehrfach – jeweils unter Einbeziehung verschiedener Akteur*innen.

Besonders hervorzuheben ist die hohe Flexibilität der Lehrpersonen bezüglich der Umgestaltung des bisherigen Werkraums. Die Aussicht, einen neuen, vielseitig nutzbaren MakerSpace im Schulhaus zu erhalten, motiviert das Team zu umfassenden Change-Prozessen. Die Lehrpersonen beteiligen sich aktiv an den Umbaumassnahmen und bringen kontinuierlich eigene Ideen ein. Dadurch können gewöhnliche Routinen aufgebrochen und in einem besonders gestalteten Raum neue didaktische Wege beschritten werden.

Da der Werkraum im Schuljahr 2017/18 regelmässig für Fachunterricht genutzt wird, ist der Umbau nur während der Ferienzeiten möglich. Das hat zur Folge, dass die Schüler*innen selbst nicht aktiv an der Einrichtung und an den Renovierungsarbeiten beteiligt sind. Im Sinne des partizipativen Anspruchs des Projekts wäre dies aber ein wichtiger Schritt gewesen, um die Identifikation mit dem Raum zu erhöhen. Da die Schule im Schuljahr 2017/18 noch keine eigenen Personalmittel in das Projekt einbringen kann, ist die aktive Beteiligung der Lehrpersonen am Umbau nur auf der Basis ehrenamtlichen Engagements möglich. Ungefähr die Hälfte des Kollegiums war bereit, aktiv mitzuhelfen und sich im Rahmen von insgesamt zwei viertägigen Arbeitsphasen einzubringen. In die Entwicklung des Raumkonzepts müssen die Lehrpersonen der Fächerverbunds TTG unbedingt eingebunden werden. Sie sollen die Umwidmung des Werkraums nicht als Einschränkung ihrer didaktischen Möglichkeiten und Routinen empfinden, sondern als Aufwertung der Lern- und Arbeitsumgebung.

ABB. 8.44

ABB. 8.45

ABB. 8.46

ABB. 8.47

8.44 Mobiler Screen

8.45 Lehrpersonen montieren Whiteboard

8.46 Zwischenwand wird aufgebaut

8.47 Umbau Werkbänke

Die TTG-Lehrpersonen machen von der Einladung, ihre Bedürfnisse und Ideen in einer Gruppendiskussion einzubringen, engagiert Gebrauch.

Der Umbauprozess gestaltet sich zeitlich relativ aufwendig, da weichenstellende Entscheidungen stets mit den Stakeholdern abgesprochen werden müssen. Viele Ressourcen fliessen auch in die Recherche und die Beschaffung von Maschinen und Geräten. So werden beispielsweise auch andere MakerSpaces besucht, um bestimmte Maschinen in Aktion zu sehen und Erfahrungen zur Nutzung aus erster Hand zu bekommen. In die Umbauphase werden Mitarbeitende der Gemeinde einbezogen, zum Beispiel bei der Elektrifizierung der Deckenscheinwerfertraverse, bei der Installation eines Stromhydranten an der Decke oder für Malerarbeiten. Für diverse Holzarbeiten kann zudem ein Schreiner der Gemeinde gewonnen werden. Gerade (aber nicht nur) beim Umbau wird deutlich, wie wichtig der Rückhalt sowohl in der Schulgemeinde als auch in der politischen Gemeinde ist.

8.7 HF7: Material- und Geräteausstattung

Ziel des partizipativen Projekts ist es, das MakerSpace-Design einerseits auf der Basis theoretisch-konzeptioneller Überlegungen zu entwickeln. Gleichzeitig sollen die konkreten Ideen, Themen und Bedürfnisse der Akteur*innen in die Design-Entwicklung einfliessen. Es würde vor diesem Hintergrund zu kurz greifen, lediglich den zahlreichen im Internet verfügbaren Empfehlungen und Anschaffungslisten zu folgen. Deswegen wird der Material- und Gerätebedarf zunächst entlang der vorliegenden empirischen Daten eingegrenzt und am Ende mit den Empfehlungen der Maker Education abgeglichen. Vorweggenommen werden muss die Tatsache, dass für die Einrichtung des MakerSpace insgesamt ein Budget von etwa 27 000 CHF zur Verfügung steht, worunter Mobiliar, Maschinen, Geräte und Verbrauchsmaterialien aller Art fällt. Die Schule hat zusätzlich die benötigte IT-Infrastruktur aus eigenen Mitteln finanziert (Halbklassensatz Tablets, drei Laptops, einen Präsentationsscreen).

8.7.1 Ausstattungsideen der Schüler*innen

8.7.1.1 Ausstattungselemente in Kinderzeichnungen (KiZ_SuS)

Die Drittklässler*innen bringen in der KiZ_SuS-Erhebung (vgl. 7.4.3) ein spezifisches Interesse an Tieren wie z.B. Katzen, Vögeln und Fischen (Aquarium) zum Ausdruck, teilweise in Verbindung mit Beobachtungs- und Forschungstätigkeiten. In vier Zeichnungen sind zudem laborartige Ausrüstungsgegenstände wie Reagenzgläser und Mikroskope etc. enthalten, was auf ein Interesse an naturwissenschaftlich ausgerichteter Forschung und entsprechenden Geräten hinweist.

Computer scheinen aus Schüler*innensicht ein wichtiges Ausstattungselement eines MakerSpace zu sein. Sie spielen in beinahe allen Zeichnungen eine Rolle. Hinweise zur konkreten Nutzung sind dagegen kaum zu finden (mit Ausnahme von Virtual Reality, Gamen und Internetrecherche). Der Desktop-Computer dominiert die Zeichnungen, während das Endgerät Tablet in sehr wenigen Darstellungen – z.B. im Kontext von Kollaboration – repräsentiert ist.

ABB. 8.48: COMPUTER-TISCHE (IN 13 VON 18 ZEICHNUNGEN)

ABB. 8.49: TIERE (IN 11 VON 18 ZEICHNUNGEN)

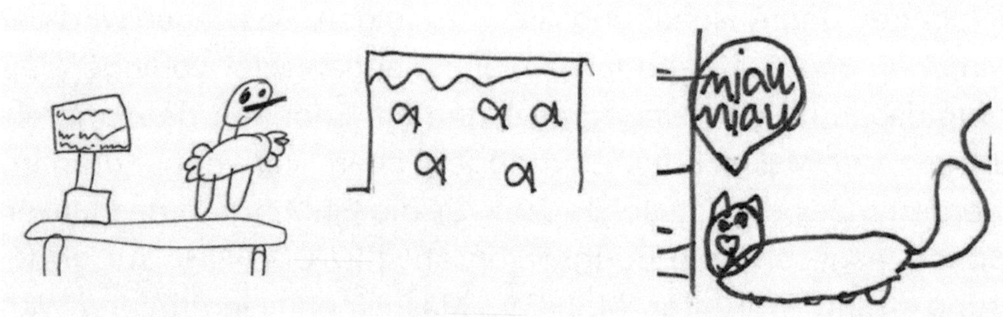

ABB. 8.50: WERKZEUGE / WERKBÄNKE (IN 7 VON 18 ZEICHNUNGEN)

ABB. 8.51: CHEMIE / ELEKTRIZITÄT / MECHANIK (IN 4 VON 18 ZEICHNUNGEN)

ABB. 8.52: GAMES / FUSSBALL (2 VON 18)

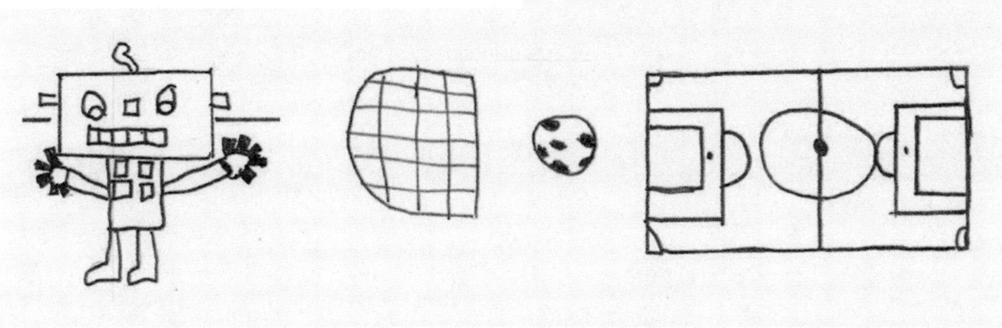

Für fünf Sechstklässler*innen gehört zu einem MakerSpace ein 3D-Drucker. Für vier Schüler*innen sollte das Thema Virtual Reality (VR) im MakerSpace vertreten sein. Neben Computern (bzw. mobilen Endgeräten) und Game-Konsolen sind dies die einzigen expliziten Verweise auf digitale Technik im MakerSpace. Die anderen Ausstattungselemente orientieren sich primär an klassischen Werk- und Arbeitsumgebungen, wie sie in Werkräumen an vielen Schulen Standard sind. Hierzu zählen u.a. Sägen, Schleif- und Bohrmaschinen sowie klassische Werkzeuge für Holz- und Metallbearbeitung. Zweimal wird jedoch auch ein Schweissgerät gezeichnet. Das deutet auf das Bedürfnis hin, auch anspruchsvolle Materialien wie Metall zu bearbeiten und hierfür Werkzeuge und Vorrichtungen beizuziehen, die ansonsten nur Expert*innen vorbehalten sind. Drei Mikroskope und drei Teleskope deuten den Wunsch nach entdeckendem Forschen und Erkunden biologischer und astronomischer Themen im MakerSpace an.

Die Ausstattungsvorstellungen der Drittklässler*innen unterscheiden sich von jenen der Sechstklässler*innen hauptsächlich in der Art der Geräte. Drittklässler*innen verzichten eher auf Geräte der digitalen Fabrikation und legen den Fokus auf klassisch analoge Arbeitsumgebungen. Ein Chemielabor und ein Arbeitstisch mit Gasanschluss verkörpern wiederum den Wunsch nach forschendem Lernen und nach Experimenten. Die Schüler*innen scheinen zwischen naturwissenschaftlichem Forschen und der Entwicklung von Produkten weniger strikt zu trennen als die Lehrpersonen oder die Mitglieder des Begleitforschungsteams. Sie denken eher interdisziplinär und deuten naturwissenschaftliche Experimente als Making-Aktivität. Dabei stellen sie keinen expliziten Bezug zwischen Forschung und Produktentwicklung her. Beide Zugänge existieren parallel und erscheinen aus der Perspektive der Schüler*innen in der Lernumgebung der Zukunft zusammenzufliessen.

TAB. 8.53: ERKENNBARE AUSSTATTUNGSGEGENSTÄNDE AUS DER KIZ_SUS-ERHEBUNG; KLASSE 6 UND KLASSE 3

KLASSE 6		KLASSE 3	
MASCHINEN			
3D-Drucker	5	Nähmaschine / tische	2
Bohrmaschine	4	Staubsauger	1
Starker Laserdrucker	4	Kran	1
Schweissbrenner	2	Maschine mit Abzugsystem	1
Schleifmaschine	1	Maschine mit Gas	1
Kreissäge	1	Kreissäge	1
WERKZEUGE			
Holzsäge	3	Hammer	4
Metallsäge	1	Holzsäge	4
Hammer	1	Bohrer	3
Messer	1		
GERÄTE / INSTRUMENTE			
Mikroskope	3	Spielekonsole	1
Teleskope	3		
Musik-Box	1		
Spielkonsole (PS4)	1		
Lötkolben	1		
VERBRAUCHSMATERIAL			
Schrauben / Klebeband / Papier	1	Holzbretter	1
		Faden	1
ZUBEHÖR / HILFSMITTEL			
VR / 3D-Brillen	4	Erste Hilfe Kasten	2
Feuerlöscher	2	Flipcharts	2
Schutzbrillen	1	Chemielabor mit Reagenzgläsern	1
Scheren / Lineal / Stifte	1		

8.7.1.2 Ausstattungs- und Materialbedarf abgeleitet von der PMA-Erhebung

In Tabelle 8.54 werden den fünf priorisierten Tätigkeiten der PMA_SuS-Erhebung (vgl. 7.4.6) die jeweils benötigten Werkzeuge, Werkstoffe und Materialien zugeordnet.

TAB. 8.54: MATERIALBEDARF ABGELEITET VON PRÄFERIERTEN MAKING-AKTIVITÄTEN (PMA_SUS)

TABELLE 1.	1	2
1) Sachen zerlegen und untersuchen (z.B. Smartphones)	15	Feinmechanikschraubenzieher; Spezialschraubenzieher für Smartphones, Reparatur-Kits für Smartphones, Lupen, gegebenenfalls Strommessgeräte
2) Filme drehen	11	Videokameras oder digitale Endgeräte mit Kamerafunktion; Hilfsmittel wie Stative, Licht; Videoschnittsoftware / -App; Gegebenenfalls Kostüme und Requisiten
3) Sachen am Computer konstruieren und mit Maschinen produzieren	10	Geräte für digitale Fabrikation wie 3D-Drucker, CNC-Fräse, Plotter; Computer und CAD-Software; Konstruktionsmaterialien wie Holz, Kunststoff (CNC-Fräse), Filament (3D-Drucker), Stoffe, Papier, Karton (Plotter)
4) Verschiedene Sachen zu neuen Produkten zusammenfügen	9	Breite Auswahl von unterschiedlichen Materialien; Werkzeuge zur Materialbearbeitung; Kleber, Schrauben, Nägel, Beschläge und sonstige Möglichkeiten Material zu verbinden
5) Spiele programmieren	8	Geeignete Programmierumgebungen, Computer oder geeignete mobile Endgeräte, gegebenenfalls Material für die Arbeit mit Nutzerschnittstellen (z.B. Makey Makey)

8.7.1.3 Technologie- und Materialbedarf

Auch aus den Ergebnissen der WWDGB_SuS-Erhebung (vgl. 7.4.10, vgl. 8.5.4.2ff.) kann auf den Material- und Werkzeugbedarf geschlossen werden:

	ANALOGE PRODUKTE OHNE STROM		
	Werkstoffe	Geräte	Werkzeuge
FERTIGUNG VON BAUTEILEN	Holz (Platten, Bretter, Stäbe; Birke, Balsaholz) Pappe (verschiedene Stärken) Schaumstoffe (z.B. Styropor) Textile Stoffe Kunststoffe Plexiglas Seile und Schnüre	Styroporschneider Bohrmaschine (Metall- und Holzbohrer verschiedener Stärke) CNC-Fräse Dekupiersäge 3D-Drucker	Cutter Schere Säge Handbohrmaschine Feile Metermass Winkel Laubsäge Schraubenzieher Stichsäge Schleifpapier Druckerfilament (PLA)

TAB. 8.55: WERKSTOFF-GERÄTEBEDARF FÜR ANALOGE PRODUKTE OHNE STROM

	WERKSTOFFE	GERÄTE	WERKZEUGE
BAUTEILE	Räder (verschiedene Durchmesser) Zahnräder (verschiedene Durchmesser) Achsen (verschiedene Durchmesser) Wellen, Gelenke Gehäuse (z.B. aus Metall) Magnete Büroklammern Gummis Riemen Korken, Bierdeckel, Strohhalme, Stahlfedern		
MONTAGE	Holz- und Maschinenschrauben in unterschiedlicher Stärke Muttern, Unterlegscheiben, verschiedene Grössen) Metallwinkel, Beschläge Nägel, Leim, Klebeband, doppelseitiges Klebeband, Tapetenkleister	Heissklebepistole Nietenpresse	Hammer, Schraubenzieher, Schaubenschlüssel, Ggf. Nussenkasten
VEREDELUNG	Lacke und Farben		Pinsel, Farbrollen

Für die einfachen analogen Objekte ohne Elektronik werden klassische Werkstoffe wie Holz (Platten, Bretter, Stäbe), Pappe (verschiedene Stärken), Schaumstoffe (z.B. Styropor), textile Stoffe, Plexiglas und sonstige Kunststoffe benötigt. Für die Verarbeitung der Materialien braucht es Werkzeuge wie Winkel, Bleistifte, Metermass, Cutter, Schere, Säge, Styroporschneider, Bohrmaschine mit Holz- und Metallbohrern unterschiedlicher Stärke, Stichsäge, Handsäge, Feile, Schleifpapier. Gegebenenfalls kann für die Produktion von Bauteilen digitale Fabrikation genutzt werden (z.B. Teile eines Setzkastens, Bahnen einer Kugelbahn, Krippen-Tiere aus Holz oder Fluggeräte können mit einer CNC-Fräse produziert werden). Für die Montage werden Klebstoffe, Holz- und Maschinenschrauben, Nägel, Beschläge aller Art benötigt. Für das Finishing der Produkte sind Farben und Lacke hilfreich und Werkzeuge, um die Farbe aufzutragen.

TAB. 8.56: WERKSTOFF-GERÄTEBEDARF FÜR PRODUKTE MIT ELEKTRO- / ELEKTRONIKANTEIL

	PRODUKTE MIT ELEKTRO- / ELEKTRONIKANTEILEN		
	WERKSTOFFE	**GERÄTE**	**WERKZEUGE**
ENERGIEUMWANDLER UND ELEKTRISCHE BAUELEMENTE	Glühbirnen (1,5V, 3V) Elektromotoren (verschiedene Stärken) LED-Lampen (verschiedene Farben) Vorwiderstände für LED-Lampen Akkus (Mignonzellen AA, Minizellen AAA, 9V-Blocks; Knopfzellen (3V)) Solarmodule Druckschalter Tastschalter Kippschalter Potenziometer Litzen, verschiedene Durchmesser (Meterware) Leitfähiges Kupferklebeband	Akkuladegerät Akkuladegerät für Knopfzellen	
INSTALLATION	Fassungen für Glühbirnen Lüsterklemmen für verschiedene Kabeldurchmesser Lötzinn Steckkabel Isolierband	Strommessgerät Lötkolben / Lötstationen Lötlampe (mit Lupe)	Feinmechanikerschraubenzieher(set) Abisolierzange Cutter

TAB. 8.57: WERKSTOFF-GERÄTEBEDARF FÜR PRODUKTE MIT DIGITALER STEUERUNG

	PRODUKTE MIT DIGITALEN ANTEILEN		
	WERKSTOFFE	**GERÄTE**	**WERKZEUGE**
	Servomotoren Microcontroller (z.B. Calliope, Micro:bit) Externe Sensoren (Bewegungs-, Abstands-, Feuchtigkeitssensor) Steckkabel Krokodilklemmen	Tablets Computer Online-Programmierumgebung (z.B. makecode.org; Open Roberta) Lötkolben	Elektronikschraubenzieher

Für die Umsetzung von interaktiven Systemen (z.B. Alarmanlage, Hundeklappe) werden neben den oben genannten elektrotechnischen Grundlagen auch spezielle Komponenten wie Sensoren, Aktoren und eine geeignete Steuertechnik benötigt. Hierzu zählen u.a. Lichtschranken, Bewegungsmelder, Lautstärkemesser und Helligkeitssensoren. Microcontroller bilden die Basis für die Speicherung der erforderlichen Steuerbefehle. Microcontroller wie Calliope Mini lassen sich mit blockbasiert programmierten Anwendungen (z.B. Open Roberta Lab oder Makecode.org) bespielen.

Hierfür brauchen die Schüler*innen allerdings Grundkenntnisse im Programmieren. So muss beispielsweise durch Schwellenwerte festgelegt werden, wann ein Helligkeitssensor einen Alarm auslösen oder wann ein Feuchtigkeitssensor einen Pumpenmotor aktivieren soll. Robotikprojekte verbinden mechanische, elektronische und digitale Perspektiven und sind entsprechend komplex in den Anforderungen.

8.7.2 Ausstattung abgeleitet vom Making-Curriculum in Thayngen

Aus den Themen, die die Lehrpersonen für das «hybride Curriculum» ausgewählt haben (vgl. 8.5.6), lassen sich weitere Ausstattungselemente ableiten.

	LEHRERPRÄFERENZEN	GEWÄHLTES RAHMENTHEMA	AUSSTATTUNG
KLASSE 3	Thematische Eingrenzung auf Windenergie Windkraft nutzen Windturbine / Windrad Mit Windkraft etwas antreiben Mit Recycling-Materialien arbeiten	Heranführung: - Windenergie - Windrad besichtigen - Windräder, verschiedene Typen herstellen Projektphase: - Maschine erfinden, die mit Wind etwas antreibt - Fluggeräte bauen	- Pappe, Papier - Holzstäbe, Draht, - Styropor - Recycling-Materialien - Korken, Nadeln, - explore-it Box: «Der Traum vom Fliegen» - Papier- und Pappeverarbeitungs-werkzeuge - Konstruktions-werkzeuge und -materialien
KLASSE 4	Lehrerideen Messen - Steuern - Regeln (explore-it) Steuertechnologie, Arbeit mit Sensoren; Programmieren mit dem Microcontroller Calliope Experimente mit Littlebits, WeDoo 3D-Druck	Heranführung: - Einführung in das blockbasierte Programmieren mit Calliope; - Bau von Elektrofahrzeugen, Pumpen, Freie Phase: - Eigene Produkt ohne weitere Vorgabe	- explore-it Box: «Messen, Steuern, Regeln» - Calliope Mini - Versch. Baumaterialien - Elektronische Werkstoffe - Papier- und Holzverarbeitungs-werkzeuge - Konstruktionswerkzeuge und -materialien
KLASSE 5	Wasser-, Wind-, Solarenergie; Funktionsweise eines Elektromotors als Basis, um etwas damit zu entwickeln; Freiraum lassen bei der Entwicklung von Produkten mit Antrieb	Heranführung: - Funktionsweise eines Elektromotors - Bau eines Elektromotors - explore-It: Räderfahrzeuge, Antrieb Freie Phase: - Ein Produkt mit Antrieb	- explore-it Box: «Energie macht Mobil» - Explore-it Box: «Vom Dauermagneten zum Elektromotor» - Getriebemotoren - Übersetzungsgetriebe - Zähnräder in verschiedenen Grössen - gegebenenfalls selbst ausgedruckte Getriebe - Räder, Achsen, Wellen, - Elektronische Werkstoffe - Papier- und Holzverarbeitungs-werkzeuge - Konstruktionswerkzeuge und -materialien
KLASSE 6	Energieumwandlung, Maschinen, die Energie umwandeln	Heranführung: - Offene Challenges - Stromkreis -Programmieren mit Calliope - Mechanik, Übersetzungsgetriebe, Dampfmaschine Freie Phase: - Ein Produkt mit elektronischer oder digitaler Komponente	- explore-it Box: «Energie macht mobil» - Dampfmaschinen-modell, Kraftübertragung; Fahrrad (mit Gangschaltung) - Elektronische Werkstoffe - Calliope Mini - Papier- und Holzbearbeitungs-mittel

TAB. 8.58: AUSSTATTUNG ABGELEITET VOM MAKING-CURRICULUM IN THAYNGEN (IN JAHRGANGSSTUFEN)

8.7.3 Umsetzung – Material-, Werkzeug- und Geräteausstattung

Die nachfolgende Liste zeigt – in Kategorien unterteilt – die Ausstattung des MakerSpace an der Primarschule Thayngen.

Werkzeuge für Montage und Zerlegung

Schlitzschraubendreher (2 versch. Grössen, jeweils in 10facher Ausfertigung), Kreuzschlitzschraubendreher (2 versch. Gr., 10fach), Schraubenschlüsselset (Ring- und Gabelschlüssel, 6 bis 17mm), Nussenkasten (4-17mm, 2fach), Schraubzwingen (versch. Grössen, 24st.), Feinmechanik-Schraubendreherset (11teilig, 5st.), Schreinerhammer (10st.)

Werkzeuge für Entwicklung und Fertigung

Schere (2 Grössen, jeweils 10 St.), Cutter (10 St.), Handsäge (10 St.), Laubsäge (20 St.), Gehrungssäge (2 St.), Metallsäge (1 St.), Kombizange (10 St.), Beisszange (10 St.), Stechbeitel (10 St.), Spachtel (10 St.), Feilen (versch. Grössen, jew. 10 St.), Schleifpapier (versch. Körnung), Schleifklötze (20 St.), Handbohrer (versch. Grössen, jew. 5 St.). Handbohrmschinen (6 St.)

Material für die Arbeit mit Farben

Malerschutzkittel, Pinsel versch. Grössen (50 St.), Schwamm (20 St.), Mischgefässe (20 St.), Acrylfarben, Dispersionsfarben, versch. Lacke.

Mess- und Konstruktionswerkzeuge

Meterstab (10 St.), Metermass (10St.), Wasserwaage (2 St.), Schieblehre (2 St.), Strommessgerät (1 St.), Zimmermannswinkel (10 St.), Bleistife (100 St.)

Maschinelle Fertigung und digitale Fabrikation

Bandsäge (1 St.), Dekupiersäge (3 St. auf Ständer), Tellerschleifmaschine (1 St.), Standbohrmaschine (2 St. mit Metall- und Holzbohrersätzen, und Fräsköpfen), Handstichsäge (1 St.), Schwingschleifer (1 St.), Akkuschrauber (2 St.), Styroporschneidemaschine (3 St.), CNC-Säge inventables Carvey mit Steuerlaptop, Easel-Software, versch. Fräsköpfe und Materialien), 3D-Drucker (Makerbot Mini replicator und Makerbot replicator 2), Textil Plotter (1 St.), Drucker-Filament in verschiedenen Farben (PLA) (10 Rollen)

Werkzeuge für Elektronikarbeiten

Toolcraft ST-50D Lötstation (2 St.), Entlötsaugpumpe (2 St.), Lötzinn (50m), Satz Elektronik-Schraubendreher (2 St.)

Werkstoffe Montage/Fixierung

Kleben: Heissleimpistole (3 St.) und Munition (100 St.), Gewebeband 25m (5 St.), doppelseitiges Klebenand 25m (5 St.), Malerkreppband (15 St.), Klebestifte (20 St.), Holzleim (10 St.)
Schrauben: Blechschrauben versch. Grössen (500 St.), Holzschrauben versch. Grössen (500 St.), Maschinenschrauben und Muttern versch. Grössen (1500 St.), Unterlegscheiben versch. Grössen (500 St.)
Nageln: Nägel versch. Grössen (2000 St.)
Montieren: Flachverbinder 50x15mm (30 St.), Stuhlwinkel 25x25x14,5mm (40 St.), Möbelwinkel 50x50x10mm (40 St.), Eckwinkel 120x120x20mm (30 St.)

Baumaterialien

Kunststoffe: Styroporplatten, Schaumstoffplatten, Plexiglasplatten, Plastikrohre, PET-Flaschen, Verpackungsfolie, Klebefolie, Plastikperlen, Strohhalme, Gummis, PVC Platten für CNC-Fräse 200x200mm (30 St.)
Metall: Büroklammern, Nadeln, Draht (versch. Stärken), Kronkorken, Kupferblech, Stahlblech, Stahlfedern, Pfeifenreiniger
Kork: Flaschenkorken, Korkplatten
Pappe: Bastelkarton, Wellpappe, Verpackungsreste aller Art, Bierdeckel
Holz: Zahnstocher, Schaschlikstäbe, Kantholz 1x1x100cm (15 St.), 0,5x0,5x100cm (15 St.), 2x2x100cm (10 St.); Rundholz 0,5x100cm (20 St.), 1x100cm (15 St.), 2,5x100cm (15 St.), Bretter (versch. Stärken und Längen), Dachlatten Fichte 30x50x3000 (20 St.), Sperrholz Birke Triplex 4x300x600mm (10 St.), 4x210x300mm (30 St.), Sperrholz Pappel 4x210x300mm (30 St.)

Mechanische Werkstoffe

Zahnrad; 60mm, 4mm, 58 Zähne (60 St.), 40mm, 4mm, 38 Zähne (60 St.), 20mm, 4mm, 18 Zähne (60St.), Schweissdraht 4x500mm (20 St.), Schweissdraht 3x500mm (20 St.), Gliederkette (20m), Riemen (50 St.), Riemenscheiben (50 St.), Achsen (100), Satz verschiedene Zahnräder (200 St.)

Elektronische und digitale Werkstoffe

Motoren: Elektromotor R21/Re260 (30 St.), Elektromotor R20/Re140 (30 St.), Getriebemotor (1:120 abgewinkelt (15 St.), Getriebemotor 1:120 abgewinkelt, 2 Antriebe (15 St.), Getriebemotor 1:120, ein Antrieb (20 St.), Getriebemotor 1:120 zwei Antriebe (20 St.); Servomotoren (10 St.)
Schalter: Druckschalter (40 St.), Kippschalter (40 St.), Taster (40 St.), Potenziometer (50 St.)
Leuchtmittel: LED grün (150 St.), LED rot (150 St.), LED gelb (150 St.), LED weiss (150 St.), LED blau (150 St.), Glühbirne E, 3,5V weiss (60 St.), gelb (20 St.), rot (20 St.), grün (20 St.), Lampenfassungen E (60 St.); Vorwiderstände für LEDs (100 St.)
Batterien und Akkus: Akkus AA Envelop (120 St.), Akkus AAA Envelop (120 St.), 9Voltblockakku (10 St.), Knopfzellenakkus 3V (10 St.), Batterien AA (40 St.), Batterien AAA (40 St.), Knopfzellenbatterien (20 St.), Batteriehalter AA (40 St.), Batteriehalter AAA (40 St.), 9Volt-Batterieclips (20 St.), Knopfzellenhalter (20 St.), Ladegerät für Knopfzellen, Ladegeräte für sonstige Akkuformate
Kabel: Kabel mit Krokodilklemmen (100 St.), Litze schwarz, 0.14/1.1qmm 100m (3 St.), Litze rot, 0.14/1.1qmm 100m (3 St.), Steckkabel, Lüsterklemmen 20er (20 St.), Kupferklebeband 10mmx33m (3 St.), Isolierband 10 Rollen (versch. Farben)
Solarmodule in verschiedenen Leistungsstufen (40 St.)
Makey Makey Set (3 St.), Calliope Mini (45 St.), Feuchtigkeitssensor grove (3 St.), Bewegungssensor grove (3 St.), Ultraschallsensor grove (3 St.)

Präsentation, Dokumentation und ICT

Whiteboardmaker nonpermanent (100 St.), Reinigungsflüssigkeit (2 Flaschen), Magnete (150 St.), 3 DMX-LED Scheinwerfer mit Steuerpult, Stoffhintergründe für Greenscreen (grün, weiss, grau), Visualizerständer für Tablet, AppleTV, 80"-Flatscreen auf mobilem Wagen, iPads (12 St.), iPad-Ladestation (1 St.), Laptop (3 St.)

Aufbewahrung

Euro-Boxen grau 60x40x32cm (5 St.), mobiler Holzlagerwagen, Werkstattbox 17x10x7,5cm (20 St.), Werkstattbox 23x15x12,5cm (30 St.), Werkstattbox 35x21x15cm (20 St.), Sortimentschrank mit 46 transparenten Plastikschubern für Elektronikbauteile (2 St.), Holz Harasse IKEA 46x31x25 (40 St.), Holz Harasse IKEA 23x31x15 cm (20 St.); höhenverstellbare und rollbare Tische für 3D-Drucker, CNC-Fräse (3 St.)

Elektroequipment

Kabeltrommeln 25m (2 St.), Verteilersteckerleisten 10er (6 St.), Verteilersteckerleisten 3er (6 St.)

Sicherheitsequipment

Gehörschutz (6 St.), Schutzbrille (6 St.), Erste Hilfe Kasten

Sonstige Geräte

Fön (3 St.), Glätteisen (3 St.)

Didaktische Materialien und Bausätze

explore-it Box: «Energie macht Mobil» (12 St.)
explore-it Box: «Vom Dauermagneten zum Elektromotor» (12 St.)
explore-it Box: «Messen, Steuern, Regeln» (12 St.)
explore-it Box: «Der Traum vom Fliegen» (10 St.)
LittleBits (Klassensatz)
OzoBots (4 St.)
Roboter ähnlich Beebots (4 St.)

8.7.4 Inspirationsquellen

In Absprache mit IP1 (Leadlehrperson) wird eine kleine Bibliothek mit Bastel- und Erfinderbüchern für Kinder sowie Bücher für digitale Fabrikation eingerichtet. Folgende Bücher sollten der Inspiration dienen:

Bergner, Nadine (2017). Das Calliope-Buch: Spannende Bastelprojekte mit dem Calliope-Mini-Board. Dpunkt.verlag.

Farndon, John/Beattie, Rob/Wilhelmi, Margot (2015). So geht Technik!: Warum Toaster toasten, Flugzeuge fliegen und Wasser aus dem Hahn kommt. Gerstenberg.

Gatzke, André/Funk, Sebastian (2017). Das skurrile Erfinderbuch. Beltz & Gelberg.

Immler, Christian (2017). Der kleine Hacker: Programmieren lernen mit dem Caliope Mini. Coole Spiel- und Bauprojekte programmieren.

Jammer, Juliane/Narr, Kristin (2018). Das Maker-Buch für Kita und Grundschule: Kinderleichte Fotoanleitungen zum kreativen Basteln, Tüfteln und Selbermachen. Bananenblau.

Knodel, Diana/Knodel, Philipp/Radermacher, Jan (2017). Einfach Programmieren für Kinder. Carlsen.

Melmoth, Jonathan/Dickins, Rosie (2017). Ganz easy programmieren lernen: Scratch. Usborne Publishing.

Memo Kids (2017). Spannende Erfindungen. Dorling Kindersley Verlag.

Rattat, Christian (2016). CNC-Fräsen für Maker und Modellbauer: Grundlagen – Technik – Praxis. Dpunkt.verlag.
Regele, Stephan (2018). Mach was mit 3D-Druck!: Entwickle, drucke und baue deine DIY-Objekte. Inklusive der 3D-Modelle aller Projekte. Carl Hanser Verlag.
Täubner, Armin (2016). Bauen, tüfteln, selbermachen: Über 50 geniale Ideen für kreative Jungs. Frech.

8.7.5 Zusammenfassung

Im Rahmen der partizipativen Design-Entwicklung konnte die Beschaffung von Material, Werkzeugen und Geräten am voraussichtlichen Bedarf (Projektideen der Schüler*innen, Themen der Lehrpersonen, Making-Curriculum) orientiert werden. Die bereits vorhandene Ausstattung des ehemaligen Werkraums wird übernommen und integriert. Im ersten Design-Entwurf konnten noch nicht alle Schüler*innenwünsche berücksichtigt werden. Ein Aquarium wäre eine mögliche Ausbaustufe, die mit sensorgestützter Technologie angereichert werden könnte (sensorgesteuerte Temperaturregelung, Reinigungsindikator, geregelte Beleuchtung, automatische Futterausschüttung). Dies würde aber Pflege während der Ferienzeiten erfordern. Aus Platzgründen werden in der ersten Ausbaustufe noch keine Pflanzen aufgestellt. Pflanzen liessen sich mittelfristig leicht mit digitaler Technologie verbinden (z.B. automatisiertes Bewässerungssystem). Eine spezielle Zone für Virtual Reality und Augmented Reality wird ebenfall noch nicht eingerichtet. Mikroskope könnten in einer weiteren Ausbaustufe interessante Einblicke in miniaturisierte Technik geben. Das Schulhausteam möchte die Bereiche Textiles Arbeiten und Making räumlich eher auseinanderhalten. Daher wird entschieden, keine Nähmaschine im MakerSpace zu platzieren. Der Grund ist eher ein pragmatischer. Im Textilraum war nur ein Halb-Klassensatz Nähmaschinen vorhanden, so dass für den MakerSpace eine weitere Maschine hätte angeschafft werden müssen. Auf die Anschaffung eines Laser-Cutters wurde aus Kostengründen verzichtet, zumal die Installation bauliche Massnahmen nach sich gezogen hätte (Abluftanlage).

Timberkits
Rex

8.8 HF 8: Weiterbildung

Ein attraktives, inhaltlich breit gefächertes und an den Bedürfnissen der Lehrpersonen orientiertes Weiterbildungsangebot wird von allen Beteiligten als Grundvoraussetzung für den Erfolg des Projekts angesehen. Dies rechtfertigt den insgesamt hohen personellen und organisatorischen Aufwand für die Planung und Durchführung der Weiterbildungsangebote.

8.8.1 Rahmenkonzept

Mit der Schulleitung wird vereinbart, dass während der einjährigen Betriebsphase alle verbindlichen Weiterbildungsaktivitäten der Teammitglieder dem Thema Making gewidmet werden. Konkret bedeutet das die Vorgabe, dass jede Lehrperson an mindestens drei Making-Weiterbildungsangeboten im Schuljahr teilnimmt. Weil die Lehrpersonen unterschiedliche Interessen und Vorkenntnisse mitbringen, beinhaltet das Programm ein breites Spektrum von Angeboten, so dass nach Interesse und Neigung gewählt werden kann. Alle Angebote sind auf den im Kanton Schaffhausen unterrichtsfreien Mittwochnachmittag auf 3,5 Stunden angesetzt. Nach ersten Pilotangeboten mit grösseren Gruppen (ca. 10 Lehrpersonen) wird auf Wunsch des Schulhausteams die Gruppengrösse pro Angebot auf maximal vier Personen beschränkt. Dadurch können niederschwellige und an die individuellen Bedürfnisse der einzelnen Lehrpersonen angepasste Coaching-Angebote generiert werden. Alle Themen im Curriculum werden im Laufe des Schuljahrs 2018/19 mehrmals angeboten, so dass es theoretisch allen Lehrpersonen möglich ist, ihr Wunschangebot zu besuchen. Die Anmeldung erfolgt über eine Doodle-Umfrage, in die sich die Interessierten zum entsprechenden Termin eintragen können. Insgesamt werden im ersten Betriebsjahr 13 Weiterbildungsangebote terminiert.

8.8.2 Curriculum

Das Weiterbildungscurriculum wird vom Projektteam unter Einbezug der Lead-Lehrperson entwickelt. Dabei fliessen die Ergebnisse der Online-Befragung der Lehrpersonen (OBF_LPs, vgl. 7.4.11.) und die Auswertung der Vorbereitungsgespräche (GD_BERAT_LPs, vgl. 7.4.12) mit ein.

Den grössten Weiterbildungsbedarf sehen die Lehrpersonen im technischen Bereich. «Ich habe wirklich KEINEN Plan. Und es ist nicht mein Thema eigentlich, ... so Elektronik und Elektrizität» (IP4, A. 57). Insbesondere für die Unterstufe fällt es schwer, technische Konzepte zielstufengemäss didaktisch zu reduzieren.

> **«Für mich kommt alles sehr technisch rüber und ich frage mich dann, wie kann ich das runterbrechen? (...) Da habe ich noch zu wenig Erfahrung.»**
>
> (IP11, A. 77)

> **«Also ich habe gerade vorhin mit meinem Partner gesprochen, eine CNC-Fräse, sagt er, manche machen da eine dreijährige Ausbildung.»**
>
> (IP11, A. 77)

Nicht alle können sich vorstellen, im Unterricht Produktionsverfahren der digitalen Fabrikation zu nutzen. Es gibt auch die Befürchtung, dass es im MakerSpace zwar viele Maschinen und Möglichkeiten gäbe, es aber am nötigen Knowhow fehle, um das Potenzial wirklich auszuschöpfen. Es wird explizit der Wunsch nach Unterstützung im Bereich der digitalen Fabrikation geäussert.

> **«Also ich brauche wirklich Unterstützung, sonst sehe ich hier einen riesen Berg.»**
>
> (IP4, A. 5.3)

Die Lehrpersonen melden ausserdem Weiterbildungsbedarf beim Programmieren und im Umgang mit digitalen Werkstoffen wie Microcontroller etc. an. «Ich denke, bei der Programmierung werde ich mich noch gut einarbeiten müssen. Gewisse Sachen habe ich schon angeschaut. Ich finde es schwierig, dass viele Sachen in Englisch sind. Das könnte für die Viertklässler noch etwas problematisch werden» (IP1, A 3.24). Ferner wünschen sie sich Anregungen und Good Practice Beispiele, die man konkret mit Schüler*innen umsetzen kann. «Ich wäre (...) grad froh, wenn ich hören würde, was ihr so hättet, weil ich kann mir noch so wenig vorstellen» (IP11, A. 4.72). Und das Interesse an didaktischen Materialien und Lehrmitteln ist gross. «Habt ihr da noch irgendwelche Materialien, habt ihr Ideen, wie man das machen könnte?» (IP10, A. 4.3).

Vor dem Hintergrund des ermittelten Weiterbildungsbedarfs der Lehrpersonen ist ein Curriculum entstanden, das aus den drei Dimensionen «Technik», «Unterricht» und «Mindset» besteht.

Die Weiterbildungsangebote wurden vom Pädagogischen Making-Support, einer TTG-Lehrperson und einer externen Referentin in Absprache mit dem Projektteam konzipiert und durchgeführt. Alle Workshop-Leitenden wurden gebeten, ihre Angebote stichwortartig zu dokumentieren, um später Inhalt und Form rekonstruieren zu können. Die erhaltenen Unterlagen weisen einen unterschiedlichen Detailliertheitsgrad auf, was zur Konsequenz hat, dass die nachfolgenden Zusammenstellungen auf inhaltliche Aspekte beschränkt sind und methodische Ansätze nicht rekonstruiert werden können. Es handelt sich jedoch nicht um klassisch durchkomponierte Weiterbildungen, sondern um Settings, die unmittelbar an den Bedürfnissen und Vorerfahrungen der Teilnehmenden anknüpfen.

8.8.2.1 Technik: Grundlagen und digitale Fabrikation

In der Online-Befragung (vgl. 7.4.11) wie auch in den Vorbereitungsgesprächen für die Betriebsphase (vgl. 7.4.12) wird das Bedürfnis der Lehrpersonen deutlich, sich besonders mit den Geräten im MakerSpace gut auszukennen, bevor sie mit den Schüler*innen Projekte wagen. Hohen Unterstützungsbedarf melden sie im Bereich der digitalen Fabrikation an, wie Abbildung 8.59 zeigt. Nach längerer Diskussion in der Projektgruppe über die Sinnhaftigkeit von rein gerätebezogenen Angeboten wird der Entscheid gefällt, zu CNC-Fräse, 3D-Drucker, Textilplotter und zum Microcontroller Board Calliope Mini spezifische Einführungskurse anzubieten, allerdings verbunden mit dem Anspruch, zumindest einen didaktischen Anwendungsfall im Sinne der Maker Education zu integrieren.

ABB. 8.59: UNTERSTÜTZUNGSBEDARF DER LEHRPERSONEN BEZOGEN AUF GERÄTE IM MAKERSPACE (QUELLE: OBF_LPS)

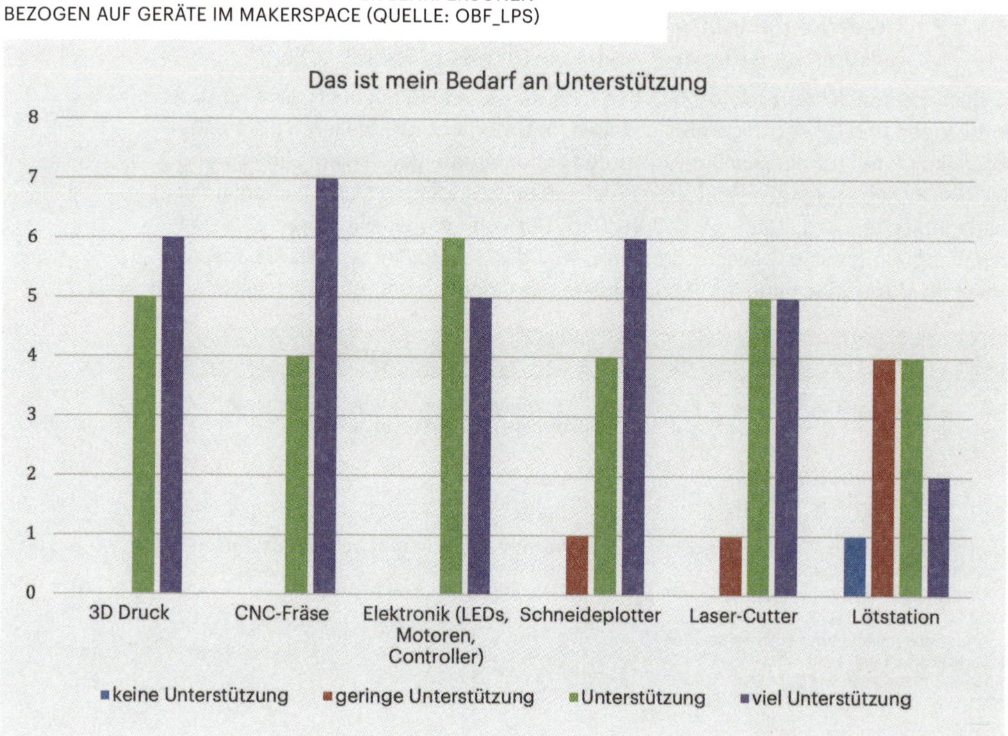

CNC-FRÄSE: WORKFLOW, PROJEKTIDEEN, FUNKTION, PRODUKTIDEEN	EINBLICK IN 3D-DRUCK
Einblick in Technik CNC-Fräsen	Möglichkeiten von 3D-Druck auf Primarschulstufe kennenlernen
Hands on CNC-Fräse Carvey im MakerSpace	Filament auswechseln können
Bedienung CNC Browser-Software für den Carvey	3D-Modell von Thingiverse ausdrucken können
Unterrichtsideen mit Einbezug von CNC-Fräse	Troubleshooting
Material und Materialeigenschaften kennenlernen Verschiedene Bohrer und Möglichkeiten	Simple 3D-Druck Anwendungen für die Halklasse: Guetzliform drucken

TEXTIL-PLOTTER	EINFÜHRUNG IN DEN MICROCONTROLLER CALLIOPE MINI
Erste Kenntnisse im Umgang mit der Silhoutte Software am Beispiel «Plottern von Textil Folien» erlangen.	Blockbasierte Programmierumgebungen, Übersicht Online-Tools
Jeder gestaltet seine eigene Stofftasche. Dabei kann das Design selbstgestaltet werden oder fertige Vorlagen verändert werden...	Ereignisgesteuerte vs. prozedurale Programmierung
nach dem Schneiden wird das Endgittern geübt und das Anbringen auf der Stofftasche erlernt.	Eigene Programme für Calliope erstellen, reflektieren (HandsOn mit Betreuung)

TAB. 8.60: WEITERBILDUNGSANGEBOTE – TECHNIK / GERÄTE

8.8.2.2 Unterricht: Impulse und Ideen zu konkreten Maker-Aktivitäten im MakerSpace

Die Lehrpersonen interessieren sich neben technischen Fragen auch stark für konkrete Ideen und Umsetzungsmöglichkeiten im Unterricht. Sie wollen typische Making-Aktivitäten für die jeweilige Zielstufe kennenlernen. Vor diesem Hintergrund werden in den folgenden Workshops technische Grundlagen (z.B. Mechanik) mit pädagogischen Aktivitäten verknüpft. Dem Bereich Film wird in diesem Zusammenhang ein grosses Gewicht gegeben, weil die Schüler*innen ihre Arbeitsprozesse im MakerSpace und ihre Endprodukte mit Video dokumentieren sollen.

E-TEXTILIEN	TRICKFILMPRODUKTION
Kurzinput zur Theorie (Stromkreise, Parallelschaltung).	Technische und gestalterische Kenntnisse, um eigenen Trickfilm zu realisieren
Präsentation von Beispielen. Austausch von Erfahrungen.	
Ausprobieren ... Was auch immer die Teilnehmenden gerade mögen. Alle haben ihr «eigenes Projekt» umgesetzt.	Wissen zu Organisationsform und Möglichkeiten, um einen Trickfilm mit einer Halbklasse zu realisieren (stufenunabhängig)
Freude am Arbeiten mit LEDs im textilen Bereich wecken. Textiler Stromkreis mit 2-7 LEDs.	

STROMKREIS	MOTOREN, ZAHNRÄDER & ANTRIEBE
Möglichkeiten kennen lernen, wie kostengünstig Projekte umgesetzt werden können mit kleinen Elektromotoren und Lämpchen.	Überblick Zahnräder, Antriebe und Motoren im MakerSpace
Umsetzung von Miniprojekten, worauf die Teilnehmenden gerade Lust haben.	Erwerb von Kenntnissen, um Schüler*innen im MakerSpace bei Bau und Umsetzung von Objekten mit Motoren, Zahnrädern und Antrieben unterstützen zu können
Freude am Ausprobieren und Spielen mit Stromkreisen.	Zahnräder selbst herstellen (CNC-Fräse)

MOBILE FILMMAKING
Kurzfilmformate in der Primarschule selber produzieren
iMovie fürs iPad kennenlernen
Basics für Ablauf Film erstellen: Pre-Production, Production, Post-Production

TAB. 8.61: WEITERBILDUNGSANGEBOTE – IMPULSE UNTERRICHT

8.8.2.3 Mindset: Einführung in die Anliegen der Maker Education

Spezifische Angebote zum Maker-Mindset werden von den Lehrpersonen nicht explizit gewünscht. Da die Forschungsbefunde zu Making in der Schule darauf hinweisen, dass das Mindset der Lehrpersonen ein wesentlicher Faktor für das Gelingen von schulischen MakerSpaces ist, hat sich das Projektteam dazu entschieden, explizit auch Workshops zum Maker-Mindset anzubieten.

DESIGN THINKING IM KLASSENZIMMER	MINI-MAKER-CHALLENGES
Design Thinking als Methode	Beispiele für Maker-Challenges als Einstieg in das Making
Design Thinking im Kontext der Volksschule, im Besonderen im Kontext des MakerSpace	Bearbeiten ausgewählter Challenges, Erfahrungsaustausch
Kennenlernen der Plattform DIY.org Design-Challenges aktiv bearbeiten	Entwickeln eigener Maker-Challenges mit Offenheiten

TAB. 8.62: WEITERBILDUNGSANGEBOTE – MINDSET MAKER EDUCATION

8.8.3 Zusammenfassung

Im Weiterbildungsdesign für das erste Betriebsjahr müssen aus pragmatischen Gründen Schwerpunkte gesetzt werden. Zum einen ist die Kapazität des Pädagogischen Supports (20% Pensum) für den Bereich Weiterbildung begrenzt. Zum anderen sollen die Lehrpersonen zeitlich nicht zu stark belastet werden.

Entgegen der Erwartungen des Projektteams ist das Bedürfnis der Lehrpersonen nach Angeboten zu den Anliegen der Maker Education im Allgemeinen und zum Maker-Mindset im Besonderen eher gering. Offenbar sind die Leitsätze im Silberberg-Manifest (vgl. 8.2.2) mit der pädagogischen Grundhaltung der Lehrpersonen zu vereinbaren. Das geringe Interesse an Weiterbildungen zu Kreativitätsförderung und zur Förderung der Selbstständigkeit lässt sich möglicherweise darauf zurückführen, dass sich die Lehrpersonen kompetent fühlen, bei ihren Schüler*innen Kreativität anzuregen oder kreative Aufgabenstellungen zu entwickeln – dass sie dies sogar als wichtigen Teil ihres Berufsauftrags verstehen. Im Sinne einer Prioritätensetzung wollen sie eher die Chance nutzen, Neues zu erfahren. Das erklärt gegebenenfalls das vergleichsweise hohe Interesse an den technischen Geräten im MakerSpace. Hinzukommt, dass technische Angebote – im Gegensatz zu Angeboten im Bereich Mündigkeit und Kreativität – konkret auf eine Sache (das jeweilige Gerät) und auf operationale Tätigkeiten konzentriert sind, was einen hohen Lerntransfer und eine hohe Praxisrelevanz suggeriert. Wer ein Gerät bedienen kann, kann es auch im Unterricht kompetent nutzen. Umgekehrt scheint die Vorstellung zu beunruhigen, vorhandene Geräte könnten bei Bedarf nicht oder nur eingeschränkt genutzt werden, weil die Lehrperson nicht über die nötige Qualifikation verfügt. Ein weiterer Grund für die hohe Ressonanz gerätebezogener Einführung ist aber auch die Motivation der Lehrpersonen, sich mit modernen Technologien aktiv auseinanderzusetzen und ihre Gestaltungsmöglichkeiten dadurch zu erweitern.

Dass im ersten Betriebsjahr die Weiterbildungsbedürfnisse der Lehrpersonen im Fokus stehen, entspricht dem partizipativen Anliegen des Projekts. Auch wenn sich dadurch die konzeptionellen Anforderungen an den Bereich Weiterbildung (vgl. 6.3.8) nur teilweise realisieren lassen. Fragen der situativen Lernbegleitung, der Kreativitätsförderung und der Konzeption von offenen Maker-Challenges werden flankierend im Rahmen des Coachings und des Teamteachings thematisiert und direkt in der Praxis angewendet. In diesem Zusammenhang kommen zudem agile Methoden in Anlehnung an Design Thinking Ansätze zum Einsatz.

8.9 HF 9: Organisatorischer Rahmen

Der organisatorische Rahmen eines schulischen MakerSpace Projekts ist eine wichtige Voraussetzung für die erfolgreiche Implementation in das Schulleben. In Kapitel 6.3.9 wurde der insgesamt hohe Handlungsbedarf bereits deutlich gemacht. Im Folgenden wird dargestellt, wie das Schulhausteam in Thayngen mit den organisatorischen Herausforderungen umgegangen ist und welche Implikationen dies für das MakerSpace Design hat.

8.9.1 Rückhalt im Schulumfeld

Die Schulleitung und die Lead-Lehrperson sind bereits vor Projektstart von der Idee eines schulischen MakerSpace in Thayngen überzeugt. Das Schulhausteam zeigt sich dem Projekt gegenüber sehr aufgeschlossen und interessiert, was das Stimmungsbild in den Interviews zeigt. Die Akzeptanz konnte durch den gesamten partizipativen Entwicklungsprozess aufrechterhalten bzw. verstärkt werden.

Für die erfolgreiche Durchführung des Projekts ist ferner die Schulbehörde als Steuerinstanz und die politische Gemeinde als Drittmittelgeber zu überzeugen. Dies geschieht im Rahmen einer Informationsveranstaltung, die von der Projektleitung und dem Schulhausteam gemeinsam vorbereitet und durchgeführt wird. Die Mitglieder der Schulbehörde können sich bei Hospitationen während der Betriebsphase selbst ein Bild vom Projekt verschaffen und auch die Schüler*innen befragen.

Die Eltern werden auf Elternabenden von Anliegen und Zuschnitt des Projekts informiert. Ergänzend wird die Informationsbroschüre verteilt (vgl. 8.2.2). Der Forschungscharakter des Projekts wird Eltern und Schüler*innen offen kommuniziert. Voraussetzung ist das Einverständnis der Eltern, da auch Bild- und Videoaufnahmen angefertigt werden. Die Einverständniserklärung haben 90% der Eltern unterzeichnet, was eine hohe Akzeptanz indiziert. Aus Transparenzgründen wird Eltern angeboten, jederzeit beim Making zu hospitieren und sich einen persönlichen Eindruck zu verschaffen.

8.9.2 Projektmanagement

Dank der verfügbaren Projektressourcen konnte ein solides Projektmanagement mit klar definierten Aufgaben und Zuständigkeitsbereichen aufgegleist werden. Die Rollen und Zuständigkeiten der Projektteammitglieder sind in Kapitel 7.3.3 bereits umfassend beschrieben. Während des Projektverlaufs ergaben sich betriebsbedingt einzelne Anpassungen, die ebenfalls in Kapitel 7.3.3 aufgeführt sind.

8.9.3 Budget/Finanzierung

Die Finanzierung der wissenschaftlichen Begleitung durch die Pädagogische Hochschule Thurgau und die Fachhochschule St.Gallen ist durch Stiftungsmittel und Eigenmittel der Hochschulen gedeckt. Das Pensum von 20% für die Lead-Lehrperson (Konzeptentwicklung, Raumbewirtschaftung, schulinterne Teamweiterbildung und Unterstützung von Kolleg*innen beim Making-Unterricht) kann durch die politische Gemeinde finanziert werden. Für den Umbau des Raums, die Anschaffung von Geräten und Materialien stehen knapp 30 000 CHF Stiftungsmittel zur Verfügung. Für die Beschaffung von ICT- und Präsentationstechnik können weitere 8 000 CHF aus dem Schulbudget eingebracht werden. Ferner können Dienstleistungen der Gemeinde (z.B. Schreiner- und Malerarbeiten) sowie Materialien (Holz...) ohne Mehrkosten in Anspruch genommen werden.

8.9.4 Personalressourcen

Die verfügbaren Personalressourcen wurden bereits im Kapitel 7.3.3 beschrieben. Zusätzlich sieht das Konzept vor, insbesondere bei Projektwochen in der Ganzklasse Eltern und Grosseltern als Unterstützer*innen einzuladen. Formen der Peer-Education werden nach Rücksprache mit der Lead-Lehrperson konzeptionell im ersten Betriebsjahr noch nicht herausgestellt und institutionalisiert. Informell wird sie in der Praxis jedoch angestrebt.

8.9.5 Lernzeit für Making

Im Rahmen des Kickoff-Entwicklungsworkshops (vgl. 7.4.7) wurde in einer Lehrpersonengruppe erarbeitet, wieviel schulische Lernzeit für Making eingesetzt werden kann, ohne den allgemeinen Bildungsauftrag der Schule zu gefährden. Aus Gründen der Gleichbehandlung und der Fairness ist es den Lehrpersonen wichtig, dass alle Schüler*innen Gelegenheit bekommen, den MakerSpace zu nutzen. Unbestritten ist auch die Notwendigkeit von Lektionenblöcken anstatt von Einzellektionen für Making. Für das mikrodidaktische Konzept (vgl. 8.3.2; Sammlung – Feedbackrunde – freies Making-Feedbackrunde – Aufräumen) werden Minimaleinheiten von vier Lektionen pro Making-Session beschlossen. Der Gesamtzeitbedarf wird zielstufenbezogen differenziert. Nach Auffassung des Schulhausteams sollen die Klassen 1, 2 und 3 (Zyklus 1) pro Schuljahr 25 bis 30 Lektionen und die Klassen 4, 5 und 6 (Zyklus 2) 41 bis 46 Lektionen im MakerSpace verbringen können. Die unterschiedliche Gewichtung wird u.a. damit begründet, dass in Zyklus 2 mehr Zeit für die Aneignung neuer digitaler Arbeits- und Produktionsformen benötigt wird, während die Schüler*innen in Zyklus 1 vorwiegend mit vertrauten analogen Materialien arbeiten.

Die curriculare Festlegung von Zyklus 1 = analog und Zyklus 2 = eher digital geht auch auf die Themenpräferenzen und Interessen der Lehrpersonen zurück, die in den jeweiligen Klassenstufen unterrichten. Nach Einschätzung des Projektteams ist digitales Arbeiten zwar auch in Zyklus 1 denkbar, das selbstständige Programmieren und Implementieren von Microcontrollern und anderen digitalen Werkstoffen in Schülerprodukte ist in dieser Altersgruppe dagegen anspruchsvoll. In Zyklus 1 geht es darum, einen Zugang zum Making zu schaffen, auf dem in den folgenden Schuljahren aufgebaut werden kann.

Die für das Making benötigten Lektionen werden vor allem aus der Stundentafel der Fächer TTG, NMG und MI (in Klasse 5/6) entnommen, wobei alle Bezugsfächer - allerdings mit reduzierter Stundenzahl - im Schulalltag weiterlaufen.

8.9.6 Nutzungskonzept

Da der MakerSpace-Raum ansonsten pro Woche nur für sechs Lektionen Unterricht in technischem Gestalten - und das hauptsächlich an Nachmittagen - genutzt wird, ergeben sich Spielräume für das Nutzungskonzept:

1. Das Kollegium deklariert den Mittwochvormittag zum Maker-Tag. Die Lead-Lehrperson hat an diesem Tag keine Schulklasse, so dass sie den MakerSpace zu diesem Zeitpunkt betreuen kann. Der Mittwoch ist u.a. deswegen als Maker-Tag prädestiniert, weil am Nachmittag kein Unterricht stattfindet und die Lead-Lehrperson Zeit hat, den MakerSpace nach der Nutzung aufzuräumen und vorzubereiten. Ausserdem ist der Mittwochnachmittag im Kanton Schaffhausen für Lehrerweiterbildung vorgesehen, so dass die Lead-Lehrperson die Möglichkeit hat, den Raum für Making-Weiterbildungsangebote am Nachmittag herzurichten.

2. Anschliessend wird ermittelt, wieviele Mittwochvormittage das Schuljahr 2018/19 enthält. Abzüglich von Ferien, fixen Veranstaltungen im Jahresverlauf und einem Puffertag pro Klassenstufe ergibt dies über das Schuljahr hinweg für die Klassen 4, 5 und 6 jeweils acht Making-Vormittage, was 32 Lektionen entspricht.

3. Aufgrund der zu erwartenden fachlichen und didaktischen Komplexität wird vom Lehrerteam gewünscht, Making wenn möglich in Halbklassen (ca. zehn Schüler*innen) zu unterrichten. Somit entsteht die Idee, die Klassen am Mittwochvormittag in Halbklassen aufzuteilen, eine Halbklasse in den MakerSpace zu schicken, während die andere Halbklasse im Handarbeitsraum Unterricht im Textilen Gestalten hat. Die Halbklassen tauschen wochenweise die Räume. Somit ergeben sich für Making und für Textiles Gestalten Blöcke von vier Lektionen, was beiden Unterrichtsgefässen entgegenkommt. Über das gesamte Schuljahr gerechnet hat jede Halbklasse vier Mittwochvormittage Lernzeit im MakerSpace zur Verfügung (16 Lektionen). Aus organisatorischen Gründen übernimmt die Lead-Lehrperson die Mittwochvormittage. Die Klassenlehrperson hat parallel Fachunterricht in einer anderen Klasse.

4. Als Heranführung der Klassenstufen 1 bis 3 an das Making wird vom Schulhausteam eine Projektwoche als ideales Format bestimmt. Es gewährt die nötige Flexibilität, um sich den Strukturen des Regelunterrichts zu lösen, Dinge auszuprobieren und sich explorativ mit Materialien und Technologien auseinanderzusetzen. Durch die ansonsten geringe Auslastung des Raums ist es stundenplantechnisch möglich, für jede Klassenstufe einen einwöchigen Projektblock im Schuljahr zu reservieren – auch für die Klassenstufen 4 bis 6. Dieses Nutzungskonzept ermöglicht den Schüler*innen im Zyklus 1 jeweils 25–30 Lektionen und den Schüler*innen im Zyklus 2 41–46 Lektionen pro Schuljahr im MakerSpace. Die Projektwochen werden von den Klassenlehrpersonen geplant und durchgeführt. Sie finden in der Ganzklasse statt, weswegen idealerweise zwei Lehrpersonen anwesend sind. Am Mittwochvormittag ist die Lead-Lehrperson, die an diesem Tag ohnehin für Making freigestellt ist, vor Ort. Ansonsten unterstützen weitere verfügbare Kräfte (z.B. schulische Heilpädagogin, TTG-Fachlehrperson, Pädagogischer Support oder Teilnehmende Beobachtung).

5. Das Nutzungskonzept für die Klassenstufen 4 bis 6 ist besonders anschlussfähig an das «hybride Maker-Curriculum» (vgl. 8.5.5.1). Je nach persönlicher Präferenz der Lehrperson kann die Projektwoche wahlweise als Heranführung an das Making und die Mittwochvormittage für freie Projekte genutzt werden – oder umgekehrt.

6. Gemeinsam mit dem Schulhausteam wird im Anschluss die Jahresplanung abgestimmt. Die Lehrpersonen der Klassen 1, 2 und 6 äussern das Bedürfnis, nicht die ersten zu sein und stattdessen zunächst einige Aktivitäten im MakerSpace verfolgen, Weiterbildungsangebote zu besuchen und sich schrittweise in die Making-Thematik einarbeiten zu können. Tabelle 8.63 zeigt die Jahresplanung. Klasse 3 beginnt im Herbst 2018 mit einer Projektwoche. Dann startet Klasse 5 mit acht Mittwochvormittagen (jeweils 4/Halbklasse), gefolgt von Klasse 4, die mit der Projektwoche in das Making einsteigt. Klasse 5 schliesst die Making-Phase mit der Projektwoche und der Entwicklung eigener Produkte ab, während die Schüler*innen der Klasse 4 ihre freien Produkte an den vier Mittwochvormittagen herstellen. Im Frühjahr 2019 beginnt die Klasse 6 wiederum mit der Projektwoche und schliesst mit den Mittwochvormittagen ab. Die Klassen 1 und 2 organisieren ihre Projektwoche jahrgangsübergreifend und im Sommer, da mit Wasser und auch im Freien gearbeitet werden soll.

7. An den Halbtagen, an denen der MakerSpace nicht durch TTG-Unterricht, durch Vorbereitungen der Lead-Lehrperson oder des Pädagogischen Supports (Weiterbildung) besetzt ist, können die Lehrpersonen mit ihren Lerngruppen jederzeit den MakerSpace nutzen. Für die Koordination der Nutzung wird eine Liste erstellt, welche die Lead-Lehrperson verwaltet.

MakerSpace Silberberg Schuljahr 2018/19

2018				
August	**September**	**Oktober**	**November**	**Dezember**
1 Mi 01. Aug	1 Sa	1 Mo 40	1 Do Allerheiligen	1 Sa
2 Do	2 So	2 Di	2 Fr	2 So
3 Fr	3 Mo 36	3 Mi	3 Sa	3 Mo 49
4 Sa	4 Di	4 Do	4 So	4 Di
5 So	5 Mi Carmen	5 Fr	5 Mo 45	5 Mi Carmen
6 Mo 32	6 Do	6 Sa	6 Di	6 Do
7 Di	7 Fr	7 So	7 Mi Geselliger Anlass	7 Fr
8 Mi	8 Sa	8 Mo 41	8 Do	8 Sa Mariä Empfängnis
9 Do	9 So	9 Di	9 Fr Lesenacht	9 So
10 Fr	10 Mo 37	10 Mi	10 Sa	10 Mo 50
11 Sa	11 Di Zelglitag, DV	11 Do	11 So	11 Di
12 So Sommerferien Ende	12 Mi Carmen	12 Fr	12 Mo 46	12 Mi Rebecca
13 Mo 1. Klass-begr. 33	13 Do (Zelglitag, DV)	13 Sa	13 Di	13 Do
14 Di	14 Fr Quartals-apero	14 So	14 Mi Carmen	14 Fr Freitagsgesch., Weihn'essen
15 Mi Mariä Himmelfahrt	15 Sa	15 Mo 42	15 Do	15 Sa
16 Do	16 So Bettag	16 Di	16 Fr Quartalsapero	16 So
17 Fr	17 Mo 38	17 Mi	17 Sa	17 Mo 51
18 Sa	18 Di	18 Do	18 So	18 Di
19 So	19 Mi Heinz	19 Fr	19 Mo 47	19 Mi Rebecca
20 Mo 34	20 Do	20 Sa	20 Di	20 Do
21 Di	21 Fr	21 So	21 Mi	21 Fr Waldweihnacht
22 Mi Carmen, WB Makerspace	22 Sa	22 Mo 43	22 Do Pausenkiosk 6b	22 Sa Weihnachts-ferien
23 Do	23 So	23 Di	23 Fr	23 So
24 Fr Kantonalkonf. (schulfrei)	24 Mo 39	24 Mi Carmen	24 Sa	24 Mo Heilig-abend 52
25 Sa	25 Di VV	25 Do Pausenkiosk 3b	25 So	25 Di Weihnachts-tag
26 So	26 Mi Carmen	26 Fr Freitags-geschichte	26 Mo 48	26 Mi Stephanstag
27 Mo 35	27 Do Pausenkiosk 5b	27 Sa	27 Di	27 Do
28 Di	28 Fr Tüechli-märt	28 So Ende der Sommerzeit	28 Mi Rebecca	28 Fr
29 Mi Carmen	29 Sa Herbstferien	29 Mo 44	29 Do	29 Sa
30 Do DV	30 So	30 Di	30 Fr	30 So
31 Fr		31 Mi Carmen		31 Mo Sil-vester 1

2019					
Januar	**Februar**	**März**	**April**	**Mai**	**Juni**
1 Di Neu-jahr 1	1 Fr	1 Fr	1 Mo 14	1 Mi Tag der Arbeit	1 Sa
2 Mi Berchtolds-tag	2 Sa	2 Sa	2 Di	2 Do	2 So
3 Do	3 So	3 So	3 Mi Laura	3 Fr	3 Mo 23
4 Fr	4 Mo 6	4 Mo 10	4 Do Pausen-kiosk 1b	4 Sa	4 Di
5 Sa	5 Di	5 Di	5 Fr	5 So	5 Mi Dani, Eli, Luzi
6 So Heilige Drei Könige	6 Mi	6 Mi Laura	6 Sa	6 Mo 19	6 Do
7 Mo 2	7 Do	7 Do	7 So	7 Di	7 Fr
8 Di	8 Fr	8 Fr	8 Mo 15	8 Mi Laura	8 Sa
9 Mi Rebecca	9 Sa	9 Sa	9 Di	9 Do	9 So Pfingsten
10 Do B+F-Morgen	10 So	10 So	10 Mi Laura	10 Fr	10 Mo Pfin gst. 24
11 Fr	11 Mo 7	11 Mo 11	11 Do	11 Sa	11 Di
12 Sa	12 Di	12 Di	12 Fr	12 So Muttertag	12 Mi Laura
13 So	13 Mi Rebecca	13 Mi Laura	13 Sa Frühlingsferien	13 Mo 20	13 Do
14 Mo 3	14 Do Pausen-kiosk 4b, vv	14 Do Pausen-kiosk 6b	14 So	14 Di	14 Fr Quartals-apero
15 Di	15 Fr Freitags-geschichte	15 Fr Quartals-apero	15 Mo 16	15 Mi Laura	15 Sa
16 Mi Rebecca	16 Sa	16 Sa	16 Di	16 Do SCHILW	16 So
17 Do Pausen-kiosk 2b	17 So	17 So	17 Mi	17 Fr	17 Mo 25
18 Fr	18 Mo 8	18 Mo 12	18 Do	18 Sa	18 Di
19 Sa	19 Di	19 Di Josefstag	19 Fr Karfreitag	19 So	19 Mi Res.
20 So	20 Mi Rebecca	20 Mi SCHILW	20 Sa	20 Mo 21	20 Do Fron-leichnam
21 Mo 4	21 Do	21 Do	21 So Ostern	21 Di	21 Fr
22 Di	22 Fr Besuchstag	22 Fr	22 Mo Os-tern 17	22 Mi Laura	22 Sa
23 Mi Rebecca	23 Sa Besuchstag Rebecca	23 Sa	23 Di	23 Do Pausen-kiosk 1e	23 So
24 Do	24 So	24 So	24 Mi	24 Fr	24 Mo 26
25 Fr	25 Mo 9	25 Mo 13	25 Do	25 Sa	25 Di B+F-Morgen
26 Sa Sportferien	26 Di	26 Di	26 Fr	26 So	26 Mi
27 So	27 Mi	27 Mi Laura	27 Sa	27 Mo Proj. 22	27 Do
28 Mo 5	28 Do	28 Do VV	28 So	28 Di Projekttage	28 Fr
29 Di		29 Fr	29 Mo 18	29 Mi Kompens. Besuchsm.	29 Sa
30 Mi		30 Sa	30 Di	30 Do Auffahrt	30 So
31 Do		31 So Sommer-zeit		31 Fr Brückentag	Sommerferien ab 6. Juli

Legende

Ein Jahr Betrieb mit pädagogischem Support (Rebecca & Raphael), sowie Weiterbildungen, Projektwochen und Projektarbeit im MakerSpace

Projektwochen & Weiterbildung
- Projektwoche MakerSpace
- Klassen im MakerSpace

Pädagogischer Support
- Rebecca vor Ort
- Raphael vor Ort

Raumnutzung Werkunterricht
- DI und DO nachmittags: Werk-Unterricht
- MO ganzer Tag, DI/DO: Raum frei

Schulferien/Freie Tage/Spezialtage
- Ferien/Wochenende/Feiertag
- Notenabsprache (Vormittag kein

Infos zu Nutzung & Rollen

4. bis 6. Klassen sind 8 Wochen im MakerSpace, jeweils vier Wochen pro Halbklasse. Block 1: 34-37, 39, 43, 44, 45; Block 2: 47-51, 2-4, Block 3: 7-10, 12-15

Projektwochen: Werklehrerin unterstützt an den Tagen, an denen Rebecca (Mi) und Raphael (FR) nicht im MakerSpace sind. Projektwochen: 38, 46, 11, 19, 23, Reserve 25

Rolle Rebecca am Mittwochvormittag: Unterstützung der Halbklasse im MakerSpace, 6 Lektionen (1. und 6. Lektion für Vor-/Nachbereitung)

Rolle Raphael: freitags von 11 bis 17 Uhr, niederschwellige Beratung von Lehrpersonen zu Projekten/Geräten, Workshops (Teilnahme freiwillig)

TAB. 8.63: NUTZUNGSKONZEPT SCHULKLASSEN IM SCHULJAHR 2018/19

8.9.7 Bewirtschaftungskonzept

Der erste Design-Entwurf beinhaltet noch kein ausgearbeitetes Bewirtschaftungskonzept. Es war lediglich durch die Rollen- und Aufgabenklärung festgelegt, dass die Lead-Lehrperson die Instandhaltung des Raumes übernimmt und dafür Sorge trägt, dass ausreichend Materialien vorhanden sind und die Geräte funktionieren. Die Budgetierung des Betriebs (Anschaffungksosten etc.) werden während des ersten Betriebsjahrs vorgenommen und ins Schulbudget aufgenommen. Im Verlaufe des Projektes konnte die Verlängerung des Maker-Pensums der Lead-Lehrperson bei der Schulbehörde eingereicht und bewilligt werden.

8.9.8 Zusammenfassung

Die organisatorischen Rahmenbedingungen an der Schule Thayngen sind für ein schulisches MakerSpace Projekt ideal. Die Initiative geht nicht von der Schulbehörde aus, die ein Schulentwicklungsprojekt «Top Down» umsetzen möchte. Stattdessen wird das Projekt von der Lead-Lehrperson getragen, die grosses Interesse hat, sich in das Thema Making einzuarbeiten, für den MakerSpace Verantwortung zu übernehmen und im Schulhausteam als Ansprechpartnerin für Making-Aktivitäten zu agieren. Die Schulleitung steht ebenfalls voll hinter dem Projekt, und wirkt darin aktiv und engagiert mit. Dadurch gelingt es problemlos, das Kollegium zu begeistern und die Schulbehörde zu überzeugen. Mit diesem grossen Rückhalt ist es wiederum möglich, die Finanzierung der Lead-Lehrperson bei der politischen Gemeinde zu erreichen. Durch die Drittmittel und Eigenmittel der Hochschulen ist die (wissenschaftliche und pädagogische) Projektbegleitung gesichert. Ausserdem kann eine gefällige Grundausstattung an Technik und Verbrauchsmaterialien angeschafft werden. Beispielhaft ist die Offenheit der Schule nach aussen, so dass Forschende, ausserschulische Making-Pädagogen und Eltern teilnehmen und mitgestalten können. Das Nutzungskonzept (Projektwoche für alle Klassen, Mittwochvormittag vier Lektionen Making für die Klassen 4–6, Verteilung der Epochen über das Schuljahr) kann unter Einbeziehung des Kollegiums geräuschlos entwickelt werden.

Alle Akteur*innen sind bereit, die jährliche Projektwoche dem Thema Making zu widmen. Die Lektionen für die Mittwochvormittage werden problemlos aus den Fächern MI, TTG und NMG generiert.

8.10 Zusammenfassung und Diskussion

Das vorgestellte MakerSpace-Design ist das Ergebnis des partizipativen Entwicklungsprozesses aller betroffenen Akteur*innen im Umfeld der Primarschule Thayngen. Ausgehend von den im Silberberg-Manifest verdichteten theoretisch konzeptionellen Eckpunkten konnte eine erste Version des MakerSpace-Designs entwickelt werden. Die spezifischen Rahmenbedingungen der Schule sind ebenso in die Design-Entwicklung eingeflossen wie die Interessen und Bedürfnisse von Lehrpersonen und Schüler*innen. Auf dieser Basis wurde der schulische MakerSpace so eingerichtet, dass sowohl Raum für Making-Aktivitäten als auch für klassischen Werk- bzw. TTG-Unterricht gegeben ist. Da das Nutzungskonzept vorsieht, dass alle Schüler*innen und Lehrpersonen innerhalb eines Schuljahres im MakerSpace aktiv sein können, sind wesentliche Zielsetzungen des Schulentwicklungsprojekts (vgl. 7.1) erreicht worden.

Im Folgenden werden die wichtigsten Design-Elemente zusammenfassend dargestellt und hinsichtlich ihrer Bedeutung für den Design-Based Research-Prozess diskutiert.

8.10.1 Making-Kompetenzen (HF1)

Die fachlichen Kompetenzen, die voraussichtlich im MakerSpace erworben werden, sind gebunden an die Rahmenthemen der jeweiligen Klassenstufe, wie sie im Making-Curriculum festgelegt wurden. Es wird sich allerdings erst im laufenden Betrieb (Betriebsphase) zeigen, ob und inwieweit sich tüftelndes und produktorientiertes Making mit dem Erwerb von Fachkompetenzen verbinden, neu erworbenes Wissen einordnen und praktische Erfahrungen theoretisch unterfüttern lässt. Für das Schulhausteam steht der fachliche Kompetenzerwerb im ersten Betriebsjahr nicht an erster Stelle, was sich daran zeigt, dass auf die Bewertung von Making-Leistungen zunächst verzichtet werden soll. Der pädagogische Fokus liegt klar auf der Förderung überfachlicher Kompetenzen wie Kreativität, Kollaboration und selbstgesteuertes Arbeiten.

8.10.2 Maker-Mindset (HF2)

Das Maker-Mindset, das sich im Silberberg-Manifest (vgl. 8.2.2) niederschlägt, hat im Schulhausteam prinzipiell eine breite Zustimmung erfahren. Im Entstehungsprozess des Manifests konnten sich alle Lehrpersonen zwar theoretisch beteiligen, defakto waren es aber vor allem die Lead-Lehrperson und die Schulleitung, die um konkrete Formulierungen mitgerungen haben. Daher muss während der Betriebsphase beobachtet werden, inwieweit sich die Making-Philosophie im Lehrer*innen- und Schüler*innenhandeln tatsächlich zeigt und ob sich gegebenenfalls Diskrepanzen zwischen den Anliegen der Maker Education (vgl. 2) und den Logiken des Schulalltags (vgl. 6) abzeichnen. Erwähnenswert ist in diesem Zusammenhang der Umstand, dass die Schüler*innen bei der Entwicklung des Manifests und den davon abgeleiteten Making-Regeln keine Mitsprache hatten, was in erster Linie pragmatische Gründe hatte.

In der Kommunikation mit Anspruchsgruppen im Schulumfeld (Schulhausteam, Eltern, Schulbehörde, politische Gemeinde...) war das starke Bedürfnis spürbar, zu erfahren, was Making ganz konkret bedeutet, wie es sich in der Praxis manifestiert. Die Schwierigkeit, dass zu Projektbeginn kaum MakerSpace-Vorbilder an anderen Primarschulen existierten, konnte durch die Informationsbroschüre (vgl. 8.2.3) etwas kompensiert werden. Eine rechtzeitige und inhaltlich klare Kommunikation über Sinn und Zweck sowie über die spezifische Denkhaltung eines MakerSpace Projekts ist rückblickend als wichtiges Gelingenskriterium zu werten. Es versteht sich von selbst, dass der Maker-Ansatz nicht als heilsbringende Revolution des Schulsystems präsentiert werden sollte, sondern als sinnvolle Ergänzung des Regelunterrichts, die einen etwas anderen Schwerpunkt hat: die Förderung überfachlicher Kompetenzen auch im Sinne der 21st Century Skills. Zudem ist es hilfreich zu betonen, dass Making nicht das Technische und Textile Gestalten ersetzt oder verdrängt, sondern dass beim Making Fertigkeiten benötigt werden, die die Schüler*innen in diesen Fächern (systematisch) erwerben – und umgekehrt.

Die grosse Offenheit und Bereitschaft des Schulhausteams, sich auf ein derartiges Schulentwicklungsexperiment mit offenem Ausgang einzulassen, ist sicher nicht selbstverständlich.

8.10.3 Didaktik (HF3)

Das didaktische Konzept des MakerSpace-Designs in Thayngen greift einige wichtige Aspekte der Maker Education auf (problembasierte Challenges, freie Produktentwicklung, Rahmenthemen mit Raum für individuelle Ausgestaltung). Das «hybride Curriculum» ermöglicht einerseits eine Orientierung an den Lehrplankompetenzen, inbesondere in den Fachbereichen TTG (Technisches und Textiles Gestalten), NMG (Natur, Mensch, Gesellschaft) und MI (Medien und Informatik); andererseits bietet es den Rahmen für interdisziplinäre Zugänge, für Subjekt- und Neigungsorientierung und damit für die Umsetzung eigener Ideen und Projekte. Auf diese didaktische Grobstruktur konnte sich das Schulhausteam vor Beginn der Betriebsphase einigen. Eine stärkere didaktisch-methodische Konkretisierung hätte möglicherweise dem Autonomiebedürfnis der Lehrpersonen in der Gestaltung ihres Unterrichts widersprochen und wäre gegebenenfalls als übergriffig empfunden worden.

Vor diesem Hintergrund ergeben sich allerdings interessante Fragestellungen für die Begleitforschung: Welche didaktisch-methodischen Konzepte und Prinzipien sowie Artikulationsformen von Unterricht greifen die Lehrpersonen im Kontext des MakerSpace tatsächlich auf und wie legen sie das Silberberg-Manifest inhaltlich aus?

8.10.4 Lernbegleitung (HF 4)

Die Lernbegleitung ist ein zentraler Baustein im didaktischen Arrangement eines schulischen MakerSpace. Den Lehrpersonen im Thaynger Schulhausteam ist bewusst, dass sie im MakerSpace unterschiedliche Projekte gleichzeitig betreuen müssen, was von der Mehrheit als grosse Herausforderung wahrgenommen wird. Wie sich Formen des situierten Lernens bewähren und welchen Stellenwert dabei Cognitive Apprenticeship Ansätze haben, muss im Rahmen der Begleitforschung ausgelotet werden. Es ist davon auszugehen, dass die Lehrpersonen in diesem speziellen Lernkontext ihren persönlichen Lernbegleitungsstil erst entwickeln müssen. Das häufig geäusserte Bedürfnis nach Planbarkeit und Kontrolle in Making-Situationen ist vor dem Hintergrund des berufsbiografischen Selbstverständnisses von Lehrpersonen nachvollziehbar. Es liefert die Basis der didaktischen Entscheidung, Projekte nicht völlig offen zu lassen, sondern zumindest thematisch und/oder materialbezogen einzuschränken. Der Vorschlag der Projektgruppe, ältere Schüler*innen als Peer-Tutor*innen in die Lernbegleitung einzubeziehen, wurde zwar als wünschenswert bezeichnet, liess sich aus organisatorischen Gründen im ersten Betriebsjahr noch nicht realisieren.

8.10.5 Making-Curriculum (HF 5)

Da sich das Curriculum im ersten Betriebsjahr noch stark an den Themenpräferenzen und -interessen der Lehrpersonen orientiert, liegt zu Beginn der Betriebsphase noch kein jahrgangsstufenübergreifendes Curriculum vor. Thematische Überschneidungen zwischen den Klassenstufen sind dadurch nicht ausgeschlossen. In der Konsolidierungsphase im zweiten Betriebsjahr werden die Lernangebote und Rahmenthemen im MakerSpace hinsichtlich ihrer curricularen Anschlussfähigkeit über die Klassenstufen hinweg geprüft und gegebenenfalls angepasst.

Der Anteil an digitalem Making – insbesondere die Arbeit mit Microcontrollern, Sensoren und Aktoren (Physical Computing) – hat im MakerSpace Design an der Primarschule Thayngen einen geringeren Anteil als ursprünglich beabsichtigt bzw. erwartet. Dieser Umstand lässt sich auf die anfängliche Zurückhaltung zurückführen, die einige Lehrpersonen diesem Thema entgegenbrachten. Durch entsprechende Weiterbildungsangebote während des ersten Betriebsjahrs soll das Schulhausteam schrittweise an Physical Computing herangeführt werden, sodass die Akteur*innen die nötige Sicherheit bekommen und Schüler*innenprojekte in diesem Bereich mit gutem Gefühl begleiten können.

Im gesamten Prozess der Curriculumentwicklung hat die Perspektive der Lehrpersonen ein grösseres Gewicht als die der Schüler*innen. Zwar lässt sich ein Grossteil der Schüler*innenideen innerhalb der gewählten Rahmenthemen realisieren, einzelne Ideen werden aber durch die thematische Setzung verhindert –

was Auswirkungen auf die intrinsische Motivation der Schüler*innen haben könnte. Die von der Projektgruppe vorgenommene Einteilung der Schüler*innenideen in mehr oder weniger leicht realisierbar und nicht realisierbar muss im Lichte der Maker-Philosophie zumindest kritisch reflektiert werden. Eigentlich ist es nicht das Ziel, Schüler*innen beim Making vor ihren eigenen Ideen oder vor dem Scheitern zu schützen. Offenbar ist aber das Bedürfnis der Verantwortlichen – Lehrpersonen wie Forschende – im schulischen Kontext gross, den Schüler*innen Erfolgserlebnisse zu ermöglichen und sicherzustellen, dass realistische Projektvorhaben gewählt werden. Diese Haltung drückt sich auch in der didaktischen Grobstruktur aus, die vorsieht, dass die Schüler*innen möglichst schon mit einer Idee in die freie Projektentwicklungsphase starten, anstatt im Sinne der Maker Education, die Projektidee durch spielerisches Tüfteln und explorativen Materialumgang erst zu entwickeln. Dieser Wunsch nach Planbarkeit und Didaktisierung ist auf der anderen Seite aber auch sinnvoll, da bei Bedarf Spezialmaterial rechtzeitig organisiert werden kann und die Umsetzung von Projektideen nicht an fehlenden Ressourcen scheitert. Mit der WWDGB-Befragung kann konstatiert werden, dass die Primarschüler*innen, jeweils im Rahmen ihrer Dispositionen, vielfältige eigene Ideen entwickeln können und zu grossen Teilen relativ klare Vorstellungen von deren Umsetzung haben.

8.10.6 Raumgestaltung (HF6)

In die Entwicklung der Raumgestaltung konnten die Perspektiven von Lehrpersonen und Schüler*innen einbezogen und gleichzeitig die Orientierung an den Leitlinien der Maker Education sichergestellt werden. Bemerkenswert sind die Befunde, dass einige Schüler*innen in ihren Zeichnungen relativ konservative und zweckrationale Raumvorstellungen eingebracht haben. Das könnte ein Indikator dafür sein, dass die Methode «Zeichnung» ungünstig gewählt war und die Schüler*innen ihre innovativen Vorstellungen nicht zeichnerisch umsetzen konnten. Oder ihnen war der kreative Spiel- und Denkraum zu wenig bewusst, so dass sie sich eher an bewährten schulischen Raummustern orientiert haben. Motivation und Bereitschaft der Schüler*innen zur Mitarbeit an der Konzeption des MakerSpace waren hoch. Dieses Potenzial hätte noch stärker genutzt werden können. Ergänzend zu den Zeichnungen hätten aktivierende konstruktionistische Partizipationsmethoden wie beispielsweise das dreidimensionale Prototyping mit Recyclingmaterialien oder Legobausteinen eingesetzt werden können. Dies wäre jenen entgegen gekommen, die Schwierigkeiten mit der Visualisierung ihrer Vorstellungen in Zeichnungen hatten. Ein Namenswettbewerb, die Beteiligung an der Entwicklung des Farbkonzepts oder das gemeinschaftliche Bauen von MakerSpace-Möbeln wären weitere Möglichkeiten, Schüler*innen stärker an der Raumentwicklung partizipieren zu lassen.

Das Thema Raumgestaltung hat sich als konkretes und emotionales Thema erwiesen, das bei Lehrpersonen auf grosse Resonanz stösst. Die teaminterne Auseinandersetzung mit der Raumgestaltung führt dazu, dass individuelle Bedürfnisse geäussert und Forderungen artikuliert werden. In den Überlegungen zur Raumgestaltung wird auch das Bekenntnis der Beteiligten zum Silberberg-Manifest deutlich – bzw. das, was die Beteiligten inhaltlich und pädagogisch damit verbinden. Raumgestaltung ermöglicht pädagogische Handlungsformen, kann sie aber auch einschränken. Ownership in Bezug auf Raum, Werkzeuge oder Material sowie langjährig aufgebaute Arbeitsroutinen beinhalten das Potenzial, ein schulisches Maker-Space-Projekt zu gefährden. Durch die kontinuierliche Partizipation konnte in Thayngen erreicht werden, dass die Veränderungen als Aufwertung der Lern- und Arbeitsumgebung und als Erweiterung der didaktischen Möglichkeiten wahrgenommen wurden und nicht als Bedrohung. Bedürfnisse der Beteiligten verändern sich, je stärker sie sich mit der Thematik auseinandersetzen. Insofern war es wichtig, die Entwicklung der Raumgestaltung als iterativen Prozess zu verstehen, der nicht abgeschlossen ist und kontinuierlich an die Bedürfnisse angepasst werden kann.

Im entstandenen MakerSpace-Raumdesign sind wesentliche Aspekte wie Visibility, Variety, Signifikanz und Funktionalität berücksichtigt, was allerdings viel Zeit in Anspruch nahm. Der Aufwand für den Umbau des Werkraums in einen MakerSpace betrug insgesamt etwa 200 Arbeitsstunden, die auf mehrere Personen im Projektteam und im Kollegium verteilt werden konnten. Die Möglichkeit, Eltern, Grosseltern oder Schüler*innen an der Umsetzung des Raumgestaltungskonzepts zu beteiligen, wurde nicht genutzt, was imgrunde dem neunten Leitsatz des Silberberg-Manifests «Wir nutzen die vorhandenen Ressourcen im und um das Schulhaus herum» widerspricht. Rückblickend ist die hohe Flexibilität der Lehrpersonen im Schulhaus Thayngen herauszuheben, was die Umgestaltung des Werkraums zum MakerSpace betrifft.

8.10.7 Raumausstattung (HF7)

Mit ca. 20'000 CHF Stiftungsmitteln und den bereits an der Schule vorhandenen Ressourcen (Geräte, Werkzeuge, Verbrauchsmaterialien) konnte der MakerSpace so ausgestattet werden, dass sich sowohl die curricularen thematischen Interessen der Lehrpersonen als auch die potenziellen Projektideen der Schüler*innen umsetzen lassen. Für den Betrieb wurden weitere 7'000 CHF zurückgehalten, um im Re-Design bauliche Anpassungen vornehmen und das Sortiment an Verbrauchsmaterialien bedarfsgerecht erweitern zu können. Durch den Umbau der Werkbänke, durch die Weiterverwendung der vorhandenen Maschinen und die Nutzung von Dienstleistungen der Gemeinde (z.B. Schreinerarbeiten) konnten die Kosten insgesamt reduziert werden.

8.10.8 Qualifikation und Weiterbildung (HF8)

Auch wenn der in Kapitel 6.3.8ff. antizipierte Weiterbildungsbedarf nur teilweise in das Design des Weiterbildungskonzepts eingeflossen ist, konnte eine erste Priorisierung von Angeboten auf der Basis der Selbsteinschätzungen und Bedarfe der Lehrpersonen vorgenommen werden. Inwieweit sich das Konzept, das flankierende Angebote während der Betriebsphase vorsieht, bewährt und wo es gegebenenfalls angepasst werden muss, wird im Rahmen der Begleitforschung ergründet.

8.10.9 Organisatorische Einbindung in den Schulalltag (HF9)

Der breite Rückhalt in Schulleitung, Schulbehörde und politischer Gemeinde bietet beste Voraussetzungen für eine erfolgreiche Implementation des Making-Ansatzes in den Schulalltag in Thayngen. Mit der Informationsbroschüre konnten Anliegen und Charakter der Maker Education sowie die Sinnhaftigkeit eines schulischen MakerSpace in verständlicher Sprache an Eltern und weitere Anspruchsgruppen kommuniziert werden, wodurch sich der Rückhalt auf das gesamte Schulumfeld erweitert hat.

Das entstandene Nutzungskonzept ist einerseits pragmatisch, da es bestehende Organisationsstrukturen im Schulalltag nicht perturbiert. Andererseits lässt es ausreichend Innovation zu, um Making im Sinne der Maker Education zu ermöglichen. Durch die Einteilung des Schuljahres in mehrere Epochen haben alle Klassen und damit alle Schüler*innen die Gelegenheit, Making aktiv zu erleben. Der Schwerpunkt auf den Klassen 4, 5 und 6 mit zusätzlich 20–25 Lektionen Making pro Schuljahr ist sinnvoll, da mit zunehmendem Alter die Ansprüche an die eigenen Produkte steigen und für die Umsetzung mehr Zeitressourcen benötigt werden. Die Entscheidung, im ersten Betriebsjahr keine Making-Noten zu vergeben, entlastet Schüler*innen und Lehrpersonen und unterstützt das spielerische Tüfteln und das Lernen aus Fehlern. Es stellt sich aber auch die Frage, wie längerfristig verlässliche Lernzeit für Making in Bezug auf die Fachbereiche gemäss Lehrplan legitimiert werden kann.

Das pragmatische Nutzungskonzept erschwert jahrgangsübergreifendes Lernen im MakerSpace. Ausserdem ist aufgrund fehlender Betreuungsressourcen (noch) kein Raum für flankierende Freizeitangebote im MakerSpace vorgesehen. Die Lead-Lehrperson hat als Botschafterin für Making im Schulhaus eine zentrale Funktion, was einerseits die Organisation und den Betrieb erleichtert, andererseits aber auch Risiken birgt, sofern die Person die Schule verlässt oder aus gesundheitlichen Gründen längere Zeit ausfällt.

8.10.10 Erfahrungen im Design-Based Research-Prozess

Mit den vorhandenen (begrenzten) Personalressourcen erwies sich der Design-Based Research-Prozess als äusserst herausfordernd. Dies hatte vor allem Kapazitätsgründe. Zum einen konnten zwei ursprünglich geplante Dissertationsprojekte nicht umgesetzt werden, was zu Verzögerungen in der Recherche- und Literaturvorarbeit – insbesondere in den Themenfeldern Kreativität und Kollaboration – führte. Dies wiederum hatte zur Folge, dass die operative Projektentwicklungsarbeit der Theoriearbeit teilweise vorausging und somit auch Erhebungsinstrumente (wie Interviewleitfäden) in einer ersten Fassung eher mit einem theoretischen Vorverständnis, als auf einem systematisch entwickelten Theoriefundament entstanden sind. Umgekehrt konnte dadurch aber auch die Projektempirie Einfluss auf die Recherche- und Literaturarbeit haben. Dadurch war es möglich, Theorieelemente prozedural und gegenstandsangemessen auszuwählen und die Theoriebildung breiter abzustützen. Weitere Kapazitätsprobleme sind entstanden, weil das externe Projektteam der Pädagogischen Hochschule Thurgau und der Ostschweizer Fachhochschule stärker in die operative Projektentwicklung an der Schule eingebunden war, als erwartet.

Durch die Mitarbeit in den Bereichen Recherche, Beschaffung und Inbetriebnahme von Geräten sowie beim Umbau und Aufbau des Raums ging das Engagement der genannten Akteur*innen über eine reine Projektbegleitung hinaus. Dies hing damit zusammen, dass die Lead-Lehrperson im ersten Projektjahr noch keine Entlastung erhalten hat und dadurch die Möglichkeiten ihrer Mitarbeit begrenzt waren. Durch das hohe Envolvement fand eine intensive Auseinandersetzung mit dem Forschungs- und Entwicklungsgegenstand statt, was zu zahlreichen praxisbezogenen Erkenntnissen geführt hat. Auf der anderen Seite war es aus Zeitgründen nicht immer möglich, die erhobenen Daten einer Iteration systematisch auszuwerten. Oftmals diente eine grobe Auswertung als Grundlage für die Design-Entwicklung, was in der Praxis zielführend war, die Dokumentation des DBR-Prozesses jedoch erschwert und die Distanz der Forschenden zum Forschungsgegenstand verringert hat. Die Begleitforschung hat sich somit im Laufe der Design-Entwicklungsphase in Richtung einer Handlungs- und Aktionsforschung im Sinne Kurt Levins (1968) entwickelt, mit allen damit verbundenen Vor- und Nachteilen.

Die heterogene Zusammensetzung des Teams aus Wissenschaftler*innen, Praktiker*innen und Fachexpert*innen für Making erwies sich für die Projektentwicklung als grosser Gewinn. Teils unterschiedliche Auffassungen von Didaktik, vom Verhältnis von Struktur und Offenheit beim Making oder auch von dem, was Lehrpersonen im Schulalltag inhaltlich und strukturell «zugemutet» oder ermöglicht werden kann, machten immer wieder zeitaufwendige Aushandlungsprozesse und Absprachen notwendig. Die Kleinpensen von max. 20% pro Person erschwerten das Ringen um einen gemeinsamen Standpunkt. Rückblickend erwies sich dies allerdings als ein wesentlicher Erfolgsfaktor für die Design-Entwicklung des MakerSpace an der Schule Thayngen.

Die Zusammenarbeit zwischen Projektteam und Schulhausteam verlief konstruktiv und in einer angenehmen Atmosphäre. Eine entscheidende Rolle spielte in diesem Arrangement die Lead-Lehrperson, die Teil des Projektteams war. Die konnte den Stand der Diskussion informell im Schulhausteam multiplizieren – und umgekehrt – Bedürfnisse, Bedenken und Ideen der Lehrpersonen in das Projektteam rückspiegeln. So war es möglich, gegenseitige Erwartungen zu klären, Missverständnisse zu vermeiden, Probleme rechtzeitig zu identifizieren und gemeinsam Lösungen zu entwickeln. Der Partizipationsgrad der Lehrpersonen variierte in der Design-Entwicklungsphase. Ein kleiner Teil engagierte sich kontinuierlich und brachte sich sowohl mit Anliegen und Ideen als auch in der Umsetzung aktiv ein. Andere artikulierten ihre Bedürfnisse, begleiteten die Entwicklung kritisch-konstruktiv, hatten aber nur Kapazitäten für eine punktuelle Mitarbeit. Einzelne hielten sich ganz aus der Projektentwicklung heraus. Der partizipative Ansatz des Projekts ermöglichte diese unterschiedlichen Levels von Partizipation. Wer wollte, konnte sich einbringen, es bestand aber nicht die Pflicht zur aktiven Partizipation. Aufgrund der Tatsache, dass die Lead-Lehrperson stark in die Design-Entwicklung und -Umsetzung eingebunden war, liess sich die Zusammenarbeit gut koordinieren. Eine Herausforderung des partizipativen Projektanspruchs war die teilweise auftretende Diskrepanz zwischen den theoretischen Implikationen der Förderung von Kreativität und (digitaler) Mündigkeit und den Bedürfnissen bzw. Gewohnheiten der Lehrpersonen.

Aus der Sicht des Projektteams musste sichergestellt werden, dass sich grundlegende Elemente der Maker Education im Design manifestieren. Gleichzeitig galt es, die nötige Offenheit für Partizipation zu zeigen, um nicht lediglich Scheinpartizipation zu fördern. In diesem Zusammenhang ist es rückblickend als Vorteil zu werten, dass die Theoriearbeit zu Beginn der Design-Entwicklung nicht schon abgeschlossen war, sondern parallel im Diskurs mit den Lehrpersonen weitergedacht werden konnte.

Wie bereits erwähnt, hätten die Partizipationsmethoden für die Schüler*innen vielfältiger, aktiver und verbindlicher ausfallen können. Ebenso hätten Eltern, Grosseltern und ortsansässige Betriebe stärker in die Entwicklung mit einbezogen werden können – etwa in der Form von Zukunftworkshops, im Rahmen von Design Thinking basiertem kollaborativem Prototyping u.v.m.

8.11 Ausblick auf Band 2

In diesem Band wurde die Design-Entwicklung des MakerSpace an der Primarschule Thayngen zunächst konzeptionell grundgelegt. Dabei sind theoretischer Hintergrund, Anliegen, Methoden und Praxis der Maker Education ebenso eingeflossen wie Erkenntnisse aus der Kreativitätsforschung im Bildungskontext und Überlegungen zu einer selbstbestimmten und mündigen Aneignungspraxis beim Making. Auf dieser Grundlage konnte in Zusammenarbeit mit den Lehrpersonen und Schüler*innen im Schulhaus Thayngen das MakerSpace-Design auf partizipative Weise entwickelt werden. Das Design, wie es in Kapitel 8 anhand der neun Handlungsfelder beschrieben wurde, ist nicht das Endprodukt. Im weiteren Verlauf des Design-Based Research-Prozesses sind während der Betriebsphase von 2018 und 2020 mehrere Anpassungen vorgenommen worden. Diese Anpassungen sind Gegenstand des zweiten Teils des Forschungsberichts, der zudem Antworten auf die Fragestellungen der Begleitforschung liefern wird.

9 Referenzen

Abdurrahman (2019). Developing STEM Learning Makerspace for Fostering Student's 21st Century Skills in The Fourth Industrial Revolution Era. In Journal of Physics: Conf. Series 1155 (2019) 012002.

Amabile, T. M. (1998). How to kill Creativity. In Harvard Business Review, September–October 1998. S. 77–87.

Amabile, T. M./Conti, R./Coon, H./Lazenby, J./Herron, M. (1996). Assessing the work environment for creativity. In Academy of Management Journal, Volume 39, Issue 5. S. 1154–1184.

Arn, Ch. (2017). Agile Hochschuldidaktik. Weinheim, Basel. Juventa.

Arnold, R. (2017). Entlehrt euch! Bern. Hep Verlag.

Arntz, M./Gregory, T./Zierahn, U. (2017). Digitalisierung und die Zukunft der Arbeit. In ifo Schnelldienst 7/2017. S. 6–9.

Ashton, K. (2015). Wie man ein Pferd fliegt. Ungewöhnliche Konzepte für Innovation und Kreativität. München. Carl Hauser.

Assaf, D. (2014). Maker Spaces in Schulen: Ein Raum für Innovation (Hands-on Session). In Rummler, Klaus (Hrsg.). Lernräume gestalten – Bildungskontexte vielfältig denken. Münster. Waxmann. S. 141–149.

Assaf, D. (2019). Die Musterlösung liegt nicht bei. Best Practices zur Umsetzung von open-ended Maker-Projekten. In Ingold, S./Maurer, B./Trüby, D. (Hrsg.). Chance MakerSpace. Making trifft auf Schule. München. Kopaed. S. 261–277.

Aufenanger, S. (1994). Medientheoretische Ansätze. In: Diskurs 4 (1994) 1, S. 17–23.

Barron, B./Martin, C. K. (2015). A Framework for Assessing Digital Media Citizenship. In Peppler, K./Rosenfeld Halverson, E./Kafai Y. B. (2016). Makeology Makers as Learners. New York. Routhledge.

Basadur, M./Graen, G. B./Green, S. G. (1982). Training in creative Problem Solving. Effects on ideation and problem finding and solving in an industrial research organization. Organizational Behavior and Human Performance, 20. p. 41–70.

Basadur, M./Graen, G. B./Scandura, T. A. (1986). Training effects on attitudes toward divergent thinking among manufacturing engineers. Journal of Applied Psychology, 71. p. 612–617.

Baudson, T./Haager, J. S. (2019). Vorwort: Kreativität in der Schule – einige Herausforderungen. In Haager, J. S./Baudson, T. G. (Hrsg.). Kreativität in der Schule – finden, fördern, leben. Wiesbaden: Springer. S. 193–206.

Baxter, J.A./Woodward, J./Olson, D. (2001). Effects of Reform-Based Mathematics Instruction on Low Achievers in Five Third-Grade Classrooms. In Psychology – The Elementary School Journal.

Bean, V./Farmer, N./Kerr, B. (2015). An exploration of women`s engagement in Makerspaces. In Gifted & Talented International. 2015, Vol. 30 Issue 1/2. p. 61–67.

Beck, R./Greger, V./Hoffmann, Ch./König, W./Krcmar, H./Weber, J./Wunderlich, N./Zepic, R. (2018). Digitale Mündigkeit. Eine Analyse der Fähigkeiten der Bürger in Deutschland zum konstruktiven und souveränen Umgang mit digitalen Räumen. Abschlussbericht. Nationales E-Government. Kompetenzzentrum e.V. University of Copenhagen, Goethe Universität Frankfurt a. Main, Universität Leipzig, Technische Universität München. https://negz.org/wp-content/uploads/2018/06/NEGZ-ISPRAT-Studie-Dig-M%C3%BCnd-Abschlussbericht.pdf

Beghetto, R. A. (2006). Creative Self-Efficacy: Correlates in Middle and Secondary Students. Creativity Research Journal, 18(4). p. 447–457. https://doi.org/10.1207/s15326934crj1804_4.

Bendorf, N. (2016). Sozio-konstruktivistisches bzw. Situiertes lernen. In B. Fürstenau (Hrsg.). Lehr-Lern-Theorien. Behaviorismus, Kognitivismus, Konstruktivismus: Lernen und Expertise verstehen und fördern. Baltmannsweiler. Scheider Verlag Hohengehren. S. 77–97.

Bos, W. / Eickelmann, B. / Gerick, J. / Goldhammer, F. / Schaumburg, H. / Schwippert, K. / Senkbeil, M. / Schulz-Zander, R. / Wendt, H. (Hg.) (2014). Computer- und informationsbezogene Kompetenzen von Schülerinnen und Schülern in der 8. Jahrgangsstufe im internationalen Vergleich. Münster, New York: Waxmann. https://www.pedocs.de/volltexte/2015/11459/pdf/ICILS_2013_Berichtsband.pdf

Berdelmann, K. / Dinsleder, C. / Laros, A. (2016). Aneignung von neuem Schulraum. In Berdelmann, K. / Burri, L. / Dinsleder, C. / Johann, N. / Kirchgässner, U. / Laros, A. / Möhring, S. / Schumacher, Ch. / Vollmer, A. (2016). Schularchitektur im Dialog. Fallstudie und Möglichkeitsräume. Bern. hep verlag. S. 83–103.

Berner, N.E. / Theurer, C. / Schoreit, E. (2013). Die Entwicklung der Kreativität und ihr Zusammenhang mit Intelligenz. In Lipowski, F. / Faust, G. / Karstens, C. (Hrsg.). Persönlichkeits- und Lernentwicklung an staatlichen und privaten Grundschulen. Münster. Waxmann. S. 29–49.

Besançon, M. / Lubart, T. (2008). Differences in the development of creative competencies in children schooled in diverse learning environments. In Learning and Individual Differences, 18. p. 391–399.

Blackley, S., / Howell, J. (2015). A STEM narrative: 15 years in the making. Australian Journal of Teacher Education, 40(7).

Blackley, S. / Fitriani, E. / Rahmawati, Y. / Sheffield, R. (2018). Using a makerspace approach to engage Indonesian primary students with STEM. In Issues in Educational Research. p. 18–42.

Blikstein, P. / Kabayadondo, Z. / Martin, A. / Fields, D. (2017). An Assessment Instrument of Technological Literacies in Makerspaces and FabLabs. In Journal of Engineering Education, 01/2017, Vol. 106. p. 149–175.

Boekaerts, M. (1996). Self-regulated learning at the junction of cognition and motivation. In European Psychologist, 1(2). p. 100–122.

Bornemann, S. (2012). Kooperation und Kollaboration. Das Kreative Feld als Weg zu innovativer Teamarbeit. Wiesbaden. Springer VS.

Boy, H. / Narr, K. (2019). Medienpädagogik und Making. In merz 04/2019.

Boy, H. / Sieben, G. (2017). Kunst & Kabel: Konstruieren. Programmieren. Selbermachen. Bausteine für pädagogisches Making in der Jugendmedienarbeit und Ergebnisse aus dem Praxisforschungsprojekt «Fablab mobil». München. kopaed Verlag.

Brandtstädter, J. (2007). Entwicklungspsychologie der Lebensspanne: Leitvorstellungen und paradigmatische Orientierungen. In Brandtstädter, J. / Lindenberger, U. (Hrsg.). Entwicklungspsychologie der Lebensspanne. Ein Lehrbuch. Stuttgart. Kohlhammer. S. 34–65.

Braun, D. / Krause, S. / Boll, A. (2019). Handbuch Kreativitätsförderung: in der Kita. Herder.

Brejcha, L. (2018). Makerspaces in School. A Month-by-Month Schoolwide Model for Building Meaningful Makersapces. Prufrock Press Inc.

Breyer-Mayländer, T. (2018 a). Der Autonomiebegriff in unterschiedlichen Bereichen und Disziplinen. In Breyer-Mayländer, T. (Hrsg.). Das Streben nach Autonomie. Reflexionen zum digitalen Wandel. Baden-Baden. Nomos-Verlag. S. 17–30.

Breyer-Mayländer, T. (2018 b). Autonomer Mediencontent – Folgen von Roboterjournalismus, Chatbots und Co. für die Struktur des Mediensystem. In Breyer-Mayländer, Thomas (Hrsg.). Das Streben nach Autonomie. Reflexionen zum digitalen Wandel. Baden-Baden. Nomos-Verlag. S. 265–286.

Brichzin, P. / Kastl, P. / Romeike, R. (2019). Agile Schule: Methoden für den Projektunterricht in der Informatik und darüber hinaus. Bern hep Verlag.

Bröckermann, R. (2003). Personalwirtschaft: Lehr- und Übungsbuch für Human Resource Management (3. Auflage). Stuttgart. Schäffer-Poeschel.

Bruder, R. / Collet, Chr. (2011). Problemlösen lernen im Mathematikunterricht. Berlin. Cornelsen Verlag [illegible]tor.

Bruner, J.S. (1961). The act of discovery. In Harward Educational Review, 31. p. 21–31.

Buchmann, T. (2021). Chancen und Hindernisse bei der Einführung eines MakerSpace in der Volksschule. Unveröffentlichte MA Theses an der Donau-Universität Krems.

Burow, O-A (2011). Bildungseinrichtungen als Kreative Felder: Wege zu einer positiven Pädagogik. In Koop, Ch. (Hrsg.). Kreativität: Zufall oder harte Arbeit? Frankfurt. M. Karg-Stiftung 2011. https://www.pedocs.de/volltexte/2014/9143/pdf/Karg_Hefte_2_2011.pdf.

Burow, O-A (2019). Das Kreative Feld – Ein Schlüssel für Lernfreude, Team-Flow und Spitzenleistungen. In Haager, J. S. / Baudson, G. T. (Hrsg.). Kreativität in der Schule – Finden, Fördern, Leben. Springer. S. 237–256.

Bühler, K. (1907). Tatsachen und Probleme zu einer Psychologie der Denkvorgänge. 1. Über Gedanken. Archiv für die gesamte Psychologie, 9. S. 297–365.

Bünger, C. (2013). Bildung und Emanzipation? Perspektiven nach dem Ende ihres selbstverständlichen Zusammenhangs. In Christof, E. (Hrsg.). Bildung und Emanzipation. Innsbruck. Studienverlag. S. 7–22.

Caballero-Garcia, P. / Fernandez T. G. (2019). Influence of maker-centred classroom on the students' motivation towards science learning. Cypriot Journal of Educational Science. 14(4). p. 535–544. https://doi.org/10.18844/cjes.v11i4.4098.

Cachia, R. / Ferrari, A. (2010. Creativity in Schools: A Survey of Teachers in Europe. Luxembourg. Publications Office of the European Union. https://publications.jrc.ec.europa.eu/repository/bitstream/JRC59232/jrc59232.pdf.

Campos, F. / Soster, T. / Blikstein, P. (2019). „Sorry, I Was in Teacher Mode Today": Pivotal Tensions and Contradictory Discourses in Real-World Implementations of School Makerspaces. Fablearn 2019, March 9–10, 2019, NY, USA. https://doi.org/10.1145/3311890.3311903.

Carroll, M. / Goldman, S. / Britos, L. / Koh, J. / Royalty, A. / Hornstein, M. (2010). Destination, Imagination and the Fires Within: Design Thinking in a Middle School Classroom. In JADE 29.1 (2010). 37–53.

Cohen, J. (2017). Maker Principles and Technologies in Teacher Education: A National Survey. In Journal of Technology and Teacher Education, 25(1). p. 5–30. Waynesville, NC USA: Society for Information Technology & Teacher Education. Retrieved from https://www.learntechlib.org/p/172304/.

Collins, A. / Kapur, M. (2014). Cognitive Apprenticeship. In Sawyer, Keith R. (Ed.). The Cambridge Handbook of the Learning Sciences. 2nd Edition. Cambridge University Press.

Corazza, G. E. (2017). Organic Creativity for Well-Being in the Post-Information Society. In Europe's Journal of Psychology 13(4). p. 599–605. DOI: 10.5964/ejop.v13i4.1547.

Crichton, S. / Carter, D. (2015). Taking Making Into Classrooms: An immersive professional development approach. 10.4018/978-1-4666-8403-4.ch016.

Crichton, S. / Childs, E. (2016). Taking Making into Schools. Through Immersive Professional Learning. In Novotna, J. / Jancarik, A. (Eds.), Proceedings of the 15th European. Conference on e-Learning. Academic Conferences and Publishing International Limited. p. 144–150.

Cropley, A. / Cropley, D. (2007). Using assessment to foster creativity. In Tan, A-G. (Ed.). Handbook of creativity. Singapore: World Scientific Publishing Co. S. 209–224.

Cross, E. A. (2017). Tinkering in K-12: An exploratory mixed Methods Study of Makerspaces in Schools as an Application of Constructivist Learning.

Csikszentmihalyi, M. (1999). Implications of a systems perspective for the study of creativity. In R. J. Sternberg (Ed.), Handbook of creativity. Cambridge University Press. p. 313–335.

Csikszentmihalyi, M. (1997). Creativity: Flow and the psychology of discovery and invention. HarperCollins Publishers.

Csikszentmihalyi, M. / Getzels, J. W. (2014). The Personality of Young Artists: An Empirical and Theoretical Exploration. In Csikszentmihalyi, M. (Ed.). The Systems Model of Creativity. The Collected Works of Mihaly Csikszentmihalyi. Springer. p. 11–26.

Dander, V. (2018). Zurück in die Zukunft der Medienpädagogik. «Subjekt», «Bildung» und «Medien*Kritik» im Lichte | im Schatten digitaler Daten.

Davies, D./Jindal-Snape, D./Collier, C./Digby, R./Hay, P.,/Howe, A. (2013). Creative learning environments in education: A systematic literature review. Thinking Skills and Creativity, 8. p. 80–91.

De Bono, E. (1998). Laterales Denken: «Neue Ideen entwickeln, eingefahrenes Denken ablegen. In Kennedy, C. (Hrsg.). Management Gurus. 40 Vordenker und ihre Ideen. Springer. S. 53–56.

De Haan, G. (2002). Die Kernthemen der Bildung für eine nachhaltige Entwicklung. In ZEP – Zeitschrift für internationale Bildungsforschung und Entwicklungspädagogik 25, 1/2002. S. 13–20.

Deci, E. L./Ryan, R. M. (1993). Die Selbstbestimmungstheorie der Motivation und ihre Bedeutung für die Pädagogik. In Zeitschrift für Pädagogik 39 (1993) 2. S. 223–238.

Deckert, C. (2017). Creative Heuristics. A Framework for Systematic Creative Problem Solving. Working Paper. Hochschule Düsseldorf. https://www.researchgate.net/publication/318700662.

Deinet, U. (2002). Schule und Jugendarbeit – von der Kooperation zur freundlichen. Übernahme? In Deutsche Jugend, Heft 7/8 2002. S. 327–335.

Demmler, K./Maurer, B. (2018). Die Welt verstehen – geht das noch? Editorial. In merz (medien + erziehung), 4/2018. S. 9–10.

Denner, J./Werner, L. (2007). Computer programming in middle school: How pairs respond to challenges. Journal of Educational Computing Research, 37. p. 131–150.

Dewey, J. (1986). Erziehung durch und für Erfahrung. Eingeleitet, ausgewählt und kommentiert von Helmut Schreier. Stuttgart. Klett-Cotta.

Doorley, S./Witthoft, S. (2012). Make space: How to set the stage for creative collaboration. Hoboken, NJ: Wiley.

Dougherty, D. (2013). The Maker Mindset. In Honey, M./Kanter, D. E. (Eds.). Design, make, play: Growing the next generation of STEM innovators. New York: Routledge. pp. 7–11.

Döbeli, B. (2017). Mehr als O und 1. Schule in einer digitalisierten Welt. Bern. hep verlag AG.

Dörner, D. (2003). Die Logik des Misslingens. Strategisches Denken in komplexen Situationen. Erweiterte Neuausgabe. Reinbek bei Hamburg. Rowohlt Taschenbuch Verlag.

Drecksler, D. (2018). Digitale Sorglosigkeit – Risiken im Zeitalter der digitalen Transformation. In Breyer-Mayländer, T. (Hrsg.) (2018). Das Streben nach Autonomie. Reflexionen zum digitalen Wandel. Nomos-Verlag. S. 31–66.

Dresing, Th./Pehl, Th. (2011). Praxisbuch Transkription. Regel-systeme, Software und praktische Anleitungen für qualitative ForscherInnen, 1. Auflage. Marburg. Eigenverlag.

Dube, J./Prediger, S. (2017). Design-Research – Neue Forschungszugriffe für unterrichtsnahe Lernprozessforschung in der Deutschdidaktik. www.leseforum.ch | www.forumlecture.ch – 1/2017.

Eriksson, E./Heath, C./Barendregt, W./Torgersson, O. (2016). Makerspace in School – Experiences from a Large-Scale National Testbed. FabLearn Europe, 19–20th June 2016, Preston.

Espey, M. (2008). Does space matter? Classroom design and team-based learning. Review of Agricultural Economics, 30(4). p. 764–775.

Faschingeder, G. (2005). Bildung und Herrschaft. Alternativen zur Ökonomisierung der Bildung. In Österreichische HochschülerInnenschaft, Paolo Freire Zentrum (Hrsg.). Ökonomisierung der Bildung. Tendenzen, Strategien, Alternativen. Wien. Mandelbaum Verlag. S. 203–220.

Fearon, D. D./Copeland, D./Saxon, T.F. (2013). The relationship between parenting styles and creativity in a sample of Jamaican Children. In Creativity Research Journal, 25. S. 119–128.

Feilke, H. (2012). Bildungssprachliche Kompetenzen – fördern und entwickeln. In Praxis Deutsch. Heft 233. S. 4–13.

Feist, G. J. (1998). A meta-analysis of personality in scientific and artistic creativity. Personality and Social Psychology Review. 2. P. 290–309.

Feurle, M./Maurer, B. (2019). Schulisches Making und Kreativität. Erste Erkenntnisse aus einem Design-Based-Research Projekt. In Ingold, S./Maurer, B./Trüby, D. (Hrsg.). Chance MakerSpace. Making trifft auf Schule. München. kopaed. S. 219–256.

Forthmann, B. (2019). Die Beurteilung von Ideenqualität. In Haager, J. S./Baudson, T. G. (Hrsg.). Kreativität in der Schule – Finden, Fördern, Leben. Springer. S. 75–95.

Frey, A./Jäger, R. S. (2009). Der entwicklungspädagogische Ansatz in der Lehrerbildung. In Lehrerbildung auf dem Prüfstand 2/2009, 2. S. 346–360.

Frey, K. (2010). Die Projektmethode. «Der Weg zum bildenden Tun». 11., neu ausgestattete Aufl. Weinheim. Beltz.

Funke, J. (2000). Psychologie der Kreativität. In Hentig, H. (Hrsg.). Kreativität. Berlin. Springer. S. 283–300.

Funke, J. (2001). Psychologie der Kreativität. In Holm-Hadulla, R. M. (Hrsg.). Kreativität. Heidelberg. S. 283–300.

Funke, J. (2003). Problemlösendes Denken. Stuttgart. Kohlhammer.

Funke, J. / Baudson, G. T. (2019). Kreatives Problemlösen in PISA 2012. Joachim Funke im Interview mit Tanja Gabriele Baudson. In Haager, J. S. / Baudson, G. T. (Hrsg.). Kreativität in der Schule – Finden, Fördern, Leben. Springer.

Gajda, A. / Karwowski, M. / Beghetto, R. A. (2017). Creativity and academic achievement: A meta-analysis. Journal of Educational Psychology, 109. p. 269–299.

Gay, G. (2010). Culturally Responsive Teaching: Theory, Research, and Practice. (2nd ed. ed.). Teachers College Press. New York.

Genner, S. (2017). Digitale Transformation – Auswirkungen auf Kinder und Jugendliche in der Schweiz – Ausbildung, Bildung, Arbeit, Freizeit. ZHAW Zürcher Hochschule für Angewandte Wissenschaften. https://ekkj.admin.ch/fileadmin/user_upload/ekkj/04themen/08Digitalisierung/d_2017_Bericht_Digitale_Transformation_Genner.pdf.

Genner, S. (2019). Kompetenzen und Grundwerte im digitalen Zeitalter. In Eidgenössische Kommission für Kinder- und Jugendfragen EKKJ (Hrsg.). Aufwachsen im digitalen Zeitalter. Bern. S. 9–15. https://ekkj.admin.ch/fileadmin/user_upload/ekkj/02pubblikationen/Berichte/d_2019_EKKJ_Bericht_Digitalisierung.pdf

Gesellschaft für Informatik (2015). 3. Dagstuhl-Erklärung zur Informatischen Bildung in der Schule 2015 der Gesellschaft für Informatik e.V. (GI). https://www.gi.de/fileadmin/redaktion/Download/GI-Dagstuhl-Erklaerung2015.pdf

Gierdowski, D. / Reis, D. (2015). The MobileMaker: an experiment with a Mobile Makerspace. Library hi tech. Vol. 33 Issue 4/2015.

Godhe, A-L. / Lilja, P. / Selwyn, N. (2019). Making sense of making: critical issues in the integration of maker education into schools, Technology, Pedagogy and Education, 28:3. p. 317–328. https://doi.org/10.1080/1475939X.2019.1610040.

Gough, H. G. (1979). A creative personality scale for the Adjective Check List. Journal of Personality and Social Psychology, 37. p. 1398–1405.

Graube, G. / Jeretin-Kopf, M. / Kosack, W. / Mammes, I. / Renn, O. / Wiesmüller, Ch. (2015). Wissenschaftliche Untersuchungen zur Arbeit der Stiftung „Haus der kleinen Forscher" Band 7.

Gräsel, C. (1997). Problemorientiertes Lernen. Göttingen: Hogrefe.

Gräsel, C. (2010). Stichwort: Transfer und Transferforschung im Bildungsbereich. In Zeitschrift für Erziehungswissenschaft, 13(1). S. 7–20.

Gruber, H. / Mandl, H. / Renkl, A. (2000). Was lernen wir in Schule und Hochschule: Träges Wissen? In Mandl, H. / Gerstenmaier, J. (Hrsg). Die Kluft zwischen Wissen und Handeln. Empirische und theoretische Lösungsansätze. Göttingen. Hogrefe. S. 139–156.

Gudjons, H. (2014). Handlungsorientiert lehren und lernen: Schüleraktivierung – Selbsttätigkeit – Projektarbeit. 8., aktualisierte Aufl. Bad Heilbrunn. Klinkhardt.

Guilford, J. P. (1968). Intelligence, Creativity, and Their Educational Implications. San Diego. Robert R. Knapp, Publisher.

Haag, L / Streber, D. (2011). Tutorielles Lernen. In Empirische Pädagogik 2011, 25 (3). S. 358–369.

Haager, J. S. / Baudson, T. G. (Hrsg.). Kreativität in der Schule – finden, fördern, leben. Wiesbaden. Springer.

Haager, J. S. (2019). Bestandsaufnahme deutscher Schulbildung – Warum Kreativität nun Schule macht. In Haager, J. S. / Baudson, T. G. (Hrsg.). Kreativität in der Schule – finden, fördern, leben. Wiesbaden: Springer. S. 193–206.

Haefner, K. (1987). Denkzeuge: was leistet der Computer? Was muss der Mensch selbst tun? Boston. Birkhäuser.

Hampson, G. / Marx, S. (2019). WILMA – Wie lernen durch Machen. Eine Erfinderwerkstatt für Kinder und Jugendliche. In Ingold, S. / Maurer, B. / Trüby, D. (Hrsg.). Chance MakerSpace. Making trifft auf Schule. München. kopaed. S. 139–153.

Hardy, I / Jonen, A. / Möller, K. / Stern, E. (2006). Effects of instructional support within constructivist environments for elementary school students` understanding of "Floating and Sinking". In Journal of Educational Psychology 98(2). p. 307–326.

Hartinger, A. (2006). Interesse durch Öffnung des Unterrichts – wodurch? Unterrichtswissenschaft 34 (2006) 3. S. 272–288.

Hassi, E. L. M. / Laakso, M. S. (2011). Conceptions of design thinking in the management discourse. Conference Paper. https://www.researchgate.net/publication/274070930.

Hatch, M. (2013). The Maker Movement Manifesto: Rules for Innovation in the New World of Crafters, Hackers, and Tinkerers. New York. McGraw-Hill Education.

Hattie, J. (2014). Lernen sichtbar machen für Lehrpersonen. Überarbeitete deutschsprachige Ausgabe von „Visible Learning for Teachers". Schneider Verlag Hohengehren (Baltmannsweiler) 2014.

Hennessey, B. A.,/ Amabile, T. M. (1999). Consensual assessment. In M. Runco / S. R. Pritzker (Hrsg.), Encyclopedia of creativity. Bd. 1. San Diego. Academic Press. p. 347–359.

Hermann, T. (2019). Falsche oder echte Freunde? In merz 04 / 2019.

Herriger, N. (2020). Empowerment in der Sozialen Arbeit: Eine Einführung. 6. Aufl. Stuttgart. Kohlhammer.

Hlubinka, M. / Dougherty, D. / Thomas, P. / Chang, S. / Hoefer, S. / Alexander, I. / McGuire, D. (2013). Makerspace Playbook. School Edition. https://makered.org/wp-content/uploads/2014/09/Makerspace-Playbook-Feb-2013.pdf

Hohenleitner, I. / Straubhaar, T. (2008). Bedingungsloses Grundeinkommen und Solidarisches Bürgergeld – mehr als sozialutopische Konzepte. In Straubhaar, T. (Hrsg.). Bedingungsloses Grundeinkommen und Solidarisches Bürgergeld – mehr als sozialutopische Konzepte. Hamburg. University Press. S. 9–128.

Hollauf, E.-M. / Schön, S. (2019). Gemeinsam die Welt verbessern. Soziale Innovation und Maker-Education. In Ingold, S. / Maurer, B. / Trüby, D. (Hrsg.). Chance MakerSpace. Making trifft auf Schule. München. Kopaed. S. 119–138.

Holm-Hadulla, R. (2011). Kreativität zwischen Schöpfung und Zerstörung: Konzepte aus Kulturwissenschaften, Psychologie, Neurobiologie und ihre praktischen Anwendungen. Vandenhoeck & Ruprecht.

Howaldt, J. / Schwarz, M. (2010). „Soziale Innovation" im Fokus. Skizze eines gesellschaftsinspirierten Forschungskonzepts. Bielefeld.

Ingold, S. / Maurer, B. / Trüby, D. (Hrsg.). Chance MakerSpace. Making trifft auf Schule. München. Kopaed.

Howaldt, J. / Schwarz, M. (2010). „Soziale Innovation" im Fokus. Skizze eines gesellschaftsinspirierten Forschungskonzepts. Bielefeld.

Hurrelmann, K. (1983). Das Modell des produktiv realitätsverarbeitenden Subjekts in der Sozialisationsforschung. In Zeitschrift für Sozialisationsforschung und Erziehungssoziologie 3, S. 91–103.

Hüttebräuker, Peter (2015). 4-Phasen-Design-Thinking: 4 Simple Design Thinking Stages. In Innovator's Guide Switzerland. https://innovators-guide.ch/2015/10/complex-systems -design-design-thinking.

Hynes, M. M. / Hynes, W. J. H. (2018). If you build it, will they come? Student preferences for Makerspace environments in higher education. In International Journal of Technology and Design Education (2018) 28. p. 867–883.

Ingold, S. / Maurer, B. (2018). Digitale Subtexte lesen und schreiben. Handlungsorientierte Medienkritik im MakerSpace an einer Primarschule. In Moser, H. / Niesyo, H. (Hrsg.), Medienkritik im digitalen Zeitalter. München. kopaed. S. 193–205.

Ingold, S. / Maurer, B. (2019 / 2019 a). Making in der Schule. Reibungspunkte und Synergieeffekte. In Ingold, S. / Maurer, B. / Trüby, D. (Hrsg.). Chance MakerSpace. Making trifft auf Schule. München. kopaed. S. 59–86.

Ingold, S. / Maurer, B. (2019 b). Von der Idee zum MakerSpace. Ein partizipatives Experiment an der Primarschule Thayngen. In Ingold, S. / Maurer, B. / Trüby, D. (2019). Chance MakerSpace. Making trifft auf Schule. München: kopaed. S. 191–217.

Ingold, S. / Maurer, B. / Trüby, D. (2019). Chance MakerSpace. Making trifft auf Schule. München. kopaed.

Isaksen, S. G. / Dorval, B. K. / Treffinger, D. J. (2011). Creative Approaches to Problem Solving. A Framework for Innovation and Change. London. SAGE Publications.

Jackson, P. W. / Messick, S. (1965). The person, the product, and the response: Conceptual problems in the assessment of creativity. In Journal of Personality, 33(3). p. 309–329. https://doi.org/10.1111/j.1467-6494.1965.tb01389.x

Jacob, N.-C. (2019). Kreativ denken mit Struktur. In. Baudson, T. G. / Haager, J. S. (2019). Vorwort: Kreativität in der Schule – einige Herausforderungen. In

Haager, J. S./Baudson, T. G. (Hrsg.). Kreativität in der Schule – finden, fördern, leben. Wiesbaden. Springer. S. 283–303.

Jammer, J./Narr, K. (2018). Das Maker-Buch für Kita und Grundschule: Kinderleichte Fotoanleitungen zum kreativen Basteln, Tüfteln und Selbermachen: Kinderleichte Fotoanleitungen. Bananenblau.

Jantschek, O. (2015). Digitale Mündigkeit – Informationelle Selbstbestimmung als Ziel und Thema politischer Jugendbildung. In Journal für Politische Bildung, 2/2015. S. 32–38.

Jäger, D. A. (2016). Innovativität durch Entrepreneurship Education: Entwicklung einer Lernprozesstheorie und für die berufliche Grundbildung. Zürich: Dissertation Universität Zürich.

Jetzke, T./Kind, S./Weide, S. (2017). Social Bots in den sozialen Medien. In Wittpfahl, V. (Hrsg.). Digitale Souveränität. Bürger | Unternehmen | Staat. Heidelberg. Springer. S. 15–26.

Jesus, S. N./Rus, C./Lens, W./Imaginario, S. (2013). Intrinsic Motivation and Creativity Related to Product: A Meta-analysis of the Studies Published Between 1990–2010. In Creativity Research Journal 25(1). S. 80–84.

Kafai, Y. B. (2006). Constructionism. In Sawyer, K. R. (Ed.). The Cambridge Handbook of the Learning Sciences. Cambridge, MA. Cambridge University Press. pp. 35–47.

Kant, I. (1784). Beantwortung der Frage: Was ist Aufklärung? In Berlinische Monatsschrift, 1784, H. 12, S. 481–494.

Kapur, M. (2008). Productive Failure. In Cognition and Instruction, 26(3). pp. 379–424.

Kaufman, J. C./Beghetto, R. A. (2009). Exploring the Four-C Model of Creativity: Implications for Giftedness. In Hafenstein, N./Haines, K./Cramond, B. (Eds.). Perspective in Gifted Education: Creativity. Univercity of Denver: Institute for the Development of Gifted Education. https://digitalcommons.du.edu/cgi/viewcontent.cgi?article=1004&context=perspectivesingifteded.

Kaufman, J. C./Sternberg, R. J. (2010) (Hrsg.). The Cambridge Handbook of Creativity. New York. Cambridge Universitiy Press.

Kay, K. (2010). 21st Century Skills: Why They Matter, What They Are, and How We Get There. In Bellanca, J./Brandt, R. (Eds.). 21st Century Skills. Rethinking How Students Learn.

Kästner, M. (2003). Peer-Education – ein sozialpädagogischer Arbeitsansatz. In Nörber, M. (Hrsg.). Peer Education: Bildung und Erziehung von Gleichaltrigen durch Gleichaltrige. Beltz-Verlag. Weinheim.

Kerschensteiner, G. (1908). Die Schule der Zukunft eine Arbeitsschule. Stuttgart.

Kerres, M. (2017). Digitalisierung als Herausforderung für die Medienpädagogik: Bildung in einer digital geprägten Welt. In Fischer, Ch. (Hrsg.). Pädagogischer Mehrwert? Digitale Medien in Schule und Unterricht. Münstersche Gespräche zur Pädagogik. Münster. Waxmann S. 85–104.

Kim, S. H./Zimmermann, H. T. (2017). Towards a Stronger Conceptualization of the Maker Mindset: A Case Study of an Afterschool Program with Squishy Circuits. In FabLearn, 17, October 21–22, 2017, Stanford, CA, USA.

Klafki, W. (1996). Neue Studien zur Bildungstheorie und Didaktik. Beltz.

Klauser, F. (1998). Problem-Based Learning. In Zeitschrift für Erziehungswissenschaft, 1(2). S. 273–293.

Kleeberger, J./Schmid, F. 2019). Making ist das neue Lernen. Erfindergeist wecken mit digitalen Werkzeugen. In Ingold, S./Maurer, B./Trüby, D. (Hrsg.). Chance MakerSpace. Making trifft auf Schule. München. Kopaed. S. 103–118.

Klees, G./Tillmann, A. (2015). Design-Based Research als Forschungsansatz in der Fachdidaktik Biologie. In Journal für Didaktik der Biowissenschaften, (F) 6 (2015). S. 91–110.

Knaus, T. (2017). Pädagogik des Digitalen. Phänomene – Potentiale – Perspektiven. In Eder, S./Micat, C./Tillmann, A. (Hrsg.). Software takes command. München. kopaed, S. 49–68.

Knaus, T. (2018). Gegeneinander – Nebeneinander – Miteinander? In merz (medien+erziehung), Zeitschrift für Medienpädagogik, 2018/4. S. 34–42.

Knaus, T./Schmidt, J. (2020). Medienpädagogisches Making. Ein Begründungsversuch. In medienimpulse Bd. 58 Nr. 4 (2020). https://doi.org/10.21243/mi-04-20-04.

Koestler, A. (1966). Der göttliche Funke. Der schöpferische Akt in Kunst und Wissenschaft. Bern. Scherz Verlag.

Koh, J. (2015). The More, the Better? Examining Choice and Self-Regulated Learning Strategies. In The International Journal of Learning. Volume 21, 2015. p. 13–32.

Kohn, T. (2016). Do it Yourself Trends für Medienbildung nutzen – Praxisbeispiele und Erfahrungsberichte. In Hug, T./Kohn, T./Missomelius, P. (Hrsg.). Medien – Wissen – Bildung: Medienbildung wozu? Innsbruck. university press. S. 231–240.

Krampen, G./Eberwein, M. (2017). Diagnostik von Kreativität bei Vorschul- und Schulkindern. In Trautwein, U./Hasselhorn, M. (Hrsg.). Begabungen und Talente. Göttingen. Hogrefe. S. 103–124.

Krampen, G. (2019). Die Psychologie der Kreativität. Göttingen. Hogrefe.

Land, G./Beth, J. (1992). Breakpoint and Beyond: Mastering the Future Today. Harpercollins Publishers.

Lederer, B. (2015). Was bedeutet eigentlich „Bildung"? Mündiger Mensch oder nützlicher Idiot? Anmerkungen zu Bildung in Zeiten ihrer Verzweckung. Hamburg. tredition.

Levin, K. (1968). Die Lösung sozialer Konflikte – Ausgewählte Abhandlungen über Gruppendynamik. 3. Aufl. Bad Nauheim. Christian Verlag.

Libow Martinez, S./Stager, G. (2019). Making, Tinkering, and Engineering in the Classroom. Second Edition. Torrance. Constructing Modern Knowledge Press.

Lindberg, T./Gumienny, R./Jobst, B./Meinel, Ch. (2010). Is There a Need for a Design Thinking Process? In Proceedings of Design Thinking Research Symposium 8 (Design 2010), Sydney, Australia, October 2010. S. 243–254.

Lipowsky, F. (2002). Zur Qualität offener Unterrichtssituationen im Spiegel empirischer Forschung – Auf die Mikroebene kommt es an. In. Drews, U./Wallrabenstein, W. (Hrsg.). Freiarbeit in der Grundschule. Frankfurt/Main: Arbeitskreis Grundschule. S. 126–159.

Litts, B. K. (2015). Making learning: Makerspaces as learning environments. Dissertation at University of Wisconsin-Madison. http://www.informalscience.org/sites/default/files/Litts_2015_Dissertation_Published.pdf.

Liu, Ch-Ch (2018). Toward Creator-Based Learning: Designs That Help Student Makers Learn. In Voogt, J./Knezek, G./Christensen, R./Lai, K-W. (Hrsg.). Second Handbook of Information Technology in Primary and Secondary Education. S. 921–934.

Looijenga, A./Klapwijk, R. (2018). Adapting Maker Education to pupil's abilities: How clear bordered tasks can lead to discovery behavior. Delft: Univercity of Technology. https://www.researchgate.net/publication/328262711_Adapting_Maker_Education_to_pupil%27s_abilities_How_clear_bordered_tasks_can_lead_to_discovery_behaviour

Mackowiak, K. (2004). Vermittlung von Lernstrategien. In Lauth, G. W./Grünke, M./Brunstein, J. C. (Hrsg.). Interventionen bei Lernstörungen. Göttingen: Hogrefe. S. 145–156.

Mainzer, K. (2017). Big Data und die Macht der Algorithmen. In Schröder, M./Schwanebeck, A. (Hrsg.). Big Data – In den Fängen der Datenkraken. Die (un-)heimliche Macht der Algorithmen. Baden-Baden: Nomos. S. 49–70.

Maltese, A. V./Simpson, A./Anderson, A. (2018). Failing to learn: The impact of failures during making activities. In Thinking Skills and Creativity 30 (2018). S. 116–124.

Mandl, H./Gruber, H./Renkl, A. (2002). Situiertes Lernen in multimedialen Lernumgebungen. In Issing, L. J./Klimsa, P. (Hrsg.). Information und Lernen mit Multimedia und Internet: Lehrbuch für Studium und Praxis. 3., vollst. überarb. Auflage. Weinheim. Beltz, Psychologie-Verl.-Union. S. 139–148.

Marsh, J./Wood, E./Chesworth, L./Nisha, B./Nutbrown, B./Olney, B. (2019). In Makerspaces in early childhood education: Principles of pedagogy and practice, Mind, Culture, and Activity, 26:3, 221–233.

Marshall, J. A./Harron, J. R. (2018). Making Learners: A Framework for Evaluating Making in STEM Education. The Interdisciplinary Journal of Problem-based Learning: Tinkering in Technology-Rich Design Contexts 12, 2 (2018), 3.

Martin, J.-P. (1996). Das Projekt «Lernen durch Lehren» – eine vorläufige Bilanz. In FLuL 25.

Martin, L. (2015). The Promise of the Maker Movement for Education. In Journal of Pre-College Engineering Education Research, 5/1 (2015). pp. 30–39.

Maurer, B./Narr, K. (2019). Making aus medienpädagogischer Perspektive. In merz 4/2019.

Maurer, B./Ingold, S. (2020 a). Maker Education – Anliegen, Prinzipien, Methoden. Auszug aus Projektbericht «MakerSpace – Raum für Kreativität». Kreuzlingen. Pädagogische Hochschule Thurgau. 10.13140/RG.2.2.33324.49288.

Maurer, B./Ingold, S. (2020 b). Kreativität und Making – Theoretische Grundlagen und Konsequenzen für die Designentwicklung. Auszug aus Projektbericht «MakerSpace – Raum für Kreativität». Kreuzlingen. Pädagogische Hochschule Thurgau. 10.13140/RG.2.2.23877.47846.

Maurer, B. / Ingold, S. (2020c). Making, Schule und Digitale Mündigkeit. Auszug aus Projektbericht «MakerSpace – Raum für Kreativität». Kreuzlingen. Pädagogische Hochschule Thurgau. 10.13140/RG.2.2.24355.89127.

Maurer, B. / Ingold, S. (2021). Making Kompetenzen für die Schule. Eine vielversprechende Lehrplananalyse. Auszug aus Projektbericht «MakerSpace – Raum für Kreativität». Kreuzlingen. Pädagogische Hochschule Thurgau. 10.13140/RG.2.2.25265.10087.

Mayring, P. (2010). Qualitative Inhaltsanalyse. Weinheim. Basel. Beltz.

Mednick, M.T. / Mednick, S.A. / Jung, C.C. (1964). Continual association as a function of level of creativityand type of verbal stimulus.Journal of Abnormal and Social Psychology 69. p. 511–515.

Mehta, R. / Zhu, R. (2009). Blue or Red? Exploring the Effect of Color on Cognitive Task Performances. In: Science 27 Feb 2009, Vol. 323, Issue 5918. p. 1226–1229. DOI: 10.1126/science.1169144.

Meinel, C. / Leifer, L. (2011). Design Thinking Research. In Plattner, H. / Leifer, L. / Meinel, C. (Eds.), Design Thinking Understand – Improve – Apply (pp.xiii-xxi). Berlin, Heidelberg: Springer.

Merz, T. (2018). Endlich Verbindlichkeit für schulische Medienbildung in der Schweiz. Lehrplan 21 löst mit Modul «Medien und Informatik» in der Deutschschweiz gewünschte Dynamik aus. In merz (medien + erziehung). 04/2018. S. 43–50.

Merz, T. (2019). Grosses Potenzial für Schulen der Zukunft. MakerSpaces ermöglichen und erfordern neue Lernformen und Schulentwicklung. In Ingold, S. / Maurer, B. / Trüby, D. (Hrsg.). Chance MakerSpace. Making trifft auf Schule. München. Kopaed. S. 33–40.

Mettler, S. / Jany, F. (2017). Problemlöseprozesse – Eine explorative Fallstudie in mediengestützter Geometrie. Unveröffentlichte Masterthesis. Pädagogische Hochschule Zürich.

Meueler, E. (2009). Die Türen des Käfigs. Subjektorientierte Erwachsenenbildung. Hohengehren. Schneider Verlag.

Meyer, H. (2004). Was ist guter Unterricht? Berlin. Cornelsen Scriptor.

Meyer-Ahrens, I. / Wilde, M. (2013). Der Einfluss von Schülerwahl und der Interessantheit des Unterrichtsgegenstands auf die Lernmotivation im Biologieunterricht. In Unterrichtswissenschaft 41/1. S. 57–71.

Miller, A.L. / Lambert, A. D. / Speirs Neumeister, K.L. (2012). Parenting Style, perfectionism and creativity of high-ability and high-achieving young adults. In Journal of Education of the Gifted, 35. S. 344–365.

Montessori, Maria (1966). Über die Bildung des Menschen. Freiburg.

Moser, H. (2018). Medienkritik im Rahmen von Digital Citizenship. In Niesyto, H. / Moser, H. (Hrsg.). Medienkritik im digitalen Zeitalter. München. kopaed. S. 77–90.

Nett, T. / Nett, N. (2019). Kreativität aus systemischer Sicht – Wo ist die Kreativität? In Haager, J. S. / Baudson, T. G. (Hrsg.). Kreativität in der Schule – Finden, Fördern, Leben. Springer. S. 23–38.

Nilsson, P. (2011). „The Challenge of Innovation. In. Critical Thinking and Creativity: Learning Outside the Box." Paper Presented at the Proceedings of the 9th International Conference of the Bilkent University Graduate School for Education (Turkey), Ankara. Bilkent University. p. 54–62.

Olbertz, J.-H. (1998). Vorbemerkung. In Olbertz, J.-H. (Hrsg.). Zwischen den Fächern – über den Dingen? Universalisierung versus Spezialisierung akademischer Bildung. Opladen. Leske + Budrich. S. 7–10.

Osborn, A. F. (1953). Applied imagination. Scribner'S.

Oswald, G.-L. / Rohner, A. (2019). Inwiefern unterscheidet sich Problemlösen in der dynamischen Geometrie vom Problemlösen in der Paper-Pencil-Geometrie Eine Analyse anhand des Modells zu Problemlöseprozessen von Rott. Unveröffentlichte Masterthesis. Pädagogische Hochschule Zürich.

Oxman Ryan, J. / Clapp, E. P. / Ross, J. / Tishman, Shari (2016). Making, Thinking and Understanding. A Dispositional Approach to Maker-Centered Learning. In Peppler, K. / Halverson, E. / Kafai, Y. B. (Eds.). Makeology. Makers as Learners (Volume 2). New York. Routledge.

Palmstorfer, B. (2007). «The Creative Mind» Wie ist Kreativität an Grundschulen förderbar? Master Thesis. Donau Universität Krems. https://www.oezbf.at/wp-content/uploads/2018/03/02_mt_brigitte_palmsdorfer.pdf

Papert, S. (1980). Mindstorms: Children, computers, and powerful ideas. The Harvester Press Ltd.

Papert, S. (1993). The children's machine: rethinking school in the age of the computer. New York. BasicBooks.

Pariser, Eli (2012). Filterbubble. Wie wir im Internet entmündigt werden. München. Hanser.

Parnes, S. J. (1967). Creative behavior workbook. New York: Scribner's Sons.

Parsons, T. (2012). Die Schulklasse als soziales System: Einige ihrer Funktionen in der amerikanischen Gesellschaft. In Bauer, U./Bittlingmayer, U. H./Scherr, A. (Hrsg.). Handbuch Bildungs- und Erziehungssoziologie. Wiesbaden. VS Verlag. S. 103–124.

Pauli, C./Reusser K. (2000). Zur Rolle der Lehrperson beim kooperativen Lernen. Schweizerische Zeitschrift für Bildungswissenschaften, 22 (3). S. 421–442.

Peißl, M. (2016). Making an Schulen: Potentalanalyse eines Workshops über 3D-Druck, VR-Brillen und Podcasting. In Ebner, M./Schön, S. (2016). Band 6 der Reihe „Internet-Technologie und Gesellschaft. Bad Reichenhall. BIMS e.V.

Peppler, K./Rosenfeld Halverson, E./Kafai, Y. B. (2016). Introduction to this Volume. In. Peppler, K./Halverson, E./Kafai, Y. B. (Eds). Makeology – Makerspaces as Learning Environments (Volume 1). New York. Routledge.

Perleth, Ch. & Sierwald, W. (2001). Entwicklungs- und Leistungsanalysen zur Hochbegabung. In K. A. Heller (Hrsg.), Hochbegabung im Kindes- und Jugendalter (2. Aufl., S. 171–355). Göttingen. Hogrefe.

Petko, D. (2011). Praxisorientierte medienpädagogische Forschung: Ansätze für einen empirischen Perspektivenwechsel und eine stärkere Konvergenz von Medienpädagogik und Mediendidaktik. In Moser, H./Niesyto, H./Grell, P. (Hrsg.). (2011). Medienbildung und Medienkompetenz. Beiträge zu Schlüsselbegriffen der Medienpädagogik. München. kopaed.

Petko, D./Döbeli Honegger, B./Prasse, D. (2018). Digitale Transformation in Bildung und Schule: Facetten, Entwicklungslinien und Herausforderungen für die Lehrerinnen- und Lehrerausbildung. In Beiträge zur Lehrerinnen- und Lehrerbildung 36(2)2018. S. 157–174.

Petrich, M./Wilkinson, K./Bevan, B. (2013). It looks like fun, but are they learning? In M. Honey & D. Kanter (Eds.), Design, make, play: Growing the next generation of STEM innovators New York. Routledge. p. 50–70.

Plattner, H./Meinel, C./Leifer, L. eds (2016). Making Design Thinking Foundational, Springer, Cham Heidelberg. New York.

Plucker, J. A./Beghetto, R. A./Dow, G. T. (2004). Why Isn`t Creativity More Important to Educational Psychologists? Potentials, Pitfalls, and Future Directions in Creativity Research. In Educational Psychologist, 39(2). p. 83–96.

Precht, R. D. (2018). Jäger, Hirten, Kritiker: Eine Utopie für die digitale Gesellschaft. Goldmann Verlag.

Preiser, S. (2011). Gestaltung eines kreativitätsfördernden Lernklimas. Befragungsinstrument und Trainingskonzept für pädagogische Fachkräfte. In Koop, Chr./Steenbuck, O. (Hrsg.). Kreativität: Zufall oder harte Arbeit? Karg-Hefte. Beiträge zur Begabtenförderung und Begabungsforschung; 2. S. 28–35.

Preiser, S. (2019). Erfassung kreativer Lernumgebungen. In Haager, J. S./Baudson, T. G. (Hrsg.). Kreativität in der Schule – finden, fördern, leben. Wiesbaden Springer. S. 207–217.

Puccio, G./Cabra, J. (2009). Creative problem solving: past, present and future. In Rickards, T./Runco, M. A./Moger, S. The Routhledge Companion to Creativity. New York. Routhledge. p. 327–337.

Puccio, G. J./Murdock, M. C./Mance, M. (2007). Creative Leadership. Skills that drive Change. London. Sage Publications.

Rammstedt, B./Kemper, Chr. J./Klein, M. C./Beierlein, C./Kovaleva, A. (2013). Eine kurze Skala zur Messung der fünf Dimensionen der Persönlichkeit. In methoden, daten, analysen · 2013, Jg. 7(2). S. 233–249. DOI: 10.12758/mda.2013.013

Rand, M. L./Gansemer-Topf, A. M. (2017). The room itself is active: How classroom design impacts student engagement. Journal of Learning Spaces, 6(1). p. 26–33.

Regalla, L. (2016). Developing a Maker Mindset In Peppler, K./Halverson, E./Kafai, Y. B. (Eds.). Makeology – Makerspaces as Learning Environments (Volume 1). New York. Routledge.

Reinmann, G. (2005). Innovation ohne Forschung? Ein Plädoyer für den Design-Based-Research-Ansatz in der Lehr-Lernforschung. In Unterrichtswissenschaft 33/2005. S. 52–69.

Reiter-Palmon, R./Forthmann, B./Barbot, B. (2019). Scoring divergent thinking tests: A review and systematic framework. In Psychology of Aesthetics, Creativity, and the Arts, 13 (2). p. 144– 152.

Resnick, M. (2017). Lifelong Kindergarten. MIT-Press.

Reusser, K. (2005). Problemorientiertes Lernen – Tiefenstruktur, Gestaltungsformen, Wirkung. In Beiträge zur Lehrerbildung, 23 (2), 2005. S. 159–182.

Rhodes, M. (1961). An analysis of creativity. In Phi Delta Kappan 42. p. 305–310.

Robinson, K. (2011). Out of our Minds – Learning to be creative. Chichester. Capstone.

Rollett, B./Weickl (1989). Hochbegabung und Kreativitätsförderung. Vortrag auf der 2. Arbeitstagung der DGPs-Fachgruppe Pädagogische Psychologie. München.

Romeike, R. (2008). Kreativität im Informatikunterricht. Dissertation zur Erlangung des akademischen Grades „doctor rerum naturalium" (Dr. rer. nat.) in der Wissenschaftsdisziplin „Didaktik der Informatik". Potsdam.

Rossmann, N. (2018). Der Raum als dritter Pädagoge: Über neue Konzepte im Schulhausbau. https://www.bpb.de/lernen/digitale-bildung/werkstatt/278835/der-raum-als-dritter-paedagoge-ueber-neue-konzepte-im-schulbau#fr-footnode1

Roth, H. (1971). Pädagogische Anthropologie. Band II: Entwicklung und Erziehung. Hannover. Schroedel.

Rott, B. (2014). Mathematische Problembearbeitungsprozesse von Fünftklässlern – Entwicklung eines deskriptiven Phasenmodells. Journal für Mathematik-Didaktik (35). S. 251–282.

Ruscio, A.M./Amabile, T.M. (1999). Effects of instructional style on problem-solving creativity. In Creativity Research Journal, 12. p. 251–266.

Salisbury, K./Nichols, P. T. (2020). School makerspaces: Beyond the hype. In: kappanonline.org V101 N8 https://journals.sagepub.com/doi/10.1177/0031721720923792.

Sänger, V. (2018). Autonome Systeme im Consumerbereich – Was bedeutet die Autonomie technischer Systeme für den Kunden? In Breyer-Mayländer, T. (Hrsg). Das Streben nach Autonomie. Reflexionen zum digitalen Wandel. Nomos-Verlag. S. 169–182.

Scardamalia, M./Bereiter, C. (2006). Knowledge Building: Theory, Pedagogy, and Technology. In Sawyer, K. R. (Ed.). The Cambridge Handbook of the Learning Sciences. Cambridge, MA. Cambridge University Press. p. 97–115.

Schelhowe, H. (2018). Vom Digitalen Medium und vom Eigen-Sinn der Dinge. Was Medienpädagogik mit der informatischen Bildung gewinnen kann. In merz (medien + erziehung), 04/2018.

Schell, F. (2003). Aktive Medienarbeit mit Jugendlichen. München. kopaed.

Schlömerkemper, J. (2003). Praxisbezogenes Lernen in der Hauptschule. Über Grenzen und Perspektiven einer scheinbaren Selbstverständlichkeit. In Duncker, L. (Hrsg.). Konzepte für die Hauptschule. Ein Bildungsgang zwischen Konstruktion und Kritik. Bad Heilbrunn. Klinkhardt. S. 53–67.

Schmid, L. (2019). Menschzentriert – Kollaborativ – Handlungsorientiert. Design-Ansätze für die Primarschule des 21. Jahrhunderts. In Ingold, S./Maurer, B./Trüby, D. (Hrsg.). Chance MakerSpace. Making trifft auf Schule. München. Kopaed. S.19–32.

Schön, S./Ebner, M./Narr, K. (Hrsg.) (2015). Making-Aktivitäten mit Kindern und Jugendlichen. Handbuch zum kreativen digitalen Gestalten. Online verfügbar unter http://www.bimsev.de/n/userfiles/downloads/making_handbuch_online_final.pdf

Schön, S. (2015). Werkzeugkasten DIY und Making – Gestalten mit Technik, Elektronik und PC im Projekt „Medien in der Schule". Materialien für den Unterricht. Hg. v. fsm Freiwillige Selbstkontrolle Multimedia-Diensteanbieter e.V., Freiwillige Selbstkontrolle Fernsehen e.V., Google Germany GmbH. Online verfügbar unter http://www.medien-in-die-schule.de

Schön, S./Ebner, M. (2019). Making – eine Bewegung mit Potenzial. In merz 04/2019.

Schön, S./Ebner, M./Narr, K. (Hg.) (2015). Making-Aktivitäten mit Kindern und Jugendlichen. Handbuch zum kreativen digitalen Gestalten. Online verfügbar unter http://www.bimsev.de/n/userfiles/downloads/making_handbuch_online_final.pdf.

Schön, S./Narr, K./Grandl, M./Ebner, M. (2019). Making mit Kindern und Jugendlichen. Einführung und ausgewählte Perspektiven. In Ingold, S./Maurer, B./Trüby D. (Hrsg.), Chance MakerSpace. Making trifft auf Schule. München. kopaed. S. 45–59.

Schön, S./Ebner, M./Narr, K. (2020). Aufgabenformate in der Maker Education. Medienpädagogik Praxisblog. https://www.medienpaedagogik-praxis.de/2020/02/18/aufgabenformate-in-der-maker-education/

Schubert, S./Loderer, K. (2019). Wie erkennt man Kreativität? Subjektive Beobachtung und objektive Messung. In Haager, J. S./Baudson, T. G. (Hrsg.). Kreativität in der Schule – Finden, Fördern, Leben. Springer. S. 39–74.

Schwarzer, R./Jerusalem, M. (2002). Das Konzept der Selbstwirksamkeit. In Jerusalem, M./Hopf, D. (Hrsg.). Selbstwirksamkeit und Motivationsprozesse in Bildungsinstitutionen. Weinheim Beltz 2002, S. 28–53.

Scott, G. M./Leritz, L. E./Mumford, M. D. (2004). The effectiveness of creativity training: A metaanalysis. Creativity Research Journal, 16. p. 361–388.

Seifert, A./Zentner, S./Nagy, F. (2019). Praxisbuch Service-Learning. »Lernen durch Engagement« an Schulen. Mit Materialien für Grundschule und Sekundarstufe I + II. Beltz.

Selwyn, N./Nemorin, S./Bulfin, S./Johnson, N. (2018). Everyday schooling in the digital age: High school, high tech? London. Routledge.

Servoz, M. (2019). WORK? WORK OF THE FUTURE! On how artificial intelligence, robotics and automation are transforming jobs and the economy in Europe. European Union Publication. https://op.europa.eu/en/publication-detail/-/publication/096526d7-17d8-11ea-8c1f-01aa75ed71a1

Sheffield, R./Koul, R./Blackley, S./Maynard, N. (2017). Makerspace in STEM for girls: a physical space to develop twenty-first-century skills, Educational Media International, 54:2. p. 148–164.

Sheridan, K./Halverson, E./Litts, B./Brahms, L./Jacobs-Priebe, L./Owens, T. (2014). Learning in the Making: A Comparative Case Study of Three Makerspaces. In Harvard Educational Review, Vol. 84, No. 4 (2014). p. 505–531.

Siegkas, P. (2020). Reverse Engineering and introduction to engineering design. Conferencepaper. Chalmers University of Technology. https://www.researchgate.net/publication/342447208.

Simon, L. (2011). Rückkehr zur Unmündigkeit? Technikpaternalismus im Zeitalter der Digitalisierung. Magisterarbeit. Universität Potsdam. Institut für Philosophie. http://leena.de/wp-content/uploads/2017/05/Magisterarbeit_Leena_Simon_Digitale_Muendigkeit.pdf.

Skills Canada Alberta (o.J.). Skills Exploration Days. Taking Making into Classrooms. A Toolkit Fostering Curiosity & Imagination in Alberta Classrooms.

Steidle, A./Werth, L. (2013). Freedom from constraints: Darkness and dim illumination promote creativity. In Journal of Environmental Psychology, 35. p. 67–80. https://doi.org/10.1016/j.jenvp.2013.05. 003

Steiner, G./Laws, D. (2006). How appropriate are famous concepts from higher education for solving complex real-world problems? A comparison of the Harvard and the ETH case study approach. In International Journal of Sustainability in Higher Education, 7/3. S. 322–340.

Steiner, G. (2010). Das Planetenmodell der Kollaborativen Kreativität: Systemisch-Kreatives Problemlösen für komplexe Herausforderungen. Westdeutscher Verlag.

Sternberg, R. J./Lubart, T. I. (1999). The concept of creativity: Prospects and paradigms. In R. J. Sternberg (Ed.), Handbook of creativity. Cambridge University Press. p. 3–15.

Stubbe, J. (2017). Von digitaler zu soziodigitaler Souveränität. In Wittpfahl, V. (Hrsg.). Digitale Souveränität. Bürger | Unternehmen | Staat. Heidelberg. Springer. S. 43–59.

Tan, M. (2018). When MakerSpaces Meet School: Negotiating Tensions Between Instruction and Construction. In Journal of Science Education and Technology. 28/2 (2019). p. 75–89. https://doi.org/10.1007/s10956-018-9749-x.

Theurer, C./Berner, N. E./Lipowsky, F. (2012). Die Entwicklung der Kreativität im Grundschulalter: Zur Kreativitätsmessung im PERLE-Projekt. In Journal for educational research online 4 (2012) 2. S. 174–190.

Theurer, C. (2014). Lernen und Geschlecht. Immenhausen. Prolog.

Tulodziecky, G. (2017). Praxis- und theorieorientierte Entwicklung und Evaluation von Konzepten für pädagogisches Handeln – dargestellt am Beispiel einer Untersuchung zum fall- und problemorientierten Lernen in hybriden Lernarrangements. In Knaus, T. (Hrsg.). Projekt – Theorie – Methode. Spektrum medienpädagogischer Forschung. Band 1. München. kopaed. S. 155–180.

Uebernickel, F./Brenner, W./Naef, T./Pukall, B./Schindlholzer, B. (2015). Design Thinking. Das Handbuch. Frankfurter Allgemeine Buch.

Ullrich, S. (2017). Informationstechnische Grundlagen, Werkzeuge und Praktiken des öffentlichen Vernunftsgebrauch. Dissertation. Humbold-Universität zu Berlin. https://edoc.hu-berlin.de/bitstream/handle/18452/18436/ullrich.pdf?sequence=1

Urban, K. (2004). Kreativität: Herausforderung für Schule, Wissenschaft und Gesellschaft. Münster. LIT.

Urban, K. (2011). Möglichkeiten und Grenzen von Kreativitätsdiagnostik. Karg Hefte. Beiträge zur Begabtenförderung und Begabtenforschung, 2. S. 18–27.

Vartiainen, J./Kumpulainen, K. (2019). Makerspaces, multiliteracies and early science education – The Finnish approach. https://www.researchgate.net/publication/335465372.

Vasudevan, V./Kafai, Y./Yang, L. (2015). Make, wear, play: Remix designs of wearable controllers for scratch games by middle school youth. In Proceedings of the 14th International Conference on Interaction Design and Children. p. 339–342.

Veit, D. (2017). Der Wandel der Arbeitswelt im Zeitalter der Digitalisierung. In ifo Schnelldienst 7/2017. S. 12–15.

Virtanen, S./Ikonen, P./Rasinen, A. (2011). Motivation von Mädchen im Bereich der technischen Bildung. In Ruffer, C./Schwarze, B. (Hrsg.). Technikbildung verbessern – von Anfang an. Ausgewählte Forschungsergebnisse des europäischen Projekts UPDATE. Bielefeld. Kompetenzzentrum Technik, Diversity, Chancengleichheit (Schriftenreihe, 9). S. 58–69.

Vogt, T. (2010). Kalkulierte Kreativität. Die Rationalität kreativer Prozesse. Springer.

Vohs, K./Labroo, A./Dhar, R. (2016). The Upside of Messy Surroundings: Cueing Divergent Thinking, Problem Solving, and Increasing Creativity. In NA – Advances in Consumer Research Volume 44. p. 264–268.

Von Wissel, C. (2012). Wissenschaftliche Kreativität. Düsseldorf. Hans-Böckler-Stiftung.

Vongkulluksn, V. W./Matewos, A. M./Sinatra, G. M./Marsh, J. A. (2018). Motivational factors in makerspaces: a mixed methods study of elementary school students' situational interest, self-efficacy, and achievement emotions. In International Journal of STEM Education (2018) 5:43.

Vygotsky, L. S. (2004). Imagination and Creativity in Childhood. In Journal of Russian and East European Psychology, vol. 42, no. 1, January–February 2004. p. 7–97.

Waldmann, G. (2016). Produktiver Umgang mit Literatur im Unterricht: Grundriss einer produktiven Hermeneutik. Theorie – Didaktik – Verfahren – Modelle (Deutschdidaktik aktuell). Hohengehren. Schneider Verlag.

Waldvogel, B. (2019). MakerSpace Light. Ein niederschwelliger Einstieg. In Ingold, S./Maurer, B./Trüby, D. (Hrsg.). Chance MakerSpace. Making trifft auf Schule. München. kopaed. S. 175–190.

Wallas, G. (1926). The art of thought. J. Cape. London.

Wardrip, P. S./Brahms, L. (2016). Taking Making to School. A Model for Integrating Making Into Classrooms. In Peppler, K./Halverson, E./Kafai, Y. B. (Eds.). Makeology – Makerspaces as Learning Environments (Volume 1). New York. Routledge.

Weber, M. (1988). Politik als Beruf. In Winckelmann, J. (Hrsg.). Gesammelte Politische Schriften. 5. Auflage. Tübingen. Mohr Siebeck. 1988. S. 551–552.

Weinert, F. E. (2003). Leistungsmessungen in Schulen. Weinheim, Basel. Beltz.

Wenger, E. (1998). Communities of practice: Learning, meaning, and identity. New York. Cambridge University Press.

Weitbrecht, W.-U./Bärwolff, H./Lischke, A./Jünger, S. (2015). Effect of Light Color Temperature on Human Concentration and Creativity. In Fortschritte der Neurologie · Psychiatrie 83(6). p. 344–348. DOI: 10.1055/s-0035-1553051.

Wittpfahl, V. (Hrsg.) (2017). Digitale Souveränität. Bürger | Unternehmen | Staat. Heidelberg. Springer 2017. S. 15–26.

Wunderlich, M. (2019). Making Rules. Ein MakerSpace an einer Freien Schule. In Ingold, S./Maurer, B./Trüby, D. (Hrsg.). Chance MakerSpace – Making trifft auf Schule. München. kopaed. S. 155–173.

Yang, C.-M./Man, H.-T. (2018). Applying Design Thinking Process in Student`s Project: A case of EGF Products. Matec Web of Conferences 201, 04003 (2018). p. 1–13.

Zinnecker, J. (1975). Der heimliche Lehrplan. Weinheim. Beltz Verlag.